『경학원잡지』의 주요 講說

편찬책임 ㅣ 변은진
자료정리 ㅣ 김정화
번　　역 ㅣ 김기성, 김태완, 박한민
검　　수 ㅣ 변주승, 변은진, 문경득, 이대승, 안주영

전주대 한국고전학연구소 HK+연구단 자료총서 07

『경학원잡지』의 주요 講說

초판 1쇄 발행　2021년 1월 25일

편　자 ㅣ 변은진 외
발행인 ㅣ 윤관백
발행처 ㅣ 도서출판 선인

등 록 ㅣ 제5－77호(1998.11.4)
주 소 ㅣ 서울시 마포구 마포대로 4다길 4 곳마루 B/D 1층
전 화 ㅣ 02)718－6252 / 6257　팩 스 ㅣ 02)718－6253
E-mail ㅣ sunin72@chol.com

정 가　36,000원
ISBN　979-11-6068-445-2　93900

· 잘못된 책은 바꿔 드립니다.

※ 이 저서는 2018년 대한민국 교육부와 한국연구재단의 지원을 받아 수행된 연구임
　(NRF-2018SA6A3A01045347)

전주대 한국고전학연구소 HK+연구단 자료총서 07

『경학원잡지』의 주요 講說

변은진 외 편

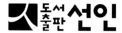 도서출판 선인

자료총서를 발간하며

우리는 현재 탈유교사회에 살고 있습니다. 유가 경전을 통해 심성 수양과 철리 탐색을 주로 하던 문·사·철의 영역을 넘어 이학과 공학, 또 학제간의 융복합을 시도하여 새로운 결과물을 산출하는 시대에 살고 있습니다. 뿐만 아니라 디지털 혁명에 기반하여 물리적·디지털적·생물학적 공간의 경계가 희석되는 기술융합의 시대, 4차 산업혁명의 시대를 마주하고 있습니다. 그럼에도 한 발짝 더 이면으로 들어가 보면 유교문화는 여전히 재코드화되어 가족, 학교, 직장 등 가장 낮은 단위에서 실체적 힘으로 작동하고 있음 또한 부인할 수 없습니다.

전주대학교 한국고전학연구소는 『여지도서』와 『추안급국안』의 역주 사업을 밑돌로 삼아 2010년에 출범하였습니다. 한국고전번역원의 '권역별 거점연구소 협동번역사업'에 선정되어 10년간 조선시대 문집을 다수 번역하였고, 2020년부터 다시 10년간의 사업을 시작합니다. 또한 한국학중앙연구원의 기초자료사업 지원으로 '근현대 유학자 사회관계망 분석 및 자료수집연구'를 9년째 수행하고 있으며, 2014년에는 한국연구재단 대학중점연구소 사업으로 '근현대 지역공동체 변화와 유교이데올로기' 연구도 진행했습니다.

본 연구소는 유교문화 연구에 특화된 연구소입니다. 2018년에는 그간의 연구 성과를 바탕으로 한국연구재단의 인문한국플러스 사업에 '유교문화의 탈영토화, 공존의 인간학과 미래 공동체'라는 아젠다로 선정되어 본 연구소가 한 번 더 도약하는 계기를 마련하였습니다.

이번에 간행하는 자료총서는 이 인문한국플러스 사업의 일환으로서 정전을 재해석하고 새로운 문화지형을 구축하고자 하는 연구과정에서 산출된 성과물입니다. 본 연구단의 근현대 유교문화 관련 자료아카이브 구축의 방향은 다음과 같이 세 분야를 대상으로 하고 있습니다. 첫째는 일제강점기 이후 전국 단위로 조직된 유교단체가 발간한 기관지 자료,

둘째는 오늘날 향교에서 소장하고 있는 근현대 문서 자료, 셋째는 근대 이후 유림들이 생산한 문집 자료입니다.

자료총서 7권 '『경학원잡지』의 주요 講說'은 『경학원잡지』 제1~48호의 강설란 혹은 그 외에 강연 원고 성격의 글들 가운데 몇 가지 사례를 번역한 것입니다. 번역한 자료의 절반 정도는 원문이 한문, 나머지 절반은 국한문과 일본어로 표기되어 있습니다. 『경학원잡지』의 강설은 일정하게 유교적 소양을 가진 독자층을 고려한 글이지만, 그 안에는 전통적인 유교적 글쓰기와 경전 원문의 인용, 근대 이후의 역사적 상황을 반영한 글쓰기 등이 공존해 있어서 독해가 난해한 편이었습니다. 이를 번역하여 세 차례의 검수를 거치는 과정은 결코 쉽지만은 않았습니다. 다소간의 오류가 발견되더라도 너그러운 양해를 부탁드립니다. 아무쪼록 『경학원잡지』의 기사를 최초로 번역해낸 이 책이 앞으로 학문 연구와 교육의 자료로 널리 활용되었으면 하는 바람을 가져봅니다.

이와 같이 본 연구단에서는 그간 학계에 많이 소개되지 않은 자료들을 포함하여 근현대 유교문화를 재가공하고 새롭게 해석할 수 있는 자료들을 꾸준히 발굴 소개할 것입니다. 이는 앞으로 우리의 근현대 유교문화를 보다 풍부하게 연구할 수 있는 토대로 기능할 것입니다. 본 연구단의 자료총서가 근현대 유교문화를 탐색하는 통로가 되고, 공존을 지향하는 우리의 미래공동체를 환하게 열 수 있는 든든한 디딤돌이 되기를 바랍니다.

본 자료총서가 나올 때까지 많은 분들의 도움을 받았습니다. 먼저 본 연구단을 물심양면으로 지원해주신 이호인 총장님을 비롯한 교직원들께 감사의 말씀을 올립니다. 출판 환경이 녹록치 않은 상황에서도 흔쾌히 본 총서를 출판해주신 윤관백 사장님 이하 직원들께도 사의를 표합니다. 무엇보다도 지속적으로 새로운 자료를 수집하고 자료총서를 기획 추진한 본 연구단의 자료팀 식구들, 특히 빼곡한 자료를 하나하나 들춰가며 궂은일을 감내한 연구보조원 선생님들께 심심한 감사를 전합니다. 아울러 옆에서 지켜보며 든든히 지원해준 본 연구단의 모든 식구들에게도 고마움을 전합니다.

2021년 1월
전주대 한국고전학연구소장, 인문한국플러스연구단장   변주승

목 차

일러두기

1. 이 자료는 『경학원잡지』 제1~48호 가운데 강설란 혹은 그 외에 강연 원고 성격의 글들 가운데 몇 가지를 번역한 것이다. 번역한 자료의 절반 정도는 원문이 한문, 나머지 절반 정도는 국한문과 일본어로 표기되어 있다.

2. 목차상 제목의 연월일은 『경학원잡지』의 발행일이다.

3. 오늘날의 현대어로 표기함을 원칙으로 했지만, 이해를 돕기 위해 한문의 번역 문투를 살린 경우도 있다. 내지(內地), 천황(天皇) 등 당시 '일본제국'을 미화한 용어는 편의상 그대로 번역하였다. 지나, 지나사변 등 차별적 용어는 해당 기사에서 처음 나올 때 중국[支那], 중일전쟁[支那事變] 등으로 표기하거나 경우에 따라 ' '를 붙였다.

4. 필요시 각 기사에서 처음 등장하는 용어 등은 괄호에 한자를 병기하였다. 독음대로일 경우는 ( ), 그렇지 않을 경우는 [ ]에 병기함을 원칙으로 했다. 다만, 일본어 요미가타의 경우는 ( )로 표시하였다.

5. 기사의 원문은 대체로 문단 나누기가 되어 있지 않지만, 이해를 돕기 위해 번역 과정에서 문맥에 따라 이를 적절하게 나누기도 했다.

6. 용어 설명, 인용 원전 등을 각주에 명기함으로써 이해를 돕고자 했다. 각주는 한자의 노출을 원칙으로 하였다.

7. 인명, 단체명, 지명 등 고유명사는 원문대로 표기함을 원칙으로 하되, 해당 기사에서 처음 나올 때 괄호에 한자를 병기하였다. 일본 및 서양의 고유명사는 가급적 현대어로 표기했으며, 중국 고유명사는 독음으로 표기하였다. 필요시 역자가 한자나 알파벳 등을 ( ) 속에 부가했으며, 확인되지 않는 고유명사에는 ' '를 붙였다.

8. 원문 내에 부호 등이 있는 경우 가급적 그대로 살려주었다.

9. 전문을 인용할 경우 " "로, 인용문 내의 인용 또는 강조하고 싶은 단어나 문장은 ' '로 표시하였다. 단락 내려서 전문을 인용하는 경우는 별도로 " "는 하지 않았다.

10. 연월일은 서력으로 표기하였다(필요시 괄호 안에 연호 등 표기 가능).

11. 서적, 신문, 잡지 등의 표기는 『 』를, 논문, 기사명, 문건명, 법령, 조약 등은 「 」로 표기함을 원칙으로 했다.

12. 원문의 확인이 어려운 경우 글자 수대로 ◆로 표시하였다.

『경학원잡지』의 주요 講說

1 **유익한 벗이 셋이고 해로운 벗이 셋이다(1913.12.05.)**

유익한 벗이 셋이고 해로운 벗이 셋이다[益者三友損者三友]
(1913년 6월 14일 제1회 강연)

강사 이용직(李容稙)이 강연하였다.

경전의 뜻을 강론하기 전에 경학원(經學院)을 창설한 이유와 금일 강장을 특정한 취지를 잠시 설명하겠다. '천황폐하'의 유교를 숭상하고 도를 중시하시는 성의(聖意)를 데라우치 총독(寺內總督) 각하가 이를 받들어 그 뜻을 널리 드높이기 위해서 서무로 바쁘신 와중에 경학원을 성균관 옛터에 특별히 설치하여 문묘향사를 삼가 받들게 하였다. 13도에 강사(講士)를 선정하여 유학의 기풍을 진흥하며, 폐속(弊俗)을 교정하도록 하고, 본원에 월강(月講)을 개설하였다. 그러하니 이륜(彝倫)[1]이 다시 밝아짐과 우리 도가 크게 밝아짐이 이로부터 유망(有望)하리라. 사문(斯文)[2]에 다행스러운 것이 어찌 이보다 더하겠는가? 최근까지 이륜이 밝아지지 않은 원인이 교유(交遊)를 가리지 않고 사귀는 데 진실로 있음을 대제학(大提學) 각하가 우려하셨다. 그리하여 벗을 사귀는 도리[友道]의 진작(振作)을 강구하여 밝혀 지금 세상의 군자들이 그 추세로 향함을 정하도록 함이 금일의 급선무라 하여 제1회 강연에 이 강장을 특정했으니, 참석하신 여러 군자(君子)께서는 유의하여 잘 들어주시기를 바라오.

공자께서는 백성이 있은 이래로 계시지 않았던 큰 성인(聖人)이시다.[3] 비록 일언반구[片言隻辭]일지라도 금석과 같은 가르침이 아님이 없으시니, 후학자가 어찌 대강 들을 이치가 있겠는가마는, 벗을 사귀는 도리에 이르러서는 더욱 명심하며 마음에 새겨야 한다. 이는 작게 말하면 일신의 영욕·부침, 일가의 존망·성쇠와 관계하고, 크게 말하면 세도(世道)의 치란·성쇠, 군생(群生)의 안위·고락과 관계한다. 그 관계의 중요함이 이렇게 지극하니 항시 교유를 삼가고 또 삼가며, 가리고 또 가려야 하지 않겠는가?

'직(直)'이란 정직(正直)을 말하며, '양(諒)'이란 신실(信實)을 말하고, '다문(多聞)'은 박학

---

1) 彝倫: 사람으로서 지켜야 할 떳떳한 도리를 가리킨다.
2) 斯文: 일반적으로 유교의 도의나 문화를 지칭하며, 유교를 가리키기도 한다.
3) 『孟子』, 「公孫丑·上」, "自有生民以來, 未有孔子也." 구절에 보인다.

(博學)을 말한다. 친한 자가 정직[直]하면 덕업(德業)을 서로 권하며 과실을 서로 규제하여, 마치 삼(麻) 속에서 쑥이 자라더라도 붙잡아 주지 않아도 스스로 곧게 되는 것이다.[4] 친한 자가 신실[諒]하면 스스로 속이는 마음을 품지 않으며, 스스로 사람을 속이지 않아 위로는 하늘에 부끄럽지 않고 아래로는 사람에 부끄럽지 않다.[5] 친한 자가 박학[多聞]하면 일에 응하고 사물에 접할 때 옛 성현의 말과 행동을 참고할 수 있는 본보기로 삼아 도움 됨이 매우 많을 것이다. '벽(辟)'이란 정직하지 않음[不直]을 일컫고, '유(柔)'란 아첨[媚悅]을 말하며, '영(佞)'이란 말재간이 좋음[口給]을 말한다. 친한 자가 정직하지 않음[辟]에 익숙하면 스스로 자신이 본 것을 옳다고 하고 스스로 자신의 잘못을 옹호하여 물러남은 있어도 나아감이 없다. 친한 자가 아첨[柔]을 잘하면 심지가 굳지 않고 유예함이 끊기지 않아 온갖 일을 그르치고 하나의 성취도 없다. 친한 자가 말재간 좋은 것[佞]에 익숙하면 앵무새처럼 말만 잘하고, 말은 행실을 돌아보지 않고 행실은 말을 돌아보지 않는다.[6] 심할 경우 술집과 식당, 기생집과 투기장에 같이 몰려가 부모의 길러주심을 돌아보지 않고 처자의 양육을 돌보지 않아 일평생을 그르치게 된다. 『공자가어』에서 "선한 사람과 함께 지내면 마치 지란(芝蘭)이 있는 방에 들어간 것과 같아, 오래되면 그 향기를 맡지 못하는 것은 그와 동화되기 때문이다. 악한 사람과 함께 지내면 마치 생선가게에 들어간 것과 같아, 오래되면 그 악취를 맡지 못하는 것은 그와 동화되기 때문이다."[7]라고 말한 것 역시 이러한 뜻이다. 그러하니 함께 노는 것을 삼가지 않을 수 있겠는가?

　무릇 이익을 좋아하고 손해를 싫어하는 것은 인지상정인데, 바른말은 귀에 거슬리고 독약은 입에 쓰다. 군자는 엄정(嚴正)하기 때문에 소원해지기 쉽고, 소인은 영합(迎合)하기 때문에 친해지기 쉽다. 그물과 덫과 함정 안에 몰아넣어도 피할 줄 모르는 자가[8] 종종 있으니 어찌 애석하지 않겠는가? 하문(下文)에서 가르친 "유익한 것 세 가지 즐거움, 해로운 것 세 가지 즐거움" 또한 이 장의 뜻과 서로 표리를 이루니, "만약 남의 선함을 말하기를 좋아하며 어진 벗이 많음을 좋아하면 유익하고, 편안히 노는 것을 좋아하며 향락에 빠지는 것을 좋아하면 해롭다."[9]라는 글귀를 함께 아울러 읽으면, 이 장의 의미가 더욱 지극해지

---

4) 『荀子』, 「勸學」, "蓬生麻中, 不扶而直." 구절에 보인다.

5) 『孟子』, 「盡心・上」, "仰不愧於天, 俯不怍於人." 구절에 보인다.

6) 『孟子』, 「盡心・下」, "何以是嘐嘐也, 言不顧行, 行不顧言." 구절에 보인다.

7) 『孔子家語』, "與善人居, 如入芝蘭之室, 久而不聞其香, 卽與之化矣. 與不善人居, 如入鮑魚之肆, 久而不聞其臭, 亦與之化矣."

8) 『中庸』, "子曰, 人皆曰予知, 驅而納諸罟擭陷阱之中而莫之知辟也." 구절에 보인다.

9) 『論語』, 「季氏」, "孔子曰, 益者三樂, 損者三樂. 樂節禮樂, 樂道人之善, 樂多賢友, 益矣. 樂驕樂, 樂佚遊, 樂宴樂, 損矣."

고 온전해질 것이다. 선악도 스스로 선택함에 있고, 손익도 스스로 취함에 있으니, 제군자께서는 각자 힘쓰고 힘써야 한다. 옛말에 이르기를 "거처할 때는 그 친한 바를 살핀다."[10]라고 하였다.

부연원(敷演員) 이정환(李鼎煥)이 부연하였다.

오행(五行)의 정수를 품부 받아 만물의 영장이 되어 삼재(三才)에 참여한 것은 오직 인간이 그러한데, 같은 기운이 서로 추구하고 같은 소리가 서로 호응하는 기질 때문이 아니겠는가! 이는 붕우(朋友)가 오륜의 하나로 배열되지 않을 수 없는 까닭이다. 나[鼎煥]는 전에 다음과 같이 들은 적이 있다. 벗을 사귀는 도리는 오륜에서 가장 마지막에 자리하지만 같은 무리가 서로 사랑하는 덕을 지니고 있으므로 윤리의 전체를 포괄한다. 오행의 토(土)가 정해진 자리는 없지만 네 계절에 붙어서 작용하는[寄旺] 이치와 같으니 그 관계가 중차대하지 않은가?

공문(孔門)의 여러 제자가 부자(夫子)로부터 붕우의 교제에 관한 가르침과 훈계를 직접 들었을 때 본래 하나의 단서가 아니었다. "널리 뭇사람을 사랑하라."[11]고 한 말은 그 대체(大體)를 말한 것이다. "나만 못한 사람을 벗하지 말라."[12]고 한 말은 실제 적용을 이어서 말한 것이다. "오래되어도 공경한다."[13]고 하고 또 "스스로 욕되게 하지 말라."[14]고 한 것은 체(體)와 용(用)을 합하여서 절충하고 마름질한 것이다. 성인의 가르침이 엄정하고 차근차근 절실하게 타이르지 않음이 아니나 다만 손익(損益) 두 글자에 대해서는 저마다 세 가지 틀로 남김없이 다 끄집어내어 말씀하셔서 만세의 배우는 사람이 벗을 가리는 정수리의 금침(金鍼)으로 삼았다. 비유하자면 만릿길을 가는 사람이 여정표를 간직하고서 경치 좋은 어떤 산이나 물을 만나면 반드시 거기에 묵으며, 또 해충이 들끓고 풍토병이 창궐하는 고을을 만나면 마땅히 주저하지 않고 멀리 피하게 되는 것과 같아서 좋은 곳과 나쁜 곳이 엄연하게 눈앞에 있으니 어찌 바른길을 버리고 나쁜 지름길로 들어가겠는가!

청컨대 부자의 가르침을 주자(朱子)의 주석을 참조하여 부연 설명하려고 한다. 사람이 비록 남의 비평을 들으면 기뻐하는 역량이 있다 하더라도 다만 위의(威儀)와 구문(具文)에 습성이 된 벗을 사귄다면 바로잡을 수 있겠는가? 반드시 거리낌 없이 바른말을 하고 굳세

10) 『史記』 卷44, "魏世家, 居視其所親."

11) 『論語』, 「學而」, "泛愛衆."

12) 『論語』, 「學而」, "無友不如己者."

13) 『論語』, 「公冶長」, "久而敬之."

14) 『論語』, 「顏淵」, "毋自辱焉."

고 정직한 벗을 얻은 뒤에야 절차탁마(切磋琢磨)하는 유익함이 드러나고 박옥(璞玉, 옥의 원석)이 비로소 호련(瑚璉)이 된다. 또 혹 낡은 인습을 그대로 따르고 쇠하여 피로한 습성을 병으로 여기지만 모두 잘 보이고 아첨하며 서로 받아들이는 데 뛰어난 벗과 어울린다면 진작할 수 있겠는가? 반드시 충직하고 성실하고 질박하고 실한 벗을 얻은 뒤에야 담금질하여 가는 공을 들여서 무딘 칼날이 점차 막야(鏌鋣)와 같은 명검이 될 것이다. 또한 널리 배우고 분명하게 변별하는 기대를 걸 만하나 날마다 서로 접촉하는 사람이 한갓 입으로 성인의 찌꺼기만 내뱉는 것을 익히는 사람이라면 어찌 원대한 영역에 이를 수 있겠는가? 반드시 학문이 크고 넓으며 안목이 높고 밝은 벗을 택한 뒤에야 갈고 닦는 효험이 쌓이고 먼지 낀 거울이 홀연 보배로운 광채를 뚜렷이 드러낼 것이다.

아! 정직하고 신실한 사람[直諒]은 아름답지 않음은 아니나 만약 경력이 오래된 벗이 날마다 서로 비평해주지 않는다면 쉽게 치우치고 좁은 견해에 막힐 것이다. 많이 듣고 의심스러운 것을 빼놓으며 반드시 반듯하고 곧으며 듬직하고 묵묵한 벗을 취하여 서로 도움을 주어서 속속들이 깨닫고 기른다면 요약함으로 돌아갈 수 있다. 그런 뒤에야 도움이 되고 손해가 되는 세 가지 즐거움[三樂]의 가르침에 빠지거나 모자람이 거의 없을 것이다. 그러나 손익, 길흉의 경중은 자취와 기미가 숨었다 드러났다 하는 것과 같으니 대체로 교류하는 사이에 반드시 은미한 것에 신중해야 하는 까닭은 무엇인가? 지란(芝蘭)이 있는 방에 오래 있으면 익숙해져서 성품이 되어서 향을 분간하지 못하며 생선가게에 오래 있으면 코가 함께 동화되어서 냄새를 느끼지 못한다. 손익 두 글자의 뜻을 가슴에 꼭꼭 간직하고 때때로 성찰하지 않겠는가?

부연원 권영우(權寧瑀)가 부연하였다.

공자는 나면서부터 알았고 위대한 성인의 자질로 모든 선을 다 충분히 갖추어서 밖에서 구할 필요가 없었으나 오히려 일생동안 부지런히 노력하였으며, 남에게 취해서 선을 하는 것을 덕으로 나아가는 법문으로 삼았다. 그러므로 "그윽이 우리 노팽(老彭)에게 견준다."[15] 하였고, "좌구명(左丘明)이 그것을 부끄러워했는데 나도 역시 그것을 부끄러워한다."[16] 하였으며, 아래로 원양(原壤)과 사귀어서 벗으로 삼되 배척하지 않았으니 여기에서 아랫사람에게 묻는 것을 부끄러워하지 않는 성인의 성스러운 덕과 큰 도량을 볼 수 있다. 비단 이뿐만이 아니다. 무릇 성인의 가르침은 단지 스스로 힘쓸 뿐 아니라 바로 문하의 제자를 힘쓰게 하고 세상 사람을 힘쓰게 하고 천하 후세를 힘쓰게 하는 데까지 가르침을 삼은 것

---

15) 『論語』, 「述而」, "竊比於我老彭."
16) 『論語』, 「公冶長」, "左丘明恥之, 丘亦恥之."

이다. 그러므로 실은 일반 사람을 위해 가르침을 베푼 것이다.

이제 세 종류 유익한 벗[三益]과 세 종류 해로운 벗[三損]의 가르침에 대하여 간략하게 논한다. 정직[直]한 사람을 취하여 벗을 삼아서 내 정직함을 더하며, 신실[諒]한 사람을 취하여 벗을 삼아서 내 신실함을 더하는 이 두 단락은 마치 태산이 토양을 받아들여서 크게 되고 강과 바다가 흐름을 받아들여서 깊어지는 것과 같다. 바깥에서부터 오는 것은 더할 수 있고 내가 본래 가진 것은 접촉하여 이끌어 들일 수 있기 때문이다. 들음이 많은[多聞] 벗에 이르러서는 정직하고 신실한 벗에 견주어 더욱 중요하니 비록 나면서부터 아는 자질이라 하더라도 물음을 바탕으로 삼지 않으면 고루함을 면하지 못한다. 그러므로 성인은 태묘(太廟)에 들어가서 매사를 물어서[17] 배움에 나아갔다. 옛날 성왕이 사방 문을 열고 잘 들어서[18] 가까운 말을 살핀 것은[19] 모두 이 방법이다. 지금으로부터 이천여 년 전으로 거슬러 올라가면 위대한 자질이 발현되지 않았으나 요(堯), 순(舜) 두 임금과 하(夏), 은(殷) 시대에 견주면 문화가 빛나고 빛났으며 풍기가 날로 개화하였다. 이때는 공자가 많이 들었기 때문에 위대한 성인의 영역에 들어갔다.

오늘날 사람으로서 공자를 배우려고 하면 반드시 많이 들음으로써 시작해야 가능하다. 공자의 시대에 듣지 못한 사람이라 하더라도 오늘에 이르러서 날로 새로워지고 또 새로워지면, 설사 공자가 오늘에 태어나더라도, 우리는 반드시 고금과 동서의 새롭고 기이한 정보를 널리 들어서 우리가 이로써 사람을 구제하고 세상을 구원하는 배움으로 삼을 줄을 안다. 그러므로 많이 들음을 가장 나은 것으로 삼는다고 한다. 대체로 정직과 신실함은 마음속에서 나오며 많이 들음은 바깥에서 이르는 것이기 때문이다. 이와 반대로 하면 편벽한 사람은 정직할 수 없고 선량하고 유순한 사람은 신실하지 못하게 된다. 말재간만 좋은 사람이 많이 듣지 못하면 어찌 한갓 무익할 뿐이겠는가! 장차 우리가 본래 갖춘 성품이 함께 억제되어 없어질 것이다. 그러므로 해로움이라 한다. 대체로 지금 세상 사람은 단지 지금 세상 사람과 벗할 뿐만 아니라 또한 천고에 대해서도 벗하는데, 이 역시 해로움과 유익함이 있다. 예컨대 사서, 육경 및 기타 우익(羽翼)으로 삼을 만한 것은 유익하고 이와 반대로 하면 반드시 해롭다. 오늘 강석에 계신 여러 학우는 모두 고명한 군자이다. 우리 무리는 공자를 배우는 사람으로서 바로 마땅히 이 뜻을 벗끼리 권면하며 서로 돕고 이끌어서 성문(聖門)에 들어가기를 기약해야 할 것이다.

---

17) 『論語』, 「鄕黨」, "入太廟, 每事問." 구절에 보인다.

18) 『尙書』, 「舜典」, "闢四門, 明四目, 達四聰." 구절에 보인다.

19) 『禮記』, 「中庸」, "好察邇言." 구절에 보인다.

부연원 이광종(李光鍾)이 부연하였다.

금일 강연 제목에 대해서는 제군자께서 저에 앞서 말씀하셔서 반복하여 남길 것이 없으니, 군더더기 말을 할 틈이 없을 뿐 아니라 경전의 뜻에 어두워서 한마디도 감히 꺼낼 수 없습니다. 그러나 공자께서 말씀하시기를 "좋은 점을 골라 그것을 따르고, 좋지 않은 점은 그것을 고친다."[20]라고 하셨으니, 제 말이 좋거든 따르시고 좋지 않거든 고치십시오.

옛말에 "그 사람을 알 수 없거든 가서 그 벗을 보라."고 하였으니,[21] 그 벗이 현명하면 현명할 것이오, 그 벗이 악하면 악하리다. "삼이 쑥 사이에서 자라면 굽을 것이고, 쑥이 삼 사이에서 자라면 곧다."라는 것은[22] 뚜렷한 효험이 아니겠는가? 예전부터 지금에 이르기까지 인류 세계의 표지(票幟)가 되는 한 사람이 바로 공자이시다. 멀리는 2,464년 전이고, 그 지역은 3천 리 바깥으로 우리 영토가 아닌데, 지금에 이르러 여대(輿儓)[23]와 천하여 글자를 모르는 사람이 모두 공자를 알고 있지만, 내가 아는 공자는 다른 사람과 차이가 있다. 어려서 배우는 것은 자라서 그것을 행하려고 하는 것인데,[24] 공자께서는 그 도를 행할 수 없으셔서 "배우고 때때로 이를 익히면 또한 기쁘지 아니한가?"[25]라고 하셨다. 그 도를 행하지 못하시고 다만 때때로 이를 익히는 것은 공자의 본래 뜻이 아니라고 해석한다. 서리와 이슬이 내리는 곳과 해와 달이 비추는 곳에 혈기(血氣)를 지닌 모든 것들이 높이고 친애하지 않음이 없고,[26] 늙은이를 편안하게 해주며 젊은이는 감싸 주고자 하며 친구에게는 미덥게 해주는 것은[27] 공자가 말씀하신 뜻이다. 그런데 공자께서는 그 지위를 얻지 못하시고 "벗이 먼 곳에서 찾아오면 또한 기쁘지 아니한가?"[28]라고 말씀하셨으니, 그 지위를 얻지 못하시고 나서 다만 3천의 무리만 있다는 것은 공자의 본래 뜻이 아니다.

이러한 까닭으로 나는 공자께서 탄식하신 말씀으로 해석하니, 내가 한 말을 알지 못하는 것을 어떻게 하겠는가? 『논어』의 "자기만 못한 자를 벗으로 삼지 말라"[29]는 구절을 훼손하여 말하는 자가 있어, "만약 『논어』와 같아서 내가 나만 못한 자를 친구로 삼고 싶지 않다면 나보다 현명한 자 또한 반드시 나와 더불어 친구가 되려고 하지 않을 것이다. 그러

---

20) 『論語』, 「述而」, "擇其善者而從之, 其不善者而改之."
21) 『荀子』, 「性惡篇」, "不知其子, 視其友." 구절에 보인다.
22) 『荀子』, 「勸學」, "蓬生麻中, 不扶而直." 구절을 염두에 둔 말로 보인다.
23) 輿儓: 고대 중국에서 열 등급으로 나눈 백성 중 가장 아래의 두 등급에 속하는 천민 계급을 말한다.
24) 『孟子』, 「梁惠王·下」, "夫人幼而學之, 壯而欲行之." 구절에 보인다.
25) 『論語』, 「學而」, "學而時習之, 不亦說乎?"
26) 『中庸』, "日月所照, 霜露所隊. 凡有血氣者, 莫不尊親." 구절에 보인다.
27) 『論語』, 「公冶長」, "子曰, 老者安之, 朋友信之, 少者懷之." 구절에 보인다.
28) 『論語』, 「學而」, "有朋自遠方來, 不亦樂乎?"
29) 『論語』, 「學而」, "毋友不如己者."

니 아래로는 친구를 삼고 싶지 않으며 위로는 친구가 될 수 없게 되어 고독한 사람[獨夫]이 될 터이니 어찌하면 좋겠는가?"라고 말했다. 이와 같은 사람은 금일의 강연 제목을 보지 못한 자이다. 사람마다 일마다 벗을 기다리지 않고 이루는 것은 있지 않다. 정직함을 벗 삼고, 신실함을 벗 삼으며 많이 들음을 벗 삼는데 가장 두려워할 것은 유사하고 근사하여 분별하기 어려운 것이다. 편벽함이 얼핏 보면 정직인 것 같고, 아첨을 잘하는 것이 신실인 것 같고, 말을 익숙히 잘하는 것이 많이 들은 것 같다. 그렇기 때문에 당시와 후세에 명하여 벗과 사귀는 자로 하여금 신중하게 살피고 택하도록 하였으니, 무릇 나의 후생이 감히 가슴속에 품지 않을 수 있겠는가? 그러나 세 가지 이로움과 세 가지 해로움에 유물론(有物論)이 함께하지 않으니, 이것은 깊이 생각하지 않을 수 없다. 물질을 나중으로 하고 정신을 앞서도록 함으로써 스스로 힘쓰고 거듭하여 여러 군자의 말을 경청한다.

경성의 강사 여규형(呂圭亨)이 이어서 강연하였다.

성인의 가르침 가운데 사람에게 벗을 사귀는 도를 가르친 것은 곧 우순(虞舜)이 남에게 좋은 점[善]을 취한 것과 같은 뜻이다. 벗이란 동서남북의 사람 가운데 믿음이 있는 사람에게 나아가 나의 인(仁)을 돕는 시초이다. 정직[直]은 부자·군신·장유·부부와 함께 윤기(倫紀)의 종류이니 그 중요함이 이와 같다. 그러나 나는 일찍이 공자를 본받고자 하면 급선무가 나에게서 구함에 있고 동서남북의 사람에게서 구하는 것이 그다음이라 하였다.

나에게서 구함은 무엇을 말하는가? 본 주제인 삼익삼손(三益三損) 제목으로 말하자면 정직(正直)이며, 자량(慈諒)이며, 박학다문(博學多聞)이다. 혹은 본연의 양능(良能)으로 혹은 오로지 정밀하게 힘써 배움으로, 넓혀서 채우고 익혀서 알아 만물로 하여금 모두 나에게 구비되게 하면 천하 동서남북의 사람이 모두 장차 나를 들어서 해를 재는 토규(土圭)로, 길을 따라 도는 목탁으로 삼을 것이다. 이와 반대로 하면 치우쳐서 바르지 못하고, 유약하여 굳세지 못하며, 아첨하여서 충직할 수 없기에 자기를 바로잡지 못하니 어찌 남을 바르게 하겠는가! 남도 반드시 나에게서 취하여 바름으로 나아가지 못한다. 나는 그러므로 "동서남북의 사람에게서 구하려면 반드시 먼저 나에게서 구하여 세 가지 유익함에 나아가고 세 가지 손해를 제거해야 한다."라고 말한다.

물었다. "그렇다면 성인의 가르침은 제2의에 속하는가?" 나는 말한다. "감히 그렇다 할 수 없다. 이를 말함이 아니다. 성인은 인륜의 지극함이며 정직하고 자량(慈諒)하며 널리 배우고 많이 들은 분이다. 나면서부터 아는 자질로 매사에 묻는 예를 갖추었으니 배움을 더하지 않고도 할 수 있고 편벽되고 유약하고 아첨하는 행위가 없었다. 이에 우순이 남에게서 취하여 선을 하는 뜻을 써서 동서남북의 사람들에게서 구하였다. 이에 장홍(萇弘)·

사양(師襄)·노담(老聃)·담자(郯子)의 무리를 벗으로 삼았다. 벗으로 삼았을 뿐만 아니라 바로 스승으로 삼았다. 스승은 또한 벗이면서 존자이다. 이에 항탁(項橐)·원양(原壤)의 무리가 궤변으로 묻고 혹 손을 잡아도 담담하게 받아들였다. 접여(接輿)와 장저(長沮)·걸닉(桀溺)의 무리에게 성인이 역시 나아가 말을 하려고 하였고 무연히 설명하려고 하였으니 이는 바로 성인이 하늘과 땅과 해와 달과 넓고 크고 높고 밝음을 같이하는 까닭이며 바로 이 가르침으로써 제자를 가르친 것이다."

나는 또 말한다. "오늘날 성인을 배우고자 하는 사람은 벗에게서 취하지 않고 더욱 자기에게서 취하는데 무엇 때문인가? 오늘날 사람은 고루하고 정체된 견해로 성인을 배우려고 하는데 마치 왕랑(王郎)이 화흠(華歆)을 배우는 것과 같아서 배우는 것이 다만 몸뚱이의 바깥에 있을 뿐이다. 또 더욱이 말 한마디, 행동 하나가 성인과 서로 배치되고 틀리면서 성인의 진정한 전승을 얻었다고 하는 자는 모두 성인의 무리가 아니다. 성인의 도는 실로 일상생활의 떳떳한 행위에 있으니 여염집과 골목의 보통 남자 보통 여자가 모두 성인의 무리가 될 수 있다. 보통 남자와 보통 여자가 본연의 정직함과 신실함을 넓혀서 채우고, 힘써 배워서 많이 들은 것을 익혀서 안다면 정직은 위로 천고와 벗하고 당(堂)에 오르고 방[室]에 들어간 문하의 제자에게 부끄럽지 않을 것이다. 오늘을 위한 도는 절실히 성인의 문호를 미치기 어렵게 여기지 말고, 보통 남자 보통 여자로 하여금 그림자만 바라보고 달아나게 하지 말아야 한다. 그런 뒤에야 성인이 천지일월(天地日月)과 더불어 그 광대하고 고명한 도덕(道德)이 함께하여 사공(事功)이 다시 세상에 행해져 동양(東洋)이 천하에 존귀하게 될 것이다."

사성(司成) 이인직(李人稙)이 끝맺는 말을 하였다.

본인이 금일 제씨(諸氏)의 강연에 대하여 한마디의 맺음말을 하겠으니 여러분은 조용히 들어주시기 바랍니다. 저는 이로움이 되는 세 가지 벗, 해로움이 되는 세 가지 벗이라고 하는 강연의 제목을 변론함이 아니라, 옆에서 보면서 잠시 떠올랐던 제 사상을 말씀드리겠습니다.

대저 인류가 생존하는 사회 상태를 보건대 사람은 에누리[掛直]가 많습니다. 그런데 외교가(外交家)는 에누리로 외교 수단을 삼고, 군략가(軍略家)는 한층 더 심합니다. 한 가지 사례로 논해보건대, 항우(項羽)의 군사 40만은 말로는 100만이라 하고, 손빈(孫臏)[30]은 아궁이[竈]를 줄여, 금일에 10만 개의 아궁이를 만들고, 다음 날에 5만 개의 아궁이를 만들며

---

30) 孫臏: 전국시대 제나라 때 兵家로 손무의 후예이다. 저서로 『孫臏兵法』이 있다.

또 다음 날에 2만 개의 아궁이를 만들었다고 하였으니,[31] 많은 것을 적다고 하는 것과 적은 것을 많다고 함이 모두 정직한 말은 아니니, 이른바 안팎 에누리라고 말할 수 있습니다. 또 상업가(商業家)는 에누리로 자본을 상당히 이용하는 자이니, 그 에누리를 정직한 말이라고 믿다가는 크게 낭패를 보지 않겠습니까? 그렇다면 종교가(宗敎家)의 말은 정직하다고 인정하겠습니까? 저는 종교에 대한 연구가 없으니 비평하기 어렵지만, 조선에 고유한 불가의 설을 들어보니, 이 역시 에누리가 없다고 하기는 어렵습니다. 석가여래(釋迦如來)씨가 바깥에서 거처하면서 고요히 정좌하여 6년 만에 본성[性]을 보았는데, "까치집이 머리 위에 있고, 갈대가 무릎 위로 올라왔다"라고 하였으니, 생리학상으로 보건대 그 설의 진위를 판정할 수 있습니다.

그러나 공자의 윤리학은 일언반구도 에누리가 없을 뿐 아니라, 일상생활에서 실천하고 몸소 행하지 않으면 불가하니, 만일 윤리에 어지럽고 이치에 어그러지면 인류사회에 머리를 들지 못할 인생입니다. 그러하니 제가 공자의 교훈을 사사건건 가슴속에 품어두지 않을 수 없습니다. 이로써 말하건대 금일 강연 제목에서 이로움이 되는 세 벗과 해로움이 되는 세 벗이라고 하는 것을 제군께서 에누리로 아시지 말고, 강사와 부연한 제씨(諸氏)의 미담(美談)을 명심해서 들으시고 실천하시기 바랍니다.

[경학원잡지 제1호(1913.12.05.), 59~67쪽]

---

31) 『史記』,「孫子·吳起列傳」, "孫子謂田忌曰 … 使齊軍入魏地為十萬灶, 明日為五萬灶, 又明日為三萬灶." 구절에 보인다.

2 관동강설(1914.12.25.)

관동강설(關東講說)

정봉시(鄭鳳時)

계축년(1913) 겨울에 나는 강사(講士)로서 관동 각 군을 순회하였다. 도착하는 군마다 군의 관헌(官憲), 신사(紳士)로서 모인 자가 많게는 400~500명, 적게는 200~300명이었다. 그중 한 군에서 문학과 덕망이 빼어난 사람으로 강사(講師) 한 사람을 선정하고 약간의 부연원(敷演員)을 뽑아서『중용』제13장「도는 사람에게서 멀지 않다[道不遠人]」를 강연 제목으로 삼아서 차례로 강연하고 부연하였다. 비록 강사나 연원(演員)의 자리에 있지는 않았으나 역시 다투어 서로 사모하고 본받으며 논리를 세워 학설을 진술한 자가 수백 명을 밑돌지 않았고 하나같이 얼마나 장쾌했던가! 돌아와서는 때때로 꺼내서 읽어보았는데 어떤 것은 낱낱이 쪼개서 정교하고 미세하며 어떤 것은 인용하고 비유한 것이 넓고 넉넉하여서, 혹은 정수를 머금고 씹어보며 혹은 금을 흩뿌리고 구슬을 뿌린 것과 같아서 어느 것을 취하고 어느 것을 버릴지 알 수 없었다. 그러나 권질(卷帙)이 너무 많아 하나하나 잡지에 실을 수 없겠기에 마침내 군에서 한둘 특별히 두드러진 것을 취하여 다음과 같이 순서대로 늘어놓았으니 고기 한 점으로 솥 전체의 맛을 알 수 있다.

갑인년(1914) 섣달[季冬] 하순 정봉시(鄭鳳時)가 제(題)하다.

도는 사람에게서 멀지 않다

춘천군 최순현(崔舜鉉)

도란 사해(四海), 구주(九州)의 수백 수천만 사람이 함께 가는 길과 같다. 사람에게 절실하게 가까운 것으로 본래 이 길과 같은 것이 없으니 이 길을 따라서 가는 자는 진실로 실지를 밟고 착실하게 걸음을 옮겨서 나아가면 그 곧기가 머리카락과 같이 평탄하다. 예컨대 사해, 구주 어디에 가더라도 이 도가 아님이 없으며 수백 수천만 사람이 무엇을 좇더라도 이 도 아님이 없다. 혹 이 도를 버리고 다른 길로 간다면 겨우 한 걸음 멀어지더라도 곧바로 가시밭길과 거친 황무지, 진흙탕과 가파르고 험한 길이어서 반드시 자빠지고 넘어지며 비틀거리고 나아가지 못하게 되고 만다. 이로 말미암아 보건대 도가 어찌 사람에게서 멀어진 적이 있는가! 사람이 스스로 도에서 멀어지되 멀어진 것을 모를 뿐이다.

대개 사람이 태어남에 하늘에서 품수한 것이 본성[性]이며 이 본성을 따르는 것이 도이다. 도는 높고 원대하여 행하기 어려운 일이 아니라 곧 일상생활에서 떳떳하게 행하는 이치이다. 마음[方寸] 속에 뿌리를 두고서 온갖 변화에 대응하고, 배 속에 붙어 있으면서 온갖 이치를 포괄한다. 그러므로 가까이 있는 물건으로는 의자와 탁자만 한 것이 없는데 의자와 탁자에 견주면 의자와 탁자는 가까움을 잃어버릴 것이며, 절실하고 가까운 것으로는 도낏자루의 법칙[柯則]만 한 것이 없는데 도낏자루의 법칙에 견주자면 도낏자루의 법칙은 가까움을 잃어버릴 것이다.[32] 그러나 품수한 기(氣)가 다르기 때문에 고명한 자는 황당함에 들어가서 헤아릴 만한 단서[端倪]가 없고, 비루한 자는 더러움에 흘러서 격려를 하더라도 돌이킬 것이 없다. 예를 들어 신불해(申不害)·한비자(韓非子)·노자(老子)·부처·고자(告子)·순자(荀子)의 무리가 온갖 갈래로 종횡으로 잡다하게 나와서 일어났는데, 이는 우리 도가 천고에 함께 탄식한 것이다.

시험 삼아 오늘의 도로써 말해보자면, 우리 동방은 성인 기자(箕子)로부터 이후 여러 현인이 나와서 팔역(八域)을 둘러싸고 유학자의 복장[圓冠方領]을 한 자가 이 성과 이 도를 소유하지 않음이 없어서 군자의 지역이 됨에 부끄러움이 없었다. 그 뒤로 세속이 옛것을 숭상하지 않아서 강론에는 경험이 빈약하고 연구에는 안목이 천박하여서 비록 자기가 본성을 지니고 있음은 알지만 그것이 하늘에서 나온 것임은 모르며, 일에 도가 있음은 알지만 그것이 본성에서 유래한 것임은 알지 못하니, 명교(名敎)는 땅에서 쓸려나가서 분주하게 골몰하는 현실에서 천연을 잃어버리고, 욕망의 물결은 하늘에 가득 차서 이익과 손해의 처지에서 그 본성을 멸하였다. 이는 어쩌면 하늘이 이 문화[斯文]를 없애려고 해서 그런 것인가, 아니면 역시 사람이 자포자기하는 데 안주하여서 그런 것인가? 도를 근심하는 선비가 늘 절실하여 어찌할 도리가 없었는데 다행히 경학원이 순회강연을 열면서 특히 '도는 사람에게서 멀지 않다[道不遠人]' 넉 자로 도를 지키는 요령으로 삼았으니 도가 다시 밝아짐은 장차 오늘부터 머지않을 것이다.

오늘 경전을 강하는 선비가 반드시 도의 근원이 하늘에서 나옴을 미리 알아서 때때로 경계하고 일마다 성찰하여서 어둡고 그윽한 가운데에서도 하늘을 속이지 않고 잠깐 동안

---

32) 『中庸』, "子曰, 道不遠人, 人之爲道而遠人, 不可以爲道. 詩云, '伐柯伐柯, 其則不遠.' 執柯以伐柯, 睨而視之, 猶以爲遠." 구절의 도낏자루 내용을 염두에 둔 것이다.

이라도 도를 떠나지 않으며, 혹시라도 도를 따라가다가 중도에서 폐하지 말고 기어이 자기 몸에 돌이켜서 구하고 바깥에서 기다리지 않으며 일상생활에서 떳떳이 행하여 만약 사해의 사람이 함께 행한다면 어찌 도가 사람에게서 멀지 않음이 아니겠는가!

도는 사람에게서 멀지 않다

양구군 지태원(池台源)

도(道) 바깥에 사람이 없고 사람 바깥에 도가 없다. 도와 사람은 서로 따르며 서로 떨어지지 않으니 도가 어찌 멀리 있는 것이겠는가! 본성[性]을 따르는 것을 말하면 곧 인의예지(仁義禮智), 효제충신(孝悌忠信) 등이 이것이다. 멀지 않은 것이 떳떳이 행해짐을 말하면 곧 동정어묵(動靜語默), 의복음식(衣服飮食) 등이 이것이다. 도가 사람에게 있음은 마치 물고기가 물에 있는 것과 같고 나무가 흙을 의지함과 같아서 물고기는 물이 아니면 헤엄을 칠 수 없고 나무는 흙이 아니면 생장할 수 없듯이 사람은 도가 아니면 사람이 될 수 없고 도는 사람이 아니면 스스로 행할 수 없다. 그러나 사람이 생겨나기 전에 도는 하늘에 있었고 사람이 태어난 뒤에 도는 사람에게 있으니, 도가 도인 까닭은 사람에게 있으며 사람이 사람인 까닭은 도에 있다.

그런데 이 도는 어떤 도인가? 곧 사람이 마땅히 행해야 할 바이며 잠시라도 떠날 수 없는 것이다. 자연의 성품을 따르고 일상생활 사이에서 적용하면 부모가 자식을 사랑하고, 자식이 효를 하고, 군주가 신하를 인애하고, 신하가 충성을 다하는 까닭이며, 남편이 조화하고 아내가 순종하며 형이 우애하고 아우가 공경하는 것이 도 아님이 없다. 여름에 갈옷을 입고 겨울에 갖옷을 입으며 목마르면 마시고 배고프면 먹는 것 역시 도 아님이 없다. 그러므로 구하기를 기다리지 않아도 구비되지 않은 것이 없으며 남에게서 빌리지 않아도 족하지 않은 바가 없어서 상황에 따라 발현되며 작용하지 않는 때가 없다. 이 도를 말미암아서 요임금이 되고 순임금이 되는 것은 저절로 사람에게 달려있으며 이 도를 배반하여서 걸(桀)이 되고 주(紂)가 되는 것도 사람에게 달려있다. 그런즉 사람으로서 이 도를 배우는 자는 적멸한 가운데에서 구할 필요가 없고 내 본성 안에서 구하며, 고원한 데서 구할 필요가 없고 비근한 곳에서 구하니 도는 곧 나에게 있으며 나는 능히 도를 행한다.

나는 『논어』, 「향당」편에서 도가 사람에게서 멀지 않다는 뜻을 알았다. '신실한 듯하다'[33] 한 것은 지역사회[鄕黨]에서 늘 행하던 일이다. '또박또박하다'[34] 한 것은 오직 조정과 사당에서 늘 행한 일이다. '깐깐하다'[35] '은은하다'[36] '종종걸음을 걸었다'[37] 한 것은 말과 동작에서 말한 것이다. '편안하다'[38] '유쾌한 듯하다'[39] '안색이 발끈한 듯하다'[40] 한 것은 용모를 말한 것이다. 검은 베옷[緇衣], 염소 갖옷[羔裘], 흰옷[素衣], 사슴 갖옷[麑裘]을 입었다는 말 등은 일상에서 의복의 범절을 말한 것이다. "음식은 정갈한 것을 싫어하지 않고, 회는 가늘게 썬 것을 싫어하지 않았다."[41]라는 말 등은 일상에서 음식의 법도를 말한 것이다. "잠잘 때는 시체처럼 눕지 않으셨고, 거처할 때에는 용모를 꾸미지 않으셨다."[42]라는 말과 "수레를 타고 손잡이를 잡았다."[43]라는 말은 일상생활에서 늘 실행한 일 아님이 없다.

부자의 도는 천지와 같이 크고 장강(長江)과 한수(漢水)처럼 깨끗하니 참으로 후생이 말로 표현할 수 있는 바가 아니나 그 실상을 추구한다면 일상생활의 떳떳한 행위 사이를 넘지 않는다. 이로써 공문의 제자들은 가을볕처럼 밝은 가르침을 직접 받았고 수사(洙泗)의 물결에 몸을 씻은 자가 많았다. 예컨대 안자(顏子)의 사물(四勿), 증자(曾子)의 삼성(三省), 중궁(仲弓)의 덕행, 자공(子貢)의 언어, 자하(子夏)의 문학(文學)이 또한 모두 일상행위 가운데에서 나왔다. 오늘의 문제는 바로 우리 부자께서 사람을 가르친 말씀으로 『중용』에 실려 있다. 제12장에서는 먼저 비은(費隱)의 이치를 말하였는데 현묘하고 어슴푸레 하여서 알기도 어렵고 말하기도 어려웠다. 그러므로 제13장은 도가 사람에게서 멀지 않음을 말하고 돌이켜 자기에게서 구하게 하려고 한 것이다. 도의 큰 근원은 하늘에서 나와 사람에게 붙어 있는 것이니 진실로 이 도가 몸에 구비되어 있음을 알고서 실천할 수 있다면 어찌 도가 멀리 있겠는가!

과거의 전적(典籍)을 거슬러 고찰하면 성인이 성인으로 되고 군자가 군자로 된 까닭은 모두 사람에게서 멀지 않은 도를 따라갔기 때문이다. 세상이 쇠퇴한 이래 홍교(虹橋, 주자의 가르침)는 이미 끊어지고 바른길은 막혀버렸다. 이른바 배우는 사람이 때론 굽고 작은 길을 좇아서 갈 곳을 몰라 아득히 헤매며 이를 곳을 알지 못하고, 때론 좌도(左道)에 들어

---

33) 『論語』, 「鄕黨」, "恂恂如也."

34) 『論語』, 「鄕黨」, "便便如也."

35) 『論語』, 「鄕黨」, "侃侃如也."

36) 『論語』, 「鄕黨」, "誾誾如也."

37) 『論語』, 「鄕黨」, "踧踖如也."

38) 『論語』, 「鄕黨」, "怡怡如也."

39) 『論語』, 「鄕黨」, "愉愉如也."

40) 『論語』, 「鄕黨」, "色勃如也."

41) 『論語』, 「鄕黨」, "食不厭精, 膾不厭細."

42) 『論語』, 「鄕黨」, "寢不尸, 居不容."

43) 『論語』, 「鄕黨」, "升車, 必正立執綏."

가서 공허해지고 끝내 돌아가 묵을 곳이 없어졌으며, 질척질척하고 어두운 곳을 가다가 거꾸러지고 뒤섞여 어지러워졌으니, 뉘라서 촛불을 잡고 어두운 거리의 길을 가리키겠는가? 희경(羲經, 『주역』)에서 "도를 밟으면 평탄하다."[44]라고 하였고, 추전(鄒傳, 『맹자』)에서 "도는 마치 큰길 같다."[45]라고 하였으니, 거칠고 황폐하여 험한 좁은 길을 버리고 탄탄한 대로로 나아간다면 가거나 멈추거나 간에 어찌 어려움이 있겠는가!

현대 문명세계에는 신구학문이 병행하는데 또한 그 신학문을 들어서 개론한다면 『수신(修身)』이라는 한 권의 책은 윤리, 도덕을 배양하는 것이다. 어학, 산술은 일상생활에서 떳떳하게 행해지는 것을 말한다. 철학, 화학은 지식과 기능을 개발하는 것이다. 만물은 모두 나에게 구비하여 있으니 물리학에 능통하면 전선(電線)이 서로 이어져서 비록 만 리 밖에 있는 일이라도 알고 행할 수 있다. 이는 도가 사람에게서 멀지 않음이 아닌가! 천리(天理)가 사람에게 구비하여 있으니 천문학에 능통하면 역수(曆數)로 추산함에 일식, 월식의 이치를 알 수 있고 말할 수 있는데 이 역시 도가 사람에게서 멀지 않음이 아닌가! 그런즉 신학, 구학이 본래 두 갈래[二致]가 아니며 전대의 성인과 후대의 성인이 그 도[揆]는 하나이다. 이 도불원인(道不遠人) 넉 자는 옛날에 공자가 만세의 후생에게 가르침으로 드리웠고, 오늘날 강사가 관동의 인민에게 순회강연을 하였다. 무릇 우리 청강하는 사람이 하나가 열에 전하고 열이 백에 전하고 백이 천만 인에게 전하여서 우리 동쪽 사람이 집집이 공자, 맹자가 되고 정자, 주자가 되며 우리 도가 다시 중천의 해처럼 밝아지면 만세 유교의 유전(流傳)이 어찌 영원하지 않겠는가!

도는 사람에게서 멀지 않다　도는 사람에게서 멀지 않다

원주군 정상섭(丁相燮)

지금 『중용』 제13장을 살펴보니 자사자(子思子)가 중니(仲尼)의 말씀을 서술하여 "도가 사람에게 멀지 않다."[46]라고 말하였다. 아! 공부자가 귀를 당기고 면전에서 명하여 가르치고 일흔 명의 제자가 몸소 실행하고 마음으로 터득한 효험이 『논어』 한 책에 갖추어 실려 있으나 이 네 글자는 없다. 가정의 학문을 계승하고 중용의 취지를 말하여서 곧바로 네

44) 『周易』, 「履」, "履道坦坦."
45) 『孟子』, 「告子・下」, "道若大路."
46) 『中庸』, "道不遠人."

글자로 드러내어 밝히고 펴서 밝혔으니 그 의의는 대체로 시대의 쇠퇴에 느낌이 있었던 것이다.

부자의 시대에 사람은 오히려 도를 알았으므로 문답한 말이 반드시 '극기(克己)'를 말하고 '돌이켜서 몸에서 구함[反求諸身]'을 말하였으니, 듣는 사람은 대뜸 요령을 터득하여서 '멀지 않음'의 뜻을 말하여서 "선생님의 도는 충서일 뿐이다."[47]라고 하였다. 자사의 시대에 이르러서 도를 아는 사람이 드물었다. 그러므로 너무 높아서 사다리를 놓고 올라갈 길이 없는 해와 달, 별과 별자리처럼 보았고, 소원하여 기억할 만한 의미가 없는 풀과 나무, 새와 짐승처럼 버려두고는 높고 원대하며 행하기 어렵다고 하고, 그 묘용이 오로지 몸과 마음, 본성과 감정, 인륜의 일상생활에 있음을 알지 못하였다. 이로써 어리석은 사람은 자포자기하는 데 안주하고 간교한 자는 바깥으로 명성을 좇는 데 힘써서, 혹은 묵자를 배우거나 양주를 배우고,[48] 혹은 북쪽 연(燕)나라로 간다면서 남쪽 월(越)나라로 가는 것과 같았다. 이는 배에 난 솜털과 등에 난 털을 가지고서 여섯 깃털[六翮]의 힘으로 높이 날기를 도모하며, 서서 발을 구르고 망아지 걸음으로 만 리를 치달리려고 하는 것과 무엇이 다른가! 그런즉 도학이 전승을 잃어버림을 근심하여서 『중용』을 지었으니 그 본원이 하늘에서 나와 바꿀 수 없음을 밝히고, 실체(實體)가 나에게 갖춰져 있어 떠날 수 없음을 말하였다. 떠나는 것은 멀어지고 멀어지는 것은 떠난 것이다. 떠날 수 있으면 도가 아니며 멀어질 수 있으면 도가 아니다.

이 도는 어떤 도인가? 부부·부자·군신·장유·붕우이다. 부부와 부자가 되어서는 부부와 부자의 도를 다하고, 군신·장유·붕우가 되어서는 군신·장유·붕우의 도를 다한다면 그 도는 저기에 있는가, 여기에 있는가? 아침에도 여기에 있고 저녁에도 여기에 있으며 모든 의식이 여기에 있어서 털끝만큼도 틈이 없으니 『시경』에서 "도낏자루 찍네, 도낏자루 찍네. 자루의 본이 멀리 있지 않다네."[49]라고 한 것이 이것이다. 문화의 수준[世級]이 날로 내려가고 사람의 마음이 날로 빠져들어서 제 몸에서 구하지 않고 돌이켜 바깥에서 구하였다. 자사자(子思子)가 이에 이전 성인이 말하지 않은 내용을 말하여서 "도는 사람에게 멀지 않다."[50]라고 하고, 맹자는 "요순의 도는 효제일 뿐이다."[51]라고 하고, 주자는 "물 뿌리고 쓸고 응하고 대답하며 나아가고 물러나는 절도로 사람을 가르쳤다."[52]라고 하였다. 위

---

47) 『論語』, 「里仁」, "夫子之道, 忠恕而已矣."

48) 원문은 "或爲墨, 而爲揚."이다. '墨'은 墨子이고, '揚'은 揚雄이다. 그러나 고전 텍스트에서 흔히 묵자와 나란히 거론되는 사상가는 '楊朱'이다. 따라서 '양주'로 번역하였다.

49) 『詩經』, 「豳風·伐柯」, "伐柯伐柯, 其則不遠."

50) 『中庸』, "道不遠人."

51) 『孟子』, 「告子·下」, "堯舜之道, 孝弟而已."

로 도달하는 공부가 아래를 배움[下學]에 있고, 나라를 다스리고 천하를 태평하게 하는 도는 자신을 닦음[修身]에 있으니 『대학』에 이른바 "그 근본이 어지럽되 말단이 다스려지는 일은 있지 않다."[53]고 한 말이 옳지 않은가!

아! 그림쇠와 곱자와 먹줄과 자는 장인의 편리한 도구이나 그 모범은 손끝에서 나오는 것이건만 저 졸렬한 사람은 알지 못하고서 시장의 가게에서 질정을 구한다. 갖가지 시계와 시간표[鍾表時辰]는 공업의 정교한 기예이나 그 기관은 오로지 실과 태엽[遊絲]에 매여 있는데 저 어리석은 사람은 살피지 않고서 시계 침에 책임을 돌린다. 이는 사람이 도를 행하되 사람에게서 멀다고 여기는 것과 무엇이 다른가! 오직 제현께 바라건대 멀지 않다는 뜻을 깊이 탐구하며 더욱 일상의 도를 힘쓰기를 깊이 바라는 바이다.

도는 사람에게서 멀지 않다

화천군 이희룡(李熙龍)

도는 본래 가까이 있으니 알 수 있고 행할 수 있어서 반드시 "사람에게 멀지 않다[不遠人者]"고 말한다. 하지만 '멀대[遠]'라는 글자 속에 이미 사람이 스스로 멀리한다는 뜻을 포함하고 있으며 다만 드러내지 않았을 뿐이다. 어떻게 그것을 명료히 알 수 있는가? 천하의 한 근본에 근원을 둔 것은 반드시 혼륜함[渾淪]을 포함(包涵)한 것이 있으니 그것을 본체로 삼고, 천하의 온갖 이치를 구비한 것은 반드시 조리와 나뉨[條分]이 드러난 것이 있으니 그것을 작용으로 삼는다. 본성[性]은 도리(道理)를 포함한 것이며 도는 성리(性理)를 드러내는 것이다. 도는 내가 본성을 따르되 자연의 본체를 떠나지 않는 것인데 그 본성은 하늘에 근본을 둔다. 도는 내가 길을 가되 당연(當然)의 작용을 벗어나지 않는 것인데 그 도는 본성에 근본을 둔다. 본체, 도, 작용은 또한 서로 가까운 것이 아닌가?

일찍이 논하건대, 인의예지의 성은 하늘에서 품수하되 본래 선하여 일상생활의 사물의 도가 사람에게 구비되어서 떳떳함이 있는 것이다. 그러나 성은 본래 선하되 무위(無爲)의 공간에 미치며, 도는 늘 행해지되 유위(有爲)의 공간에서 드러난다. 그러므로 성에 나아가 말하는 것은 도에 나아가 말하는 것만 못하다. 이는 중점이 도에 있는 것이다. 하늘은 높고 멀리 있으나 고르게 덮고 명령을 내린다. 사람은 낮고 가까이 있으나 홀로 중정(中正)

---

52) 『大學章句』,「序」, "敎人以灑掃應對進退之節."

53) 『大學』, "其本亂而末治者, 否矣."

함을 받았다. 그러므로 도는 하늘에서 나오면 곧 사람에게 있다. 이는 중점이 사람에게 있는 것이다. 그러니 어찌 도가 사람에게 멀지 않다고 하지 않겠는가!

자사자가 수장(首章)의 취지를 들어 "본성을 따름을 도라 한다."[54]라고 하였고, 또 선성(先聖)의 취지를 인용하여 "도는 사람에게서 멀지 않다."[55]라고 하였다. 이 넉 자는 도가 수양하기 이전에 절로 사람에게 멀지 않은 이치가 있음을 말한다. 주자가 이를 해석하여 "도는 본성을 따르는 것일 뿐이니 본래 뭇사람이 알 수 있고 할 수 있는 것이다. 그러므로 늘 사람에게서 멀지 않다."[56]라고 하였다. 또 장구(章句)를 해석한 자는 "알 수 있고 행할 수 있는 것은 어리석은 부부나 불초라도 더불어 알고 행할 수 있는 것이다. 그러므로 도는 사람에게서 멀지 않다고 하여서 위의 장을 이어서 말하였다."라고 하였다. 또 이를 풀이하는 자가 "불원(不遠) 두 자는 도가 가까이 있는데 멀리서 구하는 자를 위해 말한 것이다"라고 하였다. 이로 보건대, 본래 멀지 않은 이치가 있는 것은 도이고 멀지 않은 이치를 아는 것은 사람이다. 행하기 어렵다고 여겨서 중도에서 폐기하는 경우는 도가 먼 것 같지만, 시작은 있되 끝이 없는 것은 사람이다. 용감하게 전진하여서 중도에서 지나친 경우는 도가 멀지 않은 것 같지만, 가까운 것을 버리고 먼 것을 취하는 것은 사람이다. 도가 어찌 사람에게 멀겠는가! 이는 "도불원인(道不遠人)" 넉 자 속에 허다한 조리가 포함되어 있으나 바깥으로 다 발현되지는 않음을 아는 것이다. 그런즉 '가까움[邇]'을 말하지 않고 '멂[遠]'을 말한 것은 어찌 '멂[遠]'이라는 한 글자에 이미 사람이 스스로 멀리한다는 뜻이 포함되어 있는 것이 아니겠는가!

아! 하늘이 처음 성품을 내릴[降衷] 때 본연의 성[本然之性]이 있고 기질의 성[氣質之性]이 있었다. 형체가 부여된 뒤 군자의 도가 있고 소인의 도가 있었다. 본연을 따르는 자는 성인이고, 기질에 얽매인 자는 보통사람이다. 중용에 근본을 둔 자는 군자이며, 중용에 반하는 자는 소인이다. 하늘은 사람에게 멀지만, 성품을 내리는 것[降衷]으로 보건대 그 사이에 털끝만큼도 용납함이 없어서 사람은 사물을 멀다고 여기지 않으며, 부여된 성으로 논하건대 모두 이 기(氣)를 가지고 있다. 이 때문에 성인은 본성대로 하는[性焉] 자이고 군자는 본성을 따라 하는[性之] 자이다. 만약 보통 사람의 성이나 소인의 도가 그 처음을 궁구하면 하나이다. 이것은 성인이 가르침을 드리워서 바른길을 지시하여 사람을 인도하고 일상의 행위[庸行]를 들어서 사람에게 보인 까닭이다. '잠시라도 떠나지 않는다[須臾不離]'라고 한 것은 혹시라도 떳떳한 행위를 위반함을 경계한 것이다. 또 '멀고 오래가며, 지경이 없다[悠

---

54) 『中庸』, "率性之謂道."

55) 『中庸』, "道不遠人."

56) 『中庸章句』, "道者, 率性而已, 固衆人之所能知能行者也. 故常不遠於人."

久無疆'라고 한 것은 저절로 떳떳한 이치에 부합하게 돕는 것이다. 그 법칙은 멀지 않은데 도낏자루를 잡은 자는 멀다고 여기고, 행하는 것은 가까운 데서 시작하는데 정곡(正鵠)을 찌른 자가 추구한다.

크도다, 도여! 천하 사람이 어찌 이 도를 말미암지 않는가! 무릇 방 속에서 사해(四海)를 보고 사립문과 창문 사이에서 팔역(八域)을 본다. 사해가 또한 멀지만 내 견해는 사해보다 먼 것이 있고, 팔역이 또한 넓지만 내 견해는 팔역보다 넓음이 있도다! 그런즉 내가 과연 무엇으로 그것을 보겠는가? 도로써 그것을 본다. 비록 그렇지만 사해 바깥에 다시 도가 있으며 팔역 사이에 도가 서로 섞여 있다. 내가 말하는 도란 해와 달이 사해를 지나는 것과 같이 모두 바른길이다. 저들이 말하는 도란 산천이 팔역을 한계 지우는 것과 같이 갈림길이 많다. 근래 이단의 학설이 성행하여서 남쪽으로 간다면서 북쪽으로 수레를 몰듯이 하는 자가 곳곳에 있으며, 견강부회하여 원래 뜻을 왜곡하는[郢書燕說]57) 일이 널리 모두 그러하다. 나는 본래 다른 책을 읽지 않고 다른 학설을 익히지 않았으니 이단의 폐해를 낱낱이 들 수는 없다. 그러나 바른길을 버리고 배치되며 마루가 되는 가르침[宗敎]을 지나치고 갈림길로 찾는다면 우리 도의 하늘은 긴 밤의 어두움에 가깝고 우리 문화의 해는 반드시 다시 중천에 뜰 기약이 없을 것이다. 이 때문에 경학원을 설치하였다.

백 세대 위로 과거 성인에게 거슬러 올라가도 이 같은 마음, 이 같은 이치를 지을 것이고, 백 세대 아래 후학에게 접하여도 이 같은 마음, 이 같은 이치를 서술할 것이다. 인한 사람이 보고서 인으로 삼고 지혜로운 자가 보고서 지혜로 삼으며, 사람과 귀신의 까닭을 아는 것이 이 학문으로 말미암는다. 변화의 신묘함을 아는 자는 이 도로 말미암는다. 그런즉 경학 외에 다시 무슨 학문이 있는가? 진실로 능히 학문에 확고하게 뽑아낼 수 없는 마음을 더한 뒤라야 경학이 더욱 견고함을 말할 수 있으며, 위급한 때라도 떠나지 않는 공부를 한 뒤라야 경학이 점차 진보함을 말할 수 있다. 참으로 여기에 독실하면 사물로써 사람을 깨우치는 비은(費隱)의 이치와 사람으로서 사물에 미치는 충서의 도가 끝에 다시 합하여서 한 이치가 되니 거의 사람은 사람이고 도는 도라 하는 탄식이 없을 것이다. 어찌 도가 행해지지 않고 밝지 않을 우려가 있겠는가!

---

57) 郢書燕說: 원문은 "執郢書而誦燕說"이다. 郢 땅 사람이 잘못 써서 보낸 편지에 燕나라 재상이 그럴듯한 설명을 붙인다는 뜻으로, 본래 의도와 달리 견강부회를 함을 뜻한다.

도는 사람에게서 멀지 않다

횡성군 정현성(鄭顯成)

도라 하는 것은 근원이 하늘에서 나오고 이치가 사람에게 구비된 것으로, 이 성을 따라 몸에서 벗어나지 않으며 이로 말미암아 가면 어디에나 일상생활의 떳떳한 행위 사이에 있다. 그러므로 성의(誠意), 정심(正心)은 도의 본체[體]이며 의관을 바르게 하고 보는 것을 높게 하고, 말과 용모의 동작에 포악하고 오만함과 비루하고 배반함을 멀리하여서[58] 엄연히 사람들이 우러러보고 두려워함은[59] 도가 나타난 것이다. 수신·제가·치국·평천하는 도의 작용[用]이다. 오전(五典, 오륜)·삼강(三綱)·사단(四端)·칠정(七情)은 도가 발현한 것이다. 예악, 문물은 도가 드러난 것이다. 뭇 백성에게 떳떳한 덕[懿德]이 있고 사물에 법칙이 있음은 도의 형체[形]이다. 황극(皇極)이 떳떳이 행해지고 당(黨)이 없고 치우침[偏]이 없음은 도의 운행[行]이다. 어려서 배우고 장성하여 실행하며, 아래에서 배워서 위로 오르며, 가까운 데서 말미암아 멀리까지 미침은 도를 미루어가는 것이다. 사람의 고유한 것을 근거로 마름질하고 뭇사람이 알 수 있고 할 수 있는 것으로부터 권유함은 도를 닦는 것이다.

마음에서 스스로 터득하여서 어디에서든 그 근원을 만나며[60] 어디를 가나 이치 아님이 없음은 도가 완성된 것이다. 도는 이에서 지극하고 극진하다. 그 덕으로는 세 가지 달한 것[三達, 知·仁·勇]이 있고, 그 바탕으로는 세 가지 가까움[三近, 好學·力行·知恥]이 따른다. 도를 확대하여 이로써 교화하면 삼대(三代)의 문교(文敎)가 빛나고, 잡아서 중도를 따르면 여덟 성인[八聖, 요·순·우·탕·문왕·무왕·주공·공자]이 마음의 법을 서로 전한 것이 된다. 그러므로 "도는 만세에 닳아 없어지지 않는다[道者, 萬世無敝]"라고 하니, 없어지는 것은 도를 잃어버리는 것이다. 그런즉 도는 오르내림이 있고 정치는 습속에 말미암아 개혁하는 것이 떳떳한 이치이다. 천하에 사람이 살아온 지 오래인데 다스림과 어지러움이 서로 반복하고 더러움과 융성함이 한결같지 않음은 사물의 변화이다. 대체로 사람의 마음은 쉽게 들끓어서 마름질하기 어렵고, 사람의 감정은 쉽게 흘러서 돌이키기 어렵고, 사람의 욕망은 쉽게 타올라서 꺼뜨리기 어렵다. 바른 도가 한번 제거되면 회복되기 어렵다. 또한 성인은 멀고 말씀은 잠겨버렸고 자취는 사라지고 은택은 다하였다. 사람은 제 몸을 사사로이 여기고 선비는 학식을 사사로이 여기며, 저마다 자기 도를 도로 삼아서

---

58) 『論語』, 「泰伯」, "動容貌, 斯遠暴慢矣. … 出辭氣, 斯遠鄙倍矣." 구절에 보인다.

59) 『論語』, 「堯曰」, "君子正其衣冠, 尊其瞻視, 儼然人望而畏之." 구절에 보인다.

60) 『孟子』, 「離婁·下」, "取之左右逢其原." 구절에 보인다.

이미 한(漢), 당(唐)의 도교, 불교는 꿈 같은 학설을 폈고 오계(五季)에는 비바람에 겨우 촛불처럼 깜박였으니, 우리 도가 붙어 있는 것이 문자의 사이를 넘지 못하고 실낱같이 끊어지지 않아 마치 맨 꼭대기의 큰 열매를 먹지 않음[碩果不食]과 같았다.

또 일찍이 논하건대, 자사자(子思子)가 중용을 서술한 것은 전국시대의 전쟁 상황에서 공리(功利)가 성행하고 이단(異端)이 벌떼처럼 일어나는 것을 직접 보고서 도가 전승을 잃어버릴까 근심하여 이에 부자의 뜻을 서술하였던 것이다. 말이 절실하고 설명이 상세하여 이로써 후세에 알려서 도통이 있게 하였다. 소급하여 고찰하면 왕정(王政)은 비록 폐기되었으나 성인이 떠난 지 멀지 않고 남은 은택이 끊어지지 않았으나 오히려 근심이 깊고 염려가 절실하여서 이와같이 기록하였는데 하물며 수천 년 뒤에 이르러서이겠는가! 송(宋)이 융성하여서 염락(濂洛, 주돈이와 정호·정이)의 여러 철인이 열어 밝혀서 이 도로 하여금 찬란하게 다시 회복하게 하였으나 역시 지위를 얻지 못하여 도가 행해지지 않았다. 이로부터 능히 선성(先聖)의 도를 지키는 자가 없어서 듣지 못했다.

큰 근본의 제도와 궐리(闕里)의 제향이 위에서 예를 높임이 없지는 않았으나 혹 겉만 번지르르하게 신칙하고 지나치게 까다롭게 살피는 실책으로 거의 유학의 소박한 본모습을 얻지 못하고 몸을 수양하고 성실함을 세우는 실상이 거의 소멸하고 침묵하였으며 오늘날에 이르러서는 극에 이르렀다. 이것이 성하면 저것이 쇠퇴함은 자연스러운 이치이다. 사설(邪說)과 폭행이 바른길을 덮고 막음은 어찌 끝이 있겠는가! 한자(韓子, 한유)가 말하기를 "농사짓는 사람은 한 사람인데 그것을 바탕으로 삼는 사람은 여섯이다."[61] 하였으니, 옛날로 오늘을 보자면 그것을 바탕으로 삼는 사람이 여섯에 그치지 않을 것이다. 이것을 만들어내고 이것을 좋아하는 무리가 입을 놀리고 눈썹을 휘날리며 부화뇌동하고 인쇄하여서 퍼뜨리며 이익의 구멍에 투신하여서 집착하고 말만 번지르르한 이설(異說)에 턱이 빠지도록 웃으며 좋아하고 기송사장(記誦詞章)은 말라버린 묵은 풀과 같으니, 어느 겨를에 경학을 하고 성현의 성(性)의 도가 있는 글을 읽겠는가!

비록 그러하나 이 도의 존재는 하늘 끝까지 가도 실추되지 않으며 맡은 사람이 있으니 그 사람이 있으면 도는 전체를 얻고 그 사람이 없으면 도는 헛된 자리가 된다. 누가 사람이 아니겠는가만 도를 잊으면 노예와 다름이 없으며 누군들 성이 없겠는가만 송두리째 잃어버리면 새나 짐승과 어떻게 구별하겠는가? 본성은 서로 가깝지만 습성에 의해 멀어지는 것이 사람이다. 충서(忠恕)가 일관(一貫)함이 본래 사람에게 구비되어 있지만 논하지 않는 것은 사람이다. 이 어찌 도의 지나침이겠는가! 이 사람이 있으면 이 성이 있고 이 성이

---

61) 『韓昌黎文集』, 「原道」, "農之家一, 而資焉之家六."

있으면 마땅히 이를 따름이 있으니 실로 예로부터 진실하고 한결같이 바꿀 수 없는 떳떳한 이치[常]이다.

그러므로 『주역』에서 "음이 되었다가 양이 되었다가 하는 것을 도라 한다. 이를 이어가는 것이 선이고 이를 이루는 것이 본성이다."[62]라고 하였다. 또 "밟는 길이 탄탄하다."[63]라고 하였으니, 이는 밟는 바가 바름을 말한 것이다. 『맹자』에서 "도는 큰길과 같으니 돌아가라[道若大路然歸]" 등의 말은,[64] 나로 말미암음을 말한 것이다. 『시경』에서 "큰길은 숫돌같이 평탄하여 곧기가 화살 같네. 군자들이 다니는 곳, 소인은 바라보기만 하는 곳."[65]이라고 말하였으니 소인은 보기만 하고 따르지 않음을 말한 것이다. 또 "도낏자루 찍네, 도낏자루 찍네. 그 본이 멀지 않나니. 사람으로 사람을 다스리다 고치면 그만두네. 흘겨보고서는 오히려 멀다 하네."[66]라고 말한 것은 도를 떠난 사람을 비유한 것이다. 떠남이 심함에 이르러서 흘러가되 다잡지 않으면 본성은 저기에 있고 몸은 여기에 있으며, 욕망을 따르고 돌이킴을 잊어버리면 도는 도이고 나는 나이며, 자포자기하고 돌아보지 않으면 보아도 보이지 않고 들어도 들리지 않으며 먹어도 맛을 모른다.[67] 그러므로 "군자는 보존하고 보통사람은 잃어버린다."[68]라고 말하였다. 그런즉 그것을 보존하는 기술이 어찌 다른 것들에 있겠는가! 정자(程子)께서는 "성인의 수많은 말씀이 내가 놓친 마음을 요약하여 반복하여 몸에 들이게 하는 것이다."[69]라고 하였으니, 그러므로 이 도의 떠나고 떠나지 않음은 저마다 마땅히 사람의 몸에서 따르느냐 따르지 않느냐 하는 것에 달려있을 뿐이다. 따르는 것은 어떠한 것이기에 어찌 그 근본에 돌이키지 않는가?

하늘로부터 떳떳하게 갖춘 이륜(彝倫)은 옛날이나 오늘이나 차이가 없으며 성품을 받는 처음에 어찌 청탁의 나뉨을 논하겠는가! 반드시 "어린아이를 기를 때 물 뿌리고 청소하는 것을 우선으로 삼고, 장성하여 배움에 이치를 궁구함을 귀하게 여긴다."라고 하였다. 모든 예법의 동작[折旋周旋]을 조화롭게 하며, 구용(九容)과 구사(九思)를 예의 규범에 맞게 다잡으며, 윗사람을 받들고 아랫사람을 대함에 효도와 공손함을 생각하며, 어버이를 섬기고

---

62) 『周易』, 「繫辭・上」, "一陰一陽之謂道. 繼之者善也, 成之者性也."

63) 『周易』, 「履」, "履道坦坦."

64) 『孟子』, 「告子・下」, "夫道若大路然, 豈難知哉? 人病不求耳, 子歸而求之, 有餘師." 구절에 보인다.

65) 『詩經』, 「小雅・大東」, "周道如砥, 其直如矢. 君子所履, 小人所視."

66) 『詩經』, 「豳風・伐柯」, "伐柯伐柯, 其則不遠. 以人治人, 改而止. 睨而視之, 猶以爲遠."

67) 『禮記』, 「大學」, "心不在焉, 視而不見, 聽而不聞, 食而不知其味也."

68) 원문은 "君子存之, 衆人亡之"이다. 이는 『孟子』, 「離婁・下」, "人之所以異於禽獸者幾希, 庶民去之, 君子存之." 구절을 염두에 둔 것으로 보인다.

69) 원문은 "聖人千言萬語, 將己放之心約之, 反復入身來."이다. 관련 전거는 『程氏遺書』, "程子曰, 聖賢千言萬語, 只是欲人將己放之心約之, 使反復入身來, 自能尋向上去, 下學而上達也." 구절에 보인다.

어른을 공경함에 법과 예를 어기지 않고 안과 밖에 간격이 없고 겉과 속이 환하게 통하도록 하며, 앞선 성인의 성법(成法)에서 따지며 육경의 아름다운 취지에서 심오한 도리를 탐색하여서 실천함에 실로 사려가 정확하고 전일하면 삼물(三物)70)과 오교(五敎, 오륜)가 법도[規矩]의 안을 벗어나지 않으며, 육전(六典), 팔칙(八則)이 저절로 범위 안에 들어올 것이다. 그런 뒤에야 성의 근본을 회복함에 따르지 않아도 저절로 따르게 되고 이 도가 섬에 멀리하려고 해도 멀지 않을 것이다. 공자께서는 "사람이 도를 크게 하지 도가 사람을 크게 하지 않는다."71)라고 하였다. 그런즉 어찌 도가 저절로 와서 사람을 크게 하기를 바랄 수 있겠는가! 한 시대를 다스리고 천하를 법도의 가운데 올려서 백성으로 하여금 날로 선에 옮기되 스스로 알지 못하며 다시 명목을 붙일 수 없음에 돌아가게 하는 것은 모두 위에 있는 사람이 몸소 행하고 마음으로 터득하는 데 달려 있다. 자기를 미루어 남에게 미치고 널리 베풀고 대중을 구제하는 것은 자문을 하고 헤아려 볼 수 있는 것일 뿐이다.

도는 사람에게서 멀지 않다

횡성군 오치익(吳致翊)

도는 천리(天理)이고, 이치는 또한 인사(人事)이다. 자연(自然)이 성실(誠實)하여 사시가 생성되는 공은 천리의 본연(本然)이다. 진실하고자 하고 사단(四端)이 감응하여 발현하는 성(性)은 인사의 당연함이다. 이치의 본연은 순수하고 한결같으며 잡스러움이 없고 이치의 혼연한 것은 오목불이(於穆不已)하여서 한순간이라도 끊어짐이 없으며 털끝만큼이라도 차이가 없으니 이러한 것이 있어서 이치가 천도(天道)가 된다. 마땅히 행할 일은 가려서 굳게 잡고 당연히 행할 것은 행하되 나태하지 않으며 그 생각을 신중히 하여서 명료하게 변별하며 그 마음을 보존하여서 성찰하니 이러한 것이 있어서 일이 인도(人道)가 된다. 그러므로 그 이치를 논하자면 천도라 하고 일로써 논하자면 인도라 하니 사람의 일이 곧 하늘의 이치이다. 하늘의 이치는 곧 사람의 일이다. 나에게 있는 도를 어찌 멀다 하겠는가! 도의 큰 근원은 하늘에서 나와서 사람에게 붙어 있는 것이다. 자연의 본성을 따르고 일상생활 사이에 적용하면, 부모가 자애로움을 행하는 것, 자식이 효도하는 것, 군주가 어짐을 행하는 것, 신하가 충성하는 것, 남편이 화합하고 아내가 유순하며 형이 우애 있고 아우

---

70) 三物: 六德, 六行, 六藝를 말한다.
71) 『論語』, 「衛靈公」, "人能弘道, 非道弘人."

가 공경하는 것이 도 아님이 없다. 다른 것에서 구하기를 기다리지 않고 갖추지 않은 것이 없으며, 남에게 빌리기를 기다리지 않고 쓰지 않은 바가 없어서 상황에 따라 발현하며 어디를 가나 그러하지 않음이 없으니 요순(堯舜)의 도가 이 바깥에 있지 않으며 공맹(孔孟)의 도가 이것을 벗어나지 않는다. 옛날과 오늘날 마땅히 행해야 할 도는 어려움에 있지 않고 쉬움에 있으며 먼 곳에 있지 않고 가까이에 있다. 이로써 도 밖에 사람이 없고 사람 밖에 도가 없으며 이 도가 있으면 이 사람이 있고 이 사람이 있으면 이 도가 있음을 안다. 성인은 이를 법으로 삼아 몸에서 떠나지 않고 군자는 이를 닦아 마음에 보존하니 그 지극히 가까우며 멀지 않은 뜻을 이에 볼 수 있다.

대체로 천지 사이에 생겨난 것은 사물이며 만물에 빼어나 신령한 것은 사람이니 둥근 이마를 받들고 반듯한 발을 밟고서 팔다리와 수많은 뼈마디를 갖추지 않음이 없다. 도덕을 품고 인의를 당기고 오상(五常)과 온갖 선을 구비하지 않음이 없으니 사람이 된 까닭은 하늘의 이치를 받은 것이며 하늘의 이치는 곧 본연의 성이다. 화평하며 유연(油然)하여 감응하는 바에 따라 드러나되 비록 어린아이라도 어버이를 사랑할 줄 알고 어른이 되어서는 형을 공경함을 모름이 없으니 이로 말미암아 보건대 도가 사람에게 있어서 도에 있고 멀리 있지 않다. 그러나 하늘에서 부여한 성이 물욕의 사사로움에 빠진 것은 비유하자면 빛나는 구슬이 진흙탕에 감추어져 광채가 없는 것과 같고 보배로운 거울이 먼지의 때가 끼어서 빛나지 않은 것과 같다. 감춰진 것을 밝히지 않고 때가 낀 것을 훔치지 않으면 천연의 자질과 천질(天質)의 품성을 모두 잃어버린다. 마땅히 행해야 할 길과 말미암을 길이 이로써 버려지니 어찌 이루 탄식을 하랴!

잡고 보존하려는 생각을 느슨하게 하지 않고 항상 넓혀서 채우는 공부를 더하여서 믿음이 독실하고 행함에 과단성이 있으며, 생각함이 신중하고 지킴이 견고하여 함양하고 성찰하는 즈음에 노력을 하고 순수하고 한결같아 함이 없는 영역에 이르기를 기약하면, 천명(天命)의 성이 점차 훼손됨이 없는 데 나아가고 인도의 분깃이 저절로 고원함이 없을 것이다. 아! 사람이 스스로 도에서 벗어나서 도가 더욱 멀어지는 것이다. 그러므로 삼대(三代)이상의 사람은 도를 하나로 하였으나 삼대 이후의 사람은 도를 백 가지로 하여서 양주(楊朱)에게로 가고 묵자(墨子)에게로 가니 이에 도가 멀어졌고, 노자에게로 장자에게로 가니 이에 도가 벗어났다. 수신·제가·치국·평천하의 이치는 어디로부터 얻겠는가! 효제, 충신의 근본은 어디를 좇아서 구하겠는가!

대체로 도란 성을 따르는 것을 말한다. 진실로 남을 책망하는 마음을 돌이켜서 스스로 수양하고 자기를 용서하는 마음을 미루어서 남에게 미치며, 부지런히 힘을 쓰고 그치지 않고 나아간다. 급박한 순간에도 반드시 여기에 있고 위태로운 순간에도 반드시 여기에 있어서, 도 아닌 것으로 하여금 사람에게 더하게 하지 않으면 이 어찌 천리를 따르고 도를 행하는 것이 아니겠는가! 비록 그러하나 한 상념 사이에 마음이 혹 있지 않고 한 호흡 사이에 의지를 혹 놓쳐버리면 천리의 공변됨이 사사로움에 의해 해져서 이 도의 바름은 바깥에 빼앗기고 전체이며 하나인 덕이 이에 붕괴하여서 본연의 체는 이지러지는 바가 없을 수 없다. 이 어찌 사람의 도를 멀리하여서 일을 행하는 것이 아닌가!

　아! 성인은 멀고 가르침은 해이해져서 우리 도가 거의 어두워졌으나 오히려 다행히 이 책이 사라지지 않았으니 천 년 동안 전해지지 않은 실마리를 잇게 한다. 배우는 사람이 참으로 여기에 종사하여서 도가 사람에게 멀지 않은 뜻을 살핀다면 거의 인도의 요체에 가까워질 것이다.

[경학원잡지 제5호(1914.12.25.), 85~97쪽]

3 도는 사람에게서 멀지 않다(1915.09.25.)

도는 사람에게서 멀지 않다[道不遠人]
(1915년 5월 8일 제12회 강연)

강사 이용직(李容植)이 강연하였다.

도는 본성[性]을 따르는 도이며, 사람은 본성을 갖춘 사람이다. 저마다 자기가 갖춘 본성을 따를 수 있다면 도는 이에 존재한다. 본성을 따르지 못하면 도는 이에 없어진다. 도의 존망은 진실로 내 마음을 잡고 버리는[操舍] 것에 있을 뿐이다. 앞 장에서 '비은(費隱)'의 도를 논하였으므로, 그 지극함에 미쳐서는 성인도 알지 못하는 바가 있고, 할 수 없는 바가 있으며, 위아래로 하늘과 땅에 드러난다고 한 구절이 있다. 그러나 아마도 어리석은 부부와 불초한 자는 "반드시 성인이 알지 못하고 할 수 없는 것은 위아래 하늘과 땅에 드러나서 지극히 어렵고 지극히 큰 도인데 내가 어찌 감히 미치기를 바라겠는가"라고 하여 도를 고원한 곳에 두고 스스로 금을 긋고 스스로 포기하니 도가 행해지지 않고 밝지 않은 것은 실로 이에 말미암는다.[72]

그러므로 자사(子思)가 중니(仲尼, 공자)의 "도는 사람에게서 멀지 않다[道不遠人]"는 가르침을 인용하여 자기를 다스리는 자로 하여금 자기가 갖춘 바에서 구하여 자기를 다스리게 하며, 남을 다스리는 자로 하여금 그 사람이 능한 바로 인하여서 그 사람을 다스리게 하는 것이다. 도를 어찌 멀리서 구하며 도를 어찌 다른 것에서 구하겠는가! 도낏자루를 잡고서 도낏자루를 자르되 흘겨보면서 멀다 하는 것은 그 법칙이 가까이 있음을 모르는 것이다. 내가 원하지 않는 것을 남에게 베푸는 것은 자기에게 미루는 것을 모르는 것이다. 임금을 섬김에 능하지 못하면서 신하에게 구하며, 부모를 섬김에 능하지 못하면서 자식에게 구하며, 형을 섬김에 능하지 못하면서 아우에게 구하며, 먼저 베풂에 능하지 못하면서 벗에게 구하는 것은 돌이켜서 스스로 책할 줄 모르는 것이다. 도를 어찌 멀리서 구하며 도를 어찌 다른 데서 구할 수 있겠는가!

---

72) 『中庸』, 第12章, "君子之道費而隱, 夫婦之愚可以與知焉. 及其至也, 雖聖人亦有所不知焉, 夫婦之不肖可以能行焉. 及其至也, 雖聖人亦有所不能焉, 天地之大也, 人猶有所憾. 故君子語大天下莫能載焉, 語小天下莫能破焉." 구절에 관련 내용이 보인다.

주자는 성(性)·도(道)·교(敎)를 풀이하여 "사람이 자기에게 본성이 있음은 알면서 그것이 하늘에서 나온 것임을 알지 못하며, 일에 도가 있음은 알되 그것이 본성에서 유래함을 알지 못하며, 성인에게 가르침이 있음은 알되 그것이 내가 본디 가지고 있는[固有] 것으로 말미암아 마름질하는 것임을 알지 못한다."[73]라고 하였다. 이른바 본디 가지고 있는 것이란 곧 사람이 본디 가지고 있는 인의예지(仁義禮智)의 본성이다. 측은(惻隱)·수오(羞惡)·사양(辭讓)·시비(是非)는 사단(四端)이며, 희로애구애오욕(喜怒哀懼愛惡欲)은 칠정(七情)인데 이는 모두 성분(性分)으로 본래 가지고 있는 것이다. 도를 어찌 멀리서 구하며 도를 어찌 다른 데서 구하겠는가! 장자(張子, 張載)는 "자기를 아끼는 마음으로 남을 아끼면 인을 다하고 남을 책망하는 마음으로 자기를 책망하면 도를 다한다."[74]라고 하였다. 대체로 충서(忠恕)가 도에서 멀리 벗어나지 않음이 이와 같다. 무릇 나를 이롭게 하고 남을 해롭게 하는 상황, 남에게 손해를 입히고 나를 유익하게 하는 상황에서 취사를 용감하게 결단하지 않으면 충서의 도가 아니다. 『대학』 '평천하(平天下)' 장에서 말한 혈구지도(絜矩之道) 역시 충서의 뜻이다.

우리들은 자사보다 수천 년 뒤에 태어나서 서로 거리가 멀다. 그러나 자사가 말한 도는 곧 우리들이 오늘날에도 본디 가지고 있는 성분(性分)이다. 지금 그 책을 읽으면 완연히 직접 그 가르침을 받는 것 같은데, 이는 다름이 아니라 우리가 본디 가지고 있는 것을 근거로 해서 후세에 가르침을 드리웠기 때문이다. 도를 어찌 멀리서 구하겠으며 도를 어찌 다른 데서 구하겠는가!

어떤 사람이 본성을 따르는 방법에 의문을 가지고 "음식과 남녀관계[食色]는 본성인데 음식과 남녀관계의 본성을 따르는 것도 본성을 따르는 도라 할 수 있는가?"라고 물었다. 먹지 못하고 굶주리며 아내가 없는 이를 홀아비[鰥]라 한다. 음식과 남녀관계는 사람 관계에서 긴요하고 중요하다. 도는 음식과 남녀관계 사이에서도 행해질 수 있으니, 당연의 준칙을 잃어버리지 않으면 군자의 도가 어찌 절실하고 가까운 처지에서 단서가 시작되어서 광대하고 고원한 곳에 미치지 않겠는가! 의롭지 않은 음식과 예가 아닌 남녀관계는 도에서 어긋남이 멀다.

도는 사람에게 멀지 않다는 한 구절은 우리 도가 전수하는 심법(心法)으로서 마땅한 사람에게만 전하는 부절이 되기에 충분하다. 그러나 자사 이후 참으로 실천할 줄 아는 자는 거의 없으니 이는 무슨 까닭인가! 비유하자면 보배로운 거울이나 빛나는 구슬이 먼지가

---

73) 『中庸章句』, 第1章, "蓋人知己之有性, 而不知其出於天. 知事之有道, 而不知其由於性. 知聖人之有敎, 而不知其因吾之所固有者裁之也."
74) 『正蒙』, 「中正」, "以愛己之心愛人, 則盡仁. 以責人之心責己, 則盡道."

끼고 흙에 묻힌 채 여러 해가 되면 사물을 만나도 비추지 못하며 밤에도 광채가 나지 않는 것은 본바탕이 그러한 것이 아닌 것과 같다. 사람이 도를 추구하는 마음을 지니고 있으면 우리의 고유한 보배로운 거울과 밝은 구슬이 본연의 색을 잃지 않을 터이니 도를 어찌 멀리서 구하며 도를 어찌 다른 데서 구하겠는가!

부연원 정봉시(鄭鳳時)가 부연하였다.

『중용』 한 책은 자사자(子思子)가 도를 근심하여서 지은 것이며 부자께서 전수한 뜻을 서술한 것이다. 모두 33장 가운데 한 번 쓰고 두 번 써서 간곡하게 반복한 것은 다만 도라는 한 글자일 뿐이다.

"성을 따르는 것을 도라 하고, 도를 닦는 것을 교(敎)라 한다. 도란 잠시라도 떠날 수 없는 것이니 떠날 수 있으면 도가 아니다."[75] 하였다. "도가 행해지지 않음을 내가 아나니 지혜로운 사람은 지나치고 어리석은 사람은 미치지 못한다. 도가 밝지 않음을 내가 아나니 현명한 사람은 지나치고 불초한 사람은 미치지 못한다. 사람으로서 먹고 마시지 않는 자가 없지만 맛을 아는 사람은 드물다."[76] 하였다. "군자는 도를 따라 가다가 길을 반쯤 가서 그만두는데 나는 그렇게 하지 못한다."[77] 하였다. "군자의 도는 넓으나 은미하다."[78] 하였다. "군자의 도는 부부에게서 발단이 되지만 지극함에 이르면 하늘과 땅에 드러난다."[79] 하였다. "충서는 도에서 어긋남이 멀지 않다."[80] 하였다.

"군자의 도가 넷인데 (나는 한 가지도 능하지 못하니) 자식에게 요구하는 바로 부모를 섬기지 못하며, 신하에게 요구하는 바로 군주를 섬기지 못하며, 아우에게 요구하는 바로 형을 섬기지 못하며, 벗에게 요구하는 바로 먼저 베풀지 못한다."[81] 하였다. "군자의 도는 비유하자면 멀리 감에 반드시 가까운 데서부터 시작하며, 비유하자면 높이 올라감에 반드시 낮은 데서부터 시작함과 같다."[82] 하였다. "도로써 몸을 닦고 인으로써 도를 닦으니 인함은 사람다움이며 어버이를 친함이 크다."[83] 하였다. "천하에 통달한 도가 다섯이니 군신,

75) 『中庸』, "率性之謂道, 修道之謂敎. 道也者, 不可須臾離也, 可離非道也."
76) 『中庸』, "道之不行也, 我知之矣. 知者過之, 愚者不及也. 道之不明也, 我知之矣. 賢者過之, 不肖者不及也. 人莫不飮食也, 鮮能知味也."
77) 『中庸』, "君子遵道而行, 半塗而廢. 吾能已矣."
78) 『中庸』, "君子之道, 費而隱."
79) 『中庸』, "君子之道, 造端乎夫婦, 及其至也, 察乎天地."
80) 『中庸』, "忠恕違道不遠."
81) 『中庸』, "君子之道四, 丘未能一焉. 所求乎子以事父, 未能也. 所求乎臣以事君, 未能也. 所求乎弟以事兄, 未能也. 所求乎朋友先施之, 未能也."
82) 『中庸』, "君子之道, 辟如行遠必自邇, 辟如登高必自卑."

부자, 부부, 곤제(昆弟, 형제), 붕우의 사귐 다섯 가지는 천하에 통달한 도이다."[84] 하였다. "몸을 닦으면 도가 선다."[85] 하였다. "위대하다! 성인의 도는. 넘실넘실하여 만물을 발육하고 높이 하늘에까지 미친다."[86] 하였다. "군자의 도는 몸에 근본을 둔다."[87] 하였다. "군자의 도는 담담하여 물리지 않으며, 간결하되 문채가 나며 따뜻하되 조리가 있다. 먼 것이 가까움을 알며 바람이 일어나는 곳을 알며 은미한 것이 뚜렷함을 아니 이로써 덕으로 들어갈 수 있다."[88] 하였다.

혹은 도의 체(體)로 말하고 혹은 도의 용(用)으로 말하며, 혹은 도를 닦음으로 말하고 혹은 도를 유추함으로 말하며, 혹은 도를 행함으로 말하고 혹은 도를 성취함으로 말하였다. 명(命)이라, 성이라 하는 것은 이 도를 갖추는 까닭이다. 예라, 악이라 하는 것은 이 도를 싣는 까닭이다. 경건[敬]이라, 효라 하는 것은 이 도를 닦는 까닭이다. 충이라, 서(恕)라 하는 것은 이 도를 유추하는 까닭이다. 지(知)라, 인(仁)이라, 용(勇)이라 하는 것은 이 도를 행하는 까닭이다. 성(聖)이라, 성(誠)이라, 중(中)이라, 화(和)라 하는 것은 이 도를 성취하는 까닭이다. 그런즉 한 책 가운데 수많은 말이 이 도라는 한 글자 아님이 없다. 성인이 사람을 가르치되 도는 가까운 데서 구하고 도를 닦기가 쉬움을 말한 것으로는 더욱 '도불원인' 네 글자보다 절실한 것이 없다. 주자가 주석하여 "도란 성을 따르는 것일 뿐이다. 본래 뭇사람이 할 수 있고 알 수 있는 것이다. 그러므로 항상 사람에게서 멀지 않다. 만약 도를 하는 자가 비근함을 싫어하여서 행하기에 부족하다고 여기고 도리어 고원하고 행하기 어려운 일에 힘쓴다면 도가 되는 까닭이 아니다."[89]라고 하였다.

이른바 도란 본래 천지의 정밀하고 성실하고 은미한 가운데에서 드러나되 인민의 일상생활의 이륜(彝倫) 바깥에서 구하는 것이 아니다. 그 알 수 있는 바는 마치 목마르면 마시고 배고프면 먹듯이 하는 것이지 신이 오심을 헤아리지 못하는 것과 같이 알기 어려운 것이 아니다. 그 할 수 있는 바는 마치 익숙하고 평탄한 길과 같아서 하늘이 높아서 사다리를 놓고 올라갈 수 없는 것과 같이 행하기 어려운 것이 아니다. 사람이 스스로 알지 않고서 알기 어렵다고 여기고 사람이 스스로 행하지 않고서 행하기 어렵다고 한다.

---

83) 『中庸』, "修身以道, 修道以仁, … 仁者人也, 親親爲大."
84) 『中庸』, "天下之達道五, 君臣也, 父子也, 夫婦也, 昆弟也, 朋友也. 五者, 天下之達道也."
85) 『中庸』, "修身則道立."
86) 『中庸』, "大哉, 聖人之道. 洋洋乎發育萬物, 峻極于天."
87) 『中庸』, "君子之道, 本諸身."
88) 『中庸』, "君子之道, 淡而不厭, 簡而文, 溫而理, 知遠之近, 知風之自, 知微之顯, 可以入德矣."
89) 『中庸章句』, 第13章, "道者, 率性而已, 固衆人之所能知能行者也, 故常不遠於人. 若爲道者, 厭其卑近以爲不足爲, 而反務爲高遠難行之事, 則非所以爲道矣."

도가 어찌 사람을 멀리하였는가! 사람이 스스로 도를 멀리한 것일 뿐이다. 이 도는 무슨 도인가? 곧 요·순·우·탕·문왕·무왕·주공·공자의 도이다. 요·순·우·탕·문왕·무왕·주공·공자의 도는 어떤 도인가? 곧 부자·군신·부부·장유·붕우의 도이다. 부자·군신·부부·장유·붕우의 도는 어떤 도인가? 곧 친함이 있고, 의리가 있고, 분별이 있고, 차례가 있고, 믿음이 있는 도이다. 부자의 친함, 군신의 의리, 부부의 분별, 장유의 차례, 붕우의 믿음은 알고 싶지 않으면 그만이지만 어찌 알기 어려울 리가 있겠는가! 하지 않으려 하면 그만이지만 어찌 행하기 어려운 일이 있는가!

가령 도의 극처가 몇만 리 밖에 있는데 지금 두 사람이 같은 날 같은 장소에서 출발하여 도의 극처에 이르려고 한다고 하자. 한 사람은 지름길이나 작은 길을 따라 질러가되 오늘 한 사람도 보지 못하고 다음 날 한 집을 보지 못하여서 배가 고파도 먹을 것을 얻지 못하고 멈춰도 쉬지 못하며 혹은 깊은 산 큰 못을 만나 오르려 해도 잔도가 없고 건너려 해도 배를 얻지 못하며 혹 가시가 덤불이 길을 막고 승냥이와 이리가 막으니 몸을 잃는 데 이르지 않으면 다행이고 길의 중간에서 폐기하지 않음이 없는 것은 다름이 아니라 사람에게서 먼 곳에서 도를 구하기 때문이다. 한 사람은 크고 평탄한 길을 따라가며 5리를 가면 작은 정자가 있고 10리를 가면 큰 정자가 있어서 배고프면 먹을 수 있고 멈추면 묵을 수 있고 명산대천을 만나면 층계가 있어 오를 수 있고 배로 건널 수 있으며, 안개와 노을을 즐기고 갈매기, 해오라기와 노닐 수 있다. 도를 봄에 이르지 않으면 그치지 않으며 극처에 이르지 않는 자가 있지 않음은 다름이 아니라 사람에게서 멀지 않은 곳에서 도를 구하기 때문이다.

구불구불한 지름길이나 작은 길로 가는 자는 숨어 있고 괴이한 것을 찾는[索隱行怪] 사람이니 어렵고 또한 멀다. 크고 평탄한 길을 가는 것은 일상생활의 떳떳한 길을 가는 것이니 쉽고도 가깝다. 아! 옛날에 도를 구하는 자는 쉬운 데서 구했고 지금 도를 구하는 자는 어려운 데서 구하며, 옛날에 도를 구하는 자는 가까운 데서 구했고 지금 도를 구하는 자는 먼 데서 구하니 이루 다 탄식을 할 수 없다! 도에서 멀면 사람이 아니고 사람에게서 멀면 도가 아니다. 이런 것이 있으니, 도가 사람에게서 멀지 않다는 가르침이다. 우리 도를 구하는 군자가 어찌 성실하고 간절히 하지 않겠는가!

부연원 심종순(沈鍾舜)이 부연하였다.

도는 사람의 되[人道]이다. 그것을 사람의 도로 삼기 때문에 사람에게 멀지 않다고 한다. 『시경』에서 "하늘이 뭇 사람을 내심에 사물[物]이 있으면 법칙[則]이 있다."[90]라고 하지 않았는가? '사물'이란 사람이다. '법칙'이란 도이다. 사람이 있으면 이에 도가 있으니 어찌 멀리가 있겠는가! 지금 어떤 사람이 말하기를, 나는 구천(九天)의 위를 날아오를 수 있다고 한다면 이는 새의 도이지 사람의 도가 아니다. 나는 천 리의 광야를 달릴 수 있다고 한다면 짐승의 도이지 사람의 도가 아니다. 이로 말미암아 보건대 도를 구함에 사람에게 멀다면 도가 아니다.

노씨(老氏)의 도는 오정(五情)[91]을 떠나니 고상하기는 고상하지만 이를 사람에게서 멀지 않다고 할 수는 없다. 불씨(佛氏)의 도는 오예(五翳)[92]를 떠나니 맑기는 맑되 이것을 사람에게서 멀지 않다고 할 수는 없다. 그러므로 한(漢)의 노자[黃老]의 도, 제(齊)·양(梁)의 불교의 도를 한자(韓子, 한유)가 그 때문에 배척하여서 "내가 말하는 도가 아니다.[非吾所謂道也]"라고 하였다.

무릇 이 도란 성을 따르는 것을 말한다. 멀지 않은 것은 떳떳하게 행하는 것을 말한다. 사람의 자식이 되어서는 부모에게 효도하고 사람의 신하가 되어서는 군주에게 충성하고 남의 아우가 되어서는 형에게 공경하는 것이 떳떳한 도이다. 부모를 섬기는 자는 먼 데서 구하지 않고 자식에게서 구하며, 군주를 섬기는 자는 먼 데서 구하지 않고 신하에게서 구하며 형을 섬기는 자는 먼 데서 구하지 않고 아우에게서 구하니 도는 여기에 있고 멀리 있지 않다. 만일 이에서 구하지 않고 고원하고 행하기 어려운 데 힘쓰는 자는 비록 날 수 있고 달릴 수 있다 하더라도 끝내 새나 짐승이 될 뿐이니 그것을 사람의 도라고 할 수는 없다.

자사가 세상의 도를 구하는 자가 한갓 고원함에 힘쓰고 평상이 도임을 알지 못함을 근심하였으므로 부자의 이 말씀을 인용하여서 도는 별건의 사물이 아니라 사람의 몸에서 마땅히 행해야 할 길임을 밝히 보여주었다. 맹자는 "도는 큰길과 같으나 사람이 병으로 여기고 구하지 않는다."[93]라고 하였고, 또 "바른길을 버리고 말미암지 않으니 슬프다!"[94]라고 하였다. 이로써 여러 군자는 힘쓸지어다.

경성 강사 여규형(呂圭亨)이 이어서 강연하였다.

(『서경』에 이르기를) "인심은 위태롭고 도심은 은미하다."[95]라고 하였다. 이미 인심과 도심을 둘로 나누었으니 이는 바로 마음에 두 뿌리가 있는 것인가! 풀이하는 자가 말하기

---

90) 『詩經』, 「大雅·烝民」, "天生蒸民, 有物有則."
91) 五情: 기쁨, 노여움, 슬픔, 즐거움, 원망을 지칭한다.
92) 五翳: 햇빛과 달빛을 가리는 다섯 가지 차폐물로서 노을, 구름, 먼지, 안개, 그리고 아수라의 손을 지칭한다.
93) 『孟子』, 「告子·下」, "道若大路然, 豈難知哉? 人病不求耳."
94) 『孟子』, 「離婁·上」, "舍正路而不由, 哀哉!"
95) 『尚書』, 「大禹謨」, "人心惟危, 道心惟微."

를 "비록 아주 지혜로운 사람이라도 인심이 없을 수 없고, 비록 아주 어리석은 사람이라도 도심이 없을 수 없다."[96]라고 하였다. 이미 서로 번갈아 드나드니 이는 하나이면서 둘이고 둘이면서 하나일 것이다! 가까이하면 한 조각이 되고 멀리하면 아득히 만 리나 떨어지니, 대략 인심을 도심의 작용으로 삼으면 성현이 되고 도심을 인심의 작용으로 삼으면 이와 반대가 될 것이다!

(『논어』에 이르기를) "사람이 도를 크게 할 수 있지 도가 사람을 크게 할 수 없다."[97]라고 하였다. 커서 천지간에 가득한 자연의 이치를 도라 한다. 작아서 한 몸에 구비되어 작용하는 것을 일러서 사람이라 한다. 작용하여서 자연에 합하게 하는 것은 사람이 도를 크게 하는 것이다. 도는 본래 형체가 없고 사람을 크게 할 수 없으니 사람을 기다려서 비로소 크게 하는 것이다. 그 또한 인심과 도심의 가르침을 나누어 둘로 하며 또한 부득불 합하여 하나로 함과 같으니 이른바 하나이면서 둘이고 둘이면서 하나이다.

(『중용』에 이르기를) "도가 사람에게서 멀지 않다."[98]라고 하였다. 이른바 '사람'은 천지간의 보통의 뭇사람을 가리키는 것이지 무리에서 뛰어나고 여럿 가운데 두드러진 대인(大人)이나 성인을 가리키는 것이 아니다. 보통의 뭇사람이 모두 성인이 될 수 있다. 이 하나인 도를 같이 품부하기에 보통의 뭇사람과 대인, 성인은 간격이 없다. 저 이른바 도 역시 일상생활의 떳떳하고 늘 있는 평상의 일과 행위를 가리키지 고원하고 미묘하며 특이한 사물을 가리키는 것이 아니다. 무릇 학자의 근심은 지혜로운 사람의 경우에는 두드러지게 특이하고 우뚝하게 절묘하여 인정에 가깝지 않은 행위를 하는 데 힘써서 도와 멀어지고, 어리석은 사람의 경우에는 스스로 헤아리고 스스로 금을 그으며 자포자기하거나 일상에서 마땅히 행해야 할 것을 폐기하고 하지 않아서 역시 도와 멀어지는 것이다. 나누어 말하면 사람과 도는 둘이며, 합하여 말하면 사람이 곧 이 도이고 도가 곧 이 사람이니 멀지 않을 뿐만이 아니겠는가!

주문공(朱文公, 주희)이 마음을 논하고 이치를 말하되 매양 선(禪)의 말을 인용하기를 즐겼는데, 그 말이 절실하고 딱 들어맞아서 비유를 취할 수 있었기 때문이다. 선학을 배우는 자는 하루에 두 차례 재(齋)를 올리되 잡다한 음식을 먹지 않고 오래 앉아서 눕지 않으며 옆구리에 보료를 대지 않고 고행을 한다고 여기면서 이를 지극한 도라고 여긴다. 방거사(龐居士)[99]라는 사람이 "어렵지도 않고 쉽지도 않으니, 배고프면 먹고 피곤하면 잔다.[不

---

96) 『中庸章句』, 「序」, "雖上智不能無人心, 雖下愚不能無道心."

97) 『論語』, 「衛靈公」, "人能弘道, 非道弘人."

98) 『中庸』, "道不遠人."

99) 龐居士: 당나라 헌종 때의 龐蘊을 말한다. 마조대사에게 선학을 배워 통달했다고 알려진다.

難不易, 飢飯困睡"라고 하였으니, 이 또한 도가 사람에게 멀지 않은 증거이다. 도가의 학문은 필히 깊은 산 깎아지른 골짜기 사람이 없는 곳에 거처함을 한 몸의 방책으로 삼고서 자연의 조화를 훔쳐 수명을 늘려, 음양과 함께하고 삼광(三光, 해와 달과 별)과 두루할 수 있다고 말한다. 이는 바로 「원도(原道)」에서 "이 도는 그들이 도로 삼는 것이지 내가 말하는 도가 아니다."[100]라고 한 것이다. 그 이른바 도란 실로 크게 공변되고 지극히 바른 당연의 도와 나뉘어 두 경계가 되며 끝내 도라고 하기에 충분하지 않다.

소요부(邵堯夫, 소옹)는 사방을 주유하다가 만년에 낙양으로 돌아와 안락와(安樂窩)에 거처하면서 "도가 여기에 있다.[道在是矣]"라고 하였다. '여기에 있다'고 한 것은 방 안에서 외부 사물과 접촉하지 않는 곳을 옳다 한 것도 아니고, 또한 사방을 주유한 것을 그르다고 한 것도 아니다. 이는 바깥으로 치달리는 것을 끊고 떳떳한 행위에 힘쓰는 것을 옳다 한 것이다. 진실로 도에 합하면 세대에서 멀어짐을 천고(千古) 이상으로 구해도 바로 이 도이고, 지역에서 멀어짐을 만리(萬里) 바깥으로 구해도 또한 이 도이다. 시간으로 가까이 눈앞에서 취하고 공간[地]으로 가까이 몸에서 취해도 이 도 아님이 없다. 세우면 앞에 참여하는 것을 볼 수 있으니[101] 앞은 먼 것이 아니다. 좌우에서 취하면 그 근원을 만나니[102] 좌우는 먼 것이 아니다. 이것이 도가 사람에게서 멀지 않다고 하는 것이다.

[경학원잡지 제8호(1915.09.25.), 51~57쪽]

---

100) 『韓昌黎集』, 「原道」, "道其所道, 非吾所謂道也."

101) 『論語』, 「衛靈公」, "立則見其參於前." 구절에 보인다.

102) 『孟子』, 「離婁·下」, "取之左右, 逢其原." 구절에 보인다.

4 조선 농업시설에 관한 설(1915.12.25.)

조선 농업시설에 관한 설

(1915년 9월 13일 제14회 강연)

조선총독부(朝鮮總督府) 기사(技師) 나카무라 히코(中村彦)가 강연하였다.

농업은 조선의 주요 산업으로 인구 1,500만에 8할은 농사로 생업을 경영하는데, 그 산물의 가격은 연 3억 원을 초과하며, 작년에 있어서 수이출(輸移出) 총액 3,400만 원에 8할은 농산물에 있기 때문에 총독부에서 연 내로 이것의 개량 발달을 도모하여 많은 경비와 노력을 사용하여 현재 효과가 현저하다. 그러하니 여러분은 이번에 개최한 공진회(共進會)에 가서 이것을 보아야 하는데, 지금 그 대요(大要)를 진술하고자 한다.

이번 주요 농산물 수량에 대하여 시정 5년 동안의 진보를 보건대, 쌀은 1910년에 814만 석이었는데, 1914년에는 1,216만 석으로 증가하였고, 보리는 273만 석으로부터 464만 석이고, 소맥(小麥)은 60만 석으로부터 114만 석이며, 콩[大豆]은 182만 석으로부터 246만 석이고, 조는 264만 석으로부터 324만 석으로 증가하였다. 다음으로는 육지면(陸地棉)[103]이다. 육지면은 아메리카산으로 재래면(在來棉)[104]과 비교해 보면 개화(開花)가 많아 수입이 거의 배에 달한다. 따라서 1906년부터 같은 면종(棉種)을 수입하여 삼남 지방에 재배하도록 하여 점차 이로써 재래종을 대신하니, 수입이 84만 근으로부터 1,740만 근으로 증가하였다. 양잠에 대해서도 개량종을 사용하여 누에의 생산액이 1만 4천 석으로부터 4만 6천 석으로 증가함을 보였다.

위 내용은 생산액의 증가를 보여주는 것이나, 또한 그 품질을 개량한 것은 현저한 사실이니 예컨대 쌀의 석발(石拔) 장려와 같은 것이 이것이다. 종래 조선미(朝鮮米)는 다수의 모래가 혼입했기 때문에 이것을 식용으로 제공함은 허다한 수수(手數)를 요구하기 때문에 내지(內地)[105] 시장에서는 가격이 떨어졌다. 오사카시(大阪市)와 같은 곳은 특히 돌을 골

---

103) 陸地棉: 미국, 소련, 한국, 만주 등에서 재배되는 목화의 품종이다.

104) 在來棉: 14세기 중엽 문익점에 의해 도입된 이래 줄곧 재배되어 오던 우리나라의 목화이다. 현재의 목화는 대부분이 육지면이다.

105) 內地: 식민지시기에 일제당국이 식민지나 점령지 등의 外地와 구분하여 일본 본토를 가리킨 행정적 용어이다.

라내는 설비가 있어서 조선미의 매매가 이루어지나, 다른 지역에는 판로가 없다. 무릇 산물은 어떠한 장소에서든지 용이하게 매각을 하지 못하면 생산자의 행복을 증진하는 까닭이 아니기 때문에 본부(本府)에서는 일면(一面) 미곡 조제 방법의 개량을 장려하는 동시에 한편으로는 「미곡검사규칙(米穀檢査規則)」을 시행하여 이러한 개량을 도모한 결과, 금일 조선미는 내지 어느 곳이든지 매매 시행이 양호하여 가격이 점차 높아지고, 또한 진보하였다. 구미(歐米)의 수출 또한 많아져서 5년 전에는 이출하는 쌀이 겨우 70~80만 석에 불과하였는데, 1914년에는 136만 석으로 증가함은 실로 크게 차이가 난다고 말할 수 있으며 또한 그 대가는 전적으로 조선 농민의 손으로 돌아간다.

총독부는 농사의 개량을 도모하는 동시에 생산물 매각에 대해서도 극히 힘을 쓰니 누에의 공동판매가 이것이다. 종래 농민은 그 생산물을 판매하고자 하여 수리(數里)를 여행하여 시장에 운반하였으나, 오히려 또한 쉽게 매각하지 못하고 며칠을 체재하였다. 또는 부득이하여 저가로 매각하는 등 불편한 감이 많더니, 각 군청에서 공동판매를 실행한 이래로 농민은 군청의 알선으로 안전하고도 고가로 생산물을 판매할 수 있으니 공동판매에 관한 상세함은 공진회 출품 사진 등에 대해서 관람하시면 된다. 이로 인하여 누에는 40여 만 원의 산출을 볼 수 있었으니 총독부에서 농민의 행복을 증진하기 위해서 얼마나 진력했는지를 알 수 있다.

무릇 농사의 장려는 반드시 실지(實地) 모범을 보여주는 것이 필요하다. 『논어(論語)』에서 말하기를 "군자는 먼저 행하고 나중에 말한다."고 하니, 본부는 일찍이 이것을 실행하는 모범을 보여주고자 하여 직할 사업으로 수원(水原)에 권업모범장(勸業模範場)[106]을 설치하였다. 뚝섬[纛島]·목포(木浦)·덕원(德源)과 세포(洗浦)에 지점을 설치하였다. 조선 지방은 남북이 길고 멀어서 기후가 같지 않은 까닭에 기후를 이용하여 각지의 적당한 산물을 경작하게 한다. 즉 경성 부근에는 과실과 채소의 수요가 많음으로써 독도에 이것을 주요로 지점을 설치하고, 면화의 적당한 지역으로 목포에 지점을 설치하였다. 덕원은 또한 땅의 성질[地味]이 과수와 채소에 적당하고 또한 러시아 수출의 요지가 됨으로써 독도와 동종의 지점을 설치하였다. 또한 최근에 세포의 넓고 막대한 토지를 이용하여 축산의 주요로 지점을 설치하였고, 수원 본장(本場)에서는 조선 전도에 대한 주요 농산물을 개량한 각종의 시험 경작, 양잠의 개량 등을 주관하는 것이다. 다시 나아가 경기도를 제외한 이외의 각도에도 종묘장(種苗場)을 설치하여 이러한 규범을 보여주는 등 사업은 이번에 공진회에서 관람하실 것이다.

---

106) 勸業模範場: 1906년 일제 통감부가 우리나라에서의 농업기술의 시험·조사 및 지도를 위해 설치한 기관이다.

　농작물에는 또한 종종 해충의 습격이 있다. 그렇기 때문에 일면 해충구제규칙으로 해충을 구제하며, 일면으로는 수렵규칙으로 유익한 조류를 보호했으며, 종묘소독규칙으로 병해(病害)를 방비하는 일이 있다. 또한 적극적으로 경지를 증가시키고자 하여 미개간지 이용법에 따라 4만여 정보의 토지를 대부(貸付)하였다.

　이상은 시정 이래로 농업시설의 일반으로 하여 5년 동안의 진보 발달의 상황을 진술한 내용이다. 조선 농업의 개량 발달은 조선 전체 산업의 발달이고, 농민의 행복 증진은 전 조선 인민의 행복 증진이라 말할 만하다.

　옛말에 이르기를 "옷과 음식[衣食]이 충분해야 예절을 안다."고 하였다. 조선은 종래 옷과 음식에 관한 담화를 싫어하는 기풍이 있음은 유감이다. 예절은 성현의 가르침에서도 그 근본인 의식의 공급을 중하게 여겼다. 따라서 서민의 옷과 음식이 충분하게 한 후에야 성현의 가르침을 순서로 할 수 있다. 오늘 경학의 강연석상에서 특별히 농업의 강설을 한 것도 또한 이러한 취지에서 나왔다고 할 수 있기에 나는 힘든 업무를 잠시 내려놓고 여기에 출석하여 여러분의 청취를 번잡하게 하였다.

　이어지는 강연
　내빈 백작 이완용(李完用)이 이어서 강연하였다.
　신학(新學), 구학(舊學)과 신구(新舊) 병진(并進)의 설은 강사의 강설(講說)이 지극하였으나 나는 신구 두 글자를 간단하게 해석하되, 오래됨에도 새로움이 있고, 새로움에도 오래됨이 있다고 하노라. 무릇 학문은 어제 배운 것은 오래된 것이 되고, 오늘 배운 것은 새로운 것이 된다. 한 가지 사례를 들어보겠다. 내가 국어에 어두워서 약간 섭렵하는데 주의하였는데, 정신과 생각이 닳고 줄어들기 때문에 책을 쥐고도 잊어버려 한 구절도 기억하지 못한다. 이것은 항상 신학만 있고 구학은 없는 것이 아닌가? 학문에 힘쓰는 사람은 항상 옛날에 배운 것을 다시 익혀 잊지 않고, 금일에 다시 신학을 배워야 신구를 병행하여 나아가는 데 노력함이 옳다고 하노라.

[경학원잡지 제9호(1915.12.25.), 61~66쪽]

5 재화를 생산함에 큰 도가 있다(1916.03.25.)

재화를 생산함에 큰 도가 있다[生財有大道]

(1915년 10월 9일 제15회 강연)

강사 이용직(李容稙)이 강연하였다.

『대학(大學)』의 도는 덕을 밝히고 백성을 새롭게 하고 지극한 선에 머묾에 있는데, 전(傳)의 10장에서 재화(財)를 생산함에 도가 있다는 말로[107] 결론을 맺은 까닭은 무엇인가? 윗자리에 있는 사람으로 말하자면 무리를 얻으면 나라를 얻고 무리를 잃으면 나라를 잃는 것이 이로 말미암지 않은 적이 없으며, 아랫자리에 있는 사람으로 말하자면 몸을 이루고 집안을 이루며, 몸을 망치고 집안을 망치는 것이 이로 말미암지 않음이 없다. 그 관계의 중요함이 어찌 이보다 지나친 것이 있겠는가!

"생산하는 사람이 많다."[108]라는 것은 나라에 놀고먹는 사람이 없음을 말한다. "먹는 사람이 적다."[109]라는 것은 조정에 자리만 지키고 있는 사람이 없음을 말한다. "생산을 하는 자는 빨리한다."[110]라는 것은 농사를 짓는 때를 빼앗지 않음을 말한다. "사용하는 것은 천천히 한다."[111]라는 것은 수입을 헤아려서 지출을 하는 것을 말한다. '혈구(絜矩)'는 나를 미루어서 남에게 미치게 하는 것을 말한다. "백성이 좋아하는 것을 좋아하고 백성이 싫어하는 것을 싫어한다."[112]라는 것은 공정하고 사사로움이 없음을 말한다. "나라를 소유한 자는 삼가지 않으면 안 되니 치우치면 천하로부터 죽임을 당한다."[113]라는 것은 사사로움을 따르고 공변됨을 멸하는 것을 말한다. "무리를 얻으면 나라를 얻고 무리를 잃으면 나라를 잃는다."[114]라는 것은 민심이 귀의하면 천명도 귀의하고 민심이 떠나면 천명도 떠남을

---

107) 『大學章句』, 「傳文10章」, "生財有大道."
108) 『大學章句』, 「傳文10章」, "生之者衆."
109) 『大學章句』, 「傳文10章」, "食之者寡."
110) 『大學章句』, 「傳文10章」, "爲之者疾."
111) 『大學章句』, 「傳文10章」, "用之者舒."
112) 『大學章句』, 「傳文10章」, "民之所好好之, 民之所惡惡之."
113) 『大學章句』, 「傳文10章」, "有國者, 不可以不愼, 辟則爲天下僇矣."
114) 『大學章句』, 「傳文10章」, "得衆則得國, 失衆則失國."

말한 것이다.

"먼저 덕을 삼간다."[115]라는 것은 덕을 가진 뒤에야 토지와 재화를 소유함을 말한 것이다. "덕은 근본이고 재화는 말단이다. 근본을 바깥으로 하고 말단을 안으로 하면, 백성을 다투게 하여 빼앗는 것을 베푸는 것이다."[116]라는 것은 만약 인의를 앞세우고 재화와 이익을 뒤로 하지 않으면 위아래가 다투어서 이익을 추구함을 말한 것이다. "재화가 모이면 백성이 흩어지고 재화가 흩어지면 백성이 모인다."[117]라는 것은 백성에게서 취함에 절제가 없으면 백성이 불안하고 백성에게 취함에 절제가 있으면 백성이 자기 삶의 터전을 얻음을 말한다. "재화가 부정한 방법으로 들어오면 역시 부정한 방법으로 나간다."[118]라고 말한 것은 너에게서 나온 것이 너에게 돌아감을 말한 것이다. "천명은 한결같지 않다는 것은 선하면 얻고 선하지 않으면 잃음을 말한다."[119]라는 것은 덕을 근본으로 하면 선하고 재화를 근본으로 하면 선하지 않음을 말한 것이다.

"초나라는 보배로 삼을 것이 없고, 오직 선인을 보배로 삼는다."[120]라는 것은 금과 옥을 보배로 삼지 않고 착한 사람을 보배로 삼음을 말한다. "망명한 사람은 보배로 삼을 것이 없으니 친한 이를 사랑함을 보배로 삼는다."[121]라는 것은 의로움을 귀하게 여기고 이익을 천하게 여김을 말한다. "한 신하가 성실하고 한결같아 다른 재능은 없고 그 마음이 관대하고 너그러워서 용납함이 있는 것 같아서 남이 재능을 지니고 있으면 자기가 가진 것처럼 여기고 남의 아름답고 통달함을 그 마음에 좋아하여서 자기 입에서 나온 것처럼 여길 뿐만이 아니면 이는 능히 포용함이 있는 것이다. 내 자손과 인민을 보호할 수 있으니 역시 이익이 있다."[122]라는 것은 유덕한 사람을 등용하면 나라에 이로움이 이와 같음을 말한다. "남이 재능을 가진 것을 노려보고 질투하여 미워하며 남의 아름다움과 통달함을 어겨서 통하지 않게 하는 것은 이는 능히 포용하지 못함이다. 나의 자손과 인민을 보호할 수 없으니 역시 위태롭다."[123]라는 것은 덕이 없는 사람을 등용하면 나라에 해가 됨이 이와 같음

---

115) 『大學章句』, 「傳文10章」, "先愼乎德."
116) 『大學章句』, 「傳文10章」, "德者本也, 財者末也. 外本內末, 爭民施奪."
117) 『大學章句』, 「傳文10章」, "財聚則民散, 財散則民聚."
118) 『大學章句』, 「傳文10章」, "貨悖而入者 亦悖而出."
119) 『大學章句』, 「傳文10章」, "惟命不于常, 道善則得之. 不善則失之矣."
120) 『大學章句』, 「傳文10章」, "楚國無以爲寶, 惟善以爲寶."
121) 『大學章句』, 「傳文10章」, "亡人無以爲寶, 仁親以爲寶."
122) 『大學章句』, 「傳文10章」, "一个臣斷斷兮, 無他技, 其心休休焉, 其如有容焉, 人之有技, 若己有之, 人之彦聖, 其心好之, 不啻若自其口出, 寔能容之. 以能保我子孫黎民, 尙亦有利哉."
123) 『大學章句』, 「傳文10章」, "人之有技, 媢疾以惡之, 人之彦聖, 而違之, 俾不通, 寔不能容. 以不能保我子孫黎民, 亦曰殆哉."

을 말한다.

"사방 이민족에 내쳐서 중국과 함께 하지 않게 한다."[124]라는 것은 이런 노려보고 질투하는 사람이 있으면 현자를 방해하여서 나라를 병들게 함을 말한다. "현자를 보고 들어 쓰지 못하며 들어 쓰되 빨리하지 못하면 태만한 것이다. 착하지 않은 것을 보고 물리치지 못하며 물리치되 멀리하지 않으면 과오이다."[125]라는 것은 만약 선을 좋아하고 악을 미워하지 않으면 나라에 크게 이롭지 않음을 말한다. "남이 미워하는 것을 좋아하고 남이 좋아하는 것을 미워함은 사람의 성품을 거스르는 것이니 재해가 반드시 몸에 미친다."[126]라는 것은 자기 사사로움을 따르면 이익을 구해도 얻지 못하고 자기를 해침이 따름을 말한다. "반드시 충신(忠信)으로써 얻고 교만하고 방자함으로써 잃는다."[127]라는 것은 성실하고 거짓이 없으면 무리의 마음을 얻고 사치하고 방자하며 마구 거둬들이면 무리의 마음을 잃음을 말한다.

"재화로써 몸을 일으킨다."[128]라는 것은 쌓아서 흩음을 말한다. "몸으로써 재화를 일으킨다."[129]라는 것은 오직 이익을 추구함을 말한다. "위에서 인을 좋아하는데 아래에서 의를 좋아하지 않는 일은 없다."[130]라는 것은 위에서 시행하면 아래에서 본받아 의를 앞세우고 이익을 뒤로 함을 말한다. "의를 좋아하는데 그 일이 마치지 않는 것은 있지 않다. 부고(府庫)의 재화가 자기 재화 아님이 없다."[131]라는 것은 천리(天理)를 따르면 이익을 추구하지 않아도 이롭지 않음이 없음을 말한다.

"수레의 말을 기르면 닭과 돼지를 살피지 않고 얼음을 잘라서 쓰는 집안은 소와 양을 기르지 않는다."[132]라는 것은 백성과 더불어 작은 이익을 다투지 않음을 말한다. "백승(百乘)의 집안은 샅샅이 거둬들이는 신하를 기르지 않는다."[133]라는 것은 백성의 역량을 해치는 것을 두려워함을 말한다. "샅샅이 거둬들이는 신하를 두기보다 차라리 훔치는 신하를 둔다."[134]라는 것은 민심을 잃어버리는 것을 두려워함을 말한다. "나라는 이익을 이익으로

---

124) 『大學章句』, 「傳文10章」, "迸諸四夷, 不與同中國."

125) 『大學章句』, 「傳文10章」, "見賢而不能擧, 擧而不能先, 命也. 見不善而不能退, 退而不能遠, 過也."

126) 『大學章句』, 「傳文10章」, "好人之所惡, 惡人之所好, 是謂拂人之性, 菑必逮夫身."

127) 『大學章句』, 「傳文10章」, "必忠信以得之, 驕泰以失之."

128) 『大學章句』, 「傳文10章」, "以財發身."

129) 『大學章句』, 「傳文10章」, "以身發財."

130) 『大學章句』, 「傳文10章」, "未有上好仁, 而下不好義者也."

131) 『大學章句』, 「傳文10章」, "未有好義, 其事不終者也, 未有府庫財, 非其財者也."

132) 『大學章句』, 「傳文10章」, "畜馬乘, 不察於鷄豚, 伐冰之家, 不畜牛羊."

133) 『大學章句』, 「傳文10章」, "百乘之家, 不畜聚斂之臣."

134) 『大學章句』, 「傳文10章」, "與其有聚斂之臣, 寧有盜臣."

삼지 않고 의를 이익으로 삼는다."[135]라는 것은 이익을 주로 하면 눈앞의 의지를 유쾌하게 하여서 재앙이 깊어지고 의를 주로 하면 눈앞의 사용을 검소하게 하여서 재앙이 저절로 멀어짐을 말한다. "국가를 다스리되 재용(財用)에 힘쓰는 것은 반드시 소인으로부터 시작한다. 소인으로 국가를 다스리게 하면 재앙과 해악이 함께 이른다."[136]라는 것은 의지와 국량이 작으면 깊고 원대한 우려가 없음을 말한다.

이로써 논하건대 전문(傳文) 10장에서 말한 것은 혈구와 재덕(財德)이다. 유덕한 자가 아니면 혈구를 할 수 없고 혈구가 아니면 재화를 다스릴 수 없으니 합하여 말하면 하나이다. 재화를 생산하는 큰 도를 알아서 군중을 얻고 나라를 얻는 것은 덕을 밝히고 백성을 새롭게 하고 지극한 선에 머묾이 아닌가! 이는 모두 위에 있는 사람이 마땅히 행하고 마땅히 경계해야 할 일이나 아래에 있는 사람도 자기 몸과 집안에 미루어 적용하여서 저마다 자기 업을 부지런히 해야 한다. 어떤 사람이 말하기를 "농업, 상업, 공업을 하는 자는 재화를 생산할 수 있지만, 선비를 업으로 삼은 자는 어떻게 재화를 생산할 수 있는가" 하였다. 공자께서는 "밭을 갈아도 굶주림이 그 가운데 있으며, 배우면 녹이 그 가운데 있다."[137]라고 하였다. 저마다 자기 직업을 부지런히 하면 재원(財源)이 넉넉해질 것이다.

경성 강사 여규형(呂圭亨)이 이어서 강연하였다.

재화(財)는 백성이 살아가는 원천이다. 하늘이 이 백성을 내고 백성이 살아가기를 바라는데 백성이 하늘의 살아가게 하는 인에 보답하여 그 도를 다하는 것은 역시 오직 이것이다. 저마다 자기 삶을 이룰 뿐인데 자기 삶을 이루려면 역시 오직 이것이다. 살아가는 도를 다하면 삶의 원천으로 거슬러 올라가지 않을 수 없으며 삶의 원천은 재화일 뿐이다. 먹을거리를 얻어서 살아가니 먹을거리는 오직 이 재화이다. 옷을 얻어서 살아가니 옷은 오직 이 재화이다. 있는 것을 가지고 없는 것을 바꾸어서 서로 유통하게 하고 갖가지 지폐와 화폐[楮幣泉貨]를 만들었으니 갖가지 지폐와 화폐는 오직 이 재화이다.

백성의 삶은 재화에 달려 있으니 백성을 살리려고 하면 먼저 재화를 생산해야 하고 재화를 생산하려면 먼저 그 도를 다해야 한다. 다만 이른바 도란 작은 것이 있고 큰 것이 있으니 마땅히 도의 큰 것은 다해야 하고 도의 작은 것은 사용할 수 없다. 무엇을 도의 작은 것이라 하는가? 나의 먹을거리와 옷에 힘을 써서 나의 삶을 풍족하게 하고 남의 먹을거리와 옷과 그 삶을 풍족하게 하는 것은 내가 힘을 쓸 것이 아니라 하는 것이니 이를 일

135) 『大學章句』, 「傳文10章」, "國不以利爲利, 以義爲利也."
136) 『大學章句』, 「傳文10章」, "長國家而務財用者, 必自小人矣, 彼爲善之, 小而之使爲國家, 菑害並至."
137) 『論語』, 「衛靈公」, "耕也, 餒在其中矣, 學也, 祿在其中矣."

러서 내 한 몸의 사사로움이라 한다. 무엇을 도의 큰 것이라 하는가? 천하의 먹을거리와 옷에 힘을 써서 천하 사람의 삶을 풍족하게 하되 남과 나의 두텁고 박함의 분별을 하지 않는 것이니 이를 일러서 남을 위함과 나를 위함을 아우르는 공변됨이라 한다. 쇠퇴한 시대의 정치는 자기를 사사롭게 하는 것이다. 이로써 재화가 위에서 모이면 백성은 아래에서 흩어진다. 우·탕·문왕·무왕은 천하를 공으로 삼은 자이다. 이로써 위에서 재화를 흩어서 아래에서 백성이 모여들었다. 백성이 모인 것은 곧 내가 모은 것이니 백성이 이미 풍족하면 내가 누구와 더불어 풍족하지 않겠는가!『대학』의 전문(傳文) 10장에 "재화를 생산함에 큰 도가 있다."[138]라고 한 것이 이를 말한다.

『대학』의 한 부(部)는 경(經) 1장에서 전(傳) 9장에 이르기까지 치지(致知)·성의(誠意)·정심(正心)·수신(修身)·제가(齊家)·치국(治國)을 논하여 격물(格物) 한 가지 일을 처음과 끝의 조리가 되는 가르침이라고 여겼다. 이를 덕이라, 가르침이라, 인과 효와 자애로움과 믿음이라 한 것일 뿐이다. 마지막 제10장에 이르러서 평천하(平天下)를 논하였는데 바로 토지가 있으면 재화가 있고 재화가 있으면 쓰임이 있다는 가르침을 거듭거듭 재(財) 한 글자로 마쳤다. 그 본지는 먼저 전문(傳文) 3장에 "소인은 그 즐거워하는 것을 즐거워하고 그 이롭게 여긴 것을 이롭게 여긴다."[139]의 이(利)라는 한 글자에서 보였고 여기에 이르러서 마쳤으니, 옛 성인의 세상을 다스리고 백성을 거느린 이용후생(利用厚生)의 지극한 법과 중요한 뜻을 이에서 볼 수 있다.

[경학원잡지 제10호(1916.03.25.), 61~64쪽]

---

138) 『大學章句』, 「傳文10章」, "生財有大道."
139) 『禮記』, 「大學」, "小人, 樂其樂而利其利."

6 유교의 근본 의의(1916.03.25.)

유교의 근본 의의[根本義]
(1915년 10월 9일 제15회 강연)

경성고등보통학교(京城高等普通學校) 교유(教諭) 다카하시 도루(高橋亨)가 강연하였다.

본인은 짧은 학식으로, 외람되게도 대제학(大提學) 각하의 촉탁 요청을 받았습니다. 그리고 유교의 본의는 평소에 연구하고 있기 때문에 금일 한마디 진술해 보도록 하겠습니다.

우리 도를 어째서 유교라 일컫는가? 근래에 불교, 기독교 등의 명칭이 있기 때문에 구별하여 호칭한다. 요순(堯舜) 3대부터 당(唐)·송(宋)·명(明) 제가(諸家)의 학문이 유교가 아닌 것이 없었다. 그러나 공자가 집대성한 성인(聖人)으로 유교의 종주(宗主)를 삼았기 때문에 이후의 유학 제가의 언론이 각각 그 때에 따라 각자 같지 않으나, 유사하게 모두 공자를 조술(祖述)하였다. 내가 논하고자 하는 것도 역시 공자의 가르침이다. 공자의 가르침이 사서오경에서부터 제자백가에 이르기까지 일의 근거가 뚜렷하여 상고할 수 있지만 공자의 참된 명맥을 전래한 것은 『논어』의 일부이니 또한 『논어』로 이를 논하고자 한다.

유교의 근본이 되는 사상에는 대략 세 가지가 있다. 첫째는 중용(中庸), 둘째는 예(禮), 셋째는 인(仁)이다. 중용은 중국[支那]에서 고대부터 도덕의 원리 원칙으로 삼았으니, 요가 순에게 주면서 "진실로 그 중을 잡으라.[允執厥中]"고 하셨고, 공자가 순을 칭하여 "그 양단(兩端)을 잡되, 백성에게는 그 중을 사용한다."[140]라고 하셨다. 맹자가 탕(湯) 임금을 칭하여 말하기를 "중을 잡으시고, 어진 이를 등용하시되 부류를 따지지 않으셨다."[141]라고 하셨다. 기자(箕子)의 홍범(洪範)에서도 또한 '황극(皇極)'[142]이라 했으니, '황극'은 곧 대중(大中)이다. 이로써 보건대 요순 이하부터 중국의 도덕이 중을 주(主)로 삼지 않은 것이 없었음을 알 수 있고, 또한 『논어』에 말하기를 "군자는 중용이라."고 하시고,[143] 문하의 제자에 대해 말하기를 "사(師)[144]는 지나치고 상(商)[145]은 미치지 못한다."[146]고 하시며, 기타 여러

---

140) 『中庸』, "執其兩端, 用其中於民."

141) 『孟子』, 「離婁·下」, "執中, 立賢無方."

142) 皇極: 『書經』, 「洪範」, "初一曰五行, … 次五曰建用皇極." 구절에 보인다. 제왕이 나라를 다스리는 표준이 될 만한 지극히 올바른 법을 지칭한다.

143) 원문은 『中庸』, "仲尼曰, 君子中庸, 小人反中庸." 구절에 보인다.

번의 교훈이 모두 중용을 주로 삼으셨다. 중용이라 하는 것은 중(中)과 용(庸)이 아니고, 곧 한결같이 곧고 올바른 것[中正]을 일컫는 것이다. 용은 상(常)이고, 중은 덕(德)의 드러남이다. 그리스 철학가 아리스토텔레스는 서양철학의 시조인데, 그 가르침에 또한 중용의 논의가 있어 "덕이 있는 자는 지나침과 모자람의 중간에 있다.[德者, 在過不及中間]"라고 하였다. 이로써 논하더라도 중이 도덕의 근본이 된다는 점에서는 동양과 서양이 다르지 않다.

예는 유교에서 하나의 근본이다. 공자께서 어릴 적부터 예를 좋아하셔서 항상 조두(俎豆)[147]를 진열하셨고, 후에 학문을 이루시고도 또 노자(老子)에게 예를 물으셨으니, 당시 예학가(禮學家)의 종주(宗主)이셨다. 『논어』에 관중(管仲)을 논하여 "관중이 예를 안다면 누가 예를 모르겠는가?"[148]라고 말씀하셨다. 계씨(季氏)[149]의 참람함에 대해 논하면서 예를 논한 것 역시 많았다. 당시에 천하가 어지럽고 순서가 없어 군신 상하가 그 직분을 명확하게 하지 않았던 까닭에 공자께서 그 근본을 회복하고자 하시며 "능히 예와 겸양으로써 한다면 나라를 다스림에 무슨 어려움이 있겠는가? 예와 겸양으로써 나라를 다스리지 못한다면 예는 어찌하겠는가?"[150]라고 말씀하셨다. 사람이 예를 잘 알면 그 사람의 품격이 고상하고, 나라가 예를 잘 수양하면 위와 아래가 서로 화목하여 질서가 문란하지 않으니, 이것은 예가 도의 한 가지 근본이 되는 것이다.

인(仁)은 공자께서 일관하는 도로 삼으셔서 예로부터 모두 이의가 없었다. 그런데 증자(曾子)가 특별히 말하기를 "선생님의 도는 충(忠)과 서(恕)일 뿐이다."[151]라고 하셨다. 공자께서 다시 문하의 제자에게 답하여 "서(恕)란 내가 하기 싫은 바를 남에게 베풀지 않는 것이다."[152]라고 말씀하셨으니, 이것은 우리 후대 사람이 종신토록 받들어 행해야 할 교훈이다. 공자께서 평소에 일찍이 인으로써 남을 허락함이 없으시고, 70명의 문하 제자 가운데 오직 안자(顔子)에게 인으로 칭하시되, 허락해 줌이 심하지 않으셨다. 인의 의의(意義)가 실로 몹시 광대하여 알기 어렵지만 『논어』를 가지고 말하자면 그 조목이 다섯 가지가 있

---

144) 師: 공자의 제자 顓孫師(자는 子張)를 가리킨다.
145) 商: 공자의 제자 卜商(자는 子夏)을 가리킨다.
146) 『論語』, 「先進」, "師也過, 商也不及."
147) 俎豆: 제사 지낼 때 신 앞에 놓는 나무로 만든 그릇의 일종이다.
148) 『論語』, 「八佾」, "管氏而知禮, 孰不知禮."
149) 季氏: 춘추시기 魯나라 季桓子를 가리킨다.
150) 『論語』, 「里仁」, "能以禮讓, 爲國乎何有? 不能以禮讓, 爲國如禮何?"
151) 『論語』, 「里仁」, "夫子之道, 忠恕而已矣."
152) 『論語』, 「顔淵」, "己所不欲, 勿施於人."

으니, 이택(利澤), 중후(重厚), 자애(慈愛), 충서(忠恕), 극기(克己)이다. 이택은 어진 자가 정치를 함에 반드시 혜택이 남에게 이르는 것이고, 중후는 사람에게 인덕(仁德)이 있어 스스로 얼굴이 윤택해지고 등이 꽉 찬 모습이며, 자애는 어진 자가 반드시 백성을 어여삐 여기고 대중을 사랑하는 덕이 있는 것이고, 충서는 어진 자가 반드시 자기를 미루어 남에게 이르는 덕이 있는 것이며, 극기는 어진 자가 스스로 사사로움을 극복하여 바름을 회복하는 것이다.

이상을 가지고 논하면 공자는 중용, 인, 예 세 가지를 도덕의 근본으로 삼으셨음을 알 수 있다. 중용은 덕이 바깥으로 드러나는 것이며, 덕을 중용으로 삼는 것이 아니다. 지금 덕의 수양을 일컬어 중용을 수양한다고 하면 불가하며, 중용을 따른다고 말하면 가능하다. 비유컨대 만약 용맹한 자가 비록 천만의 두려워할 만한 일을 감당한다고 하더라도, 그 마음이 요동하지 않는 것은 용맹함이 덕을 위주로 해 그 모습이 밖으로 드러난 것이다. 예를 덕으로 삼는 것 역시 두 가지 구별이 있으니, 개인과 국가의 구별이라고 한다. 개인이 예로써 수양하면 위의(威儀)의 용모가 있고 염치(廉恥)의 풍모가 있어서 반드시 단초이자 근본적인 [端本] 사람이 될 것이다. 국가를 예로써 다스리면 형벌과 법률(刑律)로 수고롭게 하지 않아도 질서를 유지하여 국가가 이로써 태평하며, 백성이 이로써 안녕하고 평온해지니, 이 또한 형체 이외의 일이다. 가령 부모에게 자식과 어른에게 아이가 반드시 예와 공경을 다하는 자는 안으로 예와 공경하는 마음이 있을 것이고, 동정(動靜)의 밖에 드러나니, 이것이 곧 예이다.

인 또한 유교의 근본이다. 크게 확대하면 우주처럼 커서 무릇 천지 만물을 모두 하나로 같다고 보고 처음부터 물아(物我) 구별의 차이가 없으니, 사람이 이 마음을 잘 기르면 이로써 나라를 다스리고 백성을 사랑하고 편안하게 할 수 있다. 이로써 집안을 다스리면 자애롭고 현명한 부모가 되며, 미룸이 형제와 친구에 이르는 것 또한 그러하므로, 지나치거나 모자란다는 탄식이 없으니, 이것이 중용의 덕이다. 이 어진 마음을 미루어 외면으로 드러내면 반드시 예의 모습이 있을 것이니, 옛말에 "어진 자는 탄탄하고도 크며, 온화한 기색이 한없이 넓다."[153]라고 하였으니, 이것이 형외(形外)의 덕이다. 유교 속에 이같이 중용, 인, 예의 구분이 있지만, 그 근본을 궁구하면 모두 인의 작용에 있으니, 덕은 중(中)이고, 형(形)은 체(體)며, 심(心)은 인(仁)이다.

유교가 인을 근본으로 삼는 것은 불교, 기독교의 가르침과도 동일하며 다르지 않지만 그 작용은 또한 같지 않음이 있다. 우리 유교의 인은 말 하나와 행동 하나가 중용에서 벗

---

153) 원문은 "仁者는坦坦蕩蕩ᄒ야和氣洋洋"이다. 출처는 확실치 않다.

어나지 않는다. 다른 종교는 그렇지 않아 중용을 다른 곳에 두고, 다만 어진 마음만 행할 뿐이다. 예수는 말하기를 "덕으로 원한을 갚으라."고 하였으니, 사람이 왼쪽 뺨을 때리거든 다시 오른쪽 뺨을 대주라고 하였다. 공자는 "정직함으로 원한을 갚으라."[154]고 하였다. 석가는 중생 일체에 대하여 모두 평등하다는 주의를 사용하여, 심지어는 곤충과 초목의 부류에 이르더라도 만약 생기가 있다면 모두 평등하다고 보았다. 그러나 우리 유교는 그렇지 않아서 부자와 형제의 친함이 타인을 두루 사랑함에 구별하는 차이가 있다. 이로써 논하자면 불교와 기독교의 인은 지나침에 빠졌고, 우리 유교의 인은 지나침이 없고 미치지 못함이 없어서 딱 그 중간을 얻은 것이다.

내가 인을 행하면서 반드시 중용에 맞는다고 한 것은 우리 유교의 인이다. 우리 유교의 인은 곧 유교의 근본이라고 하니, 자리에 계신 여러분은 마음으로 항상 이것을 궁구하며 "나의 도는 여기에 달려 있다.[吾道在此]"고 하여, 모든 동정(動靜)과 언행에 중용과 인, 예의 근본을 잃지 않는다면 반드시 덕을 이루는 군자가 될 수 있다.

내빈으로 온 백작 이완용(李完用)이 부연하였다.

내가 유교 안에서 자라서 유교의 본의를 들어서 아는 것이 많았으나, 금일 다카하시 씨 강설이 가장 마음을 일깨웠다.

유교의 근본이 과연 중용과 인, 예에 있으나, 단순히 말하면 하나의 '중(中)'이란 글자이다. 중은 지나침과 부족함이 없음을 일컬으니, 사람마다 그 중을 잘 알고 지킬 수 있는 자가 드물다. 가령 내가 기차를 타고 부산에 다녀올 때 8시 무렵에 도착할 수 있다고 가정하면, 4시 무렵 도착하는 곳이 곧 중이라고 하겠지만, 어찌 분명하게 단언하겠는가? 도덕의 중은 더욱 알기 어려우니 나는 반드시 도덕의 중이 어디에 있는지를 마음으로 항상 연구하여 그 중을 얻을 수 있음을 스스로 기대할 수 있으리라 본다.

[경학원잡지 제10호(1916.03.25.), 64~68쪽]

---

154) 『論語』, 「憲問」, "以直報怨."

7 　건강과 위생(1916.06.25.)

건강과 위생
(1915년 3월 11일 제16회 강연)

조선총독부의원 의관(醫官)인 의학박사 모리야스 렌키치(森安連吉)가 강연하였다.

사람이 백 가지 일을 하는데 신체의 건강이 귀하니, 정신의 건전이 신체의 건장함에 있음은 많은 변론을 할 필요가 없다. 만약 신체가 건전하지 않으면 항시 근심하고 우울하고 불쾌할 것이니 어느 겨를에 사업을 할 수 있겠는가? 다만 건강을 말하는 것은 곧 신체상 제반 장기조직이 일치하고 조화하여 각각 잘 기능하는 일을 말한다. 비유컨대 음양이 서로 조화하여 해와 달의 운행이 각자 그때에 맞게 순환하여 조금도 착오가 없으니 실로 천지자연의 이치와 다르지 않다. 장기의 기능이 알맞으면 자연히 기운이 고요해지고 마음이 평안해진다. 그러나 혹시 이와 반대로 머리가 경쾌하며 걸음걸이가 재빠르고 기분이 상쾌한 자가 종종 있으니, 이것은 잠시 생각하면 건강한 것 같으나 실제로는 건강하지 않은 것이고, 즉 장기의 동작이 적절하지 않아 한쪽으로 치우치는 것이다. 즉 동작이 한쪽으로 굽게 되면 다른 한쪽은 자연히 박약해지니 실로 진정한 건강이 아니다. 사람의 일생에 비록 건강하다 하나, 진정한 건강은 실로 보유하기 어렵다. 흡사 세상에 비록 학문을 높이고 숭상하는 자가 많은 것 같지만 성인의 영역에는 도달할 수 없으니, 이는 한 세상을 사는 인생에 정해진 규칙과 같으니 도저히 불가능한 일이고, 단 큰 질병이 없고 온전하게 천수를 누린다면 건강하다 말할 수 있다.

그러하므로 오인(吾人)은 장차 어떠한 방법을 사용하여 건강을 보유해야 하는가? 말하기를 위생(衛生)이라 한다. 위생이라는 것은 근세에 하나의 분과 학문과 같지만 결단코 작금에 처음 있는 방법은 아니다. 자고로 각자 그때에 따라서 부지불식간의 자연적 방법이니 만약 나쁜 역병은 전염을 걱정하여 접근을 좋아하지 않고, 피부는 청결에 주의하며, 추운 계절에는 두껍게 입고, 더운 계절에는 간단하게 입으며, 음식물은 잘 익혀서 먹는 데 힘쓰고, 음료는 더러운 물을 극히 피하며, 더러운 물건은 가지고 있는 것을 버린다. 실내에 햇볕이 들지 않으면 신체상 해가 많다고 운운하는 등의 일을 일일이 거론하기 어렵지만, 이것은 모두 위생상의 관념이다.

점차 세상의 기운이 진보하고 사람의 지혜가 발달한 이래로 경험을 통해 기초를 만들어 사용하고 연구를 거듭하여 전날의 부족함을 보충하며, 전날의 불완전함을 구비할 뿐이고, 결코 현재 처음 보는 일은 아니다. 위생의 법에는 두 가지 구별이 있으니, 개인위생과 공중위생이다. 개인위생은 사람 각자가 스스로 지키는 일신의 위생이오, 공중위생은 크게는 곧 하나의 국가이고, 작게는 하나의 마을이 공동으로 자위(自衛)하는 공중위생이다. 예를 들어 나쁜 역병이 유행할 때 예방하고 대비할 방법으로 우물 개량, 수도 부설, 가옥 청결 등의 일을 혹시 국가로부터 비용을 덜어 시행하며, 혹은 하나의 면이나 촌락에서 힘을 합쳐 시행하는 것이 바로 이것이다. 요컨대 공중위생도 역시 개인위생을 기초로 만들어 사용하는 까닭에 각자 주의하여 완전하게 실행하기를 도모하는데 힘쓰는 것은 많이 말할 필요가 없다. 또한 그 방법이 한두 가지로 그치지 않으나 시간 부족으로 인하여 상세하게 진술할 수는 없으니, 주요한 내용은 간략하게 설명하겠다.

먼저 신체로 질병의 습격을 면하는 것이 첫 번째 목적이다. 한쪽으로는 저항력을 높이고, 한편으로는 음식을 절약하는 일이 가장 중요하니, 저항력을 높이고자 하면 그 방법이 또한 여러 가지이지만 먼저 피부와 고막을 강고하게 한다. 또한 운동과 노동 등의 방법으로 근육을 발육하여 신체를 강건하게 해야 한다. 그러하면 여러 가지 자극과 해가 있는 물건으로부터 침투를 충분히 이겨낼 수 있다. 전염병에 이르러서는 사람에게 참담한 피해를 주는 것이 가장 심하니, 장티푸스, 성홍열(猩紅熱)[155], 적리(赤痢)[156], 콜레라[虎列刺], 흑사병 등은 모두 숙성(熟性)의 병으로, 예전에는 이것을 상한(傷寒)이라 일컬으면서 혼동하고 구별이 없었다. 지금은 의학이 점차 진보하여 세균이 매개한다는 것을 확실하게 아니, 세균이 곧 병의 원인이다. 이처럼 두려운 균도 신체상 저항력이 과연 세다면 침입하여 해를 끼칠 수 없고, 설령 침입하더라도 또한 감염되지 않는다. 그런데 사람이 혹여 자부하여 말하기를 "나는 건강하니 세균이 침입할 수 없고, 위생의 일을 위반하는 것은 비록 범하기는 하나 병이 발생하지 않는다."라고 한다. 이것은 실로 오해이다. 만약 이와 같은 사람이 부주의의 소치로 알지 못하는 중에 저항력이 저절로 박약해져 질병에 감염될 수 있으니 두렵지 않을 수 있겠는가?

저항력이 왕성하여 피부가 강고한 것이 곧 스스로를 지키는 최고의 방법이니, 가령 냉수마찰, 건조마찰, 해수욕, 일광욕과 허다한 필요 방법 같은 것을 번잡하게 말할 필요는

---

155) 猩紅熱: 목의 통증과 함께 고열이 나고 전신에 발진이 생기는 전염병이다. 발진이 생긴 피부의 홍색이 원숭이의 일종인 성성이의 채색과 유사한 열병이라 하여 성홍열이라 이름 붙여졌다.

156) 赤痢: 유행성 또는 급성으로 발병하는 소화기 계통의 전염성 질환이다. 혈액이 섞인 설사를 일으키는 병으로서, 세균성적리와 아메바성 적리가 있다.

없지만, 그 가운데 가장 주의할 사항은 피부의 청결이다. 피부는 신체의 가장 외부로 깊이 있는 귀중한 장기를 능히 보호하는 필요조직이니, 비유컨대 성에는 외곽이 있어서 바깥 세계의 자극을 가장 많이 받는 곳이고, 또한 신진대사가 작동하기 때문에 사용하지 않는 성분을 땀으로 만들어 배설하여 가스처럼 흩어지게 한다. 이러한 까닭으로 청결이 가장 중요하다고 한다. 만약 불결한 찌꺼기를 피부에 들러붙게 하면 혈액 순환과 사용하지 않는 성분을 배설하는데 장해를 주고, 더하여 병을 매개하는 세균이 항상 부착하여 종종 발동(發疼)하여 피부상 저항력을 점차 박약해지도록 하므로 목욕이 필요하다. 만약 하급노동자가 목욕의 관계 여하를 알지 못하여 근근이 2개월에 한 번, 혹은 반년에 한 번 잠시 세탁을 할 뿐이니, 그 신체에 해가 되는 것을 어찌 돌아보겠는가? 다만 바라건대 자리에 계신 제위(諸位)께서는 청결한 습관을 나머지 사람들에게 보급하고, 목욕의 필요를 사람들이 두루 알도록 하면 다행이겠으니 무슨 말을 하겠는가? 대개 목욕은 만약 끓인 물이 아니면 비록 냉수로 씻더라도 역시 무방하다.

또한 사람의 신체는 동작하는 것이 귀하니 오직 안일을 탐하는 것이 건강을 해치는 것이다. 무릇 음식에서는 마땅히 절약을 생각해야 하니 옛말에 이르기를, "병은 먹고 사는 데에서 따른다."라고 한 것은 실로 금석(金石) 같은 말이다. 만약 폭식하고 폭음하면 장기와 폐를 해쳐서 질병이 생기기 쉬우니 신중하지 않을 수 있겠는가? 그러므로 사람은 건강을 주로 삼아야 한다. 건강은 곧 주된 행복이자 부강한 국가의 기초이니, 사람들이 반드시 각자 주의한다면 공중위생을 절로 달성할 수 있을 것이니 참석하신 제위께서 주의하시기를 바란다.

[경학원잡지 제11호(1916.06.25.), 68~71쪽]

8 니노미야 손도쿠 옹의 보덕교 요지(1916.06.25.)

니노미야 손도쿠 옹의 보덕교(報德敎) 요지

(1916년 4월 8일 제17회 강연)

충독부 편수관(編修官) 다치가라 교슌(立柄敎俊)이 강연하였다.

니노미야 손도쿠(二宮尊德)[157] 옹은 근세의 철인(哲人)이다. 지금으로부터 120년 전에 내지(內地) 가나가와현(神奈川縣)에서 태어나 성장하면서 근검을 힘써 행함으로써 인민과 풍속을 교화하고, 진황지(陳荒地)를 개간하여 빈민을 구제하였다. 나이 69세로 사망하였으니 조정이 작위를 내려 그를 표창하였고, 인민이 니노미야 신사(二宮神社)에서 제사를 지내어 그의 덕을 경모(敬慕)하니, 그 덕의 교화와 공적이 다음과 같다.

손도쿠 옹은 집안이 본래 가난하여 어릴 때부터 짚으로 신을 삼고 땔감을 채집하면서 생업을 이었다. 하루는 거주하는 지방에 둑을 축조하는 일이 있어서 부친이 마땅히 가려 했지만 나이가 많아서 할 수 없었다. 니노미야가 대신 역을 짊어졌을 때, 초리(草履)를 엮을 수 있는 것을 지참하여 관리에게 나누어 주면서 말하였다. 나는 나이가 어려 힘이 약해서 역에 응할 수 없기 때문에 대신 초리를 납부하여 신역(身役)을 대신하겠다고 하니, 사람들이 모두 기이하게 여겼다. 14세에 부친을 여의고 16세에 어머니가 돌아가시니 형제 세 명이 의지하여 살아갈 수 없었기 때문에, 각자 흩어져 여러 친척집에 의탁하였다. 이때 다른 사람을 위해서 역에 복무하되 학문에 뜻을 두어 복무하던 틈에 책을 펴고 반드시 독서를 하니 사람들이 모두 이상하게 여겼다. 일찍이 모내기를 해야 할 시절과 날씨를 맞이하여 황무지를 개간하고, 사람을 모아 남아 있는 모를 심고 김을 매더니, 가을이 오자 수확한 곡물이 한 섬(俵, 다와라)이나 되었다. 이렇게 한 섬을 얻고 느낀 바가 있어서 말하였다. "작은 것을 쌓아 큰 것을 이룸은 자연의 도이니 마땅히 이것으로 인하여 재산을 모으겠다."고 하여 내년에 이처럼 하고, 내년에 또 이처럼 하여 저축이 점점 늘어나니 다시 집으로 돌아가 파손된 가옥을 수리하고 산업을 늘려서 결국 재산이 풍족해졌다.

이때 그 지역 영주에게 총애하는 신하가 한 명 있었는데, 집이 가난하고 채무가 많아 삶을 의지할 수 없어서 니노미야를 가서 보고 요리와 구조를 간청하였다. 니노미야가 5년

---

157) '니노미야 다카노리'라고도 한다.

동안 힘을 써서 그 집을 회복하여 채무를 갚고 오히려 300 금(金)의 여유가 생겨서 그 사람에게 지급하니, 영주가 그 소문을 듣고 불러서 촉탁(囑托)하여 무릇 영내의 빈민과 광대한 토지를 그가 교도(教導)하고 개간하도록 하였다. 그러니 니노미야가 더욱 주의를 기울여 옷은 헤지지 않으면 바꾸지 않았고, 음식은 한 가지를 넘지 않았다. 검약을 규범으로 삼아 인민이 근면하도록 가르치니 몇 년 지나지 않아 광대한 토지는 개간하여 좋은 전답이 되었고, 빈민은 부유해졌으며, 기타 원근(遠近)의 바쿠후(幕府), 농민과 상민 가운데 가난하여 논의하러 온 자는 일일이 지도하여 모두 부흥하게 만들었다. 니노미야의 평생이 학문은 칭하여 서술할 것이 없지만, 근면을 주로 삼아 소유한 경험이 있기 때문에 또한 경영에도 능했다. 대개 도덕가는 경제에 어둡고 경제가는 도덕이 부족함은 고금을 관통하는 근심인데, 이 옹은 이재(理財)와 농사 경작에 능하고, 도덕을 겸비하였으니 어찌 후대(後生)의 모범이 아니겠는가?

니노미야는 근면해진 이후에 도덕으로 몸통을 삼고, 경제를 사용하여 보덕교(報德教)를 창설하니, 대개 보덕이란 곧 『논어(論語)』에서 "덕으로 보덕한다."는 의미이다. 그 요지에서 말하기를 "남이 덕을 베풀거든 내가 덕으로 보답하는 것은 인도상 바른 법칙이다. 나의 삶이 천지인(天地人) 삼재(三才)의 덕을 믿으니 발육을 받들고 덮는 것은 천지의 덕이요, 살아서 길러내고 교도함은 군사부(君師父)의 덕이다. 이미 그 덕을 받았으니 갚지 않을 수 없다."고 했다. 그 가르침에는 세 가지 강령이 있는데, 분도(分度), 근검(勤儉), 추양(推讓)이다.

1. 분도

대저 천지와 만물은 각자에게 직분이 있으니, 일월성신(日月星辰)과 강과 바다, 산과 연못이 만세에 걸쳐 변하지 않는 것은 해와 달, 강과 바다의 직분이고, 날개 있는 것이 날아다니는 것과 다리 달린 것이 달리는 것은 금수의 직분이며, 빈부, 귀천, 남녀의 구별이 있을 뿐이다. 문명국의 사람이 되기도 하고, 야만국의 사람이 되기도 하는 등이 모두 명분(命分)이 아닌 것이 없으니 마땅히 그 분수를 지키고 직분을 다해야 함이 옳다. 이를 위배하면 곧 명분에 배치되는 것이며, 천리를 거스르는 것이다. 그 분수를 지키고자 하면 먼저 그 법도를 세워야 하니, 법도라는 것은 곧 생산의 상한 법도이다. 가령 1년 수입으로 3백 원이 있다고 한다면 반드시 수입을 헤아려 지출을 계산해야 하는 법도를 세워야 3분(分)은 비용으로 쓰고, 1분은 저축을 할 것이니 이것을 밀고 간다면 3년에 1년의 여유가 있고, 9년에 3년의 여유가 있을 것이다.

2. 근검

이미 분도를 세우고 또 근검으로 이것을 다스려 분도와 근검이 표리를 이루게 될 터이니 근검은 곧 가계를 일으키는 근본이다. 분도를 세우고 근검으로 도우면 자연히 여유가 있을 것이다.

3. 추양

자산에 여유가 있으면 적당하고 마땅한 방법으로 나누어 쓸 수 있기 때문에 추양이라 한다. 추양의 방도는 다섯 가지 양보가 있다. ①금년의 물건을 내년으로 양보, ②자손에게 양보, ③친척에게 양보, ④향리(鄕里)에 양보, ⑤국가에 양보이니 이미 여유가 있거든 그 사용을 적당하고 마땅하게 함이 가장 좋다.

대개 사람이 분도와 근검의 법으로 자산을 만들고 다시 다섯 가지 양보의 법으로 그 사용을 얻으면 일을 잘 마칠 수 있으니, 이 세 가지 요목(要目)은 실로 우리가 주의하고 실천할 바이다.

보덕교는 유도(儒道)를 주로 하고, 신불(神佛) 양도로 절충한 것이지만, 지금 유도에 대한 이야기로 대략 논해 보겠다. 관중(管子)이 말하기를 "창고가 튼실하면 예절을 안다."고 했고, 맹자가 말하기를 "항산(恒山)이 없으면 항심(恒心)이 없다."고 하시니, 양자는 곧 도덕과 경제가 서로 표리를 이루어 떼어낼 수 없음을 이야기하였다. 『논어』에서 말하기를 "씀씀이를 절약하고 사람을 사랑하라.[節用而愛人]"고 하였고, 『예기』에서 말하기를 "들어오는 것을 헤아려 지출하라.[量入以爲出]"고 하니 이 두 가지는 곧 분도의 요체를 말한 것이다. 사람이 능히 실행하여 옛 가르침을 어기지 않으면 보덕의 의무를 다할 수 있으니, 이것은 니노미야 옹의 교설(敎說) 요지의 대개라 할 수 있다.

후대의 사람이 곳곳에서 보덕사(報德社)를 설치하고 교설의 가운데 4분의 1 저축으로 이 모임에 저축해 두어 혹여 그 이익을 불리거나, 아니면 공공에 보충하고 사용하여 일시에 아름다운 풍속을 고양함으로 지금 그 남아 있는 풍습이 오히려 많이 전래한다. 조선에도 율곡(栗谷) 이 선생의 향약(鄕約)이 있으니, 그 주요 취지가 이 보덕사의 취지와 동일하였다.

『율곡전서(栗谷全書)』에 서원향약(西原鄕約)과 해주향약(海州鄕約)이 있고, 근래에 1904년에 「향약장정(鄕約章程)」을 간행하니, 그 요지는 율곡 향약을 참작하였다. 이것을 만약 실행하면 아름답고 좋은 풍속을 가히 말로 다 표현할 수 없다. 니노미야 옹이 성장하면서 빈한(貧寒)하였고, 어려서 사표(師表)가 없었으나 결심이 이른 바로 성공함이 있어서 신사(神社)의 존중과 배향이 있고, 후대 사람의 모범을 만드니, 내지의 니노미야와 조선 율곡이 그 지역은 비록 다르지만, 그 가르침은 부절(符節)처럼 서로 부합한다. 우리가 보덕교와 향약의 주지를 체화하여 실행하면 위로 국민의 분의(分義)를 다하고, 아래로 자가의 성립을 얻을 수 있으니 제군(諸君)은 서로 부지런히 힘쓰기 바란다.

[경학원잡지 제11호(1916.06.25.), 76~80쪽]

9　글을 널리 배우고 예로써 이를 절제한다(1916.12.25.)

글을 널리 배우고 예로써 이를 절제한다[博學於文約之以禮]

(1916년 5월 13일 제18회 강연)

강사 이용직(李容稙)이 강연하였다.

노련한 뱃사공이 거대한 배를 부리되 비록 만 톤의 무게라도 기관이 되는 것은 키[柁]일 뿐이다. 기술자가 높은 건물을 짓되 비록 만 칸의 넓이라도 기관이 되는 것은 자[尺]일 뿐이다. 군자가 도를 전하되 비록 수많은 말을 하더라도 기관이 되는 것은 예(禮)일 뿐이다. 예는 네 덕의 하나를 차지하는데 도를 전하는 중요한 기관이 됨은 무엇 때문인가? 천지의 절문(節文)이며 인사의 의칙(儀則)으로서 예보다 지나친 것이 없다. 그러므로 공자가 평소 말한 것이며 공자가 반드시 일컬은 것이 아닌가!

공문(孔門)의 도통(道統)으로서 전수한 하나의 오묘한 심법은 마땅히 정일(精一), 집중(執中) 등의 말로써 지켜야 할 약속으로 삼은 것인데 지금 박문약례(博文約禮)를 요체로 삼는 것은 또한 무슨 뜻인가? 예가 아니면 보지 말고 예가 아니면 듣지 말고 예가 아니면 말하지 말고 예가 아니면 행동하지 않으면 극기복례(克己復禮)이다.[158] 극기복례는 정일, 집중이 아닌가! 자하(子夏)가 말하기를 "예는 나중인가?" 하자, 공자가 말하기를 "나를 일으키는 자는 상(商)이다."[159] 하였으니 이로써 논하건대 예는 어찌 군자의 중요한 것이 아닌가!

예는 하나이다. 그러나 자하가 말한바 예는 곧 절문이라 하였으니 이는 이른바 예는 곧 잡아서 지킴[持守]을 말함일진저! 잡아서 지킴에 도가 있으니 말이 충실하고 신실하지 않으면, 예가 아니며 행동이 독실하고 경건하지 않으면 예가 아니며, 어버이를 섬김에 순종하지 않으면 예가 아니며, 군주를 섬김에 충성하지 않으면 예가 아니며, 형과 어른에게 공경하지 않으면 예가 아니며, 벗에게 신실하지 않으면 예가 아니다. 군자와 소인의 나뉨은 예와 예 아님의 사이일 뿐이다. 예에 서서 군자가 되겠는가! 예가 아닌 것에 안주하여서 소인이 되겠는가! 예로써 절제하면 완전한 군자가 될 수 있을 것이다!

---

158) 『論語』, 「顏淵」, "顏淵問仁. 子曰, 克己復禮."
159) 『論語』, 「八佾」, "子夏曰, 禮後乎? 子曰, 起予者, 商也."

배움이 넓지 않으면 이전의 말과 지나간 행적에 어두워서 고루하고 견문이 짧음을 면하지 못한다. 완전한 군자가 되어서 고루하고 견문이 짧음의 탄식을 없이 하려면 어찌 글에 널리 배우고 예로써 절제하지 않을 수 있겠는가? 안자(顔子)가 말한바, "글로써 나를 넓히고 예로써 나를 절제한다."[160] 한 것으로써 관찰하건대 부자께서 사람을 가르치고 도에 들어가게 한 요체가 다만 박문약례에 있음을 여기에서 미루어 알 수 있다. "바탕이 꾸밈을 능가하면 촌사람이고 꾸밈이 바탕을 능가하면 서기이니 꾸밈과 바탕이 함께 빛난 뒤에 군자이다."[161]라고 한 말로 관찰하건대, 재능은 꾸밈이고 덕은 바탕이다. 재능과 덕을 겸비한 뒤에야 비로소 완전한 군자가 됨을 여기에서 미루어 알 수 있다.

글을 널리 배우고 예로써 절제함은 과연 이 학문의 지남(指南)이 아닌가! 잡아서 지킴은 넉넉하나 재주와 기예가 부족한 이는 중유(仲由)와 고시(高柴)이다. 중유와 고시는 용기를 좋아하고 경도를 지킴에 뒷사람이 아무도 미치지 못하였다. 그러나 널리 배운 공부가 없었기 때문에 더불어 성현의 영역에 나란히 하지 못하였으니 어찌 이루 다 탄식하고 애석하게 여길 수 있겠는가! 만약 중유와 고시로 하여금 일찌감치 견문의 넓음을 도모하고 문학에 공부를 하도록 했더라면 그 진취가 혹 안자, 증자만 홀로 종지를 얻게 하지 않았을 것이다. 한갓 글에 널리 배우기만 하고 예로써 절제할 줄 모르는 이는 소동파(蘇東坡, 소식), 왕반산(王半山, 왕안석)이 이들이다. 소동파, 왕안석의 박학과 많은 견문은 당시 필적할 사람이 없었으나 예로 절제하는 공부가 없었기 때문에 더불어 군자의 도에 들어갈 수 없었으니 어찌 이루 다 탄식하고 애석하게 여길 수 있겠는가! 만약 소동파나 왕안석이 일찍이 잡아서 지키는 법을 알고 늘 예와 경건에 마음을 두었더라면 그 조예가 응당 염락(濂洛) 제현에게 양보하지 않았을 것이다.

후생의 만학도가 완전한 군자가 되고자 하면 장차 어디에서 공부를 해야 하겠는가! 경사자집(經史子集)을 열람하여 읽지 않음이 없고 서기잠명(序記箴銘)을 찬술하지 않음이 없으면 글에 널리 배운다고 하겠는가? 규구승묵(規矩繩墨)을 반드시 따르고 어기지 않으며 동정어묵(動靜語默)에 반드시 신중하여 뉘우침이 없다면 예로써 절제한다고 하겠는가? 정자(程子)가 말하기를 "글에 널리 배우되 예로써 절제하지 않으면 반드시 허황하게 된다. 널리 배우되 사람이[162] 능히 예를 지키고 법도[規矩]를 말미암으면 도를 배반하지 않을 수 있다."[163] 하였다. 대체로 도는 예에서 생기니 도를 구하는 자는 이 예를 버리고 가능하겠

---

160) 『論語』, 「子罕」, "博我以文, 約我以禮."

161) 『論語』, 「雍也」, "質勝文則野, 文勝質則史, 文質彬彬, 然後君子."

162) 『論語集注』에는 '又'로 되어 있다. 원문에는 '人'으로 되어있기에 원문대로 번역하였다.

163) 『論語集注』, 「雍也」, "程子曰, 博學於文而不約之以禮, 必至於汗漫. 博學矣, 又能守禮而由於規矩, 則亦可以不畔道矣."

는가! 도를 하는 군자가 잠시라도 예를 잃어버릴 수 없는 것이다. 어찌 배를 부리는 노련한 뱃사공이 잠시라도 키를 잃어버릴 수 없고 건물을 짓는 기술자가 잠시라도 자를 잃어버릴 수 없는 것과 같지 않은가!

경성 강사 여규형(呂圭亨)이 이어서 강연하였다.

박약(博約)은 서로 상대하여 필요로 하는 관계[對待]이다. 정자가 말하기를 "글을 널리 배우고 예로써 이를 절제하지 않으면 반드시 허황하게 된다. 널리 배우되 또 능히 예를 지키고 법도를 말미암으면 도를 배반하지 않을 수 있다."[164] 하였다. 풀이하는 이가 말하기를 "박(博)은 넓은 것이다. 도가 시서(詩書), 육예(六藝)에 드러난 것을 문(文)이라 한다." 하였다. 나는 이르기를 『논어』 한 부에 문을 논한 것이 많은데 사과(四科) 가운데 문학(文學)은 마땅히 시서, 육예를 가리키나 그 밖에 질(質)에 대해 말하자면 오직 시서, 육예만은 아니라 한다. 「자한(子罕)」편에 말하기를 "문왕(文王)이 이미 돌아가시고 문이 여기에 있지 않은가!"[165] 하였다. 집주에 이르기를 "도가 뚜렷한 것을 문이라 한다."[166] 하였으니 대체로 예악과 제도를 말한다. 도라 하지 않고 문이라 한 것은 역시 겸손한 말이다. 이 주석에 근거하여 말하자면 예 또한 문의 하나이며 문 외에 별도로 예가 있는 것이 아니다. 또한 삼분(三墳)·오전(五典)·팔색(八索)·구구(九邱)와 무릇 방책(方策)에 펼쳐져 있는 것을 모두 문이라 할 수 있으니 넓게 하지 않으면 참으로 다할 수 없다. 예에 관해 읽으니 예의(禮儀)가 삼백 가지, 위의(威儀)가 삼천 가지 있다 하고 또 경례(經禮) 삼백 가지, 곡례(曲禮) 삼천 가지라 하니 역시 많다고 할 수 있을 것이다.

예 역시 널리 배운 뒤라야 널리 반응하고 부분에 합당하되 어떤 상황에도 마땅하지 않음이 없으니 또한 어찌 전체로써 요약하는 가르침이 아닌가! 나는 또 말하기를, 문이란 일체 제도(制度)와 절문(節文)이 바깥에 드러난 것이 모두 문이니 거처와 음식에 융쇄(隆殺)를 두고 의복에 귀천을 표시하는 것이 모두 문이며, 시서와 육예 역시 오직 문에 보탬이 되고 간책에 형태로 드러난 것으로 모두 모름지기 예로 절제하고 단속하여 하나로 하는 것인데 문은 많고 예는 적으며 문은 번잡하고 예는 간략하다 할 수 없다고 한다. 무릇 문 가운데 예를 배반한 것은 들뜬 문, 번잡한 문, 문에 폐단이 있어서 자잘한 것이다. 반드시 모름지기 예에 합하게 한 뒤에야 들뜨고 번잡하고 폐단이 있어서 자잘한 것이 없어지고

164) 『論語集注』, 「雍也」, "程子曰, 博學於文而不約之以禮, 必至於汗漫. 博學矣, 又能守禮而由於規矩, 則亦可以不畔道矣."
165) 『論語』, 「子罕」, "文王旣沒, 文不在玆乎!"
166) 『論語集注』, 「子罕」, "道之顯者謂之文."

그 문이 참된 문이 된다. 이는 이른바 도와 합한 것이다. 그러므로 가르쳐서 말하기를 "배반하지 않는다." 하였다. 안자의 이른바 "글로써 나를 넓히고 예로써 나를 절제한다." 한 것과 맹자의 이른바 "널리 배우고 상세히 말하는 것은 장차 돌이켜서 절제함을 말하려는 것이다."[167] 한 것이 모두 이 뜻이다.

　나는 『논어』를 읽는 자가 문을 많게 여기고 예를 적게 여기며 문을 번잡하게 여기고 예를 간결하게 여겨서 성인의 사람을 가르친 본지를 잃어버릴까 두려워한다. 그러므로 위와 같이 간략하게 진술한다.

[경학원잡지 제12호(1916.12.25.), 56~59쪽]

---

167) 『孟子』, 「離婁・下」, "博學而詳說之, 將以反說約也."

10 니노미야 손도쿠 옹의 인물과 도덕(1916.12.25.)

니노미야 손도쿠 옹의 인물과 도덕

(1916년 5월 13일 제18회 강연)

경성여자고등보통학교장(京城女子高等普通學校長) 오타 히데오(太田秀穂)가 강연하였다.

니노미야(二宮尊德) 선생의 경력과 보덕교(報德敎) 요지는 지난번 우리의 친우 다치가라(立柄) 편수관의 강화(講話)가 있어서 여러분이 이미 아시는 바이다. 오늘은 선생의 인물과 도덕을 거론하여 전날 강화를 보충함으로써 여러분에게 참고를 제공하고자 한다.

선생은 지금으로부터 129년 전 가나가와현(神奈川縣) 아시가라군(足柄郡) 사쿠라이촌(櫻井村) 히가시카시야마(東柏山) 농가에서 출생하여 망한 가문을 다시 일으켜서 일세에 이름이 널리 알려진 인물이 되었다. 이후에 가나가와현 오다와라초(小田原町), 도치기현(栃木縣)168) 사쿠라마치(櫻町), 이바라키현(茨木縣) 마카베군(眞壁郡), 아오키촌(靑木村) 등 여러 곳에 고빙되어 빈민 구제를 자임하여 도처에서 큰 공적을 보여주고, 지금으로부터 약 60년 전에 닛코(日光) 부근 이마이치초(今市町)169)에서 사거하였다. 어릴 적에 부모를 모두 잃고 떠돌아다니며 고초를 겪으면서 성장하여 인생 실제의 사업을 각오하여 경세제민(經世濟民)의 위대한 공적을 이루고, 지금까지 다른 사람에게 감화가 많이 되었다. 평생한 일의 공적을 대략 진술해 보건대,

1. 선생은 자조(自助) 정신이 풍부한 실천적 인물이다. 도덕의 이론을 강론하고 해석한 학자도 아니오, 권력이 있어서 도덕을 명령하는 높은 관리도 아니다. 농민 가운데 일개 선각자로 성인의 도를 적당하게 실행하며, 인민을 위하여 제반 선량한 사업은 솔선하여 실행하기로 주지를 만든 인물이다. 당시 사쿠라마치의 쇠퇴가 지극하여 영주 오쿠보(大久保) 후작이 선생에게 해당 지역 부흥을 촉탁(囑托)하고, 자금을 보조하고자 하였는데, 선생

---

168) 栃木縣: '杤木縣'이 아니라 '栃木縣'이 맞는 지명 표기이다. 일본 도치기 현이다.

169) 원문에는 '令市町'으로 오기되어 있어서 수정하였다. 현재 일본 도치기현 닛코시(日光市)에 해당되는 지역이다.

이 사양하며 받지 않았고, 비용을 스스로 처리하였다. 그 뜻으로 생각해 보건대 이러한 일에 보조로 목적을 만들면 지방관리와 인민이 모두 재물의 이익을 탐하여 인민은 관리의 불공정하고 바르지 않음[私曲]을 논하고, 관인은 인민의 불공정하고 바르지 않음을 의심한 다고 한 것이었다.

우리의 향리 부근 모노이무라(物井村)에 살던 아무개 농가가 선생에게 구조를 요청했 다. 선생이 금전을 주지 않고, 한 개의 가래[鍬]를 부여하며 말하기를 "너는 이 가래를 가지 고 빈곤을 없애고 부유를 초치하라. 이 가래를 가지고 황무지를 개간하되 가래가 벗겨질 때까지 한다면 많은 전지(田地)를 얻을 수 있을 것이다."라고 하니, 금전을 주지 않고 가래 하나로 깨우쳐 준 것은 빈곤 구제의 방책이 마땅함을 얻었다고 하겠다. 또한 한 사람이 다른 사람에게 빌린 돈을 보상하기 위해서 선생에게 돈을 빌려달라고 요구했다. 선생은 돈을 빌려줘 갚는 것의 불가함을 설유(說諭)하고 또한 말하기를 "너는 반드시 스스로 일한 노고로 빌린 돈을 변제하라. 너는 빌린 재산을 감추고 숨기는 습성이 있으니, 이것은 심히 불가하다. 여러 건의 빌린 재산을 벽 위에다가 크게 써서 잠시라도 잊지 말라."고 하니, 우리에게 부채가 있거든 스스로 일한 힘으로 상환하기를 도모함이 옳다고 한다.

조선 습속에 좋은 기풍이 많으나 나쁜 풍속도 역시 많으니, 즉 의뢰심이 이것이다. 부모 에게 여유가 있으면 자손이 의지하고, 동생은 형에게 의지하며, 친척은 친척에게 의지하 고, 인민은 정부에 의지하여 보조와 비호를 바라니, 이것은 천성을 발달하는 본의가 아니 다. 서양 속담에서 말하기를 "하늘은 스스로 돕는 자를 돕는다."라고 하니, 조선인은 이 성 질을 탈각하고 각자 부지런히 일해 자기를 구제하고 국가에 보답하기를 바란다.

2. 선생은 근로를 중히 여겨서 일생을 실행한 인물이다. 어릴 적부터 농업에 전력하였는 데, 쌀을 도정할 때 『효경』을 읽었고, 말을 끌 때 『대학』을 읽었으니, 선생의 일생은 하나 의 근로 교과서라고 말할 수 있다. 『주역』에서 말하기를 "하늘의 운행이 굳건하니 군자는 이것을 본받아 스스로 힘쓰며 쉬지 않는다."라고 하고, 서양 속담에서 말하기를 "나태한 사람은 여름날의 눈과 같다."라고 하니, 이것은 모두 근로를 위주로 하는 말이다. 인간 세 상의 모든 물건이 근로의 결과로 따르지 않음이 없으니, 가령 서적은 학자가 근로한 결과 요, 미곡은 농부가 근로한 결과이다. 천지에 생생한 이치가 있으니, 우리가 이러한 이치에 응하지 아니하면 삶을 어찌 다하겠는가? 선생이 일찍이 노래로 읊조리며 말하기를 "천일 (天日)의 은혜여, 축적이 있으니 가래로 파서 취하고, 낫으로 베어서 취하라." 하였다. 또한 일찍이 말하기를 "하루를 근로하지 않으면 하루의 식사를 하지 않음이 옳다."라고 하니, 선생의 휴식은 수면하는 시간과 죽은 이후의 묘 안에 있다고 하였다. 관자가 말하기를 "지

아비 한 명이 밭을 갈지 않으면 인민에게 기근이 있고, 아녀자 한 명이 베를 짜지 않으면 인민에게 추위가 있다."라고 하니, 일 없이 노는[遊衣遊食] 사람은 타인의 근로 결과를 얻어먹는 자이니, 이것은 옷과 음식을 훔치는 것과 다르지 않다. 대개 세상 사람에는 세 부류가 있으니, 첫째는 자기의 근로로 옷과 음식을 취하는 자, 둘째는 자기의 근로를 타인이 대신 하도록 해서 옷과 음식을 취하는 자, 셋째는 자기는 근로하지 않고 타인의 구조에 의지하는 자이니, 이것은 사람의 옷과 음식을 훔쳐서 생활하는 것이다. 인생은 의식주 세 가지를 주로 하니, 사람의 입은 하나요, 손과 발은 각각 둘이다. 이것은 하늘이 일하여 먹도록 명한 것이 아닌가?

제군(諸君)이 아시는 바와 같이 서양인은 모두 부유하고 후덕한 것은 어째서인가? 이들은 근로의 정신이 부유하기 때문이다. 어떠한 사람이든지 정신 또는 신체가 근로에 복종함을 천직으로 인정하여 한시도 한가하거나 나태함이 없다. 이에 반하여 조선인은 한가로이 노는 것을 능사로 여겨 소인(小人)은 사람을 기르고, 군자는 사람을 통해 길러진다고 하는 등 잠꼬대 같은 말로 다른 사람에게 과장하니, 이것이 조선이 금일 빈약(貧弱)이 극에 달하게 된 한 가지 원인이다.

이와 같은 풍습은 조선에서만 그렇지 않고, 내지(內地)에서도 옛날에는 마찬가지였다. 우리 니노미야 선생은 아침저녁으로 근로를 요지하여 사쿠라마치에 있을 때에 매일 조선 이정(里程)으로 30리를 왕복하였고, 아침에는 항상 8시 전에 출근하였다. 옛날에 주공(周公)은 게으르지 않을 것으로 성왕에게 경계할 것을 고하였으니 왕이 된 자의 귀함으로도 농사짓기[稼穡]의 어려움을 알 수 있는데, 하물며 우리 신분으로 안일함을 탐하는 것은 실로 천명을 위배하고, 본분을 망각한 사람이다. 인간이 안일을 구하고자 하면 한도가 없으니, 가령 서 있으면 앉기를 생각하고, 앉으면 눕기를 생각하며, 누우면 자려는 것을 생각한다. 그러하므로 잠잘 때는 다시 오래 자면서 일어나지 않을 것을 생각한다고 말하는 것이다.

3. 선생의 주의는 작은 것을 쌓아서 큰 것을 이루는 데 있으니, 『서경』에서 말하기를 "공은 성대한 덕으로 능히 작은 행실을 부지런히 힘썼다."[170]라고 하였고, 관윤자(關尹子)가 말하기를 "작은 일을 가볍게 여기지 말라. 작은 틈으로 배가 가라앉는다. 작은 사물을 가볍게 여기지 말라. 작은 벌레가 독을 품는다."라고 하였다. 한(漢) 나라 소열제(昭烈帝)가 말하기를 "작은 선이라고 해서 하지 않아서는 안되며, 작은 악이라도 하지 말라."고 했

---

170) 『書經』, 「畢命」, "惟公懋德, 克勤小物."

다.[171] 기독교에서 말하기를 "작은 일에 충실한 자는 큰일에도 충실하며, 작은 일에 충실치 못한 자는 큰일에도 충실하지 못하다."라고 하였다. 성현은 항상 작은 일을 삼가니, 크게 행함은 사소하고 자잘한 것을 돌아보지 않는다고 함은 영웅의 결점이다. 선생이 말하기를 "큰일을 하고자 한다면 작은 일을 부지런히 하여 작은 것으로 큰 것을 이룬다."라고 하니, 백만 석의 쌀도 한 톨이 모인 것이요, 천 리의 길도 한 걸음으로 시작함은 사실이다. 지금 백만 원을 적립한 경남(慶南) 진주(晉州)의 김 정경부인(貞敬夫人) 같은 이도 한 푼 동전의 검약으로 시작하였다. 이에 그 사례를 거론해 보건대, 하루에 1전씩 50년을 저축하면 원금과 이자를 합하여 약 8백 원이 된다. 지금 조선에서 총인구 1,600만 명 중에서 800만 인을 부지런히 노동하는 자로 가정하고, 이 사람의 하루 1시간 수입을 약 2전씩 저축하면 1년에 5,840만 원의 수입이 생기니, 이것은 조선 전체 도의 1년 총 경비에 필적한다. 세류(細流)가 합쳐져 하천과 바다를 이루고, 흙덩이를 모아 태산을 이룬다고 함이 이것을 말한다. 근래 청년은 어떠한 일을 막론하고 속히 이루기를 기도하는 기풍이 많아서 말하기를 "어떻게 하면 한 번 도약하여 지위를 높일까?", "어떻게 하면 한 번 거머쥐어 천금을 얻을 수 있을까?" 한다. 그러나 속히 이루는 것은 위험이 많아, 한 걸음에 퇴보함은 확실하다. 『대학』에서 말하기를 "군자는 평이한 도리를 행하면서 천명을 기다리고, 소인은 위험한 짓을 행하면서 요행을 바란다."라고 하였으니,[172] 이것을 일컫는 말이다.

4. 자기를 미루어 남에게 양보함은 선생의 보덕교 요지이다. 이것을 실행함에는 첫째는 이달에 얻은 것을 내달에 양보하고, 금년에 얻은 것을 내년에 양보하는 것이며, 둘째는 자기가 얻은 것을 자기만 사용하지 아니하고, 자손에게 양보하며, 친척과 친구 그리고 국가에 양보하는 것이다.

첫째에서 현재의 물건을 장래에 양보함은 어떻게 하는가? 대저 보통 사람은 이달의 지출을 이달의 수입으로 마련[支辨]하며, 여기에 나아가 사려가 있는 사람은 이달의 수입을 다른 달에 남기도록 하는데, 사려가 없는 사람은 수입이 없어 앞서서 차용하여 나날이 행하는 바가 이전의 재산을 갚는데 겨를이 없다. 우리가 항상 이달 수입을 내달로 양보하는 일을 공부(工夫)하면, 재용(財用)이 부족하지 않을 것이다. 『대학』에서 말하기를 "생산을 빠르게 하고, 사용을 천천히 한다면 재물은 항시 풍족할 것이다."라고 한 말이 바로 이것이다.

둘째에서 자손에게 양보하며 친척과 친구 그리고 국가에 양보함은 어떻게 하는가? 자기

---

171) 『三國志』, 「蜀志·先主劉備傳」, "勿以惡小而爲之, 勿以善小而不爲." 구절에 보인다.
172) 관련 전거는 『中庸』, "君子居易以俟命, 小人行險以徼幸." 구절에 보인다.

는 일정한 제한 범위에서 생활하고, 여분의 저축으로 자기 이외의 사람을 위해서 다하는 것이다. 공자가 말하기를 "절용하고 남을 사랑한다."라고 하셨다. 칙어에서 말하기를 "삼가 검약하여 그침을 유지하고, 널리 사랑하여 대중에게 이르라."고 하심이 이것이다.

5. 자타의 공익(共益)을 도모함은 선생의 사업이라. 내가 여유가 있으면 남의 곤란과 결핍을 부조함은 곧 정해진 이치이다. 문자로 보더라도 인(人) 자는 서로 돕는다는 의미가 있고, 인(仁) 자는 두 사람의 의미가 있으니, 선생의 주지는 과연 어떠한가? 선생의 사상이 재물을 가볍다고 한 것은 아니지만, 항상 덕으로 주를 삼으니 덕(德)은 본(本)이요, 재(財)는 말(末)이다. 영구히 복이 더해짐을 얻으려 하면 항상 주어서 그것을 취하라고 한다. 농사에 대하여 말하면, "비료와 노력을 베풀지 아니하고 수확을 바란다면, 금전을 빌려주지 아니하고 이자를 거두고자 함이라." 한다. 상업에 대하여 말하면, "팔고 사는 자가 서로 신용하고 좋아한 연후에 상업의 융성과 번창을 얻을 수 있다."고 한다. 선생은 단순히 우리 일개인의 덕을 수양하는 공부를 진술했을 뿐만 아니라, 우리들의 협동생활에 대하여 진술한 바가 많았고, 선생이 남긴 법과 보덕사(報德社)는 곧 조선의 향약과 같이 상호구제의 조합이다. 그 방법은 도덕에 중점을 두어 각자가 상호 노력한 금전을 갹출하고 적립하여 공제하고 서로 돕는 방법과 선을 추구하고 악을 피하는 방도를 강구한 것이다. 근시에 그 과조(科條)를 헤아려 법률로 그 형식을 정돈한 것이 곧 신용조합이다. 금일 내지의 모범 촌락의 다수는 위의 보덕사와 신용조합의 방법을 실행하는 곳이 많다. 내 소견을 간략 거론해 보건대, 시즈오카현(靜岡縣) 가모군(賀茂郡) 이나토리촌(稻取村)은 약 200호 대중이 수년 전부터 공동재산의 제도를 취하여 한호(一戶)도 돈을 빌리는 자가 없었고, 가옥은 대저 기와로 지붕을 이었다. 미야기현(宮城縣) 나토리군(名取郡) 오이데촌(生出村)에서는 촌민이 연합하여 식림(殖林)을 10년 이상 했고, 지바현(千葉縣) 산부군(山武郡) 미나모토촌(源村)에서는 500여 호가 학교의 중개로 약 1만 엔의 공동저금을 하여 13년 이래로 조세의 체납이 없다. 이러한 지방 인민에게 항산과 항심이 있는 것은 선생의 정신을 모범으로 삼은 까닭으로, 예절과 인의가 풍부함은 다른 곳과 크게 구별된다.

이상 진술한 바 항목이 많으나, 요컨대 지성으로 실행하는 일은 두 가지뿐이다. 인생의 가장 중요한 바는 선한 일을 실행하는 성실한 마음이다. 『중용』에서 말하기를 "정성은 하늘의 도이며, 정성스럽게 함은 사람의 도이다. 정성은 사물의 처음과 끝이니 정성이 없으면 물건도 없다."라고 한 것이 이것이다. 속담에서 말하기를 "여덟 개의 떠도는 말이 하나의 성(誠) 자만 못하다."라고 한다. 농자(農者)가 지면에 성심을 기울이면 지면은 우리를 위해 수확을 부여하고, 사람이 초목을 사랑하면 초목도 사람을 사랑하니, 지금 조선에 사방의 산이 헐벗은 것[四山童濯]은 사람이 초목을 사랑하지 않았기 때문이고, 사람이 극히 빈곤함은 수입이 적고 지출이 많기 때문이다. 이 자리에 있는 여러분은 지금부터 시작하여 매일 30분 동안 힘을 기울여 니노미야 선생의 도덕을 마음속에 새기면 두드러진 보람[顯效]이 적지 않으리라.

[경학원잡지 제12호(1916.12.25.), 59~67쪽]

11 나의 호연지기를 잘 기른다(1916.12.25.)

나의 호연지기를 잘 기른다[善養吾浩然之氣]

(1916년 9월 29일 해주군 향교 강연)

경학원 부제학 이용직(李容稙)이 강연하였다.

안연이 말하기를 "순은 어떤 사람이며 나는 어떤 사람인가? 함이 있는 자는 이와 같다."[173] 하였다. 나는 말하건대, 맹자도 사람이고 나도 사람이다. 호연지기(浩然之氣)를 잘 기름이 어찌 오로지 옛사람에게서만 아름답고, 사람들이 모두 요순이 될 수 있는 자격을 스스로 해치고, 사람들이 모두 공맹이 될 수 있는 조예를 스스로 버리겠는가! 자포자기하는 사람은 더불어 요순, 공맹의 도에 들어갈 수 없으니 너무나 한탄스럽고 애석하도다! 요순, 공맹의 도에 들어가고자 하면 반드시 부동심(不動心)으로부터 기를 잘 길러야 한다. 그러므로 호연지기를 잘 기르는 것으로 강연의 제목을 삼고 여러 군자를 위해 참고의 바탕으로 삼게 한다.

전편의 대의를 한번 읽으면 다음과 같다. "'선생님께서 제나라의 경상(卿相)을 더하여 도를 행할 수 있다면 비록 이로 말미암아 패왕(霸王)을 하더라도 다름이 없을 것인데 이와 같다면 마음을 움직이겠습니까?' 말하였다. '아니다. 나는 마흔에 마음을 움직이지 않았다.' 하였다."[174] 나이가 마흔에 이르면 사람은 모두 부동심할 수 있는가? 여덟 살에 소학에 들어가고 열다섯 살에 대학에 들어가서 궁리정심(窮理正心), 수기치인(修己治人)의 방법에 종사하되 이와 같이 수십 년을 그만두지 않으면 참으로 힘을 오래 쓴 것이 된다. 바깥의 사물이 비록 그 마음을 움직이게 하려고 해도 할 수 있겠는가? 말하기를 "북궁유(北宮黝)가 용기를 기름에는 살갗을 찔러도 꿈쩍하지 않고 눈을 찔러도 피하지 않으며 털끝 하나를 남에게 꺾이면 마치 시장이나 조정에서 회초리를 맞는 것같이 여기고 칡 옷이나 허름한 옷을 입은 사람에게도 모욕을 당하지 않고 만승(萬乘)의 군주에게도 모욕을 당하지 않으며 만승의 군주를 찌르기를 마치 칡 옷을 입은 사람을 찌르듯이 하고, 엄격한 제후가

---

173) 『孟子』, 「滕文公・上」, "顏淵曰, 舜如何人也, 予如何人也? 有爲者亦若是."
174) 『孟子』, 「公孫丑・上」, "公孫丑問曰, 夫子加齊之卿相, 得行道焉, 雖由此霸王不異矣. 如此, 則動心否乎? 孟子曰, 否. 我四十不動心."

없고 나쁜 소문이 들면 반드시 반박한다."[175] 하였으니, 이는 반드시 이김을 주로 삼아서 부동심하는 자이다.

말하기를 "맹시사(孟施舍)가 용기를 기르는 것을 말하여서 '이기지 못함을 보기를 이길 듯이 하고 적을 헤아려서 진격하고 승리를 헤아려서 교전을 하는 것은 삼군을 두려워하는 자이다. 내가 어찌 반드시 이기겠는가만 두려움이 없을 뿐이다.' 하였다."[176] 하였으니, 이는 두려워하지 않음을 주로 삼아서 부동심하는 자이다. 말하기를 "옛날에 증자(曾子)가 자양(子襄)에게 말하기를 '그대는 용기를 좋아하는가? 내가 일찍이 부자께 큰 용기를 들었는데, 스스로 돌이켜서 곧지 않으면 비록 칡 옷이나 허름한 옷을 입은 사람도 내가 두렵게 하지 못하나 스스로 돌이켜서 곧으면 비록 천만 인에게라도 나는 갈 것이라 하였다.' 하였다."[177] 하였다. 이는 증자의 용기를 기름으로 지키는 바가 요약된 것은 북궁, 맹사가 미칠 수 있는 바가 아니다. 말하기를 "의지[志]는 기의 장수이며 기는 몸을 채우는 것이다. 의지가 이르면 기가 그것을 따른다. 그러므로 말하기를 '의지를 지니고 그 기운을 사납게 하지 말라.' 하였다."[178] 하였다. 기는 의지의 졸개이며 의지는 기의 장수이다. 의지를 정대한 것에 세우면 기가 따라서 정대하게 된다. 사납게 하지 않는다 한 것은 곧 잘 기르는 것이다.

말하기를 "나는 말을 알고, 나는 내 호연지기를 잘 기른다."[179] 하였다. 말을 안다는 것은 사람이 모두 본연의 지각[明]이 있으니 물욕의 가리움이 없다면 의심할 만한 것이 없고 의심할 만한 것이 없으면 움직일 만한 것이 없으니 말을 아는 것은 부동심의 원인이 아닌가? 잘 기른다 한 것은 인욕을 막고 천리를 보존하여서 일에 대처하고 사물을 접함에 지극히 공변되고 사사로움이 없는 것이니 이는 곧음으로써 기르고 해치지 않는 것 때문이다. 곧음은 잘 기르는 근본이 아닌가? 호연이라 한 것은 성대하고 유행하는 것을 말한다. 스스로 돌이켜서 곧으면 두려워할 만한 것이 없으며 두려워할 만한 것이 없으면 용기가 생겨나는 바이다. 기가 어찌 성대하고 유행하지 않겠는가!

말하기를 "그 기다움은 지극히 크고 지극히 굳세어서 곧음으로써 기르고 해치지 않으면 천지 사이에 가득 찬다."[180] 하였다. 기는 볼 수 있는 형체나 그림자가 없으니 무엇으로

---

175) 『孟子』, 「公孫丑·上」, "北宮黝之養勇也, 不膚撓, 不目逃, 思以一毫挫於人, 若撻之於市朝, 不受於褐寬博, 亦不受於萬乘之君, 視刺萬乘之君, 若刺褐夫, 無嚴諸侯, 惡聲至, 必反之."

176) 『孟子』, 「公孫丑·上」, "孟施舍之所養勇也, 曰, 視不勝猶勝也, 量敵而後進, 慮勝而後會, 是畏三軍者也. 舍豈能爲必勝哉, 能無懼而已矣."

177) 『孟子』, 「公孫丑·上」, "昔者曾子謂子襄曰, 子好勇乎? 吾嘗聞大勇於夫子矣. 自反而不縮, 雖褐寬博, 吾不惴焉. 自反而縮, 雖千萬人吾往矣."

178) 『孟子』, 「公孫丑·上」, "夫志, 氣之帥也, 氣, 體之充也. 夫志至焉, 氣次焉. 故曰, 持其志, 無暴其氣."

179) 『孟子』, 「公孫丑·上」, "我知言, 我善養吾浩然之氣."

지극히 크고 지극히 굳세어서 천지 사이를 채우는 것을 알 수 있는가! 스스로 돌이켜서 곧으며 스스로 돌이켜서 바르면 천하에 적이 없으니 바르고 곧은 기운이 어찌 천지를 가득 채울 뿐이겠는가! 천지의 큰 것도 아마 다 싣지 못할 것이다. 말하기를 "그 기다움이 의와 도를 짝하니 이것이 없으면 쭈그러든다."[181] 하였다. 일이 비록 곧아도 도의(道義)에 부합하지 않으면 반신불수(偏枯)와 같은 곧음이니 어찌 마음에 만족을 얻겠는가! 말하기를 "이는 의를 모아서 생기는 것이니 의가 엄습하여 취하는 것이 아니다. 행하여 마음에 흡족하지 않으면 쭈그러든다. 내가 그러므로 고자(告子)는 의를 안 적이 없다고 하는데 바깥으로 여기기 때문이다."[182] 하였다. 말과 행동에 털끝만큼이라도 의에 편안하지 않으면 기가 어찌 호연지기를 얻겠으며 용기가 어찌 지극히 큰 용기가 되겠는가?

말하기를 "마음에 잊지도 말고 조장하지도 말라. 송나라 사람처럼 하지 말라. 송나라 사람으로 모가 자라지 않는 것을 근심하여 뽑아 올린 자가 있었다. 어릿하게 돌아와서 식구에게 말하기를 '오늘은 피곤하다. 내가 모를 자라도록 도왔다.' 하였다. 아들이 달려가서 보았더니 모가 말라 있었다. 무익하다 하여 내버리는 것은 김을 매지 않는 것이고 도와서 자라게 하는 것은 모를 뽑아 올린 것이다. 무익할 뿐만 아니라 또한 해치는 것이다."[183] 하였다. 매사에 느슨하게 하려면 미치지 못하고 빨리하려고 하면 이르지 못한다. 계속하여 사이에 끊어짐이 없게 하고 또 근본에 힘쓰고 실상에 힘써서 결코 겉으로 꾸며서는 안 되니 겉으로 꾸미는 것은 모를 뽑아 올리는 종류이니 해가 되고 폐가 됨을 어찌 이루 말하겠는가!

말하기를 "'무엇을 말을 안다고 하는가? 말하기를 '치우친 말에 막힌 것을 알며, 음란한 말에 궁지에 몰린 것을 알며, 사특한 말에 이치에서 벗어남을 알며, 우물쭈물하는 말에 궁함을 안다. 마음에서 나와 그 정치를 해치며 그 정치에서 나와 그 일을 해친다. 성인이 다시 일어나도 반드시 내 말을 따를 것이다.' 하였다."[184] 하였다. 사람은 하늘에서 본연의 지각을 받았으니 능히 물욕에 가리우지 않으면 의심할 만한 것이 없고 의심할 만한 것이 없으면 동요할 만한 것이 없음을 대략 위와 같이 진술하였다. 내 지각[明]이 저 어두움으로

---

180) 『孟子』, 「公孫丑・上」, "其爲氣也, 至大至剛, 以直養而無害, 則塞于天地之間."

181) 『孟子』, 「公孫丑・上」, "其爲氣也, 配義與道. 無是餒也."

182) 『孟子』, 「公孫丑・上」, "是集義所生者, 非義襲而取之也. 行有不慊於心, 則餒矣. 我故曰, 告子未嘗知義, 以其外之也."

183) 『孟子』, 「公孫丑・上」, "心勿忘, 勿助長也. 無若宋人然. 宋人有憫其苗之不長而揠之者. 芒芒然歸, 謂其人曰. 今日病矣. 予助苗長矣. 其子趨而往視之, 苗則槁矣. 天下之不助苗長者寡矣. 以爲無益而舍之者, 不耘苗者也. 助之長者, 揠苗者也. 非徒無益, 而又害之."

184) 『孟子』, 「公孫丑・上」, "何謂知言? 曰, 詖辭知其所蔽, 淫辭知其所陷, 邪辭知其所離, 遁辭知其所窮. 生於其心, 害於其政. 發於其政, 害於其事. 聖人復起, 必從吾言矣."

인해 속임을 당하지 않고 내 성실함이 저 거짓으로 인해 빼앗기지 않으면 폐나 간을 보듯이 할 것이다. 태산교악(泰山喬嶽)과 같으니 누가 동요하게 할 수 있겠는가!

말하기를 "'옛날에 듣기를, 자하(子夏)·자유(子游)·자장(子張)은 모두 성인의 한 측면을 가졌고 염우(冉牛)·민자(閔子)·안연(顏淵)은 모든 측면을 갖췄지만 미약했다고 한다. 감히 묻건대 어디에 편안한가?' '잠시 이 문제는 그만두자.'"[185] 하였다. 이 여섯 선생은 모두 옛날의 성현으로 따라 하기에 족하지 않음은 아니나 스스로 기약하는 경지라면 마땅히 십분 스스로 성인을 기약해야 한다. 말하기를 "'백이(伯夷)와 이윤(伊尹)은 어떠한가?' 하였다. 말하기를 '도가 같지 않다. (섬길 만한) 군주가 아니면 섬기지 않고 (부릴 만한) 백성이 아니면 부리지 않으며 다스려지면 나아가고 어지러워지면 물러난 사람은 백이이다. 누구를 섬긴들 군주가 아니며 누구를 부린들 백성이 아니랴 하여 다스려져도 나아가고 어지러워져도 나아간 사람은 이윤이다. 벼슬할 만하면 벼슬하고 그만둘 만하면 그만두고 오래할 만하면 오래 하고 빨리할 만하면 빨리한 사람은 공자이다. 모두 옛날 성인이다. 내가 할 수 있는 것은 아니지만 원하는 바는 공자를 배우는 것이다.' 하였다."[186] 하였다. 비록 향당(鄉黨)에서 스스로 잘난 체하는 사람도 만약 세 성인을 나란히 들어서 배우기를 원하는 바를 물으면 모두 반드시 공자를 배우기를 원한다 하는데 하물며 맹자와 같은 아성(亞聖)으로서 어찌 백이와 이윤을 배우기를 원할 리가 있겠는가!

말하기를 "'백이와 이윤이 공자에게 이와 같이 비슷한가?' 말하기를 '아니다. 백성이 살아온 이래 공자 같은 사람은 있지 않았다.' 하였다."[187] 하였다. 요·순·우·탕·문왕·무왕·주공은 모두 공자 이전의 성인이다. 과거 성인을 계승하고 미래 학문을 열어준 공으로 논하면 이전의 성인이나 뒤의 성인이 미치지 못하는 바이다. 말하기를 "'그렇다면 같은 점이 있는가?' 말하기를 '있다. 100리 되는 땅을 얻어서 임금이 되면 모두 제후의 조회를 받고 천하를 소유할 수 있으나 불의한 일 하나를 하고 무고한 사람 한 사람을 죽여서 천하를 얻을 수 있다 하더라도 모두 하지 않는다. 이것이 같은 점이다.' 하였다."[188] 하였다. 천하를 얻는 것이 유쾌하지 않음은 아니나 불의를 행하고 무고한 사람을 죽이는 것은 이치에 바르지 않다. 이치에 바르지 않으면 명분이 바르지 않고 명분이 바르지 않으면 말이 순조롭지 않고

---

185) 『孟子』, 「公孫丑·上」, "昔者竊聞之. 子夏·子游·子張, 皆有聖人之一體. 冉牛·閔子·顏淵, 則具體而微. 敢問所安? 曰, 姑舍是."

186) 『孟子』, 「公孫丑·上」, "曰, 伯夷·伊尹何如? 曰, 不同道. 非其君不事, 非其民不使, 治則進, 亂則退, 伯夷也. 何事非君, 何使非民, 治亦進, 亂亦進, 伊尹也. 可以仕則仕, 可以止則止, 可以久則久, 可以速則速, 孔子也. 皆古聖人也. 吾未能有行焉, 乃所願, 則學孔子也."

187) 『孟子』, 「公孫丑·上」, "伯夷·伊尹於孔子, 若是班乎? 曰, 否. 自有生民以來, 未有孔子也."

188) 『孟子』, 「公孫丑·上」, "然則有同與? 曰, 有. 得百里之地而君之, 皆能以朝諸侯有天下. 行一不義, 殺一不辜, 而得天下, 皆不爲也. 是則同."

말이 순조롭지 않으면 일이 이루어지지 않는다. 호연지기가 어디에서 생기겠는가!

　말하기를 "재아(宰我)·자공(子貢)·유약(有若)은 지혜가 충분히 성인임을 알 수 있지만 아무리 타락해도 자기가 좋아하는 바에 아첨하는 데까지 이르지는 않는다. 재아가 말하기를 '내가 부자에게서 보면 요순보다 훨씬 현명하다.' 하였고, 자공이 말하기를 '예를 보면 정치를 알 수 있고 음악을 들으면 덕을 알 수 있다. 백세(百世) 뒤에서 백세의 왕을 평가하면 아무도 벗어날 수 없다. 백성이 생겨난 이래 부자 같은 사람은 있지 않다.' 하였고, 유약이 말하기를 '어찌 오직 사람뿐이겠는가! 길짐승에게 기린, 나는 새에게 봉황, 언덕이나 개밋둑에 태산, 길바닥 고인 물에 강과 바다가 같은 종류이다. 성인이 인민에게 역시 같은 종류이다. 그 종류에서 뛰어나고 무리에서 두드러진 것으로 인민이 살아온 이래 공자보다 성대한 사람은 없다.' 하였다."[189] 하였다. 재아의 찬양과 자공의 찬양은 만세를 위해 태평을 연 공로가 도리어 이전 성인보다 현명함 때문이다. 유약의 찬양은 옛날 성인이 본래 보통 사람과 다르나 공자만큼 더욱 성대한 사람은 있지 않았기 때문이다.

　나는 이 편의 마지막 장에서 가만히 느낀 바가 있었다. 먼저 부동심과 기를 잘 기름을 말하여서 공부자(孔夫子)의 성대한 공덕으로 결말을 지었으니 그 뜻이 어디에 있는가? 이는 맹자가 기를 기르는 공부에 마음을 다하여 호연한 경지에 이른 뒤에 곧 공부자가 나면서부터 알고 하늘이 내린 성인으로서 힘쓰기를 기다리지 않아도 호연지기가 저절로 있었음을 알았고, 마치 안연이 탄식한 것처럼 우뚝하게 선 바가 있어서 (자기도) 비록 따르고자 하나 어디로부터 할지 알 수 없었다는 뜻이 아닌가! 맹자가 공자를 배우기를 원한 것은 한 편의 큰 요체이며 부동심과 양기를 잘 한 것은 실로 공자를 배우는 문로(門路)이다. 후세의 공자를 배우고 맹자를 배우는 사람은 부동심과 기를 잘 기름을 성인을 배우는 단일하게 전해진 비밀스러운 부신으로 삼아서 모든 생각을 기울이고 부지런히 힘쓰면 요순과 공맹의 도통(道統)을 오늘에 다시 전할 수 있고 사람은 모두 요순, 공맹의 뒤에 성인이 될 수 있으니 함께 힘쓰지 않겠는가!

[경학원잡지 제12호(1916.12.25.), 73~77쪽]

189) 『孟子』,「公孫丑·上」, "宰我·子貢·有若智足以知聖人, 汚不至阿其所好. 宰我曰, 以子觀於夫子, 賢於堯舜遠矣. 子貢曰, 見其禮而知其政, 聞其樂而知其德. 由百世之後, 等百世之王, 莫之能違也. 自生民以來, 未有夫子也. 有若曰, 豈惟民哉! 麒麟之於走獸, 鳳凰之於飛鳥, 泰山之於丘垤, 河海之於行潦, 類也. 聖人之於民, 亦類也. 出於其類, 拔乎其萃. 自生民以來, 未有盛於孔子也."

12 입신과 치부의 요결(1917.03.25.)

입신과 치부의 요결[立身致富之要訣]

(1916년 6월 10일 제19회 강연)

조선총독부 촉탁(囑託) 무라카미 다다요시(村上唯吉)가 「입신(立身)과 치부(致富)의 요결(要訣)」을 강연하였다.

지금 이(李) 자작[190] 각하께서 맹자(孟子)의 가르침으로, 5묘(畝)의 집에서 뽕나무를 기르는 장(章)으로 우리에게 가장 긴요한 강설을 하여 크나큰 감동을 주셨다. 나 역시 입신과 치부의 요결을 가지고 장차 여러 마디의 강론을 시행할 것인데, 그 취지는 이 자작의 강설과 동일하며 다른 것이 없다.

무릇 입신과 치부는 천만인이 동일하게 바라는 바이고, 국가의 부가 융성함이 또한 한 사람과 일가(一家)에서 시작한다. 그러하므로 그 몸을 세워 부를 달성하는 일이 과연 어떠한 방법인가? 『주역(周易)』에서 말하기를 "하늘의 운행이 굳건하니 군자는 이를 본받아 스스로 힘쓰며 쉬지 않는다."[191]라고 하였다. 공자(孔子)께서 말하기를 "가는 것이 이와 같구나. 밤이고 낮이고 멈추는 법이 없도다."[192]라 하셨다. 태양이 아침에는 동쪽에서 떠올라 저물어 서쪽으로 들어가며, 그 운행이 한시도 휴식하지 않아 이로써 비와 이슬이 순조로우며, 만상(萬像)이 균점(均霑)한다. 흐르는 하천이 낮과 밤이 다하도록 길게 흘러가며 쉬지 않음으로써 이익과 윤택함을 보급하니, 이것은 곧 천지 사이의 정해진 이치이다.

사람은 그렇지 않아 항상 안일하게 편히 쉼으로써 잘 할 수 있는 일을 하여 밤이 다하도록 편안하게 잠을 자면서도 오히려 낮에 자는 즐거움을 생각한다. 떨쳐 일어날 것을 생각하지 않고 자포자기함으로써 스스로 비참한 상황에 빠지는데 이르니 탄식하고 애석함을 이길 수 있겠는가. 우리가 국가의 양민(良民)으로 처세에 마땅히 상당한 동작을 행하여 그 몸을 일으켜 드높이며, 그 산업을 일으킴으로써 사람의 직분을 다 행하니, 그 법칙을 곧

---

190) 李 자작은 경학원 부제학 李容稙을 가리킨다.

191) "天行健自彊不息"의 『周易』 원문은 "天行健, 君子以自彊不息"라고 되어있다. '君子以'가 빠져 있는데 이것을 반영하여 번역하였다.

192) 『論語』, 「子罕篇」, "逝者如斯夫, 不舍晝夜."

자각(自覺)이라고 한다. 자각적 발심(發心)은 곧 본 문제의 근본이다. 사람의 자각은 매번 사물의 촉감으로 인하여 생을 따라가며 결심하는 것이 많으니, 세계의 많은 위인이 이러한 자각으로 기인하지 않은 바가 없으며 결국 비범한 입신을 달성하게 된다.

지금 한 가지 사례를 거론하건대, 약 30년 전 내가 어학생(語學生) 시절에 조선에 와서 유람하였다. 그때 양반의 노론과 소론, 남인과 북인이 사색당파의 이름을 나누고, 각자 문호를 세워 위의(威儀)와 성세(聲勢)가 사람들을 선망하고 탐내도록 만들었다. 그 세력은 노론과 소론이 주를 이루었고, 남인과 북인은 배척하면서 끼워주지 않았다. 30년 후 금일에 이를 보니, 노론의 회덕(懷德) 송씨, 연산(連山) 김씨와 홍주(洪州)의 갈산(葛山) 김씨는 모두 비참한 지경에 빠졌고, 소론의 노성(魯城) 윤씨도 두세 가문 이외에는 또한 비참한 지경에 있다.

아산(牙山) 삼거리(三巨里) 충무공(忠武公)의 후손인 이씨도 그 제전(祭田)과 산림을 타인에게 매도하고, 물러나 비참한 지경에 들어갔으나 오직 한 가지 감복할 것이 있다. 즉 옛 시대에 싫증이 날 정도로 무한의 압박을 받던 양반인, 즉 남쪽 예안(禮安) 이씨, 하회(河回)의 유씨, 인동(仁同)의 장씨, 경주(慶州)의 최씨 등은 남녀가 모두 자각적인 근면으로 해마다 가산을 불려서 작년에 어대전(御大典) 기념사업으로 모두 돈을 모아 대구 지역에 물품 진열소를 건설하였다. 들어간 1만 8천 엔 내외의 돈이 소수의 남인 양반 중에서 나왔으니, 이 일은 실로 감복을 그치지 못할 것이다. 예안 이씨에서 자각하는 정신으로 양잠사업에 근면하게 종사하여 1년에 2회로 누에를 치고 실을 뽑아 성적이 가장 좋다. 다시 이 사상이 스스로 나아가 재래종을 개량종으로 옮기고 바꾸어서 이러한 좋은 결과를 얻었다. 이것은 온고지신(溫故知新)의 자각으로 5무의 집에서 뽕나무를 심는 교훈을 실행한 것이다.

왕골[荒草]은 조선 특산물이다. 대만(臺灣) 지방에 조금 있으나 많지 않고, 세계 각국에 애초부터 이런 종이 없으며, 오직 조선에 있기 때문에 외국이 모두 왕골이라 칭한다. 이것을 조선인이 먼저 깨달아 직조를 이용하여 자리[席], 짚신[鞋], 수제품[手器], 의료(衣料) 등을 지극히 정치하게 조성하여 밖으로 좋은 물품을 배출하니 어찌 탄복하지 않겠는가?

내지(內地)도 내가 10세 때는 신구(新舊)의 사상이 혼잡하여 양반 사족은 단발을 기피하고 꺼려서 불평을 환기하였고, 심지어 전보(電報)에 이르러서는 신지(神紙)가 선을 따라 왕래한다고 잘못 알았으며, 사진은 사람의 정신을 빼앗는다고 하여 사람이 곧 죽음에 이른다고 했다. 아오모리(青森), 이와테(巖手) 등의 현(縣), 홋카이도(北海道)와 가까운 지역에서는 현청(縣廳)과 군아(郡衙)부터 뽕나무 심기를 장려하였다. 그 가운데 옛것을 지키기를 고수하는 자는 뽕나무 묘목을 뜨거운 물에 넣어서 익히고 척박한 토지에 심어서 생장하지 못하도록 하는 일이 흔히 있어, 자각하는 마음을 환기하도록 하기 어려움이 이와 같았다. 40년 이내에 전 지역의 민심이 일변하고 개선하여 금일의 국민이 되었으니, 자각과 분발, 장려의 힘은 실로 놀랄 만하다.

지금 50년 이래의 빈궁하고 괴로운 한(恨)으로 하루아침에 상황을 뛰어넘어 결심을 표출하는 자가 있으니, 전북(全北) 진안군(鎭安郡) 백운면(白雲面) 반송리(盤松里)의 가난한 농부 오군화(吳君化)이다. 올해 4월에 내가 그 사람을 방문하니 나이가 현재 73세이다. 22년 전, 즉 52~53세 때 생활의 곤란함에 깊이 한을 품어 정월 초하루에 크게 결심하여 매일 농사를 짓고 남는 시간에 3부의 짚신을 엮어서 만들어 결국 23,100부를 얻었다. 그 대금은 항상 저축하여 474엔에 이르렀다. 작년 가을에 논 11두락을 매수하여 자못 생활의 즐거움이 있었다. 신발을 엮는 것은 생전으로 한정하고, 결심을 철회하지 않았다고 한다. 그러나 부근의 촌락민은 이 사람의 결심을 비록 장려하고 감탄했으나 하나도 본받지 않았고, 한결같이 한가롭게 놀려고만 했다. 따라서 내가 그 당시 일장(一場)으로 권유하였으나, 어떠한 보완이 있었겠는가? 타인의 선행을 눈으로 보고도 본받을 의지가 없는 자는 곧 자각하는 사상이 없는 자이다. 이들과 같은 자는 금일에 먼저 깨달은 양반 유림이 지도하고 계발하여 이들로 하여금 자각을 환기하도록 하여 모두 앞날의 행복을 향유하도록 해주시기 바란다. 여기에 한 가지 크게 참고할 일이 있으니, 이것을 안다면 문득 자각을 깨달을 것이기 때문에 대략 아래와 같이 열거한다.

1. 1915년 말 수이입(輪移入) 물품 가운데 금백(金帛)(당목(唐木)), 사탕(砂糖), 석유(石油), 면직사(綿織絲), 일본 목면(日本木綿), 중국마포(支那麻布), 견직물(絹織物), 종이[紙], 제반 기계[諸機械], 연초(煙草), 석탄(石炭), 목재(木材)와 널판[板], 팔승(叭繩)과 연(莚), 성냥[燐寸], 양산(洋傘), 소맥분(小麥粉), 비누[石鹼], 도자기(陶磁器) 등 1개년 수입액이 2,822만 9,000엔이다. 그 가운데 당목은 조선인이 사람의 의복으로 사용하는데 가장 응용이 많으니, 이것은 영국회사에서 직조한 것이고, 그 원료는 곧 인도 목면이다. 조선으로의 수입이 지금에 이르기까지 33년에 매년 비용이 920만 엔으로 많았다. 조선에 백청(白淸)이 있어서 그 맛이 상당히 좋았고, 그 생산이 꽤나 많았는데, 유사한 것으로 모두 사탕을 탐하여 사용하고 있는 이유는 어째서인지 알지 못한다. 이 역시 1년 비용이 153만 엔이니, 조선으로의 사탕 수입은 지금에 이르기까지 26~27년이다.

2. 그 물건은 지극히 천박한 것 같고, 그 쓰임은 지극히 적은 성냥도 사람들이 모두 이것을 사용하므로 매년 비용이 53만 7,000엔으로 많은데 이르렀고, 그 외의 팔승(叭繩), 가라지, 양산, 견직물 등의 비용이 적은 것 같아도 실제로는 많아서 놀랄만한 일이 없지 않다.

우리나라 생산품으로 외국의 금전을 수입하는 것은 지극히 적고, 해마다 30만 엔 이상의 거액으로 외국에 버리고 주는 일은 실로 두려운 일이다. 데라우치(寺內) 총독 각하가 자작 (自作)과 자급의 길을 열심히 창도한 것은 이러한 이유 때문이다.

내가 보고 들은 바로는 현재 모범 인물이 몇 사람이 있다. 광주군수(光州郡守) 김정태 (金禎泰) 씨는 그 부인이 일찍이 가락지가 있어 이를 매급할 것을 청했는데, 김씨가 허락 하고 이 가락지를 판 대금으로 송아지[兒犢]를 샀다. 그 부인에게 주며 말하길, "이것이 가 락지이다."라고 하여 몇 년 후에 몇 백 개의 가락지 자본을 달성하였다. 이러한 자각으로 재산을 불리고 점차 부유해졌다. 진주(晉州)의 김기태(金琪邰) 씨는 매년 1만 엔 이상의 잔금 수입이 있는 사람으로 이 두 사람이 함께 자선사업을 하여 가난과 곤란을 구제하는 등의 선행을 몹시 많이 하였다. 김기태 씨 자산은 그의 조모 김(金) 정부인(貞夫人) 꼼년이 빈손으로 재산을 모은 것이다. 김 정부인이 초년에 빈곤한 집 부인의 몸으로 분발하고 결 심하여 매일 이른 아침에 말똥을 주워서 모으고, 항상 공터를 얻어서 나물을 심고 뿌리를 캐서 모두 금전으로 바꾸어 저축하였다. 또한 노고를 꺼리지 않고 남에게 고용되어 경작 을 하고 고용된 돈을 얻어서 저축하였으며, 몸에는 거친 옷을 걸치고, 거친 밥을 먹으면서 도 그 괴로움을 돌아보지 않았다. 근검하고 저축하여 결국 부자가 되었으니 이러한 사람 은 시대의 추이와 더불어 나태한 습관을 탈각하고, 근면하게 종사하여 입신하고 부를 이루 어 엄연히 지방에서 큰 위인이 되었다. 이것은 국가의 행복이며, 지방 촌락과 일가(一家), 일인(一人)의 행복이라고 칭할 만하다.

공자와 맹자의 도덕과 불교의 자비, 기독교의 박애 신념이 일인과 일가에서 시작하지 않은 것이 없으며, 점점 진보하여 일개 지방, 일개 국민의 도덕과 종교적 실력을 이루어 선량한 국민이 된 것이다. 그러나 입신과 부의 달성은 실로 금일 바랄 수 있는 것이 아니 며, 내일 오는 것이다. 진실로 이것을 바란다면 실질한 근면을 마음의 중심으로 세워, 일견 다른 사람의 선행은 곧 내 마음으로 하여금 자각 정신을 결단하고 일으켜서 실행을 기약 하고 도모해야 하니, 이것이 실로 입신의 근원이며, 부를 달성하는 요결이라 한다. 참여하 여 청취한 여러분이 만약 혹시라도 채납함이 있다면 몹시 다행이겠다.

[경학원잡지 제13호(1917.03.25.), 45~50쪽]

13 조선의 화학공업(1917.03.25.)

조선의 화학공업

(1916년 9월 7일 제20회 강연)

공업전문학교(工業專門學校) 교수 이학사(理學士) 이마즈 아키라(今津明)가 강연하였다.

지금 조선의 화학공업에 대하여 제 의견을 대략 진술하고자 합니다. 화학공업은 일반 염가의 원료를 화학적 가공으로 고가의 제품을 만드는 공업이니, 그 범위가 극히 광대합니다.

예컨대 기름으로 원료를 만들어 비누를 제조하며, 석탄의 건류(乾溜)[193]에서 얻은 콜타르[194]로 원료를 만들어 인조염료와 의약품을 제조하며, 공기 안의 질소로부터 질소비료를 제조합니다. 또한 식염(食鹽)으로 가성소다[苛性曹達][195]의 제조 소나무[松樹]의 기름을, 인조장뇌(人造樟腦)의 제조면(製造綿)으로 견사(絹絲)의 제조 토사(土砂)를, 유리[硝子], 도기(陶器) 시멘트 등의 제조 목재로 종이의 제조 등을 일일이 진술하기 어렵습니다. 이것을 간단히 설명하면 곧 염가의 원료로 고가의 제품을 만드는 것이니, 이것을 원료대로 내서 고가의 제품이 된 것을 재차 사들여 사용함에 비교하면 상하에 비상한 차이가 생깁니다. 그러므로 나라의 부를 증진하고자 하면 우선 화학공업을 발달시키지 않을 수 없습니다. 우리 조선은 이 화학공업이 유치한 위치에 있으므로, 내지(內地)에 비하면 30년 이상 낙후되었다고 느낍니다. 게다가 내지는 눈앞에 장족의 발걸음을 내딛을 것이므로, 이때 우리 조선도 그 진보 발달을 계획하지 않으면 30년간 낙후된 것을 회복하지 못할 뿐만 아니라 연한이 지남에 따라서 점차 퇴보하게 됩니다.

조선에 있는 화학공업과 원료에 대하여 총독부 중앙시험소(中央試驗所)에서 바야흐로 연구 중이라서 화학공업에 흥미를 가진 제위(諸位)께서는 혹여 가깝다고 생각되는 원료가 있거든 이곳에 대하여 의견을 청취하며, 시험을 의뢰하여 발달의 실질을 도모해 보면 좋겠습니다. 조선에 있는 화학공업의 대체를 제시하겠습니다.

---

193) 乾溜: 석탄 같은 고체 유기물을 차단해서 가열, 분해해서 휘발 성분과 비휘발 성분으로 나누는 작업이다.

194) 콜타르: 석탄을 건류할 때 생기는 기름 상태의 끈끈한 검은 액체이다. 석탄산, 아닐린의 원료로 함석·철재의 방부제로 쓴다.

195) 苛性曹達: 수산화나트륨으로, 부식성이 강하므로 가성소다라고 한다.

소의 산출이 많으므로 이것을 원료로 만들어 제혁(製革)과 피부로 아교의 제조, 우지(牛脂)[196]로 비누의 제조, 우골(牛骨)로 비료와 아교의 제조 등이 가장 취지에 있습니다. 이 가운데 제혁업(製革業)은 영등포에 피혁회사가 있어서 대규모로 제혁 중이고, 나머지는 모두 규모가 작고 기술이 졸렬하기 때문에 가죽제조 방법의 개량이 가장 필요하다고 생각합니다.

아교의 제조도 동대문 밖 와타나베(渡邊) 씨의 공장이 있어서 약간 볼만한 제품을 출하합니다. 이 이외에는 평양에 한 두 조선인 제조가가 있으나 기술이 극히 졸렬하여 일반 시장에 내놓을 정도의 물품이 되지 못해서 심히 유감입니다.

비누제조는 경성, 부산, 평양에 소규모의 내지인(內地人)[197] 제조가가 있는 외에 조선인 측에는 상당한 제조가가 없습니다. 원래 조선은 그 원료가 되는 우지를 다량 산출하고, 또 흰옷을 많이 입기 때문에 세탁할 필요에 따라 많아질 것입니다. 그러하므로 비누의 수용(需用)은 이후로 점차 증가하고 많아질 것이기 때문에 비누제조업 등도 조선에서는 유망합니다. 재래 세탁에서 사용하는 소다는 의료를 손상하는 결점이 있어서 비누에 비하면 비상한 불경제(不經濟)를 느끼니, 이것은 엄중하게 단속할 필요도 있다고 합니다.

상등 화장비누는 영국 피어스제 투명비누가 중국과 조선에서 성대하게 수입되는데, 이것의 제조법은 비밀이어서 내지에서도 이것을 제조할 수 없습니다. 중앙시험소에서는 연구한 결과 실질에 대하여 '피어스'와 같은 비누를 제조하여 지금 아오키도(靑木堂)에 위탁 발매할 예정이지만, 장래에는 대규모로 제조하여 외국품의 수입을 방지하고 나아가 중국 방면에도 수출하려 합니다.

기름류에 대해서는 그 원료가 되는 들깨, 참깨, 피마자 등은 상당히 있고, 들깨와 참깨는 연 생산액이 대략 30만 엔에 달하니 이것은 모두 원료대로 내지로 내보냈습니다. 이로부터 취하는 들깨 기름을 간단히 보일 기름으로 바꾸도록 함을 중앙시험소에서 연구하여 들깨 기름의 대부분은 이 보일 기름으로 제조함으로 우선 일종의 새로운 작업을 완성한 모양입니다.

피마자도 조선에 상당히 있습니다. 여기에서 취한 기름은 설사약으로 의약에서 많이 사용합니다. 다수는 인도 방면으로부터 일본 내지에 수입하기 때문에 조선에서 그 기름을 내지에 이출하면 좋은 실적을 얻을 수 있다고 합니다.

이외에 육지면(陸地棉)의 산출액이 점차 많아지면서 그 결과로 목화씨도 많이 나옵니

---

196) 牛脂: 소의 지방 조직을 정제하여 얻은 지방이다. 흰색의 덩어리로 특이한 냄새가 있으며, 연고류 · 식용유 · 비누 등의 제조 원료가 된다.

197) 內地人: 일제강점기에 식민지민을 제외한 일본인을 가리키는 차별적 용어이다.

다. 이 씨로부터 면실유(棉實油)[198]를 제조함도 또한 좋을 것입니다. 이 면실유는 식용유로 사용할 뿐 아니라, 비누의 원료로 많이 사용합니다.

또 조선의 해안에는 어류가 많이 포획되므로 이로부터 어유(魚油)의 제조, 명태의 간으로 간유(肝油)의 제조도 좋을 터이니 이 간유는 강장제로 비상하게 효과가 있으나, 그 악취로 인하여 식용하는 자가 싫어하고 기피하는데, 중앙시험소에서 연구한 결과 그 악취도 제거하였습니다.

조선은 기후가 적당하므로 천일제염(天日製鹽)을 실시하여 염가로 소금을 얻을 수 있기 때문에 소다의 제조와 간수[苦汁]로부터 브롬(臭素)[199]과 염화가리(鹽化加里)[200]의 제조 등도 유망합니다. 원래 소다는 제반 화학공업에 필요한 원료인데, 내지에서는 원료가 되는 소금을 바닷물을 바짝 졸여서 제조하기 때문에 가격이 비싸서 소다제조업자의 곤란이 막심합니다. 그러나 조선에서는 가장 편리합니다. 또한 해초(海草)의 재로부터 요오드(沃度)의 제조와 염화가리의 제조도 유명하고, 도자기와 유리의 원료는 조선에 비상하게 넉넉하므로 도기와 유리 제조도 장래는 유망하다고 합니다.

칠목(漆木)은 조선에 풍부한 지방도 있으나 옻을 채취하는 방법이 유치하므로 그 우량한 옻의 품위를 떨어트리게 되므로, 옻나무 재배를 장려해서 좋은 옻을 얻는다면 내지로 내보내는 것도 가능할 것입니다. 또 쇠퇴한 칠기업(漆器業)을 부활하도록 할 수 있으므로 조선인에게 상당한 가정공업을 일으킬 이익도 있을 것입니다.

또 조선은 기후 풍토의 관계상 천연향료를 얻을 식물에 적당하다고 생각합니다. 내지는 강우량이 많으므로 향료식물에 부적당하여 조선에서 향이 있는 식물이라도 내지에 심으면 그 향이 멸실되는 것이 많습니다. 이번 봄에 중앙시험소에서 장미, 정향수(丁香樹), 아카시아 등의 꽃으로부터 향을 취하였는데, 모두 좋은 향이 있었습니다. 이외에 포도도 잘 양육하여 포도주의 제조도 유망합니다. 이러한 것들은 조선에 있는 공업원료의 일부분이라, 이외에도 다시 탐색하면 무수히 발견할 것이니, 이러한 미지의 부원(富源)을 찾아서 이후 점차 조선의 부가 늘어나도록 하려 합니다.

다음으로 중앙시험소에서 연구한 결과의 두세 가지에 대하여 한마디 해 보려 합니다. 이미 앞서 기술한 투명화장 비누와 페인트의 원료가 되는 보일 기름은 모두 시험소에서

---

198) 棉實油: 미국·인도를 주산지로 하는 목화 종자에서 면섬유를 채취한 다음, 다시 깎지를 제거한 후 편압한 것을 원료로 하여 채유한 반건성유이다.

199) 臭素: 할로겐족에 속하는 비금속 원소인 브롬이다. 상온에서 적갈색이고, 휘발하기 쉬우며 자극적인 액체이다. 해수에서 얻어진 간수 또는 암염에서 식염을 채취하고 남은 모액 등에 염소 가스를 작용시켜 만든다.

200) 鹽化加里: 탄산칼륨에 염산을 섞어서 열을 가한 후 증발시켜 만드는 결정이다.

연구한 것입니다. 이외에 수성도료, 즉 물에 녹아서 솔로 벽과 판자에 칠하여 비상하게 아름다운 색을 드러내는 것이 있습니다. 이것은 금일까지 많이 있었던 소라이도, 부레스도 등으로 칭하는 수성도료(水性塗料)와는 달라서 물에 비상하게 강하므로 오랫동안 보존하며, 또 염가이기 때문에 벽에 칠하면 가격은 저렴하고 아름답습니다. 또한 소독용의 석탄산은 일찍이 외국으로부터 수입하였으나, 전쟁 이래로 등귀하였으므로, 이것을 인공적으로 제조하기를 연구하였습니다. 이 역시 효과가 있어서 현재 다수 제조하는 중입니다. 또한 전쟁으로 인하여 등귀하였던 염료도 황색과 흑색은 식물로부터 취하는 방법을 발명하여 이 역시 다량 제도하였습니다. 화학용 여지(濾紙)[201]도 전쟁 이전은 외국에서 와서 비상히 높은 가격에 이르렀으므로, 현재 연구하고 제조하는 중입니다. 간수로부터 부토우와 염화가리의 제조, 금을 채굴할 때 사용하는 청산가리의 제조 등도 현재 연구 중인데, 대략 예기(豫期)한 성적에 도달했기 때문에 이 역시 큰 설비로 제조하려 합니다. 이외에 목면으로 저마(苧麻)와 마찬가지의 모양을 만들어 가격이 가장 저렴한 신라직(新羅織)과 또 작잠(柞蠶)의 각종 색깔의 직물 등도 있습니다.

최근에 경성 부근에 있는 라듐천(泉)에 대하여 조사하였는데 몹시 흥미로운 결과를 얻었음으로, 다음으로 라듐이라 하는 것이 어떠한 물질이며, 어떻게 경성에 분포되었는지 한마디로 설명하겠습니다.

라듐은 지금으로부터 18년 전에 프랑스 학자 퀴리 부부가 발견하였는데, 백색의 금속광택을 띤 일개의 금속으로 섭씨 약 700도로 융해하여 그 무게는 금, 수은, 납 등보다도 무겁습니다. 라듐의 원광(原鑛)은 오스트리아 요하임스탈(Joachimstal) 광산에서 나오므로 이로부터 라듐 화합물을 취하는데, 그 채취량은 겨우 원광의 1천만 분의 1이라서 이것을 구체적으로 비유하여 말하면 가령 1리의 길이의 원광이 있다 하면 그 안에 약 1리(厘) 가량이 라듐의 화합물이기 때문에 이것을 뽑아내기란 실로 어려운 일입니다.

이상과 같이 그 채취가 곤란하고 그 양도 근소합니다. 또한 의료상 응용으로 그 값은 비상히 비싸서 현재 세계에서 제일 고가(高價)가 이 라듐입니다. 지금은 그 매매가가 1와(瓦)의 1천 분의 일, 즉 1모(耗)에 400엔 이상인데, 1돈(匁, 몬메)[202]에 1만 4천~5천 엔에 불과하더니 지금 그 진가를 알게 됨에 따라 점차 등귀해서 금일과 같은 가격에 이르렀습니다. 1년간 전 세계에서 채취하는 것이 겨우 1돈에 불과하고 금일까지 채취한 것이 합쳐도 5돈 전후에 불과합니다. 그러나 이러한 것들은 모두 화합물이기 때문에 순수한 금속 라듐으로 논하면 1돈 반 내외에 불과합니다.

201) 濾紙: 액체 안에 존재하는 침전물이나 불순물을 여과하는 데 사용하는 다공질의 종이이다.
202) 匁: 한자로 '몸매 문', 일본어로는 몬메(もんめ)이다. 1돈은 약 3.75그램에 해당된다.

라듐이 이처럼 고가가 된 것은 그 양이 적을 뿐만 아니라 항상 세 종류의 광선을 방사하는 성질이 있으니, 이 방사선이 엑스 광선 이상의 성질을 지니므로, 학술상으로, 의료상으로 가장 중시되는 것입니다.

이 방사선은 어두운 곳에 두면 사진판에 감응할 뿐 아니라, 그 주위의 공기가 전기를 인도하는 성질로 변합니다. 또한 여기에 황화아연(硫化亞鉛)[203]을 칠한 판을 접근시키면 완전히 불꽃과 같은 아름다운 광선을 발합니다. 대저 이 반사선은 어떠한 물질인가? 라듐의 원자가 파괴되면서 튀어나오는 것으로 기인하는 것입니다. 이 라듐의 원자는 시시각각으로 파괴하여 방사선을 내놓는 동시에, 자신은 라듐・에마나티온[204]이라 칭하는 비상하게 무거운 기체로 변하기 때문에 그 기체는 다른 원소와 화합물을 만들지 않는 알콘 족(族)의 원소라서 이 에마나티온(emanation, Em)은 양이 극히 적으나 힘은 극히 강해서 만약 3홉 가량의 에마나티온 가스를 모을 수 있으면 그 광선은 아크 등광(燈光)의 수백 배나 되며, 이것을 넣은 기체는 어떠한 물건이든지 모두 에마나티온의 가공할 열로 인하여 용해되어 기화하고, 분량이 적으면 무사합니다. 보통 라듐의 힘이라고 말하는 것은 필경 그 대부분은 이 에마나티온의 힘을 말합니다. 세간에서 라듐이라 칭하는 것은 이 에마나티온을 칭하는 경우가 많습니다. 온천과 공중에 라듐이 있다고 말하는 것도 다수는 이 에마나티온을 가리킵니다. 라듐을 의료에 사용하여 효과가 있다고 한 것도 요체는 이 에마나티온의 작용에 의한 것입니다.

또한 일정한 양의 라듐이 있으면 반드시 일정량의 에마나티온을 내놓기 때문에 이 에마나티온의 분량을 예측하면 라듐의 함유량을 알 수 있습니다. 이 에마나티온은 물에 상당히 용해하는 성질이 있으므로, 지하수가 미량의 라듐을 함유한 암석층을 통과하면 그 에마나티온을 용해합니다. 따라서 암석 사이의 용출수는 에마나티온을 함유하는 것입니다. 이 에마나티온의 수명은 장구하지 못하여 약 4일이 지나면 그 힘은 반감하고, 8일이 지나면 다시 반감합니다. 4일이 지날 때마다 그 힘은 2분의 1, 4분의 1, 8분의 1, 16분의 1씩 감소하여 약 1개월 후에는 거의 소멸합니다. 이처럼 수명이 오래되지 않아서 시시각각으로 다른 원소로 변이하여 결국 낙착되는 것은 의외로 1관목(貫目) 몇 엔이라 하는 납을 만들기 때문에 1돈에 150만 엔이라 칭하는 라듐의 최후는 납입니다. 라듐의 선조는 무엇이겠습니까? 즉 우라늄이라 칭하는 금속입니다. 이 금속의 반절이 다른 물질로 변하는 수명, 즉 반감기(半變期)는 60억 년이고, 라듐의 반감기는 1,760년입니다. 다음에는 라듐・에마나티온이 되

---

203) 硫化亞鉛: 아연염의 용액에 황화암모늄을 작용시켜 백색 비결정성 침전으로 얻어진다. 백색안료 리토폰의 원료로 쓰인다.

204) 라듐・에마나티온: radium emanation. 라돈(Radon)을 가리킨다. 방사성 비활성 기체로 공기보다 무겁다.

고, 이 반감기는 겨우 4일입니다. 여기에 따라 순차로 다른 것으로 변하여 불과 18년 사이에 납이 되는 것입니다. 라듐은 수명이 1,760년이라 함은 다행한 일입니다. 그러나 라듐의 작용도 필경은 에마나티온의 효과에 의한 것인데, 겨우 4일의 단시일로 그 반생(半生)을 마치는 것은 애석할 일입니다. 지금 가령 1돈의 라듐이 있다고 한다면 1,760년 후에는 0.5돈이 되고, 3,520년 후에는 4분의 1돈이 됩니다. 1대나 2대에 이처럼 감소하지는 않기 때문에 약간 안심할 바라고 합니다.

앞서 기술한 것처럼 라듐이 있으면 이것을 밤중에 어두운 곳에 두어도 광선을 내보내기 때문에 이용하여 이룬 것이 저 라듐 시계인데, 길고 짧은 침의 뾰족한 부분에 황화아연과 같은 형광물질에 극히 미량의 라듐을 함유한 것을 제련하여 붙여두면 밤이라도 몇 시 몇 분인지를 알고, 또한 다이아몬드에 라듐의 방사선을 향하면 어두운 곳에서도 아름다운 청록색의 광선을 발산함으로, 이로써 다이아몬드의 진위를 감정합니다.

지하수가 라듐을 함유한 암석 사이를 통과해서 흘러나오면 그 물 안에는 에마나티온을 함유하므로, 이 물은 의료상으로 효과가 있습니다. 물이 에마나티온을 함유했는지 여부를 보려면 이 물을 공기와 함께 흔듭니다. 그러면 에마나티온이 공중에 흘러나와 그 절대적인 작용으로 인하여 공기는 전기를 인도하는 까닭에 이 공기가 전기를 인도하는 정도를 측정하여, 물 안에 함유된 에마나티온의 양의 많고 적음을 계산하는 것입니다.

이 에마나티온의 양을 발표할 때는 마헤[205]라 칭하는 단위를 사용합니다. 이것은 금전을 계산할 때 돈으로 하고, 중량을 측정할 때는 관(貫)으로 하고, 전기를 측정할 때는 킬로와트로 함과 같이 에마나티온의 양을 계산함에는 마헤를 사용합니다. 보통 물 5홉(合) 5작(勺) 중에 용해한 에마나티온의 양을 마헤로 표시하는 것이니, 1승 1홉의 물이면 그 2배 분량의 에마나티온이 있습니다.

라듐을 발견하기 전에는 온천 안에 단순천(單純泉)[206]이라고 하여 이것을 화학적으로 분석해 보면 보통 담수와 다르지 않으나, 이것은 류머티스와 통풍에 비상하게 유효합니다. 그러나 전날의 화학으로는 이것을 설명할 수 없었는데, 라듐이 발견되어서 이러한 단순천을 측정하니 모두 에마나티온을 함유한 일이 명료해졌습니다.

조선인이 성대하게 음용하는 약수는 모두 바위 사이를 따라 용출하는 물입니다. 이것을 분석하면 보통의 담수와 다르지 않으나, 모두 에마나티온을 함유한 물입니다. 이 단순천

---

205) 마헤: Mache. 공기나 물 등에 포함되어 있는 방사능 농도를 나타내는 단위로, 오스트리아 하인리히 마헤 (Heinrich Mache)의 이름을 딴 것이다.

206) 單純泉: 이산화탄소와 증발잔재(고형성분)가 온천수 1kg 당 1g 미만이고, 수온이 25℃ 이상인 용천이다. 단순온천이라고도 한다.

가운데서 가장 유명한 것은 오스트리아의 가슈타인(Gastein) 온천이니, 보통의 물과 다른 점은 없는데, 의료로 치료할 수 없는 병을 치료할 수 있는 것으로 학자 사이에 다년간 문제가 되었습니다. 근년에 이것을 측정하니 이 안에는 가장 많은 양의 에마나티온을 함유했음을 알았습니다.

일반이 이 에마나티온을 함유한 물은 화강암이 갈라진 곳에서부터 용출하는 물에 많은데, 저들 일본의 고슈(甲州) 마시토미촌(增富村)의 라듐수 등도 화강암 사이로부터 나오는 물입니다. 조선에는 화강암이 많아, 특히 조선인이 지금까지 약수라고 칭하였습니다. 바위 사이에서 나오는 물로는

· 독립문 녹반현(綠磐峴)	47.7 마헤
· 악박골	39.5 마헤
· 남산정(南山町) 구도(工藤) 씨 관사	36.4 마헤
· 이화동(梨花洞) 산토(三東) 씨 관사	35.1 마헤
· 총독부 어료수(御料水)	29.3 마헤
· 야마토초(大和町) 노구마(野隈) 씨 관사	26.9 마헤
· 안암동(安岩洞)	21.4 마헤
· 남산신사(南山神社)	20.2 마헤
· 낙산(駱山) 안순환(安淳煥) 씨 별장	20.1 마헤
· 백화원(百花園) 내	18.3 마헤
· 왜성대(倭城臺) 고리야마 사토시(郡山智) 씨 관사	17.8 마헤
· 총독관저 내	18.3 마헤
· 아사히초(旭町) 스야마(陶山) 씨 관사	14.9 마헤
· 서대문정(西大門町) 가미노(神野) 씨 관사	14.7 마헤
· 남미창정(南米倉町) 아라이(荒井) 장관 저택	14.1 마헤
· 수창동(需昌洞) 오카(岡) 씨 관사	13.1 마헤
· 남산약수	9.4 마헤
· 삼청동(三淸洞) 성제정(星祭井)	7.3 마헤
· 경복궁 산 위	7.8 마헤
· 정무총감 관저	6.6 마헤
· 중앙시험소 내	3.2 마헤

위의 여러 곳은 모두 소수의 라듐을 함유하였습니다. 또 경성총독부 관사 우물은 대개 바위를 파내고 그 사이에서 나온 물을 취하는 것이 많으므로, 이 우물의 물속에도 상당히 다량을 함유한 곳이 있습니다. 다음으로 경성 부근의 약수와 우물에 대하여 제가 측정한

결과를 거론하면 별도의 표와 같습니다.

　　남산 일체의 바위 사이로부터 나오는 물에는 라듐을 함유한 물이 많고, 또 독립문 밖의
　바위 사이로부터 나오는 물에는 일반이 남산 방면의 물보다 라듐이 많으며, 중앙시험소의
　뒷산 바위 사이에서 나오는 물에도 남산 방면의 물보다 라듐이 다량 함유되었다.

　이것은 단순히 경성만 조사한 것이나 조선은 전체가 암석이 많고, 중석(重石)[207]이니 금
이니 이러한 귀금속품이 많으므로 라듐을 함유한 광석도 혹은 발견될는지 이 역시 측량하
기 어렵습니다.

　이 에마나티온의 의료상 효과를 진술하건대 라듐 · 에마나티온을 의료상으로 사용함에
는 보통 에마나티온을 함유한 물을 마시며, 또 에마나티온을 함유한 공기를 호흡하며, 혹
은 에마나티온을 함유한 액을 주사하는 일도 있습니다. 또는 라듐 화합물을 국부에 항상
부착하여 이로써 따라 나오는 에마나티온을 동작하게 하는 일도 있습니다. 이것의 효과는
일반으로 체내에 신진대사를 촉진하여 허약한 세포를 건전하게 할 뿐 아니라, 혈액 속 백
혈구의 수를 줄이고, 적혈구의 수를 증가시킵니다. 또 혈구의 점도를 줄여 그 순환을 쉽게
하는 것입니다. 의료상 라듐이 가장 유명한 것은 금일까지 어떠한 의료로써 치료하더라도
완치하지 못하는 암에 특효가 있음은 사실입니다.

　또한 통풍이라 칭하여 서양의 사람은 혹여 병으로 인하여 체중의 유산염류(乳酸鹽
類)[208]가 축적 고결(固結)하여 제반 관절에 비상한 동통(疼痛)이 생기는데, 금일까지 적당
한 치료법이 없었는데 에마나티온 물을 사용하니 점차로 이 고결물이 용해되어 완전히 치
료한다고 하므로 비상하게 귀중한 보물로 인정하였습니다.

　이외 당뇨병 등도 의약에서는 당분이 있는 식물을 먹지 않도록 하는 이외에 적당한 치
료법이 없으나 에마나티온 물을 사용하면 이뇨(利尿)에 효과가 있기 때문에 당뇨병에는
유효하다고 하며, 또 류마티스와 신경쇠약에도 좋다고 합니다.

　대체로 의료상 효과가 있는 것은 일반이 인정하는 바이지만, 아직 발견한 이래로 일수
가 아직 얕고 그 가격이 비싸서 충분한 시험을 하지 못함은 유감입니다. 조선인은 이 약수

---

207) 重石: 회중석 · 철중석 · 망가니즈중석 · 철망가니즈중석 · 동중석 등 텅스텐산염광물을 총칭하는 말이다. 실
　　제로 이것들은 종종 광물조합을 구성하고, 하나의 광석 속에 공존하는 것도 많다. 접촉광상에서 산출되며,
　　페그마타이트 광상이나 열수광상에서도 산출된다. 강철 제조 및 전구 재료에 이용된다. 한국은 세계적인
　　중석 산출국이다.
208) 乳酸鹽類: 황산염 종류를 뜻한다. 황산염은 황산 분자의 수소 원자의 일부 또는 전부가 금속 원자로 바뀐
　　화합물을 통틀어 이르는 말이다.

를 눈에 넣어서 안약이라고 칭하는 자가 있으니, 혹여 안질(眼疾)에도 효과가 있을지는 모릅니다.

[경학원잡지 제13호(1917.03.25.), 53~68쪽]

14   이용후생(1917.07.25.)

이용후생(利用厚生)

(1917년 2월 24일 제21회 강연)

강사 공업전문학교장(工業專門學校長) 농학박사(農學博士) 도요나가 마사토(豊永眞里)가 강연하였다.

이용후생의 설이 옛날부터 있었으니 『서경』 대우모(大禹謨)에서 가르친 바로 "덕을 바르게 하며, 쓰임을 이롭게 하고 삶을 두텁게 한다.[正德利用厚生]"라는 말이 이것이다. 예로부터 해석이 모두 말하기를 "이용(利用)은 공인이 기기(機器)를 만드는 것과 상인이 재물을 운반하는 것이 이것이고, 후생(厚生)은 의백(衣帛)과 식육(食肉)으로 굶지 않고 춥지 않음이 이것이라." 하였다. 지금은 시운(時運)의 진보에 따라서 이러한 의미의 해석이 옛날과 약간 다르니 고대는 공인의 기기와 상인의 운반, 추울 때 옷을 입고 배고플 때 먹는 것으로 만족함을 인정하였지만, 지금은 다시 진일보하여 제반 이용에 대한 원료를 제조함에 있으니, 이것은 현재의 이용이 옛날의 이용과 같지 않은 것이다.

지금 조선인이 매번 말하기를 "조선은 빈약이 극에 달하였다."라고 하나, 나는 그렇지 않다고 생각한다. 조선 지방에는 천연의 부유한 재료가 극히 많지만 다만 사람이 이용할 수 없고, 땅 안에 매장하고 버려두었기 때문이다. 천연의 부유함이 비록 많지만 이용할 수 없고, 빈약함에 빠져 있음은 곧 사람이 스스로 취했으니 어찌 탄식하지 않을 수 있겠는가? 천연의 부유함이 있는 여기에서 인력을 더하여 잘 이용하면 개인의 행복을 늘릴 뿐 아니라 부력(富力) 증진을 도모할 수 있다. 지금 하나의 사례를 들어보면 내지(內地)는 면화 경작이 심히 부적당하나, 방적 사업은 해마다 증가하여 작년 무역표를 보면 면사류(綿絲類)의 수출이 8천만 엔이고, 면직물의 수출이 6천만 엔이니 합계 1억 4천만 엔이다. 또한 견사와 견포 등 수출액을 아울러서 3억 3천 3백만 엔에 달하는데, 그 원료는 본토에 적당하지 않아서 외국 수입을 의뢰하되, 흥하여 왕성함이 이와 같이 회복한 것은 전적으로 일본국민의 천성 노력으로 계발했기 때문이다. 이 지방과 같이 천연적 원료가 풍부한 지역에서 인력을 더하면 재물이 풍성해짐을 어찌 다 헤아릴 수 있겠는가?

옛 말에서 말하기를 "바다를 끓이고 산을 주조한다."라고 하니 이것은 천연물 이용을 말한다. 바다를 끓인다는 것은 해수를 끓여서 식염(食鹽)을 만드는 일이다. 종래로 바닷물을 끓여 소금을 만드는 것을 해수 이용의 극점(極點)이자 사람의 정교한 솜씨로 인정하였으나, 지금은 곧 점차 진보하여 식염의 간수로 브롬(臭素)을 제조하여 염화가리를 만든다. 또한 사리염(瀉利鹽)[209]을 만들어 내놓는 등 각종 폐물 이용을 시행하니, 이것은 내지에만 그러할 뿐 아니라 현재 경상남도에서 이것을 민간사업으로 계획하므로 중앙시험소에서 이마즈(今津) 기사가 출장하여 지도하는 중이다. 또한 원산수력전기회사(元山水力電氣會社)에서는 염화가리로 원료를 만들어 자가전력을 응용하여 염산가리의 제조를 계획 중이다. 염산가리는 성냥 제조에 긴요한 약품이다. 이처럼 조선 지방에서 천연물과 폐물에 대하여 더욱 이용하는 방도를 다하는 추세가 있음은 심히 기쁘고 다행인 일이다.

산을 주조하는 것은 광산사업을 말하니, 천연물 이용에서 가장 큰 것이다. 이것을 채굴하여 화로와 풀무로 단련해 민생에 이용이 되니, 조선은 금, 은, 철, 납, 중석 등 광물이 풍부하여 해마다 산출이 점점 격증하여 1916년에 산출가액(産出價額)이 2,500만 엔에 달하였다. 내지는 광산의 주요한 것이 구리, 석탄 등 여러 종류에 불과하나 산출 연간액이 2억 5천만 엔에 달한다. 조선에서도 관민일치의 세력으로 광산을 탐색하고 시험 채굴에 종사하면 광산의 격증이 내지 광업을 초월할 것이다. 이것은 반드시 그러한 시기가 도래할 줄로 믿는다.

또 조선 지방에는 도자기의 원료, 즉 내화재료(耐火材料)의 우수한 물질로 허다한 세월을 땅 안에 매장되어 있다가 근년에 점차 발견하는 시운에 이르니, 함경북도(咸鏡北道) 경성군(鏡城郡) 생기령(生氣嶺)의 내화점토가 이것이다. 이 내화점토는 석탄과 함께 혼잡하게 층을 이루어 땅 안에 매장된 상태는 독일산으로 유명한 자토(磁土)와 같지 않지만, 그 품질은 흡사하다. 또한 생기령에는 도자기를 만드는 데 필요한 재료, 즉 목절점토[木節], 와목점토[蛙目] 등도 다수 존재한다. 종래 조선에서 도자기 원료로 인정하는 고령토는 점착의 성질이 적어서 만드는 데 곤란함을 느끼게 되므로 항상 내지산의 목절점토와 규목점토 등의 종류를 들여오는 것을 필요로 하더니 지금 생기령의 점토를 발견한 후로는 도자기 제조에 관한 일체 재료를 완전히 내지 공급에 의지하지 않는 데 이르렀다.

이러한 생기령 점토가 그 성질이 우수한 것은 그 분량이 풍부하지 못하나, 개략적인 예측에 의하면, 고열을 만나도 오히려 순백색을 유지하여 양질의 도자기 재료에 적당한 것을 적어도 1,500만 톤은 축적하였다. 이것을 최저 가격으로 논하더라도 1톤에 30~40엔 가격에 상당한다. 아울러서 약 4억 5천만 엔 내지 6억 1만 엔의 가치가 된다. 기타 고열을 만나

209) 瀉利鹽: 마그네슘의 함수 황산염 광물로, 엡솜염이라고도 한다.

다소 회색으로 변하는 것은 내화벽돌[耐火煉瓦]과 도가니[坩堝] 등 원료에 적당하다. 이것은 가격이 1톤에 대하여 10엔 내외에 불과하고, 있는 곳이 심히 많아서 그 양이 몇 천만 톤일지 측정할 수 없다. 이것은 조선 천연산의 일대 보물이라 칭할 수 있다.

또한 조선 지방에서 특산으로 몇 백, 몇 천 년을 산과 들에서 등한시하고 돌아보지 않던 보물이 있으니 단풍나무의 일종인 신나무가 이것이다. 이 나무가 도처에서 무더기로 자라나서 그 수가 몹시 많다. 또한 이 물질이 옛날에도 염료로 다소 사용하였으나, 조선에는 종래 전문 염색공이 없어서 사용 방법을 충분하게 기회를 얻지 못하였다. 중국인[支那人]도 다소의 사용이 있으나 조선인과 같이 염색 방법을 이해하지 못해서 지금도 평북 지방에서부터 이것을 구입하여 사용하되, 사(絲)의 품질을 위약하게 한다고 우려해서 겨우 남색(藍色)으로 물들이는 일을 행할 뿐이다.

염료 문제가 점차 필요함을 느끼게 됨에 따라 대전(大戰)이 터진 이래로 일찍이 앞서 의뢰하였던 독일 염료의 가격이 폭등하였으니, 지금 염료문제가 초미의 급함을 알리는 시기에 조선에 이와 같은 재료가 있다는 사실은 기뻐할 만한 일이다. 또한 각국 염료는 목피 또는 목간으로 재료를 만들기 때문에 재목(材木)의 왕성(旺盛)을 따라가지 못한다. 또한 이것을 심어서 염료에 제공하고 사용하려면 장구한 시간이 필요하다. 또한 한 가지 물건으로 한 가지 색을 염색해서 얻지 못하고, 다른 재료를 서로 혼합한 연후에 색을 얻는데, 이 신나무는 순전한 한 가지 종류의 나뭇잎을 수습하고 얻어서 물을 끓이고 액으로 만들어 각 색을 염색해서 얻음은 진정으로 진기한 일이다. 아울러 산출액이 무궁무진하니, 가히 보물이라고 말할 수 있다. 우리가 수년 이래로 조선의 식물 염료를 고찰해서 34종을 수집하였으나, 그 가운데 신나무의 염료가 가장 양호해서 외국 염료에 비교해도 탁월한 점이 많다. 그 탁월한 여러 사항을 추출하여 나열해 보면,

  - 한 가지 물건으로 견·목면·모 등 각 종류에 염색할 수 있다는 점
  - 한 가지 물건으로 흑색, 감색, 포도색, 은빛을 띤 쥐색[銀鼠色], 적갈색[柿色, 카키]의 다섯 색상을 염색해서 얻을 수 있다는 점
  - 색의 광택이 단단하고 아름답다는 점
  - 염색하기 쉽다는 점
  - 견류(絹類)의 증량(增量)이 최대라는 점
  - 명주[繭紬]에 대하여 검은색을 염색할 수 있다는 점
  - 원료가 풍부하여 가격이 저렴하다는 점
  - 원료가 무궁하다는 점

종래 내지와 조선에 수입되던 외국산 식물 염료의 수입가액이 1917년에 약 35만 엔에 불과하였으나, 1915년에는 80만 7천 엔의 다액에 이르렀다. 이와 같은 때에 신나무액의 품질이 이처럼 양호하므로 각처 직물업자가 유유히 이용하는 중이다. 근래 도쿄(東京)의 무역상 에조에(江副) 상점에서는 남양과 미국 등지에서 견본을 분배하기 위해서 신나무액 5백 봉 정도를 제조하여 송부하도록 청구하였다. 또한 오사카(大阪)의 거상 이나바타(稻畑)로부터 견본 송부를 청구 받았으니, 이로써 보더라도 내지 거상의 손에 의하여 신나무 염료가 해외 여러 나라에 광대하게 수출하여 판매함을 볼 수 있다. 여러 해 동안 수출하지 않아서 조선 도처에서는 부녀자의 손으로 신나무액의 제조를 활발하게 하는 상황을 드러낼 것으로 믿는다.

[경학원잡지 제14호(1917.07.25.), 46~51쪽]

15 법률과 도덕(1917.07.25.)

법률과 도덕
(1917년 4월 14일 제22회 강연)

경성전수학교장(京城專修學校長) 아비코 마사루(吾孫子勝)가 강연하였다.

사회는 질서가 없을 수 없으니 오상오륜(五常五倫)과 같은 것도 곧 사회질서를 유지하는 요목이 된다는 것은 많은 말을 기다릴 필요가 없다. 대개 도덕이 옛날부터 고유함과 같이 법률도 몇 천 년 이래로 존재하였으니, 인도의 마뉴 법전과 이집트 등 국가가 발견한 고법(古法)으로 보더라도 법률이 사회생활에 대한 필요조건으로 존립함은 명료하다.

여기에 법률과 도덕의 관계를 설명하고자 함에 앞서 법률의 의의를 논하고자 한다.

법은 국가의 일개 분자인 각자가 좋아서 따르는 도(道)이니 국가적 공동생활의 요건을 안전하고 확고하게 하는 규칙이다. 이것을 다시 설명하면,

− 법은 공동생활의 규칙이라.

인류가 서로 의존하고 부조하여 공동생활을 기도함에는 상호 관계를 정한 규칙이 없을 수 없으니, 법이 이러한 필요에 응하여 존재함은 종교 도덕의 존재와 차이가 없다.

− 법은 공동생활의 요건을 안전하고 확고하게 하는 규칙이라.

공동생활의 요건은 천 가지 종류에 만 가지 모양이므로 이것을 다 거론할 수는 없다. 요컨대 인류의 행복 증진, 평화 질서의 유지에 대한 일체 사항이니, 각자의 생명, 신체, 재산의 안전하고 확고함을 기대하는 것으로는 민법, 상법, 형법 등이 있다. 국가 사회의 안녕질서를 유지하는 것으로는 형법, 경찰법, 소송절차법[訴訟手續法] 등이 있다. 이처럼 법이 공동생활의 요건을 안전하고 확고하게 함도 도덕, 종교의 교도와 차이가 없다.

− 법은 국가적 공동생활의 요건에 관한 규칙이라.

종교와 도덕은 사회와 기원을 동일하게 한 것이다. 국가의 존부를 묻지 아니하되, 법률은 반드시 국가 존립을 기다려 발생하는 것이다. 법은 국가의 행복을 증진하고, 국가의

질서를 유지하는 요건에 관한 규칙이라고 일컫는다. 이 점에 있어서는 법이 종교 도덕과 기원을 같이 하지 않는 것이다. 지금 그 규칙을 간략하게 논해보면,

1. 국가가 제정한 것도 있고, 조선에 있어서는 우리나라 시정기관(施政機關)이 되는 총독, 도장관(道長官), 군수(郡守)가 정한 규칙도 있으며
2. 종래에 관습을 인정하여 법칙과 같이 좋아서 따르도록 한 것도 있으며
3. 국가와 국가의 교통(交通)에 기인하여 발생하는 조약상의 규칙도 있으니

이 모두가 국가의 존재를 기다려 법적 존재를 본 것이다.

법률과 도덕의 관계가 극히 밀접하여 상호 분리하지 못할 관계가 있다. 서양[泰西] 고대의 법률학자가 논한 법률의 정의를 참고해 보건대, 영국학자 켈수스(Celsus)는 법률은 선과 공정의 술법이라 하고, 프랑스 학자 '우루비안'은 법률은 바름과 바르지 않음의 학문이라고 했다. 영국 학자 벤담은 법률이 강제함을 얻은 도덕이라고 하고, 이탈리아 학자 비고는 정의는 법률의 골수로 실리(實利)는 그 결과에서 벗어나지 않는다고 했다. 이러한 논거에 의하더라도 법과 도덕의 관계가 어떠한지를 알 수 있다.

법과 도덕은 그 목적이 동일하다. 다만 그 구별은 시행하는 형식에 있으니

1. 도덕은 각자의 양심에 맡기되 법은 국가 사회의 공적인 힘으로 행하며
2. 도덕은 단편적으로 명령하며 제한하는 데 불과하나 법은 양면적이니, 일면으로는 제한을 가하고, 일면으로는 보호를 가한다.

법과 도덕은 이와 같은 목적이 동일하고, 또한 그 영역이 공통된 것이나, 그 영역을 논하면 법은 곧 도덕의 일부이다. 도덕을 100분으로 가정하면 법은 30분 내지 40분에 있다고 말할 수 있다. 이것을 예를 통해 증명하건대 고금과 동서를 불문하고 살인은 악한 것이라 하며, 차용물을 반환함이 옳다 함과 같은 원칙은 차이가 없다. 그러나 법은 도덕보다 영역이 협소하기 때문에 도덕이 명한 바를 법은 명하지 않는 것이 있다. 가령 살신성인(殺身成仁)이라고 함은 어진 자가 능한 바이나, 법은 이것을 명하지 않는다. 『성서』에 말하기를 "오른쪽 뺨을 때리거든, 왼쪽 뺨도 때리게 하라."고 함이 있으나 법은 이것을 명하지 않는다.

또한 도덕은 법률보다 그 범위가 넓으므로, 법이 금하지 않는 것도 도덕은 금지하는 일

이 많다. 가령 폭음과 폭식은 불가하다 하고 친구를 유인하여 음주하고 방종함이 불가하다고 하며, 사람의 은혜를 갚지 않음은 불가하다고 하며, 어른을 존경하지 않음이 불가하다고 함과 같은 것이 이것이다.

법과 도덕이 모순되지 않음은 권리라는 용어에 의하더라도 입증할 수 있다. 법은 각자의 행위 규칙을 정하여 좇아 따르도록 하는 동시에 법이 인정하고 허락한 범위 이내에서는 각자의 자유를 허락하므로, 재산의 침범을 받지 않으며, 대여물은 이것을 청구하며, 이익을 얻을 수 있다. 따라서 학자의 권리에 대한 정의를 대략 거론해 보건대,

1. 권리는 법이 인정하고 허락한 각자의 자유라 하며
2. 권리는 의사(意思)의 힘이라 하며
3. 권리는 법이 보호하는 이익이라 칭한다.

우리나라 학자가 논하는 바 권(權)이라, 이(利)라 함도 실로 여기에 기인하였다. 그러나 유럽 여러 나라의 권리에 대한 어의(語義)는 정의 또는 법을 의미하였다. 다시 말해서,

- 영어에는 권리를 라이트(right)라 칭하니, 이것은 정의 또는 사람의 권리를 의미한 것이며
- 프랑스어에는 권리를 드롸(droit)라 칭하니, 이것은 권리, 법률 또는 사람의 권리를 의미하는 것이며
- 독일어에는 권리를 레히트(Recht)라 칭하니 이것은 법률, 정의 또는 사람의 권리를 의미한다.

따라서 권리도 정의와 도덕의 범위를 탈출하여 존재하지 않음을 알 수 있다. 가령 급수권(汲水權)이 있다고 하여 필요범위를 초과하거나, 음악의 자유권이 있다고 하여 이웃 사람의 안위를 방해하거나, 대금채권이 있다고 하여 자신의 채무를 이행하지 않고 대금의 반환을 청구함과 같은 일은 심히 불가하다고 말할 수 있다.

법률가가 부정행위를 행하는 일이 있음은 그 사람의 죄요, 법의 죄는 아니다. 대저 법, 권리, 도덕의 세 가지는 서로 모순되지 않는 것이다. 법의 국가적 위력과 도덕의 윤리적 세력은 서로 따르고 의지하며, 그 작용을 안전하게 하는 것이다. 여기서 주의할 바는 법은 각자 좇아서 따를 바이나 당국 관리의 명령으로 이것을 유지함이 많으니, 그 명령자의 지위 여하로 인하여 명령 법규의 효력에 경중이 있을 이유가 없기 때문에 이것을 위배할 일

은 불가하다.

16 조선 공업의 촉진(1917.10.15.)

조선 공업의 촉진

(1917년 5월 12일 제23회 강연)

강사 경성공업전문학교(京城工業專門學校) 교수 우노 사부로(宇野三郎)가 강연하였다.

현재 조선 인구는 약 1,600만 명이라고 칭하는데, 매년 평균의 증가가 약 50만 명에 달한다. 인구 천 명에 대하여 약 30명의 증가이고, 이것을 면적 1방리(方里)에 배당하면 약 천 명에 해당한다. 이 증가율에 의하여 전진하면 30년 후에는 현재 인구의 약 2배, 즉 3천만 명의 많은 숫자에 도달할 것이니, 이처럼 인구의 증가를 따라서 생활 정도가 날로 증가하는 것이 현재 상황이다.

지금 생활상 물질적 방면으로부터 이것을 관찰해보면 의식주(衣食住) 세 가지는 인생의 가장 큰 요건이다. 주(住)는 이를 잠시 두고 논하지 않고, 먼저 식(食)이라 말하는 점에서 보면, 우리는 식에 대하여 완전한 독립을 얻을지 말지가 한 가지 문제이다. 식의 핵심이 되는 쌀은 금일 농사 개량으로 연액(年額) 약 1,200만 석을 생산하며, 최근 5개년 사이에 200만 석 이상의 수확 증가를 보는데 이르렀다. 하지만 이것을 한 사람 1개년에 배당하면 약 7두 5승, 즉 하루 2홉이고, 잡곡류 1인 1일 약 3홉의 배당이다. 쌀은 내지와 조선인이 항상 먹는 물품으로, 다른 것으로 대용하지 못할 유일한 식료품으로, 하루에 겨우 2홉이 배당됨은 탄식할 만한 일이다. 매년 과다한 인구의 증가에 대하여 우리는 한층 쌀 경작의 수확 증가를 도모함이 긴요하다. 또는 이러한 미곡양이 근소함에도 불구하고 다시 이것을 절약하여 매년 약 2백 40~50만 석의 쌀을 해외로 수출하는 일을 도모할 것이다. 조선의 수출입 무역액을 보면 합계 1억 엔에 2천만 엔은 쌀의 수출이다. 또한, 수년 전까지는 수입품이 3~4천만 엔을 초과하였는데, 최근에는 1천만 엔의 감소가 있었다. 이로 말미암아 논하자면 외국품 수입이 평균 2천만 엔 가량이니, 우리는 매년 1인이 1엔 25센[錢]의 돈을 해외에 지불하는 상태이다. 그러하므로 우리는 어떠한 물품을 얻기 위해서 이 귀중한 식료품을 나누어 금전을 지불하는가? 즉 의복품(衣服品)이 이것이다. 의복품으로 인하여 매년 1,500만 엔[그 가운데 중국산 마포(麻布), 견주(絹紬), 견사(絹紗)], 1인 1개년에 약 1엔의 대금을 지불하니 조선의 현재 상황은 완전히 의식의 독립을 얻지 못함이 명료하다. 그러하므로 어떻게 해야 생활을 안정하고 확고함을 얻을 수 있는가? 우리는 서로 이것을 크게 고려해야 한다.

나는 장래 산업의 발달을 기도하여 농림 생산품의 증식과 동시에 이것을 이용하여 각종 공업을 발흥하도록 하여 자작자급(自作自給)은 물론이고, 자작타급(自作他給)의 방도를 강구하는 일이 현재의 급무이다. 특히 급무 중의 급무는 농촌 공업의 융성을 도모하는 데 있다. 근시(近時) 내지(內地)에서도 농촌 피폐의 원성이 점차 높아지고 있음은 필경 생활 향상에 수반하여 수입이 적은 까닭이다. 조선과 같이 동절기에 절대로 경작하지 못할 시기에는 부업적 소공업(小工業)을 일으켜 귀중한 시일을 헛되이 소비하지 말고, 종래의 농산품에 다시 공업 원료품을 추가하여 이것을 가공, 제조함으로써 시장에 공급하여, 그 이익으로 점차 농민의 생활을 안전하게 함이 옳다고 믿는다.

저 한산저(韓山苧)210)가 지방 농민의 부력(富力)을 강대하게 함은 완전히 농한기에 있는 부업적 공업을 경영한 결과이다. 독일에서 국가를 일으킨 것은 농촌 공업의 융성이 하나의 원인이었다. 그러하므로 이것을 경영할 공업 원료는 어떠한 것이 있는가? 조선 전도(全道)의 일대 풍부한 창고라 칭하는 광산물, 도자기, 초자(硝子), 시멘트 등의 원료는 또한 두고, 면화, 마, 뽕 등의 재배를 시작하여 누에치기의 장려로 인하여 견면(絹綿), 마포(麻布)의 직물공업을 활발하도록 할 일이다. 고가의 중국술과 주정(酒精), 그리고 서양술의 수입 방어책으로는 천연의 야생 포도를 이용한 독한 증류주를 양조하는 일, 또는 행주(杏酒) 같은 것과 종이의 원료로는 재래의 닥나무[楮]와 가장귀[梔] 이외의 천연 갈대풀이 있다. 가잠업(家蠶業)의 부산물이 되는 뽕나무의 껍질과 왕골 또는 마포와 목면의 누더기와 기타 무한의 부를 포장하였다고 칭하는 압록강 재목을 이용하여 목재 펄프를 제작하며, 서양 종이의 제조를 시작하는 것과 같은 톱밥과 폐자재의 이용법이 이것이다. 쇠퇴한 옻나무의 재배 장려로 인하여 중국옻 이상의 옻액을 얻음으로써 내지와 조선의 칠기 공업을 진흥하도록 하는 일과, 포플러 나무와 기타 잡목을 이용하여 가내적 공업을 일으키게 하는 일의 종류와 방법이 거의 무한하다.

조선 특유의 물산이 되는 축우(畜牛)의 장려와 이것의 이용 공업에 대하여 한마디 하자면, 조선산(朝鮮産)의 비대하고 양질의 특징을 지닌 소는 금일 농작용, 운반용과 식용에 공급함을 유일한 목적으로 하였다. 소가죽의 이용, 소뼈, 소기름, 소피 등을 모두 각종 유용한 공업에 응용하는 것을 연구하려면 일면 축우의 증식을 장려함과 함께 다른 측면에서는 이 이용법을 고찰하고 궁구함으로써 일개 공업의 소지를 만들 일은 조선의 부력 증진

210) 韓山苧: 충청남도 한산 지방에서 나는 모시를 가리킨다.

책으로 가장 긴요한 일이며, 축우도 현재 140만 두에 이른다. 5년 전에 비하면 약 2배가 되었으니, 이것을 호별 비율로 논하면 평균 3호에 1두가 되나, 만약 1호 평균 2두의 비율로 축력을 높이면 약 800만 두가 되니, 1두 평균 30엔씩으로 가정하면 2억 4천만 엔의 부를 얻게 된다. 또한 소가죽과 소뼈, 소기름 등을 이용하여 공업품에 제공하여 사용하면 그 이익이 실로 막대할 것이다.

그러하므로 지금 일종의 제조공업이 흥하고 융성하여 1천 명의 조선인이 종사하여 해마다 10만 엔의 순이익을 얻는다고 가정하면, 그 사람들은 일상에서 안전한 생활비를 얻은 후에 다시 1인 1개년 100엔의 부를 늘린다고 말하는 감정(勘定)이다. 그러하므로 앞서 기술한 각종 이용 공업이 곳곳에서 발흥하면 몇 천, 몇 만, 혹은 몇 백만이라 말할 수 있는 다수의 사람이 각자 안전한 새 직업을 얻어서 행복한 생활을 영위할 뿐만 아니라 거대한 부를 이루게 되니 부력을 함양하는 방책으로는 산업의 발달과 공업의 발달을 기도하는 일이 가장 필요하다고 한다.

내빈 경기도 참여관(參與官) 유성준(俞星濬)이 이어서 강연하였다.

본인이 장관의 대리로 강연 자리에 참석하였는데, 경학과 보통 두 가지 강설을 청취함에 소감이 있어서 한 마디를 진술하려 한다. 사람의 삶이 금수와 다름은 오륜(五倫)이 있어서이다. 이것은 모름지기 많이 말할 필요가 없으나, 우리는 자고 이래로 오륜만 알고, 생활상 필요한 의식주 세 가지는 알지 못한다. 오륜은 도덕에 속하며, 의식주는 경제에 속하니, 인도(人道)의 도덕과 경제가 새의 양 날개에 있으며, 차의 두 바퀴에 있음과 같아서 같이 병진(竝進)과 병행(竝行)을 해야 사람이 될 수 있다. 만약 도덕이나 경제의 한 방면에만 치우쳐 의존하면 이것은 새의 날개가 하나이고, 수레의 바퀴가 하나인 것과 같으니 어느 곳을 갈 수 있으며, 어느 일을 할 수 있겠는가?

지금 20세기는 동서 문화가 서로 병행하는 시대인 까닭에 지금 이 강연에 박(朴) 남작[211] 각하가 성인(聖人)의 가르침으로 윤리를 강연하시고, 우노(宇野) 강사가 생업에 관한 공업을 강연하셨습니다. 우노 씨 강연 가운데 우리가 매년 1인당 1엔 25센을 해외로 소비한다고 하니, 곧 1년에 2천만 엔이다. 이것을 해외로 헛되이 던져서 소비함을 어찌 탄식하고 애석해하지 않을 수 있겠는가? 성인도 재물을 늘릴 방도를 논하심이 많은데, 후생은 공자께서 안자(顔子)의 안빈낙도함을 칭찬하고 인정해 주셨던 것을 반대로 오해하여 먹는 것이 빈곤함을 능사로 알고, 생산하는 사업은 몹시 적은 수량도 돌아보지 않으니 탄

---

211) 朴 남작은 경학원 講師 朴齊斌을 가리킨다.

식할 만한 일이다.

우노 씨 강연은 대강만 이야기하고 상세한 각주는 논하지 않았으나, 우리가 생업상 독립할 능력이 없음을 논한 것이다. 우리는 입으로 먹을 것만 강구하고, 손으로 제작함은 강구하지 않아서 심지어는 1개의 성냥도 반드시 해외의 수입을 밑천으로 삼으니, 이것은 불씨가 없는 사람이라고 칭해도 과언은 아니다. 학생으로 논하더라도 마음속 방침이 졸업 이후에는 10여 엔의 월급(月給)으로 주는 돈에 생명을 의탁하려 해서 두 눈이 벌겋게 되며, 이른바 공업은 어떠한 사업인지를 망연자실하여 알지 못한다. 그러하니 생존경쟁이 날로 심해지고 달로 성행하는 이 시기에 무능한 사람이 장차 어찌 생존하겠는가? 우노 씨 강연 가운데 축우 800만 두와 1,600만 명이 30년 후에 3,000만 명이 됨을 누가 능히 그리하도록 하겠는가? 이것은 모두 생업을 충족한 연후의 일이며, 경학의 강설 가운데 먼저 실시해야 한다. 이는 손수 스스로 일을 일으켜 남보다 먼저 해야 한다는 것을 말함이니, 이 자리에 있는 여러분은 도덕과 경제를 병진하고 병행함에 주의하시오.

[경학원잡지 제15호(1917.10.15.), 38~43쪽]

17 자기가 바라지 않는 것을 남에게 베풀지 말라(1917.10.15.)

자기가 바라지 않는 것을 남에게 베풀지 말라[己所不欲勿施於人]

(1917년 6월 16일 제24회 강연)

강사 이용직(李容稙)이 강연하였다.

내가 『논어』를 읽다가 「안연」편의 "중궁(仲弓)이 인을 물으니 선생님이 말씀하기를 '문을 나서면 큰 손님을 만나듯이, 백성을 부림은 큰 제사를 받들 듯이 하라.' 하였다."[212] 한 말, "자기가 바라지 않는 것을 남에게 베풀지 말라."[213] 한 말, "나라에서 원망이 없고, 집안에서 원망이 없다."[214] 한 말과 「위령공」편의 "자공이 묻기를, '한마디 말로 평생 행할 만한 말이 있습니까? 하니, 선생님이 말씀하기를 '그것은 서(恕)이니라. 자기가 바라지 않는 것을 남에게 베풀지 말라.' 하였다."[215] 한 말을 읽고서 여러 차례 손뼉을 치며 기뻐서 감탄하지 않은 적이 없었다.

요순보다 현명한 대성인이 엄연히 강석[皐比]에 임하심에 안연, 민자건과 같은 고제가 함장(函丈) 사이에 모시고 앉아서 묻고 답한 것이 심상(尋常)한 데서 두드러져 나온 것임을 미루어 알 수 있다. 하물며 기소불욕물시어인(己所不欲勿施於人)이라는 여덟 글자는 작게는 수신제가의 방법이 되고 크게는 치국평천하의 방법이 된 것임에랴! 부자께서는 안연이 인(仁)을 묻자 극기와 사물(四勿)을 가르침으로 삼았고 증자가 모시고 앉았음에 내 도는 일관했다는 것으로 가르침을 삼은 것은 역시 기소불욕물시어인의 뜻에서 나온 것이다. 그런즉 이 여덟 글자는 어찌 성문 전수한 심법(心法)으로서 지극히 정밀하고 지극히 오묘하며 후생, 만학이 마땅히 가슴에 새겨서 잃지 않을 것이 아니겠는가!

『중용』 13장에 이르기를 "군자의 도가 넷인데 내[丘]는 하나도 제대로 하지 못한다. 자식에게 요구하는 바로 부모를 섬기지 못하며, 신하에게 요구하는 바로 군주를 섬기지 못하며, 아우에게 요구하는 바로 형을 섬기지 못하며, 벗에게 요구하는 바로 먼저 베풀지 못한

---

212) 『論語』, 「顏淵」, "仲弓問仁. 子曰, 出門如見大賓, 使民如承大祭."
213) 『論語』, 「顏淵」, "己所不欲勿施於人."
214) 『論語』, 「顏淵」, "在邦無怨, 在家無怨."
215) 『論語』, 「衛靈公」, "子貢問, 有一言可以終身行之者乎? 子曰, 其恕乎! 己所不欲勿施於人."

다."[216] 하고, 『대학』 제10장에 이르기를 "윗사람에게 싫은 것으로 아랫사람을 부리지 말며, 아랫사람에게 싫은 것으로 윗사람을 섬기지 말며, 앞사람에게 싫은 것으로 뒷사람에게 먼저 하지 말며, 뒷사람에게 싫은 것으로 앞사람을 따르지 말며, 오른쪽 사람에게 싫은 것으로 왼쪽에 사귀지 말며, 왼쪽 사람에게 싫은 것으로 오른쪽에 사귀지 말라. 이것을 일러 혈구지도(絜矩之道)라 한다."[217] 하였다.

이로써 미루면 성인, 군자의 도는 그 요체를 말하면 서(恕) 한 글자일 뿐이다. 백성이 좋아하는 것을 좋아하고 백성이 싫어하는 것을 싫어함은 지위에 있는 사람이 서하는 바가 아닌가! 밭을 가는 사람이 이랑을 양보하고 길을 가는 사람이 길을 양보함은 초야에 있는 사람이 서할 바가 아닌가! 악을 숨기고 선을 드러내며 위에서 덜어내어 아래에 보태는 것은 나를 미루는 서가 아닌가! 남을 해쳐서 자기를 이롭게 하고 공공을 빙자하여 사사로움을 경영하는 것은 자기를 미루는 서를 하지 못함이 아닌가! 곧은 이를 들고 모든 굽은 이를 버리면 백성이 복종하고 굽은 이를 들고 모든 곧은 이를 버리면 백성이 복종하지 않으며,[218] 자신이 바르면 명령하지 않아도 행해지며 자신이 바르지 않으면 비록 명령하여도 따르지 않음은[219] 나를 미루어 남에게 미치는 서가 아닌가!

남이 재능을 가지고 있으면 자기가 가진 것처럼 여기고 남의 아름답고 통달함을 그 마음에 좋아하여서 자기 입에서 나온 것처럼 여길 뿐만이 아님은[220] 능히 용납하는 자가 아닌가! 남이 재능을 가진 것을 노려보고 질투하여 미워하며 남의 아름다움과 통달함을 어겨서 통하지 않게 하는 것은[221] 능히 용납하지 못하는 자가 아닌가! 천하가 근심하기에 앞서 근심하고 천하가 즐거워한 뒤에 즐거워하면[222] 나 한 사람의 사사로운 근심과 사사로운 즐거움을 어찌 용납하겠는가! 나라를 얻고 천하를 얻는 자는 민심을 얻은 자이고 나라를 잃고 천하를 잃은 자는 민심을 잃은 자이니 얻고 잃음이 서하는 것과 서하지 못함으로 말미암은 것이 아닌가! 내가 서고자 하면 남을 세우고 내가 도달하고자 하면 남을 도달하게 하며[223] 정곡을 잃어버리면 돌이켜 몸에서 구하는[224] 등의 말은 서라는 글자에서 공

---

216) 『中庸章句』, 第13章, "君子之道四, 丘未能一焉. 所求乎子以事父, 未能也. 所求乎臣以事君, 未能也. 所求乎弟以事兄, 未能也. 所求乎朋友先施之, 未能也."

217) 『大學章句』, 第10章, "所惡於上, 毋以使下, 所惡於下, 毋以事上, 所惡於前, 毋以先後, 所惡於後, 毋以從前, 所惡於右, 毋以交于左, 所惡於左, 毋以交於右. 此之謂絜矩之道."

218) 『論語』, 「爲政」, "擧直錯諸枉, 則民服, 擧枉錯諸直, 則民不服." 구절에 보인다.

219) 『論語』, 「子路」, "其身正, 不令而行, 其身不正, 雖令不從." 구절에 보인다.

220) 『禮記』, 「大學」, "人之有技, 若己有之, 人之彦聖, 其心好之, 不啻如自其口出." 구절에 보인다.

221) 『禮記』, 「大學」, "人之有技, 媢疾以惡之, 人之彦聖, 而違之俾不通." 구절에 보인다.

222) 『范文正公集』, 「岳陽樓記」, "先天下之憂而憂, 後天下之樂而樂." 구절에 보인다.

223) 『論語』, 「雍也」, "己欲立而立人, 己欲達而達人." 구절에 보인다.

부를 하는 것이 아닌가!

기소불욕물시어인의 주석에 이르기를 경(敬)으로써 자기를 지니고 서로써 대상사물[物]에 미치면 사사로운 뜻이 용납하는 바가 없고 마음의 덕이 온전해질 것이라[225] 하였다. 『어류(語類)』에 "묻기를, '기소불욕물시어인이라 하였는데 예를 들어 자기가 군자가 되고자 하면 사람이 모두 군자가 되기를 바라고 자기가 소인이 되지 않기를 바라면 사람이 소인이 되기를 바라지 않는 것입니까?' 하니, 말하기를, '이 두 구절은 역시 대강을 말한 것이다. 예컨대 부귀와 장수와 건강은 사람이 바라는 바이고 사망과 가난함과 고통은 사람이 싫어하는 바이니 바라는 바는 반드시 남들과 같이 하려고 하고 싫어하는 것은 남에게 더하지 않는다.' 하였다."[226] 하였다.

아! 앞사람이 서술한 것이 이미 갖추어졌으니 어찌 감히 내 견해로 군더더기를 논하겠는가! 다만 여러 군자에게 기대하고 바라는 것은 두터우니 그러므로 이 문제에 힘쓰기를 바란다. 예컨대 중궁(仲弓)이 이에 종사하기를 청한 것과 자공(子貢)이 종신토록 행하겠다고 한 것과 같이 하면 공부자의 충서의 도를 배울 수 있을 것이다. 도를 듣고 덕을 이루는 것이 역시 그 가운데 있으니 실천하고 힘써 행하지 않을 수 있겠는가! 참으로 이 여덟 글자에 공부를 하여서 터득함이 있으면 몸에 베풀고 집안에 베풀고 나라에 베풀고 천하에 베풀어서 그 마땅한 바를 얻지 못할 곳이 없을 터이니 그 범위의 광대함과 규모의 정요(精要)함이 이에서 지나친 것이 있지 않을 것이다.

경성 강사 여규형(呂圭亨)이 이어서 부연하였다.

"자공이 말하기를, '나는 남이 나에게 더하기를 바라지 않는 것을 나 또한 남에게 더하지 않고자 합니다.' 하니, 선생님께서 말씀하기를, '사(賜)야, 네가 미칠 바가 아니다.' 하였다."[227] (집주에서) "정자가 말하기를 '나는 남이 나에게 더함을 바라지 않는 것을 나 또한 남에게 더하지 않고자 한다고 한 것은 인(仁)이며, 나에게 베풀어서 원하지 않는 것을 역시 남에게 베풀지 말라고 한 것은 서(恕)이다. 서라면 자공이 혹 힘쓸 수 있으나 인이라면 미칠 바가 아니다.' 하였다. 나는 말하건대, 없다는 것은 저절로 그러한 것이며 하지 말라 한 것은 금지하는 말이니 이것이 인과 서의 구별이 되는 까닭이다."[228] (주석은 여기서 끝난다)

224) 『禮記』, 「中庸」, "失諸正鵠, 反求諸其身." 구절에 보인다.

225) 『論語集注』, 「顏淵」, "敬以持己, 恕以及物, 則私意無所容而心德全矣."

226) 『朱子語類』, 卷42, "問, 己所不欲, 勿施於人, 如己欲爲君子, 則欲人皆爲君子, 己不欲爲小人, 則亦不欲人爲小人. 曰, 此兩句亦是大綱說. 如富壽康寧, 人之所欲, 死亡貧苦, 人之所惡. 所欲者必以同於人, 所惡者不以加於人."

227) 『論語』, 「公冶長」, "子貢曰, 我不欲人之加諸我也, 吾亦欲無加諸人. 子曰, 賜也, 非爾所及也."

228) 『論語集注』, 「公冶長」, "程子曰, 我不欲人之加諸我也, 吾亦欲無加諸人, 仁也. 施諸己而不願, 亦勿施於人, 恕

　가만히 생각건대, 성인의 학문은 서로써 인을 추구하는 방법으로 삼았으니 서 자의 공부는 곧 인의 처음 출발하는 길머리이다. 서하여서 극처에 이르면 곧 인이다. 그러므로 중자가 말하기를 "부자의 도는 충서일 뿐"이라 하고,[229] 인을 말하지 않은 것은 서가 곧 인임을 알 수 있다. 중궁이 인을 물음에 선생님께서 세 절로 답하였는데 중간 절에서 "내가 바라지 않는 것을 남에게도 베풀지 말라." 한 것은 그 요령이다. 앞 절에서 "문을 나서면 큰 손님을 만난 듯이 하고 백성을 부림에는 큰 제사를 받들 듯이 한다." 한 것은 경건하고 부지런한 일이며, 아래 절에 "나라에서도 원망이 없고 집안에서도 원망이 없다." 한 것은[230] 역시 그 효험을 말한 것이다. '없다[無]' 한 것은 저절로 그러한 것이며 '없기를 바라는[欲無]' 것은 힘쓰게 한 말이다. 욕(欲) 자와 물(勿) 자는 동일하게 금지하는 뜻인데 반드시 그러하기를 바라고 그러하지 않음을 제거하면 극처에 이르러서 점차 저절로 그러함에 모일 것이다. 서의 극처는 아마도 자공이 미칠 바가 아니다. 그러므로 부자의 답이 이와 같았는가!

　일찍이 들건대 근세 서구사람이 기소불욕물시어인 여덟 글자를 나무에 새겨서 종신토록 차고 다닌다고 하니, 이는 바로 잊지 말라 한 것을 잘 배운 것이니 진보할 수 있을 것이다. 또 한 논의에 말하기를, 동양의 학문은 기소불욕물시어인이라 하는데 나는 그 말에 돌이켜서 한 걸음 더 나아가 말하기를 내가 바라는 대로 반드시 남에게 베푼다고 하였는데, 그 설이 역시 좋은 것 같으니 성인의 가르침과 서로 표리가 되는 것이 있다. 그러나 그 이론을 자세히 탐구하면 폐단이 없을 수 없다. 저 이른바 바라지 않는다고 한 것은 인정의 저절로 그러함에서 나온 것이니 예컨대 배가 굶주림을 바라지 않는 것과 몸이 추위를 바라지 않는 것은 힘써 애쓰지 않아도 그러한 것이다. 바라는 것은 역시 칠정에 뿌리를 두고 저절로 그러함에서 나온 것으로 다만 바람을 말하면 바로 혹 중도에 지나쳐서 저절로 그러한 것보다 심한 것이 있다. 예컨대 귀의 소리에 대해서와 눈의 채색에 대한 종류는 바라지 않는 것과 더불어 함께 논하지 못하는 점이 있다. 베풀지 말라 한 것과 반드시 베푼다 한 것은 역시 바라지 않는 것과 바라는 것과 같지만 저절로 그러한 것과 저절로 그러한 것보다 심한 것의 구별이 생겨나는 바이다. 이는 우리 부자께서 만세 시중(時中)의 성인이 되시되 가감하거나 논의할 수 없는 것인가!

[경학원잡지 제15호(1917.10.15.), 43~46쪽]

也. 恕則子貢或能勉之, 仁則非所及矣. 愚謂無者自然而然, 勿者禁止之謂, 此所以爲仁恕之別."

229) 『論語』, 「里仁」, "曾子曰, 夫子之道, 忠恕而已矣." 구절에 보인다.

230) 『論語』, 「顔淵」, "仲弓問仁. 子曰, 出門如見大賓, 使民如承大祭. 己所不欲, 勿施於人. 在邦無怨, 在家無怨." 구절에 보인다.

18 오늘날 조선 유교인의 자각처(1917.10.15.)

오늘날 조선 유교인의 자각처(自覺處)
(1917년 6월 16일 제24회 강연)

강사 자작(子爵) 조중응(趙重應) 씨가 강연하였다.

대저 무슨 일을 막론하고 성심(誠心)으로 전력하지 않으면 이룰 수 있는 것이 없기 때문에 "성실하지 않으면 사물이 존재할 수 없다."고 하는 옛 성인의 유훈이 있는 것이다.[231] 게다가 교(敎)라 하는 것은 어떻게 가르치는 것은 물론이고, 또한 여러 사람의 심리를 감동하고 지배하는 것이다. 사람의 마음이 같지 않은 것이 그 겉모습이 같지 않음과 같으니, 이것을 능히 감동하게 하려면 먼저 나의 지극한 성심으로 인류 사이에서 일종의 영험하고 오묘함이 상응하는 참다운 경지를 만지고 느끼지 않고서는 할 수 없다. 금일 세계의 종교는 자유에 임한 것이다. 우리 조선으로 말하더라도 불교, 기독교 또는 근일 조선에서 자생한 여러 교문(敎門)이 심히 많아서 우리가 그 심리를 따라갈 바를 정하기 어렵게 한다. 유사 이래로 유교는 동양에서 인도(人道) 상으로 윤리, 도덕의 표준이 되어 전해진 지 이미 오래 되었고, 믿고 숭상하는 자가 매우 많다. 그 뿌리와 기본이 이미 깊고 명의(名義) 또한 분명하여, 인심이 복종하는 소지(素地)가 공고하여 다른 교문이 섞여서 자랄 여지가 없을 터이다. 그러나 사실상은 이에 반하여 유교는 점차 퇴보하고, 그 외의 제반 교문은 해와 달을 좇아가며 잘되는 상태이다. 그러하니 유교에 종사하는 우리는 어찌 반성하지 않을 수 있겠는가?

나는 특히 유교만 지칭해서 말하는 것이 아니고, 무슨 교문인지를 막론하고 세상인심에 유익한 것이면 모두 찬성할 것이니, 하필 일개 교문을 특정하고 거론하여 말하겠는가? 그러나 유교라 하는 것은 우리에 대하여 그 경력이 아래에 진술한 것과 같다. 금일 우리 동양인에게 전래하던 습성과 풍교(風敎)에 적당한 것을 연구하고, 또는 우리 동양인의 심리를 일치하도록 할 것을 논하면 곧 윤리, 도덕을 근본으로 하는 유교가 이것이라 하겠다. 이 윤리 도덕을 점차 더하여 천명하고 실천하고자 하면 먼저 일단의 표준이 되는 중심점이 없다면 불가하니, 이 중심점은 일정한 표준을 만들어 유교에 종사하는 자가 그 마음을

---

231) 『中庸』, "誠者, 物之始終, 不誠無物. 是故君子誠之爲貴." 구절에 보인다.

하나로 하고, 그 정성을 오롯이 하여 확고부동하고, 용감하게 나아가며 물러나지 않으면 자연히 일반 대중의 모범이 되어 그 추향(趨向)하는 것을 일정하게 할 것이다. 우리 '제국 신민'이 된 자는 온 나라의 경계 안에 왕의 신하 아닌 자가 없다.[232] 국가에 대해서는 황실을 중심으로 하고, 가정에 대해서는 부형(父兄)을 중심으로 하며, 향당(鄕黨)에 대해서는 덕망이 있는 부로(父老)를 중심으로 한다. 교육에 대해서는 덕육(德育)을 중심으로 삼고, 직업에 대해서는 근면, 올바름과 착실함을 중심으로 삼는 것이 곧 금일 우리가 유교를 일으키는 요점이라고 스스로 인정하여 어리석은 의견임을 돌아보지 않고 거친 이야기를 한 번 진술하겠다.

끝에 붙이는 한 가지 이야기를 다시 진술함은 혹자의 설이 말하기를 "유교가 다른 교문과 비교해서 흥하고 왕성하지 못한 원인은 일종의 믿고 받들 묘체(妙諦)가 없기 때문이다."라고 한다. 그러나 내 소견으로는 그렇지 않다. 유교라 하는 것은 그 근본 성질이 지금 세상에서 이른바 각 종교와는 스스로 같지 않다. 유교는 그 진리가 고상하고 원대한 데 있을 뿐인데, 우리는 일용 행사에 적당하지 않은 것이 없다. 다만 근세에 이르러 그 운용하는 방법이 부족하고, 종사하는 인사(人士)의 성의가 미치지 못한 까닭이다. 만약 몇 명의 참다운 유자가 사도(斯道)를 위해서 마음을 다해 전력하여 다른 교문에서 각기 가르침을 위해서 진력하는 방법과 같게 한다면 가벼운 수레를 타고 익숙한 길을 간다고 일컬을 수 있다.[233] 일은 절반이 되고 공은 배가 되는 것은 확실하여 의심할 바가 없다. 그러하므로 금일 유교의 성쇠는 전적으로 유교에 종사하는 우리에게 큰 책임이 있다 할 것이다. 바라건대 여러분께서 헤아려주시기를 간절히 바란다.

[경학원잡지 제15호(1917.10.15.), 46~48쪽]

---

232) 관련 전거가 『詩經』, 「小雅·北山」, "普天之下, 莫非王土. 率土之濱, 莫非王臣." 구절에 보인다.

233) 관련 전거가 『韓愈』, 「送石處士序」, "若駟馬駕輕車就熟路, 而王良造父為之先後也." 구절에 보인다.

19 광주군 향교 강연(1917.10.15.)

광주군(光州郡) 향교 강연

(1917년 4월 26일)

자막은 그 중간을 잡았으니 중간을 잡는 것이 도에 가까우나
중간을 잡기만 하고 저울질함이 없으면 한쪽을 고집하는 것과 같다
[子莫執中執中爲近之執中無權猶執一也]

경학원 부제학 자작(子爵) 이용직(李容稙)이 강연하였다.

보편의 떳떳한 법칙을 따라 일을 처리함[經常處事]은 도의 체(體)이며, 변화하고 바뀌되 때에 따름[變易隨時]은 도의 용(用)이다. 체와 용이 갖춰지지 않으면 대본(大本)과 달도(達道)가 아니니 어찌 감히 천하 만세에 행해져서 과(過)와 불급(不及)의 폐해가 없기를 바라겠는가! 내 견해로 추측하건대, 맹자는 자사에게서 『중용』한 부를 받아서 밤낮 한 마음으로 탐구하여 그 뜻을 터득하면 공자·안자·증자·자사의 중용의 도가 천하에 크게 행해지게 하고 그 뜻을 얻지 못하면 공자·안자·증자·자사의 중용의 도가 후생에게 크게 밝아지게 하였다. 이는 과거 성인을 계승하고 미래의 학문을 여는 것이다. 그러므로 글을 쓰고 말을 세울 즈음에 양주(楊朱)의 위아(爲我)와 묵적(墨翟)의 겸애(兼愛), 자막(子莫)의 집중(執中)을 갖추어 진술하고 이 장에서 또한 권(權) 한 글자를 더하여서 고집불통의 폐해를 구제하려 한 것인가!

주자는 이르기를 "도의 귀한 바는 중이고 중의 귀한 바는 권이다." 하였고, 양씨(楊氏)는 이르기를 "우(禹)와 직(稷)이 세 차례 문을 지나갔으나 들어가지 않은 것이 진실로 합당하지 않다면 묵자와 다름이 없으며, 안자가 허름한 골목에서 그 즐거움을 고치지 않은 것이 진실로 합당하지 않다면 양씨와 다름이 없으며, 자막이 위아와 겸애의 중간을 잡되 권도가 없다면 고을의 이웃 사람이 다툼에 문을 닫을 줄 모르고 같은 방 안의 사람이 다툼에 구할 줄 모르는 것이니 이 또한 하나에 집착하는 것일 뿐이다. 그러므로 맹자는 도를 해친다고 여겼다. 우와 직과 안회가 처지를 바꾼다면 모두 같은 것은 권도가 있기 때문이며 그렇지

않으면 역시 양주와 묵적일 뿐이다." 하였다.[234] 『논어』, 「자한(子罕)」편에 이르기를 "더불어서 함께 배울 수는 있어도 더불어서 도에 나아갈 수 없으며, 더불어서 도에 나아갈 수는 있어도 더불어서 설 수 없으며, 더불어서 설 수는 있어도 더불어서 권도를 할 수 없다."[235] 하였으니 권을 어찌 쉽게 말하겠는가! 그러나 하나에 집착하여 막혀버리고 변통할 줄 모르는 자는 시중(時中), 시의(時宜)에 합치하지 않는다. 자신에게 행하여서 통달함을 얻지 못하고 집안에 행하여서 통달함을 얻지 못하고 사람에게 행하여서 통달함을 얻지 못하면 결코 천하의 달도가 아니며, 경(經)과 권(權)을 참작하여서 당연한 곳에 머무는 것이 권에 통달한 것이다.

「이루·하」편에 이르기를 "우와 직이 평화로운 시대를 당하여서 자기 집 문을 세 차례 지나가면서 들어가지 않아 공자가 그들을 어질게 여겼다 하였다. 안자는 난세를 당하여서 허름한 동네에 거처하고 한 대그릇의 밥을 먹고 한 표주박의 물을 마시면 사람은 그 근심을 견디기 어려운데 안자는 그 즐거움을 고치지 않았으니 공자가 그를 어질게 여겼다. 맹자가 말하기를 '우·직·안회는 도를 같이하였다. 우는 천하에 빠져드는 자를 생각하기를 자기로 말미암아 빠져드는 것으로 여겼다. 직은 천하의 굶주린 사람을 생각하기를 자기로 말미암아 굶주린 것으로 여겼다. 이 때문에 이와 같이 급했다. 우·직·안자가 처지가 바뀌었더라면 모두 그러했을 것이다. 한 집안사람이 싸우면 구하되 비록 머리카락이 헝클어진 채로 관을 쓰고서 구해도 된다. 고을의 이웃 사람이 싸우면 머리카락이 헝클어진 채로 관을 쓰고 구하면 의혹을 받으니 비록 방문을 닫아걸어도 된다.' 하였다."[236]

만약 하나에 집착해서 변통하지 않는 것은 기러기발을 고정해 놓고 슬을 타는 격[膠柱鼓瑟]이다. 세상을 구제하고 나라를 경영할 재주와 덕을 안고서 성명한 군주를 만나 어렵고 험악한 시대에 처해서 불에서 구해내고 물에서 건져내는 방법을 생각하지 않고 세상을 잊는 데 과감하다면 홀로 자신을 선하게 할 뿐인데, 홀로 자신을 선하게 하는 자는 스스로 계책을 얻었다고 여긴다. 그러나 시성(時聖)으로서 공자, 임성(任聖)으로서 이윤(伊尹)은 비록 하루라도 천하 창생을 잊은 적이 없었다. 그러므로 공자는 수레로 천하를 돌아다녔

---

234) 『孟子集注』, 「盡心·上」, "此章言道之所貴者中, 中之所貴者權. 楊氏曰, 禹·稷三過其門而不入, 苟不當其可, 則與墨子無異. 顏子在陋巷, 不改其樂, 苟不當其可, 則與楊氏無異. 子莫執爲我兼愛之中而無權, 鄕鄰有鬪而不知閉戶, 同室有鬪而不知救之, 是亦猶執一耳. 故孟子以爲賊道. 禹·稷·顏回, 易地則皆然, 以其有權也. 不然, 則是亦楊墨而已矣."

235) 『論語』, 「子罕」, "可與共學, 未可與適道. 可與適道, 未可與立. 可與立, 未可與權."

236) 『孟子』, 「離婁·下」, "禹·稷當平世, 三過其門而不入, 孔子賢之. 顏子當亂世, 居於陋巷, 一簞食, 一瓢飮. 人不堪其憂, 顏子不改其樂, 孔子賢之. 孟子曰, 禹·稷·顏回同道. 禹思天下有溺者, 由己溺之也. 稷思天下有饑者, 由己饑之也, 是以如是其急也. 禹·稷·顏子, 易地則皆然. 今有同室之人鬪者, 救之, 雖被髮纓冠而救之, 可也. 鄕鄰有鬪者, 被髮纓冠而往救之, 則惑也, 雖閉戶可也."

고, 이윤은 다스려져도 나아가고 어지러워져도 나아갔으나 중도를 얻는 도가 아님이 없었다. 권도로써 중도를 얻음은 오직 성자(聖者)라야 가능하고 사람마다 가능한 바가 아니다. 먼저 모름지기 범위를 넓히고 크게 하여서 막중한 천하를 자임하면 반드시 하나에 집착하여 통하지 않는 단서를 없애고 혹 보편의 떳떳한 법칙을 따라 일을 처리하거나 혹 변화하고 바뀌되 때에 따라서 끝내 당연한 곳에 귀결하니 이것이 대본, 달도이다.

대본, 달도는 중도에서 나오는 것이고, 중도는 권도에서 나오는 것이고, 권도는 공정함에서 나오는 것이고, 공정함은 마음에서 나오는 것이다. 원컨대 여러 군자는 공자·이윤·맹자의 마음을 마음으로 삼으면 중도가 그 가운데 있고 권도가 그 가운데 있으니 중도에 미치지 못하는 양주의 위아, 지나친 묵적의 겸애, 권도가 없는 자막의 집중을 근심하겠는가!

개강에 주의를 촉구하는 설[開講注意說]

광주군수(光州郡守) 김정태(金禎泰)가 설명하였다.

본인은 오늘 강연에 대해 그 취지를 여러 군자에게 소개하려고 한다. 근래 경학이 시들어버리고 선비의 기풍이 쇠퇴하여서 사회의 질서가 이에 따라 문란해졌다. 경학원 부제학이 자작(子爵) 각하께서 깊이 우려하여 드물게 고령이심에도 어지러운 먼 길을 사양하지 않고 천 리 길에 수레를 명하여 우리 군에 광림하셔서 교궁(校宮)에 나아와 강연을 열었다. 노(魯)나라 행단(杏壇)에서 3,000명 제자가 오르내린 것에 필적할 수 있고 한 명제(漢明帝)가 국학에 행행하자 억만 명이 교문(橋門)을 둘러싸고 보고 들은 것이 오로지 성대함을 독차지할 수 없으니 우리 군의 오늘은 한갓 한 시대에 영예일 뿐만 아니라 장차 천추에 일컬어질 것이다.

아! 세상은 멀고 사람은 없으며 경전은 잔멸하고 가르침은 해이해졌는데 이에 더하여 외계(外界)의 풍조가 경쟁으로 더욱 치열하여서 신구, 존폐의 이론이 천하에 가득 찼다. 옛것을 숭상하는 자는 길이 깊이 쭈그러들어서 옛 도덕, 옛 윤리가 거의 비바람에 깜박이는 촛불과 같고 새것을 숭상하는 자는 경솔하고 조급하게 새 문명, 새 발전으로 나아가 장차 한단(邯鄲)에서 걸음을 배우듯이 한다. 이른바 교각살우(矯角殺牛)는 오늘을 위하여 준비한 말이다. 이는 식자가 가슴을 치며 길이 탄식하는 점이다.

지금 이 자작 각하는 곧 유림의 종장(宗匠)이며 학계의 지침으로서 경학으로 우리를 아끼고 경학으로 우리를 보호하고 경학으로 우리를 권하고 경학으로 우리를 권면하신다. 각하께서 여러분에게 내린 돌아봄이 중차대하지 않은가! 더욱이 오직 광주는 전 성(省)의 으뜸으로서 빛과 기풍의 움직임에 사방이 반향을 하며 전 성 경학의 진흥을 이로부터 점을 쳐서 기다릴 수 있을 것이다. 각하께서 여러분에게 굽어 바라는 바는 이것이다. 여러분이 우러러 각하께 보답하는 것도 역시 이것이다. 힘쓰고 힘쓸지어다!

개강과 관련하여 고함[開講辭告]

전라남도장관 미야기 마타시치(宮木又七)가 고하여 말하였다.

조선의 현상을 생각할 즈음에 온갖 일이 혁신하는 시운에 놓여 있으니 오로지 옛 시대의 악습을 씻어내고 시세의 진화에 순응하지 않으면 안 된다. 요컨대 하는 일 없이 놀고먹으며 공담을 늘어놓고 고담준론을 하는 누추한 습성을 고치고 근면 검소하고 힘써서 실리(實利)와 실익에 공헌할 각오를 해야 한다. 그러나 새것을 좇아 옛것을 버리는 기세를 격하게 이루어서 종래 미풍양속을 파괴하여 인정이 저절로 경박함에 흘러서 도의(道義)의 중심을 잃어버리면 이는 마치 교각살우와 같으니 경계하지 않을 수 없는 것이다.

저 공자의 도는 수천 년 동안 저절로 동양 여러 나라 국민의 도의의 뿌리와 꼭지[根蒂]를 이루었으며 우리는 비록 하루라도 윤상(倫常)을 떠나서 생활할 수 없으니, 어찌 오직 이와 같이 혁신의 시기에 있어서 더욱 이 도를 발휘하여 온고지신하여서 따라야 할 길을 밝힘에 가장 필요한 것이 아닌가! 접때 우리 황상 폐하께서 특별히 25만 원을 하사하여서 경학원의 기금으로 충당하고 이로써 문묘의 향사를 길이 끊지 않게 하며 또한 덕이 높고 행실이 돈독한 기숙(耆宿)을 우대하여 유림의 석학을 존중하는 미풍을 미루어 장려한 것은 오로지 이를 위함이다.

이번 경학원에서 부제학 자작 이용직(李容植) 각하를 파견하여 경학의 강연을 행하니 여러분은 삼가 듣고서 그 취지의 소재에 몸소 스스로 힘써서 세운(世運)의 진전에 동반하고 후진의 사표(師表)를 일으켜서 국가의 융성에 바탕이 되고 인민의 행복을 도모할 수 있을 것이다. 만약 학자의 본령과 선각자의 임무를 생각하지 않으면 풍교(風敎)의 개선에 공헌할 바가 없을 것이니 어찌 가하겠는가! 한마디로 알리는 말씀을 삼는다.

강연을 끝맺는 말[講演結辭]

경학원 사성(司成) 정윤수(鄭崙秀)가 끝맺는 말로 말하였다.

오늘 이(李) 부제학(副提學) 각하께서 "자막이 그 중간을 잡았으니 중간을 잡은 그것이 도에 가까운 것처럼 보이지만, 중간을 잡았을 뿐 균형을 취한 것은 없으니 이 역시 한쪽만을 고집한 것과 같다."[237]고 하면서 강연을 하셨습니다. 이것은 양주와 묵적이 말한 인의(仁義)에 치우침과 자막이 한쪽을 집은 폐단을 논한 바입니다. 대저 천하만사에 치우침과 하나를 집는 폐단이 있으니, 청컨대 학문상으로 치우침과 하나를 집는 폐단을 논하고자 합니다.

지금 무릇 학자가 구학(舊學)은 쓸모가 없다고 하면서 배우지 않는다고 말하며, 신학(新學)은 귀의하는 데 행하기 부족해서 배우지 않는다고 합니다. 이 사이에 반드시 지나침과 미치지 않음의 폐단이 있을 것입니다. 또한 꾸준히 일하여 『중용』의 아홉 경(經)·장(章)과 『대학』의 치국평천하장(治國平天下章)을 크게 읽고 말하길, "반드시 이것을 읽고 알게 된 연후에 나라를 다스리고 천하를 평정할 수 있을 것이니, 이 외에 천언만어는 모두 배우기에 부족하다."고 합니다. 마음속에 배포할 경륜(經綸)이 하나도 없으니, 이것은 자막이 가운데를 취한 것에 가깝지 못한 것이 아닙니까? 또 강연 중에 도의 형체[體]와 도의 쓸모[用]를 상세히 말씀하셨으니, 대저 천하 만물이 형체가 있으면 반드시 쓸모가 있고, 형제가 없으면서 쓸모가 있는 것은 아직 없었습니다. 학문도 역시 그러하여, 경학을 깊이 연구하고 학문을 쌓는 일은 장차 쓸모가 있습니다. 만약 독서를 하면서 연구할 힘을 더하지 않으면 이것은 다만 독서에 능하고 학문을 체득하여 비록 배우지 않았다고 일컫기는 하더라도 또한 가능하기는 합니다.

청컨대 여러분은 구학과 신학을 아울러 면려(勉勵)하여 구학으로 형체를 삼고, 신학으로 쓸모를 삼으면 형체와 쓸모가 모두 구비되어 반드시 당대에 수요가 있는 인재가 될 것입니다. 강연 후에 만 가지 가운데 하나의 효과라도 얻어서 호남(湖南) 한 고을에서 경학이 진흥하고, 백성의 지혜를 계발이 있다면 단지 우리 일행의 광영일 뿐만이 아니라, 경학원 전체의 기쁨이자, 우리 일반 민족의 행복이니 부단히 노력해야겠습니다. 『서경』에서 말하기를 "생각하지 않으면 어떻게 얻겠는가?"[238]라고 하였습니다.

---

237) 『孟子』, 「盡心·上」, "子莫執中, 執中爲近之, 執中無權, 猶執一也."
238) 『書經』, 「太甲·下」, "不慮胡獲, 不爲胡成."

설유(說諭, 상품 수여식 날)

전라남도 참여관(參與官) 원응상(元應常)이 설유하였다.

우리 동방의 유교는 그 유래가 오래되었다. 삼한(三韓) 이전은 본래 고찰하기 어려우나 신라 성덕왕 16년(717)에 대성인 공자와 십철(十哲) 72제자의 화상을 당으로부터 가져와서 국학에 봉안하고 석전(釋奠)을 거행하고 경전을 가르쳤다. 고려에 이르러서 국학을 확장하고 문묘를 창설하고 지방에 향교를 두고 유생을 지도하여서 숭배하고 강학하였는데 예종(睿宗, 1105~1122 재위)에 이르러서 도덕과 문학이 찬란하여서 볼만하였다. 중엽 이후 세상의 도가 점점 쇠퇴하고 오로지 불법(佛法)을 숭상하고 유술(儒術)을 돌아보지 않으니 학교가 퇴락하고 선비의 기풍이 추락한 것이 이 시기보다 심한 적이 없었다. 선유(先儒)인 안유(安裕, 안향), 정몽주 등 여러 분이 함께 당대 저명한 유학자로서 멀리 전해지지 않은 실마리를 이어서 학문을 일으키려는 날카로운 뜻을 가졌으나 끝내 뜻을 이루지 못하였다.

한조(韓朝)에 미쳐서 거짓과 바름을 깊이 살피고 학교에 순행하고 성인을 배알하되 부지런하고 경건하였으며, 안으로는 성균관과 사학(四學)을 두고 밖으로는 문묘와 향교를 두어서 정리하고 확장하여 정학을 지키고 잘못된 학설을 억누르며 인재를 배양하고 격려와 독책을 부지런히 하였다. 이에 여러 현자가 잇달아 나와서 덕행과 예설(禮說)이 세상에 빛나니 천하가 회심하여 교화를 향하고[向風] 문학에 종사하고 예의의 풍속을 이룬 것이 300여 년이 되었다. 근고 이래 선비의 풍조가 날로 쇠퇴하고 세상의 도가 날로 저하하여서 문약(文弱)의 폐해가 극도에 달하였다. 실제에 힘쓰지 않고 오직 헛된 예의에 얽매어서 묘정(廟庭)과 교장(校場)이 황폐하고 퇴락하였으며 다만 몇몇 유생이 나아가고 물러나면서 분향하고 헌작(獻酌)을 하고 말 뿐이었다. 도가 시들고 쓰러지고 적막한 것을 이루 말할 수 있겠는가!

다행히 신정(新政)을 선포한 이듬해 이 도의 쇠퇴를 깊이 우려하여서 경학을 강의하고 문묘에 제사를 올려서 교화의 주의(主義)를 보완하여 지켰으며, 경학원을 설치하고 거금을 내려서 기본을 충당하게 하여 덕망을 오래 쌓고 관직이 높은 사람을 선발하여 제학(提學)에 부족하고 그 임무를 성취하게 책임 지우니 실로 우리 도가 중흥할 기운이다. 이로써 부제학 이 자작 각하께서 이 군(郡)에 순행하여 이 강석을 개최하니 제생(諸生)은 오로지 제생의 강학을 위해 높은 공경(公卿)이 친히 오셔서 이 먼 고을에 오늘 처음 보는 일이 있음을 곰곰이 생각해야 할 것이다. 명륜당(明倫堂)에서 제생을 모아 경전을 강의하니 역시 근고에 처음 있는 일이다. 당연히 이는 미증유의 성대한 자리이다. 제생은 능히 강을 하고 능히 제술(製述)을 하여서 포상을 많이 받고 공자, 맹자의 도학과 안유, 정몽주의 남은 뜻은 제생을 기다려서 장차 이 군에 나타날 것이니 나는 이로써 경하한다. 그러나 의리의 근원과 체용의 학문은 깊고 멀며 또 크니 이번 차례의 포상으로 위로가 충분하다고 할 수는 없다. 깊고 오묘한 이치를 열어서 밝히고, 실천하고 궁행하여서 폐풍(弊風)을 교정하고, 좋은 풍속을 조장하여서 나아가 한 고을 한 도의 모범으로 삼아야 한다.

[경학원잡지 제15호(1917.10.15.), 48~54쪽]

20 태인향교 강연(1917.10.15.)

태인향교(泰仁鄕校) 강연

(1917년 5월 1일)

선비는 도량이 넓고 뜻이 굳세지 않으면 안 되니
책임이 무겁고 갈 길은 멀기 때문이다[士不可以不弘毅任重而道遠]

경학원 부제학 자작 이용직(李容稙)이 강연하였다.

선비[士]는 성문(聖門)의 바른 적통이며 생민(生民)의 표준으로서 관직은 없으나 한결같이 지킴이 있고 지위는 없으나 정해진 명분이 있다. 위로 공경대부(公卿大夫)로부터 거리와 골목의 포위(布韋)에 이르기까지, 들에서 밭을 갈고 산에서 나무를 하는 자, 혹 담장을 쌓는 데 감춰지거나 낚시를 하고 고기를 잡으며 숨은 자, 혹 슬픈 노래를 부르고 감개하며 수탉의 관을 쓰고 돼지 모형을 달고 있는 자라도 진실로 도에 뜻을 두고 성현의 글을 읽는 자는 모두 선비라고 할 수 있다. 영달하면 선을 겸하고 군주와 백성을 요순시대처럼 만드는 자가 선비이다. 궁하면 홀로 선을 하고 향리의 모범이 되는 자가 선비이다.

한마디 말로 백세의 스승이 되고 필부로되 천하의 유학자가 되는 것이 선비이다. 과거 성인을 계승하고 미래 학문을 열어주며 이 도를 밝히는 자가 선비이다. 큰 건물의 기둥과 서까래가 되고 도도한 흐름에 바위기둥이 되는 것이 선비이다. 이륜(彝倫)을 부축하여 세우고 풍속을 바르게 교화하는 자가 선비이다. 악을 괴로워하며 선을 드날려서 기강을 세우는 자가 선비이다. 새로운 지혜를 계발하고 문명에 오르는 자가 선비이다. 실제 일을 연구하고 이용후생(利用厚生)을 하는 자가 선비이다.

선비의 임무는 이와 같으며 선비의 도는 또 이와 같으니 그 임무가 가벼운가, 무거운가? 아니다. 가볍지 않고 무겁다. 그 도는 가까운가, 먼가? 아니다 가깝지 않고 멀다. 유생이로되 저속한 선비로서 포기하는 데 안주하는 자는 중요한 것을 보면 그 부담을 짊어지기를 기약하기 어려워하고 먼 것은 스스로 이르는 것을 바라기를 어려워하여서 모두 말하기를 "나는 짊어질 수 없다." 하고, "나는 이를 수 없다." 한다. 이는 맹자가 이른바 "하지 않은 것이지 할 수 없는 것은 아니다"[239] 한 것이다.

만고를 지나고 우주를 통틀어서 끝이 없는 것은 일이고 천 가지 변화에 응하고 만 가지 변화에 임하여서 다하지 않는 것은 마음이다. 작게는 물 뿌리고 쓸고 대답하고 대응하고 나아가고 물러나는[灑掃應對進退] 범절과 크게는 몸을 닦고 집안을 거느리고 나라를 다스리고 천하를 평화롭게 하는[修身齊家治國平天下] 도가 근본은 하나이나 만 가지로 다르지만 모두 자기 한 마음에서 공부를 어떻게 하느냐에 달려 있다. 비록 보통 사람, 평범한 남자라도 그 성품이 뻣뻣하고 사나우며 지나치게 날래면 오히려 부모를 섬기고 처자식을 거느리기에 부족한데 하물며 수신제가치국평천하의 도를 논함에랴!

부자께서는 하늘이 내린 성인이며 나면서부터 아는 자질을 갖추고서도 오히려 늘 크고 굳센 도를 써서 공산불요(公山弗擾)나 필힐(佛肹)의 부름에 가려고 하였고 또 구이(九夷)에 거주하려고 하였다. 일찍이 삼가(三家)의 참월(僭越)함을 베었으나 여러 제자가 삼가에 벼슬하는 것을 오히려 끊지 않았으며 양화(陽貨)의 무례함을 미워하였으나 오히려 가서 절을 하였다. 이는 큰 것이 아닌가? 위(衛)나라 영공(靈公)의 물음에 군려(軍旅)의 일은 배우지 못했다고 하였다. 제나라를 떠날 때는 일은 쌀을 건져서 갔고, 노나라에서는 제사 지낸 고기를 보내오지 않자 갔으며, 사구(司寇)가 되어서는 양관(兩觀)에서 주벌하였고 협곡(夾谷)의 일을 도와서 내이(萊夷)의 모욕을 물리쳤다. 이는 굳센 것이 아닌가!

증자는 성문의 고제(高弟)로서 홀로 종통(宗統)을 얻었다. 그러므로 말하기를 "선비는 넓고 굳세지[弘毅] 않을 수 없으니 임무는 무겁고 길은 멀다."[240] 하였다. 주자가 해석을 하여서 말하기를 "홍(弘)은 관대하고 넓은 것이다. 의(毅)는 강하고 인내하는 것이다. 넓지 않으면 그 무거움을 감당할 수 없고 굳세지 않으면 멀리까지 갈 수 없다."[241] 하였다. 정자가 말하기를 "넓되 굳세지 않으면 규범이 없어서 서기 어렵고, 굳세되 넓지 않으면 좁고 누추하여서 거할 길이 없다."[242] 하였다. 또 말하기를 "넓고 크고 꿋꿋하고 굳센[弘大剛毅] 뒤에 무거운 임무를 감당하고 멀리까지 갈 수 있다."[243] 하였다. 넓음과 굳셈은 병행하여서 서로 어긋나지 않으니 양자를 어느 하나도 없앨 수 없다.

『중용』의 이른바, "관대하고 넉넉하고 온화하고 유순함은 충분히 용납함이 있고, 분발하고 강하고 꿋꿋하고 굳셈은 충분히 잡음이 있다."[244] 한 뜻은 대체로 증자의 말씀에 근본을 둔 것이다. 그러나 홍의(弘毅) 두 글자의 취지는 반복하여 깊이 새겨보면 넓음을 뜻하

239) 『孟子』,「梁惠王·上」, "不爲也, 非不能也."
240) 『論語』,「泰伯」, "士不可以不弘毅, 任重而道遠."
241) 『論語集注』,「泰伯」, "弘, 寬廣也. 毅, 强忍也. 非弘, 不能勝其事, 非毅, 無以致其遠."
242) 『論語集注』,「泰伯」, "弘而不毅, 則無規矩而難立. 毅而不弘, 則隘陋而無以居之."
243) 『論語集注』,「泰伯」, "弘大剛毅, 然後能勝重任而遠到."
244) 『禮記』,「中庸」, "寬裕溫柔, 足以有容也, 發强剛毅, 足以有執也."

는 글자가 굳셈을 뜻하는 글자에 비교하여 더욱 긴요하고 중하다. 넓되 굳셈은 말할 수 있으나 굳세되 넓음은 말할 수 없다. 넓되 도를 행함은 말할 수 있으나 굳세되 도를 행함은 그 뜻이 갖춰지지 않았다. 부자가 말하기를 "널리 뭇사람을 사랑한다.[泛愛衆]" 하고 또 말하기를 "사람이 도를 넓힌다.[人能弘道]" 하였다. 자공이 말하기를 "부자께서는 온화하고 선량하고 공손하고 검소하고 사양함으로써 얻었다."[245] 하였으니 온화하고 공손함은 넓음에 가깝지 않은가!

증자가 말하기를 "부자의 도는 충서일 뿐이다." 하였으니 충서 역시 넓음에 가깝다. 천하의 일은 넓으면서 이루지 못한 적이 없으며 넓지 않고서 이룬 적이 없었다. 그러므로 맹자가 말하기를 "좁고 공손하지 않음은 군자가 말미암지 않는다."[246] 하였으니, 좁음과 공손하지 않음은 넓지 않음을 말한 것이 아닌가! 부자께서는 네 계절에 원기가 유행함과 같다 한 것은 넓게 함을 말한 것이 아닌가! 합하여 말하면 홍(弘)은 사단(四端)의 인(仁)과 같이 의(毅)를 포함하고, 나누어 말하면 홍은 본이고 시작이고 먼저이며 의는 말단이며 끝이며 나중이다. 선비가 도를 구하여 자임하면서 어찌 이 장의 뜻을 깊이 탐구하지 않을 수 있겠는가!

시험 삼아, 감당하지 못하고 이르지 못하는 병폐를 들어서 논해 보자면, 자막의 집중은 할 수 없고, 북궁(北宮, 北宮黝)의 용기를 기름은 할 수 없고, 오릉(於陵, 於陵仲子)의 지조를 채운 것은 할 수 없고, 변설이 흐르는 듯하고 날카로운 입이 장의(張儀), 소진(蘇秦)과 같은 것은 할 수 없는 일이다. 교묘한 말과 꾸민 낯빛으로 기쁘게 하여 남을 따르는 것은 옳지 않고, 남의 과실을 논하고 자신을 스스로 자랑하는 것은 옳지 않고, 신뢰를 무시하고 상도를 따르지 않으며 과장으로 남을 속이는 것은 옳지 않고, 기꺼이 향원(鄕原)이 되며 향당에서 명예를 추구하는 것은 옳지 않고, 세상을 속이고 명성을 훔치며 숨은 것을 들추어내고 괴이한 일을 행하는 것은 옳지 않으며, 고집스럽게 막히고 하나에 집착하며 옛 도를 돌이키는 것 또한 옳지 않다.

지금 성인은 이미 멀고 세상은 쇠퇴하고 도는 은미하여서 선비로서 평소 자부하는 자가 익힌 것은 문장을 외어 암송하고 글을 짓는 것[記誦詞章]에 지나지 않고 무거운 짐을 지고 원대한 경지에 이르려는 사려가 없으며, 신진의 소년은 경전 하나를 읽지 않고 선비의 임무와 선비의 도가 어떤 것인지 모르니 뒷날 이 학문[斯文]을 도와서 지지하고 풍교(風敎)를 부식(扶植)하려면 누구의 손에 바라겠는가!

나는 본래 학식이 없고 더욱 경전의 의리에 어두워서 비록 선비의 임무와 선비의 도에

---

245) 『論語』, 「學而」, "夫子溫良恭儉讓以得之."
246) 『孟子』, 「公孫丑·上」, "隘與不恭, 君子不由."

만에 하나라도 감당하지 못함을 스스로 알지만 간절히 제군을 위해 이 장의 취지를 강연하는 것은 이상에 말한 바와 같이 '달하면 선을 겸한다' 이하 아홉 가지를 제군에게 책임 지워서 임무를 맡고 이르게 하려는 것이다. 임무를 맡고 이르는 도는 다른 데서 구할 것이 아니라 내 마음을 넓고 굳세게 하는 것에 있을 뿐이다. 넓고 굳센 것의 변론은 내가 다 말했다. 저 성인의 학문은 자기를 위하는 것이지 남을 위하는 것이 아니다. 자기를 위한 학문을 추구함에 이 아홉 가지 일보다 큰 것이 무엇인가? 이 아홉 가지를 행하여서 성문의 정적(正嫡)이 되고 생민의 표준이 되는 것이 반드시 제군의 뜻이니 감당할 수 없고 이를 수 없는 분야[科]로 돌리지 말라. 넓다, 굳세다 한 것을 큰 목적으로 삼아서 성찰하고 충실하게 힘써야 한다.

전북 강사 김동진(金東振)이 이어서 강연하였다.

선비는 인에 뜻을 두는데 인의 체는 지극히 커서 요령을 얻지 못하면 손을 쓰고 발을 디딜 곳을 알 수 없다. 그러므로 증자가 홍의(弘毅) 두 글자를 말하여서 곧바로 인을 추구하고 공부를 하는 방법을 가리켰다. 그 말은 절실하고 견고하며 확실하여서 마치 봄의 꽃, 여름의 잎사귀, 가을의 수확, 겨울의 갈무리가 저마다 절서를 따르되 저절로 원기의 유행하는 오묘함이 사시를 관철하여 한 순간도 쉬지 않고 허다한 사물을 함축하고 남긴 것이 없는 것과 같다.

대체로 선비가 되려는 자가 반드시 여기에 힘을 쓰고 겸손함을 좋아하여서 넓은 데 거하며 스스로 기꺼이 거부함이 없고 관대하게 천하의 선을 용납하면 어찌 넓은 것[弘]이 아닌가! 곧고 굳어서 일에 줄기가 되며 용감하고 씩씩한 강함이 있어서 길의 중간에서 폐기함에 이르지 않으면 어찌 굳센 것[毅]이 아닌가! 비유하자면, 사물의 무게를 재는 저울이 만 근의 무게를 용납하며 그 쓰임이 끝이 없는 것과 같다. 또한 바람을 향해 울부짖는 천리마가 천 리 먼 길에 이르면 그 힘이 오히려 씩씩한 것과 같다. 이미 무게를 용납하는 양을 지니고 있고 또 멀리 이르는 힘이 있어서 쌍방이 함께 나아가 참으로 오래 힘을 쌓으면 그 임무를 감당하고 그 도를 얻을 수 있다.

참으로 증자가 검약함을 지키고 홀로 그 종통을 얻어서 만세에 가르침을 드리운 것이 어찌 무겁고 원대하지 않은가! 후세의 학자는 마땅히 여기에 종사하여서 엎어지고 구르는 위급한 순간에도 범범하고 소홀해서는 안 된다. 그런데 어찌하여 세도가 점차 허물어져서 오로지 좁은 소견[局見]과 자기주장에 빠져서[自用] 포함하는 도량이 없어서 혹 고상한 것을 좋아하고 새로운 것에 달려가며 넓되 정밀하지 않으니 넓은 듯하나 굳세지 않은 폐단이 있으며, 옛것에 들러붙고 그루터기를 지키며 단연 굳게 지켜서 굳센 듯하나 넓지 않은 습성이 있다. 이는 어찌 족히 더불어 이 도를 자임하는 책임을 논할 수 있겠는가! 넓고 굳센 가르침을 상세히 맛보아 반복하여 연구하고 언사와 기상의 나머지에서 추구하면 인의 체가 이미 뚜렷할 것이다.

본 강사와 같이 재주가 없고 배움이 없는 사람이 어찌 감히 강연의 끝에 군더더기를 논하겠는가만 외람되게 부제학 각하의 부연하여 강연하라는 말씀을 받들어서 감히 얕은 견해를 진술하였으니 여러 군자에게 질정하여 인(仁)을 돕도록 밝혀주기를 바란다.

개강의 취지설(趣旨說)

정읍군수(井邑郡守) 김봉두(金奉斗)가 설명하였다.

지금 경학원 부제학 이(李) 자작[247] 각하께서 우리 군에 광림(光臨)하셔서 경학의 강연으로 유림 제군(諸君)에게 특별하게 학문을 권장하셨습니다. 이것은 우리 군에 지극히 광영일 뿐 아니라, 유림의 행복이 가히 천재일우(千載一遇)라 말할 수 있습니다. 각하가 고귀하신 지위와 명망, 융소(隆卲)하신 연령으로 일신상 노고를 돌아보지 않으시고 13도에 몸소 가셔서 학문을 권장하시며 유교의 발전을 지도하시니 그 감격한 주지(主旨)를 누가 탄복하지 않겠습니까? 하물며 금일 우리 군에서 이 행복한 기회를 친히 맞이하였으니 흐뭇하고 기쁨을 견디어 이기기 어렵습니다. 그러나 우리가 금일을 경과한 후에 그 강설이 어떠하였는지를 망각하고 돌아보지 않으며, 일시적으로 듣고 지나가 버려 겉으로만 그럴듯하게 꾸미고 면피한 것과 같다면 이것은 각하의 간절한 성의를 위배하여 사도(斯道)를 진흥할 기회를 잃은 것이니, 제군은 충분히 잘 들으시어 마음에 새기고 잘 따르셔야 합니다. 금일 참석하지 않은 사람에게는 서로 설명하고 널리 전파하여 영원히 마음속에 새긴다면, 사도의 만행(萬幸)이니 주의하십시오.

설유(說諭, 상품수여식 날)

전라북도 참여관(參與官) 김윤정(金潤晶)이 설유하였다.

각하께서 연일 노고에도 불구하고 다수의 여러 선비의 강론과 시험을 친히 집행하심은

---

247) 이 자작은 경학원 副提學 李容稙을 가리킨다.

어찌 단순히 감격했다는 형식적인 말로 감사를 칭할 수 있겠는가? 사도(斯道)를 위해서 크게 축하하고 크게 희망함이 있음은 감히 본관이 한마디를 하고 그칠 바가 아니다. 일반 인사가 목이 마를 때 샘에 임하여 기뻐함을 비할 바 없는 것과 같다. 이에 삼가 사도를 위해서 각하의 노고에 감사하고, 각하의 건강을 축원한다. 또한 이렇게 많은 선비가 멀고 가까운 거리를 마다하지 않고 명망을 듣고 구름처럼 모여들어 평소에 가슴 속에 품고 있던 포부의 공(功)을 발휘하고 시험에 응하여 금일 이 자리에 광채가 있는 포상의 영광을 얻게 되었음은 여러 선비를 위해서 경하를 그칠 수 없다.

그러나 편안한 자리에 있으면서 위태로움을 생각하는 일은 옛사람이 경계하였다. 하물며 또한 몇 해 전부터 최근까지 사기(士氣)가 쇠퇴하여 일반 인민이 따라갈 바를 자각하지 못하는 금일에 혹시 순회강연의 취지를 오해할 자가 있을지를 스스로 염려하여 한마디 말을 제공하고자 한다. 대개 도학(道學)의 근원을 알지 못하고, 신학(新學)의 말단에 심취한 자는 이처럼 많은 어려움이 있은 연후에 구학(舊學)을 어찌 사용하겠는가? 라고 하여, 앞선 성인의 가르침을 오해하고, 스스로 고집을 부리며 불통하는 자는 공리공담만 쓸데없이 숭상하고, 실제로 있는 일[實事]과 착실한 공부[實工]에 힘쓰지 않는다. 도리어 학교 교육의 긴요함을 궁구하지 않는다.

대개 지금 소학교, 대학교 교육은 옛날의 상서(庠序)[248]와 향교(鄕校) 교육이고, 옛날의 상서와 향교 교육이 곧 지금의 소학교, 대학교 교육이다. 제도가 비록 다르나 그 뜻은 하나이거늘, 새롭게 나오는 자[新進者]는 옛것에 어둡고, 옛것을 지키는 자[守古者]는 새로움을 배척하여 풍속교화[風化]가 날로 쇠퇴하고, 교육이 부진하다. 이것을 장차 어찌하겠는가? 부제학 각하께서 이것을 우려하시어 이번 순회강연 길에 오르신 것이니, 그 취지, 즉 강연하신 가운데에 모든 것이 다 있다. 여러 선비는 그 의미를 깊이 체득하여 오해하지 말고, 사도를 점차 연구하여 부진한 풍속교화를 흥기(興起)하고, 쇠퇴한 백성의 지혜를 개발하여 선비된 자의 의(義)를 확실하게 획득하면서 일반 인민의 모범을 만들어야 한다.

[경학원잡지 제15호(1917.10.15.), 54~59쪽]

---

248) 庠序: 향교를 주나라에서는 '庠', 은나라에서는 '序'라고 지칭했다.

21 대구고등보통학교 강연(1917.10.15.)

대구고등보통학교 강연
(1917년 5월 16일)

도에 뜻을 두고 덕에 의거하고 인에 의지하고 예에 노닌다
[志於道據於德依於仁游於藝]

경학원 부제학 자작 이용직(李容稙)이 강연하였다.

사람이 만물의 어른(長), 만물의 영(靈)이 되는 까닭은 본받을 만한 행위와 쓸 만한 재능 때문이다. 행위는 오륜(五倫)보다 먼저 할 것이 없으니 부모에게 효도하고 군주에게 충성하고 어른에게 공경하고 벗들에게 신뢰하는 종류가 이것이다. 재능은 육예(六藝)보다 통달한 것이 없으니 예(禮)에 서고 악(樂)에서 이루고 활쏘기에서 경쟁하고 수레 몰기에서 잡는 종류가 이것이다. 만약 안으로 본받을 만한 행위가 없고 밖으로 쓸 만한 재주가 없다면 천하의 버릴 물건이다. 인권이 박탈되고 인격이 소멸한 것으로 어찌 이보다 심한 것이 있겠는가!

공부자가 도에 뜻을 두고, 덕에 의거하고, 인에 의지하고, 예에 노닌다 하고 후생에게 가르친 것은 다만 근심이 깊고 사려가 원대했기 때문이다. 수신제가를 할 수 없으면 장차 무엇으로 치국평천하를 할 수 있겠는가! 그러니 덕행에 힘을 쓰지 않으면 안 된다. 천하의 일은 무궁하고 끝이 없으니 장차 무엇으로 민첩하고 신속하게 접하고 반응하겠는가! 그러니 재예(才藝)를 공부하지 않을 수 없다. 이러한 뒤에야 대인(大人)의 일이 갖춰진다. "바탕이 꾸밈보다 우세하면 촌스럽고 꾸밈이 바탕보다 우세하면 서기와 같으니 꾸밈과 바탕이 함께 빛난 뒤에 군자라."[249] 한 것은 이를 말함이 아닌가?

이 장의 앞의 주에서 이르기를 "배움은 뜻을 세움보다 먼저 할 것이 없으니 도에 뜻을 두면 마음은 바른 것에 있어서 다른 것에 있지 않다. 덕에 의거하면 도를 마음에서 터득하여 잃지 않는다. 인에 의지하면 덕성을 늘 쓰고 물욕이 행해지지 않는다. 예에 노닐면 작

---

249) 『論語』, 「雍也」, "質勝文則野, 文勝質則史, 文質彬彬, 然後君子."

은 사물도 나가지 않고 움직임과 쉼이 기름이 있다. 배우는 사람은 여기에서 앞뒤 순서와 경중의 차례를 잃지 않음이 있으면 본말이 겸하여 포괄하고 안팎이 서로 길러져서 일상생활에서 조금이라도 사이에 틈이 없으며 포함하고 헤엄치고 자연스럽게 하여 홀연 스스로 알지 못하는 사이에 성현의 영역에 들어갈 것이다."250) 하였다.

『어류(語類)』에 이르기를 "생각하고 강구하여 지니고 지키며 실천함이 모두 의지이다. 생각하고 생각하여 놓치지 않으면 곧 이것이다."251) 하고, 또 이르기를 "덕은 도를 행하여서 마음에 터득한 것이다. 비록 마음에 터득하여 잃지 않은 것이라 하여도 모름지기 길이 잡고 지켜야 잃지 않는다."252) 하였다. 서산진씨(西山眞氏)가 말하기를 "도는 뭇 이치를 총괄한 이름이며 덕은 뭇 이치를 좇아서 마음에 터득한 것이다. 인은 마음의 온전한 덕이다. 도에 뜻을 두고 다른 곳에 가지 않아야 향할 바를 안다 할 수 있다. 인은 귀숙(歸宿)하는 곳이며 공부를 하는 곳의 친밀하고 절실한 곳이다."253) 하였다. 쌍봉요씨(雙峯饒氏)가 말하기를 "도에 뜻을 둠은 마치 사람이 길을 가는 것과 같고 덕에 의거함은 마치 길을 가다가 숙박하는 곳이 있는 것과 같다. 인에 의지하는 것은 또 숙박하는 곳에 나아가서 점점 가계(家計)를 세워서 도리어 안거하는 것이다. 예에 노니는 것은 마치 집에 거주하면서 때때로 나들이하는 것과 같다. 모름지기 예에 노닐되 만약 노닒에 다른 곳으로 간다면 도와 덕과 인의 바깥으로 나가서 마음을 놓치는 것이다."254) 하였다.

아! 덕행이 있는 자가 반드시 모두 재예를 갖는 것은 아니며 재예가 있는 자가 반드시 모두 덕행이 있는 것은 아니다. 그러므로 유학으로 저명한 자로서 일에 임하고 정사를 행함에 그 임무를 감당할 자는 드물다. 경제(經濟)와 문장(文章)에 뛰어난 자는 재주를 믿고 남에게 교만하여서 후하게 할 바에 박함을 면하지 못하니 모두 장구한 기술을 얻을 수 없다. 반드시 재덕을 겸비하고 내외를 함께 기른 뒤에야 완전한 군자라 할 수 있다.

오늘에 처한 자로서 완전한 군자가 되려면 장차 어디에서 착수해야 하겠는가? 첫째, 도에 뜻을 두는 것이다. 사람마다 저마다 분발하여서 자임하기를 "사람이 이 세상에 살면서 학문이 아니고서는 사람이 될 수 없다. 요순, 공맹이 이미 멀어졌으니 도를 밝히고 도를

---

250) 『論語集注』, 「述而」, "蓋學莫先於立志. 志道, 則心存於正而不他. 據德, 則道得於心而不失. 依仁, 則德性常用而物欲不行. 游藝, 則小物不遺而動息有養. 學者於此, 有以不失其先後之序輕重之倫焉, 則本末兼該, 內外交養, 日用之間, 無少間隙, 而涵泳從容, 忽不自知其入於聖賢之域矣."

251) 『朱子語類』, 卷34, "思量講究, 持守踐履, 皆是志. 念念不舍卽是."

252) 『朱子語類』, 卷34, "德是行其道, 而有得於心. 須是有得於心, 而不失然, 亦須長長執守, 方不失."

253) 『論語集注』, 「述而」, "道者, 衆理之摠名, 德則從衆理, 而得於心者. 仁則心之全德也. 志乎道而不他, 可謂知所嚮矣. 仁則歸宿之地, 而用工之親切處也."

254) 『論語集注』, 「述而」, "志道, 如人行路, 據德. 如行路而有宿泊處, 依仁, 則又就宿泊處, 漸漸立得家計, 成却安居了. 游於藝, 如居家有時出遊也. 須游於藝, 若游從別處去, 則出乎道德仁之外, 而爲放心矣."

행하고 도를 전하는 일은 내가 아니면 누구겠는가?" 한다. 둘째, 덕에 의거하는 것이다. 마음에 일상생활의 도를 터득한 바가 있어서 굳게 지키고 잃지 않아야 하니 마치 새로 강토를 얻은 것과 같이한다. 셋째, 인에 의지하는 것이다. 보고 듣고 말하고 행동하는 것을 예를 다하면 거의 인욕이 깨끗이 다하고 천리가 유행한다. 넷째, 예에 노니는 것이다. 읊조리고 노래하고 손을 젓고 발을 굴러서 혈맥이 두루 통하고 신체를 건강하게 하며, 곡식을 심고 나무를 심고 물건을 만들어서 지혜와 기술(智巧)을 발전시켜서 경세제민에 도움이 되며, 그림을 그리고 추측하여서 상형(象形)과 회의(會意)와 사물을 다룸에 감정에 적절하게 한다. 그런즉 군자가 이 네 가지에 성실하여서 하나도 빠뜨려서는 안 된다. 자세히 살피면 어찌 근본이 없는 말단과 체가 없는 용이 있겠는가!

어떤 사람은 의심하기를, 구학문이 세상의 수요에 필요한 신학문만 못하다고 하는데 이는 생각하지 못한 것일 뿐이다. 구학문은 체이고 근본이며 신학문은 용이고 말단이니 아울러 행하고 합하여 하나로 한 뒤에야 체와 용이 갖춰지고 근본과 말단이 갖춰질 것이다. 결코 나누어서 양단으로 하여 논해서는 안 된다. 연령이 이미 높은 사람은 오로지 요순, 공맹의 도를 전하는 것을 뜻으로 삼고 나이가 어린 사람은 오로지 요순, 공맹의 도를 행함을 뜻으로 삼으면 덕에 의거하고 인에 의지하고 예에 노니는 것이 역시 그 가운데 있어서 마치 벼리를 들면 그물눈이 펼쳐지는 것과 같다. 군자가 귀하게 여길 바는 먼저 그 뜻을 세우는 것이 아니겠는가? 뜻을 둔 자는 끝내 일이 이루어지니 이것으로 여러 군자에게 바란다.

축사

경상북도장관 스즈키 다카시(鈴木隆)가 축사하였다.

이 문명이 빠르게 진보하는 시대를 당하여 인심이 경박한 곳으로 흘러들고 돈후한 풍속이 점차 퇴폐하고 해이해져서 당국이 우려하기에 이르렀다. 오직 높은 하늘이 이 문화를 없애지 않아 위의 기념일을 기회로 삼아서 경상남북도 석학과 홍유(鴻儒)가 한 강당에 모여서 강연을 열고 경전의 뜻을 연역하니, 반수(泮水, 학궁)의 문화가 오늘날 부흥하여서 문을 둘러싸고 보고 듣는 자로 하여금 풍교(風敎)를 솟구쳐 오르게 하고 인륜을 크게 변하게 하여 밝고 바르게 함이 장차 이 거사에 말미암아 기초를 두지 않음이 없으니 공적이 이미 거꾸러진 물결을 회복한 것에 못하지 않다. 어찌 손뼉을 쳐서 경하하지 않겠는가!

또한 본교 설립은 겨우 1주기를 지났으나 조선 남부지방 청년 영재의 배움을 향하는 지기(志氣)가 발흥하여 앞을 다투어 입학하니 교사(校舍)가 모두 받아들이지 못하는 지경에 이르렀다. 교육이 이에 크게 떨치니 오늘 제생은 모두 뒷날 쓸모 있는 국민이 될 것이라 국가를 위해 먼저 축하하고 뒤로는 학부형을 위해 이를 축하하지 않음이 없다.

영남 인사에게 깨우쳐 알림[警告嶺南人士]

경성 강사 여규형(呂圭亨)이 강설하였다.

오늘 일진이 좋고 때가 좋으며 바람이 온화하고 볕이 밝은데 귀교 제1회 기념예식의 순서가 이루어지니 실로 본교의 경행(慶幸)이며 중외, 원근에서 앞을 다투어 와서 우러러보니 좌석 사이에서 자리한 사람은 영광에 참여하는 것이다. 내가 경성 고등보통학교 교유(敎諭)의 직책으로서 본교에 파견되어 귀교에 왔다. 본직이 교수하는 것은 한문(漢文)이며 겸하여 경학원 경성 강사로서 본원 부제학 자작의 뒤를 따라 본원에서 강연하는 바는 경학이다. 『서경』에 이르기를 "여러 기술자가 기예의 일을 잡아서 간한다."[255] 하였는데, 저마다 본래의 기예를 비유로 삼아서 품은 생각을 펼침을 말한다.

이제 이 개교 축사 강설로 장려하고 권면하는 처지에서 마땅히 경학과 한문의 논리로 진술한다. 비로소 기예를 잡는 뜻을 가만히 생각건대, 교남(嶠南, 영남) 본성(本省)은 예로부터 도의와 경술로써 인문의 연수(淵藪)가 되었으며 뭇 현자의 무리가 나와 세상의 사표와 홍필(鴻筆)과 석장(碩匠)이 되어서 많은 사람이 잇달아 바라보니 함께 동방의 추로(鄒魯)요 좌해(左海)의 낙민(洛閩)으로 추대되어 일컬어졌다. 지금 그 유풍과 여운이 예로부터 펼쳐서 아직 어두워지지 않았다. 이에 이르러서 수많은 인재가 운집한 자리에 구구한 좁은 견해로 대가 앞에서 잔재주를 부린다[般門弄斧]는 놀림을 취함을 용납하지 않을 것이다.

교내 학생에게 권고하기에 이르러서 가만히 잠자코 있을 수 없겠기에 진술하려는 것은 곧 한문이다. 한문은 바로 경학의 나머지이니 청컨대 한문의 설로 학생에게 고하려 한다. 재주 없는 사람[不佞]이 정색을 하고 강석에 앉아서 경성 학생을 교육한 지 이에 11년인데 11년 동안 학생을 성취하여서 졸업한 자가 매년 70~80인이 되었다. 이들이 혹은 유학을 하여 밖으로 나가고 혹은 관료가 되고 혹은 훈도가 되어서 산지사방으로 13도 각 군에 갔는데 지금에 이르러서 거의 백 명, 천 명이나 되니 손꼽아 다 가리킬 수 없다. 뛰어난 업적

---

255) 『書經』,「夏書·胤征」, "工執藝事以諫."

으로 저명하고 명예를 널리 퍼뜨린 자는 반드시 지난날 한문에서 우등을 차지한 자인데, 그들의 이력으로 자세히 검증함에 백에 하나를 잃지 않았으므로 그들의 앎이 상세하였다.

지금 안팎의 크고 작은 각 학교 학생이 배우는 각 학과는 졸업의 연한이 4개년에 지나지 않는데 이 4년 동안 한 번이라도 소홀하고 새어서 빠뜨리고 잃어버리며 충분하지 않으면 학업은 비록 마쳤더라도 졸업했다고 할 수 없다. 한문에 이르러서는 어린아이 때 가정에서 대략 교육을 받고 졸업한 뒤에도 역시 수습하여 뒤따라 보충할 수 있으니 지금은 비록 소홀하고 간략해도 역시 본래 어찌할 수 없다고 마음으로 여긴다. 그러므로 한문 한 과목은 각 학과 가운데 가장 뒤로 돌리고 헐하게 여기며 심지어 어(魚)와 노(魯), 시(豕)와 해(亥)를 구분하지 못하는 사람도 있으니 진실로 작은 근심이 아니다.

이학, 화학, 산술, 어학 각 학과에 나아가 논하건대 이학과 화학은 한문과 또 나란히 진보한 뒤에 물질이 분명히 드러난다. 산술은 한문과 나란히 진보한 뒤에 구고법(勾股法, 피타고라스 정리)이 상세히 확립된다. 어학은 내지(內地, 일본)의 문언(文言)이 모두 한문의 편방(偏旁)에서 나왔고 명사·동사·형용사 등 품사가 하나하나 한문과 서로 표리가 된다. 매번 학문이 적은 자를 보면 접사, 방언, 속담(俚談)을 두루 통하여 끊어지지 않고 줄줄 말하여도 학설을 하나 꺼내면 갑자기 귀머거리나 벙어리처럼 한마디도 구사할 수 없다. 이 때문에 대가의 웃음거리가 되고 상대가 되지 못하여 할 수 있는 것은 하수들과 수응하는 것일 뿐이다. 어찌 크게 한심하지 않은가!

매번 준수한 학생을 보면 물고기 떼처럼 끊어지지 않고 두각을 서로 드러내며 또한 총명하고 민첩하게 깨달아도 하나는 한문이 부족하고 하나는 넉넉하다면 각 학과의 시험에 당하여는 고하를 볼 수 없으나 2, 3년 뒤 결과를 보면 하나는 용과 같고 하나는 돼지 같으며, 하나는 닭과 같고 하나는 학과 같이 판연히 둘이 되어서 후회막급이 된다. 어떤 학과를 막론하고 한문의 기력을 바탕으로 삼아 끼고서 함께 승진하지 않으면 도무지 착수할 곳이 없다. 이는 실로 오늘날 길을 잃은 사람의 나침반이며 대증(對症)의 양약이다. 여러 학생은 늙은이가 늘 하는 말로 여기지 말고 신경을 쓰고 분발하여서 이 바람에 부응한다면 경학과 한문의 다행만이 아니라 실로 보통의 각 학과 모두의 다행일 것이다. 윤리학과 같은 것은 수신과(修身科)가 있고 법률학이라면 법제과(法制科)가 있으니 재주 없는 사람이 군더더기 말을 덧붙일 것이 아니다.

상체장(常棣章) 강설

경북 강사 박승동(朴昇東)이 강연하였다.

내가 일찍이 경전과 역사를 읽고서 형제가 친애한 감정을 논하면서 함부로 이르기를 『시경』, 「소아·상체」 장(章)만한 것이 없다 하였다. 이 장의 곡절의 전개는 점차 인정을 극진히 한 것이다. 왜 그러한가? 상체를 나무로 삼아서 말하자면, 뿌리가 있고 가지가 있어서 다른 나무와 다름이 없지만 다만 뭇 꽃들이 함께 피어서 울긋불긋하게 빛나는 것은 다른 나무가 미칠 수 있는 바가 아니다. 만약 사람의 형제 의리에 비유하자면 이 나무를 버리고 무엇을 취하겠는가! 그리하여 사람의 형제의 즐거움을 노래함에 이 상체의 꽃을 들어서 흥을 일으키는 것이다.

장구(章句)의 순서를 말하여서 논하자면 장 아래 주석에서 고사를 부연하여 진술하였다. 대략 다음과 같이 말한다. 수장(首章)은 지친의 뜻을 말하였다. 다음 장은 뜻밖에 헤아리지 못한 일이 일어남을 말하여서 형제의 정을 밝혔다. 3장은 다만 급하고 어려운 일을 말하여서 비록 좋은 벗이 있으나 길이 탄식하는 데 그치고 말 뿐임을 말한다. 4장에 이르러서는 사람이 죽어서 장사 지내기를 기다린 뒤에 서로 거둬들일 뿐만 아니라 위급하고 어려운 일이 있어야 마땅히 서로 돕고, 불행히 조금 분한 일이 있어도 외부의 모욕을 함께 막아냄을 말한다. 5장에 이르러서는 마침내 평안해진 뒤에는 바로 형제라도 벗만 못하며 이는 지친이 도리어 길가는 사람과 같아서 사람의 도리가 거의 사라진 것과 같음을 말한다. 그러므로 아래 두 장은 형제의 은혜는 몸은 다르나 기운은 같으니 삶과 죽음 괴로움과 즐거움에 어디를 가나 서로 필요로 하지 않음이 없다는 뜻을 다시 극도로 말한다. 마지막 장에 또 펼쳐서 말하기를 반복하여 궁극으로 인정을 다 말하였다. 이것이 여덟 장의 큰 취지이다. 그로 하여금 읽는 사람이 저도 모르게 양심을 느끼고 일으켜서 말하기를, 형제가 어찌 우애와 공경이 있지 않겠는가, 한다.

그러나 아! 저 고릉(高陵) 백성의 형제가 서로 다투니 한연수(韓延壽)²⁵⁶⁾가 합문(閤門)을 닫고서 자기 잘못을 생각했으며,²⁵⁷⁾ 청하(淸河) 백성의 형제가 밭을 다투자 소경(蘇瓊)이 불러서 타이르며 눈물을 흘렸다.²⁵⁸⁾ 만약에 말하기를 저 인민들이 가난하고 천하여서 또 배운 바가 없어서 형제가 서로 다투고 공경하지 않는다고 한다면 위(魏)의 조비(曹丕)가 부유함으로 사해를 소유하였으나 그 아우에게 일곱 걸음 동안 시를 지으라고 하여 죄를

---

256) 韓延壽: 원문은 '張延壽'로 되어있으나 전거에 따라 '한연수'로 번역하였다.

257) 『漢書』, 「韓延壽傳」에 보인다.

258) 『北齊書』, 「蘇瓊列傳」에 보인다.

이루지 않았으며, 당 태종이 귀하기로 천자가 되어서 끝내 조왕(曹王) 이명(李明)에게 소왕(巢王, 李元吉)의 봉작을 잇게 하였으니 어디에 부귀해서 공경함이 있는가! 이홍(李洪)은 곤궁하였는데 아우의 목숨을 대신하기를 청하였으며,[259] 이충(李充)은 빈곤하였는데 형제 여섯 사람이 나갈 때 옷을 번갈아 입고 이틀에 한 번씩 먹었으니[260] 어디에 빈천하다 하여 공경하지 않음이 있는가! 왕람(王覽)은 서너 살 어린아이로서 형이 회초리 맞는 것을 보고 아우가 울면서 끌어안았으며,[261] 이전(李銓)은 다섯 살 아이로서 자기 옷이 형의 것보다 나음을 알고 마침내 입지 않았으니[262] 어디에 배우지 않았다고 해서 공경하지 않음이 있는가!

이로써 말하자면 형제에게 우애함은 귀하고 천함과 배우고 배우지 않음에 있지 않고 하늘에 속한 친함에 있다. 그러므로 천자로부터 서인에 이르기까지 효제를 앞세웠다. 고대[三古]에는 오동잎을 따고 띠풀을 나누어서 동성(同姓)에게 분봉하였다. 이로부터 제왕의 집안은 왕왕 긴 베개와 넓은 이불을 형제가 같이 썼고 민간의 골목에도 형이 사랑하여 우애 있고 아우가 공경하여 따르는 것이 있었으니 인심이 타고난 것임을 알 수 있다.

옛말에 이르기를 "효도와 공경의 덕은 나라에 적용하면 천지를 움직이고 아름다운 징조를 이르게 하며, 집안에 시행하면 귀신을 감격하게 하고 큰 복을 밝힐 수 있다" 하였는데 어찌 속이는 말이겠는가! 이 때문에 이륜(彝倫)을 강론하여 밝히고 인재를 빚어서 만드는 것이 본교의 급무이며 오늘의 강연 제목을 논하자면 곧 옛날 형제가 잔치를 하며 부르는 노래이다. 윤리를 밝히고 사람을 짓는 도가 여기에 있으며 화락(和樂)을 널리 이루는 기풍이 여기에 있다. 이로써 서로 권하고 서로 힘쓰게 하며 이로써 실천하고 실행하면 상체의 우아하고 바른 노래가 역시 다시 오늘날 사람들의 형제의 연회를 능히 화합하게 할 수 있다. 성정(性情)의 근원에 화순(和順)하고 도덕의 영역에 푹 젖어들면 강론한바 상체의 의리가 헛된 문구로 돌아가지 않고 거의 치국평천하의 한 도에 보탬이 있을 것이다.

---

259) 『藝文類聚』, 「汝潁優劣論」에 보인다.
260) 『初學記』에 인용된 「汝南記」에 보인다.
261) 『晉書』, 「王覽列傳」에 보인다.
262) 『太平御覽』 卷516, 「宗親部·兄弟」에 보인다.

경남 강사 정준민(鄭準民)의 강연 요지

백록동규(白鹿洞規)

○ 부모와 자식 사이에는 친함이 있다[父子有親], 군주와 신하 사이에는 의리가 있다[君臣有義], 남편과 아내 사이에는 분별이 있다[夫婦有別], 어른과 어린이 사이에는 질서가 있다[長幼有序], 벗과 벗 사이에는 신의가 있다[朋友有信]

위 다섯 가르침[五敎]의 항목은 위대한 순임금이 설(契)을 사도(司徒)로 삼아 다섯 가르침을 경건히 폈으니 곧 이것이다. 배우는 사람이 이것을 배울 뿐이다. 배우는 순서 또한 다섯 가지가 있으니 다음과 같이 구별한다.

○ 널리 배운다[博學], 자세히 묻는다[審問], 신중하게 생각한다[愼思], 분명히 변별한다[明辨] → 궁리(窮理)의 요령
○ 독실하게 행한다[篤行]
  - 말은 충실하고 신실하게[言忠信], 행실은 돈독하고 경건하게 하며[行篤敬], 분노를 징계하고 욕망을 막으며[懲忿窒慾], 선으로 옮겨가고 허물을 고친다[遷善改過] → 수신(修身)의 요령
  - 의를 바르게 하고 이익을 도모하지 않으며[正其義不謀其利], 도를 밝히고 공적을 헤아리지 않는다[明其道不計其功] → 처사(處事)의 요령
  - 자기가 바라지 않는 것은 남에게도 베풀지 말라[己所不欲勿施於人], 행하여 터득하지 못하면 돌이켜 자기에게 구한다[行有不得反求諸己] → 접물(接物)의 요령

남전여씨향약(藍田呂氏鄕約)

○ 덕업을 서로 권한다[德業相勸]

덕이란 선을 보면 반드시 행하며, 잘못을 들으면 반드시 고치며, 자기 몸을 다스리며, 자기 집안을 다스리며, 부모와 형을 섬기며, 자식과 아우를 가르치며, 종과 하인을 부리며, 어른과 윗사람을 섬기며, 친척[親故]과 화목하며, 교제[交遊]를 가리며, 염치와 깨끗함

[廉介]을 지키며, 널리 은혜를 베풀며, 맡기고 부탁한 바를 지키며, 환난을 구제하며, 과실을 바로잡으며, 남들을 위해 일을 꾸미며, 무리를 위해 일을 이루어주며, 다툼을 풀며, 시비를 결단하며, 이익을 일으키고 손해를 제거하며, 관직에 있으면서 직책을 수행하는 것을 말한다.

업이란 집안에 있으면 부모와 형을 섬기고 자식과 아우를 가르치고 처첩을 대하며, 밖에 있으면 어른과 윗사람을 섬기고 벗과 접하고 후생을 가르치고 종과 하인을 부리며, 글을 읽고 토지를 관리하고 집안일을 경영하고 사람을 구제하는 일에 이르기까지 예절과 음악과 활쏘기와 수레 몰기와 글자와 셈하기의 종류가 모두 할 수 있는 일이다. 이런 종류가 아니면 모두 무익하다.

○ 과실을 서로 고쳐준다[過失相規]

의를 범하는 과실은 여섯이다. 첫째, 술주정과 도박과 다투고 소송하는 일[酗博鬪訟], 둘째, 행동거지가 법도를 넘는 일[行止踰違], 셋째, 행동이 공손하지 않음[行不恭遜], 넷째, 말이 충직하고 신실하지 않음[言不忠信], 다섯째, 말을 지어내어 남을 무함하고 헐뜯음[造言誣毁], 여섯째, 사사로운 이익을 너무 심하게 추구하는 일[營私太甚]이다.

수양을 하지 않는 과실은 다섯이다. 첫째, 옳지 않은 사람과 교제함[交非其人], 둘째 놀이에 빠지고 게으르고 나태함[遊戲怠惰], 셋째, 동작에 범절이 없음[動作無儀], 넷째, 일에 임하여 삼가지 않음[臨事不恪], 다섯째, 지출에 절도가 없음[用度不節]이다.

○ 예의 풍속으로 교제한다[禮俗相交]

약혼과 혼인과 상례와 제사와 서신 교환과 경조사를 묻는 종류이다.

○ 환난은 서로 구휼한다[患難相恤]

수재, 화재, 도적, 질병, 사망, 고아, 약자, 억울한 일을 당한 자, 가난하고 궁핍한 종류이다.

착한 일이 있으면 문서에 기록하고, 과실이 있어서 규약을 어기는 자는 역시 기록을 하되 세 차례 범하면 벌을 주고 고치지 않는 자는 끊어버린다.

내빈 이근중(李根中)이 강연한 칠월장(七月章) 요지

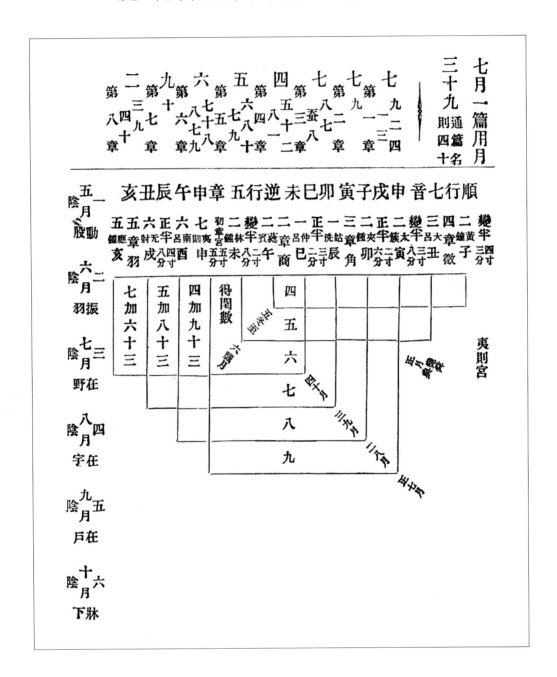

「칠월(七月)」 8장(章)은 이칙(夷則) 신궁(申宮)으로부터 순행하여서 첫 장의 일곱 음[七音]을 얻으니 신(申)·술(戌)·자(子)·인(寅)·묘(卯)·사(巳)·미(未)이다. 이어서 이 음들의 푼촌(分寸)의 길이를 정하여서 다시 열두 자리에 역행하면 다섯 장이 되니 신(申)·오

(午)·진(辰)·축(丑)·해(亥)이다. 이는 신궁의 일곱 음 다섯 장 35성(聲)이다. 12궁을 통틀어 계산하면 420음을 얻으니 곧 양력의 요일과 음력의 간지가 모두 서로 합하는 수이다. 주공(周公)이 이 편을 지음에 어찌 2천 년 뒤 동서양의 역법을 미리 헤아렸겠는가만 지극한 이치가 있는 곳에는 통하지 않음이 없다. 이는 본래 공부자(孔夫子)가 가르친바 인한 사람은 보고서 인이라 여기고 지혜로운 사람은 보고서 지혜라 여기며 백성은 일상으로 쓰면서 알지 못하는 것인가!

유교의 서민적 발전

대구고등보통학교장(大邱高等普通學校長) 다카하시 도루(高橋享)가 강연하였다.

본인이 학문이 얕고 재능이 없어서 오늘 노유(老儒)와 석학(碩學) 선배 여러분들에게 부기(附驥)하여, 평일 영남嶠南 유림(儒林)에 대하여 희망하는 바를 진술할 기회를 얻게 되어 대단히 영광으로 생각합니다. 본인이 유림에 대하여 희망하는 바는 유교의 서민적 발전이라고 하는 일입니다.

유교의 서민적 발전이라 함은 여러분이 숭봉(崇奉)하시는 공자님의 교리를 다만 여러분 내지 조선 상류사회에서 신봉할 뿐 아니라, 일반 서민에게도 발전하게 하여 조선 백성 전부를 유교의 사람이 되도록 함을 말하는 것입니다.

생각해 보건대 공자의 도는 수신제가(修身齊家)와 이용후생(利用厚生)에 있습니다. 이 도는 요순(堯舜)의 오래된 도이고, 예악(禮樂), 시서(詩書), 주역(周易), 춘추(春秋)에 나타난 도입니다. 그런데 당시에는 주나라 왕실이 쇠미(式微)하고, 학술이 일반으로 진보하지 못하고, 교통이 심하게 불편하여 이러한 경서를 다 겸하여 수행해서 이것을 사회의 사람에게 교수하는 자가 없었습니다. 그러한 까닭에 공자는 당시 제일 거룩하고 슬기로우셨지만, 널리 배우고 아래 사람에게 묻기를 부끄러워하지 않으셨습니다. 당신께서 이런 책을 다 배우시고, 또 바깥세상과 인연을 끊고 학문에 전념하면서 3천 제자를 교수하셔서, 만년에 이르러 이것을 진술하고 삭제하여 오늘날까지 영구하게 전하도록 하였습니다. 그러한 까닭에 「공자세가(孔子世家)」에는,

공자가 계실 때 주나라 왕실은 쇠퇴하여 예악이 사라졌고, 시와 서에 결락이 있었다. 삼대(三代)의 예(禮)를 추적하여 『서전(書傳)』을 서술하였다. 따라서 『서전』과 『예기(禮記)』를 공자가 처음으로 쓴 것이다. 옛날에 시 3천여 편이 있었으나, 공자에 이르러 중복되는 것을

제거하고 예의(禮儀)로 시행할 만한 것을 뽑았으니 305편이었다.

라고 합니다. 이로 말미암아 보건대 공자 당신께서는 우리 도가 당시에 남아있는 것을 수습하여 집대성하시어 이것을 3천 제자에게 전하셨습니다. 또한 만년에는 이것을 저술하고 삭제하셔서 널리 당시와 영구히 후세에 전파하신 것입니다. 우리 도에서 공자님의 공로가 요순과 주공보다 위대하다고 함은 실로 주나라 말년에 일부분 여기에 남아 있던 도를 널리 사회 일반에 전파하심에 있다고 하겠습니다. 생각건대, 공자님의 뜻은 천하의 백성이 모두 우리 문하에 들어와 우리 책을 보고, 우리 도를 배워서 유교를 신봉하도록 하는 데 있습니다. 또 공자님의 교리상으로 연구해 보면 일반 백성이 다 인의충효(仁義忠孝)를 실천할 능력이 있는 것은 여러분이 아시는 바입니다.

진(秦) 나라에 화(火)가 있고, 한(漢) 나라도 초년에는 문(文)을 우대하는 정치를 세우지 못하고 이학(異學)이 성행하였다가, 무제(武帝) 때에 이르러 비로소 유학이 크게 흥하였습니다. 그러나 쇠퇴하고 없어진 끝에 쉽게 공자 당시에 복구하지 못하여 대저 학자는 하나의 경전을 전문으로 하여 『주역』, 『서전』, 『시경』, 『예기』, 『춘추』에 각각 전문 박사가 있어서 조정의 학관(學官)이 되었습니다. 그러한 까닭에 학문이 당대에 높은 이가 아니면 각 경서를 두루 섭렵하여 공자의 도 전체를 다 체득하지 못하였습니다. 하물며 전문으로 함이 심해서 더욱 훈고(訓詁)에 빠져서 유교가 백성 전부를 교화함은 꿈에도 생각하지 못하게 되었습니다.

후세에 와서는 도교와 불교가 도를 막고 과업을 방해하여 때때로 대유(大儒)가 나타났으나, 유교의 서민적 발전은 성공하지 못하였습니다. 송유(宋儒)가 나서 유교 교리가 매우 깊어지고 높아져서 가히 불교와 고상하고 원대함, 심오한 이치를 대적할 만하게 되었습니다. 또한 정주(程朱)에게 반대하는 학자도 나오고 중국 백성은 백방으로 무식하여 경서의 한 편도 보지 못한 사람이 반절이 넘었습니다.

조선은 고려 말년에 비로소 대학(大學)이 잘 되어가는 운을 만나 학자를 배출하고, 조선[李朝]에 와서는 위의 문을 우대하는 정치가 대대로 쇠퇴하지 않아 문운(文運)이 화려하게 빛났습니다. 더구나 교남은 퇴계(退溪) 선생 이후로 조선의 추로(鄒魯)[263]라고 칭하여 문화가 널리 서민에게 보급되었습니다. 하지만 가만히 생각해 보건대 조선에는 노장(老莊)과 불교의 해는 없었지만, 과거와 반상(班常)의 구별이 있기 때문에 또한 유교가 서민 전부를 교화하지 못하였습니다.

---

263) 鄒魯: 노나라 사람인 공자와 추나라 사람인 맹자를 아울러 가리킨다.

한문이 성해서 과거가 생기고, 과거가 생겨서 이것을 보는 사람은 한문을 힘씁니다만, 과거를 못 보는 사람은 동시에 한문 공부도 하지 않습니다. 그러한 까닭에 과거는 사류(士流)가 한문을 공부하는 기풍을 일으켰으나, 동시에 사류 이외의 사람이 한문을 버리게 하는 결과를 초래했습니다. 유학이 성해서 각 군(郡)에서 향교를 관 차원에서 설치하였고, 향교는 지방 풍속교화의 근원이었습니다. 여기에 출입하는 사람들은 성현과 얼굴을 마주하고 친히 뜸을 뜨는 것 같아서 유교의 교화에 감동함이 매우 깊고도 무겁습니다. 그러나 여기에 출입하지 못하는 사람에게는 조금도 관계가 없고, 도리어 향교가 있기 때문에 유교를 받든 인민과 받들지 못한 인민을 구별하는 것 같아서 유교는 사류가 사적으로 무단 점유한 물건[私有占斷物]이 된 모양이 되고, 상민 이하는 경서를 읽지 않으며, 유학의 도를 듣지 못한 것을 부끄럽게 여기지 않게 되었습니다. 이것이 곧 조선이 5백 년간 순수하게 유교를 받들면서도 아직도 서민이 그 교화를 입지 못하게 되었던 까닭입니다.

총독부 시기가 되어 각 군에 보통학교를 설립하고 남북으로 고등학교를 관에서 설립하여 자제의 가문과 빈부를 막론하고, 다 입학을 허가하였습니다. 입학하게 되면 반드시 한문을 교수하여 점점 유교의 교화를 받게 합니다. 어쩌다가 사류 가운데는 그 자제로 하여금 상민 자제와 같이 배우기를 거절하도록 하는 이상한 현상도 있지만, 대세는 도저히 소수자의 힘으로 변동이 안 되고, 지금은 각처에서 양반과 상민을 막론하고 자제를 학교에 보냅니다. 또 향교의 제사에는 각 학교 생도가 다 참배 허가가 되었기 때문에, 곧 유교는 점점 반상의 구별 없이 일반 소년에게 보급하여 학교 교육상으로 보면 현재 제도는 도리어 구시대보다 유교 교의(敎義)의 서민적 발전에 대하여 도움이 된다고 할 수 있습니다. 현재 우리 학교를 두고 보더라도 생도의 부형이 무식한 자의 수가 적지 않습니다. 만일 옛날 시대라면 이러한 부형의 자제들은 평생 유교의 교의를 배우지 못하고 말았던 것입니다.

또 유교의 서민적 발전을 방해함은 학자가 공연히 성리(性理)의 학설 연구에 몰두하여 공자의 도가 수신제가, 이용후생에 있음을 생각하지 못합니다. 바꾸어 말하면 학자가 『논어』보다도 『심경(心經)』이나 『성리대전(性理大全)』을 귀중하게 여기고 실상 성리의 학설은 수신제가, 이용후생을 실행하기 위해서 하는 심성 공부입니다. 그 예비로 보아야 함을 생각하지 않았습니다. 옛말에 말하기를 "물고기를 잡으면 통발을 잊는다.[得魚而忘筌]"고 했습니다. 학자가 만일 수신제가, 이용후생의 도를 실행하게 되면 성리의 학설은 다시 말하지 않더라도 관계가 없을 것입니다. 또 성리의 설은 학자의 논설이라서 도저히 일반 서민이 이해할 수 없습니다. 학자가 평생 이것에 몰두하여 이러한 굴속에서 벗어나지 못하는 이상, 유교의 서민적 발전은 희망할 수 없습니다. 본인은 공자의 본뜻을 삼가 보아서 선배 여러분이 유교의 서민적 발전이 공자의 본뜻인 줄로 생각하셔서 순수하고도 크게 순수하여 간이하고도 무상한 공자의 대도를 혹시 공자가 남긴 책에 따라서, 혹은 설교 강설에 따라서 종래 유교 영역 바깥에 있는 어리석은 백성으로 내어버리든지, 일반 서민에게 충분히 교화를 보급하여 학교 교육과 서로 도와서 사회 풍속교화의 원류를 맑게 할 것을 간절히 희망합니다.

일본에 대유(大儒) 나카에 도쥬(中江藤樹)[264] 선생이 있었으니, 그 행적이 제 의견과 합치하는 점이 있습니다. 도쥬 선생은 오미(近江)에 살고 당시 오미의 성인(聖人)이라고 칭하니, 한 걸음도 향리 바깥으로 나가지 않았는데, 천하가 쳐다보고 대 선생으로 존경하였습니다. 일찍이 한 선배가 국내를 널리 돌아다녀서 스승으로 섬길만한 선생을 구하다가 우연히 가마를 타고 도쥬 선생의 동네 안으로 와서 자려고 하였습니다. 가마에서 내릴 때 수백 엔이 든 돈주머니를 잊어버리고 얼마 있다가 생각이 나서 여관 주인에게 의논하였는데, 주인의 말이 "그 가마꾼은 이 동네 사람이기 때문에 머지않아 그 주머니를 가지고 옵니다, 걱정마시오."라고 했습니다. 저녁때가 되니 가마꾼이 급하게 달려와서 그 주머니를 가지고 왔습니다. 그 선배는 크게 놀라 약간 사례금을 주었는데 받을 이치가 없다고 손도 대지 않으니, 더욱 이상하게 여겨 그 이유를 물어보니, 우리 동네는 도쥬 선생이 계셔서 항상 우리에게도 성인의 도를 가르쳐 주시니 우리 같은 사람도 어느 정도 사람의 도를 안다고 하였습니다. 그 선배는 대단히 감복하여 내 스승은 도쥬 선생 외에는[265] 없다고 하면서 곧 찾아가 제자가 되었습니다. 도쥬 선생 같은 분은 곧 본인이 말한 유교의 서민적 발전을 실행한 자입니다.

유림 총대(總代) 축사

유림 총대(總代) 이충호(李忠鎬)가 축사하였다.

학교란 옛날의 상서(庠序)이다. 가르치고 전수하는 것이 어찌 오로지 글을 읽고 글을 짓고 기예를 익히는 것일 뿐이겠는가! 반드시 생도로 하여금 덕을 높이고 허물을 변별하여서 점차 통달하는 영역으로 나아가게 하는 것이다. 배움은 덕을 기다린 뒤 비로소 세상에 쓰인다. 그러므로 덕을 몰락시킨 학생을 성문(聖門)에서는 북을 울려 성토하였다. 교남(嶠

---

264) 中江藤樹: 나카에 도쥬(1608~1648). 오미노쿠니(近江國, 현 滋賀縣) 출신의 양명학자로, 『大學啓蒙』, 『大學 考』 등의 책을 저술하였다.

265) 원문에는 '外'자가 없지만 누락된 것으로 보여서, 문맥상 이를 넣어 번역하였다.

南)은 예로부터 문화의 지역이다. 새 정치가 행해지면서 자제들 가운데 배움을 향한 사람이 서북쪽을 바라보는 사람이 적지 않다. 그러나 이 지역은 고등학교의 설치가 없어서 자력(資力)이 있는 자는 자제를 천 리에 책보를 짊어지워 경락(京洛, 서울)으로 보내고, 자력이 조금 결핍한 자는 혹 촌리(村里)의 사학(私學)에 들이거나 혹 배움을 폐하고 손에 쟁기와 보습을 잡게 하는 것은 대체로 부득이한 일이다. 관가에서 통찰해야 할 것이다.

지난봄에 대구고등보통학교를 일으키니 이에 책보를 짊어지고 경락으로 향하던 자가 어제는 집안을 하직하고 오늘은 교문에 이르며, 사학으로 나아가던 자가 돌이켜서 관학으로 나아오며, 손에 쟁기와 보습을 들었던 자가 서책을 끼니 교남 일대의 규운(奎運, 文運)이 아름답다. 실로 태평한 시대[昭代]의 일대 아름다운 정치이다. 또한 생도 교육의 방침이 겸하여 닦이니 배움은 덕과 나란히 진보하고 재주는 의리와 딱 들어맞아서 성문의 청아(菁莪)의 첫째가는 의체(義諦)이다. 교남의 선비로서 그 풍문을 들은 자라면 한꺼번에 일어나 환영하면서 자제를 맡기려 하지 않는 이가 없다.

오늘 개교 1주년 기념식을 거행함에 겸하여 강연의 자리를 마련하고 경향의 석유(碩儒), 노숙(老宿)을 초빙하여서 경전의 의리를 강의하고 성인의 진리를 연설하였다. 우리들이 강연의 자리에 늘어서서 오묘한 이치를 듣게 되니 황홀하게 옛 상서에 노니는 생각이 든다. 재주 없는 사람이 산골짜기에 처하여 일찍이 새로운 교육의 취지를 알지 못하고 이른바 관립학교를 보지 못했는데 지금 이 학교를 보고 이 강연을 듣게 되었다. 격발된 것이 구름과 안개를 헤치고 산봉우리를 보는 것에 견줄 수 있다. 이는 실로 조선 교육의 아름다운 일이며 교남 사문(斯文)의 일대 경사이다. 재주 없는 사람이 감히 함부로 유림의 총대로서 거친 말을 진술하여서 축하의 정성을 표한다.

[경학원잡지 제15호(1917.10.15.), 60~76쪽]

22 양생법에 대하여(1918.03.25.)

양생법(養生法)에 대하여

(1917년 9월 22일 제25회 강연)

강사 조선총독부(朝鮮總督府) 관립학교의(官立學校醫) 촉탁(囑託) 오츠키 가즈야(大槻式也)가 강연하였다.

양생(養生)은 즉 위생(衛生)이니, 우리 신체상 건강을 도모하는 것이다. 신체가 건강하면 외래의 전염병 침입이 없으니, 각 개인이 자기 일신의 위생을 주의 실행하여 온 세상이 일치하면 국가도 여기에 따라 건전해진다. 어째서인가? 개인이 각자 건강하면 사업이 자연히 진흥하며, 사업이 진흥하면 국가도 자연히 부유하고 성대해진다. 이것이 이른바 국가의 건전이다. 지금 한 가지 사례를 들어보면, 영국 런던이 지금으로부터 2백 년 전에는 시내에 사는 인민이 겨우 50만 명에 평균 수명이 30세에 불과하였다. 그 후 점차 개명(開明)하여 양생에 주의하여 현재 거주 인민이 2백만 이상에 달하고, 평균수명이 50세를 넘으니, 이것은 분명히 양생법(養生法) 실시의 효과이다.

현재 조선을 보더라도 각도에 자혜의원(慈惠醫院)과 순회의사의 설치가 있어서 인민 양생의 방법이 점차 진보하여 조선 인민도 이전에 비하면 점점 수명의 연장을 얻게 될 것으로 생각한다. 그러나 양생법은 실제로 별건(別件)의 어려운 일이 아니고, 곧 사람들이 각자 주의하고 실행하는 데 있다. 그 요점은 네 가지로, 침면(寢眠), 음식, 목욕, 거처(居處)라고 한다. 지금 요체를 설명하고자 한다.

1. 침면

사람이 일찍 일어나고 늦게 일어나는 것에 특수한 관계가 있다. 매일 이른 아침에 일어나 집안의 뜰이나 벌판을 산책하여 신선한 공기도 흡수하며 신체의 운동도 하면, 정신이 상쾌해지고 마음이 쾌활해져 신체 양생에 가장 필요하다. 만약 이와 반대로 매일 늦게 일어나면 심신이 불쾌해지고 신체가 산만해져 모아지지 않으니, 그 관계가 과연 어떠한가? 지금 보건대 학교에서 학생들에게 수업하기 전에 조례(朝禮)라 하는 것을 행하고, 그로 인하여 체조를 잠시 행하는 것도 그 취지가 존재함을 알 수 있다.

2. 음식

음식은 사람의 생명을 보전하는 것이나, 지나치면 병이 생기며, 병이 생기면 위장(腸胃)이 건강하지 않으니 한여름 장마 때의 무더위는 전염병독(傳染病毒)이 많이 유행하는 때이다. 이때 위장이 건강하지 않으면 병균이 침입하여 생명에 위해를 가하고, 위장이 건전(健全)하면 병균이 침입하지 못한다. 설혹 침입하더라도 또한 병에 감염[感病] 되지 않지만, 옛말에 이르기를 "입은 화의 문이다.[口是禍之門]"라고 하였으니 살피고 신중하지 않을 수 있겠는가? 지금 총독부 조사표를 거론해 보건대 조선인의 위장이 건전하지 않아 병에 걸려 사망하는 자가 몹시 많다. 1913년도에 조선인 위장병 환자가 27만 3,235인 가운데 사망자가 2만 9,603 인이니 놀랄만한 일이 아닌가? 지금 이 방비할 방법을 논하건대,

첫째, 음식물은 반드시 신선한 것을 취하고, 부패한 것을 피해야 한다. 현재 식료품이 혹시 상했음에도 불구하고 지금처럼 물가가 등귀한 때에 포기함이 아깝다고 하여 이것을 억지로 먹는 것 같은 일은 심히 불가하다. 이것은 약간의 금전을 아끼다가 중요한 생명을 위해하는 것이니, 제일 주의해야할 것이다.

둘째, 과일류는 자양분이 있어서 먹지 못할 것은 아니지만 많이 먹으면 해가 있으니 주의해야 한다. 또한 그 껍질을 깎아내고 적당하게 먹을 수 있다.

셋째, 마실 물도 반드시 끓여 마시고, 냉수를 피해야 하니, 유행병이 성행할 때는 병독이 혼합하기 쉬우니 이것을 음용하면 병독에 걸려 위해가 많다.

넷째, 술은 마시기를 절제하면 좋고, 과도하게 마시면 해가 된다. 과음하면 장중풍(腸中風), 뇌출혈, 폭사 등의 병이 생긴다. 또한 추울 때는 방한이라 칭하면서 과음하는 것이 있는데, 이것은 감기, 폐렴, 동상 등의 병이 생기기 쉽다. 비단 이것만 있겠는가? 과음하는 사람의 자손은 둔하고 총명하지 않은 자가 많으니, 이것은 모두 술의 폐해가 미치는 영향이다.

3. 목욕

사람이 신체의 세척을 빈번하게 행하지 아니하면 흐르는 땀이 응고하며, 표피에서 떨어져 나가는 것이 서로 합쳐져 찌꺼기가 되며, 신체에 부착하면 날아오는 병균이 그 가운데 붙어서 혈액의 유통이 불량하고, 종기를 양성하기 가장 쉽다. 세척을 빈번하게 하면 혈액의 순환이 신속하고, 혈액이 순환하면 피부가 견실하여 이러한 병해가 침범하지 않는다. 지금 내지인(內地人)의 입욕이 비교상 서양인을 초과함이 여기에 있다. 그러나 포식하거나 공복이나 취했을 때는 입욕이 불가하니 이 역시 주의할 일이다.

4. 거처

거처는 청결을 도모해야 하니 일일이 돌아보며 설명하기 어렵지만, 첫째는 주방, 둘째는 수도, 셋째는 분뇨통 등이 가장 주의하여 청결하게 할 곳이다. 우리에게 직접 관계가 있는 벌레류 가운데 (파리가) 날아다니면서 접근한 인신(人身)의 물건으로 부패물을 따라 생긴다.

또한 부패한 냄새를 따라서 앉으니, 이것으로 병균의 전이가 가장 많다. 거처 중 위에 기록한 곳을 청결하게 하면 이 벌레를 예방할 수 있어 이러한 위해가 없을 것이다.

앉아 계신 여러분은 앞서 진술한 여러 이야기를 등한시하여 흘려서 듣지 마시고, 각자 주의하여 실행하면 효과가 적지 않을 것입니다. 시한을 단축해 달라고 촉구하기 때문에 다하지 못한 이야기는 훗날 기회를 다시 기약하려 합니다.

[경학원잡지 제16호(1918.03.25.), 40~43쪽]

23 **국민도덕은 무엇인가(1918.07.25.)**

국민도덕은 무엇인가
(1917년 11월 10일 제26회 강연)

강사 조선총독부 편수관(編修官) 다치가라 교슌(立柄敎俊)이 강연하였다.

국민도덕이라 함은 '제국 신민'이 일반적으로 준수할 도덕이다. 옛날에는 백관유사(百官有司)가 신하고, 농공상인(農工商買) 등은 백성이라 하였다. 오늘날에는 이와 같은 구별이 없고, 백관유사나 농공상인도 모두 '천황폐하'의 신하이고, 일본 국민이다. 따라서 이른바 국민도덕은 '제국 국민'이 그 관직에 있는 자나 재야에 있는 자를 불문하고 그 내지인(內地人)이나 조선인 또는 대만인 등의 차별이 없이 일반으로 이것을 준수하는 자이다.

교육에 관한 칙어는 국민도덕의 대의(大義)를 명확하게 선언하신 바이니 이러한 우리 황조황종(皇祖皇宗)의 유훈이오, 국민선조(國民先祖)의 유풍(遺風)이라. 제국의 과거, 현재의 운이 펼쳐짐은 이 유훈을 받들어 체득하고, 유풍을 현창(顯彰)하는 데 기초하였다. 장래의 발전도 여기에 관련이 있다. 따라서 황실의 존영(尊榮)과 신민의 행복도 여기에 의거하지 않는 것이 없으니, 제국신민의 본분은 칙어의 취지를 지켜서 국민도덕을 실행하는 데 있다.

국민도덕은 제국 신민이 다른 나라 인민과 특별히 다르게 준수할 도덕이니 대저 도덕의 근본에 이르러서는 고금(古今)과 동서(東西)를 통하여 다를 바가 아님은 물론이나, 그 근본은 때와 장소에 따라 발현하는 양태가 상이할 것은 명백하다. 우리 제국은 세계의 다른 나라와 특수한 국체(國體)를 가지고 있고, 우리 국민은 세계의 다른 국민과 추출할 국민성(國民性)을 가지고 있으니, 도덕의 근본이 이 국체와 국민성에 응하여 역사적으로 발달된 것이 바로 국민도덕이다.

국민도덕의 큰 근본은 신도(神道)에 나타났으니, 우리나라의 신(神)이라 함은 황조황종(皇祖皇宗)으로 비롯하여 국가에 공로가 있는 여러 사람을 일컬음이라. 즉 황조의 선조와 신민의 선조요, 기독교며 이슬람교의 신이라 함과는 완전히 구별이 있다. 우리나라 제신(諸神)이 가르친 바가 곧 신도이다. 이 도(道)는 천여 년 전에 뽑아서 만든 『고지키(古事記)』, 『니혼쇼키(日本書紀)』, 『만요슈(萬葉集)』 등의 여러 책에서 보이니, 우리 황통(皇統)에 무궁한 소이(所以)와 황실의 위대한 업적과 성덕이며, 신민의 충성 등이 게재되어 있다. 단 후세에 신도라 칭하는 여러 계파의 종교가 출현하였으나, 위에 기록한 신도는 종파의 신도 와는 다르다.

국민도덕의 근저는 야마토다다시[日本魂]에 있으니, 야마토다다시란 일본 국민 고유의 정신이고, 이 정신이 나타나 무사도(武士道)가 되었다. 우리 국민은 유사 이래로 상무(尙 武)의 기상이 풍부하여 야마토다다시는 무인 사이에서 무사도가 되었으니, 즉 야마토다다 시는 나타나서 신도가 되고, 무사도가 됨으로써 국민도덕의 발달을 보는데 이르렀다. 국민 도덕은 이와 같이 발달하여, 그 발달을 돕는 자는 유교, 불교와 서양문명이니, 이 삼자는 국민도덕을 보익(輔翼)하는 효력이 현저하다. 그러나 이러한 것들은 국민도덕 발달의 보 익이고, 국민도덕은 아님이 명료하다. 곧 유교나 불교나 또는 서양문명이 우리 국체와 국 민성에 합쳐져 국가 국민의 발달에 밑거름이 된다는 점은 이것을 취하였으나, 여기에 반한 것은 버리고 취하지 않는다.

유교는 지금으로부터 1,600여 전 백제의 박사 왕인(王仁)이 오진 천황(應神天皇)[266]께 『논어(論語)』와 『천자문(千字文)』을 헌상한 데에서 비롯되었다. 그 후 점차 융성하여 황실 에서도 이것을 존숭하시어 학자를 다수 배출하였고, 일반 국민도 이것을 학습하는데 이르 렀다. 유교는 우리의 고유한 도덕과 일치한 바가 많아서 처음 들여왔을 때도 별로 반대하 는 자가 없었고, 순당(順當)히 세상에 시행하였다. 하지만 불교와 같은 것은 처음에 들여 올 때 이것을 믿고자 하는 일파와 이것을 반대하는 일파 사이에 비상한 쟁론이 격렬하여 필경 큰 전란을 초래하였고, 기독교도 도쿠가와 시대(德川時代)에 엄히 금지하였다.

유교는 일찍이 이와 같은 일이 없었고, 유교는 각 시대를 거쳐서 세상에서 시행하였다. 지금으로부터 약 3백 년 전 도쿠가와 씨가 국정을 잡은 때로부터 특별히 성행하여 허다하 고 저명한 학자를 배출하였다. 에도(江戶, 지금의 東京)에는 광대한 공자묘(孔子廟)를 건 설하였고, 석전(釋奠)을 시행하며 학사를 부설하여 배움을 강론하고, 각 지방에도 공자묘 를 건설하며, 학교를 창설한 자가 많기에 이르렀다. 그 당시 유자는 경학을 수학하되, 중국 학자의 설에만 구속되지 아니하고, 우리 국체와 국민성에 응하여 독특한 소견을 개진한 자가 많았다. 그 가운데는 한토(漢土)를 숭배하는 데 빠지는 것과 같은 자도 역시 없지 않 았지만, 대개 유교로 국민도덕의 보익을 만든 본령을 잃지 아니하였으니, 지금에 한두 가 지 예를 아래에 거론하겠다.

야마자키 안사이(山崎闇齋)[267]라 하는 학자는 신도와 불교를 병행하여 수련하여 탁견이

---

266) 應神天皇: 일본의 제15대 천황으로 진구황후의 아들로 전해진다. 천황이라는 칭호를 최초로 사용했다고 전해지지만 일본 역사상 실제로 존재했는지 여부는 확실하지 않다.

있는 자이다. 공맹(孔孟)의 도가 신도와 합치하는 점이 많다는 사실을 간파하고, 말하기를 "신성(神聖)이 세상에 나오는 것이 동과 서에서 비록 다르지만, 그 취지 자체에는 묘계(妙契)가 있다"라 하였다. 일찍이 문하의 제자를 소집하고 물어 말하기를 "방금 한토에서 공자를 대장(大將)으로 삼고, 맹자를 부장(副將)으로 삼아 우리나라로 내습하면 어떻게 할 것인가?"했다. 문하의 제자들이 어떻게 답해야 할지 알지 못했다. 안사이가 소리를 지르며 말하기를 "갑옷을 입고 날카로운 무기를 집어들어 한 번 싸움으로써 포로로 할 뿐이니, 이것이 공자와 맹자의 가르침이오, '황국'의 은혜를 보답하는 소이라."고 말하였으니 여기에서 그의 의기를 볼 만하다.

또한 야마가 소코(山鹿素行)[268]라 하는 학자가 있었으니, 그는 타고난 자질이 영민하여 유학에 깊이가 있었고, 병학(兵學)에 능했다. 일찍이 『중조사실(中朝事實)』이라 하는 책을 저술하여 우리 국체를 천명하도록 하였다. 중조(中朝)란 일본을 가리키니, 그는 일본을 중화중조(中華中朝)라 하며, 한토(漢土)를 외조(外朝)라고 불렀다. 보통의 유자는 한토를 중화중조라 칭하여 개의치 않았으나, 그는 일본의 아름다움을 알고, 일본을 높이는 것은 알았기 때문에 그 맥락도 모른 채 따라하지 않았다. 소코가 『중조사실』의 서문을 자기가 지으면서 말하기를,

> 우생(愚生)이 중화 문명의 땅이 아름다운지를 알지 못하며, 오로지 외조(外朝)의 경전을 맛보면서 큰소리를 내며 그 인물을 흠모하였으니 어찌 방심하겠고, 뜻을 잃을 수 있겠는가? 기이한 것을 좋아함을 억누를 수 있겠는가? 장차 달라지겠는가? 대저 중국의 물과 토양이 만방(萬邦)보다 탁월하며, 인물이 온 세상 보다 정교하고 아름답다. 때문에 신명(神明)의 한없이 넓음과 성치(聖治)가 끊이지 않음을 바꾸겠는가? 문물이 밝게 빛나는가? 무덕(武德)으로 천양(天壤)에 견줄 만하다.

라고 하였다.

유교의 명분을 바르게 하고, 인의(仁義)를 존중하는 대의는 우리 국체와 부합하고, 우리 국민성과 합치함으로써 국민도덕의 발달을 조성함이 지극히 커졌다. 유교의 본령을 실행하는 데에는 대개 우리 일본국과 같은 곳이 다른 데에는 다시 없으리라. 그러나 유교 가운데 혁명[禪讓放伐]의 설이며, 문약(文弱)한 폐단과 번문(繁文)의 경향 같은 것은 우리 국체와 국민성에 반하기 때문에 우리 국민도덕에 영향을 미칠 수 없다. 공자와 맹자가 우리나

---

267) 山崎闇齋: 에도 전기에 이름 난 주자학자이다. 유학과 신도를 결합시켜 신유일치를 주장하는 '수가신도'라는 독자적인 신도설을 세웠다.

268) 山鹿素行: 에도 시대를 대표하는 유학자이자 병학자이다.

라에서 태어나도록 했으면 말하는 바가 우리 국민도덕과 일치하게 되었을 것이다.

국민도덕의 요체는 여기서 이것을 상세하게 할 수는 없으나, 지금 그 요점을 열거하면 다음과 같다.

1. 충군애국(忠君愛國)의 일치

우리 국민이 충군애국하는 마음이 풍부함은 세계에서 희귀하다. 이것이 우리 국민도덕의 정수이며 충군과 애국이 일치됨에 이르러서는 세계에 견줄 바가 없다. 곧 우리 '일본제국'은 황실에서 처음으로 만드신 것으로 황실과 국가는 그 실질이 하나이다. 황실을 떠난 국가는 없으며, 국가를 떠난 황실이 없으니, 만세일계(萬世一系)의 천황이 통치하시는 국가가 되는 이유가 여기에 있다. 따라서 충군(忠君)은 곧 애국이고, 애국은 곧 충군이다. 우리들 국민에게는 충군을 떠난 애국이 없으며, 애국을 떠난 충군이 없다. 외국에 있어서는 충군이 반드시 모두 애국이 되지 않으며, 애국도 역시 반드시 다 충군은 아니다. 곧 군주에게 불충함이 애국하는 일과 애국의 방도가 아니면서 반대로 충군이 되는 일도 있으니, 이러한 구별은 알아야만 한다.

2. 충효(忠孝)의 일치

역대 천황은 국민을 모두 자식으로 통치하셨으니, 현재 폐하께서 즉위례(卽位禮)를 거행한 당일에 내리신 칙어에서 "의(義)는 곧 군신(君臣)으로, 정(情)이 부자(父子)와 같다."고 하셨다. 이것이 역대 천황의 천의(天意)였다. 따라서 신민은 천황을 어버이로 믿어 육친을 섬기는 마음으로 여기에 봉사하니, 여기서 충효는 곧 일치하는 것이다. 따라서 역대 천황의 인자하심과 신민의 충효함이, 이것이 우리 국사(國史)의 정화(精華)이다. 충효는 유교에서는 중히 하였으나, 저들에 있어서는 효를 제일로 삼고, 충을 다음으로 삼았다. 이 점에도 역시 주의가 필요하다.

3. 문무(文武) 일치

우리 국민은 무를 숭상하는 기상이 풍부하니, 이 기상은 옛날의 무사에게서 가장 잘 드러났다. 또한 학문을 중히 하여 황실에서는 유학과 같은 것은 가장 장려하셨고, 국민은 모두 학문을 좋아하는 마음을 가졌다. 시대에 따라 혹은 상무에 기울고, 혹은 상무(尙武)에 치우치는 일이 있었다. 그러나 문무 일치는 우리 국민성이기 때문에 학문을 소중히 하나, 문약(文弱)으로 흐르지 않았다. 실질을 강건하게 하는 일을 취지로 삼으며, 무예를 단련하되 조악하고 사나움에 빠지지 않았으며, 충효와 예절을 장려하였다. 공자가 "문(文)을 하는 자도 반드시 무(武)의 준비가 있어야 한다.[有文事者, 必有武備]"고 하셨던 것도 또한 이것을 일컬은 것이다. 문무의 두 가지 도가 일치하는 것은 우리 국민도덕의 이상이다.

4. 선조를 숭상하고 집안을 중시함

가문의 번영을 계획하며, 선조의 제사를 신중하게 함은 효의 가장 큰 일이다. 죄를 범하여 선조를 부끄럽게 하며, 집안을 망하게 하여 선조의 제사를 절단 내는 일은 이보다 큰 불효는 없다. 이것이 유교가 보여주는 바이며, 우리 국민도덕의 요점이고, 서양 여러 나라의 도덕과 크게 다른 점이다.

5. 학문과 사업의 일치

학문은 이것을 사업에서 실시하는 일이 가장 긴요하다고 하였으니, 헛되이 공리(空理)를 논하며, 일에 무익하게 하면 학문은 쓸모가 없게 될 뿐이다. 그러나 무슨 일이든지 학문의 근본이 없으면 경거망동에 빠져 실효(實效)를 거둘 수 없다. 우리 국민은 실제를 중히 여기는 특성을 갖고 있지만, 역시 학리(學理)를 연구함을 태만하게 하지 않았으니, 학문과 사업의 일치는 우리 국민도덕의 일개 요점이다.

이상 여러 요점은 궁구하면 반드시 한 가지 중심에서 나오는 것이니, 그 중심은 야마토다다시이며, 지성(至誠)이다. 『중용』에 지성을 지극히 말하였고, 우리나라에서는 고래로 이 마음을 형용하여 이것을 명(明)이라 말하고, 정(淨)이라 말하였다. 또한 직(直)이라, 고(高)라고 말하였다. 명은 투명하고 어둡지 않음이고, 정은 청결하고 더러움이 없음이며, 직은 똑바르고 꺾이지 않은 것이고, 고는 높은 것을 숭상하고 비천하지 않음이다. 이 마음의 밝음이 햇빛[日光]과 같으며, 맑음이 흰 구름과 같으며, 곧음이 화살과 같으며, 높음이 부악(富岳)과 같다. 이것이 곧 야마토다다시이며, 지성이다. 충군애국과 조상을 숭배하고 가문을 중시하는 등이 모두 여기에서 연원하지 않음이 없다. 이로써 군부(君父)를 받들고, 이로써 사회 국가에 진력하며, 이로써 자기를 수양하여 타인을 접함이다. 이것이 우리 국민도덕의 큰 근본이다.

방금 세계 열국이 부강한 방책을 경쟁적으로 강론함이 날마다 부족하고, 특히 해를 거듭한 큰 전란은 각국이 다 국력을 쏟아 부었다. 우리 제국 신민이 된 자는 당연히 분투하고 노력하여 국운의 발전에 공헌해야 할 것이고, 국운이 발전하는 큰 근본은 국민도덕을 따라 국민의 성격과 지능을 나아지도록 하는 데 있다. 이것이 우리 '제국 신민'의 본분이다.

[경학원잡지 제17호(1918.07.25.), 46~54쪽]

24 조선 기상에 대하여(1918.07.25.)

조선 기상(氣象)에 대하여

(1918년 3월 21일 제27회 강연)

조선총독부 관측소장(觀測所長) 히라타 도쿠타로(平田德太郎)가 강연하였다.

기상이란 우리 지구를 둘러싼 공기계(空氣界)의 현상을 말한다. 이 현상을 연구하는 학문을 천문학(天文學)이라 칭한다. 고래로 중국과 조선에서는 이 양자를 총괄하여 측후(測候) 또는 관상(觀象)이라 칭하였으니, 고려의 서운관(書雲觀)과 조선의 관상감(觀象監)이 곧 이 현상을 관장하면서 관측하는 곳이었음은 일반이 잘 알고 있다. 조선 이전의 사적(史籍)에도 바람과 구름, 서리와 눈 등의 기후에 관한 기록이 있으나, 조선 세종 왕 시대에 이르러서는 크게 이 학문의 융성이 지극하여 정교한 기구[儀器]를 제작하며, 관측의 방법을 규정하여 크게 학술의 흥륭(興隆)을 보았다. 그러하니 1442년(세종 24, 기원 2102년, 서기 1442년, 지금으로부터 477년 전)에 측우기를 만들어 양궐(兩闕)과 운관(雲觀)에 설치하였다. 또한 양도(兩都) 8도에 나누어서 비가 내린 정도를 보고하며, 이로 인하여 『상위고(象緯考)』를 편제하였다. 이 측우기는 원통으로 만들어 남아 있는 깊이로 비의 양을 드러내게 하여, 현재 일반에 행하는 방법과 대략 같다.

서구에서도 기구를 사용하여 비의 양을 관측함은 곧 서기 1,639년 이탈리아인 베네디토 카스텔리(Benedetto Castelli)가 전하고 있다. 그러나 이 자의 관측은 일시적인 시험에 지나지 않았고, 실제로 비를 측량하는 기계를 사용함은 크리스토퍼 렌(Christopher Wren)이니, 서기 1,662년이다. 비를 측량하는 깊이를 표시하는 것은 1,722년 영국인 호슬리(Horsley) 씨로부터 시작하였으니, 서구에서도 여러 종류의 방법으로 우량(雨量)을 측정하는 일을 처음 시작한 것은 17세기 중엽으로, 세종조 약 2백 년 후의 일이다. 세종조의 기록은 현존하나 그 후 중지됨은 심히 유감이다. 그러나 다행히 1770년(영조 46, 기원 2430년, 서기 1770년, 지금으로부터 149년 전)에 옛 제도에 입각하여 측우하는 제도를 다시 일으켜 남아있는 제도가 현존한대현존 측우기는 함흥관찰부, 대구선화당(大邱宣化堂), 공주관찰부에 3개가 있다. 또한 관상감의 관측기록 된『풍운기(風雲記)』도 다수의 책이 결락되어 있으나, 일부는 현존하여『승정원일기(承政院日記)』,『일성록(日省錄)』등에 기재된 것에 의거하여

1,770년 이후 현재에 이르기까지 약 150년의 우량 기록을 남겼다. 이와 같음은 실로 세계에서 그 예를 보지 못할 바로 가히 학술상 귀중한 진보(珍寶)라 일컬을 만하다.

조선에서 이처럼 고래로부터 정밀하고 세밀한 우량 관측이 시행된 까닭은 생각건대 국민의 주식물인 미작(米作)에서 강우의 상황과 그 양의 다소가 중대한 관계가 있음에서 기인한다. 조선은 겨울과 봄의 우량이 매번 부족하여 미작의 시기를 잃어버리는 일이 있음은 고금이 다르지 않다. 이것은 동양에서 동일하게 쌀이 생산되는 지역인 일본(本邦)의 토지 또는 남중국 지방과 크게 사정을 달리한다. 또 조선에서는 고래로 제언(堤堰)의 영조를 각지에서 시행하여 수리관개(水利灌漑)에 고심한 흔적이 명료하다. 현재 총독부에서는 요지에 측후소를 설치하고, 기상 전반에 관하여 정밀하고 자세한 관측을 한다. 또한 부와 도 등 약 200개 소에 우량 기타 관측을 시행함은 식산 토목 등의 시설 개량의 근본자료를 제공하여 고성(古聖)의 시설과 그 취지를 같이 하고자 함이다. 단 시대의 진보로 실행하는 바는 정밀함과 조악함의 차이가 있을 뿐이다. 현재 기상관측에는 그 결과를 이용하여 농사의 개량, 토목사업의 시설에 밑천으로 삼을 뿐만 아니라, 나아가 폭풍우의 내습을 미리 안다. 또한 널리 민중이 알도록 하여 재해를 예방하고자 함이다. 폭풍우의 재해는 쉽게 금액으로 평가하기 어려우나, 아래에 개진하는 통계를 통해 그 일반을 볼 수 있다.

조난선박(遭難船泊)

	범선과 어선	승조원의 사망과 부상
1910년	552	455
1911년	699	556
1912년	463	527
1913년	523	359
1914년	819	593
1915년	473	414

이것에 의거하여 보면 조선에서도 범선, 어선 등이 폭풍우로 인하여 조난하는 것이 해마다 5백 내지 8백 척에 이르고, 인명의 손해가 4백 내지 6백 이상에 달한다.

육지에서도 인명을 손상하는 일은 해상과 같지 않지만, 손해 가격은 실로 막대하다. 근년 토목공사에 대하여 평가하면 아래와 같다.

도로 교량 항만과 해안 등 토목공사의 수해 가액(價額)

		재해복구비
1911년	10,427,989엔	150,463엔
1912년	4,941,939엔	140,299엔
1913년	66,335엔	42,498엔
1914년	1,804,731엔	197,368엔
1915년	1,374,249엔	391,725엔

풍수의 재해는 해상에 있어서는 항해 어업의 발달함에 따르며, 육상에 있어서는 농사 진보와 토목공업 등 시설의 정비와 수리에 따라서 점차 그 정도를 크게 한다. 작년 9월 31일부터 10월 1일에 걸쳐 본토 각지에 내습한 폭풍우 재해에 관하여 내무성(內務省) 경보국(警報局)의 조사를 보면, 피해 지방은 홋카이도(北海道) 외 28부현(府縣)에 걸쳐 사망과 부상, 행방불명자가 3,516인, 이재민 호수는 전반(全半)이 무너진 것이 6만 6,492호, 침수된 가옥은 31만 5,641호, 유실되고 침몰한 선박이 8,220척에 달하였다. 그 가운데 도쿄부(東京府) 내에서는 사망과 부상자가 1,523인, 이재민 호수는 전반이 무너진 가옥이 9,822호, 침수가 18만 338호이다. 이처럼 인가가 조밀한 도시에는 재해가 특별히 막대하였다. 이 폭풍이 올 때 해상의 피해 정도가 비교적 육상보다 적음은 폭풍의 내습을 수일 전부터 예측하여 신문과 기타에 의거하여 널리 알리도록 한 데서 기인하였다.

그런데 폭풍우의 내습을 미리 아는 방법은 어떤 것인가? 폭풍우는 먼저 어느 지방에서 발생하여 점차 다른 지방으로 이동한다. 19세기 전기 발명으로(전신을 실제로 사용함은 서기 1,840년 무렵임) 상호 간 통신 방법이 발달했기 때문이다. 서기 1,854년 11월 14일 당시 크림 전쟁 중에 지중해에 있던 영국과 프랑스 함대가 폭풍우를 조우한 후에 해당 폭풍은 유럽 남부 각지를 통과한 것으로 판명되었다. 이처럼 전보를 이용하여 각지로부터 보고가 있어서 폭풍의 진로를 미리 아는 것이다. 당시 파리 천문대장(天文台長) 르베리에(Le Verrie) 씨는 나폴레옹 3세에게 건백(建白)하여 만국 공동의 기관을 설치하여 폭풍의 조사를 시행하였으니, 현재 각국에서 시행하는 기상관측의 기본이 여기서 시작하였다.

조선 부근에 폭풍이 내습하는 경로는 약도에 표시한 것과 같이 여러 종류가 있으니(도면은 생략함) 도판 가운데 갑, 을, 병, 정은 북중국(北支那) 또는 시베리아 방면에서 발생하여 조선 북부 또는 남만주를 경과하여 본토 홋카이도 방면으로 지나간다. 이러한 종류는 동계(冬季)에 발생하는 일이 많다. 동계는 아시아 동부에서 북서풍의 유행이 있으니, 이러한 종류의 폭풍이 북중국 방면에 나타났다가 선회하여 그치면 온도가 올라가 온화하고 고요한 좋은 날씨가 된다. 혹여 부근을 통과할 때는 날씨가 흐리고 구름이 끼며, 간간이 눈이 내리고, 나아가 조선 부근을 통과하여 동해[日本海]로 들어갈 때는 강렬한 북서풍을 일으켜 온도가 갑자기 내려가며, 해상에는 눈이 내리니, 이때 선박의 조난을 보는 일이 적지 않다. 무기경(戊己庚)은 중국 중부 양자강(揚子江) 유역에서 발생하여 조선 중부 이남을 통과하여 동으로 본토 방면에 이른다. 이 종류에 속한 것은 4월 무렵부터 초가을 기후에 이를 때까지 간간이 많이 있고, 그 가운데 6~7월 중에 가장 빈번하게 발생한다. 이 종류는 강우를 돋우는 일이 많고, 빈번하게 내습하여 연일 비가 내리면 가구와 의복류에 곰팡이[黴]가 생기기 때문에 미우(黴雨)라 칭한다. 또한 이때는 매실이 누렇게 익는 때이기 때문에 매우(梅雨)라 말한다. 옛날부터 중국[支那] 강남 지방과 우리나라 내지(內地)에서는 유명하다. 조선 남부에서도 또한 이러한 종류가 있으나, 그 기간은 10일 내외에 불과하여 강남 또는 우리나라 내지와 게다가 남양과 같이 현저하지 않다. 그 가운데 남양 필리핀군도 부근에서 발생하여 북진하며, 혹은 남중국[南支] 복건성 부근으로부터 대륙으로 들어가는 일도 있다. 또는 대만 부근으로 방향을 바꾸어 혼슈(本州) 지방에 내습하는 일도 있으니, 해마다 9월 상순에 가장 많다. 또한 그 기세가 맹렬하여 남중국과 대만, 우리나라에서는 해마다 이로 인하여 재해를 입는 일이 상당히 많다. 이 종류는 다수로 조선 지방에는 내습하지 않으나, 간간이 일반적인 경로를 벗어나 내습하는 일이 없지 않다.

폭풍이 진행하는 속력은 수시로 지체와 가속이 있으나, 대략 1시간에 10리 내외이다. 예컨대 조선 부근에서 나타나 동북으로 진행할 때는 대개 24시간 내외로 홋카이도에 도달하기 때문에 날마다 기상관측의 결과를 전보로 교환하여 이 폭풍의 발생과 진행을 알 수 있다. 이 내습의 우려가 있을 지방에는 미리 경보를 발하며, 폭풍우의 정도에 따라 세 종류로 나누어 이것을 게시, 신호 또는 신문지 등에 의하여 널리 공중에게 알리도록 한다.

해상 선박에 대해서는 전적으로 신호에 의지하니, 현재 조선 연안 24개소 항만에 신호소가 있다. 또한 올해와 내년 사이에는 다시 24개소를 증설하여 이것을 널리 알리도록 하여 재해를 줄일 수 있도록 하기를 기대한다.

[경학원잡지 제17호(1918.07.25.), 56~63쪽]

25 내지의 송학(1918.09.25.)

내지(內地)의 송학(宋學)

(1918년 5월 11일 제28회 강연)

조선총독부 촉탁(囑託) 이마제키 도시마로(今關壽麿)가 강연하였다.

여기서 「내지의 송학」이라는 강연제목을 내걸었으나, '내지(內地, 일본)'에서 행하는 중국[支那] 학문은 결코 송학뿐 아니라 나라(奈良), 헤이안(平安) 두 시대는 주로 한당(漢唐)의 훈고(訓詁)를 하였다.

또 근대 도쿠가와 바쿠후(德川幕府) 시대에 이르러 나카에 도쥬(中江藤樹)[269]는 양명학(陽明學), 이토 진사이(伊藤仁齋)[270]는 복고학(復古學), 오규 소라이(荻生徂徠)[271]는 고문사학(古文辭學), 이노우에 긴가(井上金峨), 가타야마(片山), 가네야마(兼山) 등은 당송(唐宋)을 절충하는 학풍을 창도(唱道)하고, 기타 학자가 무리지어 일어나 심하게 성행하였다. 이와 같아서 지금 말하는 송학은 내지에 있는 중국 학문의 전체가 아니니 먼저 이것을 양해해 주시길 바란다.

송학이란 것은 무엇인가 하면 제군(諸君)이 이미 앞서 알고 있는 바이다. 대략 그 경과를 한마디로 말하면, 송학은 지금으로부터 7백 년 이전 중국 송대에 행하던 유도(儒道)에 관한 새 학문이니 유도는 동주(東周)의 반기(半紀), 지금으로부터 2,400~2,500년 이전에 공부자(孔夫子)가 세상에 나오셔서 요순(堯舜)을 조술(祖述)하셨고, 문무(文武)를 헌장(憲章)으로 삼으셔서 사도(斯道)를 집대성하신 분이다. 그러나 전국(戰國)의 대란과 진시황의 분서갱유를 거쳐 경전과 전적이 흩어지고 어지러워졌을 뿐만 아니라 이 사이에 문학의 변천이 있었으므로, 한나라에 이르러 경서는 고문(古文)을 금문(今文)으로 번역하지 않으면 불

---

269) 中江藤樹: 나카에 도쥬(1608~1648). 에도 시대 전기의 양명학자이다. 초기에는 주자학에서 시작하였으나 점차 양명학에 경도되었고, 지식인들을 위한 학문이 아니라 모든 이들을 위한 학문이 되어야 함을 주장하였다.

270) 伊藤仁齋: 이토 진사이(1627~1705). 에도 시대 전기의 유학자이자 고의학의 창시자이다. 주자학을 비판하고 새로운 학문인 고의학을 세워 일본 유학에 큰 영향을 끼쳤다.

271) 荻生徂徠: 오규 소라이(1666~1728). 에도 중기의 사상가이자 유학자이다. 중국 명대의 고문사파의 영향을 받아 고문사학을 제창하였고, 쇼군을 비롯한 바쿠후에 대해서는 유교에 의한 정치와 그에 따르는 제도의 제정을 주장하기도 하였다.

가하기에 이르렀다. 그러나 번역한 바는 고문학(古文學)의 의미와 고대의 제도, 기물 등을 상세하게 해석하지 못하면 경서 가운데 기재한 의미가 명료하지 못한 까닭에 학자는 이러한 해석에 정력을 다했다. 이후 당나라에 이르러서는 한대에 해석한 언사의 의미를 해석하기 어려워져 다시 주석에 주석을 추가하게 되었으니, 이것이 이른바 한당 훈고의 학문이다.

그러나 송나라에 이르러서는 학계에서 훈고의 연구만으로 만족하지 못하게 되었기 때문에 어떻게든지 학술의 근본을 명확하게 하지 않으면 그치지 않겠다고 하는 사변적 경향이 생겼다. 이에 염(濂, 周濂溪), 낙(洛, 程明道와 程伊川), 관(關, 張橫渠), 민(閩, 朱晦庵) 다섯 선생의 학풍이 일어났다. 송대 3백 년간에는 다양한 학풍이 있었으나, 송대 학술을 대표할 만한 것은 실로 이 다섯 선생의 학풍이었다. 이 학풍은 온전히 사서(四書)를 근본으로 삼아 천리(天理)와 인도(人道)를 일치하도록 한 바에 일대 특색이 있었다. 또 도통의 계승을 논하여 도통은 요, 순, 우, 탕, 문, 무, 주공, 공자로부터 맹자로 전하였다. 맹자 이후에는 단절되었다가 송의 주염계 선생에 이르러 천세(千載)에 전하지 않는 도를 부흥하고, 이정(二程, 정호·정이)과 주자(朱子)에 이르러 대성하였다고 이야기하였다. 이외에 주자는 『자치통감(資治通鑑)』의 불비(不備)한 점을 보충하여 『자치통감강목(資治通鑑綱目)』을 저술하여 군신(君臣)과 부자(父子), 내외(內外)와 화이(華夷), 왕도와 패도의 설을 엄하게 했다. 주자의 이 책은 다음으로 저술할 바와 같이 크게 내지의 송학과 관계가 있으니, 이 학풍은 일시에 비상하게 압박을 받았다.

그러나 송 말 이후부터 조정에 채용되고 원(元)을 거쳐 명(明) 초에 이르러 『오경사서대전(五經四書大典)』을 완성한 이후로 관부(官府)의 학풍은 이 송학으로 귀속하였다. 청조(淸朝)의 반기(半紀)로부터 한학, 즉 한대 훈고의 학문이 부흥하고 연속하여 양한(兩漢)에 대한 전문의 학문이 발흥하고, 송학은 쇠퇴하는 상황에 빠졌다. 그러나 조정의 학문은 의연하게 송학으로 존재할 뿐 아니라, 증국번(曾國藩)이 나온 이래로 송학 부흥의 기운이 만들어졌다. 금일 민주주의 정부에 대하여 복벽(復辟)을 단행하고자 하는 사상의 근원은 필경 이 송학으로부터 나온 것이다. 이처럼 중국 역대에 재래한 송학의 위치는 심히 중요하여 중국의 국교(國敎)라고도 할 만한 유학의 도를 대표하는 것은 실로 송학이라 일컬을 수 있다.

이 송학이 내지에 전해진 시대에 관해서는 확실한 기록이 없으나, 원의 대덕(大德)과 지대(至大)의 사이는 내지의 가마쿠라(鎌倉) 시대의 반기(半紀)에 상당하니 당시에 원으로부터도 선승(禪僧)이 오고, 내지에서도 원에 들어간 승려가 적지 않았다. 이때 언제인지 송학이 전래했음이 보였다. 하나조노 천황(花園天皇)의 『어일기(御日記)』에 따르면 당시에 이미 『사서집주(四書集註)』가 있었으니, 이 시대는 당지(當地) 고려 충렬왕 시대에 해당한다. 저들의 유명한 안향(安珦) 선생이 교육에 관한 행정(學政)을 진흥한 전후이고, 백이정(白頤正) 선생이 송학을 원으로부터 가지고 돌아온 시대보다는 약간 앞선다.

　이와 같은 경로로 송학은 내지에 전하였으니, 전한 지 20년이 지나지 않은 가운데 독청헌(獨淸軒) 겐에(玄惠)[272]가 나왔으니, 이때 천자는 고다이고 천황(後醍醐天皇)[273]이었다. 이 천황은 독실하게 송학을 좋아하셔서 겐에를 궁중으로 부르셔 주자의 새로운 주석을 진강(進講)하도록 하시니, 문신에는 히노 스케토모(日野資朝)[274], 기타바타케 지카후사(北畠親房)[275] 등의 학자를 배출함에 이르니, 고다이고 천황은 영명하신 군주셨다. 가마쿠라바쿠후를 타도하여 멸망시키고 겐무(建武) 중흥의 대업을 세우셨으나, 말기에 정권이 다시 무인에게 옮겨가서 천황은 친히 나라를 전하는 검과 옥새를 받들어 요시노(吉野)라고 하는 지역에 행궁(行宮)을 설립하셨다. 무인은 고묘인(光明院)을 교토(京都)에서 받들었다.

　이처럼 두 왕조가 분립한 일은 내지 역사상 미증유의 커다란 변사(變事)였다. 여기에는 송학의 사상이 크게 관계하였으니, 요시노 조정의 원로 기타바타케 지카후사 경(卿)이 송학의 대가였기 때문이다. 여기서 주의할 일은 동씨(同氏)의 학문 근저에는 『자치통감』, 『통감강목(通鑑綱目)』이 있었다. 『통감강목』은 주자가 저술한 대의명분을 고취한 것이다. 지카후사 경이 저술한 『신황정통기(神皇正統紀)』는 주로 남북 황통에서 누가 정통인지를 논의하였다. 내지에 있는 대의명분의 논의는 앞에서도 기술한 것이 있으나, 동씨로부터 명백하게 되었으니, 후세의 도쿠가와 미쓰쿠니(德川光圀)[276]가 황도(皇道)를 주장하여 대의명분을 바르게 했던 일도 필경 동씨에게 사숙했던 바이다. 지카후사 경 시대는 당지의 고려말에 해당한다.

　남북이 통일된 지 얼마 지나지 않아 오닌(應仁)의 대란[277]을 거쳐 군웅이 여러 나라에서 할거하여 원구(元龜), 덴쇼(天正)의 혼란한 시대도 도요토미 히데요시(豊臣秀吉)의 손에 평정되었다. 세키가하라(関ヶ原)[278] 전쟁이 하나의 획기가 되어 도쿠가와 시대에 들어갔다. 이에 따라 2백 년 동안은 전쟁뿐이어서 학문은 쇠퇴에 쇠퇴를 거듭하여 겨우 승려의 손으로 문학을 전하였으니, 당지의 고려 충렬왕 이전 상태와 거의 비슷했다.

272) 玄惠: 겐에(1269~1350). 일본 남북조시대 천태종 승려로, 호가 독청헌이다. 겐네라고도 읽는다.
273) 醍醐天皇: 고다이고 천황(1288~1339). 일본의 96대 천황으로 1318년부터 1331년까지 재위하였다.
274) 日野資朝: 히노 스케토모(1290~1332). 가마쿠라 시대의 유학자이다.
275) 北畠親房: 기타바타케 지카후사(1293~1354). 가마쿠라 말기부터 남북조시대까지 활동하였으며, 『神皇正統記』를 저술하였다.
276) 德川光圀: 도쿠가와 미쓰쿠니(1628~1701). 에도시대 2대 미토번주(水戶藩主)로, 유학자이기도 했다.
277) 應仁의 대란: 오닌의 난으로 1467~1477년까지 일본에서 일어난 내란이다. 일본 전국시대의 시작을 알린 사건으로 알려져 있다.
278) 関ヶ原: 원문은 '閔原戰爭'으로 되어 있는데, 내용상 関ヶ原戰爭의 오기로 보인다.

도쿠가와 시대에 들어서는 초기에 후지와라 세이카(藤原惺窩)[279]가 나오고 나서 비로소 정자와 주자의 학문을 표방하면서 학문을 강론하였다. 이로부터 내지의 송학은 비로소 기치를 선명하게 하였다. 세이카 선생은 교토에 거주하였으므로, 후세에 교학[京學]이라고 칭하였다. 문하에는 하야시 라잔(林羅山)[280], 마츠나가 샤쿠고(松永尺五)[281], 나바 갓쇼(那波活所)[282], 호리 교안(堀杏庵)[283] 등 여러 학사를 배출하여 송학 발흥의 기운에 향하였으나, 당시 송학은 순수한 정주의 학문만 있었던 것은 아니고 육구연과 왕양명의 학문을 가미하였다. 세이카의 문생 가운데 하야시 라잔이 도쿠가와 이에야스(德川家康)의 비서관이 되어 바쿠후 고문에 등용됨과 동시에 송학으로 바쿠후의 학문으로 삼았다. 이로부터 에도(江戶), 지금의 도쿄(東京)에 송학이 들어가게 되었다. 라잔의 아들을 가호(鵝峰)[284]라 하였고, 가호의 아들을 호코(鳳岡)[285]라 하였으니, 이 호코가 비로소 다이가쿠노카미(大學頭)[286]라고 칭하여 이름과 실제가 모두 바쿠후 학정(學政)의 요충에 세워졌다. 현재 도쿄 유시마(湯島)의 성묘(聖廟)는 이 사람의 경영에 관련된 것이다.

하야시 가문은 호코로부터 9대손 되는 가쿠사이(學齋)에 이를 때까지 대대로 송학으로 바쿠후의 학정을 맡아서 처리하여 메이지유신(明治維新) 시기에 이르렀다. 세이카의 문인 마츠나가 샤쿠고의 문하에서 기노시타 준안(木下順庵)[287]이 나왔다. 또 그 문하에는 아라이 하쿠세키(新井白石)[288], 무로 규소(室鳩巢)[289]와 같은 대유(大儒)가 나왔다. 무로 규소는 독실하게 송학을 신봉할 뿐 아니라 안사이학(闇齋學)과 같은 협소하고 누추한 기풍이 없어서 세이카 이래의 송학을 크게 이룬 자라고 칭할 만한 위치에 있었다. 호코에 전후하여 야마자키 안사이(山崎闇齋)[290]가 나왔으니, 이 자의 학설은 세이카의 교학[京學], 라잔

---

279) 藤原惺窩: 후지와라 세이카(1561~1619). 에도 시대의 성리학자이다.

280) 林羅山: 하야시 라잔(1583~1657). 교토 출신으로 에도 시대의 주자학자이다.

281) 松永尺五: 마츠나가 샤쿠고(1592~1657). 마츠타가 세키고라고도 한다. 에도 시대의 정주학파에 속하는 후지와라 세이카의 문인이다.

282) 那波活所: 나바 갓쇼(1595~1648). 에도 시대의 유학자로 후지와라 세이카의 문인이다.

283) 堀杏庵: 호리 교안(1585~1643). 에도 시대의 유학자로 후지와라 세이카의 문인이다.

284) 鵝峰: 하야시 가호(1618~1680). 하야시 라잔의 3남으로 에도 시대의 유학자이다.

285) 鳳岡: 하야시 호코(1645~1732). 에도 시대의 유학자이다.

286) 大學頭: 에도 시대 쇼헤이자카가쿠몬죠(昌平坂學問所)의 장관을 지칭하는 관직 이름이다. 1691년 하야시 가호가 임명된 이후로 하야시 가문이 세습하였다.

287) 木下順庵: 기노시타 준안(1621~1699). 에도 시대의 유학자로, 아라이 하쿠세키가 그의 제자이다.

288) 新井白石: 아라이 하쿠세키(1657~1725). 에도 시대의 정치가이자 주자학자이다.

289) 室鳩巢: 무로 규소(1658~1734). 에도 시대의 유학자이다.

290) 山崎闇齋: 야마자키 안사이(1619~1682). 에도 시대의 유학자이자 사상가이다. 바쿠후 말기의 尊王攘夷 운동에 사상적으로 영향을 미쳤다.

의 에도학(江戶學) 이외에 난카이도(南海道) 도사(土佐)에서 다니 지츄(谷時中)[291]라고 하는 사람이 창도한 남학(南學)이라 하는 주자학의 일파가 있었으나, 다니 지츄가 전하여 다시 그 학풍을 크게 이루었다.

안사이의 학풍은 온 힘을 사서와 『근사록(近思錄)』 연구에 쏟았고, 많은 독서를 싫어하고 시문(詩文)의 작성은 유희라 하여 이것을 배척했다. 정자(程子)가 말씀하신 바로 "공경하는 마음을 가지고 내면을 곧게 하고, 의로운 마음을 가지고 외면을 방정하게 한다.[敬以直內 義以方外]"라고 운운한 경(敬)과 의(義)로써 도덕의 가장 중요한 것으로 삼아 수신의 중요한 도는 여기에 있다고 하면서 마음을 다하여 이것을 몸소 실천하고, 또한 육구연과 왕양명의 학문과 불교의 배척에 노력하였다. 그 학설이 다른 송학자와 가장 다른 점은 의리를 말하여 일본의 국체와 합치하도록 한 점에 있다. 그러나 안사이는 만년에 결국 일가의 신도설(神道說)을 구성하여 신도자가 되었으니, 이 학파를 안사이학이라 말한다. 문하에 사토 나오가타(佐藤直方)[292], 아사미 게이사이(淺見絅齋)[293], 미야케 쇼사이(三宅尙齋)[294] 등이 있었다. 모두 쟁쟁한 자였는데, 그 가운데 아사미 게이사이는 왕패(王霸)의 변론에 힘을 쏟아 저술한 책으로 『정헌유언(靖獻遺言)』은 메이지(明治) 중흥과 관계가 있다. 다만 제인(諸人)이 안사이가 신도를 주창한 후로는 모두 여기에 따르지 않고 의절하는 모양새가 되었다. 이상은 도쿠가와 바쿠후 전반기에 있었던 송학의 상태이다.

도쿠가와 바쿠후의 후반기에 있는 송학계(宋學界)의 역사로 가장 기억할 만한 것은 간세이(寬政)의 이학금지(異學禁止)이다. 당시 송학계는 인물이 나오지 않아 날로 쇠퇴로 향하였고, 일반 학술계에 있어서는 이토 진사이(伊藤仁齋)[295]의 복고학, 오규 소라이의 고문사학이 한 번은 성행하고 한 번은 쇠퇴하였다. 이노우에 긴가 등이 창출한 절충학(折衷學)이 갑자기 유행하였으며, 의논이 하나가 아니어서 갑론을박으로 어수선하고 소란스러웠다. 또한 일반적으로는 학술이 하락하는 경향에 있었다. 이때를 맞이하여 현명한 재상으로 명망이 높았던 마츠다이라 사다노부(松平定信)[296]가 11대 쇼군(將軍) 도쿠가와 이에나리(德川家齊)[297]의 보좌역이 되어 학정(學政) 진흥의 방침을 정하였다.

민간에서는 시바노 리츠잔(柴野栗山)[298]이라고 하는 자를 발탁하여 학정 개혁의 요충에

---

291) 谷時中: 다니 지츄(1598~1650). 에도 시대의 유학자이다.

292) 佐藤直方: 사토 나오가타(1650~1719). 에도 시대의 유학자로 야마자키 안사이의 제자이다.

293) 淺見絅齋: 아사미 게이사이(1652~1712). 오미노쿠니(近江國) 출신으로 에도 시대의 유학자이다.

294) 三宅尙齋: 미야케 쇼사이(1662~1741). 에도 시대의 유학자로 야마자키 안사이의 제자이다.

295) 伊藤仁齋: 이토 진사이(1627~1705). 교토 출신의 에도 시대 유학자이다.

296) 松平定信: 마츠다이라 사다노부(1759~1829). 에도 시대의 정치가이다. 간세이(寬政)의 개혁을 실시하였다.

297) 德川家齊: 도쿠가와 이에나리(1773~1841). 에도 시대의 11대 쇼군으로 1787년부터 1837년까지 재임하였다.

있으면서 결국 주자학이 아닌 여러 부류의 학파를 가리켜 이학(異學)이라 하여 일절 금지
하면서 한때는 비상한 논란이 일어났으나, 바쿠후의 권위로 인하여 주자학이 아닌 여러
부류의 학파는 완전히 숨을 죽이게 되었다. 또한 각 번의 학교도 대개 송학으로 통일되었
으니 여기서 내지에 있는 학풍은 완전히 송학이 되었다. 다소 예외가 존재하였으나 얼마
지나지 않아 바쿠후의 학관(學官)이 된 하야시 가문의 제8대로 줏사이(述齋)²⁹⁹)라 하는 걸
출한 인물이 나와 자가의 사숙(私塾)으로 있던 고분칸(弘文館)을 바쿠후에 헌납하여 관립
학교로 만들었다. 이것이 곧 쇼헤이학교(昌平學校)로, 오늘날 제국대학의 전신이다. 쇼헤
이학교에 유관(儒官)으로 있었던 고가 세이리(古賀精里)³⁰⁰)와 그의 아들 도안(侗菴)³⁰¹)은
유수한 송학자였다.

바쿠후 말기에 이르러 송학은 재차 쇠퇴의 기운으로 향하여, 물론 송학자가 아니면 불
가한 쇼헤이학교의 유관이 되어서도 한당(漢唐)에 출입하고, 송(宋)·명(明)·청(淸)을 절
충하는 일종의 학풍을 받드는 자가 많았다. 이에 이르러 송학 통일의 방침도 근본에서부
터 붕괴하였다. 이와 동시에 『통감강목』의 사상으로부터 변화한 미토(水戶)의 학풍, 도쿠
가와 미쓰쿠니가 시작한 바와 안사이학의 아사미, 게이사이 등이 주창한 대의명분을 중하
게 여기는 의지가 굳세고 과감한 송학이 학문계 인사 사이에서 환영을 받았다. 이로 인하
여 황실의 쇠퇴함을 개탄하고, 바쿠후의 전권(專權)에 분노하는 지사가 자신의 몸을 던져
분기하여, 결국 메이지 중흥의 위업을 달성하였다. 메이지 중흥은 메이지 천황의 성덕으로
이루신 바이나, 한편으로 보면 대의명분의 판별을 전국 인민에게 천명함으로부터 달성했
다고 말하지 않을 수 없다고 생각한다.

메이지 연간의 송학에 대하여 한마디 하건대, 메이지 천황의 시독(侍讀)으로 성덕을 충
성스러운 말로 아뢰었던 자는 송학자 모토다 나가자네(元田東野)³⁰²) 선생이다. 선생은 뜻
을 성실하게 하고 마음을 바르게 하였고, 참으로 순수한 진유(眞儒)였다. 또한 선생은 당
지(當地)의 대유(大儒) 이퇴계(李退溪) 선생을 신봉하던 요코이 쇼난(橫井小楠)³⁰³)을 스승
과 벗으로 삼은 사람이었기 때문에 다소 당지의 송학 학류(學流)와 서로 부합하는 점이

---

298) 柴野栗山: 시바노 리츠잔(1736~1807). 에도 시대의 유학자이다.

299) 述齋: 하야시 줏사이(林述齋, 1768~1841). 에도 시대의 유학자이다.

300) 古賀精里: 고가 세이리(1750~1817). 사가번(佐賀藩) 출신으로 에도 시대의 유학자이다.

301) 侗菴: 고가 도안(古賀侗庵, 1788~1847). 사가번 출신으로 에도 시대의 한학자이다.

302) 元田東野: 모토다 나가자네(1818~1891). 구마모토번(熊本藩) 출신의 유학자이다. 메이지 시기 천황의 교육
을 담당하였고, 敎育勅語 기초 등에 관여하였다.

303) 橫井小楠: 요코이 쇼난(1809~1869). 히고노쿠니(肥後國) 출신의 에도 시대 후기 유학자이다. 막말 시기의
번정개혁과 公武合體 운동 등에 관여하였다.

있다고 생각한다. 다음으로 내지인 정신의 근저가 되는 교육칙어에 큰 공이 있는 이노우에 고인(井上梧陰)304) 선생은 모토다 선생과 같은 고향의 관계가 있어서 송학을 신봉하였다. 이로 말미암아 교육칙어의 취지가 송학의 정신과 근사한 점이 있다고 말하는 것을 선배로부터 얻어들었다. 따라서 교육칙어의 취지를 받들어 교육의 저울을 담당할 만한 교사를 양성하는 고등사범학교의 학풍은 송학에 가깝다고 인정하였다.

오늘날에 이르러서는 여러 가지 변화가 있어서 하나로 개관하기 어려우나, 다소 그 경향이 없지는 않다. 메이지의 송학은 대략 이와 같으니 요컨대 내지의 송학은 전래 초기에 주자의 『통감강목』으로부터 많이 영향을 받아 그 대의명분의 사상이 황실을 중심으로 하여 발달하였다. 일파는 도쿠가와 미쓰쿠니의 미토학이 되어 『대일본사(大日本史)』에 광채를 비추었다. 일파는 안사이학이 되어 아사미, 게이사이 등의 학풍이 되어 바쿠후의 정권 장악에 분개하였다. 또한 하야시 집안으로 대표되는 일파가 있으니 이것은 하등의 특이한 주장은 없으나, 송학을 전파함에는 크게 공로가 있었다. 그 다음에 이학(異學)의 금지로 기인하여 전국이 모두 송학이 되었고, 사회 풍조도 그 영향을 받아 효제충신(孝悌忠信)과 온량공검(溫良恭儉)한 사람이 되는 것이 가장 좋은 줄로 알아 왔다. 이와 전후하여 다시 강목학파(綱目學派)가 부흥하여 송학 가운데 있는 전국의 사람들이 대의명분이 황실에 있다고 말하는 것을 자각하여 결국 가마쿠라바쿠후 이래 7백 년 동안 무신의 손에 있던 정권을 황실이 거두어들였다.

메이지의 시대를 거쳐 다이쇼(大正)인 금일에 이르러 송학은 정부가 채용하는 학풍과 실로 유사하다. 조선은 이조(李朝) 초기 이래로 송학으로 통일하여 왔기 때문에 사회의 각 방면을 통해 송학의 공기가 지극히 농후하였다. 내지에서도 앞서 진술한 바와 같이 송학과 근사한 학풍을 신봉하였으므로, 이 점에 대해서 사상이 일치함을 보지 못하면 불가하다고 생각하니, 나는 이러한 일치점에서 출발하여 '내선(內鮮)' 사상의 통일에 대하여 깊이 연구할 학식이 뛰어난 사람이 출현하기를 희망한다.

[경학원잡지 제18호(1918.09.25.), 48~57쪽]

---

304) 井上梧陰: 이노우에 고와시(井上毅, 1844~1895). 히고노쿠니(肥後國) 출신으로, 메이지 시기의 법제국장관, 문부대신을 역임한 관료이다.

26 화학과 인생(1918.12.25.)

화학과 인생
(1918년 6월 8일 제29회 강연)

경성공업전문학교(京城工業專門學校) 교수 가타야마 이와오(片山嵒)가 강연하였다.

화학은 물질의 본체를 연구하는 학문이다. 물질이란 오감(五感)에 호소하여 직접 또는 간접으로 그 존재를 인식하여 얻는 것을 말한다. 물질에는 여러 종류가 있어서 물과 같은 액체, 공기와 같은 기체, 고체로는 부드러운 면, 딱딱한 유리, 단 사탕, 쓴 약, 쌉쌀한 박하 등 낱낱이 사례를 거론할 여유가 없으니, 이같이 성질이 다름은 그 안에 포함하고 있는 성분이 다르기 때문이다. 성분이라는 것은 무엇인가 하면 모두 우주에 있는 물질을 구성한 성분은 약 70종이니, 이것을 원소라고 명명한다. 바꾸어 말하면 우주에 존재한 총 물질은 이 70여 종의 원소의 두 가지 종류 또는 여러 종류로 이루어졌다.

원소로 가장 잘 알고 있는 것은 산소, 질소이고, 다음으로는 탄소(석탄과 다이아몬드), 금, 백금, 은, 구리, 철, 납, 유황 등이다. 물은 수소와 산소, 사탕과 면, 전분은 탄소, 수소, 산소, 소금은 산소, 수소, 탄소 외에 질소를 포함하였다. 마찬가지로 탄소, 수소, 산소로 이루어진 사탕과 면의 성질이 다름은 그 원소 배합의 분량을 다르게 하기 때문이다. 전분과 면은 모두 탄, 산, 수소의 세 성분으로 이루어졌다. 그러나 그 배합 비율도 동일하고도 그 성질이 같지 않으니, 이것은 동일한 목재로 간격이 다른 가옥을 건설한 것과 마찬가지로, 원소의 배열을 달리하기 때문이다.

여기서 미리 한마디 할 것이 있으니, 혼합물과 화합물의 구별이다.

공기는 주로 산소, 질소로 이루어졌고, 소량의 탄소 아르곤, 헬륨 등의 가스를 포함하였으니 공기는 이러한 가스체의 혼합물이다. 무엇인가 하면 많은 인원이 모인 실내의 공기와 교외의 공기와는 그 성분이 다르니, 실내의 것은 많은 탄산가스를 포함하고, 산소 분량이 적다. 그러나 성분의 비율을 달리할 뿐이고, 양자가 모두 공기라는 자격을 가지고, 또한 질소, 산소와 같은 조성분은 각자 원형대로 원소로 존재한다. 이것은 실험으로 쉽게 증명할 바이다. 이와 같이 여러 종류의 성분으로 어떠한 물질을 제조할 때 그 성분은 원형대로 그 성질을 보존하여 그 성분 비율은 일정하게 변하지 않으며, 임의로 변화할 수 있는 것을 혼합물이라고 한다. 따라서 혼합물의 성질은 그 성분의 성질 평균가를 드러낸다.

그러나 공중에 전기의 불꽃이 통할 때는 산소와 질소가 화합하여 질산硝酸이라는 것이 새롭게 생겨난다. 이것은 산소와 질소의 혼합물이 아니며, 양자가 결합한 신생물이다. 이것은 그 성분이 되는 산소, 질소에 있지 않은 새로운 성질을 보여주고, 또한 이 질산 중 산소와 질소가 결합한 비율은 때와 장소를 가리지 않고 일정하여 변하지 않는다. 이처럼 원소의 결합으로 새로 발생한 것을 화합체라 한다. 산소와 수소는 기체이고, 탄소는 고체이지만 이 세 가지로 구성하여 만들어진 사탕과 면도 모두 고체이다. 산소, 수소, 질소는 색이 없는 기체로, 이것들과 탄소가 결합하여 남색[靑藍]을 만든다. 그 원소는 무미(無味)하나 사탕은 달고, 박하는 쌉쌀하고, 약은 쓰니, 이것은 혼합물과 크게 취지를 달리한다. 화합물의 특성은 이것을 구성한 원소와 전혀 다른 성질을 보여준다. 그 원소의 배합 비율은 일정하여 변하지 않으니, 이처럼 원소가 결합한 것을 화합(化合)이라고 말한다.

이러한 화합물은 일정한 방법에 따라 이것을 원초의 원소로 복구할 수 있다. 이처럼 화합물을 구(舊) 원소로 복구함을 파괴, 즉 분해라 칭한다. 화합물의 분해함에도 일정한 규칙에 따라 시행하는 것이고, 자기가 마음대로 행하는 것은 아니다.

요컨대 화학은 원소의 성질, 원소 상호의 관계(화합의 상황 등) 화합물의 성질, 그 변화, 분해를 연구하는 것이다.

아동은 무엇인지를 불문하고 새로운 것을 좋아하여 이것을 얻고자 하는 욕망이 심하고, 하루아침에 이것을 얻으면 기뻐하면서 즐겁게 가지고 놀다가 짧은 시간 안에 파괴하고 끝낸다.

아동의 본능은 초기에는 파괴적이다가 성장함에 따라 오랫동안 그 물건을 연구하고, 나아가 이것을 모방하여 자기가 제작하는데 이른다.

화학의 역사를 보더라도 역시 그러하다. 화학자는 최초에 알지 못하는 것은 모두 이것을 파괴, 즉 분해하여 그 성분인 원소를 알아야 이것을 지배하는 규칙을 연구하고, 점차 지식이 쌓임에 따라 이러한 원소로부터 복잡한 물종을 만들어 내놓게 된다. 파괴적 작용은 이것을 분석화학이라고 칭하고, 원소로부터 복잡한 물종을 만들어 내놓는 것을 합성화학이라 말한다. 이 두 가지의 작용은 화학상 가장 중요한 작용으로 지금도 여전히 이 두 가지 기술에 의존하여 우리는 소소한 연구를 한다. 예컨대 광석의 가치를 알고자 하면 먼저 이것을 분석하여 그 안의 유용한 원소의 유무를 알고, 나아가 그 함유량을 정하고 다시 이용할 만하면 이로써 원하는 성분 또는 원소를 추출하는 것이니, 이것은 분석화학의 작용이다. 광석으로 철을 끄집어내는 일 또는 납, 구리 등의 금속을 적출하는 것을 금일 학문상 야금학(冶金學)이라 칭하지만 실제로는 분석화학을 대규모로 행한 것이다. 사탕무로 사탕을 만드는 것 역시 그러하다. 혹자는 식물의 잎사귀 안에 존재하는 녹색의 색소, 즉 엽록소를 분석하여 식물의 잎사귀에 미묘한 작용(물과 산소로 사탕을 만들어내는 동화작용)을 연구하는 것도 또한 분석화학이다.

합성화학 또는 일명 제조화학이라 말하는 우지와 가성소다로 비누를 만들며, 식염(食鹽)으로 소다를 만드는 것도 일종의 합성화학이다.

합성화학 중 가장 우리를 이롭게 하는 것을 들자면 합성 질소비료이다. 세계의 인구는 해마다 번식하지만, 여기에 식물을 공급하는 면적, 즉 경작지에는 한계가 있다. 또한 경제상으로 보더라도 형세상 일정한 면적에서 다량의 수확을 기대하지 않을 수 없으니, 이러한 목적을 달성하고자 함에는 질소비료를 사용하지 않을 수 없다. 따라서 우리나라에서도 해마다 다액의 질소비료를 여러 가지 형식으로 외국에서 구입하니, 세계에서 주가 되는 질소비료는 남미에서 생산하는 칠레 질산칼륨[硝石]이다. 그러나 이 역시 수십 년을 내놓지 못해서 다 캐었다고 말한다.

만약 이러한 현상대로 이행하여 질소비료가 소진되면 인류는 대기근으로 인하여 서로 잡아먹는 참상에 놓이게 된다. 공기 중에는 다량의 질소가 있지만, 이 원소의 형태로는 비료의 효과가 없고, 이것을 화합물의 형태로 변화시키지 않으면 불가하다. 공기 중 질소를 화합물로 만들기 위해서 화학자가 다년간 연구하여 끝내 이것을 성취하였다. 따라서 공기 중 질소공업이 세계 각지에서 일어나고, 내지(內地)에도 여러 곳의 공장이 있으니, 조선에도 수년 내에는 해당 공업이 흥기할 것이다. 즉 화학의 힘으로 우리는 거의 영원하게 식료품 결핍의 우려를 면하게 되었다.

이상과 같이 단순히 물질을 합성하는 제조화학 외에 자연계에 방치된 각종 폐물(廢物)을 이용하여 사회에 유용한 물질로 만들거나, 혹은 금일 이상으로 필요가 있는 물질로 바꿀 방도를 강구하거나, 혹은 직접 인류의 행복을 증진하는 작용을 하는 화학의 일개 분과가 있으니 이것을 응용화학이라고 말한다.

이 응용화학도 역시 분석화학, 합성화학에서 벗어나지 않는데, 다만 두 가지 화학기술을 경제적으로 시행한 것에 불과하다.

응용화학의 업적을 가장 잘 드러낸 것이 석탄 타르의 화학공업이다.

석탄 타르라 하는 것은 어떤 것인가?

석탄가스 제조의 부산물로 연초의 야니와 흡사하게 악취를 내뿜는 것, 즉 석탄 타르이다. 옛적에 매립장을 얻는데 비상하게 곤란해서 교외에 버리면 작물을 해치고, 시중에서는 시민의 원성이 높아, 가스공장에서는 다액의 비용 손실을 감내하고, 이것을 멀리 해상에 운반해서 버렸다고 한다. 당시 진기한 이야기가 있어서 말하기를, 독일의 화학자 리비히

(Liebig)[305] 씨는 어떻게 하든지 이것을 이용하고자 하여 이 타르를 연구하였으나, 좋은 방안을 얻지 못했다. 우연히 당시 독일 황제에게 부름을 받아 선생이 이것을 구두약으로 대용하고자 하여 이것을 구두에 칠하고 알현하러 갔는데, 비위를 상하게 하는 좋지 않은 냄새가 궁중에 충만하였다. 폐하께서 선생을 부르셔 최근의 연구 사항을 물으셨는데, 그가 대답하여 말하기를 "가스 타르(gas tar) 연구 중 이렇게 좋은 구두약을 발견하였습니다."라고 했다.

그러면서 구두를 보여주었는데, 폐하가 말씀하시기를, "이것은 진정 기이한 발견이다. 그러나 악취가 심하도다." 하시고 코를 막으셨다고 하는 일과 같이 당시에 그 폐물의 처치에 얼마나 곤란하였는지를 충분히 상상할 수 있다. 그러나 후세에 이것을 이용하여 각종 중요한 물품을 제조해서 내놓는데 이르렀다.

즉 의약, 향수 색소, 화약 등은 물론이고, 기타 사탕과 같은 감미(甘味) 물질, 생각과 같은 매운맛 물질, 고목(苦木) 같은 쓴맛 물질도 '타르'에서 제작하여 내놓을 수 있어서 실제로 이것을 이용해 왔다. 우리의 의복과 세간살이와 같은 일용품 가운데 무엇이든지 이렇게 악취가 분분한 타르로부터 얻은 제품의 다소를 포함하지 않은 것이 있는가? 실례이지만은 여러 선생의 신변에도 반드시 타르로 제작한 물질을 이용하는 것이 있을 줄로 믿는다. 지금 1~2개의 표본으로 설명하고자 한다.

인조람(人造藍). 이것은 타르의 제품으로 천연 식물람(植物藍)과 완전히 동일하고, 생산비가 대단히 저렴하다.

아리자린(Alizarine). 적근(赤根)이라 칭하는 식물 중의 성분과 동일하니, 이것 역시 타르로 한 제조품이 천연물보다 순정이고도 저가이다.

인단스렌(Indanthren). 이것은 천연으로 존재하지 않는 것인데, 아리자린을 기본으로 하여 만든 아리자린보다 상등품이다.

청람(靑藍)[306]에도 마찬가지로 청람을 기본으로 하여 만든 인공품으로 쪽빛[藍]보다 푸른 물건이 있으니, 출람(出藍)의 영예라는 옛말의 의미를 한층 유의미하게 함에 이르렀다.

사카린도 역시 타르로 만든 인조품인데, 사탕과 비교하여 약 500배나 달다.

이외에 인조사향(人造麝香), 인조장미유(人造薔薇油) 등이 있고, 이외에 의료 약품을 제조하고, 해열제[下熱藥]로 널리 사용되는 안티피린, 파라미졸, 소독약으로 빠트릴 수 없는 석탄산도 모두 타르로 만든 인조 약품이다. 만약 하루아침에 이러한 약품이 병원의 약국에서 자

---

305) 유스투스 폰 리비히(Justus Freiherr von Liebig, 1803~1873). 독일의 화학자이다. 유기화합물의 조성·원자단·분류·계통 또는 분해·합성 등 기본 분야를 발전시켰다.

306) 靑藍: 쪽잎에 들어 있는 천연색소이다.

취를 감추게 되면 다수의 환자는 병의 고통에 괴로워하게 될 터이니 이러한 사례를 들어오
면 저지할 수 없다.

이처럼 논해 오면 화학은 인류, 국가의 물질적 복리 증진만 목적으로 하는 학문과 같지
만, 결코 그렇지 않다. 자연계의 현상을 천명하고, 인류의 지식을 증진하도록 하여 자연계
의 진리를 구명함은 과학 연구의 목적이니, 이것이 과학 가운데 기초과학이다. 그러나 물
질 본체를 연구하고 그 물질 본체의 성질, 변화를 명백하게 하는 화학의 목적은 결코 이와
같은 물질적 복리 증진하는 일에만 국한하지 않고, 실로 천세불후(千歲不朽), 우주에 가득
한 자연의 법칙 또는 진리를 천명하는 기초를 만든다. 혹은 인류의 생명으로 말미암아 오
는 원천을 탐색하고, 다시 심리의 진상을 확정하는 데는 주로 화학의 힘을 기다리지 않을
수 없다.

이것을 작게 해서는 화학의 반응은 우리의 일상생활에서 자기를 지킬 길을 향하여 불요
불굴로 매진할 일을 가르친다. 무엇이냐 하면, 각종의 물질은 항상 일정한 방향을 향해
그 본체의 성질을 발휘하려고 노력하는 것이다. 예컨대 가스체의 미분자는 항상 활동하여
직선운동을 하고, 또 두 가지 물질이 각자 상호 작용함에는 때와 장소를 막론하고, 그 기능
을 발휘하여 작은 터럭도 남기는 바가 없다. 예컨대 수소, 산소와 혼합하고 점화하면 서로
화합하여 물을 생성한다. 그 물 가운데 수소와 산소의 비율은 항상 일정하여 변하지 않고,
극히 조금도 그 비율에 변이가 없다. 여기에 의하여 우리는 우주의 활동으로 이것을 지배
하는 규칙은 실로 엄격하여 추후도 범할 수 없음을 느끼게 된다. 이 규칙은 곧 우주를 지
배하는 하나의 큰 세력, 혹은 지극히 크고 넓으며, 천추(千秋)에 썩어 없어지지 않는 대
진리의 일면을 드러내는 것이다. 이러한 대 진리는 물이 아래로 나아가는 것처럼 시각으
로 실현하여 영원히 우리가 복종하지 못할 일을 각오하도록 한다. 여기에 유사한 사실은
화학의 안에서 이것을 인식할 일을 얻게 될 터이다. 여기에 따라서 인류는 그 취할 방침,
걸을 길을 정할 수 있다.

자연계 물질의 변화는 과학의 힘에 따라서 이것을 탐구하고 밝힌다고 할지라도 생명과
심령에 관한 문제에 대해서는 이것까지는 겨우 상상론을 오르내릴 뿐이다. 심령의 기능에
대해서는 종교, 철학과 심리학이 주로 이것을 연구하지만, 이러한 문제를 극진하게 탐구하
려면 순서로 먼저 생명과 심령이 머무는 인체 내지 생물의 실질을 충분하게 이해해야만
한다. 즉 생명과 심령의 숙주가 되는 생물체의 실질 연구와 상호 병행하여 심명(心命)의
연구를 시행해야 한다. 이러한 생물체 실질의 연구는 곧 화학의 사명이니, 이 생명에 종사
하는 화학을 생물화학이라 칭한다. 생물의 성분, 생물체 안에서 일어나는 여러 현상을 강

구하여 다양하게 새로운 사실을 발견한다. 그러나 이 연구 가운데서 발견한 사항으로 의료상에 응용할 수 있는 것은 이것을 의학에 이용함으로써 제세구민(濟世救民)의 법으로 삼는다.

생물 가운데 식물에 대해서 생각해 보건대 종래 종자를 뿌리면 발화하여 성장, 개화, 열매를 맺는 일은 하늘의 배합으로써 많은 그 종자의 실질 변화에 대해서는 사고가 미치지 못할 것이다. 옛날 아리스토텔레스 씨가 세수한 모래 가운데 종자를 뿌리고, 여기에 매일 물을 주었더니 발아하고 생장하여 끝내는 완전한 식물이 되었다. 그 식물을 뽑아서 취하고 모래를 저울로 재보니, 추호도 손실이 없었고, 생장한 식물은 완전히 물로 성장한 것과 같은 광경을 보여주었다. 따라서 동씨(同氏)는 만물이 모두 물로 이루어졌다고 결론을 내렸다고 말한다. 현재 이처럼 잘못된 식견을 가진 사람은 없을 터이나 이러한 사항을 명확하게 이해하는 데는 화학의 힘을 빌리지 않을 수 없다. 종자를 땅속에 뿌려서 수분을 흡수하면 최초에 그 종자 안에 함유되어 있던 단백질, 전분 등의 여러 성분의 분해를 일으켜 배아의 생장을 촉진하여, 그 상부는 줄기가 되고, 하부는 뿌리가 되어 상하로 발육하여 줄기는 잎사귀를 만들고, 뿌리는 근모(根毛)를 만들어 전자는 공중에서, 후자는 지하에서 그 기능을 발휘한다. 아리스토텔레스는 수중에 존재한 각종의 불순물 즉 염류(鹽類)를 무시하고 혹은 잎사귀가 공기 중에서 흡수하는 탄산가스를 무시한 것이다. 실제로 뿌리는 땅속에서 물과 함께 수중에 녹아있는 각종 물질을 흡수하여 올리고, 잎사귀는 공중에서 탄산가스를 흡수하여 뿌리로부터 상승해 오는 것을 합쳐서 일광의 힘을 빌려 유용한 자양분이 되도록 하여, 이것을 식물체로 변화하여 자기의 식물체를 발육 생장하도록 한다.

이처럼 간단한 물, 염류와 탄산으로부터 아름답고 고운 꽃, 그윽한 향기가 풍기는 향유와 줄기, 가지와 이파리 등의 복잡한 것을 생장하게 하는 것 등은 우리가 가장 알고자 하는 의문이다. 옛날에 이것은 하늘의 비술 혹은 일종의 생활력을 다한 것으로 신비적 현상이라고 하여 이것을 깊이 사고하지 않았다. 그러나 화학의 진보는 이것을 천명하는 단서를 포착하게 하였다. 이러한 신비적 작용을 영위하는 것은 산소라 칭하는 것이니, 이 산소에는 그 종류가 실로 천차만별이므로, 그 종류에 따라 작용도 또한 다르다. 산소라 하는 물질은 자기 자신은 추호도 변화를 예정하지 않고, 화물질(化物質)에 변화를 촉진하는 능력을 갖고 있다. 비유컨대 결혼하는데 매개자의 역할을 일으키고, 또는 힘쓰는 자이다. 따라서 극소량의 산소는 능히 다량의 물질 변화반응을 일으킬 수 있다. 이러한 각종의 다른 성질을 가진 산소가 생물체 내 도처에 존재하여 그 국부에 적응한 동작, 즉 매개의 역할을 힘써서 외부로 취해서 들인 물질을 변화하여 자양분이 되도록 하여 그 생물과 그 국부에 흡수하여 자체를 양육하는 것이다. 바꾸어 말하면 이 산소의 매개에 의하여 뿌리를 통해 스스로 흡수해 올린 물과 공중에서 취한 탄산 등을 서로 화합하도록 하여 필요한 물질로 변화하여 곧 꽃이 되며, 향료로 변하고, 또는 줄기를 형성한다.

　식물체와 마찬가지로 인체에도 각종 다양한 산소가 체내에 존재하여 인체의 영양으로 기능을 한다. 이러한 산소 가운데 우리에게 가장 잘 알 수 있도록 하는 것은 타액 가운데 있는 프티알린[307]이라 칭하는 것, 위액 중에 있는 펩신[308], 췌액(膵液) 안에 있는 트립신[309] 등인데, 프티알린은 전분을 소화하여 덱스트린[310]으로 변하고 펩신은 단백질을 소화하여 펩톤[311]으로 다시 분해 소화하여 아미노산으로 분해한다. 이 작용에 의하여 생긴 소화 또는 분해 성적물(成績物)은 쉽게 위 또는 장으로 혈액 안에 흡입되어 인체의 영양분이 된다. 이 영양분이 혈액에 들어가 인체의 혈관 안을 운행하는 도중에 체내 각 국소에도 또한 산소가 있어서 혈액 중에 적당한 양분을 흡수하여 취하는 매개를 만들어 그 국부의 영양을 영위하도록 한다.

　따라서 산소는 생물체 내에 일견 신비적으로 작용을 영위하는 것이다. 따라서 이것을 순수한 형체로 취할 일, 이것을 인공으로 제조할 것을 기도하지만, 순수한 것을 적출하는 일과 인공 제조는 미(未) 성공으로 끝난다. 그러나 순수하지 않은 형체로는 어느 곳에 있는 종류인지는 이것을 취해서 내놓을 수 있다. 예컨대 디아스타아제나 펩신과 같이 이것을 생물체로 뽑아내어 의약에 제공하는 일도 할 수 있고, 다시 그 동작에 대해서는 많이 연구가 될 것이다. 또한 생물체에 있음과 동시에 산소는 이것을 제조하는 일은 성공으로 끝나지 못했다. 그러나 여기에 근사한 것은 이것을 제조하는 일에 성공할 것이다. 이러한 것에 대하여 진술한 것은 일이 거의 전문적으로 걸쳐 있기 때문에 많이 논하는 일을 중단하고자 한다.

　요컨대 산소에 관한 연구도 점차 진보하여 그 성질에 나아가서도 연구된 바가 많다. 또는 천연물과 같이 산소는 만드는 일을 할 수 없으나, 여기에 유사한 것은 만들 수 있는데 이르렀다. 그러하므로 장래에 이러한 연구로 진보하면 끝에는 생명의 문제도 해결하여 생명의 원천이 천명되고, 여기에 크게 관계가 있는 심령의 기인과 발작도 이해할 수 있을 것이며, 다시 정신상의 각종 문제도 해결할 수 있을 것이다.

307) 프티알린: 포유류 침 속에 있는 아밀라아제이다.
308) 펩신: 위액 중의 단백질 분해 효소이다.
309) 트립신: 이자액에서 분비되는 단백질 분해 효소이다.
310) 덱스트린: 녹말을 산·열·효소 등으로 가수분해시킬 때 녹말에서 말토스에 이르는 중간단계에서 생기는 여러 가지 가수분해 산물이다.
311) 펩톤: 천연 단백질이 펩신에 의하여 부분적으로 가수분해하여 생기는, 폴리펩타이드 및 올리고펩타이드 류의 혼합체를 통틀어 이르는 말이다.

　요컨대 화학은 물질의 근본적 학문으로 물질의 변화를 연구하고, 그 성적을 이용하여 직접 인류사회를 비익(裨益)하게 함과 동시에 다시 그 연구를 널리 추진하여 우주현상의 근본적인 의미를 천명하고, 또는 이것을 생물체에 이르러 실험적으로 인생의 참 의의를 해결함을 천직으로 한다. 따라서 화학과 인생은 비상하게 밀접한 관계가 있어서 우리 일상의 생활에 필요한 사물이 거의 모두 화학의 힘을 통해 나오는 것이다. 사람의 생활현상, 즉 생명도 역시 일종의 화학 현상이니, 그러하므로 화학을 떠나고서는 인생이 없다고 감히 단언해도 과언은 아니라고 믿는다.

[경학원잡지 제19호(1918.12.25.), 39~53쪽]

27 보통교육에 있는 한문과의 임무(1918.12.25.)

보통교육에 있는 한문과(漢文科)의 임무
(1918년 10월 12일 제31회 강연)

강사 경성여자고등보통학교(京城女子高等普通學校) 교유(敎諭) 나카무라 가즈에(中村一衛)가 강연하였다.

조선에서는 고래로 유학을 관학(官學)으로 하여 한글[諺文]은 겨우 부녀자의 한가한 문자로 하는 데 그쳤다.

'일한병합(日韓倂合)'된 전후에 학제의 갱신과 함께 유학의 보통교육상에 있는 임무에 대해서도 또한 다소의 변천이 발생하였다. 구한국(舊韓國) 학부(學部) 시대에 있는 「보통학교령시행규칙(普通學校令施行規則)」 제8조 제2호에는 "국어와 한문은 일상에서 모름지기 알아야 하는 언어 문장을 알도록 하여 정확하게 사상을 표출하는 능력을 배양하고, 아울러 지덕(智德)을 계발함을 요지로 함"이라고 말하였다. 「고등보통학교령시행규칙(高等普通學校令施行規則)」 제5조 제2호에는 "국어와 한문은 보통의 언어 문장을 이해하여 정확하게 자유(自由)로 사상을 표출하는 능력을 얻게 하고, 아울러 지덕의 계발에 밑천으로 삼음을 요지로 함"이라고 하였다. 다음으로 "한문은 보통의 문장을 강독하게 하여 문구와 문장의 의미를 명확하게 하고, 아울러 문리를 짜임새 있게 만드는데 주의하도록 함이 가함"이라고 설명을 덧붙였다. 즉 한문으로 단순히 읽는 것 외에 쓸 수 있음에도 이르게 함을 기대한다는 두 가지가 모두 같고, 현행 법규에 규정된 바의 조선어와 한문과 교수의 임무도 다소 자구의 차이가 있을 뿐이며, 그 취지에 이르러서는 추호도 다르지 않다.

1895년 즉 개국(開國) 504년 이전의 교육을 일별해 보면, 서방(書房), 향교(鄕校) 내지 성균관(成均館)에서는 단순히 경학을 강함에 그치고, 「소학교령(小學校令)」 발포 후에도 여전히 소학교와 아울러 사범학교에서는 주로 유학만 교수하고, 다른 보통학과는 거의 모두 이것을 무심하게 버려두었다. 현행 보통교육에 한문과(漢文科)의 위치가 현저히 저하된 듯한 감이 있음도 무리한 일은 아니다. 이로써 보통학교나 고등보통학교 졸업생이 유학의 소양이 옛날과 같지 않다고, 곧바로 현재 교육 전반에 대하여 비평하려 하는 자가 없지 않은 듯하니, 한문과 교수 시수(時數)가 현저히 줄어든 것은 사실이다. 그러나 이로 인하여 곧바로 유학의 장래를 비관하거나, 그 가치를 의심하는 일은 필요하지 않다. 우리는 유학의 가치를 인정하는 점에서 감히 타인에게 양보하려 하는 자가 아니다. 그 이유에 이르러서는 타인과 다른 것이 있으니, 내지(內地)와 조선은 실로 동문동종(同文同種)으로, 내지에서 유교가 변천한 흔적을 풀어냄에서 피아(彼我)가 전혀 그 궤적을 하나로 함을 알았다.

내지에서도 고래로 남자는 전적으로 한문을 숭상하고, 국문은 주로 여자 사이에서 사용하는 데 불과하였다. 메이지유신(明治維新) 이전 각지에 있는 학교는 그 수가 몇 백의 다수에 달하였으나 무엇이든지 모두 유학을 교수하는 데 그쳐서 당시 천하 학부(學府)의 쟁점이 된 쇼헤이코(昌平黌)와 같은 곳에서도 학과목의 경과(經科), 한토사료(漢土史料), 본조사료(本朝史料), 형정과(刑政科), 시문과(詩文科)로 나누어 주로 『소학(小學)』, 『논어(論語)』, 『시경(詩經)』, 『서경(書經)』, 『역경(易經)』, 『주례(周禮)』, 『좌전(左傳)』, 『사기(史記)』, 『당률(唐律)』, 『명률(明律)』 등을 교수하였다. 유신 이후 내지의 교육은 실로 장족의 진보가 있었으나, 1879년 교육령의 발포 당시에도 아직 소학 중등과에서는 쉬운 한문이나 약간 고상한 혼합 가나(假名)의 문장을 교수하였으며, 소학 고등과에서는 한문이나 고상한 혼합 가나의 문장을 교수하는 일로 하였다.

1886년의 「소학령(小學令)」에 이르러 비로소 한문은 초학(初學) 교육과 분리되었으니, 한문이 초등교육과 절연된 것은 우리 국어 교육의 진보에 밑천이 된 바가 극히 많아서 오히려 그 분리가 늦었음을 유감이라고 하였다. 그러나 외국 문명이 도도하게 수입되어 실리주의의 학문을 일으키는 일을 급하게 한 결과 우리 사상계는 극단적으로 풀어져 단순히 한문을 초학 보통교육에서 분리할 뿐 아니라 유교적 사상 그것도 방치해 버린 시대도 있어서 식자는 간절하게 이것을 만회하고자 노력하였으나 형세가 그렇게 된 것을 어떻게 할 수 없었다. 춘추(春秋) 중일(仲日) 쇼헤이코에서 행하던 석전(釋奠)의 성대한 의례도 결국 이것을 볼 수 없기에 이르렀다. 근래 유학 부흥의 소리가 점점 높아지려 함은 실로 기뻐할 일이다.

조선에서는 보통교육에 있는 한문과의 임무가 내지와 달라서 지금도 아직 교과목 중에 추가하였다. 한편으로는 '국어과'의[312] 임무가 명백히 규정되어 추호도 '국어교육'에 지장이 될 우려가 없을 뿐만 아니라 양자가 서로 맞물려 보통교육의 효과를 완전하게 함은 메이지 초기의 내지교육과 크게 취지를 달리한다고 말할 수 있다. 게다가 조선에서는 유학으로 사회교화를 보충하려고 노력하고 있는 중이니 경학원(經學院)이 곧 이것이다. 그러나 경학원은 고매한 성격과 독실한 실행을 하는 덕망과 경험이 많은 사람[耆宿]을 우대함

---

312) 일본어 과목을 말한다.

으로써 석학을 중히 여기는 아름다운 풍속을 장려하려는 데만 그치지 않았다. 또 나아가 이륜(彝倫)의 부지(扶持), 인심의 계발에 밑천으로 삼음을 기대하는 것이다. 바꾸어 말하면 유학은 초등 보통교육에다 한문과도 존치할 뿐 아니라, 여기에 의하여 널리 사회와 민심을 계발하도록 하는 일을 도모하는 바이다.

보통교육에 있는 한문과의 장래는 어떻게 될지는 한문에 의하여 정확하게 자기의 사상을 발표할 수 있을 만한 능력에 이르러서는 금후 어떠한 정도까지 이것을 배양할 수 있을지 생도에게는 쉽지 않은 부담이다. 혹은 과중한 부담이 될지도 모른다. 그러나 일상 보통의 한문을 교수하고 아울러 지덕의 계발을 도모하는 일은 장래에도 극히 중요한 일이다. 현재 유럽 여러 나라에서는 그리스어와 라틴어에 의하여 인격의 수양을 도모하니, 곧 이에 의하여 그리스와 로마 문화를 탐구함과 동시에 어법에 정확한 이러한 고전어에 의거하여 사고력을 단련하고, 아울러 문학적, 미적 취미를 배양하고자 한다. 생각건대, 유학은 고전어와 비교하여 그 임무를 같게 할 것이 아니지만, 이러한 의미에서 유학은 장래에도 영구히 존중하게 될 것이다.

사회교육에서 하나의 기관이 된 경학원의 책무는 또한 극히 중대하다. 사회교육은 유럽 열강 국가가 가장 힘을 쏟고 있는 것이니, 저들의 윤리 교화 운동과 같은 것이 그 하나이다. 저들 국가에서는 종교의 세력이 커서 오랫동안 사회 민심을 지배하였으나, 근년에는 여기에 싫증이 난 자가 있어서 20년 전 만국윤리대회를 개최한 이래로 다소의 소장(消長)이 없지 않았다. 그러나 대체로 융성을 향하여 서로 기맥을 통하여, 그 사업의 확장 발달을 해왔으나, 지금은 열강 간에 그 취지를 찬동하는 자가 자못 많아서 널리 인문 교화에 관계가 있는 여러 문제를 이론적, 그리고 실제적으로 연구함으로써 풍속교화와 덕화(德化)에 밑천으로 삼는 바가 극히 많다. 윤리 교화 운동을 통해 곧바로 경학원과 비교함은 약간 타당하지 않으나 우리는 사회의 선각자가 되는 석학과 기숙(耆宿)에 따라서 점차 사회교화의 실질을 거론하게 될 것을 간절히 바란다.

[경학원잡지 제19호(1918.12.25.), 65~70쪽]

28 일관지도(1922.03.10.)

일관지도(一貫之道)

우노 데츠토(宇野哲人)

각하와 제군(諸君)이시여. 저는 어제 석전(釋奠)의 의식에 참석하여 숙숙(肅肅)한 반궁(泮宮)의 상황을 절하고, 한없이 넓은 육일(六佾)의 춤을 보아 감격함을 이기지 못하였습니다. 금일은 또 이 명륜당(明倫堂)에 올라 경학원(經學院)과 나란히 유림의 제공(諸公)과 기타 여러 군자와 친히 회담하는 기회를 얻은 일은 제 평생에 잊을 수 없는 영광입니다.

금일 저는 일관하는 방도에 대하여 비견(卑見)을 진술하여 시정하심을 청하고자 합니다. 일관하는 방도라 말하는 것은 우리 공자의 도에 가장 중요한 점으로, 선현의 논의가 이미 갖추어져 있으므로, 후생인 우리 소자가 감히 미치기를 바랄 바는 아닙니다. 또한 경학원 기타 석학 홍유(鴻儒)의 앞에서 비견을 부연하여 진술함은 속담으로 말하기를 석가에게 설법하는 부류입니다. 그러나 감히 본인의 의견을 진술하여 잘 들어주시는 번거로움을 청하고자 합니다.

대저 공자께서 일찍이 자공(子貢)에게 말씀하시기를, "나는 일이관지(一以貫之)하노라."[313]라고 하셨습니다. 또한 일찍이 증자(曾子)에게 말씀하시되, "삼(參)이여! 내 도는 일이관지한다."[314]고 하셨으니, 공자의 말씀은 밝게 빛남이 해, 별과 같습니다.

생각건대 공자께서는 도(道)를 천지에 분배하시고, 덕이 일월(日月)과 나란하셨습니다. 다시 73년의 생애를 삼가 살펴보건대, 배우려는 뜻으로부터 이립(而立), 불혹(不惑), 지명(知命), 이순(耳順)을 거쳐 마침내 불유구(不踰矩)에 이르셨으니, 용감하게 나아가 물러나지 않으심이 아니면 어찌 능히 여기에 도달하실 수 있으셨겠습니까?

공자께서 스스로 말씀하시기를, "발분하여 먹는 것조차 잊고, 깨달으면 즐거워하여 근심을 잊고, 장차 나이가 들게 되는 것조차 알지 못한다."[315]고 하셨으니, 철학상으로 이른바 이상이라 하는 것은 도저히 이것을 달성할 수 없는 것입니다. 비유컨대 산에 오름과 같아

---

313) 『論語』, 「衛靈公」, "子一以貫之."
314) 『論語』, 「里仁」, "參乎! 吾道一以貫之."
315) 『論語』, 「述而」, "發憤忘食, 樂以忘憂, 不知老之將至云爾."

서 한층의 높은 곳에 오르면 시야가 다시 넓어지는 것과 같습니다. 다만 산은 정상에 달하는 날이 있으나, 이상은 하늘에 계단을 두고 오르기 불가함과 같습니다. 공자의 대성(大聖)으로써 하여도 오히려 발분하여 먹는 것을 잊어버리는 이유는 대개 이것을 위하심인가 합니다. 공자의 사업은 큰 덕으로 백성을 두텁게 교화하시며[大德敦化] 작은 덕은 흘려보내셔서[小德川流] 결코 끌어 모아서 가리킬 수 없습니다. 그렇지만 시험 삼아 이것을 열거하건대, 대개 세 가지가 있습니다. 공자께서 학문을 하려고 뜻을 세우신 것으로부터 대성에 이르신 것은 물론 일대 사업이지만, 잠시 이것은 제쳐 두고자 합니다. 하나는 정치적 사업이고, 둘째는 교육적 사업이며, 셋째는 산술(刪述)입니다. 공자께서 노(魯) 나라에서 보여주신 바, 정치적 사업은 삼가(三家)의 권력을 줄여 공실(公室)의 존엄을 확립케 함과 같음이 그 일반(一班)을 살피기에 충분합니다. 제사 고기와 그릇을 나누지 않아서 노나라를 떠나신 후, 가시는 곳마다 그 정치를 들으셨지만 충분히 그 경륜을 수행하실 기회는 없으셨습니다. 하지만 그 사업은 천하 후세의 모범이 된 바입니다.

교육적 사업은 서설(敍說)이 필요하지 않은 명료한 사실이니, 따르면서 주유하는 자가 3천, 몸으로 육예(六藝)를 통한 자가 72명의 쟁쟁한 많은 인사를 배출하신 적이 있습니다.

의 상(上)으로[316] 아는 구별이 있으니, 부자는 마땅히 친함이 있을 것이고, 군신은 마땅히 의로움[義]이 있을 것이라 하는 등의 이치를 아는 것은 불혹에 속합니다. 부자는 어째서 친함이 있는가? 군신은 어째서 의로움이 있는가 하는 등의 이치를 아는 것은 지천명(知天命)에 속한다고 말하였습니다.

대개 『중용(中庸)』에 이른바 솔성지위도(率性之謂道)의 도를 아는 것은 불혹의 일이고, 천명지성(天命之性)의 성을 아는 것은 지천명의 일이라 합니다. 이 설에 대하여 곧바로 제기하는 의문은 이미 도를 안 후, 그 본원이 되는 성(性)을 알기까지 십년의 시간을 필요로 하는 이유는 어째서인가 함이니, 주자(朱子)는 여기에 대하여 명백한 답변을 하지 않으셨고, 문인의 의문에 대하여 우선 공자의 말씀 안에서 봐두라고 하였을 뿐이었습니다. 두 번째 의문은 불혹도 지천명도 단지 아는 일일 뿐인데, 50세가 넘은 공자의 사업과 활동의 원인, 이유 또한 동기로 삼기에는 부족합니다. 주자의 설과 같다면, 공자의 사업과 활동은 어디에 그 원천(源泉)을 두는지 알 수 없습니다. 『대학』의 여덟 조목은 분명히 수기치인(修己治人)이 배움의 도가 되는 일을 보여주었는데, 이 장 최초에 학문에 뜻을 둔다[志于學]는 것이 있는 것은 1장 가운데 수기치인의 일을 보지 않을 이유가 있음이 불가하니, 이것은 주자의 해석에 복종할 수 없는 까닭입니다.

---

316) 잡지 편찬 과정에서 문장 몇 줄이 누락된 것으로 보인다.

하안(何晏)의 집해(集解)에 인용한 공안국(孔安國)의 설에서는 지천명을 천명의 시종(始終)을 아는 것이라고 하였고, 황간(皇侃)의 의소(義疏)에서는 천명(天命)이란 궁통의 분수[窮通之分]를 일컫는다고 말하였습니다. 또 왕필(王弼)의 설을 인용하여 "천명을 일으키고 폐하는 데에는 시기가 있고, 끝이 있음을 안다.[天命廢興有期, 知道終在]"라고 함이 역시 여기에서 연유한 것입니다. 공자의 인덕(仁德)으로 생민(生民)의 도탄을 보시기에 참지 못하시어 발동하여 위와 같은 정치적 사업을 하셨습니다. 도가 컸으나 도처에서 용납되지 못하고, 춘추(春秋)가 또한 높으셔서 친히 경륜을 행하실 수 없을 사이에 교육에 오로지 마음을 기울이고 종사하시어 후계자를 양성하심으로써 자기의 뜻을 계승하고, 생민을 구제하도록 하셨습니다. 그리고 다시 육경(六經)을 개수하시어 가르침을 만세에 전하셨으니, 그 지극히 인자하심은 바로 천지의 큰 것과 같습니다.

증자가 말하기를 "공자의 도는 충서(忠恕)일 뿐이다"[317]라고 하셨습니다. 공자가 일관한 도가 인(仁)이란 것은 증자가 굳건히 아셨으되, 공자의 도는 충서뿐이라 말하신 까닭은 어째서인가? 제가 생각하건대, 이것을 체용(體用)으로 말하면 인은 체(體)이고, 충서는 용(用)입니다. 후생 소자는 많이 깨달아 터득할 수 없습니다. 이 때문에 용을 말하여 충서뿐이라고 칭하셨습니다. 이것을 철학상으로 말하면 추상적 개념은 소자가 양해하기 곤란하나, 구체적 현상은 이해하기 쉽습니다. 따라서 증자는 구체적인 충서를 이야기하셨고, 추상적인 인을 일컫지 않으셨습니다.

저는 항상 말하건대, 충서는 위로는 왕공대인(王公大人)부터 아래로 아동 주졸(走卒)에 이르기까지 일률(一律)로 이것을 준수하고 받들만한 것이라고 하셨습니다. 우리들 후생 소자가 어찌 인을 도모하여 이를 수 있겠습니까? 그런데 충서는 지극히 배우기를 원하는 것이고, 나를 다하는 것[盡己]을 일컬어 충(忠)이라 하고, 나를 미루는 것[推己]을 일컫기를 서(恕)라 하신 주자의 해석은 바꿀 수 없습니다. 나를 다하는 것이라 함은 이른바 의무를 완전히 이행함이고, 나를 미룬다 함은 소극적으로 말하면 내가 하고자 하지 않은 것을 남에게 시키지 않는 것이며, 적극적으로 말하면, 내가 도달하고자 하면 남을 도달하게 하는 것이니, 현재 세계적으로 고취하는 인도(人道)도 또한 여기에서 벗어나지 않는 것입니다.

충서란 일방으로만 시행하기 어려운 것을 강행하도록 하는 것은 아니라, 위정자(爲政者)가 인민을 대함과 자본가(資本家)가 노동자를 대함과 같이 귀천과 빈부의 구별을 논하지 않고, 상호 그 인격을 인정하여 이것을 존중하는 것입니다. 따라서 능히 충서를 진정으로 알면 근래의 세계적 불안이라도 반드시 안정될 것인데, 하물며 국부적 충격 같은 것이 오

---

317) 『論語』, 「里仁」, "夫子之道, 忠恕而已矣."

겠습니까? 지금 공자의 도에 기초하여 충서로 하면 일시 소소한 감정이 엉키고 막혔던 것이 얼음이 녹듯이 선명해지는 일은 해를 가리켜 기약할 것입니다.

세계대전이 평화를 극복한 후 이미 수년을 거쳤으나, 각 방면에 이른 영향, 그 가운데 사상계에 이른 영향은 양호한 것이 실로 적지 않습니다. 더불어 우려를 금치 못하는 것이 심히 많습니다. 세상의 인심이 날로 경조부박(輕佻浮薄)한데 흘러서 헛되이 신기하고 과격한 데로 달리니, 하늘의 순서와 질서가 이로 인하여 파괴될 것입니다. 이때를 맞이하여 하늘의 해가 이미 떨어진 데 돌아가고, 거세게 일어나는 물결이 이미 쓰러진 곳으로 돌아가는 것은 실로 지나침과 모자람 없이 올바름[中正]이 있고 온건(穩健)한 우리 유교와 같은 것이 없습니다.

그러나 날로 기교를 찾는 현재 사람은 왕왕 유교와 같은 것은 완고와 수구의 무리의 주장이라며 귀를 기울이는 자가 없습니다. 따라서 우리 유생은 여기에 기다(幾多)한 새로운 맛을 가하여 현대적으로 해석할 필요가 있음을 생각해야 합니다. 주자朱文公와 같은 분도 당시에는 굳건히 유교에 새로운 해석을 하여 일대의 인심을 지도하셨습니다.

진리는 영원히 새로운 것이니 우리는 마땅히 작은 차이를 버리고 대동(大同)으로 나아가 유교의 정신을 천명함으로써 세상인심에 보태어 이익이 되도록 하고, 국가 발전에 공헌해야 할 것입니다. 이것이 실로 우리 유생의 책임이니, 원하건대 제군과 함께 같은 마음으로 진력하여 여기에 종사합시다. 삼가 제군자께서 번거롭지만 잘 들어주셔서 감사합니다.

[경학원잡지 제22호(1922.03.10.), 59~65쪽]

29 자로는 남이 허물을 말해주면 기뻐하였다(1922.03.10.)

자로는 남이 허물을 말해주면 기뻐하였다[子路人告之以有過則喜]

성낙현(成樂賢)

　내가 추경(鄒經)[318]을 읽으면서 이 장(章)에 이르러 일찍이 개탄하며, 한숨 쉬는 느낌으로 탄식을 내뱉지 않은 적이 없다. 대개 사람의 한평생으로 경험하고 지내 온 데는 이미 허다한 시간이 있고, 또한 허다한 사변이 있다. 무릇 평안과 위기의 시기와 평탄하고 험준한 지경과 길함과 흉함의 연고와 득실이 나뉨에 반드시 좋고 즐거움, 분노와 성냄, 두려워함과 우려가 치우친 바가 없을 수 없다. 이러한 때에 진실로 대성(大聖)의 인생으로 평안하게 행하는 자세를 알지 않으면 어찌 잘하는 일을 잘하여 잘못이 없을 수 있겠는가? 잘못한다는 말은 반드시 의리(義理)를 크게 어그러트리지 않아 만약 거스름이 극에 달하고 강상(綱常)을 범한 연후에야 비로소 잘못이라고 말한다. 일상에서 사용하고 항상 행하는데 약간이라도 중도(中道)에 어긋나면 이것은 모두 잘못이다. 그러나 사람은 자신의 잘못을 알기가 가장 어려우며, 알면 마땅히 고쳐야 한다. 만약 어떤 사람이 나에게 잘못을 알려서 내가 그것을 알도록 한다면 이것은 곧 내가 개과천선(改過遷善)할 기회이니 어찌 기쁘지 않겠는가?

　그러나 옛날부터 지금에 이르기까지 잘못을 듣고 기뻐했다고 하는 사람을 들은 적이 없다. 오직 자로 한 사람만이 유독 이것을 할 수 있었으니, 잘못을 듣는 기쁨에 어찌 어려움이 없겠는가? 맹자(孟子)가 이를 칭하여 모두 순(舜)과 우(禹)의 반열에 나란히 한다고 했고, 정자(程子)는 이를 상찬하여 백세(百世)의 스승으로 허락하였다. 자로가 성인의 영역으로 넉넉히 들어갔음은 이것으로 상상할 수 있다. 대중이 그 잘못을 듣기를 좋아하지 않는 것으로 그 병이 대략 세 가지 있다. 첫 번째를 일컬어 잘못을 인내함이다. 이자는 타고난 성품이 나약하고 지식이 몽롱하여 잘못과 잘못이 아님을 상세하게 판별하지 못해서 행위를 하는 바에서 마음으로 불쾌한 바가 있으면 갑자기 너그럽게 용서하면서 말하기를 "이것은 큰 악이 아니다."라고 한다. 또한 "사람이 행하는 바를 보건대 과연 나와 비교해서 더욱 심한 것이 있으니 내가 잠시 이 일을 행하는 것에 어찌 커다란 방해가 있겠는가."라

318) 鄒經: 『孟子』를 가리킨다. 맹자가 추 땅 사람이어서, 『孟子』를 '鄒經'이라고도 한다.

고 하면서 사사건건 이처럼 한다. 나날이 이처럼 하여 맹렬하게 반성하고 용감하게 단행하려는 뜻이 없고, 습관과 성격을 이루어 편안하여 부끄러움을 알지 못한다. 이것은 세속에서 이른바 "바늘을 훔치다가 끝내 소를 훔친다."라고 한다. 두 번째는 말하기를, 잘못을 숨김이다. 이자는 본래 신독(愼獨)하려는 공교로움이 없어서 무릇 겉으로 드러나지 않을 때와 세밀한 일에 스스로 생각하기를, "다른 사람은 반드시 알지 못하고, 하늘 역시 속일 수 있다."라고 하여 한가로이 있으면서 불선(不善)함이 이르지 않는 데가 없다. 다른 사람을 보는데 이르러서는 갑자기 스스로를 덮어서 숨기고, 필경 드러나는 지경에 이르러서는 다른 사람이 혹시라도 충고하면 화를 내는 기색을 보이면서 말하기를 "내가 비록 용렬한 성품이지만 오히려 이것을 행할 수 있다."고 한다. 공자께서 말씀하신 바로 반드시 이것은 잘못 들었다고 하며, 심지어는 소문의 출처를 억지로 끄집어내는데 이르러 결국 충고한 자가 도리어 무안해하는 기색을 만들게 한다. 이것은 곧 세속에서 일컫기를 "병을 숨기고 의사를 기피하여 몸을 망치고도 깨닫지 못하는 것"이라고 한다.

　세 번째로는 허물을 어물쩍 숨김[文過]이라고 말한다. 이자는 본성이 간사하고 속이며, 입으로는 또한 변론하여 진정 자기에게 이익이 되면 이것이 잘못된 것을 돌아보지 않고 방자한 마음으로 번번이 행한다. 타인에 대하여 뱃심 좋게 하는 말을 조금도 거리낌이 없다. 검은색을 가리켜 흰색이라고 일컫고, 돌을 옥으로 바꾼다. 갑자기 움직이면서 말하기를 "내가 한 바는 진실로 옛날의 도에 합치하여 오늘날 사람이 알 수 있는 바가 아니다."고 한다. 이것은 곧 조고(趙高)[319]가 지록위마(指鹿爲馬)라고 한 것이다.

　그 잘못을 나쁘게 듣는 게 어찌 이자보다 심하겠는가?

　무릇 이 세 사람의 병은 첫째는 용감함이 없는 데서 나왔고, 둘째는 스스로 속이는 데서 나왔으며, 셋째는 비위를 꾸미는 데서 나왔다. 그러하니 비록 요순과 공맹의 성인이 같은 곳에 있다고 하더라도 결단코 교화할 수 있는 자가 아니다. 만약 자로라면 성인의 문하로 학식과 품행이 우수한 제자로서 강직하고 명석한 성격과 용맹하고 과감한 용기가 있어서 선(善)을 향해서는 물이 아래로 내려가는 것과 같아서 세차게 흘러가기 때문에 막을 수 없다. 악을 제거하는 일은 곧 천둥과 번개가 치는 것 같아서 잠시도 머무를 수 없다. 무릇 과실(過失)에 대해서는 알지 못하는 것이 자기이거니와, 알면 곧 고치려 한다. 따라서 진정으로 아는데 이르지 못한 자라면 다른 사람이 알리면 흔연히 격의 없이 받아서 기뻐함을 스스로 이기지 못한다. 이것은 대중과 함께 하는 이유로, 하늘과 땅 사이의 엄청난 차이이니, 어찌 우리들이 경계하고 본받지 않을 수 있겠는가?

---

319) 趙高: 중국 秦 나라 때 환관으로, '指鹿爲馬'의 주인공이다.

금일 자리에 임하신 제원(諸員)이 또한 스스로 시험 삼아 생각해 본다면 반드시 추호도 과실이 없다고는 할 수 없으니, 모름지기 깊이 성찰하고 맹렬하게 반성하시면 다행이겠다. 마음속으로 깊이 인정하고 본받는다면 반드시 잘못이 없는 사람이 될 터이니 어찌 기쁘지 않겠는가? 이것은 경학원 부제학(副提學) 각하께서 일찍이 여러 신사에게 강연했던 것으로 금일에 다시 말씀을 드리는 바이니 살펴 헤아려주시면 다행이겠다.

[경학원잡지 제22호(1922.03.10.), 68~70쪽]

30 사도(1922.12.25.)

사도(師道)

(1922년 5월 7일 추모예식 때)

경성사범학교장
아카기 만지로(赤木萬二郎)

각하와 각위(各位)시여. 오늘은 지성(至聖)의 앞선 스승 공자의 제사 40주갑 추모의 제전을 이곳 경학원(經學院)에서 거행하심을 맞이하여 제가 이 성의(盛儀)의 말석에 자리하고, 또 앞선 성인의 추모에 변변치 않은 속뜻[微衷]을 말씀드릴 수 있는 기회를 얻게 되어 매우 영광이오니 감사함이 감당치 못할 것 같습니다.

저는 학문이 얕고 재주가 없는 몸으로 저번에 창설한 경성사범학교에서 내지와 조선 아동의 교육에 임할 자를 교육하는 업에 종사하는 큰 임무를 짊어져 임무는 중하고 길은 멀어서 밤낮으로 두려워하며 어찌해야 할지를 모릅니다. 그러한데 우리 학교의 생도 교양의 방침은 진실로 일시동인(一視同仁)의 큰마음을 받들어 체득하여 교육에 관한 성지(聖旨)의 관철에 노력하는 데 있음은 다시 말할 필요는 없습니다. 특히 저는 경학(經學, 근래의 말로 철학)의 정신을 현대사상 가운데 활약하게 하며, 이것을 중심 사상으로 하여 우리 국가 흥륭(興隆)의 큰 이상을 사도(師道) 상에서 발양하려는 희망을 가슴 속에 품고 있습니다.

생각건대, 경학의 체계는 동양에서는 일찍이 고상한 영역에 도달하여 『주역(周易)』의 철리(哲理), 『중용(中庸)』의 성명설(性命說), 『대학(大學)』의 삼강령오륜오상(三綱領五倫五常), 『맹자(孟子)』 진심장(盡心章)에서 말하는 내용이니, 모두 금석정이(金石鼎彝)의 커다란 문자입니다. 불멸의 확실한 설이 이미 천고(千古)의 이전부터 확실하게 서 있었습니다. 이래의 사군자(士君子)로 임하는 우리 동양인은 일상의 행위가 많이 이 경학의 이치와 법으로 말미암아 바로잡히게 되었습니다. 이로써 그 품격을 숭상하며, 이로써 그 문화를 선포하는 데 공헌해 왔습니다. 지금 이 경학의 사상 정신을 현대 청년 생도의 품성상 활약하게 하는 일은 여기에 고명하고 견고 확실한 심술(心術)의 단련과 순정(醇正)한 윤리의 표준을 부여하는 까닭입니다. 저들 서양 여러 나라의 학생이 그리스의 고전을 배워 그 신사다운 품격을 도야하고 주조함과 같습니다.

특별히 현대에 있는 동양의 학생에게는 통절하게 그 필요를 느끼게 합니다. 경학원에서는 성균관 때로부터 시종일관하여 이 경학의 강구에 노력하셨습니다. 항상 선각자로서 우리 후진 학생을 계발(啓發)하시며, 그 귀추를 보여주신 일에 대하여는 미리 크게 존경하는 뜻을 표하고 있습니다. 지금 여기에 기념사업으로 경학원 외의 두 가지 모임을 발기하심으로 대성학원(大成學院)을 창립하시는 일에 대해서도 성심으로 협찬하려 합니다. 삼가 생각해 보건데 경학의 기원은 멀리 중국(支那) 요순, 우탕, 문무, 주공 등의 성현에서 출발하여 『시경』, 『서경』, 『역경』, 『예경』 등의 경전에 기초하여 공자가 이것을 처음 조술(祖述)하시며, 헌장(憲章)하여 모으시고 대성(大成)하셨다고 생각합니다. 그리하여 후대 학자는 모두 공자를 모범으로 삼아 이것을 숭상하고 존경하여 만세의 사표(師表)로 숭앙합니다.

내지(內地)에서도 일찍이 지금으로부터 1,200여 년 전에 석전(釋奠)의 예(禮)를 일으켰던 일을 기원으로 삼아 메이지(明治) 치세에 이르러 당시 도쿄고등사범학교(東京高等師範學校) 내의 대성전(大成殿)에서 이 제전(祭典)의 예를 다시 일으켰습니다. 이래로 춘계 제전에는 아래의 축문을 받들어 읽었습니다. 이 제문은 공자의 성덕(盛德)을 간명하게 서술하였으니, 지금 그 축문을 삼가 읽겠습니다.

> 유(維) 모년 모월 모일, 아무개 등이 삼가 지성(至聖)의 선사(先師) 공자의 영전에 고합니다. 엎드려 생각건대 공자의 도는 천지에 분배하시고, 덕은 일월(日月)에 나란히 하시어 풍교(風敎)가 두루 동방에 미쳤고, 교화의 은택이 영구히 후세에 드리우신지라. 아무개 등이 경앙(景仰)하여 그만둘 수 없으며, 얇은 빈조(蘋藻)로 제사를 지냄으로써 경건한 정성을 다하겠습니다. 배향(配享)은 안자(顔子), 증자(曾子), 자사(子思), 맹자(孟子)로 하옵나이다. 상향(尙饗).

그런데 이러한 공자의 지극히 성스러운 인격이 천진(天眞)한 모습으로 드러난 경전은 『논어』입니다. 이 『논어』로 연유하여 공자의 덕행 일반을 살핍니다. 하늘을 두려워하며, 명(命)에 편안히 하며, 백성을 이롭게 하며, 세상을 구제하신 지업(志業)은 공자가 평생 그 연찬(研鑽)에 가장 심혈을 기울이셨습니다. 위편삼절(韋編三絕) 하셨다고 전하는 『주역』의 생생한 이치와 천인감응(天人感應)의 근본사상으로 감득하신 공자의 인격수양의 빛이라고 생각합니다. 다시 공자는 이렇게 큰 원류가 되는 우두머리로, 사람의 도는 한마디 말로 충분하게 하셨으니 말하기를 인(仁)이라고 도를 끝까지 다 하셨습니다. 이리하여 공자의 도는 어떠한 경우에도 유일한 인으로 통합니다.

그러한데 공자의 인이란 어떠한 것입니까? 각종 해석이 있으나 저는 커다란 의미의 사랑이라고 생각합니다. 『논어』에서 번지(樊遲)가 인을 물었는데, 공자께서 말씀하시길, "사람을 사랑하는 것이다."고 말씀하셨다고 했습니다. 또한 우리의 진정한 유자(眞儒) 이토 진사이(伊藤仁齋)가 저술한 『어맹자의(語孟子義)』에는 자애(慈愛)의 덕이 원근(遠近)과 내외(內外)에 충실하게 통하여 이르지 않는 곳이 없으니 일컫기를 인(仁)이라고 해석하였습니다. 이 해석은 물어서 공자의 뜻을 얻었다고 생각합니다. 진실로 이 인이란 것은 공자 학문의 극치입니다. 또한 공자께서는 이 이상(理想)의 인을 체현하신 성인이라고 생각합니다. 그러한데 동시에 이러한 인을 우리 경학의 큰 정신으로 알고 있습니다.

그러한데 이러한 인의 덕(德)을 수양하며, 인의 사용(用)을 발휘함에는 효제(孝弟)의 실행이 근본입니다. 또한 충서(忠恕)의 실행이 이것을 일관하는 까닭이 아니면 안 되는 것을 『논어』로 말미암아 알았습니다. 이 충(忠)이란 것은 진심과 성심이고, 서(恕)란 것은 동정심입니다. 성심(誠心)으로 남을 사랑하며, 나를 세우고자 하면 다른 사람을 세워주고, 내가 하려고 하지 않는 것을 남에게 하지 않는 것이 이 어진 자가 할 수 있는 덕행이며, 동양 경학의 본령은 실로 여기에 있습니다. 이 정신을 사회와 국가에서 실현하기 위해서 크게 예를 존중하고, 특히 군신과 부자간에 이것을 바르게 함으로써 풍교(風敎)를 유지하는 일이 공자의 근본사상이었다고 생각합니다. 그것은 선생께서 스스로 노나라 역사 『춘추(春秋)』를 필삭(筆削)하시어 왕도를 밝게 하신 일로 말미암아 볼 수 있습니다. 진정 선생의 왕도는 효자의 문에 반드시 충신이 있어서, 신하가 된 자의 도와 다르지 않은 도념(道念)에서 나왔습니다.

그러한데 이 사상은 우리 일본의 충효를 기본으로 한 국체의 사상과 일치합니다. 번역하여 생각해 보건대 우리 황조 황종이 나란한 역대의 천황께서는 늘 이 자애의 덕으로 일시동인(一視同仁)하는 억조(億兆)의 신민을 애무하시어 그 성덕은 사방(四表)에서 빛나도록 하셨습니다. 그 은혜[仁澤]는 서울에서 멀리 떨어진 지방 구석구석까지 스며들었습니다. 또한 메이지 천황(明治天皇)의 「교육에 관한 칙어(勅語)」는 천황이 황조, 황종과 나란히 역대 천황이 남긴 가르침을 씨줄로 삼으시고, 동서(東西)의 도덕사상을 날줄로 삼으셨습니다. 천지의 공도(公道), 인륜의 대경(大經)을 선인이 말한 바에 근본으로 하여 헌장(憲章)으로 서술하셨습니다. 그 중심 사상은 공자의 덕교(德敎), 즉 경학의 정신에 합치하는 곳이 많습니다.

공자의 인격을 통하여 활약한 경학의 큰 정신이 극히 원만 웅대하여 이러한 교육칙어 속에 포함되었습니다. 공자께서 말씀하시기를, "옛것을 익히고 새것을 익히는 것을 스승으로 삼을 만하다."고 하셨습니다. 생각건대, 경학을 강구하는 석학 제군자(諸君子)께서도 평상시에 위와 같은 정신을 체득하시어 그 연찬(硏鑽)은 항상 통치의 방침을 받들고 따르시고, 세계 대세에 순응하는 일을 취지로 하심으로써 풍교(風敎)의 보충, 이륜(彝倫)의 유지, 문화의 개발에 임하실 것으로 믿습니다. 우리들의 직책이 영재를 육성하는데 봉직하는 이도 밤낮으로 부지런히 노력하여 힘을 사도(斯道) 진흥에 이르시기를 이른 아침부터 늦은 밤까지 희망합니다.

지금 우리 황상의 어진 기풍이 천하에 두루 미치고, 평화의 서광이 사해에 비추어 뽕나무와 무궁화의 일가(一家), '내선일화(內鮮一和)', 억조신민(億兆臣民)이 태평한 혜택을 누리고 있습니다. 이때를 맞이하여 경학원, 기타 동호의 제군자가 서로 모여 성덕(盛德)을 잊기 어렵다는 것을 생각하여 만고에 없는 사표(師表), 억조에 모범이 되시는 공자의 영령에 제사를 지내시어 경모하고 숭앙하는 정성을 말씀하시고 감사의 뜻을 다하는 일은 성대(聖代)의 아름다운 일입니다. 또한 진실로 스승의 도를 현창하는 길이라고 믿습니다. 감격한 나머지 한 마디로 찬양했거니와 강연의 맺음말에 이르렀으니 귀중한 시간에 오랫동안 조용히 들어주신 일에 거듭 감사드립니다.

[경학원잡지 제23호(1922.12.25.), 64~69쪽]

31 주공과 공자의 도(1922.12.25.)

주공과 공자의 도[周公孔子之道]
(1922년 8월 28일)

도쿄제일고등학교 교수

이마이 히코사부로(今井彦三郎)

인종의 평등은 우리 인류의 이상이다. 그 이상에 도달함에는 순서가 있어 각 민족의 고유한 문명을 발휘하여 언어, 풍속, 종교, 문학이 융화하는 때에 그 이상에 도달하게 되니 우리의 학문 예술을 연구함은 이것을 위해서이다.

우리는 인종학상 몽고인종에 속하나, 어느 지리에 접근함으로 인하여 중국[支那] 문명을 흡수하여 순연한 몽고 문명을 발휘할 수 없다. 지금은 일본인과 한인이 서로 제휴하여 크게 우리의 고유한 문명을 발휘할 기회를 맞이하였고, 또한 발휘함은 우리의 일대 임무이다.

우리는 각양각색의 문명이 있으나 다른 민족에 대하여 홀로 얻은 이채로움을 발하는 사항은 가족제도를 가진 것이다. 이 제도는 태고의 부락 생활을 하던 때로부터 옮겨온 자연의 경향으로 되어 부락생활을 떠나서 도읍 생활로 들어가고, 국민생활로 들어가면서 다른 민족의 이동과 혼동(混同)을 초래하였다. 또는 혁명이 누차 일어나 사람들이 자기 일 개인의 생계를 꾸리는 데 급급하게 되고, 일가 친족의 친목과 화합을 구할 수 없는 데서 기인하여 고유한 가족제도를 잃고 혹은 이것이 있되 형식에 그쳐서 그 아름다움을 남기지 못하였다.

가족제도의 아름다움은 지금 다시 말하지 않는다. 그러나 가족제도는 우리의 삶을 수행함에 합법적으로 가장 좋은 제도라고 믿는다. 즉, 주공과 공자의 도(道)이다. 인류는 다른 생물에게 부여되지 않은 것, 즉 지식(智識)을 가진 자로, 또한 진정한 인류의 사랑을 드러내는 바로써 인정(人情)의 진실을 맛보기를 가장 바라는 바이다. 가족제도를 만든 것은 지식이 있고, 애정이 있는 우리의 최대 행복이라고 단언하는데 거리끼지 않는다. 맹자가 "부모가 공존하고, 형제가 무사함은 인생 제일의 즐거움으로, 천하에 왕이 되는 것보다도 즐겁다."라고 하심은 이 의의에서 벗어나지 않는다.

우리가 자리 잡고 사는[棲息] 국토는 한없이 넓고 큰 바다가 있어 극동의 변방으로서 다른 민족의 이동과 유입을 허용하지 않으며, 이동과 유입이 있을지라도 소수이다. 따라서 혁명도 없고, 있을지라도 동일 민족 간의 교체에 불과하다. 이로 인해 제도가 발달하였고, 이로 인해 인정(人情)의 아름다움을 맛보아 왔다. 중국[支那]에도 또한 이 제도의 형식을 보냈으니, 우리는 중국과 함께 힘을 합쳐서 동방 인종의 특색을 발휘하여 세계문명에 공헌함과 동시에 날로 우리의 행복을 진전하도록 노력하고자 한다.

그러나 하루아침에 구미와 교통을 열게 되면서부터 우리가 이 제도를 잃어버려 가니 우리는 여기서 심사숙고를 필요로 하는 기회를 맞이하였다.

생각건대, 가족제도에 압박을 가하는 것이 두 가지가 있다. 하나는 구미의 개인사상으로 만들어진 물질적 문명을 흡수함에 있다. 둘째는 구주대전(歐州大戰)[320]으로부터 초래된 경제계의 문란에 있다. 하나는 동서 두 바다의 문명의 특질이 각기 장점이 있다. 고유한 문명을 훼손하지 않는 한에서 그 장점을 흡수할 수 있다. 헛되이 개인사상에 기인하여 가족제도를 가볍게 여김은 생각하지 못함이 심한 것이니, 최근 구주사변으로부터 일어난 것에 이르러서는 심히 무의미한 일이 된다고 생각한다.

유럽의 근황은 크게 슬퍼할 만하다. 유럽의 경제계는 문란이 극에 달하여 화폐의 신용이 완전히 땅에 떨어져 상업 거래는 원활하지 않고, 산업은 날로 붕괴하여 사람들이 먹으려고 하더라도 음식이 없고, 입으려고 하더라도 옷이 없는 비참한 상황을 드러냈다. 사람들이 금일의 삶이 편안하지 못하고 생활의 안정을 얻지 못한 결과로 사상계에 동요를 초래하여 툭하면 위험하고 과격함에 떨어져, 오늘에는 사회개조(社界改造)의 소리가 활발하게 일어난다. 저기에 있어서는 이것 또한 부득이한 일이다. 그러함을 세계의 대세라 하여, 평안무사한 우리나라에서도 사회개조의 말을 옮겨서 좋은 풍속도 과격한 말 아래에 묻어버리려고 하는 일은 심히 무의미한 폭거라 말할 수 있다. 다른 장점을 취하는 것은 가능한데, 단점까지 합쳐서 취하지 않으면 불가할 의무는 우리에게 없을 것이다. 하물며 우리가 가장 행복해하는 제도에 있어서랴. 이와 같은 무리는 지식이 부족한 자, 또는 그릇된 사상이 있는 자, 또는 정치상, 경제상으로 뜻을 얻지 못한 불령(不逞)한 무리에게 이끌린 자로, 공고히 일시적인 일로 폭풍과 같은 자, 범람한 하천과 같은 자이니, 갑자기 정지할 때가 있음은 식자가 의심하지 않는다.

저들의 말에 이르길, "가족제도가 있어서 이것을 기초로 한 도덕이 있는 중국은 어떠한가? 저들과 같이 시들고 부진해져 쇠락한 상황을 초래하지 않았는가? 따라서 옛 제도를

---

320) 歐州大戰: 제1차 세계대전을 말한다.

철폐하려고 옛 도덕을 폐기할 것이라고 말한다. 그러하면 우리는 여기에 가족제도가 있지 않은 구미는 어떠한가? 물질적 문명으로 자랑하는 저들은 운이 성하는가? 아침에 제국 하나가 망하고, 저녁에 하나의 강국이 붕괴하는 현재 상황이 부재한가 반문하면 저들은 어떠한 말로 답하겠는가?

중국[支那]이 부진한 원인은 별도로 있으니, 가족제도를 기본으로 한 유교의 죄가 아니다. 고래로 중국에는 두 부류의 사상이 있는데, 노력 방면의 사상과 노력하지 않는 방면의 사상으로 나뉜다. 노력하는 방면의 사상은 주공과 공자로 대표되고, 반대 방면의 사상은 황제와 노자로 대표된다. 하은주(夏殷周) 3대까지는 사람들이 집안[家]을 바로 다스리고 국가를 일으키는데 노력한 결과, 당시에는 세계에 견줄 부류가 없는 문명을 구성하였다. 하지만 주(周)의 춘추 무렵부터 반면의 사상, 즉 노력하지 않는 방면의 사상이 발연(勃然)히 일어나, 사람들이 흐트러지고 나태해지는 기풍으로 흘러 근로를 천하게 여겨 세상일에 따르지 않음을 귀하게 여겨 한(漢) 민족이 쌓아 온 것을 버리고, 돌아보지 않았다. 혹자는 자연히 손을 내려서 파괴하여 버리는데 이르렀으니, 이 사상이 무엇이냐 하면 곧 무위이화(無爲而化)의 사상이다. 이 사상이 한번 중국 국민을 그르치면서 도도히 3천 년 동안 느슨해지고 부진한 중국을 출현시키는데 이르렀다.

공자께서 이것을 개탄하시면서 사방으로 주유하시어 천하 제후를 알현하시면서 다시 주공 시대의 문명을 일으키고자 하셨다. 하지만 시세가 이미 아니어서 귀를 공자의 말에 기울이는 자가 없었고, 심한 자는 공자의 언동을 비웃는 자도 있었다. 공자께서 "내 도가 시행되지 않는구나.[吾道不行乎]"라고 탄식을 하신 것이 여러 차례임을 알지 못하였다. 공자께서 길에서 피로를 느끼며 늙어 죽게 되셨을 때 "내가 쇠하였구나, 다시는 주공을 꿈에서 뵙지 못했다."는 탄식[321]이 있음은 이때의 일이라고 한다.

공자께서는 한(漢) 민족 노력의 결과로 발달한 문명이 후세에 전하지 못함을 애석하게 여기시어 문하 70명의 무리와 육경(六經)을 편찬 저술하셔서 후세에 남기셨다. 육경은 곧 한 민족의 노력 방면의 사상을 볼 만한 것으로서 이 방면의 사상이 현재 있게 한다면, 중국은 결코 부진한 상황을 드러내지 않을 것이다. 중국이 오늘날의 상황에 빠지도록 한 것은 그 반면의 노력하지 않는 주의 사상이다.

황제와 노자의 이야기는 춘추전국을 거쳐 불로장생의 이야기를 섞었고, 오행설도 섞어서 도교(道敎)를 형성하여 지금 중국은 일반 도교가 지배하는 곳이 되어 인의도덕(仁義道德)의 생각은 이미 없어졌다. 가족제도가 있으나 그 정신이 없고, 석전(釋典)이 있으나 연

---

321) 『論語』, 「述而」, "甚矣吾衰也! 久矣吾不復夢見周公!" 구절에 관련 내용이 보인다.

중행사의 하나로 단순히 형식에 불과하다.

중국은 이 제도의 아래에서 생겨난 도덕이 있음으로 인하여 망한 자와 같이 생각함은 오히려 능히 중국 역사 풍속에 통하지 못한 사람의 말이다.

한학(漢學)이라고 말하는 가운데 이 두 부류의 사상이 있음을 알지 못하고,『논어(論語)』를 읽지 않고,『대학(大學)』을 읽지 않으니, 시서육경(詩書六經)을 읽지 않고서 오만하게 유교를 배척하고자 함은 우리가 같이 하지 않는 것이다. 우리는 노력하는 방면에 속한 진정한 유도(儒道)로 주공 공자께서 보이신 가르침에 의거하여 우리의 문명을 발휘하여 우리들의 행복을 증진하려 한다.

[경학원잡지 제23호(1922.12.25.), 69~74쪽]

32 집 밖으로 벗어나지 않고도 나라에 가르침을 이룬다(1922.12.25.)

집 밖으로 벗어나지 않고도 나라에 가르침을 이룬다
[不出家而成敎於國]

성낙현(成樂賢)

무릇 자기 몸을 닦아 집안을 가지런히 하고 나라를 다스려서 천하를 평안하게 한다는 것은 학문의 깊은 경지이자 과업을 실행하는 순서이다. 성인의 가르침이 있은 이후 위에서 가르침을 베푸는 방식과 아래에서 학문을 배우는 방법에 있어서 이 도리가 아닌 바가 없다. 나무꾼이나 목동과 같은 어리석은 사람, 종이나 하인과 같은 천한 사람으로 비록 한 글자도 이해하지 못한다고 하더라도 역시 모두 그 말씀을 익히 들어 서로 입으로 외워서 일상적인 노래 가사처럼 전해지고 있다. 그러나 실천과 이행에 이르게 되면 비록 학사(學士)나 대부(大夫)로 책을 만 권이나 읽은 자들도 불가능하고 책은 책대로이고 자신은 자신대로인 폐단에서 벗어나지 못하고 있다.

이것은 무슨 이유인가? 대개 가르침이 그 진정한 의를 잃고 학문이 실제로 힘써야 할 것을 버렸기 때문이다. 예전에 요순과 삼대 시절에는 사도(司徒)가 가르침을 행하는 것을 진정으로 즐겨서 윤리에 근본을 두고 사물에 이르러서 자신을 닦고 남을 다스리는 방법과 쓰임을 이롭게 하고 삶을 두텁게 하는 방식이 갖추어지지 않음이 없었다. 각각 취학할 곳이 있었다. 마을[黨]에는 상(庠)이 있고[322] 고을[州]에는 서(序)가 있는[323] 빛나는 제도가 있어서 어릴 때는 배우고 커서는 행하였다. 질서 정연하게 차례가 있어서 어려서는 소학에 들어가고 나이가 들어서는 대학으로 올라가 매일의 쓰임과 일상적 실행에 사실이 아닌 것이 없었다. 그래서 그 직업이 비록 사농공상(士農工商)의 구분이 있지만, 그 행동은 모두 효제충신(孝弟忠信)의 법에서 말미암았다.

그런즉 나라를 다스리고 천하를 평안하게 하는 근본은 그 집안을 가지런히 하는 것에 있는 것이고, 그 집안을 가지런하게 하는 근본은 그 몸은 닦는 것에 있는 것이다. 한 집안이 인(仁)하면 온 나라에서 인이 흥기하고, 한 집안이 겸양하면 온 나라에서 겸양이 흥기

---

322) 黨은 500호를 단위로 하는 행정구역을 말하고, 거기에 세워진 학교를 庠이라고 하였다.
323) 州는 2,500호를 단위로 하는 행정구역이고, 거기에 세워진 학교를 序라고 하였다.

한다. 한 사람으로부터 시작하여 백 명, 천 명에 이르고 백 명, 천 명에서 시작하여 온 천하에 미치는 것이다. 그래서 집안을 벗어나지 않았지만 나라에 가르침이 이루어졌다고 하는 것이다.

옛사람의 말에 종신토록 길을 양보하여도 손해가 백 보밖에 나지 않고, 평생토록 밭두둑을 양보해도 손해가 이랑이 되지 않는다고 하였다. 대개 내가 남에게 진실로 이익과 손해를 계산하고 비교하는 마음이 없이 오로지 용서하고 겸양하는 덕에 힘쓴다면 비록 저 돼지나 물고기인들 어찌 감화되는 의리가 없겠는가? 사람들이 각자 나의 노인을 노인으로 섬겨서 남의 노인에게 미치고, 나의 어린이를 어린이로 사랑해서 남의 어린이에 미치는 의리를 확장하고 채우며 미루어서 행동하면, 자신의 몸을 닦을 수 있고 집안을 가지런히 할 수 있을 것이며, 나라를 다스릴 수 있고 천하를 평안하게 할 수 있다. 이는 이른바 자신을 미루어 남을 헤아린다는 것이며 이는 소위 진실하고 너그럽게 대하는 것이다. 이 가르침이 이루어지는 것이 어찌 그 집안에서 벗어나기를 기다리겠는가.

우리 조선은 단군과 기자의 유민(遺民)으로 공자와 맹자의 전해지는 서적을 따라서 익혔다. 왕도를 존중하며 패도를 물리치고, 의리를 따르고 사사로운 이익을 배척하여 예의의 칭호가 천하에 이르렀다. 어째서인지 요즘 들어서 명분과 실재가 뒤떨어지고, 겉의 꾸밈과 속의 바탕이 상반되어, 효도·우애·예의·겸양은 말할 필요도 없이 심지어 아버지와 아들이 서로 소송을 벌이고 남편과 아내가 각자 이혼하는, 윤리와 상식이 무너지는 변고가 자주 있다. 이 밖에 동생이 형을 어그러트리고, 어린 사람이 나이 많은 사람을 능멸하고, 천한 자가 귀한 사람을 업신여기고, 친구가 사귐을 끊는 등의 폐습이 대수롭지 않게 되었다. 이와 같이 하고도 백성들이 저절로 다스려지기를 바라는 것은 뒤로 걸으면서 앞으로 나아가려 하고 모습을 감추고서 그림자를 구하는 것과 다름이 없다.

저 아는 것이 없는 금수 또한 오히려 큰 인륜적 특징이 있다. 기러기의 형제, 물수리의 부부, 벌과 개미의 군신(君臣), 호랑이와 이리의 부자(父子), 까마귀의 은혜 갚음[反哺],[324] 새끼 양의 효행[跪乳][325] 등이 이것이다. 하물며 만물 가운데 가장 귀하고 영명한 인간이 도리어 저들만도 못한 것인가? 아아! 하늘이 이 부족한 사람들에게 내려준 것은 동서고금의 차이가 없지만 어찌하여 지금 사람들의 재주와 지혜가 옛사람에게 미치지 못하고 동양 사람의 현명함과 능력이 서양인과 같지 않은 것인가? 진실로 가르침과 가르치지 않음, 배움과 배우지 않음에서 말미암았기 때문이다.

---

324) 反哺: 까마귀가 자라서 늙은 어미에게 먹을 것을 물어다 주는 일을 말하며 자식이 자라 부모의 은혜에 보답함을 의미한다.

325) 跪乳: 새끼 양이 무릎을 꿇고 젖을 먹는 것으로 효행을 비유하는 말이다.

도청(道廳)에서 폐단을 바로잡을 방법을 연구하여 진흥회(振興會) 규정을 만들고는 관하의 각 군에 발표하여 흥기하도록 힘써 장려하는 것은 그 정신과 취지가 남전향약(藍田鄕約)[326]보다 낫고 즉 우리 조선에서 일찍이 시행하던 것이다. 진실로 규약을 만들어 실행할 수 있다면 충분히 오늘 강제(講題)의 본의에 부합할 수 있을 것이다. 따라서 번거롭고 귀찮은 것을 피하지 말고 이에 감히 조항을 마련하여 깨우침에 미쳐야 한다. 오직 여러분들에게 바라건대 예전과 지금이 옳음이 다르다고 하지 말고 꼭 반드시 힘써 실행하여 퇴폐한 풍속의 만회를 기약할 것을 간절히 바라 마지않는다.

1. 덕업상권(德業相勸)

덕은 품행이다. 업은 직무이다. 효로 부모를 섬기고, 경(敬)으로 어른을 섬긴다. 형제는 우애롭고 부부는 화목하다. 믿음으로 남과 사귀고, 의리로 사물을 접한다. 말을 내뱉을 때는 겸손하게 하고, 일을 맡았을 때는 공손하고 삼간다. 선조를 섬길 때는 예를 다하고 아랫사람을 부릴 때는 반드시 너그럽다. 이런 일들을 가리켜 덕이라고 한다. 남자는 논농사·밭농사·장사·수공업 등에 종사하고, 부녀자는 바느질과 베 짜기, 술과 장 담그기, 요리에 전력을 다하는 등의 일을 업이라고 한다. 반드시 각자의 의무를 지켜서 착실함을 도모해야 한다.

2. 예속상교(禮俗相交)

무릇 혼인, 장례, 경사[吉慶], 불상사[凶變] 등의 일은 모름지기 조문하고 위로하고 기리고 축하하며 시간과 기일을 어기지 말아야 한다. 진실로 아끼는 의리가 있도록 힘써야 하고, 교만하거나 방자한 습관이 나타나지 말아야 한다. 공사 총회에서 의연금을 거두는 등의 일은 반드시 미리 날짜를 정해서 알려주고 정해진 기간을 어기지 말아야 하며 적당하게 도움으로 내줄 수 있는 양을 헤아려서 비루하거나 인색함을 드러내지 말아야 한다.

3. 과실상규(過失相規)

무릇 과실이라고 하는 것은 술에 취하여 도박하고 다투고 소송하고, 몸가짐이 교묘하고 간사스러우며, 행동이 공손하지 못하고, 언어가 충실하고 믿음직스럽지 못하며, 말을 지어내서 무고로 훼손하고, 사익을 도모하고 공정하지 않음이니, 바로 이것을 일컬어 의리를 범하는 잘못이라고 한다. 올바르지 않은 사람을 사귀고, 놀면서 나태하며, 동작에 예의가

---

326) 藍田鄕約: 宋나라 때 陝西省 藍田縣의 呂氏 4형제인 大忠, 大防, 大鈞, 大臨이 만든 향약으로 후대 여러 향약의 모범이 되었다.

없고, 일에 임하여 삼감이 없으며, 씀씀이에 절제하지 않는 것, 바로 이것이 수행하지 않는 잘못이다. 사람이 요순이 아닌 이상 누군들 과실이 없겠는가. 반드시 서로 모범을 보이고 경계하여 개선하도록 힘써야 한다.

보통 사람이 범죄를 저지르기 쉬운 것은 바로 도박이다. 다른 사람들의 재산을 빼앗고 싶어 하는 그 마음을 살펴보면 도적과 다름이 없으며, 선조들의 업을 결판내는 그 행동을 말하자면 패륜적인 자손을 면하기 어렵다. 아버지와 형이 싫어하고 마을에서 천시한다. 국법에서 엄중히 금하는 바이고, 마을의 규범에서 허락하지 않는 바이다. 진실로 반 푼의 이성을 가진 자가 있다면 어찌 여기에 차마 빠져서 스스로 멸망에 빠질 수 있겠는가. 설혹 이것에 힘을 입어서 재산을 얻었다고 하여도 하나같이 법관에게 발견되면 형벌이 시행되는 바를 면하지 못할 것이며 또 도박으로 부를 모았다는 자를 들어보지 못했다.

또 조선 사람들에게 상하를 논하지 않고 특이한 폐습이 있으니 바로 미신, 이것이다. 운수를 점치는 것의 길함과 흉함, 장사 지낼 토지의 복과 재앙, 이 모두가 결코 믿을 만한 것이 아니다. 선하면 복을 받고 악하면 재앙을 받는 것이 천리(天理)의 필연이지 어찌 연월일시로 일생의 영광과 불행을 점치고 산봉우리와 산기슭으로 자손의 흥성과 쇠락을 점칠 수 있겠는가? 또 『정감록(鄭堪錄)』327)에서 피난한다는 설이나 계룡산에 도읍을 정한다는 도참설은 매우 터무니없고 무리한 말이다. 그러나 요즘 사람들이 따르지 않는 자가 없어 혹은 집을 옮겨서 살고 혹은 터를 점쳐서 정한다. 이 때문에 재산을 낭비하다가 혹 재산을 모두 잃기도 하니 어찌 애석하지 않겠는가. 자식이 없는 자가 부처에게 비는 것이나 병든 자가 귀신에게 기도하는 것 역시 모두 무당의 풍속으로 집안을 어지럽히는 근본이다. 진실로 지식이 있는 자는 마땅히 일절 엄금하여 가까이하지 못하도록 해야 할 바이다.

또 일찍 결혼하는 것은 인생을 빨리 꺾이게 하는 싹이고 남녀가 방탕한 마음을 먹게 되는 근본이다. 그래서 옛날에는 '서른 살에 일가를 이루고 스무 살에 시집을 간다.'라고 모두 정해진 법이 있었는데 후세에 이르러서는 그렇지 않아 심지어는 강보에 있는데도 혼약을 논의하여 마주 보고 약속을 맺는다. 10여 세의 총각은 매우 드물게 보이고 15세가 겨우 지났는데 대뜸 아버지라고 불리는 경우가 있으니 풍속이 혼란해지는 것이 일찍이 이로부터 말미암지 않는 것이 없었다.

무릇 이러한 여러 사항은 과실 가운데 가장 큰 것들이다. 더욱 마땅히 서로 규약을 만들어 경계해서 고치기를 기약해야 한다.

---

327) 일반적으로는 『鄭鑑錄』으로 알려져 있는데, 일제강점기에는 '鄭鑑錄'만이 아니라 '鄭湛錄, 鄭堪錄, 堪論抄, 石書, 朝鮮寶鑑, 歷歲要覽, 徵秘錄(懲秘錄이 아님)' 등 다양한 명칭으로 유포되었다(高等法院 檢事局 思想部, 『思想彙報』 23, 1940.6, 211쪽).

4. 환난상휼(患難相恤)

무릇 환난과 재앙은 인간이 피할 수 없는 것들이다. 수해나 화재, 도적, 질병, 사망, 모함, 고아 등은 혼자의 힘으로는 벗어날 수 없는 것이다. 그런즉 마땅히 힘을 다해서 구제하여 유감을 남기지 말아야 한다. 혹시 평소에 작은 미움이나 사적인 감정이 있다고 해서 마음속으로 즐겁게 여기고 앉아서 구제하지 않으면 안 된다.

[경학원잡지 제23호(1922.12.25.), 74~78쪽]

33 지천명설(1923.12.25.)

지천명설(知天命說)

도쿄제국대학 교수, 사문회(斯文會) 총무, 문학박사
핫토리 우노키치(服部宇之吉)

공자께서 "나는 나이 15세에 학문에 뜻을 두었고, 30세에 뜻을 세웠으며, 40세에 현혹되지 않았고, 50세에 천명을 알았다. 60세에 귀가 순해졌고, 70세에는 마음이 하고자 하는 바에 따르더라도 법도에 어긋나지 않았다."[328]라고 말씀하셨다.

이 장(章)은 성인(聖人)의 덕이 점차로 나아가 완전하게 된 일을 보여준 것이다. 따라서 성인이라 말하면 '나면서부터 알아서 편안히 행하는[生知安行][329] 자'로 생각하는 사람들에게는 의문점이 생긴다. 이로써 장횡거(張橫渠)는 이 장을 실제 이야기로 보았는데, 정이천(程伊川)은 가설로 삼았다. 주자(朱子)는 가짜와 실제의 중간에 있는 것 같이 해석을 내리면서 배우는 자를 위하여 표준을 보여주어 그 수양에 밑천으로 삼도록 하였다. 따라서 공자의 덕이 실제의 진보를 이야기한다는 방면은 몹시 경시하였다.

생각건대 '나면서부터 알아서 편안히 행하는 것'의 성(聖)스러움이 있는 것은 공자가 이것을 허락하셨으되 자신의 일에 이르러서는 배워서 아는 것이라고 말하여, 일찍이 나면서부터 아는 것으로 스스로 두지 않으셨다. 우리는 공자의 말에 따라 공자를 아는 것이 필요하다. 배워서 알았다고 하신 말씀은 타고난 기품(天資)의 탁월함을 부정하신 것이 아니고, 우리는 공자가 보통 사람보다 탁월한 타고난 자질을 갖추고도 노력 수양하여 성인이 되셨다고 믿는다. 이미 배워서 안 자는 곧 수양해서 성인이 되신 자라고 한다면 공자의 덕도 점차로 진보하여 완성된 것이라 할 것은 자연스러운 결과이다. 따라서 이 장은 공자가 70세 이후에 자가일생(自家一生)이 덕으로 나아가는 과정을 회고하여 여실히 이것을 진술하신 것이라고 믿는다. 즉 실제 이야기로 보아야 한다.

---

328) 『論語』, 「爲政」, "子曰 吾十有五而志于學 三十而立 四十而不惑 五十而知天命六十 耳順 七十而從心所欲하되 不踰矩."

329) 『中庸』, "或生而知之 或學而知之 或困而知之 及其知之 一也 或安而行之 或利而行之 或勉强而行之 及其成功 一也."

50세에 천명을 안다는 것을 주자가 이것을 해석하여 말하길, "천명은 곧 천도(天道)의 유행으로 사물에 부과한 것이니, 사물이 당연한 까닭이다. 이것을 알면 곧 그 정수를 지극히 알아서 현혹되지 않고, 또한 말로 하기에는 부족하다."라고 하셨고, 『어류(語類)』 등에 비추면 불혹(不惑), 지천명(知天命)과는 같이 아는 일이다. 다만 불혹은 일을 위에서 알고, 지천명은 이치를 위에서 아는 구별이 있다. 부자(父子)는 마땅히 친함이 있을 것이고, 군신(君臣)은 마땅히 의(義)가 있을 것이라 하는 등의 이치를 아는 일은 불혹에 속한다. 부자는 어째서 친함이 있는가, 군신은 어째서 의로움이 있는가 하는 등의 이치를 아는 것은 지천명에 속한다고 말하였다. 대개 『중용(中庸)』에서 이른바 '본성대로 따라서 행하는 것을 도라 한다.'[330]라고 하는 도를 아는 것은 불혹의 일이다. 천명의 성(性)에서 성을 아는 것은 지천명의 일이라 한다. 이 설에 대하여 곧바로 생기는 의문은 이미 도를 안 후, 그 본원이 되는 성(性)을 알기까지 10년의 세월이 필요한 이유는 어째서인가에 있다. 주자는 여기에 대하여 명백한 답변을 하지 않으셨고, 문인의 의문에 대하여 아직 공자의 말씀대로 보아 두라고 하셨을 뿐이다. 두 번째 의문은 불혹도 지천명도 단지 아는 일일 뿐인데, 50세가 넘은 공자의 사업과 활동의 원인, 이유 또한 동기로 삼기에는 부족하다. 주자의 설과 같다면, 공자의 사업과 활동은 어디에 그 원천(源泉)을 두는지 알 수 없다. 『대학(大學)』의 여덟 조목은 분명히 수기치인(修己治人)이 배움의 도가 되는 일을 보여주었다. 그런데 이 장 최초에 학문에 뜻을 두었다고 한 것은 1장 중에 수기치인의 일이 보이지 않는 이유가 있음이 불가하다. 이것은 주자의 해석에 복종할 수 없는 까닭이다.

하안(何晏)의 『집해(集解)』에 인용한 공안국(孔安國)의 설에는 지천명을 '지천명의 처음과 끝(終始)'이라 하였다. 황간(皇侃)의 『의소(義疏)』에는 천명을 일컬어 궁통(窮通)의 분(分)이라 말하였다. 또한 왕필(王弼)의 설을 인용하여 "천명의 흥망에는 시기가 있으며, 도를 아는 것은 끝내 행할 수 없다."라고 하였다. 공안국의 의미는 명확하지 않다. 황간의 해석에 따르면 도의 행함도, 도를 행하지 못함도 천명 곧 하늘의 의지에 있으니, 지금의 시기는 도를 끝내 행하지 못한다고 아는 것이다. 형병(邢昺)의 『정의(正義)』는 공자가 47세로 『주역(周易)』을 배워 이치를 궁구하며, 성(性)을 다하여 천명을 아셨다고 해석하여 그 설이 황간과는 상이하다. 이(理)를 궁구하며 성(性)을 다한다고 운운한 것은 『주역』「계사전(繫辭傳)」을 보아서 이 장의 해석으로 하였다. 그러나 형병(邢昺)이 이것을 인용한 의미는 공자의 뜻을 얻지 못하였고, 황간의 설에 이르러서는 큰 의문이 있다. 그 설에 따르면 공자께서 50세에 도를 끝내 행하지 못할 것을 알았다고 말씀한 것이다. 이것은 공자께서

---

330) 『中庸』, "天命之謂性 率性之謂道."

도를 행하고자 노력하신 후에 아신 것인지, 혹은 아직 노력하지 않으시고 일찍이 이것을 아신 것인지 『논어』「하장노인장(荷杖老人章)」에서 자로(子路)가 공자의 뜻을 이어서 노인이 두 아들에게 말한 가운데 "도가 행해지지 않을 것은 이미 알고 계신다"331)라고 말한 내용이 있다. 그러나 이것은 도를 행하고자 백방으로 노력하신 후의 일이어서 애초부터 별도의 문제이다. 도를 행한다고 함은 자리를 얻어서 백성을 다스리며, 교화하여 국가천하를 평화롭게 다스리는 일이다. 공자께서는 50세 이전에는 일찍이 도를 행하고자 노력하지 않으셨다. 50세 이전에 나와서 맡으신 일이 있으나, 위리(委吏)332)가 되시고, 승전(乘田)333)이 되셨을 뿐이다. 곧 회계를 관장하시거나, 또는 소와 양을 관장하셨을 뿐으로 일찍이 사람을 다스리지 않으셨다.

50세 이전에 제(齊)나라에 가셨고, 또는 주(周)나라에 가셨으나, 제나라에 가셨던 것은 노나라의 내란을 피하시기 위해서였고, 주나라에 가셨던 것은 예악(禮樂)을 연구하시기 위해서였다. 뒤에 도를 밝히시기 위해서 천하를 주유하신 것과는 다르다. 50세 이전에 있어서 이미 문인을 교육하셨으니, 노나라 대부 맹희자(孟僖子)334)의 두 아들 맹의자(孟懿子)335)와 남궁경숙(南宮敬叔)336)과 같은 자는 공자의 연세 40 이전에 입문한 자이다. 다만 유명한 문인들 여럿은 공자의 연세 50세 이후에 입문한 자이다. 문인을 교육하심이 곧 도를 행하신 것이 아니니, 어떤 점으로 생각하더라도 공자께서 연세 50세 이전에 도를 행하고자 노력하셨다고 말할 수 없다. 50세 이전은 오로지 수양시대라 아직 도를 행하기에 노력하지 않으시고서, 도는 끝내 행하지 못하리라고 아셨다 함은 내가 이해할 수 없는 바이고, 공자께서 연세 52세로 노나라에 등용되어 비로소 사람을 다스리며, 도를 행하는 길에 오르셨다. 그러하니 도를 행하는 길에 오르셨다고 하실 처음에 앞서 도가 끝내 행해지지 않는 것을 아셨다고 말씀함도 역시 내가 이해할 수 없다. 기타 고금의 해석이 대개 서로 같으니, 모두 내가 복종할 수 없다. 공자께서 노나라를 떠나 여러 나라를 주유하실 때 초나라 광인 접여(楚狂接輿)337) 혹은 장저(長沮)와 걸닉(桀溺)처럼338) 편안한 곳에 있을 겨를이

---

331) 『論語』,「微子」, "君子之仕也 行其義也 道之不行 已知之矣"에 보인다.
332) 委吏: 창고의 곡식 출납을 맡아보는 벼슬아치를 말한다.
333) 乘田: 본래 魯나라의 하급 관직명으로 家畜의 사육을 맡았다.
334) 孟僖子: 노나라의 대부이다.『左傳』昭公 7년에 의하면 孟僖子가 죽음에 임박하여 두 아들인 맹의자와 남궁경숙에게 자신이 죽으면 공자에게 가서 예의를 배우라고 유언하였다고 한다.
335) 孟懿子: 춘추 시대 魯나라 사람으로 大夫를 지냈다.
336) 南宮敬叔: 노나라 맹손씨 가문 孟僖子의 아들로, 孟懿子의 형이다.
337) 楚狂接輿: 춘추 시대 楚나라 사람이다. 昭王 때 정치에 법도가 없는 것을 보고 거짓으로 미친 체하며 벼슬을 하지 않았는데, 당시 사람들이 楚狂이라 불렀다. 그는 공자의 수레 앞을 지나가며, "鳳이여, 鳳이여! 어찌 德이 쇠하였는가? 지나간 것은 諫할 수 없지만 오는 것은 아직 따라잡을 수 있으니, 그만둘지어다, 그만

없어서 사방으로 주유하시도록 간하는 자가 있었다. 그러나 공자께서는 이로 인하여 뜻을 바꾸지 아니하시고, 계속 도는 행하지 못한다고 하더라도 자기가 하루의 생명이 있는 한에는 하루라도 도를 밝히는데 노력하지 않을 수 없을 것이라고 하시면서 분주하신 것은 어째서인가? 그 동기는 어느 곳에 있는가? 주유할 때 송나라 사마환퇴(司馬桓魋)[339]가 해치려 하니 "하늘이 나에게 덕을 주셨으니 환퇴가 나를 어찌 하겠는가?"라고 말씀하시고, 광 지역 사람들(匡人)이 해치고자 하니, "문왕께서 이미 돌아가셨으니 문(文)이 여기에 있지 않겠는가? 하늘이 장차 이 문을 없애려 한다면 나중에 죽는 자가 이 문에 참여할 수 없을 것이다. 하늘이 이 문을 아직 없애지 않았으니 광 지역 사람들 이 나를 어찌하겠는가?"라고 말씀하신 깊은 신념은 어디에 그 근거가 있으셨는지 나는 위와 같은 동기 이상의 근거는 실로 '지천명'의 세 글자에 있다고 믿는다.

『좌전(左傳)』에 의거하면, 공자께서 18세 때 노군(魯君) 정공(定公)이 초나라에 입조하실 때 노나라 대부 맹희자(孟僖子)가 따랐는데, 도중에서든지, 또는 초나라에 도착한 후가 되든지 여러 가지 의식을 거행하는 경우에 맹희자는 정공을 상대하여 예를 행하려 했다. 맹희자가 예에 달통하지 못하였기 때문에 그 직책을 온전히 할 수 없었다. 맹희자가 크게 심적으로 부끄러워하면서 노나라에 돌아가 곧바로 예의 강습을 열어 누구든지 예에 달통한 자는 여기에 참석하도록 허락하였다. 공자께서 18세의 청년으로 또한 여기에 참가함이 허락되었는데, 다수의 전문가 사이에 있으면서 특별히 두각을 나타내서서 맹희자를 놀라게 하셨다. 맹희자가 사람을 시켜 그 가계 등을 조사하여, 멀리는 은(殷) 탕왕(湯王)의 후예이고, 가까이는 성인(聖人)이라 말하는 정고부(正考父)의 자손으로 선조에게 나라를 양보한 사람도 있다는 등을 알고, 장래에 반드시 크게 도달할 것을 알았다. 그러나 공자께서 아직 소년이신 까닭에 그 일을 자신의 마음에만 담아 두셨다. 그 후 17년이 지나 맹희자가 병사할 때 가신에게 그 일을 말하고, 두 아들을 공자의 문에 들어가게 하라고 명하였으니, 이때 공자의 연세는 35세였다. 두 아들은 전에 거론한 맹의자와 남궁경숙이다. 『사기(史記)』에서 공자의 연세가 18세일 때 맹희자가 죽었다 한 말은 『좌전』을 오독한 것이다.

둘지어다! 오늘날 政事에 종사하는 자들은 위태롭다."라고 말하였는데, 공자가 수레에서 내려 그와 말하려 했지만 종종걸음으로 피해 말하지 못했다는 이야기가 『論語』, 「微子」에 실려 있다.

338) 長沮와 桀溺: 춘추 시대의 隱者로, 두 사람은 함께 들판에서 농사를 지었다. 공자가 지나가면서 자로를 시켜 津에 가는 길을 묻게 했다. 이에 "도도하게 흐르는 것은 천하가 모두 이렇다. 누구와 함께 바꾸려는 가?(滔滔者 天下皆是也 而誰與易之)"라고 말하면서 공자가 각 나라를 周遊하면서도 아무런 성과도 없었던 사실을 풍자했는데 이 이야기는 『論語』, 「微子」에 실려 있다.

339) 司馬桓魋: 중국 춘추 시대 宋 나라의 大夫. 姓은 向이므로 向魋라고도 함. 공자가 송나라에 가서 제자들과 함께 큰 나무 아래에서 예를 익히고 있는데, 환퇴가 공자를 죽이고자 하여 그 나무를 뽑았다고 한다. 이 일화는 『論語』, 「술이」편에 실려 있다.

　공자를 맹희자가 알게 된 것은 공자께서 배움에 뜻을 두신 것으로부터 3년 후의 일이다. 배움이란 무엇인가? 수기치인(修己治人)의 배움이다. 공자께서 15세 된 소년[成童]일 때 조속히 수기치인의 일로 목적을 삼으셨으니, 보통 사람보다 탁월하셨음을 볼 수 있다. 이후 겨우 3년 후인 18세에 맹희자로 하여금 장래를 기대하도록 하셨던 공자께서 35년의 수양을 쌓으셔서 50세부터 알게 되신 것이 어찌 공안국이 말했던 궁통(窮通)의 부분에 그치겠는가? 또한 깊은 의미가 있으리라.

　청(淸)의 유보남(劉寶楠)은 지천명을 해석함이 유독 다른 학자와 다르다. 나는 그 탁견에 가장 탄복하였다. 지금 그 설에 기초하여 다시 한 걸음을 나아가 '지천명' 세 글자를 해석하고자 한다. 공자께서 타고난 자질이 탁월하시고, 더욱이 보통과 다르게 배움을 좋아하셔서 15세에 학문에 뜻을 세우시고 난 후 35년의 수양을 쌓으셔서 나를 성찰하심에 도덕이 그 신체에 갖추어져 있음을 아셨다. 공자께서 이로써 자신이 노력한 결과라고 하셨는데, 다른 말이 생기지 않을 것이다. 그러나 공자께서는 자기 자신의 노력을 말씀하심과 동시에 완전히 자기 자신이 노력한 결과로 하지 않으시고 하늘의 뜻을 인정하셨으니 여기에서 다시 문제가 발생한다. 즉 '하늘은 어째서 공자의 몸에 도덕을 갖추도록 하셨는가'라고 말하는 것이다. 공자께서는 하늘이 특별히 자기에게 사적으로 하셔서 특별한 은총을 내리실 이유를 알지 못하셨으나, 여기에서 공자께서는 하늘이 나를 이용하시기 위해서 도덕을 갖추도록 하셨다고 보았다. 즉 천하에 도가 없어진 지 오래되어 하늘이 장차 또한 나로 하여금 도를 천하에 밝히게 하여 백성들을 살리고자[生民] 태평을 열고자 하였다. 이를 위하여 하늘은 도덕이 내 몸에 구비하도록 하셨으니, 도를 밝혀서 태평을 여는 일은 하늘이 나에게 내리신 사명, 즉 천명으로 아신 것이 '지천명'이다.

　이처럼 중대한 사명을 입으신 이상, 이것을 유치(留置)하지 않고, 실행하지 않을 수 없다. 그러나 이 사명을 달성하고자 할 때는 지위를 얻음이 필요하나, 지위는 구할 것이 아니다. 여기서 공자께서는 진퇴양난의 경우에 빠졌던 것 같으나, 하늘이 사명만을 내리시고 이것을 달성할 기회를 부여하지 않을 것이란 상상하기 어렵다. 이미 사명을 내리신 이상은 이것을 달성할 기회도 하늘이 부여하실 것이라고 함이 당연하다. 따라서 공자께서는 조용히 기회가 오기만을 기다릴 뿐이셨다. 과연 공자께서 52세 때 노나라에 등용되셨다.

　일단 노나라에 등용되셨으나, 도를 행하지 못하시고 떠나서 천하를 주유하셨다. 그 동기는 도를 밝혀서 태평을 달성하는 데 있었다. 간난(艱難)을 만났을 때 태연자약하셨던 까닭은 하늘이 나에게 사명을 내리신 이상 나의 한목숨은 하늘에 달려 있다. 하늘이 나를 죽이지 아니하시는 한은 누구라도 나에게 해를 가할 수 없다고 믿으셨다. 만년에 육예(六藝)를 닦으신 것은 몸에 익혀 분명하게 함을 얻지 못하신 도를 후세에 밝히기 위해서 하셨음이다. 이 또한 하늘의 사명을 수행하는 까닭이다.

공자의 인격에 열정을 부여하여 활동에 힘이 된 것은 위와 같은 지천명이고, 공자의 인격이 금일 우리의 인격을 뛰어넘는 까닭도 여기에 있으니, 공자의 학도가 된 자는 마땅히 생각을 지천명 세 글자 위로 도달해야 한다.

나는 일국(一國)에도 또한 천명이 있다고 믿는다. 우리나라의 천명은 그 지위, 역사 등에 비추어 아는 것처럼 동서의 문명을 융합하여 일종의 특색이 있는 문명을 이룸으로써 세계문명의 진보에 공헌함에 있을 것이다. 금일은 물질문명이 사람 마음에 독이 됨이 심하니, 마땅히 정신문명을 고취함으로써 그 폐해를 바로잡아야 한다. 물질문명에도 장점이 있으나 사람을 동물이라고만 보는 데에 단점이 있다. 사람을 사람으로 보는 정신문명으로 이것을 구제하지 않으면 요구의 전부를 만족시킬 수 없으니, 여러분과 함께 여기에 종사하기를 바란다.

[경학원잡지 제24호(1923.12.25.), 60~69쪽]

34 　웅덩이를 채운 이후에야 나아간다(1923.12.25.)

웅덩이를 채운 이후에야 나아간다[盈科而後進][340]

정준민(鄭準民)

　대체로 원천(原泉)에는 근본이 되는 물이 있어서 그치지 않고 점차 나아가서 바다에 이를 수 있는 것이다. 마치 사람이 실행하는 바가 있으면 역시 그치지 않고 점차 나아가서 끝에 이르는 것과 같다. 물이 근본이 없으면 소나기가 갑자기 와서 도랑이 비록 차더라도 그것이 마르는 것을 잠깐 서서 기다릴 수 있다. 사람이 실행이 없으면 헛된 명예를 갑자기 얻어서 명성이 비록 아름답다고 하더라도 오래갈 수 없을 것이다. 이 때문에 공자가 자주 물에 대하여 말씀하였고 맹자가 서자(徐子)가 무엇을 취하였는지 물었을 때 답변하기를 "웅덩이를 채우는 것"으로 말을 한 것은 반드시 등급을 건너뛰어 올라가는 것[躐等]이나 백성들에게 칭송을 요구[干譽]하는 폐단을 구제하려는 것이다. 아! 오늘날 서자(徐子)를 배척하는 것은 한 치씩으로는 높은 곳에 오를 수 없고 스스로 낮춤으로써 멀리 갈 수 없어, 서자와 스스로 가까이할 수 없는 습관이 거의 대부분 있어서이다.

　신학문에 이르러서 말해보면 크고 작은 학교가 진실로 배우는 바의 정도(程度)가 없고 다만 한계로 정해진 연월수만 계산하고 있으니 겨우 한 번 졸업한 자가 어찌 학문의 대열에서 같이 논쟁할 수 있겠으며 오랫동안 명성을 이어 갈 수 있겠는가. 그래서 일을 맡기면 실패하고 오류가 생기는 근심이 없을 수 없고, 관직을 주면 매번 위반하는 폐단이 많다. 그러고는 곧 약간의 일본어로 문득 구별하는 글을 지어 장구한 덕을 물리치고 썩어빠진 부패한 유생으로 보면서 물 흐르듯 거리낌 없이 말한다. 마치 외면적으로는 특별한 명예가 있는 듯하나 거만하게 자신을 속이는 것이다. 자신을 속이고 남을 속이는 것이 자식과 제자들에게 이어져 아침에 얻은 것을 저녁에 잃고 문득 뜬구름을 만들어버려 떳떳한 도리와 도덕이 싹 쓸어낸 것처럼 남아있지 않으니 탄식을 이길 수 있겠는가.

　오직 신학문만 말할 것이 아니라 이른바 구학문(舊學問)이라도 어찌 이러한 병폐를 면할 수 있겠는가. 여러 책을 섭렵하여 앞선 사람의 문하에 좋다고 붙어서 높은 관과 긴 소매를 하고서 고상하고 엄숙한 말로써 설령 허황된 명예를 얻었더라도 가슴속에 진실로 하

---

340) 『孟子』, 「離婁·下」편에 나오는 말이다.

나의 대책도 없다. 성(性)을 말하고 이(理)를 말하지만, 성과 이가 그렇게 된 연유에 대해서는 전혀 모르니 그것을 조목조목 판명하는 것이 불가능하며, 이 사람 저 사람이 다만 신학문을 비난하고 배척하는 것을 위주로 삼으니 역시 한탄할 만하다.

오늘날의 사농공상이 예전에서 말미암지 않은 것이 없으니 신학문과 구학문은 그 규칙이 하나인지라, 신학문으로 구학문을 견주어 봐도 그 제도는 점차 갖추어졌다. 그런데 비행기, 전기와 같은 제반 사물에 이르러서는 괴이하다고 여겨서 애초부터 듣거나 알려고 하지 않는다. 다만 난리를 당해서도『대학』을 읽는 것을 제일의 상책으로 삼는데 꼭 그런 것은 아닌 듯하다. 황제(黃帝)의 지남차(指南車), 공수자(公輸子)의 나는 연(鳶), 제갈무후(諸葛武侯)의 계명침(鷄鳴枕), 이 충무(李忠武)의 거북선 등 이 모든 것을 괴이하게 여긴다면 성인과 현인들을 어디에 두어야 할 것인가? 이는 모두 구덩이를 채우지 않고 나아간 것이고, 아래로부터 배워서 위를 통달하는 공부를 모르는 것이며, 옛날과 지금의 적절한 사정을 모르는 것이고, 옛것과 새것을 체득하여 사용하지 않는 것이다. 오로지 상반되는 것만 일삼고, 갑자기 진(秦)나라와 월(越)나라를 같이 보는 것[341]이니 안타깝지 않겠는가.

지금부터 어리석은 견해로 쓸모없는 말을 간략하게 늘어놓겠다. 구학문의 삼강오상(三綱五常)으로 근본을 삼고, 신학문의 이용후생(利用厚生)으로 쓰임을 삼는다면 자기의 몸을 닦아서 남을 다스리는 도가 설명을 기다리지 않아도 분명해질 것이다. 오직 우리 영남은 평소에 추로(鄒魯)[342]로 칭해지며 순박하고 후한 것을 좋아하여 여러 현명한 사람들이 나왔으니 옛것을 익혀 새것을 아는 것을 백세(百世)의 스승으로 삼았다. 후속 세대의 군자들이 많지 않은 것은 아니지만 앞선 현자들의 가르침을 체득하여 사농공상(士農工商)으로 하여금 신실한 마음을 만들어가고 중요한 일에 힘써 쉬지 않기를 물이 웅덩이를 채우는 것과 같이 해야 한다. 그리고 각자 그 업무로 나아가서 위로는 부모를 섬기고 아래로는 처자식을 가르치고, 소문이 실정을 넘어서지 않게 하여서 군자의 부끄러움을 면할 수 있다면 누구인들 거의 풍속이 교화되었다고 하지 않겠는가. 참람됨과 망령됨을 헤아리지 않고 감히 구구한 진심을 풀어놓았다.

[경학원잡지 제24호(1923.12.25.), 72~73쪽]

---

341) 춘추 전국 시대에 서북쪽의 진나라와 동남쪽의 월나라는 서로 멀리 떨어져 있어서 별로 관계하지 않았고 관심도 없었다는 것에서 나온 말로 무관심하다는 것을 의미한다.

342) 鄒魯: 孔子의 고향인 魯나라와 孟子의 고향인 鄒나라를 말하는 것으로 예절과 학문이 왕성하고 유교가 흥한 곳을 비유적으로 지칭한다.

35 대학의 도는 밝은 덕을 밝히는 데 있고 백성을 새롭게 하는 데 있다 (1923.12.25.)

대학의 도는 밝은 덕을 밝히고 백성을 새롭게 하는 데 있다
[大學之道在明明德在新民][343]

신태악(申泰岳)

강연하여 말한다. 이 글은 증자(曾子)가 선왕(先王)이 사람들을 가르치는 법을 취하여 후세 사람들에게 알려준 것이다.[344] 생명이 처음 생겨났을 때는 사람과 만물이 하늘이 부여한 명(命)을 동일하게 얻었다. 그런데 사람이 만물의 영장이 된 이유는 그가 인의예지(仁義禮智)의 덕을 가지고 있기 때문이다. 대개 밝은 덕은 성품과 감정을 통할하고 본체와 작용을 포괄하는 것으로 본래 잡생각이 없이 신령스러운 것이다. 다만 기질과 성품에 구애되고 물욕으로 가려지면 때에 따라서 혼미해져서 그 본성을 온전히 하는 자가 드물다. 그래서 예전에 융성하던 시기에 학교를 세워서 사람이 태어나 8세가 되면 모두 소학에 들어가게 하여 물을 뿌리며 마당을 쓸고 손님을 맞이하고 나아가고 물러나는 절차와 예절, 음악, 활쏘기, 말 타기, 글쓰기, 계산의 학문을 가르쳐 대학의 기본이 되도록 하였다. 15세에 이르면 모두 대학에 들어가 이치를 궁구하고 마음을 바르게 하며, 자신을 닦아서 남을 다스리는 도를 가르쳐 소학에서 배운 것의 성공을 거두었다. 그래서 안으로는 그 여러 이치의 근본을 함양하고 밖으로는 그 만사에 쓰임을 개발해서, 채우고 넓히는 것을 계속하면 그 고유한 우리 본연의 밝음을 온전히 회복할 수 있을 것이니 이는 밝은 달이 허공에 걸려 있고 맑은 거울의 먼지를 닦는 것과 같다. 그래서 그 소위 천지를 헤아리고 화육(化育)을 이끄는 공이 비로소 스스로 채워질 수 있는 것이다. 그러니 그것을 밝히는 공로가 어찌 작겠는가. 만약 우리에게 있는 하늘이 부여한 본래의 밝은 덕을 위임하여 그것을 밝히는 공로를 더할 수 없다면 소위 마음의 영성은 작은 지혜로 자신의 사욕만 계산하는 정도로 자라는 것에 불과하여 사람의 형상을 채워서 요와 순의 선함이 될 수 없을 것이다. 그런즉 어찌 금수에서 멀어질 것이며 걸왕(傑王)이나 도척(盜跖)으로 귀결되지 않을 수 있겠는가.

---

343) 『大學』의 經文 가운데 일부이다. "大學之道 在明明德 在新民 在止於至善."

344) 이 내용은 주희가 지은 『大學章句』 서문에 보인다.

　그 백성을 새롭게 한다는 것은 옛것을 바꾸는 것을 말한다. 이른바 옛것을 바꾼다는 것은 피부를 바꾸고 얼굴을 고치는 것이 아니다. 예전에 물든 더러운 것을 제거하여 지극한 선함의 경지로 돌아가도록 하는 것이다. 이는 나의 밝은 덕을 나누어 남에게 주어서 더할 수 있는 것이 아니다. 또한 그 고유한 것에 따라서 이끌 뿐이라고 하였다. 그 이끄는 방법은 어디에 있는가 하면 곧 학교에서 향하는 바가 바로 그것이다. 이 때문에 학교의 정사(政事)가 닦이면 사람이 배우지 않음이 없어서 각자 그 성품이 나뉜 고유한 바와 직업이 나뉜 당연한 바를 알아 세상의 도리가 자연스럽게 융성하고 세속의 기호가 저절로 아름다워지면서, 사람마다 새롭고, 집마다 새롭고, 온 나라가 새롭고, 천하가 새로워진다. 학교의 정사가 닦이지 않으면 사람이 배울 줄을 몰라서 그 고유한 것을 잃어버리고, 그 직업이 나뉨이 무너지고, 세상의 도리가 저절로 비루해지며, 세속의 기호가 날로 나빠지고, 가정과 나라와 천하가 혼미하고 더러운 가운데로 빠질 것이다. 전자로 말미암은 것은 삼대에 융성하던 시기가 바로 그때이고, 후자로 말미암은 것은 주나라가 쇠퇴한 이후가 바로 그때이다. 큰 도는 돌아오기를 좋아한다. 그래서 기의 변화가 쇠약해진 것은 회복되어 다시 융성해지고, 사람의 일 가운데 잃어버린 것은 변하여 얻게 된다.

　지금 시행되는 학교의 제도는 경성(京城)에서 도, 군, 면, 동에 이르는 사이에 관립, 공립, 사립 각종 학교가 빽빽하게 서로 바라보고 있다. 6세부터 차례대로 승급하여 배우지 않는 것이 없다. 교과목은 수신(修身), 윤리(倫理), 생리(生理), 물리(物理), 수화(數化), 동식물(動植物), 정치(政治), 법률(法律), 의(醫), 농공상(農工商) 등 여러 서적이다. 어리석은 견해로 추측하면 이는 모두 이치를 궁리하고 마음을 바르게 하며 자기를 닦아서 남을 다스리는 과목 가운데서 나온 것이다. 수신과 윤리라고 하는 것은 바르게 하고 닦는 공부를 갖추는 것이다. 생리, 물리, 수화, 동식물이라고 하는 것은 이치를 궁구하는 공부를 갖추는 것이다. 정치, 법률, 의, 농공상이라고 하는 것은 남을 다스리는 공부를 갖추는 것이다. 그러니 지금의 학제(學制)는 예전의 학제이다. 혹시 좁은 소견으로 진부하게 공자의 학문이 아니라고 배척하고 하찮게 여기는 것이 있다면 이는 기러기발을 아교로 붙이고 거문고를 타거나[膠柱鼓瑟]345) 그루터기를 지키면서 토끼를 기다리는 것[守株待兔]346)과 같은 견해이다. 지금과 같은 세상에 백성을 새롭게 하는 것에 뜻이 있는 자가 이러한 학제를 버리고서 백성을 새롭게 하고자 한다면 과연 어느 곳에서부터 손을 댈 수 있을 것인가. 그렇다면

---

345) 膠柱鼓瑟: 거문고의 기러기발을 아교로 붙여 연주하는 것으로 융통성이 없고 고지식함을 비유적으로 일컫는 말이다.

346) 守株待兔: 나무 그루터기를 지키며 토끼를 기다리는 것으로 우연한 행운을 기대하며 시간을 허비하는 것을 의미한다.

문을 닫고 눈을 감은 채 다만 옛 서적을 읽으며 가만히 앉아서 마음속으로 생각하고 사무를 하찮게 여긴 연후에야 가능할 것인가? 이는 부자(夫子)의 가르침과 다른 것이다. 혹시 약간의 신지식(新知識)이 있어서 도덕을 경시하고 성인의 말씀을 업신여기면서 모든 기예를 능사로 삼는다면 덕성을 기름을 모르는 것이다. 그러니 학업에 종사하는 자는 성인의 가르침을 근본으로 삼고 신지식을 쓰임으로 해야지 한쪽을 폐하는 것은 불가하다. 이는 마치 새가 양 날개가 있고, 수레가 두 바퀴가 있은 것과 같으니 이러한 연후에야 배운다고 할 수 있을 것이다. 여러 군자들에게 원하건대 턱없는 말이라고 여기고 조롱하거나 능멸하듯이 보면서 듣기를 싫어하지 말고 더더욱 힘쓴다면 다행이겠다. 이것이 깊숙이 바라는 바이다.

[경학원잡지 제24호(1923.12.25.), 73~75쪽]

36 상·서·학·교를 세워 가르친 것은 모두 인륜을 밝히기 위함이다 (1923.12.25.)

상 · 서 · 학 · 교를 세워 가르친 것은 모두 인륜을 밝히기 위함이다
[設爲庠序學校以教之皆所以明人倫也][347]

이학로(李學魯)

천지가 아직 갈라지지 않아 포희(包犧)[348]가 팔괘를 만들어 그 덕을 밝혔다. 홍수가 하늘에 닿자 요 임금과 순 임금이 설(契)에게 명하여 그 덕을 베풀었다. 금수가 사람을 해치자 주공(周公)이 예법을 제정하여 그 덕을 드러냈다. 열국(列國)이 인륜을 어지럽히자 공자가 역사를 지어서 그 덕을 판별하였다. 오대(五代) 시대에 나라가 망하자 정자(程子)와 주자(朱子)가 각주로써 그 덕을 풀어내었다. 북쪽 오랑캐가 중화를 어지럽히자 우리 동방이 의리를 지켜서 그 덕을 수습하였다.

그 덕은 무엇인가? 추(鄒)나라의 맹자(孟子)는 이른바 측은해하는 마음을 인(仁)이라고 하였고, 옳지 못한 것을 부끄러워하고 착하지 않은 것을 미워하는 마음을 의(義)라고 하였으며, 사양하는 마음을 예(禮)라고 하였고, 옳고 그름을 가릴 수 있는 마음을 지(智)라고 하였다. 또 아버지와 아들 사이에는 친함이 있고, 임금과 신하 사이에는 의리가 있고, 부부 사이에는 구별이 있고, 어른과 아이 사이에는 순서가 있고, 친구 사이에는 믿음이 있다고 하는 것이 바로 이것이다.

사람이 생겨난 이래로 이 덕이 밝으면 천하가 다스려졌고, 이 덕이 밝지 못하면 천하가 어지러웠다. 삼대(三代) 시절의 성왕(聖王)이 먼저 정전(井田)으로 백성들의 생산을 제도화한 이후에 이어서 상(庠)·서(序)·학(學)·교(校)를 설치하여 가르친 것은 이러한 덕을 밝히고자 해서이다. 상은 늙은이를 봉양하는 것을 의의로 삼았고, 서는 활쏘기를 익히는 것을 의의로 삼았으며, 교는 백성들을 가르치는 것을 의의로 삼았고, 학은 본받는 것으로 먼저 깨달은 사람의 행위를 본받는 것을 의의로 삼았으니 포함하는 바가 매우 넓다. 상, 서, 교는 모두 향학(鄕學)이고, 학은 국학(國學)이다.

---

347) 『孟子』, 「滕文公章句·上」에 나오는 말이다. "設爲庠序學校 以教之 … 皆所以明人倫也."

348) 포희: 伏羲의 다른 이름이다.

예전에는 학을 세우면 반드시 선대의 성인과 스승에게 석채(釋采)[349]를 올렸는데 대개 제자들은 스승을 뵙는 예에서 나물로 폐백을 삼았다. 하나라의 학에서는 우(禹)에게 제사를 지냈고, 은나라의 학에서는 탕(湯)에게 제사를 지냈으며, 주나라의 학에서는 문왕(文王)에게 제사를 지냈다. 대개 그 임금을 스승으로 삼아 성인으로 높인 것이다. 공자는 하늘로부터 타고난 성인으로 여러 성인을 집대성하였다. 요(堯)와 순(舜)을 받들어 계승하니 요와 순의 도가 공자를 얻어서 만세를 밝혔고, 문왕과 무왕의 법도를 본받으니 문왕과 무왕의 도가 공자를 얻어서 만세에 전해졌다. 만세를 위하여 태평함을 연 공은 요와 순보다 현명하다. 그래서 천하를 통틀어 제사를 지냄에 만세 동안 이의가 없는 것이다.

조선은 개국 초기에 태학(太學)을 세우고 이어서 향학(鄕學)을 만들었다. 학문을 강론하고 연마하며 갈고 닦는 일이 다 갖추어지지 않은 것이 없으니, 그 갖춤이란 무엇인가? 명륜(明倫) 두 글자로 큰 근본을 삼아 만사와 만물에 미쳤으니, 삼대 시절 성왕이 사람들을 가르치면서 남긴 법이다. 아아! 이 임단(臨湍)[350]은 두 서울[351] 사이에 끼어서 문화가 제일 먼저 미치는 곳이 되었다. 봄에는『예기』를 여름에는『시경』을 배워 집집마다 글을 읽어 주서(州序)에서 닦고 다스려지지 않는 것이 없다. 온 마을의 훌륭한 선비들을 도야하고, 아름답고 준수한 많은 인재를 교육하는 데 힘쓴다. 우수한 자는 명정(明庭)에 올려서 왕을 가까이서 보좌하는 인재[黼黻笙簧][352]들을 돕도록 한다. 그 다음 인재들은 논두렁과 밭두렁 사이에 묻혀서 고향에서 채찍을 들고 수레를 모는 삶[桑梓適軸]을 누리면서 조용하게 인재 양성을 즐긴다고 전해지는 규례가 있다.

운수[氣數]는 왕성함과 쇠퇴함이 있는데 또한 하늘의 변화이다. 과거를 위한 학문은 사람에게 욕심의 불길을 불어넣어 그 성정을 방탕하게 하고, 이단의 학설은 사람의 바른길을 막아서 그 연원을 잃게 만든다. 옛 경서에 몽매하지만 부끄러워하지 않고 요즘의 세상을 논하면서 입을 크게 벌리고 웃어댄다. 유학의 기풍이 크게 변화하여 신학문이 되었고, 인과 의는 오활하다고 여기며, 도덕은 허망하다고 여겨서, 예전에 주서(州序)를 세운 본래의 뜻을 다시 알려고 하지 않아 뜰에 봄풀들이 가득 차서 탄식하게 된 연유가 오래되었다.

너무나 다행히도 정부에서 교화의 근원이 단순하게 기학(氣學)과 기예(技藝)의 말단에 있지 않고 진실로 성리학과 강상(綱常)의 근본과 관련이 있다고 여겨서 위로는 다시 경원

---

349) 釋采: 소나 양과 같이 큰 희생물은 생략하고 다만 약식으로 채소와 나물을 위주로 간략하게 지내는 孔子의 제사를 말한다.

350) 臨湍: 경기도 長湍郡의 다른 이름이다.

351) 두 서울: 개성과 한양을 말한다.

352) 黼黻笙簧: 黼黻은 임금을 가까이에서 보좌하는 신하를 뜻한다. 笙簧은 악기의 종류인데, 왕정을 행하는 도구나 조정의 귀한 인재를 비유한다.

(經院)과 양무(兩廡)[353]의 제기(祭器)를 수습하고 아래로는 「향교 관리규칙」을 고쳤다. 그런 즉 마침 벽성(碧城)의 오두환(吳斗煥)[354] 선생이 이곳에 오셔서 군수가 되었는데 신학과 구학에 통달하며 선함을 즐기는 군자이다. 교육의 방법이 널리 퍼지지 않는 것을 깊이 염려하고, 유풍(儒風)이 펼쳐지지 않는 것을 거듭 우려하여, 직접 석채례(釋菜禮)에 참여하여 그 제사를 지내는 예전이 갖추어지지 않은 것을 바로잡았다. 온 마을의 어르신들을 이끌고 타일러서 문묘(文廟)를 중수하게 하니, 재임(齋任)[355]·진신(搢紳)[356]·장보(章甫)[357]들이 힘과 마음을 합하여 의연금을 내어서 공사를 독려하여 위쪽의 전(殿)과 아래의 당(堂), 바깥의 담장과 안쪽의 건물이 훨훨 나는 것 같고 단청(丹靑)이 잘 칠해져 옛것이 새롭게 고쳐졌다.

지금 가을 석채례의 다음 날 아침에 관리와 백성들이 가지런히 모여서 낙성식(落成式)을 한다. 강사(講士)가 본원(本院)의 명령으로 직접 참여했기 때문에 강연의 처음부터 끝까지 경계를 늦출 수가 없다. 이에 말해보면 예전의 성왕이 사물을 열어서 천하의 일을 성취할 때 이르지 않은 바가 없었는데, 어찌하여 기선(汽船)과 대포를 만들어서 천하를 위하지 않고 다만 천리를 밝히고 인심을 바르게 하는 것으로 교화의 근본을 삼았는가? 어찌하여 전기와 화학을 사용하여 천하를 부유하게 하지 않고 다만 삼강오륜(三綱五倫)으로 교육과 학문의 큰 뜻을 삼은 것은 왜인가?

사람의 성품은 본래 선하니 그 조목은 인의예지신(仁義禮智信)일 뿐이다. 사람이 살아가는 데 인륜이 있으니 그 조목은 아버지와 아들, 임금과 신하, 부부, 어른과 아이, 친구에 대한 것일 뿐이다. 이 이치에 밝아서 이 도리를 행하면 사람마다 자기 어버이를 어버이로 섬기고 자기 어른을 어른으로 받들어서 천하가 다스려질 것이니 어찌 기선과 전기, 빛과 화학의 기술을 사용하겠는가. 온갖 장인들의 기예는 나중에 나온 것이 더욱 교묘하다. 이는 앞의 사람이 어리석고 뒤의 사람이 지혜롭다거나 앞의 것은 졸렬한데 뒤의 것이 공교로운 것이 아니라 그 형세가 그런 것이다. 마치 음식을 먹는 데 굶주림을 채우고 생기를 기르는 것이 근본이고 표범의 태반이나 곰의 발바닥과 같은 고급 요리는 말단으로 오히려 그 근본을 해치니 이러한 종류로 미루어 보면 알 수 있다. 지금 말하기를 황제가 처음 만

---

353) 兩廡: 文廟 正殿의 좌우에 있는 東廡와 西廡를 이른다.

354) 吳斗煥: 1883~1954. 일제강점기 관료로 본관은 海州이다. 1902년 경기도 振威郡 公立高等小學校와 1907년 官立日語學校를 졸업한 뒤, 1908년 農商工部 山林局 林務課 주사로 근무하였다. 1912년 경기도 도서기에 임명된 후, 1920년 仁川府 서무계 서기와 인천부 屬을 거쳐 1921년 경기도 長湍郡守가 되었다.

355) 齋任: 居齋하는 유생 가운데 유생들의 의견 등을 대표하거나 거재할 때의 여러 일을 처리하기 위해 뽑힌 임원을 말한다.

356) 搢紳: 벼슬아치들을 통칭하는 말이다.

357) 章甫: 유생들이 쓰는 관을 말하는데 전하여 유생을 의미한다.

든 배와 수레는 지금의 기차나 기선만 못하고, 순 임금 궁정에서의 방패와 깃털[358]은 오늘날의 대포와 총알 비를 당해낼 수 없다고 한다면 옳은가, 옳지 않은가? 알 수 없는 것이다. 도덕에 밝은 것은 성인의 마음이요, 기술에 능한 것은 장인의 일이다. 하늘과 땅, 용과 돼지는 높고 낮음과 귀하고 천함이 분명하며 삼대 시절의 상·서·학·교가 인륜을 밝히고 교육의 법도를 세운 것은 가릴 수 없으니 근본이 되는 것을 안 것이라 이를 만하다.

그러나 지금을 위한 계책은 청년들이 설령 신학문에 눈을 부릅뜬다고 하더라도 생각하고 또 생각해서 윤리와 강상의 근본을 잊지 말고, 머리가 하얀 노인들이 옛 문장에 다리를 세우고 있다고 하더라도 깨닫고 또 깨달아서 변통과 변화하는 세태에 유념해야 한다. 안으로는 효제의 교화를 더욱 닦고 밖으로는 사물의 이치에 대한 학문을 더욱 넓혀서, 덕을 바로하고 쓰임을 이롭게 하며 삶을 두텁게 하여서, 본말을 모두 준비하여 근본과 쓰임을 완전히 갖추면 옳다고 할 수 있을 것이다.

지금 사람에게 천금(千金)을 주면서 그 부모를 욕하고 때리라고 하면 모두 받지 않는데 대체로 금이 이롭지 않아서가 아니며 이 금을 받지 않는 것은 본성이 발현되었기 때문이다. 호랑이에게 그 자식이 잡혀간 사람이 있으면 달아나지 않고 달려가서 구한다. 호랑이를 피하는 것이 살 수 있는 길이 아니어서가 아니라 피하지 않는 것 역시 본성이 발현되었기 때문이다. 굶주렸을 때 음식 하나를 얻으면 반드시 먼저 그 부모를 먹인다. 자신의 굶주린 입을 잊어버리고 부모를 우선하는 것은 다른 것이 아니라 도리가 중하고 입과 배는 가볍기 때문이다. 추울 때에 옷 하나를 구하면 먼저 그 부모를 입힌다. 자신의 몸을 뒤로 하고 부모를 급하게 여기는 것은 다름이 아니라 예의가 크고 신체는 작은 것이기 때문이다. 이를 통해 미루어보면 신하가 임금에게, 아내가 남편에게, 동생이 형에게, 어리석은 자가 현명한 사람에게 하는 것이 모두 이와 같다.

옛날의 성인이 학과 교를 세워 천리(天理)를 자식과 같이 사랑하고, 인욕(人慾)을 도적과 같이 막았으니, 이것은 무겁기가 태산과 같고 저것은 가볍기가 기러기의 깃털과 같다. 교육을 세움에 처음부터 끝까지 명륜(明倫)으로써 큰 두뇌로 삼아, 하나라는 상나라에 전하고 상나라는 주나라에 전하였기에 만세 동안 한결같았다. 그래서 임단 문묘의 당(堂)에 명륜 두 글자로 편액을 만들어 걸어두었으니 곧 주자의 친필이다. 이 당에 오르는 자는 우선 이 의리를 익히지 않을 수 없는 것이다.

[경학원잡지 제24호(1923.12.25.), 75~78쪽]

---

358) 방패와 깃털 : 武舞를 추는 사람이 손에 드는 방패와 文舞를 추는 사람이 손에 드는 새의 깃을 말한다.

37 시대의 유교(1923.12.25.)

시대의 유교
(강원도유도천명회 각 지회 대표자협의회 자리에서)

김완진(金完鎭)

저는 지금 귀 회가 융성함에 따라서 대제학의 명을 받들어 귀 회 각 지회 대표자협의회의 자리에 참석한 끝에 여러 선생들과 단체로 한 건물 안에 모일 수 있게 되었다. 이는 실로 경학원에서 직무를 행하는 자가 예전부터 바라던 것으로 미천한 저에게 영광이다.

저는 경학원에 있으며 문묘에 물을 뿌리며 청소하는 일을 맡아 경학원의 사무에 종사하고 있다. 경학(經學)의 깊고 오묘함에 이르러서는 일찍이 연구한 바가 없어서 여러 선생님들의 기대에 부응하지 못하여 이것이 매우 부끄럽다. 이렇게 부족한 학문으로 어찌 감히 어리석은 소리를 여러 선생님들 앞에서 망령되게 시험해보겠는가. 경학 강연은 원래 능숙한 바가 아니다. 그러나 각하의 소개를 받아서 한 자리를 빌리고 있는 마당에 이 기회를 요행으로 삼아서 한번 거친 말로 평소에 바라던 것을 지방 유림계의 여러 선비들 앞에서 피력하고자 한다.

대체로 공자의 도는 요(堯)와 순(舜)을 받들어 계승하고 문왕(文王)과 무왕(武王)의 법도를 본받아 하늘과 땅처럼 넓고 해와 달과 달처럼 밝아 크고도 크고 아득하고도 아득하여 이름을 붙일 수 없다. 그러니 요와 순은 봄날의 하늘과 같고, 탕왕(蕩王)과 무왕(武王)은 여름의 하늘과 같으나 오직 공자는 사계절을 겸비하여 어디를 가든 적당하지 않음이 없다. 이처럼 지극히 크고도 지극히 갖추어져 있으므로 이를 배우고 이를 행하는 사람 역시 그 인품의 고하와 시대의 성쇠에 따라 하나의 이치에서 만 갈래로 갈라지는 차이가 있다. 그래서 대성(大聖)과 아성(亞聖)의 차이가 있는 것이다. 공자는 『춘추(春秋)』를 지어서 주나라 왕실을 높였고, 맹자는 제 선왕(齊宣王)과 양 혜왕(梁惠王)에게 왕도를 행하도록 권한 것이며, 증자는 무성(武城)에 있었고, 자사는 위(衛)에 있었다.[359] 때에 따라서 머무는 장소가 다른 것이다. 당시 마루에 올라가 방으로 들어가듯이 순서대로 학문을 배워서 깊은 경지로 나아가 직접 감화를 받은 자들은 육예(六藝)에 두루 능통하여서 덕행(德行), 언어

---

[359] 曾子와 子思에 관련된 이야기는 『孟子』, 「離婁‧下」에 보인다.

(言語), 정사(政事), 문학(文學) 등의 구분이 있었다. 후세의 학자에 있어서는 육상산(陸象山),[360] 왕양명(王陽明)[361] 등의 파벌이 나뉘었다. 중국에서는 존왕주의(尊王主義)라고, 일본에서는 황실주의(皇室主義)라고 우리 조선에서는 윤리주의(倫理主義) 또는 벌열주의(閥閱主義)라고 할 수 있을 것이다. 그 도는 하나로 꿰어지지만 오직 지극히 넓고 크다. 그래서 그 학문에 의지하는 자는 구멍으로 보고 전체 모습을 추측하여 말한다. 각진 거울로 보는 자는 네모지고 반듯하다고 하고, 둥근 거울로 보는 자는 둥글게 차있다고 한다. 우물에 앉아서 보는 자는 답답하여 작다고 하고, 태산에 올라서 보는 자는 높고 크다고 한다. 장소에 따라서 발현되는 것이 이와 같은 것이다. 이는 또 가르쳐서 배우면 학문이 드러나고, 들어서 사용하면 정치가 행해지며, 닦아서 기르면 덕이 이루어지고, 배척하고 피하면 근본이 변화한다. 가르치고 배우는 것이 이에 구구절절한 견해에서 벗어나기 어렵다.

공자가 죽은 것은 2,400년 전이지만 그 도는 일찍이 한 숨도 틈이나 끊어짐 없이 영원히 끝이 없다. 우리가 여기에서 태어나 여기에서 자라며 일상적으로 통행하는 것으로 저 성쇠흥폐(盛衰興廢)라고 하는 것은 역시 일시적인 인간의 일을 지칭하는 것에 불과하나, 도체(道體)는 일찍이 어그러지거나 손상되지 않았다. 그러니 이 도를 행하는 자는 역시 때에 맞는 음식을 먹고 때에 맞는 옷을 입어서 시대의 생활을 이루어야 한다. 그러지 않고 오래되고 진부한 죽은 법률만 고수하고 있으면 사람과 도가 모두 굶주리게 될 것이다.

중국은 유교의 발원지이나 청나라에 이르러 전복되어 민국(民國)을 조직하였다. 지금 의론이 셋으로 나뉘었는데 수구파(守舊派), 반대파(反對派) 그리고 혁신파(革新派)가 이것이다. 수구라는 것은 예전의 항상성을 지키는 것이다. 반대라는 것은 공화(共和)의 정치로 『춘추』의 의리를 일삼음이 없는 것을 말한다. 혁신이라고 하는 것은 때에 따라 절충하여서 처지를 바꾸어도 어그러짐이 없고자 하는 것이다. 이와 같이 분열되어 통일된 것을 볼 수 없다. 그러나 일본에서는 학계의 우두머리인 학사와 박사들이 마음을 모으고 힘을 합하여 이 도를 흥기하는 데 힘써서 민심을 편안하게 한다. 위로는 만세 동안 한 계통으로 내려오는[萬世一系][362] 큰 교화를 돕고 과격하여 인륜이 없는 재앙을 미리 막았다. 생각건

---

360) 陸象山: 南宋의 유학자로 호는 存齋·象山이고, 시호는 文安이며 이름은 九淵이다. 주자는 객관적 유심론을 주장한 반면, 상산은 주관적 유심론을 주장하여 중국을 양분하는 학문적 세력을 형성하였다. 이후 그의 학문은 제자인 楊慈湖 등에 의하여 江西·浙江 등 지역에서 계승되었다. 한때 주자학에 압도당하기도 하였으나, 明代의 왕양명에 의하여 다시 발전하였다.

361) 王陽明: 명나라 중기의 대표적 철학자이다. 이름은 守仁이다. 주자학에 대항해 육상산을 계승, 독자적인 사상을 갖추었다. 그는 心卽理라는 주관적 관념론의 입장을 통해 知行合一, 靜座法, 致良知 등을 원리로 삼았다. 지행합일은 知와 行 모두 마음의 활용으로 하나라고 하는 것인데, 주자가 知에 중점을 두어 얘기한 先知後行에 대립하는 것이다. 정좌법은 인욕을 버리고 天의 이를 밝히는 방법으로서 致良知에 의해 실천적으로 결합된다. 이처럼 그는 선천적이고 즉각적인 양지를 통해 선악을 구별하는 도덕설을 주장하며 주자학과 대립하였다.

대 저번에 경학원의 직원과 각 도의 유림 한 무리가 도쿄사문회(東京斯文會)에서 주최한 '공자몰후이천사백년추원기념제(孔子歿后二千四百年追遠記念祭)'에 가서 참석하여 제전의 성대한 의식을 지켜보았다. 또 도쿄제국대학 강당 안에서 이노우에(井上) 박사의 강연에 참석하여 들었다. 그 높은 지식과 명백한 변설, 거침없이 전달하는 깊은 학식으로 처음이 도가 서쪽에서 동쪽으로 이르렀다는 것을 깨닫고, 우리들이 평소에 읽을 수는 있으나 연구하지 못한 것을 깊이 탄식하였다. 또 서양 학자들로서 말하자면 세상 사람들이 다만 서양의 가르침이 동양으로 번진 것을 알 뿐 누가 동양의 교화가 서양에 미쳤다는 것을 알겠는가. 가만히 들어 보건대 한 서양인이 중국인에게 말하기를 "당신은 비록 나라가 위태로우나 집이 평안하고, 나는 실로 나라가 있지만 집이 없다." 하니, 대개 그 개인주의의 절정에 깊이 느끼고 가족제도의 남아있는 덕에 탄복한 것이다. 이것이 어찌 동양이 저들의 가르침에 물들고, 서양이 이 교화를 입은 것이 아니겠는가.

지금 조선의 현상과 신구 습속의 변화 추이를 보면 동서의 풍조(風潮)가 뒤섞여 있고, 예전의 비루함과 새것의 기괴함이 진탕하며, 서로 거리가 먼 동양의 가족제도와 서양의 개인주의가 장점과 단점을 서로 다투고 있다. 이러한 시기를 맞이하여 사상을 조화하여 문명을 건설할 천재일우의 기회이지만 역시 앞으로가 난관이다.

이때 큰일을 하는데 뜻을 둔 각 지역의 유림들이 분발하여 함께 일어나고 있다. 경성의 유도진흥회(儒道振興會), 대동사문회(大東斯文會) 등 여러 단체와 평남의 유림회(儒林會), 전남의 유도창명회(儒道彰明會), 경북의 유도진흥회(儒道振興會) 그리고 귀 도의 유도천명회(儒道闡明會)와 같은 것이 바로 이것이다. 모두 앞으로 이 도를 진흥하고 때에 따라서 세상을 구원하여서 홍수를 다스리고 맹수를 쫓아내서 동양 문명의 원상태를 회복할 것이다. 저와 같은 경학원의 직원은 이렇게 기대하는 마음에 대하여 마땅히 더 무엇을 하겠는가.

조심스레 생각해보면 귀 도는 동방의 성인인 율곡 선생이 태어나신 영험한 지역으로 그 전해지는 풍속과 정취가 여전히 뒤섞이지 않은 것이 있다. 산악이 빼어나 인재가 모여서 나옴이 마땅히 예전과 지금에 한정되지 않는다. 특히 그 산골 마을의 습속이 순박하고 인심이 순진하고 선량한 것은 이미 역사와 지리지에 분명하게 드러나 있다. 이 지역의 여러 현인이 힘과 마음을 모아서 온 도를 망라해 유도천명회의 본회와 지회를 설립하고 또한 향교의 직책을 이어서 조직해 여러 사람의 마음을 하나의 휘하에 총괄하였다. 이는 다른 지역에서 여러 단체가 번잡하게 서 있는 것과 달라 남들이 따라서 할 수 있는 바가 아니며

---

362) 萬世一系: 일본 천황의 혈통이 한 번도 단절된 적 없이 2,000년 이상 이어져 왔다는 의미로 천황의 통치를 뜻한다.

매일의 일에 알력이 발생한다. 이로 말미암아 당당한 진형(陣形)과 정연한 깃발로 저 커다란 도를 받들고 온건하게 정진한다면 유도천명회는 복잡한 일이 아닐 것이니, 하물며 귀도지사 각하가 힘을 다하여 찬성하고 장려하는 것에 있어서겠는가. 동쪽 하늘에 서광이 비치니 앞으로 귀 도를 눈을 씻고 살펴볼 것이다. 이는 진실로 저의 속마음에서 기뻐하며 축하하기를 그치지 않는 것이다.

귀 도와 귀 회의 조직과 시설은 이미 아름답고 선하여 나와 같은 무리가 감히 군더더기로 도울 것은 없지만 멀리서 초대해준 성의를 외롭게 하기는 어렵기 때문에 감히 그릇된 견해로 몇 가지 일을 늘어놓겠다. 삼가 원하건대 귀 본회와 지회, 귀 지방의 향교와 우리 경학원이 그 정신을 하나로 하고 그 보조를 같이하며 그 방향을 정하여 제휴하고 상의하면 아마도 중도에 착오는 없을 것이다.

첫째는 공자의 별묘(別廟), 영당(影堂)과 선현들의 사원(祠院), 단당(壇堂)을 신설하고 복설하는 등의 일을 진실로 마땅히 매우 삼가야 할 것이다. 오늘날 우리들이 공자를 존경하고 숭모하는 것은 바로 스승의 도 때문이지 신(神)으로써 오로지하는 것이 아니다. 우리들이 마땅히 마음을 다해야 할 것은 오직 그 도를 밝히는 것에 있을 뿐이다. 비록 집집마다 묘당을 설치하고 사람마다 제사를 지내지만 진실로 그 배움을 익히지 않고 도를 밝히지 않으면 그 묘당과 제사는 형식에 그치는 것이고 의미가 없는 것이다. 각 지역에 이미 모두 문묘가 설치되어 석전(釋奠)이 시행되고 이것이 유지되는데 오히려 부족할까 근심하니, 또 어느 겨를에 거듭 설치하겠는가. 또다시 무슨 마음으로 예전의 묘당을 내버리고 닦지 않으며 새로운 사당을 만드는 것에 분주하겠는가.

만약 개인의 자력과 관계된 것이라면 그 사람이 성인을 숭모하는 정성을 공경할 만할 것이다. 진실로 만약 여러 사람의 재물을 모으면 문득 문묘를 더 지을 수 있을 것이다. 지난해 본원의 강사인 함경북도의 이학재(李鶴在) 선생은 학문에 충실한 사람으로 일찍이 자신의 집에 이산사(尼山祠)를 세우고 공자의 영정(影幀)을 받들어 초하루와 보름에 배례하고 이로써 경학원에 글을 요청하였다. 경학원이 비록 그 일을 공경하지만 글로써 이를 드러내지 않은 것은 대개 사당의 사무가 나중에 혹시 편안하지 않을까 우려했기 때문이다. 선현의 사원, 단과 당을 복설하는 일은 인사(人士)들이 우러러보는 것에 크게 도움이 되고, 풍속 교화의 성쇠와도 관계되니 무릇 누가 감히 불가하다고 하겠는가. 그러나 진실로 만들어지는 처음에 영원토록 유지되는 방법을 강구하지 않으면 오늘날 흥하던 것이 문득 내일에 폐지되기에 충분하다. 처음에는 숭모하는 행위였으나 마지막에는 더러움으로 귀결되면 또한 사림의 수치가 아니겠는가. 또 무릇 자손이 선조를 제사 지내는 것과 제자가 스승을 제사 지내는 것은 모두 제정된 예절이 있어서 인정으로만 할 수는 없다. 조상에게 지내는 제사는 4대로 하고, 석전은 태학에서 하며 현학(縣學)과 서원(書院)에서는 거듭 실시하는 것을 금지하는 것은 이 때문이다.

오늘날의 인사(人士)라고 하는 자는 다만 그 마음과 정성을 온전히 하여서 기존에 있는 문묘로 돌리고, 그 재력을 길러서 후진을 교육하는 것에 매우 부지런해야 한다. 비유하자면 가난한 선비의 집에서도 선조의 제사와 자손의 교육은 한쪽을 그만둘 수 없는 것과 같다. 사람이 진실로 자손의 생활에 급급하여 선조의 제사를 생각하지 않으면 정말로 심하게 할 말이 없는 것이다. 그리고 만약 익숙한 안목에 집착하여 백 년의 대계를 돌아보지 않으면 역시 잘못이 없다고 할 수 없을 것이다. 현재 학교의 비용은 사람들이 함께 부담하는 것이고, 향교의 재산은 지방에서 공유(公有)하는 바이다. 비록 「향교재산관리규칙(鄕校財産管理規則)」이 개정되는 오늘날이지만 제기를 풍성하게 하지 말고 진실한 마음과 깨끗한 몸을 유지하는 것에 힘쓰며, 재력을 함양하여서 지방 교화의 사업에 이바지하고 사회 교육의 기능을 신장하며, 당황하지 말고 순서를 지켜서 나아가 점차로 바다에 이르고 웅덩이를 채워 깊은 곳으로 흘러가는 것을 여러분들에게 바라는 것이다.

둘째는 사회 사이의 협조이다. 근래 이상한 풍조가 청년들의 사상계에 파급되어서 성현을 업신여기고 모욕하는 어구들이 논단과 보도에 남발하고 있다. 만약 유학자라면 누군들 놀라고 한탄하지 않을 수 있겠는가. 이로 말미암아 신구 사회가 서로 반목하고 분쟁이 그치지 않으니 이는 불상사이다. 이는 비록 소인배의 과격함에서 나왔으나 진실로 그 이유를 궁구해보면 애초에 늙은 유생들의 완고하고 비루함이 아니라면 이렇게 되지는 않았을 것이다. 무릇 우리 유자는 요(堯)를 보고도 짖는 이러한 무리[363]에 대하여 마땅히 배척하고 멀리해야 할 것이다. 예전에 북을 울리며 벌을 주고, 궐문 앞에 엎드려 성토하는 등의 예는 오늘날에 그대로 사용해서는 안 된다. 또한 종교의 자유를 보장하는 헌법 아래에서는 역시 온 힘을 다해서 배척하고 멀리하는 것도 불가하다. 오직 다만 성인의 가르침을 실천하고, 몸소 현인의 훈계를 실행하여 스스로 장려하는 것이다. 자기를 바로하고 남을 바르게 한다고 말하지 않았는가. 과격한 논조로 교파의 분쟁을 야기하는 것은 옳지 못하다. 이단을 공부하는 것은 바로 해로울 뿐이라고 말하지 않았는가. 예전에는 당론이 분열하면 국가의 맥을 깎아 없애는 곳으로 이끌었으니 어찌 경계하지 않을 수 있겠는가. 몇 해 전에 의병과 일진회는 모두 조선의 동포이지만 형식이 같지 않고 취향이 각자 다른 것 때문에 총과 칼로 서로 상하게까지 하였으니 어찌 애석해할 만한 일이 아니겠는가. 어찌 또한 우리 공자의 충서(忠恕)하는 도를 체득해 그 마음을 하나로 하기를 도모하여 그 힘을

---

363) 요를 보고도 짖는 이러한 무리: 盜跖 또는 桀王의 개가 堯를 보고도 짖는다는 말로 선악에 관계없이 그 주인에게 충성을 다한다는 뜻이다.

가지런히 하지 않겠는가.

　셋째는 유림계의 인재를 양성하는 것이다. 양성의 방법은 오로지 경학(經學)을 숭상하는 것에 있지 않고 겸으로 과학(科學)에 통달하는 것이 요구된다. 오늘날 유학을 주장하면서 진흥을 부르짖는 자는 비록 부족한 사람이 아니더라도 기예가 오직 한문 지식에 그친다. 간혹 신식 법률에 어두워서 열심히 행동을 하지만 도리어 법령에 저촉된다. 그래서 시대의 사업은 오직 시대의 인물을 기다리는 것이다. 바위굴에서 책을 읽는 것은 꾸짖거나 배척할 바는 아니지만, 시무에 통달하는 것은 배우지 않으면 갖추기 어렵다. 오직 모름지기 유회(儒會)의 자금을 적립하고 향교의 재산을 나누어 내어서 학생을 선발해 보통사범학교, 고등사범학교, 제국대학의 과목을 수학하게 하여서 선생의 재목을 길러야 한다. 이와 같으면 후일 보통사범학교와 고등사범학교의 선생들이 유문(儒門)에서 많이 배출될 것이고 유학으로써 교육을 장악할 것이다. 학사와 박사의 부류가 유계(儒界)에 빽빽하게 들어서서 사회를 지배하게 될 것이다. 이렇게 되면 유계는 방패와 성을 얻을 수 있게 되고 거의 시대에 낙오됨을 면했다고 할 수 있을 것이다. 지금 교편을 잡은 자는 유교를 믿는 사람이 아닌 자가 없지만 심하게 드러내지 않는 것은 그 신앙의 자유 때문에 그렇다. 만약 유회와 향교의 이름과 재산으로 양성하면 그 사람이 유학자라는 것은 매우 명백할 것이고 대부분 어긋남이 없을 것이다. 또 우리 공자는 만고의 사범이다. 지금 향교는 예전의 학교이다. 학교에서 반드시 문묘를 봉양하는 것은, 사범은 마땅히 여러 학생들이 눈으로 보고 마음으로 느끼는 바가 되어야 하기 때문이다. 사농공상의 과목은 모두 공자의 도에 마땅하지 않은 것이 없다. 그리고 오직 사범의 과목은 공자의 가르침과 가장 가까운 것이다. 그래서 삼가 원하건대 유회에서 인재를 양성하는 것은 반드시 이 과목에 치중해야 한다.

　고등사범학교와 제국대학의 학생은 자질이 있으면 즉시 파견하여 양성해야 하나 재력에는 한계가 있어서 많은 수를 기약하기는 어렵다. 오직 보통사범학교의 비용은 비교적 약간 저렴하니 그 숫자가 역시 많이 요구된다. 그러나 사범학교의 과목은 관영(官營)에 제한을 받고 향교의 재산은 관청의 감독을 받으니 이러한 시설들은 유림에서 마음대로 할 수 있는 것이 아니다. 이러한 저의 견해를 망령되게 지사 각하가 자리에 보고 계신 곳에서 펼쳐놓는 것은 마땅하지 않다. 그러나 각하가 도를 걱정하는 절박함과 유학을 장려하는 부지런함이 보통을 크게 넘어선다. 그리고 현재 지방 교육이 착착 보급되어 공립보통학교가 해마다 증설되는 것을 가만히 기다려보면 따라서 교원이 배치되는데 역시 부족이 우려된다. 비록 국고로 양성하지만 숫자를 채울 수 있을 지 기약하기 어렵다. 이러한 시기에 관민이 협의하고 각하께서 굽어 살펴 향공(鄕貢)으로 채용해 맡겨서 기르게 하면 아마도 장애가 없을 것이다. 제가 여기에서 거듭하는 것은 이것 하나를 위한 것이다. 훈도(訓導)

의 복무연한 중에 취급하는 아동의 숫자는 수백, 수천 명을 밑돌지 않으니 처음 배움에 덕으로 들어가 빈집에 먼저 주인이 되는 것은 실로 유교의 앞길에 큰 영향을 미치기 때문이다. 그러니 여러분들의 참작과 각하의 유념을 바란다.

　지금 회의에 참석하여 다만 차례에 맞추어 감히 저의 속마음을 늘어놓았다. 참월되지는 않을까 매우 두렵다. 혹시 이 도를 진흥하는 자료로 채용할 만한 것이 있다면 매우 다행이겠다.

[경학원잡지 제24호(1923.12.25.), 81~88쪽]

38 유도(1924.12.25.)

유도(儒道)

저는 나이 70에 이르도록 배움이 부족하여 이룬 것이 없지만 역시 한 명의 문학(文學)에 종사하는 사람이다. 지금 듣기에 귀 군(郡)에 문예대회(文藝大會)가 있어 수고를 모르고 용감하게 가서 성대한 행사를 보았으니 매우 영광이고 다행이다. 이때에 경학원 사성(司成) 김완진(金完鎭) 씨의 강연이 종횡(縱橫)한 뒤에 또 저로 하여금 사족을 더하여 강연을 펼치도록 하였다. 가만히 생각해보면 제가 비록 강사의 대열에 있지만 담당하는 분야가 각기 다르니 진실로 감히 분수를 넘어서 남의 일에 간섭해 혀를 놀릴 수 없다. 여러분들의 청에 더욱 부지런히 한 번 사양하고 다시 사양하였으나 어쩔 수 없이 감히 몇 마디의 변변치 못한 말을 부족하지만 여러분께 드리니 잘 들어주기를 바란다.

무릇 이른바 백전(白戰)[364]이라고 하는 것은 문예(文藝)의 한 가지 일이다. 문예는 유도(儒道)의 한 가지 일이다. 지금 백전의 모임으로 인하여 잠시 유도에 관한 이야기를 하니 좋다. 유도는 어떤 도인가? 바로 우리 공자의 도이다. 공자의 도는 무엇인가? 바로 우리 요(堯)·순(舜)·우(禹)·탕(蕩)·문(文)·무(武)·주공(周公)의 도이다. 요·순·우·탕·문·무·주공의 도는 무엇인가? 바로 우리 백성들이 살아가면서 매일 쓰는 인륜의 도이다. 그래서 성인은 인륜의 지극함이라고 하는 것이다. 그 도라고 하는 것은 먼 것 같지만 실로 가깝고, 어려운 것 같지만 실로 쉽다. 우리 인륜의 도를 다하면 곧 우리 유자(儒者)의 도인 것이다.

비록 그렇지만 유자에는 군자와 소인이 있고, 도 역시 군자와 소인이 있다. 『논어』에서 "너는 군자유(君子儒)가 되고 소인유(小人儒)가 되지 말라"고 하였고, 『주역』에서 "군자의 도는 약해지고 소인의 도는 자라난다."라고 하였다. 저 학문을 왜곡하고 행동을 비뚤어지게 하는 자가 조악하게 문자를 해석하고서 유(儒)라고 하고, 저 이상한 말과 그릇된 언설을 하는 자가 문득 당파를 세우고서 도(道)라고 한다. 저들이 유라고 하는 것은 우리가 유라고 하는 것과 다르고, 저들이 도라고 하는 것은 우리가 도라고 하는 것과 다르다. 우리가

364) 白戰: 문인들끼리 글재주를 겨루는 싸움을 말하며 白日場이라고도 한다.

유와 도라고 하는 것은 이른바 '군자유'와 '군자도'라고 하는 것이다.

이뿐만이 아니다. 현재 말들을 하는 것은 '유도의 학문은 썩은 학문이고, 윤리의 설은 부패한 설'이라고 한다. 너의 공자를 버리고 너의 형제를 떠난 연후에야 비로소 자유 활동을 할 수 있다고 말한다. 진실로 이 설과 같아서 아들이 그 아버지를 아버지라고 여기지 못하면 아버지도 역시 그 아들을 아들로 여기지 못할 것이고, 동생이 그 형을 형으로 여기지 못하면 형도 역시 그 동생을 동생으로 여기지 못할 것이다. 아들은 아버지를 믿지 못한 채 태어나고, 동생은 형에 의지하지 못한 채 자라난다. 이는 인간이 멸절된 이후에야 그칠 것이니 또한 매우 생각이 없는 것이다. 인간이 태어남에 인륜이라는 것은 삼베나 곡식이 반드시 필요한 것과 같을 뿐만 아니라 추우면 옷을 입을 줄 알고, 배고프면 먹을 줄 아는 것이 인간의 상리이다. 유독 살아가면서 인륜을 모르는 것이 옳겠는가. 그래서 인륜은 진실로 사람마다 얻어서 행하는 것이라고 할 수 있고, 유도 역시 사람마다 얻어서 하는 것이라고 할 수 있다.

어찌 인륜이 밝지 않고, 유도가 떨치지 않은 날이 오래된 것인가? 애초에 과거 공부로써 구애받아 모든 벼슬 못한 사람을 속였고, 이어서는 풍조로써 미쳐서 모든 청년을 골몰하게 했다. 인륜이 이로써 무너지고 상했고, 도덕이 이로써 시들고 느른해져서 도도한 온 세상에 다시 유도가 있음을 알지 못하니 탄식을 이길 수 있겠는가. 아아! 지금 세상에 살아가면서 비록 인륜과 도덕의 학문에 나가고자 하여도 누가 따라서 구할 것이며, 비록 인륜과 도덕의 말씀을 듣고자 하여도 누가 따라서 들을 것인가. 저번에 제가 밤낮으로 도를 근심하여 유도진흥회(儒道振興會)를 세운 것은 이 때문이다. 잡지를 발간하고 한글로 강습하는 것은 모두 퇴패한 풍속을 순박함으로 회복하기 위함이니 역시 평범한 사람이라도 쉽게 익히고 쉽게 깨닫도록 하려는 것이다. 삼가 바라건대 참석하여 듣고 있는 여러분들은 집에서 설명하고 문안에서 깨우치며, 아버지가 깨우치고 형이 권면하여, 우리 인륜의 도를 밝히고 우리 유도의 모임을 도우면 오직 우리 도의 큰 다행일 뿐만 아니라 우리들의 큰 다행일 것이다.

[경학원잡지 제25호(1924.12.25.), 48~50쪽]

39 유소(1924.12.25.)

유소(儒素)

김완진(金完鎭)

저 김완진은 성묘(聖廟)를 지키고 받드는 한 명의 일꾼으로 오직 매일 일삼는 것은 묘우(廟宇)에 물을 뿌리며 청소하고 장부와 서적을 정리하는 것일 뿐이다. 본래 배움이 부족하니 어찌 감히 외람되게 유림 여러분이 학문을 닦는 자리에 섞이겠는가. 그러나 지금 특별히 초대를 받아서 이미 돌봐주심에 감사하지만 또한 더욱 머뭇거리다가 회피와 게으름이 될까 두렵다. 하지만 열심히 정진하여 성대한 모임에 자리를 얻어 여러분들과 함께 한 건물에 모일 수 있게 되었으니 미천한 신분으로써는 비할 수 없는 영광이다. 삼가 멀리서 초대한 성의를 생각해보면 혹시 한마디의 말이라도 채용할 수 있기를 바라지만 저는 학문이 부족하고 지식이 없어서 경학의 강연과 시문의 논평에 감히 입을 놀릴 수 없다. 다만 귀 회에서 특별히 한자리를 빌려주고 소개하였기 때문에 한 가지 예(禮)를 늘어놓아 어리석고 촌스러운 말을 간략하게 풀어놓겠으니 여러분들의 귀를 채워 약간 펼쳐지기를 바란다. 자그마한 성의이다.

지금 이 성대한 모임의 여러분들은 전부 이 지역의 유림이다. 바라건대 유소(儒素) 두 글자로 간략하게 여러 구절을 말하여서 강연을 대신하는 것이 좋을 것 같다.

무릇 물질의 구성은 모름지기 필요한 원료가 모여서 이루어진 것이다. 곧 이른바 원소(元素)는 물질의 이룸이다. 이것이 갖추어지지 않으면 품질이 나빠서 쓰기에 적당하지 않고, 팔기에도 가치가 없다. 비록 그 성분이 이미 채워졌어도 만들어진 후에 또 식료, 비료, 질소, 산소 등을 공급하여 배양하는 공로가 없다면 아마도 이미 만들어진 부분, 이미 갖추어진 바탕과 더불어 점차 쇠퇴하고 삭고 지치고 사라져서 그 왕성함을 이룰 수 없을 것이다. 무릇 사람도 역시 그렇다. 사람이 태어나서 타고난 품성이 이미 풍부하고 처한 사정이 또 후하여, 총명하고 굳세며 보통을 넘는 발군이며, 훤칠하고 훌륭해 진정한 한 명의 장부라도 진실로 학문의 공로와 수양하는 힘을 바탕으로 하지 않으면 또한 장차 하늘이 내려준 자질을 배양하고 하늘이 부여한 재능을 확충할 수 없을 것이다. 순(舜)은 큰 성인이지만 묻기를 좋아하고 살피기를 좋아했으며, 공자는 하늘에서부터 타고났으나 책을 맨 가죽

끈이 세 번 끊어졌으니 이는 진실로 이유가 있는 것이다.

그러니 동물이 살아가는 데는 산소가 필요하고, 식물이 자라나는 데는 질소가 바탕이 된다. 오직 인류는 원래 동물에 속하여 목마르면 마시고 배고프면 먹으며 피로하면 놀며 즐긴다. 그 성질과 욕구가 금수와 어찌 다른가? 그러나 사람을 귀하게 여기는 것은 보통의 동물이 갖추고 있는 소질 이외에 또 중요한 원소를 얻어서 기르기 때문이다. 그 원소는 어떤 원소인가? 이는 곧 '유소'이다. 유(儒)는 사람[人]을 따르고 쓰임[需]을 따르니 유소라는 것은 사람이 살아가는 데 필요한 원소이다. 사람이 이 원소를 갖추지 못하면 문득 사람을 이루는 데 가장 중요한 분자라는 것을 몰각해버린다. 사람이 이 분자를 빠뜨리는 것이 옳은가? 하물며 또 유자(儒者)라는 사람이 이 원소가 부족한 것이 옳은가? 유자가 곧 '유소'가 부족한 기미가 있다면 이는 속유(俗儒)이고 진유(眞儒)가 아니며, 소인유(小人儒)이지 군자유(君子儒)가 아니다. 원소가 분자가 되는 것이 어찌 땅이 사시(四時)에 의지하고 신(信)이 사덕(四德)을 포함하는 것과 같을 뿐이겠는가. 부유하면서도 이것이 없으면 교만하고 음란해진다. 가난하면서도 이것이 없으면 비루해진다. 지혜롭지만 이것이 없으면 들뜨고 경박해진다. 용감하지만 이것이 없으면 폭력적이고 어지러워진다. 항우가 산을 뽑고 솥을 들어 올렸지만 결국 천하를 잃은 것은 그 힘이 부족해서가 아니다. 유수(劉秀)[365]가 붉은옷을 입고 큰 관을 쓴 장군의 차림을 하고도 여러 사람의 마음을 수습한 것은 평소에 부지런하고 온후하였기 때문이다.[366] 유소가 사람을 만드는 데 요구되는 것이 진실로 크도다.

『중용』에서 말하기를 "부귀한 위치에 있으면 부귀에 맞도록 행동하고, 빈천한 위치에 있으면 빈천함에 맞도록 행동한다."라고 하였다. 나는 곧 이렇게 말할 수 있을 것이다. 조선에 있으면 조선에 맞도록 행동하고, 유자(儒者)의 위치에 있으면 유자에 맞도록 행동한다. 진실로 혹시 조선이 그 정수를 잃는다면 성곽이지 백성들은 아니다. 유자가 그 지킬 것을 잃고 헤맨다면 원숭이를 목욕시켜 관을 씌운 것일 뿐이다. 어찌 저 유자를 쓸 것인가.

아! 우리 조선은 단군(檀君)이 터를 열고 기자(箕子)가 가르침을 베푼 이래로 예의를 숭상하고 문명을 크게 빛내어서 일찍이 군자의 나라라고 칭해졌으니 조선에는 바탕이 있는 것이다. 신라와 고려 이래로 유교에 정통한 현인이 배출되어 전해지는 풍속이 남음이 있

---

365) 劉秀: 후한의 초대 황제인 光武帝를 말한다.

366) 유수가 地皇 3년(21)에 형인 劉演과 함께 王莽에 대항하여 군사를 일으키자 사람들이 자신도 연루되어 피해를 입을까 우려하였다. 이때 평소에 부지런하고 온후하였던 유수가 장군의 차림을 하고서 나오자 사람들이 모두 안심하였다고 한다.

고 깊이 스며들어 감화를 주고 품성을 고쳐서 결국 도덕의 관념이 사람들의 뇌수에 물들어 빼내기 힘든 확고한 국민성이 되었으니, 이는 조선의 유자가 바탕이 있는 것이다. 특히 해서(海西) 한 지역은 곧 단군이 발원한 지역이고, 율곡(栗谷) 선생이 향약을 시행했던 지방이다. 문화가 시작된 바로 전해지는 풍속이 사그라지지 않았다. 이 또한 해서의 유자들이 다른 도에 비하여 더욱 바탕이 있게 하는 것이다.

현재 세계의 풍조는 더욱 혼란해져서 시대의 사상이 혹 기이하고 격렬함이 많다. 나이가 많은 선배들은 예전의 비루함에 구애되어 시대의 변화에 헤매고, 신진 청년들은 헛된 영광으로 내달리면서 나라의 정수에는 어둡다. 아버지가 그 아들을 훈계할 수 없고 형이 그 동생을 권면할 수 없어서, 가정은 문란해지고 사회는 부패하며 개인적인 덕은 점차 쇠퇴하고 공적인 덕은 떨치지 못하니, 이는 모두 수양할 근본이 없기 때문이다. 우리 유자들이 이러한 시기를 맞이한 것은 비유하자면 묵은 쌀이 부패하고 햅쌀은 아직 익지 않아서 농민들이 걱정이 많은 시기와 같다. 이는 진실로 뜻이 있는 자라면 분발하고 스스로 힘써야 하는 시기이다.

공자께서는 "그림을 그리는 일은 바탕이 있은 이후에 한다"라고 하였다.[367] 바탕을 마련해야 채색을 할 수 있는 것은 단맛이 있어야 다른 맛과 조화를 이룰 수 있는 것과 같다. 비록 그림을 잘 그리는 사람이 있어도 바탕을 마련한 이후에야 그릴 수 있는 것이다. 가만히 생각건대 유교적 문명은 우리 조선의 바탕이다. 석담(石潭)[368] 선생이 남긴 향약은 실로 귀 마을에서 바탕이 행해지는 바이다. 그 바탕이 있음으로 해서 확충하여 그 바탕이 행하는 바에 따라서 나아가 이루면 익숙한 길을 좋은 말을 타고 가듯이 크게 변하여 도에 이를 수 있을 것이니 바탕이 있어서 그림을 그릴 수 있는 것에 그칠 뿐만 아닐 것이다.

이로 말미암아 말하자면 도가 밝지 않고 익혀지지 않는 것은 할 수 없어서가 아니고, 풍속이 아름답지 않고 행해지지 않는 것은 할 수 없어서가 아니다. 이 지역의 여러분들은 일찍이 본래 받은 것에 따라서 유교를 존숭하며 마음을 모으고 힘을 합하여 세상의 도를 유지하고 이로써 민심을 안정시키고 빠져들어간 자를 구해주니, 유학의 도에 있어서 매우 다행이라 어찌 흠모와 공경을 이길 수 있겠는가. 그러나 저는 여기에서 다시 한 걸음 나아가 감히 한마디의 말을 더하니 예전이 옳고 지금이 그르다고 하지 말고, 안을 가볍게 여기고 밖을 중요하게 여기지 말며, 직접 선현의 가르침을 행하고 좋은 풍속을 더욱 돈독하게 하여 후진을 이끌어 떳떳한 규칙을 벗어나지 말아야 한다. 가족제도는 각기 인격을 존중하고, 개인주의는 서로 공덕(公德)을 넓혀서 절충하고 참작하여 장점을 채택하고 단점을

367) 『論語』, 「八佾」에 나오는 말이다.
368) 石潭: 李珥의 호 가운데 하나이다.

보완하여 일대의 신문명을 만들어 낸다면 어찌 위대하지 않겠는가. 진실로 이와 같다면 조선은 그 정수를 잃지 않을 것이고, 유자는 시대의 변화에 따를 것이니 바로 흰 것이 채색을 받아들이는 것과 단맛이 다른 맛과 조화를 이루는 것과 같다. 어찌 각자 힘쓰지 않겠는가.

[경학원잡지 제25호(1924.12.25.), 50~53쪽]

40 유교자의 변(1924.12.25.)

유교자(儒教者)의 변(辯)

박기양(朴箕陽)

　본인은 원래 식견이 얕고 짧으며, 아울러 나이가 들고 늙어서 지금 세상에 뜻이 없어진 지 이미 오래되었다. 하지만 기회를 만나 경학원 제학(提學)의 직임을 능력이 부족함에도 맡아서 유림 수석의 지위를 감히 차지한 지 여러 해가 되었으므로, 유교에 대한 일반(一斑)의 견해가 없지 않아서 짧은 시간에 대략 진술하고자 한다.

　내가 들은 바로는 '유(儒)'라는 호칭을 얻은 지 또한 오래라고 하겠다. 『주례(周禮)』 태재(太宰)의 직책에 유는 도(道)로써 백성을 얻는다고 하고, 『설문(說文)』에서 말하기를 "천지인(天地人)에 통하는 것을 일컬어 유"라 한다고 하니, 어찌 '유'를 쉽게 말하겠는가? 『예기(禮記)』의 유행(儒行)에 공자께서 애공(哀公)의 질문에 대하여 말씀하시기를 "유는 박학(博學)하고 궁하지 않으며, 독실하게 행하면서 권태롭지 않으며, 유폐되어 있더라도 음란하지 않다. 위로 통하되 곤란하지 않으며, 현명한 사람을 경모하되 대중을 포용한다."라고 하였다. 『한서(漢書)』에서 말하기를 "유가(儒家)된 자의 부류는 음양을 따르고 교화에 밝다."라고 하였다. 또한 말하기를 "박학하구나! 육예(六藝)의 문장에"라고 했다. 유자의 배움이 본래 이와 같은지라. 어찌 아는가 하면 곧 거짓으로 명예를 탐하는 교활한 벼슬아치의 마음과 당파를 세워 사적으로 운영하는 계책이 근세의 이른바 유자의 학문과 같은 것이 있겠는가? 장주(莊周)가 말하기를 "유자들이 입으로는 시와 예를 말하면서 무덤을 파헤친다."[369]고 했던 것이 비록 세상에 분개하고 유학자를 배척하는 말이기는 하지만, 유학을 빌어 세상을 속이고 이름을 도둑질하는 자가 어찌 무덤을 도굴한다는 나무람을 면하겠는가? 『논어』에서 말하기를 "너는 군자다운 유자가 되고, 소인 같은 유자는 되지 말라."[370]라고 하였거늘, 공안국(孔安國)이 이로써 하되 "군자는 장차 도를 밝게 하려 함이고, 소인은 그 이름을 불쌍히 여기려 함이라"라고 하였다. 오호라! 세상에서 불쌍히 여길 이름의 유자가 많다고 할 수 있다.

---

369) 『莊子』, 「外物」, "儒以詩禮發冢."
370) 『論語』, 「雍也」, "女爲君子儒 無爲小人儒."

혹자의 말에, '노(魯) 나라는 유학자를 쓰고 버렸다'라고 하며, 또 송나라[趙宋][371])에서 유교에 정통하고 행적이 바른 사람을 배출하고, 도학(道學)이 부쩍 일어났는데 끝내는 금나라와 원나라의 난에서 구함 받지 못해서 신주(神州)가 적에게 멸망을 맞이하였으니 유자의 효력이 어디에 있는가? 또한 우리 동방으로 말하더라도 신라, 고구려의 시대는 다 불교를 숭상하고 유학에 밝지 않았다. 이때 부국강병을 하며, 사방의 경계에서 안도하며 해가 지난 지 혹은 1천 년, 혹은 8백 년으로 오랫동안 향유하였다. 고려 왕씨도 또한 석가의 가르침을 존중하고 받들었는데 말엽에 이르러 송나라 유학자의 학문을 수입하였다. 그러나 소란이 평정되지 않았고, 쇠하고 피로하여 부진하였다. 우리 조선이 대신 일어난 후에 유술(儒術)을 숭상하고, 유교에 정통하고 행적이 바른 사람을 늘어놓아 사문(斯文)의 진흥을 장려함이 3대에 비교하여 융성하였고, 역대에 걸친 왕보다 탁월하였다. 그러나 마침내 요순(堯舜)시대의 군민(君民) 통치를 만들지 못하고, 국세가 도리어 문약함에 빠져 금일에 이른 것은 어째서인가? 유학자를 사용하여 노나라가 사라진 증험(證驗)이 아닌가?

아! 이 어찌 유교의 죄이겠는가? 양자(楊子)[372])가 말하기를 "노나라는 참다운 유자를 쓰지 않았기 때문이다."라고 하니, 만일 참다운 유자를 기용하였더라면 천하에 적이 없었으리라. 고려의 사직[麗社]이 번화하다가 나중에 쓸쓸하게 변한 것도 유학을 잃었던 것이 아니라, 고려가 자멸한 것이다. 우리 조선의 쇠미함도 노나라의 참다운 유자를 쓰지 않은 까닭이니 연산군(燕山君)의 무오(戊午) 이래로부터 이름난 유자와 석학이 모두 형벌과 뇌옥에 걸려 일생을 잘 마친 자가 몇 명인가? 또한 당파 분열 이후로 동인협공(同寅協共)[373]) 하여 수레 한 대를 밀었다고 하는 사상을 가진 자가 누구인가? 이른바 100년에 좋은 다스림이 없다고 하는 말이 어찌 사화(士禍)와 붕당(朋黨)의 해악이 아닌가? 이는 유교가 그렇게 시킨 것이 아니며, 실로 정치가 길들인 바이다. 유학의 이름을 빌려 세주(世主)를 속인 자의 죄이다. 이로써 유교를 죄로 삼으면 유자가 어찌 수긍하겠는가?

수년 전 이래로 사회의 논의가 유교는 일체 부패한 도라고 하며, 유자를 쓸모없는 물건이라고 지목하여 조선이 유도로 쇠미하였다고 구실을 만드는 일은 세상의 가르침과 관계가 적지 않다. 평상시에 감상이 있었던 바를 대략 거론하여 유교를 위해서 변명하고자 한다.

---

371) 趙宋: 5대 10국 뒤의 송나라(960~1279)를 말한다. 태조의 이름이 조광윤이어서 趙宋이라고도 칭한다.
372) 楊子: 본명은 楊朱로 중국 전국시대의 학자이다. 자기 혼자만이 쾌락하면 좋다는 爲我說, 즉 이기적인 쾌락설을 주장했다. 지나침을 거부하고 자연주의를 옹호하였다.
373) 同寅協共: 신하된 자로 다 같이 두려워하고 공경하고 협조하고 공손함을 뜻한다.

41 유자의 지위와 의무(1925.12.25.)

유자의 지위와 의무[儒者之地位及義務]

이대영(李大榮)

오늘 강연할 것은 교화에 있어서 큰 사업이다. 오늘 모인 곳은 한 고을의 수도가 되는 지역이다. 저와 같이 작고 비루하고 천박한 사람이 외람되게 말석에 섞였으니 앞으로 무슨 말을 여러분들에게 한 번 들려 드려야 할 것인가. 이미 유림의 대가들이 모두 모인 자리에 있는 만큼 유자(儒者)의 지위와 의무로써 거칠고 조잡한 말을 간략하게 진술하겠으니 당황스럽더라도 용서해주고 참람되더라도 잊어주면 매우 다행이겠다.

유자라는 것은 학자를 말하는 것이다. 『주례(周禮)』 태재(太宰)의 직임에서 "넷째는 유생이니 도로써 백성을 얻는다."라고 하였고, 주석에 "육례(六禮)로 백성을 가르치는 것"이라고 하였다. 원래 유자의 명칭은 여기에서 시작되었다. 무릇 문학의 도로 백성을 교화하고 풍속을 이루게 할 수 있는 자라야 비로소 '유'라고 할 수 있을 것이다. 오직 우리 공자는 하늘에서 내려준 성인으로 여러 유자를 집대성하였다. 사람이 태어난 이후 백성을 교화하여 풍속을 이루는 성대함이 공자만 한 사람이 없었다. 그래서 세상 사람들은 모범이라고 칭송하고 사모하여 본받으려고 하지 않는 자가 없으니 결국 공자의 가르침이 유교가 되었다.

명나라의 유생 송금화(宋金華)가 일곱 종류의 유생을 구별하여[374] 말하기를 "음양의 조화를 갖추고, 귀신의 신묘함을 받아들여서, 말은 세상의 모범이 되고 행동은 세상의 규칙이 되니 이를 일컬어 도덕의 유자라고 하는 데 공자가 바로 이것이다."라고 하였다. 또 말하기를 "삼황은 유(儒)하여서 황(皇)이 되고, 오제는 유하여서 제(帝)가 되었으며, 삼왕은 유하여서 왕이 되고, 고요(皐陶) · 기(夔) · 이윤(伊尹) · 부열(傅說) · 주공(周公) · 소공(召公)은 유하여서 신하가 되었고, 공자는 유하여서 스승이 되었으니 그 도는 일찍이 같지 않음

---

374) 宋金華는 명나라의 학자인 宋濂을 말한다. 자가 景濂, 호는 潛溪로 浙江省 金華縣 출생이다. 元나라 말기에 절강성의 학자 吳萊 · 柳貫 등에게 배워 박식하기로 유명하였다. 1349년 翰林院編修로 임명되었으나 거절하고 산에 들어갔다. 명나라 시기에는 한림학사 承旨 知制誥가 되었으며, 『元史』를 편찬하였다. 일곱 종류의 儒者는 그가 찬술한 『文憲集』의 「七儒解」에 나오는 遊俠之儒, 文史之儒, 曠達之儒, 智數之儒, 章句之儒, 事功之儒, 道德之儒를 말한다.

이 없으나 공자보다 성한 사람은 없었다."라고 하였다.

　무릇 유자의 관을 쓰고, 유자의 복장을 입고 공자의 학문을 배우는 자는 학문이 순수하든 뒤섞였든 막론하고 그 지위를 말하자면 사람의 사범이고, 그 의무를 말하자면 교화의 선구자다. 이 때문에 스스로 산림 아래에서 책을 읽는 군자부터 향당에서 자중하는 선비에 이르기까지 진실로 한마디의 선함이 있으면 서로 전하여 타일러 훈계하기를 "어떤 사람이 이와 같으니 우리들이 마땅히 모범으로 삼아야 한다."라고 한다. 진실로 한 가지 실수가 있으면 역시 떠들썩하게 모두 서로 알리면서 "어떤 사람이 여전히 이와 같으니 우리와 같은 사람이 어찌 꾸짖을 것인가."라고 한다. 하나하나의 동정이 일반 사람들의 경계가 되지 않는 것이 없으니 신중하지 않을 수 있겠으며 두려워하지 않을 수 있겠는가.

　우리 해동은 신라와 고려 이래로 유교를 존중하고 따라서 앞사람의 일을 이어받아 행하면서 성현을 계승하고 후학을 깨우쳐주었다. 차근차근 문화의 움직임을 쌓아서 문묘에 합사하는 18명의 현인[375]을 계속 세상에 배출하기에 이르러 문명을 하나로 모았으니 그 정도가 극에 달했다고 할 수 있다. 따라서 유림계 역시 대대로 사람이 부족하지 않아서 진유(眞儒)와 홍유(鴻儒)로부터 문사(文辭)와 장구(章句)에 능통한 유림으로 이어졌다. 비유하자면 강물을 마셔서 각자 그 양을 채우는데 그 조예와 성취는 비록 크고 작으며 깊고 낮음의 차이가 없을 수 없다. 그러나 요약하면 사람의 사표(師表)가 되어 세상을 맑게 하고 풍속을 돈독하게 하는 것은 동일한 것이다. 시대가 내려와 말세에 이르러 사(士)를 이름으로 하는 자가 혹은 배움에 실로 얻을 것이 없다며 예의를 버려버리거나 혹은 행동이 이미 비루하고 어그러져서 남을 화나게 하고 함부로 비평하면서 유교가 부패했다고 비난하기에 이르니, 한심하게 여길 만하다.

　지금 세상의 등급을 보면 차츰 쇠퇴하여 말세의 풍속이 들뜨고 경박하며, 인륜과 도덕은 점차 파괴되고 좋고 아름다운 풍속은 이에 따라 쇠퇴하고 문란해진다. 빠르게 금수가 되는 지경으로 들어가지만 스스로 성찰하지 않으며, 유식한 사람의 우려와 탄식이 쓸데없는 고민이나 분수에 넘치는 근심과 견주어질 뿐만 아니라 무릇 우리 유(儒)로서 스스로 자처하는 자가 태연하게 무관심하고 이끌 방법을 생각하지 않으니, 그것이 지위에 있어서 어떻겠으며 그것이 의무에 있어서 어떻겠는가.

　『대학(大學)』의 전문(傳文)에서 말하기를 "아버지와 아들, 형과 아우가 본받을 만한 뒤에야 백성들이 본받는 것이다."라고 하였다. 또 "한 집안이 인(仁)하면 한 나라에서 인이 일어난다."라고 하였다. 따라서 이끄는[376] 방법을 어찌해야 집집마다 깨우쳐서 알아듣도

---

375) 문묘에 합사한 18명의 현인을 말한다. 東廡는 薛聰, 安珦, 金宏弼, 趙光祖, 李滉, 李珥, 金長生, 金集, 宋浚吉이고, 西廡는 崔致遠, 鄭夢周, 정鄭汝昌, 李彦迪, 金麟厚, 成渾, 趙憲, 宋時烈, 朴世采이다.

록 하여서 가능하도록 하겠는가. 반드시 사방에 표준을 세워 바로잡아 사람들이 본받도록 하는 것이 곧 우리가 마땅히 행해야 할 도이다.

성인의 도는 인륜을 밝히는 것[明倫]일 뿐이다. 그 백성들이 등지고 돌아서고 밝지 않은 것을 우려한다면 집 안으로 들어와서는 효를 행하고 밖으로 나가서는 공손하며 우리에게 있는 도를 극진히 해야 한다. 성인의 도는 인(仁)과 의(義)일 뿐이다. 그 백성들이 도를 저버려 덕이 어그러지는 것을 우려한다면 백성들을 인하게 하고 사물을 아껴서 천하를 다스릴 도를 먼저 다해야 한다. 늙은이들이 고집스럽고 막혀서 돌려세우기 어려운 것을 우려한다면 우리의 때에 맞는 도를 다해야 한다. 신진들이 학업에 염증을 내며 피하는 것을 우려한다면 우리의 자식을 가르치는 방법을 다해야 한다. 무릇 온갖 일에 오직 우리에게 있는 도를 다할 뿐이다. 그러면 사람들이 따르는 것은 다만 바람 소리와 같이 빠를 뿐만 아니라 이는 자신의 몸을 닦아 집안을 가지런히 하고, 집안을 가지런히 하여 나라를 다스리는 것이 아니겠는가.

그러니 지금 학자들 사이에서 의견이 배치되어 세상의 도가 우려됨이 심상치 않은 데 이른 것은 어째서인가? 하나는 구 학자들의 완고함 때문이고, 하나는 신 학자들이 공허한 것을 추구하기 때문이다. 구 학자들이 신학문을 배척하면서 말하기를 "성현의 책을 공부하여 연구하고 성현의 말을 외워서 본받은 이후에야 집안을 가지런히 하고 나라를 다스릴 수 있으니 저 기계와 기술, 언어와 계산의 학문이 어찌 세속의 도가 성하고 쇠하는 것을 보충할 수 있겠는가. 순(舜)이 양계(兩階)에서 방패와 깃털로 춤을 추는 것[377]으로 아마 앞으로 얼마 지나지 않아서 되돌아오게 할 수 있을 것이다."라고 한다.

신 학자들은 구학문을 비웃으면서 말하기를 "크게는 물리나 화학의 학문, 작게는 기계와 기술의 솜씨는 지금 시기에 적절한 급무이다. 저 인의와 도덕의 말은 도리어 문화의 진보에 해가 된다. 진나라의 분서갱유(焚書坑儒)와 같은 일이 아마 앞으로 얼마 지나지 않아 기약할 수 있을 것이다."라고 한다. 서로 간에 배척하는 것이 얼음과 숯과 같다. 떳떳한 도리가 이로 말미암아 밝혀지지 않고, 선비가 추구해야 할 바가 이로 말미암아 정해지지 않는다. 어찌 그 생각하지 않음이 심한 것인가.

만약 인의와 도덕이 숭상하기에 부족하다고 한다면 학교 과목에서 수신(修身)과 윤리(倫理) 등의 학문을 어째서 가르치는 것인가? 만약 기계와 기술,[378] 언어와 계산의 학문이

376) 원문은 '導卒'로 되어 있으나 문맥상 '導率'의 오기라 보고 번역하였다.
377) 방패와 깃털로 춤을 추는 것: 『書經』, 「大禹謨」에 따르면 舜이 禹에게 명령하여 有苗를 정벌하게 하였는데 유묘가 완강히 저항하였다. 그래서 군대를 물리고 방패와 깃털을 잡고 예를 갖출 때 주인과 빈객이 각각 서는 양쪽 계단에서 춤을 추게 하니 얼마 지나지 않아 유묘가 감복하여 복종하였다고 한다.
378) 기술: 원문에는 '氣'로 되어 있다. 문맥이 통하지 않아 '技'의 오기라 보고 번역하였다.

소용이 없다고 한다면 공자 문하의 육례(六禮)와 사과(四科) 등의 항목은 어찌 취하는 것인가? 요약하여 말하자면 구학문은 본체이고, 신학문은 쓰임이다. 본체와 쓰임이 서로 필요하여 병행하여 어그러지지 않은 연후에야 세련된 겉모습과 거친 바탕이 조화를 이루지 않는 탄식이 없을 것이고 형식과 내용이 잘 갖춰진 경지로 함께 나아갈 수 있을 것이다. 생각이 여기에 미치지 않는 것이 어찌 매우 애석하지 않겠는가.

바라건대 지금 뜻이 있고 도를 걱정하는 선비들이 곳곳에서 분발해 일어나서 경성(京城)의 유도진흥(儒道振興)과 대동사문회(大東斯文會)로부터 전남의 유도창명(儒道彰明), 관동의 유도천명(儒道闡明), 평남의 유림회(儒林會) 등 각자 숲처럼 일어나서 유학의 도를 밝히는 것으로 하나의 목표를 삼고 있다. 그리고는 학교를 설립하여 인재를 육성하는 것을 하나의 부대사업으로 하지 않음이 없으니 역시 구학문을 본체로 하고 신학문을 쓰임으로 하여서 하나라도 빠뜨릴 수 없다는 견해에서 나온 것이다.

이것으로 말미암아 말하자면 오늘날의 근심은 본과 말이 있다. 신학문과 구학문이 배치되는 것이 그 근본이다. 이는 만약 잘못을 고쳐서 손을 마주 잡고 함께 나아갈 수 있다면 문체와 바탕이 완전한 덕일 것이다. 군자가 행하면 여기저기서 사람들의 본보기가 된다. 그래서 완고한 습곡을 경계하고 권면해서 뒤섞인 것을 되돌려 순박하게 하고 어두운 것을 바꿔서 밝게 하고도 스스로 남음이 있다. 퇴패의 근심 역시 벼리를 집어 올리면 그물의 작은 구멍은 자연히 열리게 되는 것처럼 스스로 바탕이 이끄는 가운데로 들어갈 것이니 어찌 우리 유자의 의무를 다했는지 다하지 않았는지를 근심하겠는가.

영남은 우리 해동의 추로(鄒魯)와 같은 지방이다. 선현의 전해지는 풍속이 백세가 지나도록 사라지지 않아 덕이 높은 원로가 일상적으로 갈고 닦으니 이것은 곧 성인이 때에 맞는 의리이고 세상을 다스리고 백성을 보존하는 방법이다. 천박하고 비루함을 스스로 돌아보면 어찌 감히 자질구레하고 시끄럽게 어리석은 말을 택하여 번거롭게 하겠는가. 이는 바로 요즘 보통의 근심이지 귀 도(道)나 귀 군(郡)에 이러한 폐단이 있는 것은 아니다.

[경학원잡지 제26호(1925.12.25.), 49~52쪽]

42 오늘날 우리의 급선무(1925.12.25.)

오늘날 우리의 급선무[今日吾人之急先務]

정봉시(鄭鳳時)

본인이 본 도(道)의 강사가 된 것이 오늘로 14년이다. 학문이 얕고 덕이 엷은 데다 나이는 많고 병들어 쇠약해 강사의 책임을 다할 수 없다. 순강(巡講)이라는 하나의 일에서조차 연례적으로 두루 돌아다닐 수 없다. 그래서 거치지 않은 곳은 혹 경학원(經學院)에 강사가 있고 또 강사는 어떤 사람이고 어떤 직책인지 알지도 못한다. 비록 이미 거쳐 갔던 곳이라고 하더라도 시일이 오래되어서, 필시 그 강연이 어떤 의미였고 어떤 일을 말했었는지 알지 못한다. 이는 모두 본 강사가 맡은 직책을 다하지 못한 책임이다.

요행히 여러분의 두터운 용서를 바랄 뿐이다. 지금 경학원의 명령과 도청의 지시, 군청의 소개를 받아서 여러분과 함께 한자리에서 강론을 하게 되었으니 매우 지극한 영광이다. 감히 알고 있는 소견을 남김없이 드러내 여러분들 앞에서 전부 펼쳐 놓지 않겠는가.

아아! 지금 우리가 가장 강론으로 밝혀야 할 것은 여덟 가지로서, 인륜을 밝히고, 질서에 순응하고, 사추(士趨)를 바로잡고, 민심을 안정시키고, 학문을 권하고, 산업에 힘쓰고, 재용(財用)을 절약하고, 법률에 신중한 것이다.

그 첫 번째는 인륜을 밝히는 것이다. 인륜에는 오품(五品)이 있으니 사람이라면 누군들 알지 못하겠는가. 알고도 행하지 않는 것은 알지 못하는 것보다 못하다. 본 강사가 어찌 감히 인륜의 도를 다했다고 할 수 있겠는가. 다만 서로 권면하는 것을 군자는 귀하게 여기니 이로써 감히 한마디 말을 늘어놓아 부족하나마 밝게 듣도록 드린다.

대개 사람이 태어남에 인륜이라는 것은 옷감이나 먹을 것 같은 것뿐만 아니라 겨울에는 짐승의 털가죽으로 만든 옷을 입고 여름에는 갈포(葛布)로 만든 옷을 입으며, 목마르면 마시고 배고프면 먹는 사람의 일상적인 인정이다. 유독 삶에서 인륜을 모르는 것이 옳겠는가. 추운데 옷을 구하지 못하면 죽고, 배고픈데 먹을 것을 얻지 못하면 죽고, 살아가면서 인륜이 있다는 것을 알지 못하면 죽으니, 똑같은 죽음일 뿐이다. 추워서 죽거나 굶어서 죽는 것은 사람으로서 죽는 죽음이다. 그 인륜을 모르고 죽는 것은 짐승으로서 죽는 죽음이니, 어찌 애석하지 않겠는가.

　호랑이가 젖을 먹이고, 까마귀가 먹이를 바치는 것은 부모와 자식 사이의 인륜이다. 벌이 호위하고 개미가 진을 치는 것은 임금과 신하 사이의 인륜이다. 물수리는 부부 사이에 구별이 있는 것이다. 기러기는 형제 사이에 질서가 있는 것이다. 새가 우는 것은 친구를 구하는 것이다.[379] 저 새나 짐승들도 오히려 인륜을 아는데 하물며 이렇게 사람으로 태어나서 그 인륜을 알지 못해서야 되겠는가.

　오직 우리 동방은 성인인 기자가 가르침을 펼치신 곳으로 여러 현자들이 학문을 시작하여 평소에 예의의 나라라고 불렸다. 그런데 어째서인지 최근 들어서 교화가 점차 쇠퇴하고 풍속이 문란해져서 아버지이지만 그 자식을 자식으로 대하지 않고, 아들이지만 그 아버지를 아버지로 대하지 않는다. 부부가 이혼하는 것을 당연한 행동으로 여기고, 형제가 소송하는 것을 예사로운 일로 본다. 친구에 이르러서는 오히려 말할 것이 없다.

　아아! 일찍이 추로(鄒魯)의 나라[380]로서 어찌 금수의 지경에 이르렀는가? 물은 근원이 없으면 마르고 나무는 뿌리가 없으면 메마르며 사람으로 인륜이 없으면 망하여 없어지니 어찌 두렵지 않겠는가. 아! 바라건대 우리들은 인륜을 밝히는 도를 연구하여 뒤섞인 것을 풀어내고 없어지는 것을 존치하고, 아버지를 아버지답게, 지아비를 지아비답게, 지어미를 지어미답게, 형을 형답게, 동생을 동생답게 하여, 이 다섯 가지의 떳떳한 성품을 다하여서 한 집안의 조화를 지킬 수 있다면 어찌 하늘의 이치와 인간의 도리에 큰 다행이 아니겠는가.

　그 두 번째는 질서에 따르는 것이다. 사람이 질서가 있는 것은 마치 새가 깃털이 있고, 짐승이 털이 있고, 물고기가 비늘이 있는 것과 같이 저절로 차례가 있는 것이다. 순서를 바꿔서는 안됨은 하나라도 혹시 이를 어기면 관과 신발이 뒤바뀌고 손과 발이 자리를 바꾼 것과 같으니 가생(賈生)[381]이 우려하고 탄식한 것이 바로 이것이다. 아! 우리 동방의 질서가 몹시 어긋나고 나뉘어 마땅히 참작하는 도리가 있어야겠기에 일찍이 학식 있는 사람의 논의가 있었다. 그러나 지금에 이르러서 소위 '질서'라는 두 글자는 완전히 사라져 남지 않게 되었다. 나이 어린 사람이 나이 많은 사람을 능멸하고, 천한 자가 귀한 자를

---

379) 새가 … 구하는 것이다: 원문은 '鳥鳴尤朋友'로 되어 있다. 문맥이 통하지 않아 '尤'을 '求'의 오기로 보고 번역하였다.

380) 추로의 나라: 鄒는 맹자의 출신지이고 魯는 공자의 출신지이다. 맹자와 공자를 지칭하며 전하여 儒敎를 의미하기도 한다.

381) 賈生: 漢 文帝 때 유명한 학자인 賈誼의 별칭이다. 어렸을 때부터 재주가 뛰어나 젊은 날에 博士가 되었다. 다른 신료들의 반대로 뜻을 펼치지 못하였고, 간신의 참소를 받아 유배되었다. 이러한 자신의 처지를 屈原에 빗대어 지은 「弔屈原賦」가 유명하다. 이후 황제의 부름을 받아서 梁懷王의 太傅에 임명되었으나 얼마 지나지 않아 양회왕이 말에서 떨어져 죽었다. 이에 자신의 책임을 다하지 못한 것을 자책하며 애도하다가 33세의 젊은 나이로 사망하였다.

훼방하기를 일상다반사로 보니 어찌 탄식을 이길 수 있겠는가.

아! 바라건대 우리는 질서를 따르는 도리를 연구해서 노인과 젊은이가 각자 올바른 예절을 얻고, 귀한 사람과 천한 사람이 각자 편안함을 얻어서 그 나눔이 문란하지 않고 질서 정연하게 순서가 있어서 마치 새의 깃털, 짐승의 털, 물고기의 비늘과 같이 순서와 질서가 있다면 어찌 하늘의 질서와 사람의 차례에 있어서 큰 다행이 아니겠는가.

그 세 번째는 사추(士趨)를 바로 하는 것이다. 사추는 원기(元氣)이다. 원기가 바르지 않으면 온몸이 인(仁)하지 않다. 원기를 배양하는 것이 감히 바르지 않을 수 있겠는가. 오직 우리 동방은 예로써 유생과 현자를 대하고, 선비들이 유교를 숭상한다. 인심이 이로써 안정되고 세속의 도가 이로써 유지된다. 집안에 두 가지 가르침이 없고 사람에게 두 가지 취향이 없어, 윗사람과 아랫사람, 어른과 아이 모두 유학일 뿐이다. 비록 그 계층이 고르지 않아 조예에도 차이가 있고, 사문(師門)이 같지 않아 따르는 길이 혹 차이가 있으나 모두 본질이 유학으로 귀결되는 것은 같다.

그러나 어찌하여 최근 들어서 가르침은 각자 그 가르침이고, 사람은 각자 그 사람이라 세상의 변화에 발걸음을 빠르게 재촉하는 자가 있고, 세상의 형편에 생각이 변한 사람도 있다. 도도하게 흐르는 한세상에 유교에 바른 선비가 있다는 것을 다시는 알지 못하니 한탄스럽다. 오직 바라건대 우리들은 사추를 바르게 하는 도를 연구해서, 다른 말을 하고 정당하지 않은 행동을 하는 사람을 모두 바른 학문으로 들어가게 하고, 좁은 시내나 구불거리는 지름길과 같이 순리에 따르지 않고 억지로 하는 사람들은 모두 정도로 돌아오도록 하여, 원기는 가득 기르고 객기(客氣)는 명에 따르도록 하면, 선비가 이 세상에 살아가는 데 있어서 어찌 큰 다행이 아니겠는가.

그 네 번째는 민심을 안정시키는 것이다. 민심은 곧 하늘의 뜻이다. 백성들이 원하는 것을 하늘은 반드시 따르게 된다. 그래서 『서경(書經)』에서 말하기를 "하늘은 우리 백성들이 보는 것으로부터 보고, 하늘은 우리 백성들이 듣는 것으로부터 듣는다."라고 하였다. 하늘과 백성 사이에 어찌 한 올의 털이라도 들어갈 틈이 있을 수 있겠는가. 오직 우리 관동(關東)은 토지가 척박하여 사치하는 심성이 없고, 풍속이 순박하고 옛것을 좋아해서 호방한 심성이 없다. 지금 관동의 백성들은 곧 지난날 관동의 마음이라 애초에 더욱 면려할 말이 없다. 오직 그 척박함 때문에 백성들이 곤궁하고 곤궁하여 어지럽히게 되는 것은 형세가 원래 그러한 것이다. 오직 그 옛날 같은 순박함 때문에 백성들이 어리석고 어리석어 완고해지는 것은 이치가 반드시 그러한 것이다.

오직 바라건대 우리는 민심이 정해지는 도리를 연구하여 곤궁하면서도 어지럽힘에 이르지 않고, 어리석지만 완고함에 이르지 않도록 하여서 하늘이 내려준 우리의 속마음을 보존하고 하늘이 명한 우리의 품성을 다하면 어찌 하늘과 백성에 있어서 큰 다행이 아니겠는가.

그 다섯 번째는 학문을 권하는 것이다. 비록 우수한 지능을 가지고 있더라도 반드시 이것으로 말미암아 더욱 그 재주를 나아가게 할 수 있고, 비록 지능은 부족하지만, 반드시 이것으로 말미암아 그 바탕에 변화를 줄 수 있는 것은 오직 학문일 뿐이다. 예전에는 사람이 태어나 8세가 되면 모두 소학(小學)에 들어가 물 뿌리고 마당을 쓸고 손님을 응접하고 나아가고 들어오는 절차와 예절, 음악, 활쏘기, 말타기, 글쓰기, 계산의 학문으로 교육받았다. 오늘날의 보통학교가 바로 이것이다. 15세에 이르면 천차의 맏아들과 다른 아들들로부터 공(公), 경(卿), 대부(大夫), 원사(元士)의 적자(嫡子)와 평범한 백성으로 준수한 자들에 이르기까지 모두 대학에 들어가서 이치를 궁구하고 마음을 바르게 하며 자신을 닦아 남을 다스리는 도로 교육받았다. 오늘날의 대학교가 바로 이것이다.

교육은 예전과 지금의 차이가 없고, 학문은 새것과 옛것의 구분이 없는 것이 이와 같다. 그러나 특히 시무(時務)가 같지 않고 교과목이 혹 달라서, 노인은 오늘날의 학문을 이단의 학문이라고 하고, 어린 사람들은 예전의 학문을 부패한 학문이라고 한다. 노인과 젊은이가 서로 헐뜯고 새것과 옛것이 서로 공박한다. 옛 학문이 없으면 덕성을 전혀 기를 수 없고, 새로운 학문이 없으면 재능과 지혜를 나아가게 할 수 없다는 것을 모른다.

아! 한탄할 만하다. 오직 바라건대 우리들은 학문을 권하는 도를 연구하여 아버지와 형이 되는 자는 아들과 동생에게 학업을 열어 깨우칠 수 있게 하고, 아들과 동생이 되는 자는 아버지와 형의 가르침과 인도를 존중하고 받들도록 하여 인재를 만들고 세상의 가르침이 뿌리박히도록 하면 어찌 학계의 큰 다행이 아니겠는가.

그 여섯 번째는 산업에 힘쓰는 것이다. 맹자가 말하기를 "진실로 일정한 생산이 없으면 일정한 마음도 없으니 방탕하고 사치스러운 것을 하지 않음이 없을 것이다."라고 하였다.[382] 사람이 살아가는 데 산업이 어찌 급선무가 아니겠는가. 오직 우리 관동에서 토지는 산이 들보다 많고, 곡식은 벼보다는 조가 많다. 토지는 척박하고 백성은 가난하다. 소위 부유하다고 하는 자는 재산으로 천 금의 자산도 없고, 곡식으로 수년간의 저장이 없다. 가난한 자는 해가 다 하도록 힘들게 노력하여도 추수철에 이르면 농작물이 모두 농사를 지을 때 진 채무를 상환하는 데 들어가서 빈손으로 헛되이 서 있게 된다. 해마다 이와 같고, 사람마다 이와 같아 비록 장자방(張子房)[383]의 천운을 보는 능력과 도주공(陶朱公)[384]

---

382) 『孟子』 「梁惠王・上」에 나온다.

383) 張子房: 漢高祖 劉邦의 책사였던 張良을 말한다. 자방은 장량의 자이다. 뛰어난 지모로 한나라의 개국에 큰 공을 세워 뛰어난 지략가의 표본으로 일컬어진다.

의 설계로도 어쩔 수 없는 것이 곧 우리 관동 백성들이다. 불쌍한 우리 관동의 백성들은 어찌 생활할 것인가.

비록 그러하더라도 농업에 게으르지 않으면 그 생업을 잃지 않는다. 그 생업을 잃지 않으면 그 산업을 잃지 않는다. 특히 무릇 집마다 문과 기둥에 입춘을 맞이하는 시구[立春詞]를 붙여놓은 것을 보지 않았는가. 하늘은 열심히 농사일하는 집안을 가난하게 할 수 없다는 구절은 비록 속된 말이지만 진실로 거짓말이 아니다. 『서경』에 이르기를 "밭에서 일하여 열심히 농사를 지어야 또한 가을에 수확할 것이 있다."라고 하였다. 무릇 해마다 가을에 수확할 것이 있고 해마다 남는 것이 있으면 혹시 홍수나 가뭄의 재난을 만나더라도 반드시 그 부족한 것을 보충하고도 오히려 여유가 있을 것이다.

또 뽕나무, 삼베, 닥나무, 옻나무는 그 이익이 그것에 배가 되고 또 우리의 토지에 적당하다. 혹은 논의 가장자리, 혹은 울타리 주변 혹은 주인 없이 경작해 먹을 것이 없는 토지에 올해 몇 그루를 심고 이듬해에 몇 그루를 심으면 10년이 지나지 않아서 한 집안의 생업에 해가 되지는 않을 것이다. 그래서 10년을 위한 계책은 나무 심기만 한 것이 없다고 한 것이다. 오직 바라건대 우리들은 산업에 힘쓰는 도리를 연구하여 농사를 근본으로 하고 나무 심는 것을 보조로 하여서, 농사로는 먹고 심는 것으로는 옷을 해 입고, 쓰는 것 역시 옷을 해 입거나 먹고 남은 것을 밑천으로 하면 어찌 우리의 산업을 위한 큰 다행이 아니겠는가.

그 일곱 번째는 재용을 절약하는 것이다. 재용은 사람에게 기름이나 피와 같다. 사람이 기름과 피가 없으면 죽고, 사람이 재용이 없으면 죽는다. 사람으로 기름과 피를 아끼지 않음이 없지만 스스로 해치는 자가 있고, 사람으로 재용을 아끼지 않음이 없지만 스스로 망하는 자가 있다. 요즘 여러 세대 동안 번영을 누린 집안에서 대대로 내려온 재산과 조부가 노력하고 아버지가 아껴서 쌓아 온 재산을 혹은 도박으로 혹은 주색으로 하루아침에 탕진하고 자신은 거지가 된다. 아! 한탄스럽다. 오직 우리 관동은 근검절약하는 데 습관이 들어서 이러한 폐습이 없는 것 같다. 그러나 생각하지 못했을 때 경계하고 아직 일어나지 않았을 때 막아야 하는 것은 곧 우리 늙은이들의 책임이다.

오직 바라건대 우리는 재용을 절약하는 도를 연구하여 아버지와 형된 자들이 아들과 동생을 교육하여 반드시 먼저 학교에 들여보내 그 마음을 이끌고 이어서 실업(實業)을 주어서 그 마음을 잡게 하여 잠시라도 방종으로 흐르게 하지 않으면 어찌 다른 것을 추종할 겨를이 있겠는가. 『대학(大學)』에서 말하기를 "재물을 만드는 큰 도가 있으니 만드는 것은

384) 陶朱公: 越나라의 왕인 句踐의 신하 范蠡를 지칭하는 말로 벼슬을 그만두고 陶 지역에서 살면서 朱公으로 불렸던 것에서 연유한다. 당시 범려는 재산을 모으는 재주로 많은 재산을 모아 큰 부호가 되었다고 한다.

많고 먹는 것은 적으며, 일을 하는 것은 빠르고 쓰는 것이 느리면 재산은 항상 풍족할 것이다."라고 하였다. 진실로 이러한 가르침을 따를 수 있다면 어찌 재산가의 큰 다행이 아니겠는가.

그 여덟 번째는 법률에 신중한 것이다. 오형(五刑)[385]의 부류는 이미 요순시대부터 시작되었다. 그 후로 세상의 등급이 날마다 떨어지고 법령이 날마다 번잡해져서, 털과 같은 빽빽함으로도 그 많음에 비유하기 부족하고 손으로 느껴 봐도 그 변화를 깨우치기 부족하다. 하나라도 만약 법령을 어기면 죽을 때까지 연루되어서 관청에서는 버려버리고 사회에서도 배척하니 장차 어디에서 자신을 받아들여주겠는가. 이와 같은 사람은 의복과 음식을 남보다 더 가지고자 할 것이다. 두 번 범하고 세 번 범하여 죽음에 이르러서야 그칠 것이니 두려워하지 않을 수 있겠는가. 오직 우리 관동의 토풍이 순하고 두텁고 인심이 선하고 좋아서 분명히 이러한 악습이 없을 것이다. 그러나 풍조가 미치는 바에 우려가 이르지 않을 수 없다.

오직 바라건대 우리는 법률에 신중한 도를 연구하여 부모와 형 된 자가 아들과 동생을 가르칠 때 반드시 마음을 조심하고 신중하도록 하여, 말은 위험한 말이 없고 행동은 위험한 행동이 없어서 법률이 어떻게 하는 것인지 모르게 된다면 어찌 이른바 길하고 상서롭고 좋은 일이 아니겠는가.

본 강사는 관동 사람이다. 집안도 관동에 있고, 선조들의 묘소도 관동에 있고, 친척과 친구들도 관동에 있다. 그 가까움과 가깝지 않음, 앎과 알지 못함을 논하지 않고 아끼고 사랑하는 도타움과 마음과 뜻이 서로 통하는 것은 횡성(橫城), 원주(原州), 영월(寧越), 평창(平昌)이 같다. 지금 4개 군의 강연에서 모두 한 가지 이야기를 늘어놓았다. 횡성에서 듣고 원주에서 들은 사람, 영월에서 듣고 평창에서 들은 사람은 당연히 늘어서 앉은 자리에서 웃을 수 있다. 그러나 맹자가 말하기를 "다섯 이랑을 가진 농가에서 뽕나무를 심으면 50세 된 자가 비단옷을 입을 수 있고, 닭과 돼지, 개와 큰 돼지를 기르는 데 그 시기를 놓치지 않으면 70세 된 자가 고기를 먹을 수 있으며, 백 이랑의 밭이 농사의 시기를 놓치지 않으면 8명의 식구가 있는 가정이 굶주리지 않으며, 상(庠)과 서(序)의 가르침을 삼가서 효도와 우애의 의리를 거듭하면 머리가 반백인 사람이 길에서 짐을 이거나 지지 않을 것이다."라고 하였다. 이 한마디의 말을 양 혜왕(梁惠王)에게 알리고, 다시 제 선왕(齊宣王)에게 알리고, 세 번째로 등 문공(滕文公)에게 알렸다. 대개 성인이 왕도의 요령으로써 삼는 것은 이것에 지나지 않는다. 그래서 거듭 자신의 의견을 알린 것이다. 나도 우리들의 급무

---

385) 五刑: 『大明律』에 따라 구별한 다섯 가지 형벌로 死刑, 流刑, 徒刑, 杖刑, 笞刑을 말한다.

로 삼는 것은 이것보다 먼저인 것이 없다. 그래서 번잡함을 꺼리지 않았다.

　오직 바라는 것은 여러분이 이 여덟 가지 조항을 가지고 아버지가 가르치고 형이 도와줘서 집안에서 깨우치고 방 안에서 말을 하여 우리 관동 한 지방으로 하여금 그 도를 다하고 전하여, 다른 도에서 인륜의 밝음, 질서에 순종함, 사추(士趨)의 바름, 민심의 바름, 학문의 근면, 생산에 힘씀, 재용의 절약, 법률에 신중함에 대하여 관동을 모범으로 삼는 데 이른다면 어찌 오직 우리 관동의 큰 다행일 뿐이겠는가.

[경학원잡지 제26호(1925.12.25.), 55~60쪽]

43 **나라에 도가 있는데 가난하고 천한 것은 부끄러운 일이다(1925.12.25.)**

나라에 도가 있는데 가난하고 천한 것은 부끄러운 일이다
[邦有道貧且賤焉恥也]

성낙현(成樂賢)

사람은 항상 하는 말에 부귀와 빈천은 원래 하늘에서 정해주는 것이라고 한다. 이는 그렇지 않은 바가 있어 전국 시대에 채택(蔡澤)이 이른바 "부귀는 내가 원래 가지고 있던 바"라고 하였다.386) 이는 말 잘하는 사람이 일시적으로 희롱하는 말에 불과하지만, 그 실제를 연구해보면 또한 무리하다고 할 수 없다. 송나라 말기에 육방옹(陸放翁)387)이 이르기를 "사람이 누가 감히 스스로 닦는 선비를 모욕하겠으며, 하늘은 열심히 일하는 농가를 굶주리게 할 수 없다."라고 했다. 이것은 풍류객이 평범하게 읊은 것에 불과하지만 그 원리를 미루어보면 진실로 사물의 이치를 연구한 지식에서 나온 말이다.

어째서이겠는가? 누가 『시경』에서는 영원히 천명에 따라서 스스로 많은 복을 구하라고 하고, 『서경』에서는 착한 일을 하면 온갖 상서로움이 내려온다고 하였다. 무릇 많은 복과 온갖 상서로움은 곧 부귀를 말하는 것으로 모두 스스로 이르게 한 것이다. 부귀를 원하고 빈천을 싫어하는 것은 진실로 사람의 일반적인 정서이다. 하지만 부귀에 이를 수 있는 사람은 매우 적고 스스로 빈천에 빠지는 사람은 매우 많다.

이것은 어째서인가? 대개 그 나태함에 익숙하고 안일함이 습관이 되어, 원래 부귀한 자는 그 부귀를 지킬 수 없고 원래 가난한 자는 그 가난에서 벗어날 수 없다. 흰머리가 되어 허름한 오두막에서 추위와 굶주림을 감당할 수 없게 되어서는 긴 한숨과 짧은 탄식으로 하늘을 원망하고 사람을 탓하니 이것이 어찌 이치이겠는가.

---

386) 蔡澤은 중국 전국 시대 燕나라 출신으로 지략이 풍부하여 秦나라로 가서 재상이 되었다. 진나라에 10여 년 동안 머무르면서 昭王, 孝文王, 莊襄王, 始皇을 섬겼다. 신료들의 모함을 받아 재상에서 물러난 이후에는 綱成君이라 불렸다. 『史記』 「范睢蔡澤列傳」에 따르면 채택이 진나라로 가기 전에 여러 나라를 돌면서 유세하였지만 등용되지 못하여서 유명한 점술가인 唐擧에게 가서 관상을 보았다. 이때 채택이 "부귀는 내가 원래 가지고 있던 바이지만 내가 알지 못하는 것은 수명이니 듣기를 원합니다."라고 하자, 당거가 "앞으로 43년을 더 살 것입니다."라고 대답하였다고 한다.

387) 陸放翁: 중국 南宋의 시인인 陸游를 말한다. 약 50년 동안 1만 首에 달하는 시를 남겼다고 한다. 放翁은 그의 호이다.

무릇 부귀는 지식과 근검이 바탕이 되어야 이룰 수 있는 것이다. 지금 천하의 몰지각한 자로 우리 조선 사람만 한 자가 없고 근검하지 않은 자로 우리 조선 사람만 한 자가 없다. 학문으로 말해보면 경전을 토론하고 풍월을 읊는 자로 제대로 된 사람이 없지 않으나 예전은 옳고 지금은 틀리다고 여겨 완전히 시무에 어두우니 실사(實事)와 실리(實理)는 꿈으로 치부해 버린다. 세속에서 이른바 입으로는 근원을 막을 수 있고, 손으로는 스스로 흐름을 막는다고 하는 것이 이것이다.

생산을 다스리는 것으로 말하자면 농업과 공업에는 힘쓰지 않고 망령되이 일확천금을 생각하여 그 의복을 화려하게 하고 그 음식을 사치스럽게 하면서 헛되이 심신을 수고롭게 하고 시간을 낭비하여 결국 무뢰배가 되어서 죽음에 이르러서도 후회하지 않는다. 세속에서 이르기를 취한 듯이 죽고 꿈꾸듯이 산다는 것이 바로 이것이다. 이와 같으면 비록 부귀에 이르고 빈천에서 벗어나기를 바라더라도 그것이 가능하겠는가.

가만히 생각해보면 우리 조선은 원래 단군과 기자의 유족(遺族)으로 공자와 맹자의 유교를 따라 익혀서 예의를 두텁게 숭상하고, 효도와 공손을 장려하여 민심이 어질고 순하며 풍속이 순수하고 아름답다. 비록 하등의 깨우치지 못한 무리들이라 하더라도 불효하고 성품이 좋지 않다는 악명을 부끄러워한다. 학업은 나라에는 태학(太學)이 있고 군(郡)에는 향교(鄕校)가 있으며 마을에는 서당(書堂)이 있어서 귀천을 막론하고 자식이 태어나면 반드시 학문으로 교육하여 보통의 지식을 닦는다. 그래서 관례를 치르고 관을 쓰기에 이르면 서방(書房)이라고 칭하고 석사(碩士)라고 부르는 것은 지금까지도 여전히 그 사례가 남아있어서 그 학문을 우대하던 풍속을 증험(證驗)할 수 있다. 산업은 농업, 잠업, 공업, 상업이 각자 그 직업을 지키고 분수가 아닌 것을 생각하지 않으며 해를 마칠 때까지 힘써 일하면, 위로는 부모를 모시기에 충분하고 아래로는 처자식을 먹이기에 족하며, 풍년이 들었을 때는 안락하게 생활할 수 있고 흉년이 들었을 때는 죽음을 면할 수 있으니 오히려 선왕의 남은 은택이 있는 것이다.

요즘 들어서 학문의 풍속이 이미 끊어져서, 책을 읽는 소리가 가정에서 들리지 않고 서찰로 사정을 통할 수 없어서, 아버지나 할아버지의 이름을 기억하지 못하는 자가 넘쳐나는 것이 모두 그러하다. 백성들의 지식이 어찌 이보다 더 흩어져 없어질 수 있겠는가. 이로 말미암아 세속의 기강이 문란해지고 인륜이 훼손되어, 아버지가 그 자식을 의심하고 자식이 그 아비를 원망하며, 형제가 서로 소송하기를 능사로 여기고, 부부가 이혼하는 것을 마치 예사로운 사건으로 여긴다. 귀천의 등급과 장유(長幼)의 질서가 어느 쪽에 속해 있는지 거론할 겨를도 없이 빠르게 금수의 영역으로 들어가고 있지만 수치를 알지 못한다. 백성들의 풍습이 어찌 이보다 더 어그러질 수 있겠는가.

개통(開通)한 뒤로부터 삼가고 겸손함을 버리고 번화한 것을 부러워하며, 속이는 것이 습속이 되어 옥사와 쟁송이 더욱 일어나고, 선조들의 기업을 탕진하고 사방으로 흩어지는 것이 여기저기서 모두 그러하다. 읍내와 시골을 막론하고 겨우 집을 마련한 자는 채무 장부가 산처럼 많아 아침저녁 끼니도 보장하지 못하는 듯하니 어제의 부유했던 자가 오늘에는 거지가 되는 그런 사람이 허다하다. 백성들 재산이 어찌 이보다 곤궁할 수 있겠는가. 신진으로 나이가 어린 자들은 폐단의 근원을 생각하지 않고 망령되게 서로 논의를 말하면서 유교에 책임을 돌리고 한문을 원망하기까지 한다. 심지어는 선대의 선인을 말로 핍박함에 조금도 거리낌이 없다.

오오, 아아! 이 어찌 유교의 죄이고 한문의 과실인가. 지식이 이와 같고, 어그러짐이 이와 같으며, 곤궁함이 이와 같으니 장차 어찌할 것인가. 지금 온 천하의 모든 나라가 날로 문명으로 나아가 부강함에 이른 자는 모두 지식과 근검에서 말미암았다.

일찍이 『대학(大學)』의 전문(傳文)에 "재물을 만드는 큰 도가 있으니 만드는 것은 많고 먹는 것은 적으며, 일을 하는 것은 빠르고 쓰는 것이 느리면 재산은 항상 풍족할 것이다."[388] 라고 하였다. 오늘날 기술의 발달과 기계의 교묘함이 진실로 예전에 비할 바 아니니 백성들이 재물을 생산하는 것도 그 방법이 하나가 아니다. 오직 바라건데 여러분들이 모쪼록 각자 힘을 쓰고 서로 권면하여 그 지식을 발달시키고 근검에 힘써서, 생산물은 많고 먹는 것은 적으며 일하는 것은 빠르고 쓰는 것은 느리도록 하여서, 빨리 빈천의 수치를 면하기를 힘써 희망한다.

[경학원잡지 제26호(1925.12.25.), 68~70쪽]

---

388) 『大學』, "生財有大道 生之者衆 食之者寡 爲之者疾 用之者舒 則財恒足矣."

44 유가의 사업(1925.12.25.)

유가의 사업[儒家事業]

(유도진흥회 경상북도지부 총회 석상에서)

경학원 사성(司成)
김완진(金完鎭)

귀 도의 귀 회가 설립된 지 이미 4~5년이 지났다. 회의 상황이나 사업의 업적이 날로 튼튼하고 왕성해져서, 쇠퇴하는 세상의 목탁으로 떨치고 무너지는 세파의 지주(砥柱)가 되어 유학자가 신뢰하고 백성들이 다행으로 여긴다. 돌아보면 경학원의 직원으로서 함께 축하하는 구구한 정성이 감히 남보다 작거나 뒤지겠는가. 다행히 귀 회의 정성어린 초대로 여러분들과 함께하는 자리의 말석에 참여해 성대한 상황을 직접 보고 수준 높은 논의를 귀담아 들으니 저절로 마루에 올라가 방으로 들어가는 듯 차츰 높은 수준으로 올라가는 느낌에 못지않고, 무우(舞雩)에서 노래하고 기수(沂水)에서 목욕하는 듯 자연 그대로의 고상한 뜻을 품는 것에 실로 버금간다. 예전부터 바라던 바이고 크게 미천한 신분으로 영광스럽다.

오직 이 영남은 원래 추로(鄒魯)의 지방으로 선현(先賢)의 전해지는 풍습이 지금도 여전히 사라지지 않았다. 이 지역의 여러분들이 함께 분발하여 유도(儒道)를 진흥하려고 하니 기치(旗幟)가 질서정연하고 진용이 당당하여 장엄하고 우뚝 솟아 다른 도(道)를 굽어보니 다른 지방, 다른 모임이 비 온 뒤의 죽순이나 바다 위의 신기루 같은 것과 비교할 바가 아니다.

예부터 성현이 일어나는 것은 모두 시대에 맞추어 세상을 구제하는 것으로 말미암아 발생하였다. 왕정(王政)이 쇠퇴하자 소왕(素王)[389]이 『춘추(春秋)』를 지었고, 사이한 설이 번성하자 아성(亞聖)[390]이 양주(楊朱)와 묵적(墨翟)을 배척하였으며, 경전이 불타자 한나라 선비들이 훈고학(訓詁學)을 숭상하였고, 과거만을 노리는 학문이 성하자 송나라의 유학자들이 도학을 강론하였던 것이 바로 이것이다. 그러니 오늘날 귀 회가 일어난 것 역시 반드

---

389) 素王: 왕은 아니지만 왕의 덕을 갖춘 사람으로, 孔子를 말한다.
390) 亞聖: 孟子를 말한다.

시 그 이유와 까닭이 있다.

최근 새로운 풍조가 수입되어 급격하게 사상계에 파란이 되었다. 검은 물이 멋대로 흘러와 온 세상에 홍수를 일으켜 물질의 문명에 휩싸이고 고유한 정신을 전부 던져버려서 덕(德)과 의(義)는 흔적도 없고 오직 이익만 다툰다. 법률은 악용되는 것이 연구보다 급하고 교육은 실체 없는 그림자나 울림이 효과보다 빨라서 놀고먹는 사람이 날로 늘어나고 거드름을 피우며 방탕한 것이 풍속이 되었다. 심지어는 아버지와 아들이 서로 소송을 하여 윤리가 손상되고, 부부가 서로 이혼하며 사랑이 변하였다고 어지럽게 주장하는 것이 매우 거칠게 한쪽으로 쏠려가는 것 같아 곧 서로 빠져버리기에 이른다. 사람이 이렇게 되었는데도 장차 팔짱을 낀 채 보고 앉아서 구할 방법을 생각하지 않겠는가. 이것을 아는 것이 귀 회가 흥기한 이유이다.

무릇 이러한 여러 폐단은 역시 모두 과도기 가운데 자연스러운 현상이다. 좋은 곡식이 익으려고 함에 비바람이 먼저 일어나고, 태양이 바야흐로 떠오르려고 함에 도깨비가 곧 달아나는 것이 이 예시이고 증거이다. 5월에 양가죽 옷을 입었다가 추울 때를 맞이하니 양가죽 옷이 생각나지 않을 수 있겠는가. 사랑이 변하였다고 마음대로 하였다가 헤어짐에 임하여 후회가 없을 수 있겠는가. 하늘의 도리가 순환함에 어지러움이 극에 달하면 다스림을 생각하고, 사그라지고 자라나는 것은 수효가 있으며, 차고 비는 것도 이치가 있으니, 만세에 걸쳐서도 무너지지 않는 것은 오직 유학의 도이다. 만세를 위하여 태평함을 여는 것도 오직 유학의 도이다. 유학의 도를 연구해 밝혀서 후대의 사람들을 넉넉하게 가르치는 일은 누가 그 책임을 맡겠는가? 비가 아직 오지 않을 때 대비하고 때가 이르렀을 때 파종하는 일은 누가 그 임무를 담당하겠는가? 우리가 오늘날 어찌 점차 풀어져서[荏苒沁泄] 스스로를 포기만 하고 있겠는가? 이것을 아는 것이 귀 회(會)가 흥하여 장차 해야 할 일이다.

가만히 세상에서 유가의 사업이라고 하는 것을 살펴보면 혹은 허례허식을 숭상하여 실질적인 학문을 버리는 자가 있고, 혹은 아름다운 명성을 표방하면서 좋은 재료를 팔아버리는 자도 있으며, 혹은 시골 사람들의 어리석음을 우롱하면서 도리어 스스로의 어리석음을 드러내는 자도 있고, 혹은 망령된 행동으로 법을 어기면서 당시의 정책에 원한을 품는 자도 있다. 모두 그 뜻에 도달하고 그 욕심을 일 수 없어서 성인의 덕에 누를 끼치고 유림계(儒林界)를 혼탁하게 하기에 딱 적당하니, 아! 또한 어리석은 사람이 기약하는 바가 슬프다. 귀 회는 무릇 어찌 가볍게 여기는 것인가. 오직 도를 밝히고 영재를 길러서 유교가 무너지지 않게 해야 할 뿐이다.

무릇 유림이라고 하는 것은 학자의 단체를 말하는 것이다. 유림으로써 교육을 장려하는 것은 원래 본업이다. 교육을 말미암지 않고서 유교의 도를 진흥하는 것 역시 원래의 이치가 아니다. 그러니 귀 회가 당연히 먼저 힘써야 할 것은 오직 교육 사업일 것이다.

향교(鄕校)는 예전의 학교이다. 문묘(文廟)는 학도(學徒)를 위해 설치한 것이다. 향교의 재산은 당시 교육비이다. 학제를 새로 반포한 뒤부터 이후로 따로 학교를 설치하고 학교 교육을 시행하고 향교를 남겨두어 사회교육기관을 갖추었다. 이제 문묘와 학교가 처음으로 둘로 나뉘었고 향교 재산을 이용하는 문제가 유림계를 시끄럽게 한다. 대개 이를 이용하는 것이 학교에 편중되었으니 유림들이 그 불평등을 호소하는 것도 실로 괴이하지만은 않다. 만약 문묘에 편중되었다면 역시 그 재산을 원래 성질의 반에 쏟아 부은 것이다. 어찌 도비(道費) 다음으로 큰 공공의 생산에 쓴다고 하면서 한갓 향사(享祀)나 음복(飮福)에만 소비하며 한 가지 사업도 운영하지 않고 그만두려 하는가.

한 차례 「향교재산관리규칙(鄕校財産管理規則)」이 개정된 이후 이것을 가지고 이용(利用) 방법을 논하는 자 역시 대부분 분분하다. 비록 규정의 정신이 조문에 명백히 드러나 있으나 아직도 유생들이 옳다고 하는 바가 하나로 정해지는 것을 보지 못하였다. 내가 가만히 설립한다는 것을 생각해보면 혹자는 대학과 중학을 설립하고자 하고, 혹자는 경의강습소(經義講習所)를 설립하고자 하고, 혹자는 한문서당(漢文書堂)을 설립하고자 하지만 나의 우둔함으로 도저히 수긍할 수 없는 것은 어째서인가?

대개 교육이라는 것은 학교에만 모든 책임을 맡겨서는 안 되고 반드시 가정, 학교, 사회의 세 단계가 갖춰져야 한다. 그러나 현재 있는 세 단계의 교육비를 시험 삼아 계산해보면 가정이 가장 많고 학교가 다음이고 사회가 가장 적다. 그러니 우리 조선에서 풍속을 일으키려는 사업 역시 가장 부진하다. 이처럼 가장 적은 자원만을 학교의 비용으로 투입하면 사회교육은 앞으로 어떻게 시행할 것인가? 사회교육이라고 하는 것은 「향교재산관리규칙」에서 교화 사업이라고 하는 것이다. 성현을 받들어 모시고, 선행을 표창하며, 빈궁한 자를 구휼하고, 지식을 계발하며, 후진을 양성하는 등의 사업이 모두 여기에 속한다. 후진을 양성하는 것은 특히 사회교육의 지름길이 된다.

지금 시대가 점차 내려와서 학식이 있는 유학자가 차례로 쇠락하여 은둔하여 글을 읽는 사람이 몇이나 되는지 알 수 없고, 혹시 있다고 하더라도 역시 시대의 쓰임에 적당하지 않으니 우리 유학자의 앞길이 한심하지 않은가. 이러한 시대에 모름지기 유림회의 재산을 적립하고 향교의 재산을 아껴 써서, 이로써 가난하지만 총명하고 뛰어난 학생을 선발해 파견하여 고등사범학교나 제국대학의 교과를 익히도록 하여서 학계의 사표(師表)로 기르고 유림의 방패와 성으로 만든다면 진실로 어떠하겠는가?

저 불교나 기독교에서는 이미 이러한 방법으로 학사와 박사를 많이 양성하였다. 그러나

유가에서 이러한 사업이 있다는 것을 아직 듣지 못하였다. 무릇 향교의 재산은 곧 도지사(道知事) 각하가 감독하는 바이고 여러 군수님들이 관리하는 바이다. 참으로 내가 자기 직분을 넘어서 망령되게 논하는 것이 부당하다. 그러나 오직 이 자리에 계신 여러분들은 모두 장의(掌議)[391]의 자격이 있고 모름지기 회의에 참여하여 갑자기 기회를 만났으니 협찬해야 하는 의무를 극진히 하여 사회교육의 기능을 확장하고 유도 진흥과 교육 발달의 양쪽 사업을 크게 성취해야 한다. 내가 삼가 바라고 축원한다. 참람되고 망령됨이 이에 이르렀으니 두렵고 두렵다.

[경학원잡지 제26호(1925.12.25.), 70~73쪽]

---

391) 掌議: 성균관이나 향교에 머물러 공부하던 유생의 임원 가운데 으뜸 자리를 말한다.

45 구학문과 신학문(1926.12.25.)

구학문과 신학문[舊學及新學]

정만조(鄭萬朝)

나는 못난 사람으로 외람되게 제학(提學)의 임무를 맡았다. 이미 학문이 부족하니 어찌 감히 말을 하겠는가. 능력도 없이 녹봉만 축낸 지 반년이 되어 다만 부끄럽고 두려움이 더해가는 데 문묘의 가을 석전(釋奠)의 날을 맞이하여 분주한 자리에 참석할 수 있게 되었으니 매우 큰 영광이다. 또 하물며 여러 공직자와 여러 선비가 와서 모습을 보이니 예절과 용모가 엄숙하여 벽옹(璧雍)이나 반궁(泮宮)392)의 풍속보다 아름다우니 매우 성대한 행사이다. 의례가 끝나고 서로 마주하였으니 감히 한마디의 말을 간략하게 늘어놓겠다.

오늘날 신·구 학문에 대한 말이 있으니 이것은 유교의 큰 불행이다. 무릇 학교는 삼대(三代)가 공유하였으나 삼대 이후로는 어떤 것은 거행되고 어떤 것은 폐지되었다. 요즘에 이르러서 그 제도가 조금 갖추어져서 앞으로 옛 정사를 다시 닦으려 하는데 경학(經學)으로 벼리를 삼고 과학(科學)으로 조목을 삼으며, 경학으로 근본을 삼고 과학으로 가지를 삼아서, 들어서 기르고 북돋아서 다다르게 함에 이 어찌 한 터럭이라도 서로 어긋남이 있겠는가. 어째서 과학은 경학을 가리켜 진부하다고 하면서 성인과 현자, 아버지와 형을 모독하기까지 하고, 경학은 과학을 욕하며 사(邪)에 물들었다고 여기고 자식과 동생이 열심히 익하는 것을 금지하는가?

경(經)이라는 것은 바른 것으로 단순하게 육경(六經)393)의 문구를 배우는 것이 아니다. 인의, 도덕, 효제, 충신이 모두 경학이다. 과(科)라는 것은 공자 문하의 사과(四科),394) 『주례(周禮)』 「대사도(大司徒)」에 나오는 육행(六行)395)과 육예(六藝)396)가 모두 과학이다. 혹시 세세한 마디나 작은 구멍과 같은 차이가 있겠으나 비록 삼대 시대에 공유했을 때에도 더한 것과 뺀 것이 있다. 대개 당시의 마땅함에 따라서 변통한 것이지 그 본령과 취지가

---

392) 벽옹이나 반궁: 벽옹은 천자가 도읍에 설치한 학교이고 반궁은 제후가 도읍에 설치한 학교이다.

393) 六經: 『周易』, 『書經』, 『詩經』, 『春秋』, 『禮記』, 『周禮』를 말한다.

394) 四科: 德行, 言語, 政事, 文學을 말한다.

395) 六行: 孝, 友, 睦, 仁, 任, 恤을 말한다.

396) 六藝: 禮, 樂, 射, 御, 書, 數를 말한다.

갈라진 것은 아니다.

　지금부터 우리가 급하게 힘써야 할 것은 신학문과 구학문을 구별하는 생각을 타파하여 다시 입에 거론하거나 글로 쓰지 않는 것이다. 그리고 경학은 후진을 북돋아 인도하는 것으로 임무를 삼고, 과학은 앞선 성인에 의뢰하고 귀의하는 것을 목표로 삼아서, 여유 있는 날에 자주 이곳에 모여서 서로 부지런히 학문을 연마하는 도움을 구하고 서로 도와 학문을 닦는 이익을 얻을 수 있다면, 삼대의 다스림을 회복할 수 있고 천하의 풍속을 훌륭하게 만들 수 있으니, 이것이 유교의 큰 다행이 아니겠는가. 이것이 우리가 오늘날 구구절절하게 바라는 것이다.

[경학원잡지 제27호(1926.12.25.), 68~69쪽]

46 명륜설(1927.12.25.)

명륜설(明倫說)

한창우(韓昌愚)

가만히 생각하면 저 한창우는 시골구석의 어리석은 사람이다. 성품이 비루하고 식견이 몽매하여 진실로 이 세상에 있으나 마나 하다. 그런데 오히려 거듭 두꺼운 얼굴로 강사의 직책을 빌려서 수행한 것이 이미 10여 년이 지났고 고문의 자리에 그대로 눌러앉은 지 또한 수년이 지났다. 백발이 어지럽게 뒤섞였으나 실제로는 조금도 실효가 없어, 큰 짐을 짊어진 것처럼 스스로 돌아보며 조심스럽게 삼간다. 그러나 다만 올바른 마음을 내려준 하늘이 진실로 현명함과 어리석음으로 차별을 두지 않았다. 그래서 역시 감히 자포자기하는 죄과를 스스로 꾸며내지 않는 것이다.

지금 이 회에서 바야흐로 인륜의 떳떳함을 닦고 밝히려고 한다. 서울에서는 사성(司成), 사장(社長), 대선생(大先生)이 총애를 받아서 직접 임하였고, 군에서는 현명한 군수와 여러 집사(執事)들[397]이 학문의 다스림을 아름답게 장식하였다. 천리의 숨어있는 깊이를 강연하고 인간사의 절문(節文)을 토론하니 황홀하기가 구름과 안개를 나누는 것 같고, 성대하기가 마치 강물이 터져 나오는 것 같다. 그러니 저 창우와 같은 어리석은 사람은 쫓아가서 몸을 낮추기에도 겨를이 없으니 어찌 감히 그 사이에서 한 번이라도 입술을 열겠는가.

비록 그렇지만 일찍이 듣기에 사람이 태어나서 본성이 있는데 그 절목은 인(仁), 의(義), 예(禮), 지(智), 신(信)일 뿐이고, 사람이 태어나서 인륜이 있는데 그 절목은 부자(父子), 군신(君臣), 부부(夫婦), 장유(長幼), 붕우(朋友)일 뿐이라고 하였다. 그 이치는 나에게 있어서 구하면 반드시 얻지 못할 이치가 없고, 그 일은 나에게 있어서 행하면 반드시 다다르지 못할 일이 없다. 이는 이른바 천리의 자연스러움이고 인사의 당연함이다. 그래서 예전의 성스러운 황제와 현명한 왕이 교화를 세우고 조치를 내는 것이 모두 이로써 하였고, 앞선 성인과 뒤의 현인이 연구하여 밝히고 유지한 것 역시 이를 행한 것이다. 이 때문에 나라가 굳건하고 백성이 편안하며 교화가 행해지고 풍속이 아름다워서 재물이 풍부한 것이 그 뒤로 수천 년이다.

---

397) 여러 집사들: 원문은 '諸埶事'라고 되어 있다. 문맥이 통하지 않아 '埶'을 '執'의 오기로 보고 번역하였다.

　오호라! 세상의 도가 날로 내려가고 풍조가 날로 변화하여 아들이지만 아버지를 해치는 자가 있고, 동생이지만 형의 팔을 비트는 자가 있다. 그 나머지 부부와 붕우의 사이에는 야만스러운 행동과 마음에 따른 폐단이 이루 말할 수 없으니 이는 무엇 때문인가? 10,800년을 주기로 회전하는 운수가 점차로 들이닥친 것인가, 아니면 살리기를 좋아하는 천심(天心)을 억눌러 한 번에 뒤집으려는 때인가? 감히 알 수 없다. 당국자는 이를 위한 우려로 이 회를 창립하여서 사람의 벼리를 분명히 밝히고 사람의 귀를 개발하여 고유한 품성을 따르게 하고 마땅히 해야 할 도리를 분명히 하여서 만에 하나라도 풍속과 교화를 만회하고자 한다면 오늘날 여러분들의 무거운 책임이 과연 어떠한가? 나 창우는 하늘과 땅이 없다면 그만이지만 하늘과 땅이 있다면 이 도는 없어질 수 없고, 인류가 없다면 그만이지만 인류가 있다면 이 교화는 허물어질 수 없다고 여긴다. 어찌 서로 힘쓰지 않겠는가.

[경학원잡지 제28호(1927.12.25.), 63~64쪽]

47 공부자의 집대성(1927.12.25.)

공부자(孔夫子)의 집대성

경성제국대학 교수, 문학박사
고지마 겐키치로(兒島獻吉郎)

오늘 문묘(文廟)의 춘계(春期) 석전(釋奠)을 거행하심에 당하여 공자의 성덕을 찬송하기 위해서 이 자리에 서는 영광을 얻었습니다. 강연의 제목은「공부자의 집대성」이라 하겠습니다.

'집대성'이란 세 글자는 맹자께서 공자의 성덕을 찬송하신 언사이니, 이것이 공자의 인격에 가장 적중하여서 원(元)의 성종(成宗)이 공자에게 시호를 추가[追諡]하기를 대성지성문선왕(大成至聖文宣王)이라 하였으니, 물론 맹자가 평가한 말을 답습하여 사용한 것입니다. 이로부터 공자의 묘(廟)를 대성전(大成殿)이라 하여 중국[支那]에서는 공자묘의 본산이라고 할 만한 곡부(曲阜)로 시작하여 북경(北京)에서든지, 남경(南京)에서든지 공자묘는 모두 대성전이라고 칭하기로 하였습니다. 조선에서든지 내지(內地)에서든지 또한 마찬가지로 대성전의 칭호를 사용합니다.

'대성(大成)'이란 무엇이냐고 묻는 사람이 있다면, 저는 대답하기를 대성이라는 언사가 나온 바는 맹자가 집대성한 의의로부터 해설하겠습니다. 집대성 세 글자는 본래 음악상으로 사용한 언사입니다. 맹자의 설명에 따르면 음악의 시초에 '땡땡' 울리는 쇠[金]의 소리와 음악의 종말을 딱딱하게[戛然] 울리는 옥(玉)의 소리로 한 곡의 음악이 완성됩니다. 지금 다시 상세하게 설명하건대 한 번 '땡땡' 쇠를 울리면 옥성이 서로 어울려 팔음(八音)이 화합하고, 끝의 옥을 딱딱하게 울리는 일성으로 오성(五聲)이라든지, 팔음이라든지 일시로 울리는 것을 쉬기 때문에 쇠의 소리를 조리(條理)로 시작하는 것이라고 말하고, 옥의 소리를 조리를 마치는 것이라고 말합니다. 다시 이것을 인격화하여 조리를 시작함을 지(智)의 일이라고 말하고, 조리를 마치는 것을 성(聖)의 일이라고 말하였습니다.

공자께서 일찍이 자공(子貢)의 질문에 대하여 "성(聖)은 내가 할 수 없다[聖則吾不能]."[398] 고 겸손하게 하셨습니다. 그러나 공자 자신으로 자기의 특별한 장점을 서술하시되 "배움

---

[398] 『孟子』,「公孫丑・上」, "昔者, 子貢問於孔子曰, 夫子聖矣乎. 孔子曰, 聖則吾不能, 我學不厭而敎不倦也."

을 싫어하지 않고, 가르침을 권태롭게 하지 않을 뿐"이라고 말씀하셨습니다. 여기에서 자공은 배움을 싫어하지 않음은 지혜(智)이며, 가르침을 권태롭게 하지 않음은 인(仁)이시니 지혜롭고 또한 인자하시므로, 선생께서는 이미 성인이라고 말씀하셨습니다. 공자를 성인이라고 간주하는 일은 공자의 생전에서부터 이미 그러했습니다. 사후에는 물론이니, 여기서 집대성이란 세 글자에 공자의 인격에 대하여 가장 적당한 표어로 인정할 만한 자격이 존재합니다.

왜냐하면 공자께서는 이미 진술하신 바와 같이 배움을 싫어하지 않으시는 지혜가 있으셨습니다. 가르침을 권태롭게 하지 않으시는 인이 있으실 뿐만 아니라, 의(義)를 보시고 행하지 않음이 없으신 용감함이 있으셨습니다. 그러하니 『중용(中庸)』에서 말한 지혜와 인, 용감함의 세 가지가 덕에 도달하는 것을 모두 갖추시어 서양학자가 말한 지혜와 정(情), 의지[意]의 세 방면에서 원만한 발달을 해오심은 도덕상으로 모아서 대성하였다는 의의와 합치합니다.

또한 같은 성인으로도 백이(伯夷)는 성이 선명한 자, 이윤(伊尹)[399]은 성에 임(任)하는 자, 유하혜(柳下惠)[400]는 성을 조화한 자라고 평하신 맹자께서는 공자를 삼성(三聖)에 비견하여 성을 때에 맞게 하신 자라고 평하셨습니다. 성의 선명함이라, 임함이라, 조화라 말하는 것은 모두 한쪽에 치우쳤습니다. 하지만 성이 때에 맞는다고 말하면 선명할 만한 때에는 선명하게 하고, 임할 만한 때는 임하고, 조화할 만한 때에는 조화로 하는 것입니다. 이 점에서도 집대성이라 할 수 있습니다.

『중용』에서 "공자[仲尼]께서는 요와 순 임금을 조술(祖述)하시고, 문왕과 무왕을 헌장(憲章)하셨다."[401]는 말은 요순(堯舜)과 문무(文武)를 모아서 대성한 것입니다.

『순자(荀子)』에도 "공자는 어질고 지혜가 있었으며 또한 가려지지 않았다. 일가(一家)로 주나라를 다스리는 도를 터득하였다. 덕은 주공(周公)과 나란히 했고, 명성은 세 임금(하나라 우(禹), 은나라 탕(湯), 주나라 문왕(文王))과 나란히 하였다"라는 말도 공자의 집대성을 인정하였습니다.[402] 또한 공자께서 예학(禮), 악학(樂), 활쏘기(射), 말타기(御), 글쓰기(書), 수학(數)의 육예(六藝)를 겸하여 잘하신 것도 또한 집대성입니다. 『시경[詩]』, 『서경

---

399) 伊尹: 중국 은나라의 전설상의 인물. 이름난 재상으로 탕왕을 도와 하나라의 걸왕을 멸망시키고 선정을 베풀었다.

400) 柳下惠: 중국 춘추 시대 魯나라 때의 賢者. 성은 展, 이름은 獲. 자는 禽・季. 柳下에서 살았으므로 이것이 호가 되었으며, 문인들이 惠라는 시호를 올렸으므로 유하혜라고 불리었다. 直道를 지켜 임금을 섬긴 것으로 알려져 있으며 춘추 시대 大盜・惡人으로 유명한 盜跖이 그의 동생이다.

401) 『中庸』, "仲尼祖述堯舜 憲章文武."

402) 인용문은 『荀子』 第15卷, 「解蔽」 편의 일부를 축약한 것이다. 원문은 "孔子仁智且不蔽, 故學亂術足以爲先王者也. 一家得周道, 擧而用之, 不蔽於成積也. 故德與周公齊, 名與三王竝, 此不蔽之福也."라고 되어 있다.

[書]』, 『역경[易]』, 『예기[禮]』, 『악기[樂]』, 『춘추(春秋)』의 육경(六經)을 서술하신 것도 또한
집대성입니다. 또는 공자의 문하에 덕행(德行), 언어(言語), 정사(政事), 문학(文學)의 네 과
를 겸하여 늘린 것도 역시 집대성입니다. 그러하니 『맹자』에 "자하(子夏), 자유(子游)는 모
두 성인(聖人)의 일면을 갖추었고, 염우(冉牛)[403], 민자(閔子)[404], 안연(顔淵)은 모두 갖추
었으나 미약하였다."라고 말하고 있지 않습니까? 요컨대 공자께서는 한 시대의 위인이시
고, 천 년의 위인이시며, 또는 동양의 위인이신 동시에 세계의 위인이십니다.

따라서 공자께서 중국[支那]에서 탄생하신 것은 중국의 명예입니다. 그러나 공자는 중국
일개 국민이 전유하여 과장할 사람이 아닙니다. 조선에서든지, 일본[內地]에서든지 공자의
덕화(德化)가 보급되어 있는 점에서 말하건대, 동양인 전체가 서양에 대하여 과장할 것이
며, 동양인만 전유하여 과장할 것도 아닙니다. 공자는 세계적 대성인이시므로, 『논어』의
번역은 영어, 프랑스어, 독일어는 물론이거니와 로마어 번역도 있고, 러시아어 번역도 있
으며, 오스트리아 번역도 있습니다. 공자의 전기(傳記)는 이탈리아인의 저작을 비롯하여
21종에 이릅니다. 공자의 교의(敎義)는 1688년에 프랑스인 저작을 비롯하여 22종입니다.
공자와 다른 성현과의 비교 연구도 178년에[405] 프랑스인의 저작 이외에 10종에 이르고 있
습니다.

이처럼 대성인이시기 때문에 중국에서 최근 신·구 사상의 충돌로 말미암아 공자를 배
척하는 새로운 사람이 나왔습니다. 그러하나 저는 중국인[支那人]이 공자를 배척하는 것은
하늘을 향하여 침을 뱉는 것과 같아서 그 침이 당연히 자기 얼굴에 떨어진다고 믿습니다.
일부러 중국인이 세계 열국에 대하여 과장할 만한 명예를 자기 자신이 훼손하는 것은 어
리석음의 극치입니다. 그러한데 사실상 중심으로 공자를 배척한다면 상당히 기이한 행적
[奇蹟]입니다.

그 기이한 행적보다도 한층 더 기이한 행적으로 느끼는 것은 전년에 중국을 여행하던
중 곡부(曲阜)의 공자묘를 참예(參詣)했을 때입니다. 그것은 새로운 사상, 새로운 풍조가
400여 주를 풍미하고 있는 줄로 예상하고 곡부에 가서 보았는데, 조금도 새로운 사상이
되는 형적(形跡)이 없었습니다. 결국 새로운 파괴사상이 곡부를 정복하지 못해서 곡부는
새로운 파괴사상으로부터 안전지대가 되었습니다. 또한 작년에 북경(北京)에 머물렀을 때
공자의 제전(祭典)을 한 번 보았을 때의 일입니다. 민국(民國)이 된 지 15년이나 되었지만,

---

403) 冉牛: 공자의 제자 염백우를 이른다. 魯나라 陶 사람으로 자는 伯牛이고 이름은 耕이다.
404) 閔子: 공자의 제자 민자건을 이른다. 춘추 시대 말기 魯나라 사람으로 이름은 損이고, 자건은 자다. 어려서
    부모로부터 모진 학대를 받았지만 효도를 극진히 하여 부모를 감동시켰다고 한다.
405) 원문은 "一七八年"인데, 글자가 누락된 것으로 보인다.

북경 정부가 석전(釋奠)을 거행하고, 장중하고 엄중하게 원세개(袁世凱)[406] 시대에 새로 만든 예복으로 대의·명분·주의의 본가와 본원이 되는 공자를 제사 지내는 것도 일종의 모순이라고 생각하였습니다. 그러나 저로서는 여기서 공자의 위대하신 인격을 인정하였으니, 공자의 도는 아직 땅에 떨어지지 않았고, 공자의 덕은 세계에서 인정하게 되었으니, 이 점은 우리들의 뜻을 강하게 만드는 까닭입니다.

[경학원잡지 제28호(1927.12.25.), 66~71쪽]

---

406) 袁世凱: 위안스카이(1859~1916). 중화민국 초대 대통령. 자는 慰亭, 호는 容庵, 河南省 사람이다. 중국의 군인·정치가이며 '총리교섭통상대신'으로 조선에 부임하여 국정을 간섭하고 일본과 러시아를 견제했다. 청일전쟁에서 패한 뒤 서양식 군대를 훈련시켜 북양군벌의 기초를 마련하고 탄쓰퉁 등 개혁파를 배반하고 변법운동을 좌절시켰다. 이후 의화단의 난을 진압했으며 신해혁명 때 청나라 조정의 실권을 잡고 임시총통이 되었고, 이어 스스로 황제라 칭하였다.

48 도덕적 정신(1928.12.25.)

도덕적 정신

시라이 시게노부(白井成允)

저는 시라이라고 합니다. 오랫동안 센다이(仙臺) 지방에서 거주하여 매년 봄가을로 센다이에서 석전(釋奠)에 참석하였습니다. 지난해 4월에 이 지역에 와서 오늘 처음으로 이곳 석전에 참관할 수 있었는데 크게 예의를 정제한 고풍을 보고 비상하게 기쁩니다. 석전이라 함은 공부자(孔夫子)의 성덕(成德)을 사모하여 공자께서 우리들에게 전해주신 존귀하고 귀중한 교훈의 은혜를 감사하는 그 의미가 있는 예식이라고 생각합니다. 이처럼 석전에 참석함을 얻게 된 것은 우리들의 기쁨이자 행복입니다. 다만 이처럼 존귀하고 귀중한 자리에서 '사도(斯道)'에 대하여 깊이 알지 못하는 제가 이처럼 강연하는 것은 심히 분수를 넘는 일인 듯합니다만, 부여하신 의무이므로 잠시 들어주시기를 바랍니다.

우리는 현재를 살고 있고, 살아 있음은 피차가 모두 알고 있으니, 자기가 살아 있음을 알면서 살아가고 있습니다. 그러하나 살아 있음을 알고 있을 터인데, 다만 무의미하게 살아가는 것은 옳지 않다고 생각합니다. 어떻게 하든지 의미 있는 삶으로 살지 않으면 안 됩니다. 취생몽사(醉生夢死)하지 말고, 진정한 의미가 있고 삶의 가치가 있는 생명으로 살지 않으면 불가하다고 생각합니다. 그러하나 삶의 가치가 있는 생명이란 어떠한 생명을 말합니까? 이처럼 생각해보면 각자가 각종의 대답을 줄 것이고, 그 대답에도 여러 종류가 있을 것입니다.

우리에게 그 대답은 성인이 교훈에 의거하여 주신 것이 있으니, 이것이 가장 존귀하다고 생각합니다. 공자께서는 성인으로서 그 가르침이 영원히 우리에게 존귀한 것으로 전해져왔습니다. 삶의 가치가 있는 생명이라 하는 것은 이와 같은 생명이라는 것을 교시하여 주셨으니, 그 표본이 있습니다. 『논어』에 공자께서 "조문도석사가(朝聞道夕死可)"[407]라고 하신 말씀이 있습니다. 아침에 도(道)를 들었으면 들은 저녁에 죽어도 여기에는 유감이 없다고 말씀하신 것입니다. 이것을 이토 진사이(伊藤仁齋)란 옛날 학자가 그 의미를 해석하되, 우리가 인간으로 살지 않을 수 없으니, 인간으로 산다는 것은 개라든지 고양이라든지,

---

407) 『論語』, 「里仁」, "子曰 朝聞道 夕死 可矣."

풀이나 나무와 같은 것들이 살아가는 도를 말하는 것이 아닙니다. 도를 듣더라도 인간의 인간다운 까닭의 도, 즉 인간으로서의 진정한 도가 어떠한 곳에 있는지, 바로 그 도를 듣는 것이 인간으로서 진정한 의미가 있는 삶의 도입니다. 그러하므로 도를 듣지 못한 생명은 어떻게 영구한 삶을 살지라도 무의미하고 신선하지 않은 생명이니, 도를 듣고 사는 것이 다만 하루를 살지라도 진실한 보물 같은 생명이라고 가르쳐 주셨습니다. 도를 듣는 일이 우리가 사람다운 진정한 생명으로 살도록 하는 유일한 방법이라고 가르치셨던 것인데, 이 것은 단순히 공자의 가르침만은 아닙니다. 예컨대 불교에도 부처님[佛陀]이 가르친 바에 '달마(達摩)[408]를 구한다', '법을 듣는다'라고 말하였습니다. 혹은 서양의 철학자가 '로고스[409]를 구한다'고 말한 것이 역시 이와 같은 의미입니다. 이것은 인간이 고금동서를 막론하고 어떻게 하던지 도에 의거하여 걸어가지 않으면 안 된다는 것을 성현들이 우리들에게 가르쳐 주셨습니다. 공자께서 사람으로서 사람의 도를 듣지 않으면 안 된다고 가르쳐 주신 것을 오규 소라이(荻生徂來)라는 학자가 그 도란 선왕의 도[410]라고 해석하였습니다. 즉 요, 순, 우, 탕, 문, 무, 주공으로 전해 온 선왕의 도를 진실로 듣지 않으면 안 되니, 그 도를 듣는 것은 인간으로서 사는 참된 의미라고 해석한 것입니다. 저는 도를 듣는다는 말씀을 사람이 사람다운 까닭의 도를 듣는다는 해석, 도를 듣는 정신이나 형식적인 방면을 보고, 이어서 선왕의 도라 하는 해석의 그 실질 방면을 보고 두 방면으로부터 그 도가 어떠한 것인지를 알고자 생각해 봅니다.

첫째로 도를 듣는 형식 혹은 정신의 방면에 대하여 살펴보건대, 도를 듣는다는 것은 사람으로서 살아감에 빠질 수 없으니, 이것이 거칠어지면 귀중한(大切) 생명을 가치 없게 만들고 맙니다. 그래서 도를 듣지 않으면 안 된다고 하는 것입니다. 그러나 도를 듣기란 쉬운 일이 아니며, 매우 어려운 일이니, 이 점을 각오하지 않으면 안 됩니다. 『논어』에는 공자께서 도를 듣기 위해서 노력하신 일을 누차 말하였습니다. 침식(寢食)을 잊고, 마음을 어지럽히지 않으셨으며, 게을리 하지 않으시고, 도를 들으셨다고 한 것입니다. 즉 배우셨다고 한 것이니, '도를 듣는다'라고 함은 '선왕의 도를 배운다'라고 하는 말입니다. 공자께서 비상하게 노력하셔서 한 평생 노력하고 배우셨다고 말한 것이 누차 실려 있고, 여기에 대하여 반대로 하거나 게을리 하는 것도 특별하게 경계하셨습니다. 예컨대 공자의 제자 재여(宰子)[411]라고 하는 사람이 낮에 침실에 들어가 게을리 하자 이것을 공자께서 비상하

---

408) 達摩: 산스크리트어 '다르마(dharma)'의 음차이다. 자연계의 법칙과 인간의 질서를 이르는 말로, 인도의 『베다』에서 '法'으로 나타낸 말이다.

409) 로고스: 원문은 '로ㄷ쓰'. 고대 그리스 철학이나 신학의 기본 용어. 사물의 존재를 한정하는 보편적인 법칙, 행위가 따라야 할 준칙, 이 법칙과 준칙을 인식하고 이를 따르는 분별과 理性을 뜻한다.

410) 원문은 '先生'으로 나오지만, 바로 뒤에서는 '先王'으로 나오고 있어 '선왕'으로 번역하였다.

게 경계하시며 질책하시되, "이렇게 해서는 도저히 학문을 할 수 없다."[412]라고 하셨습니다. 공자께서 질책하신 것은 도를 듣는데 게을리 하는 일, 반대로 하는 일이었다. 공자의 가장 뛰어난 제자로 안연(顏淵)이란 자가 있었으니, 안연이 공자께 인(仁)이 무엇인지를 질문하였습니다. 여기에 답하시기를 '나를 이겨서 예를 회복함[克己復禮]이 인을 하는 것'이라고 하셨습니다.[413]

인이란 공자의 가르침 가운데 가장 존귀한 덕목으로 우리에게는 예컨대 어버이에게 효를 한다든지, 친구에게 신의가 있다든지 여러 가지의 덕이 필요한데 그러한 덕이 크게 이루어진 것을 인이라고 일컬으니, 인이라 하는 것은 덕이 크게 이루어진 것 자체입니다. 도를 듣는다고 할 때의 그 도가 우리들의 인격의 내용, 우리들의 도덕이 되어 표현되는 곳에서 인이 성립된다고 생각합니다. 즉 도라 하는 근본 원리가 우리 인간에게 표현되어 인간의 심리 행위가 도덕상으로 표현되는 곳에 여러 가지 덕이 그 사람에게 하나로 이루어져 인이라 하는 덕을 이룹니다. 그러한 까닭에 인이라 하는 것은 비상하게 중요한 덕입니다.

그 인에 대해 공자께 질문하자 공자께서 답하시길 "나를 이겨서 예를 회복하는 것이 인을 행하는 것"이라고 하셨습니다. 여기서 예란 무엇입니까? 이것은 도가 객관적으로 이 사회상에 실현되어 사람의 행위로 되는 경우에서 그것을 예라 말합니다. 우리글이 서로 일치하여 생활하면서 사회와 단체의 생활을 하는데 그 사람으로서의 사는 방법을 인륜(人倫)이라고 표현됩니다. 그 부자간, 형제간, 친구 간, 사제 간의 여러 가지의 오륜(五倫), 오상(五常) 사이에 도가 표현되므로, 그 도가 표현되어 사회적으로 결정되면 거기서 예가 성립합니다. 예란 도의 객관적, 사회적 실현이라고 말할 수 있습니다. 그리하여 예의 회복은 도를 사회적으로 표현하는 것이고, 인을 사회적으로 표현하는 것입니다.

그러하니 이것을 위해서는 나를 이기는 것이 필요합니다. 나를 이기는 것은 진실로 도를 듣기 위하여, 곧 사람이 사람다운 도를 듣기 위해서 필요합니다. 나를 이긴다란 무엇이겠습니까? 이것은 우리들이 기(氣)를 닦아서 자기 자신을 성찰하지 않으면 불가능하니, 우리 자신의 마음속에 언제든지 좋은 마음과 나쁜 마음의 두 가지가 서로 다투는 것을 성찰할 수 있습니다. 이는 도를 구하는 자에게 있어서 어느 때라도 깊은 자각이라, 자기가 스스로를 고찰하건대 이와 같지 않으면 안 된다고 생각합니다. 생각하면서도 이와 같이 되지

---

411) 宰子: 춘추 시대 孔子의 제자 가운데 학행이 뛰어난 十哲 중 한 사람으로 字가 子我·宰我이다. 釋奠 때 제4위인 齊公으로 모셔졌다.

412) 『論語』, 「公冶長」, "宰子晝寢 子曰 朽木 不可雕也 糞土之墻 不可也 於予與 何誅."

413) 『論語』, 「顏淵」, "顏淵問仁 子曰 克己復禮爲仁."

못하여 자기가 나쁘다고 생각하는 것을 행하며, 좋다고 생각하는 것으로 착착 나아가지 못하면 안 됩니다. 나쁘다 하는 것을 어느 순간이든지 행동할 수 있으니, 옛사람이 말한 바와 같이 자기 마음속에 두 가지의 '내我'가 존재하여 그 두 가지의 '나'가 싸우고 있다고 하는 탄식을 경험할 수 있습니다. 그 두 가지 '나'에서 천한 나와 작은 나와 악한 나를 타파하고 극복하여 선량한 나와 존귀한 나를 실현하여 나아가지 않으면 안 되니, 이것이 '나를 이긴다'라는 것입니다. 그리하여 도를 듣는 태도를 형식적으로 말하면 자기의 작고 나쁜 거꾸로 하려는 욕망을 타파하고 극복하여 고상한 자기, 존귀한 자기를 실현하는데 선왕의 가르침에 따라서 선한 도를 일생에 온 마음으로 노력하여 실현하여 나아가는 것입니다. 노력이란 곧 부단하게 노력하는 것이니, 도를 듣는 형식적 정신입니다.

다음에는 도를 듣는 실질적인 관찰로 화제를 바꾸겠습니다. 저는 이것을 인이라 하는 덕의 내용이 어떠한지, 이것을 고찰하고 궁구함에 따라 도의 실질이 어떠한지를 생각하게 됩니다. 인이란 앞서 진술한 바와 같이 공자께서 가장 존중하고 중요하게 여기시던 덕입니다. 여러 가지 덕이 나의 인격 가운데 실현되어 그것이 충만하여 나타나는 곳에서 인이 이루어집니다. 그 인은 어떠한 것인가 하면 혹자는 안민(安民)의 덕을 인이라 하여, 백성을 편안하게 하는 덕을 인이라 하는 해석도 있습니다. 혹자는 혜택이 사해에 가득차서 한 사람이라도 바라는 바를 얻지 못함이 없게 됨을 인이라 합니다. 곧 사람을 은혜롭게 하는 덕이니, 널리 사람을 사랑하여 모든 사람들을 은혜롭게 하는 그 덕이 인입니다.

이처럼 천하를 덮는 것과 같은 것이 인이라고 이처럼 해석하니 제자 아무개가 공자께 인이라 하는 것은 무엇인지 질문하였는데, 그 답으로 "기소불욕물시어언(己所不欲勿施於人)"[414]이라고 하셨습니다. 즉 자기가 싫어하는 일은 남도 싫어합니다. 그것을 남에게 베풀지 말라고 하는 것입니다. 그것이 인이라 하셨으니 이것은 친근하게 인의 덕을 우리가 자신에게 행할 때의 감각을 보여준 것입니다. 즉 자기가 싫어하는 것은 남에게 베풀지 않는 마음으로 모든 사람에게 행하면 거기서 모든 다른 사람을 은혜롭게 하는 덕이 표현되는 것입니다.

말을 이어서 서술하거니와, "내가 바라지 않는 것을 남에게 베풀지 말라"라는 말은 공자의 가르침입니다. 이에 대하여 서양 기독교의 가르침에는 "자기가 남으로부터 받고자 생각하는 것을 남에게도 그와 같이 하라."[415]라고 하였습니다. 여기서 공자의 가르침은 소극적이고 기독교는 적극적이기 때문에 동양의 도덕이 끌어들이는[리納的] 사고방식이니 나쁜 짓을 하지 않겠다고 하는 것은 심히 좋지만, 나아가 선한 일을 하겠다고 하는 힘이 없

---

414) 『論語』, 「顔淵」 편에 나오는 내용이다.
415) 『마태복음』 7장 12절에 나오는 내용이다.

다고 자못 비평한 학자가 있습니다. 그러나 『논어』의 가르침 가운데 이와 같은 어구도 있으니, 이것은 공자께서 인을 묻는 자에 대하여 인자, 곧 인을 몸에 구비한 자는 "기욕립이 립인기욕달이달인(己欲立而立人己欲達而達人)"416)이라고 했습니다. 곧 자기가 서고자 하면 다른 사람도 세워야 하고, 자기가 도달하고자 하면 남도 도달하도록 적극적으로 자기가 나서서 사람들을 진작하고 장려하여 타인이 서도록 하여 나아가는 것이 인이라는 가르침도 있습니다. 그러한 까닭으로 이와 같은 어구로 곧바로 공자의 가르침이 끌어들이는 사고방식이었다고 비평하는 것은 비평한 사람의 착오임을 말하는 김에 확실하게 말합니다.

인이란 널리 사람을 사랑함입니다. 자기가 진실로 풍족하고 부유하게 살 뿐만 아니라, 모두 사람들을 풍족하고 부유하게 살도록 하여 자기가 살고 또 타인을 살도록 하는 길이 인입니다. 그렇지만 이처럼 널리 사람들을 풍족하고 부유하게 살도록 하기 위해서는 어떻게 해야 마땅하겠습니까? 이것을 자기가 행할 때 어떠한 방법을 취하고 행해야 마땅하겠습니까? 이것을 순차적으로 사고하지 않으면 안되니, 그 방법은 앞서 말한 것처럼 '극기복례(克己復禮)'라 합니다.

이것을 다시 내용으로부터 실질로부터 사고해 보건대 작은 자기를 타파하고 극복하여 나타나게 되는 것은 무엇인가 하면, 이것은 공자의 제자가 말한 바로 "효제야자기위인지본여(孝悌也者其爲仁之本與)"417)라고 한 어구가 있습니다. 즉 사람들이 자기의 부모에 대하여 효행(孝行)을 다하며, 혹자는 형제에게 우애를 하는 등의 일이 인을 행하는 근본이라 하였습니다. 사람들이 각각 자기 집안에서 부모에게 효도하며, 형제에게 우애하기를 이처럼 널리 한다면, 모든 사람을 사랑하는 인으로 나아갑니다. 따라서 효제란 인을 행하는 근본이라고 하였습니다. 이처럼 극기복례하는 것이니, 이것은 자기가 자기의 작은 사욕을 타파하고 극복하여 부모에게 효도를 다하며, 형제에게 우애하여 이처럼 가정의 도덕을 능히 행하면서 그 심법(心法)을 통하여 학교에, 사회에, 국가에, 인류 전체에 이르는 그것이 인을 하는 도라고 합니다.

앞서 말한 것을 요약하며 말하면 우리는 사람으로서 도를 듣지 않으면 불가하고, 그 도를 듣는 일은 거스르는 자기를 타파하고 극복하여 부단히 진력하여 사는 동안 전심(專心)으로 구하여 행하지 않으면 들을 수 없습니다. 이렇게 하여 그 도가 우리가 부모에게 효도를 다하고 형제에게 우애하는 것으로부터 나아가 모든 국민이, 모든 사람들이, 사해동포가 서로 친애하는 데까지 도달하는 것이 진정한 도를 듣는 까닭이라고 합니다.

앞서 말한 것처럼 우리 자신이 노력하지 않으면 도를 들을 수 없습니다. 공자의 말씀에

---

416) 『論語』, 「雍也」편에 나오는 내용이다.
417) 『論語』, 「學而」편에 나오는 내용이다.

"인능홍도비도홍인(人能弘道非道弘人)"[418]이라고 하셨습니다. 즉, 우리 인간들이 일생에 전심으로 노력하여 인륜의 큰일이 되는 도를 널리 행하는 일입니다. 도란 것이 사람을 넓혀주지는 않는다고 하셨으니, 이것은 우리가 일생을 전심으로 도를 행하도록 노력하지 않으면 안 됨을 가르쳐 주신 것입니다. 그러하나 우리가 어떻게 하여 노력함이 될 것인가를 더욱 다시 생각할 필요가 있습니다.

예를 들어 생각해 보건대, 효란 부모에 대하여 일생 전심으로 정성을 다하는 것인데, 어떻게 해야 하겠습니까? 이것은 어린아이로서 어떠한 이유에서든지 자기가 남보다 낫다고 생각하는 마음이 일어나서 부모가 말하는 것을 듣고 따르기를 수긍하지 않는 나쁜 마음이 생겨나는 일도 있습니다. 그러한 나쁜 마음을 타파하고 극복하여 육친의 마음을 편안하게 해야 합니다. 부모에게 효도를 다하는 일에는 노력이 필요하니, 곤란을 타파하고 극복하여 노력하는 곳에서 효도의 덕이 출현합니다.

그러하나 자기가 노력하는 이면에 육친이 나를 사랑하여 주신다고 하는 육친의 힘이 뒷면에서 발동해 있는 것이 있습니다. 우러러 부모의 마음을 평안하게 만들지 않는다면 불가하다는 이면에는 아버님[父主]과 어머님[母主]이 우리를 낳아 주시고, 어릴 적부터 장성할 때까지 길러 주시고, 시종일관 우리를 아끼고 사랑해주셨으니, 부모의 자식에 대한 사랑은 깊고도 두터운 사랑입니다. 그 사랑이 우리의 마음속에서 발동하여 나오게 되니, 부모의 사랑에 이끌려 자식은 부모에게 효도를 안 할 수 없습니다. 그러한 까닭에 우리가 노력해서 부모에게 효도를 다하는 것입니다만, 우리의 노력하는 이면에 부모가 우리를 사랑해 주셨다고 하는 부모의 힘이 근본으로 발동해 있다는 점을 잊어서는 안 됩니다.

또한 한 가지 사례를 들자면, 박물관에 가보면 기이하고 수려한 불상이 나란히 서 있으니, 불상을 조각한 사람의 심리가 어떠합니까? 물론 일생을 전심으로 노력하여 불상을 조각한 것이나, 사소한 나태의 마음을 타파하고 극복하여 진정으로 생명을 봉헌하는 것과 같은 고심으로 불상을 조각하였습니다. 그러하나 그 불상을 조각한 사람이 이처럼 노력하는 이면에는 그 사람의 심리에 불상 그것에 대한 사랑이 발동해 있습니다. 부처가 진정으로 그 사람에게 은혜를 주어서 부처의 은혜로운 힘이 그 사람의 마음속에서 발동하여 그 힘으로 이끌려 어떠하든지 이와 같은 불상을 조각하지 않으면 멈출 수 없게 됩니다.

우리가 석전(釋奠)을 행하니 그 예는 옛날부터 매년 전해져 왔습니다. 이처럼 매년 예를 행하는 것 또한 한 평생 전심하여 노력하여 행하는 일입니다. 그러하나 장구한 시간 속에서 이처럼 행하여 온 이면에는 공자의 덕력(德力)이 발동해 있었습니다. 공자의 덕이 발동

---

418) 『論語』, 「衛靈公」편에 나오는 내용이다.

해 있었기 때문에 그 덕에 이끌려 우리가 석전을 거행하는 것이라 하겠습니다.

앞서 말한 바는 비유해 말한 것이니, 이것은 도를 듣는 일이 어떻게 해야 될지, 이것을 분명하게 알기 위해서 이와 같은 두, 세 가지의 사례를 진술하였습니다. 도를 듣는 데는 노력하지 않으면 안 됩니다. 그러하나 노력은 우리가 진정으로 노력하는 것이 되게 하는 데에는 노력하는 이면에 도란 것이 우리를 이끌어 가는 것임이 명백해지지 않으면 안 됩니다. 이처럼 우리를 인도하여 도를 행하도록 하는 근본의 힘으로 도라 하는 것은 공자에 의하자면 가장 깊은 인격적 하늘[天]로 생각하게 됩니다. '하늘'이란 어구가 『논어』 중에 빈번하게 출현합니다. 이것은 공자께서 친히 체험하시며, 친히 완미하셨습니다. 단순히 도리, 이치로만 여기지 않으셨고, '도'가 인격으로 공자를 은혜롭게 하고, 지키고, 이끌어 그 힘으로 발현되어 왔습니다.

예컨대 공자께서 여행하실 때 환퇴(桓魋)라는 자가 출현하여 공자의 배후에서 큰 나무를 쓰러트려 부자(夫子)를 살해하려 한 일이 있었습니다. 그 당시 공자께서 문하의 제자 여러 사람에게 자연스럽게 말씀하시되, "하늘이 나에게 덕을 부여하셨으니, 환추가 어떻게 나를 살해하려 할지라도 하늘이 지켜 주시는지라, 살해하지 못하리라"[419]라고 하셨습니다. 하늘이 나를 지켜주신다고 말씀하신 것은 공자의 만년에 이르러 더욱 분명하게 확신하셨습니다.

이처럼 하늘과 사람이 친히 어울려 천인합일(天人合一)이라는 경지가 성인의 경지입니다. 하늘과 친하게 교제하는 경지에 어떻게 해야 도달하였습니까? 공자께서 15세 때 '도'를 듣는 위대한 뜻을 세우셔서 생애 동안 노력하여 쉬지 않으셔서 70에 이르러 마음이 바라는 바에 따르더라도 제한을 넘지 않아 자기가 생각하는 것과 자기가 바라는 것이 무엇이든지 그대로 행해갈지라도 일일이 도덕에 적합하게 되어 방제적(放題的)으로 자연히 도에 부합하여 크게 덕을 성취하여 하늘과 합일하게 되었습니다. 성인의 덕을 성취하심에는 70년 동안 하루라도 휴식하지 않으시고, 도를 들으며 노력한 결과입니다.

공자께서 일찍이 병환에 걸리신 일이 있으셨는데, 그 병환이 심히 위중하셔서 제자들이 놀라 우려하였습니다. 그 제자에 자로(子路)란 자가 있어서 존귀하고 중하신 선생께서 병환이 위중하시므로, 기도하기를 공자께 요청하였습니다. 공자께서는 이에 대하여 "옛날에도 이처럼 기도한 일이 있었는가"라고 반문하셨습니다. 자로가 답하기를 "옛말에 위아래의 천신과 지기(神祇)에 기도한 어구가 있다."라고 했습니다. 이에 대하여 공자께서 "내가 기도한 지 오래되었다."라고 하셨습니다.[420] 그 기도는 어떻게 하였습니까? 병환에 걸려 황

---

419) 『論語』, 「述而」편에는 "子曰 天生德於予 桓其如予何"라는 내용만 나온다.

420) 『論語』, 「述而」, "子疾病 子路請禱 子曰 有諸 子路對曰 有之 曰 禱爾于上下神祇 子曰 丘之禱久矣."

급하게 신에게 병환을 구제해 주시기를 기도한 것은 자로의 기도였으나, 공자가 기도하심은 이와 같은 기도가 아닙니다. 15세 때부터 진실하게 학문에 뜻을 두어 도를 구하심을 쉬지 않으시고, 부단하게 노력하여 도를 들으셨습니다. 이것은 하늘의 마음에 적합하여 하늘이 자기를 수호하여 주신 것이고, 이것이 공자의 기도입니다. 그러한 까닭에 갑자기 낭패하여 황급하게 요행을 기원하는 미신이 아닙니다. 진정으로 도를 듣고 도덕을 실행하여 부단하게 노력하는 것이 신의 마음에 적합한 기도라고 가르침을 내리셨습니다.

이처럼 하여 하늘의 마음에 들어서 하늘의 은혜를 그대로 향유하셔서 70년의 생애를 노력하셨기에 공자께서는 선왕의 도를 이 세상에 표현하신 사람이 되셨습니다. 하늘의 마음, 선왕의 도를 이 세상에 진정으로 표현한 사람이 되심으로 하늘의 마음을 우리에게 전해주신 성인이 되셨습니다. 여기에 따라서 백세(百世) 후에도 이처럼 제사로 모시는 높으신 덕을 우리에게 보여주셨습니다.

금일 석전에 참석하여 우리들 또한 공자의 가르침을 듣고서 도를 자기를 위해서 알게 되었습니다. 그리하여 효제로부터 시작하여 사람들이 서로 사랑하며, 자기를 기도함과 함께 모두 사람들을 살도록 하여 커다란 인을 이 세상에 실현하여 행하는 바의 진정한 도를 진보하도록 하고자 생각합니다. 석전을 거행함에도 이와 같은 의미에서 우리에게 살아오신 바가 있다고 생각합니다.

저는 금일 석전에 참석함을 비상하게 기뻐함과 동시에 이처럼 불충분한 강연 이야기를 장시간 동안 청취해 주신 여러분에게 예를 말씀드리며 마치려 합니다.

[경학원잡지 제29호(1928.12.25.), 53~67쪽]

49 지성 공부자를 추앙함(1929.12.25.)

지성 공부자를 추앙함[仰至聖孔夫子]

후쿠시 스에노스케(福士末之助)

무릇 태어나 일대에 숭앙하는 스승이 되고, 죽어서 백세(百世)의 의표(儀表)가 됨은 다만 넓고 큰 지기(志氣)에서 연유한다. 대의(大義)를 쥐고 움직이지 않으며, 대도(大道)를 밟고 물러서지 않으며, 의연하게 사문(斯文)을 전해서 건건(蹇蹇)[421]한 성심을 다하여 심혈을 국가와 민중을 위해서 쏟는 자는 죽어서도 오히려 죽지 않으며, 표표히 청운(青雲)에 올라가 유유히 교룡(蛟龍)을 제어하고, 현간(玄間)[422]을 지극히 하여 성현의 무리로부터 영원히 제향(帝鄉)[423]에서 노닌다. 대저 백세의 스승이 살아서는 반드시 시폐(時弊)와 싸우며, 죽어서는 반드시 후세를 경계한다.

오호라! 지극한 성인 공부자(孔夫子)께서는 나라를 걱정하시며, 대중을 품으시어 인을 품고 예를 펼치셔서 개연히 도의(道義)를 천하에 전하기를 십 수 년에 걸쳐 하셨다. 그러나 때가 아니라서 지극한 말이 받아들여지지 못했고, 마침내 옷을 털고 노나라에 돌아가 우연히 서쪽으로 사냥을 나가 기린[麟]을 얻었다. 탄식하여 말씀하시기를 "내 도가 다했구나. 나를 알아주는 자가 없구나."라고 하셨다. 그때 제자 자공(子貢)이 슬퍼하면서 위로하여 말하기를 "어째서 선생님을 알아주는 자가 없다고 하셨습니까?"라고 했다. 공자께서 말씀하시기를 "하늘을 원망하지도 않으며, 사람을 탓하지 않는다. 아래로는 사람의 일을 배우고 위로는 하늘의 이치에 통달하였으니, 나를 알아주는 것은 하늘이다."고 하셨다.[424] 또 말씀하시기를 "군자는 생을 마치도록 이름이 일컬어지지 않는 것을 싫어한다.[425] 나의 도가 행하여지지 않았으니 나는 무엇으로 후세에 내 자신을 드러내겠는가?"[426]라고 하셨

---

421) 蹇蹇: 충성을 다하는 모양을 말한다.

422) 玄間: 앞뒤, 좌우, 상하에 끝없이 널리 퍼져 있는 범위를 말한다.

423) 帝鄉: 제왕이 난 곳, 하느님이 있는 곳을 말한다.

424) 『論語』, 「憲問」, "子曰 莫我知也夫. 子貢曰 何爲其莫知子也. 子曰 不怨天 不尤人 下學而上達 知我者 其天乎."

425) 『論語』, 「衛靈公」, "子曰 君子 疾沒世而名不稱焉."

426) 『史記』, 「孔子世家」, "吾道不行矣 吾何以見於後世哉."

으니 얼마나 비장한가? 또 말씀하시기를 "새가 장차 죽을 때 그 울음소리가 슬프고, 사람이 장차 죽을 때 그 말이 선하다."라고 하셨다.[427] 사수(泗水)[428]의 소리는 차가우며, 곡부(曲阜)의 마을 모습이 이미 명이 다했음을 알았다.

　그러나 호연(浩然)[429]하게 큰 도를 깨우쳐 한 번 호흡하거나, 혹은 천하의 법을 이루었다. 혹은 만상(萬象)의 화육(化育)을 상찬하셨다. 오호라. 지극히 성스러운 공자께서는 지금 아직 살아오셨다. 빛나는 형안(炯眼)으로 일상에서 시폐를 통찰하시고 숙연히 선(善)을 후대의 자손에게 말씀하시니, 그 얼마나 숭고하고 영험하신가? 혹은 『춘추(春秋)』, 혹은 『역(易)』, 혹은 『논어(論語)』로 공자께서 전하신 문장과 교훈의 말씀은 그 취지가 심히 깊고도 자못 넓어서 요체를 얻기가 오히려 어려운 일이라고 하였는데, 재주가 없고 둔한 자에 있어서랴! 더구나 시세가 궁박하면 도의(道義)는 청사(靑史)[430]에 드러난다. 지금 시세의 진전 혹은 전장(典章), 혹은 화식(貨殖)에, 글맵씨[文華]가 성함이 지나간 옛날에서 견줄 바를 보지 못하였다. 그러나 매우 깊고 간절하게 인심을 책망하여 숨는 자를 통찰함에 이르러서는 우려할만한 자가 여전히 적지 않음을 보면서 법치의 폐, 공리의 해, 치우친 지혜의 정(情), 편안하게 즐기는 누추함, 이단의 독이라고 말한다. 이러한 것들은 가장 현저하여 모두 2천 년의 오랜 시간 동안 공자가 이미 경계하셨던 바이다. 감히 여기에 지극히 옳고 중요한 말[至言]을 공자를 빌려서 당세의 시폐를 보려 한다.

1. 법치의 폐(弊)

　무릇 정교(政敎)의 근본은 덕에 있다. 공자께서는 '덕으로 정치를 한다'고 말씀하셨다. 정교의 근본은 이 한 마디로 다 말씀하셨다. 대개 덕은 정교의 체(體)요, 법은 그 쓰임(用)이다. 체는 본이 되고, 쓰임은 말(末)이 되니, 체용은 서로 취하고, 본말이 서로 기다림에 이르러 다스리는 업무를 펼치게 됨은 옛날부터 지금까지의 사적에서 이미 명징된다. 공자께서 "근본이 어지러우면서 말단이 다스려지는 자는 없으며, 후하게 해야 할 것에 박하게 하면서 박하게 해야 할 것에 후하게 하는 자는 있지 않다."[431]라고 말씀하셨던 것은 이치에 정당하다. 몇 해 전부터 지금까지 내지와 조선(內鮮)에서 시정이 점차 진보하여 입법, 행정, 사법, 교통, 운수, 산업, 교화가 거의 구비되었다. 이것은 정교의 쓰임(用)이다. 공자

427) 『論語』,「泰伯」, "曾子言曰 鳥之將死 其鳴也哀 人之將死 其言也善."
428) 泗水: 중국 산동성에 있는 강으로, 공자의 출생지인 곡부현을 지나간다.
429) 浩然: 넓고 큰 모양을 말한다.
430) 靑史: 역사를 말한다. 옛날 중국에서 아직 종이가 없을 때 푸른 대나무로 簡札을 만들어 불에 쬐어 기름과 푸른 기를 빼고 漆로 글씨를 써 책을 만든 데서 연유하였다.
431) 『大學』, "其本亂而末治者否矣 其所厚者薄 而其所薄者厚 未之有也."

께서 "백성들을 법령으로 이끌고 형벌로 단속하면 백성들이 처벌을 면하려고만 하고 부끄러움을 느끼지 않겠지만, 덕으로 인도하고 예로 단속하면 백성들이 부끄러움을 느껴서 더욱 선해질 것이다."432)라고 하셨다.

빌려서 묻건대 금일 학문의 기운 추세가 진정으로 도도한 바가 있으나, 그 원류에서 과연 덕의 지극히 윤택한 바가 있는가 없는가? 생각건대 우리 도덕의 큰 본령은 교육에 관한 성칙(聖勅)에 있다. 칙령에서 말하기를 "바라건대 그 덕을 하나로 포함한다[庶幾咸一其德]"고 하였으니, 참으로 두렵고 둘 데가 없다. 공자께서는 "천자에서 서인에 이르기까지 모두 수신을 근본으로 삼는다."433)라고 하셨다. 그런데 지금 사람들은 이것을 생각하지 않고 단순히 법치의 폐단에 현혹되려 한다.

서양 철학자가 말하기를 "일국의 정치도 그 국가를 조직한 개인 개인의 반영에 불과하다."라고 하였다. 또 말하기를 "국가의 가치는 결국 그 국가를 조직한 개인의 가치"라고 하였으니 지극히 맞는 말이다.434) 대저 국민에게 덕이 없고서야 어찌 능히 정교의 근본을 진작할 수 있겠는가? 근본을 진작하지 못하며 체용(體用)이 완전하지 않으면 문물전장(文物典章)의 쓰임이 어떻게든 성대하다고 하더라도 국가가 흥하고 융성하는 근간에서 이미 부식(腐蝕)한다는 탄식이 있어서, 이른바 내지와 조선의 공존 번창도 심히 어려우니, 마땅한가?

전쟁하는 각국도 가장 그 취지를 사용하는 곳은 국민도덕의 진흥에 있다. 그 가운데 독일 헌법의 조장(條章)은 실로 가장 현저하다. 그 덕을 진작하고 인격을 연마함으로써 정교의 체(體)를 윤택하게 하여 인민대중의 화평하고 즐거워하는 기조를 견고하게 하는 임무는 대체로 누구의 두 어깨에 달렸는가? 이것은 성칙의 넓은 뜻에 감복하여 청금(靑衿)435) 교양의 직임에 응하는 자가 교학을 공맹으로부터 받들어 모시고, 민간의 풍속이 일어나도록 하는 데 정말로 깊은 자성이 필요하다. 반도에서는 유림이 마땅히 그 배운 바로 점차 덕치가 흥하고 융성하는데 기여해야 한다. 공자께서 "성(聖)과 인(仁)으로 말하면 내가 어찌 감히 자처할 수 있겠는가. 그러나 배우기를 싫어하지 않고 가르침에 권태롭지 않다."436)라고 말씀하셨다. 안연이 "선생님께서는 순순히 사람을 잘 이끄십니다."437)라고 하였으니 비추어 볼 바가 아니겠는가? 그 말씀이 순순하여 제자를 깨우치도록 함에 권태로움을 알

432) 『論語』, 「爲政」, "子曰 道之以政 齊之以刑 民免而無恥. 道之以德하고 齊之以禮면 有恥且格."
433) 『대학』, "自天子 以至於庶人 壹是皆以修身爲本."
434) 존 스튜어트 밀(John Stuart Mill,1806-1873)의 『자유론』에 나오는 내용이다.
435) 靑衿: 유생을 지칭하는 말이다.
436) 『論語』, 「述而」, "若聖與仁則吾豈敢 抑爲之不厭 誨人不倦 則可謂云爾已矣."
437) 『論語』, 「子罕」, "夫子循循然善誘人". 원문에는 循자 대신 諄자가 나온다.

지 못하게 함은 공서화(公西華)[438]도 이것을 어려운 일이라고 하였다. 평범한 사람은 물론 할 수 없는 일이다. 그러나 의(義)를 보고 옮기지 않는 것은 용감함이 아니다. 하물며 지기(志氣)를 존경하는 스승에게 이어받는 자가 어찌 분발하지 않을 수 있겠는가?

2. 일락(逸樂)의 누추함

공자께서는 "양식을 풍족하게 하고 군대를 풍족하게 한다."[439]라고 말씀하셨다. 또한 "나라에 도가 있으면 가난과 부유함, 천함과 부끄러움을 가볍게 여기지 말라."[440]라고 하셨다. 공자는 그 정교의 이상인 인을 말씀하시고자 일찍이 위(衛) 나라에 가셨다. 염유(冉有)에게 일러 말씀하시기를 "위나라는 백성들이 많구나?"하셨다. 염유가 "이미 백성들이 많으면 또 무엇을 더해야 합니까?"하였다. 공자께서 "부유하게 할 뿐이다."[441]라고 하셨다. 따라서 아성(亞聖)[442] 맹자(孟子)도 "5묘(五畝)의 집 주변에 뽕나무를 심으면 50세 된 자가 비단옷을 입을 수 있다. 닭과 돼지, 개와 큰 돼지를 기르면서 새끼를 칠 시기를 놓치지 않으면 70세 된 자가 고기를 먹을 수 있다."[443]라고 한 것은 이른바 이용후생(利用厚生)을 존중하려는 뜻이다. 증자(曾子)도 말하기를 "부는 집을 윤택하게 하고, 덕은 몸을 윤택하게 하니 선이 있으면 마음이 넓어지고 몸이 펴진다."[444]라고 하였다.

참으로 인생의 쾌사(快事)는 도로써 부를 얻어서 늙은 자는 이에 편안하고, 어린 자는 이에 길러내어 늦봄에는 봄옷이 이미 만들어지거든, 관을 쓴 자 5~6명과 동자 6~7명으로 기수(沂水)에서 목욕하고, 무우(舞雩)[445]에서 바람을 쐬면서 읊조리며 돌아오는 것 같이 유쾌한 일은 없다. 과연 이렇다고 한다면 끝없이 누항(陋巷)의 가난함을 감내하고 근로를 경시하여 민생을 후하게 할 것을 돌아보지 아니함과 같은 것은 단연코 덕을 이루어 민중과 함께 영화로움을 누리는 것이 못 된다.

그러나 재물을 중시하고 부에 집착[泥着]함이 심하면 그 폐단은 반드시 공리(功利)에 현혹되어 위아래가 교차하면서 이익을 정벌하고, 민중은 드디어 투쟁을 유치하여 서로 빼앗

438) 公西華: 공자의 제자로 이름은 赤, 자는 華이다. 공자 문하 72명의 수제자를 뜻하는 공문칠십이현 중 한 명이다.
439) 『論語』, 「顏淵」, "子貢 問政 子曰 足食, 足兵 民信之矣."
440) 『論語』, 「泰伯」의 "邦有道 貧且賤焉 恥也. 邦無道 富且貴焉 恥也"라는 구절이 원문과 비슷하다.
441) 『論語』, 「子路」, "子適衛 冉有僕 子曰 庶矣哉 冉有曰 既庶矣 又何加焉 曰富之."
442) 亞聖: 유학에서 공자에 버금가는 성인으로 맹자를 지칭하는 표현이다.
443) 『孟子』, 「梁惠王章句·上」, "五畝之宅 樹之以桑 五十者可以衣帛矣, 鷄豚狗之畜을 無失其時 七十者可以食肉矣."
444) 『大學』, "富潤屋 德潤身 心廣體 故君子 必誠其意."
445) 舞雩: 기우제를 지내는 곳이다.

지 않으면 만족하지 않는 데 도달하게 된다. 따라서 말하기를 "군자는 먼저 덕을 삼간다. 덕이 있으면 백성이 있고, 백성이 있으면 영토가 있다. 영토가 있으면 재물이 있고, 재물이 있으면 사용함이 있다. 덕은 근본이요, 재물은 말단이다. 오직 선을 보배로 삼는다"[446]라고 한 말 역시 천고에 경계할 잠언이다. 그러나 재물을 사용함에 반드시 죄가 없고, 불의(不義)로 부유하고 또 영화로운 것은 진실로 뜬구름과 같다. 그러나 부유하지 않으면 무엇으로 민생을 부유하게 하며, 먹는 것을 족하게 하지 않으면 무엇으로 국가가 성하는 기운을 기대하겠는가? 민생이 부유하지 않으면 인(仁)도 인으로 할 수 없고, 국가가 부강하지 않으면 대중의 기운이 발생하는데 편안할 수 없다. 50세 된 자가 비단옷을 입음은 5무의 집에 뽕나무를 심은 데 의지하며, 70세 된 자가 고기를 먹음은 닭과 개, 돼지와 큰 돼지를 기르는 시기를 잃지 않은 까닭이다. 반백(斑白)이 된 자가 도로에서 짐을 짊어지지 않을 것을 생각하는 것은 모름지기 편안함을 경계하고, 움직이는데 힘쓰며, 안일함을 배척하여 노동을 즐길 것이다. 그뿐 아니라 덕을 숭상하지 않을 수 없다. 가난함에 빠져서도 오히려 안일함을 탐하여 그 누추한 뜻을 유쾌하게 하지 못해서 입을 벌름거리며 세상의 운수를 매도하는 것과 같은 일은 이른바 아주 어리석고 못난 자로 어떻게 할 수도 없는 자이다. 바라건대 인의의 큰 도리에 의거하여 향리[田里]에서 노동함을 사랑하고 분연히 민생을 두터이 함에 노력함으로써, "부유함으로 집을 윤택하게 하고, 덕으로 몸을 윤택하게 한다."[447]라는 지극히 옳은 말로 이끌어 대중이 일제히 안락하고 강녕한 복의 경사를 함께 하도록 한 것이다.

　가까운 시일 안에 총독(總督), 총감(總監)이 정교(政敎)의 진작을 도모하여 성대하게 동양 도덕의 정수를 천명하고 발휘하기를 기대한다. 근로호애(勤勞好愛)의 정신을 함양함에 노력하는 동시에, 또한 덕교(德敎)의 진작에 힘을 다하거나, 혹은 교육 내용의 개선, 혹은 교과서의 개정에 힘써서 날로 새로운 시설에 부지런히 힘쓰는 까닭도 필경 이 취지에서 나온 것에 지나지 않는다. 만권의 책을 읽더라도 어리석게도 성인의 지극히 옳은 말을 활용하지 않고, 헛되이 사장(詞章)과 훈고(訓詁)의 말단과 지엽에 속박되어 게으름을 피우며[碌碌] 앉아서 곡식을 축내며, 깊이 인생의 가치를 해석해 보지 않으며 마음 편히 일생을 늘어놓은 책 속에서 세월을 보내는 이들은 필경 썩은 유생의 무리이다.

---

446) 『大學』, "是故 君子 先愼乎德. 有德 此有人 有人 此有土 有土 此有財 有財 此有用. 德者本也 財者末也. … 惟善以爲寶."
447) 『大學』, "富潤屋 德潤身."

3. 치우친 지혜[偏智]의 어리석음

"바탕이 문채를 압도하면 촌스럽게 되고, 문채가 바탕을 압도하면 겉치레에 흐르게 되나니, 문채와 바탕이 조화를 이룬 뒤에야 군자라고 할 수 있다."[448]라고 함은 또한 공자의 수훈(垂訓)[449]이다. 또한 말씀하시기를 "제자(弟子)는 들어가서는 효도하고, 나가서는 공손하며 삼가고 신실하게 한다. 널리 사람들을 사랑하되 어진 이를 가까이 한다. 행하고 여력이 있으면 글을 배워야 한다."[450]고 하셨다. 무릇 인격의 가치는 덕을 근본으로 하고, 지혜를 말엽으로 한다. 예컨대 덕은 왕자(王者)와 같고, 지혜는 군대[兵]과 같다. 왕자가 군대를 부려서 선을 국가에 베풀지만 모질고 사나운 자가 이것을 사용하면 재앙과 화는 헤아리기 어렵다. 지혜에 치우치고, 덕을 경시하면 그 폐단은 흡사 모질고 사나운 자가 군대를 사용하여 만민의 협화(協和)를 문란하게 만드는 일과 다르지 않다.

수년 전부터 최근까지 교육은 실로 진보하였다. 그러나 그 폐단은 무엇을 하려고만 하면 사제 간에 모두 덕을 경시하여 들어가서는 효도를 하지 않고, 나가서는 공손하지 않으므로 경박하고 믿음이 없다. 홀로 즐기며, 즐김을 알기는 하나 타인과 즐김을 즐거움으로 알지 못한다. 또 연약한 문학을 탐닉하여 노동을 경시하고 비틀거려 결국 옷과 음식의 어려움에 오열하는 자만 못한 것도 그러한 사례이다. 『시경(詩)』에서 말하기를 "광채가 나는 군자여! 잘라놓은 듯 갈아놓은 듯하며 쪼아놓고 갈아놓은 듯하네."[451]라고 하였다. 또 말하기를 "꾀꼴꾀꼴 꾀꼬리 산모퉁이 머무네."[452]라 하였다. 그칠 곳에서 그칠 줄 모르고, 탁마(琢磨)할 것을 갈고 닦지 않아서 결국 일생을 누추하고 천한 가운데서 보내는 자는 불쌍하다면 불쌍하다. 그러나 그 유래한 바는 덕을 가벼이 한 데 있다. 이것은 어찌 인간으로서 오히려 조류만도 못함이 아니겠는가?

삼강오상(三綱五常)은 고래로 수신제가(修身齊家)와 사회협화(社會協和)의 요체이다. 오늘날에 사도(斯道)가 행해지지 못하여 인민의 풍속은 점차로 마음이 침착하지 못하고 행동이 신중하지 못하게 된다. 이것은 모두 치우친 지혜의 어리석음을 반성하지 않은 데서 유래한다. 우려함에 이보다 심한 것이 있겠는가? 공자께서 말씀하시기를 "근본이 서면 도가 생긴다. 효도와 공경이란 것은 아마도 인을 행하는 근본이다."[453]라고 하셨다. 인은 덕의 이상이며, 지극히 순수한 이상에 도달하는 도는 참으로 효도와 공경의 덕에 귀속한

---

448) 『論語』, 「雍也」, "質勝文則野 文勝質則史 文質彬彬然後君子."
449) 垂訓: 후세에 전하는 교훈을 말한다.
450) 『論語』, 「學而」, "弟子入則孝 出則弟 謹而信 汎愛衆 而親仁 行有餘力 則以學文."
451) 『詩經』, 「衛風 淇奧」, "瞻彼淇奧 綠竹猗猗 有匪君子 如切如磋 如琢如磨."
452) 『詩經』, 「小雅 綿蠻」, "綿蠻黃鳥 止于丘隅."
453) 『論語』, 「學而」, "君子務本 本立而道生 孝弟也者 其爲仁之本與."

다. 또한 우리나라 국민도덕의 정화(精華)도 필경 덕에 근본이 있다. 그런데 오늘날의 자제는 거의 이것을 고려하지 않고, 도도하게 외래의 사상을 광신하고 현혹되어 지극히 고상한 도덕을 가볍고 소홀하게 여기니 우려할 바가 또한 이보다 심한 것이 어디 있겠는가?

4. 이단(異端)의 독

옛날부터 국가 흥망의 시기와 기운은 민심의 귀추가 일정하지 못하여 흔들렸다. 그런데 민심의 귀추가 되지 못함은 그 흉중에 잠재한 사상의 분규로부터 유래하게 된다. 공자께서 말씀하시기를 "이단을 전공하면 해로울 뿐이다."[454]라고 하셨다. 고매한 식견이 진실로 국가의 평안함과 안락함의 요체를 갈파(喝破)하신 것이 아니라면 무엇이겠는가?

과학이 발달한 오늘날에 이른바 괴력난신(怪力亂神)을 말하는 자는 물론 없을 것이다. 그러나 혹은 경제, 혹은 정치, 혹은 행정, 혹은 학예(學藝)에서 사상의 분규가 현세보다 심한 시대는 없다. 혹은 공산주의, 혹은 삼민주의(三民主義), 혹은 자유주의, 혹은 개인주의가 무엇인가를 말해서 그 수를 실로 헤아릴 수 없다. 서적으로 출판된 것만 해도 한우충동(汗牛充棟)도 오히려 부족한 상황이다. 이것은 공자의 이른바 '이단의 음탕하고 난잡함'이 아니고 무엇이겠는가?

무릇 국가에는 이상이 있어서 국가는 그것을 통해 무궁한 생명을 다스리며, 인민도 또한 이에 의해 편안과 강녕의 은혜를 입게 된다. 예컨대 국가의 이상은 맑은 거울과 같다. 맑은 거울이 한 번 그 맑음을 잃어버리면 우리는 무엇에 기인하여 우리가 존재함을 알 수 있겠는가? 그런데 요새 조각조각 난 이상이 세상에 널리 퍼져 누른빛의 흙먼지가 거울 표면을 덮어서 결국 맑음을 잃어버린 것과 같다.

유감인 것은 오늘날 사람이 갑자기 움직여 이러한 대의(大義)를 깨닫지 못하고, 아침에는 동쪽이오 저녁에는 홀연히 서쪽으로 달려가니, 들뜨고 데면데면하여 그칠 바를 알지 못한다. 이에 공자가 말씀하시기를 "『서경(書經)』에서 효에 대해 말하기를[455] '오직 효도하며, 형제에게 우애하며 정사(政事)에 베푼다'[456]라고 하였다. 이 역시 정사를 하는 것이니, 어찌 정사를 하는 것만이 정사를 하는 것이겠는가?"라고 하셨다. 또한 말씀하시기를 "제사 지내야 할 귀신(鬼神)이 아닌데 제사하는 것은 아첨하는 것이다."[457]라고 하셨다.

무릇 내지와 조선의 공동 번창의 기조는 유래가 있는 유교의 정신에 근거하지 않을 수

---

454) 『論語』, 「爲政」, "攻乎異端 斯害也已."
455) 『경학원잡지』 원문에는 "書之孝乎"이라고 되어 있는데, 『論語』의 원문은 "書云孝乎"이므로 『論語』 원문에 따라 번역하였다.
456) 『論語』, 「爲政」, "書云孝乎 惟孝 友于兄弟 施於有政 是亦爲政 奚其爲爲政."
457) 『論語』, 「爲政」, "子曰 非其鬼而祭之 諂也."

없다. 내지도 옛날부터 지금까지 유교를 숭상하여 정교의 근본을 배양한 것도 사실은 자못 다 거론할 수 없다. 도쿄(東都)에 대성전(大成殿)이 있고, 여기에 경학원(經學院)이 있어서 석전(釋奠)의 예는 내지와 조선이 모두 거행한다. 경학원에 명륜당(明倫堂)이 있는데, 내지에는 명륜관(明倫舘)이 있다. 또 유학을 강론함은 같으니 도로는 서로 떨어져 있으나, 심경이 서로 통하고, 도의(道義)를 강론함도 역시 같다. 이 어찌 깊이 고려할 바가 아니겠는가?

이를 돌아보면 헛되이 경조부박(輕佻浮薄)한 사상에 동요함은 이른바 이단을 전공하는 해를 깨닫지 못한 것이다. 자가의 귀신이 아닌데 여기에 제사를 지냄은 아첨이 심한 것이다. 충충(忡忡)히[458] 사상의 분규를 우려함은 헛되이 술책의 고루한 뜻에서 말미암은 것이 아니라, 진실로 대인(大人)의 말씀을 두려워하여 국가 영원의 융성과 번창, 민중의 공존하고 함께 번영하는 혜택을 생각하는 데 있다. 나는 "이단을 전공하면 해로울 뿐이다."라고 거듭 말한다. 또한 "대인의 말을 두려워한다."라고 말하고 싶다. 봉황은 표표히[飄飄] 높이 비상하며, 용은 아득하게 심연(深淵)에 숨는다고 한다. 화육(化育)의 큰 임무에 응한 자는 능히 지극히 선한 데에서 그쳐서 넓고 크게 독립하고 꺾이지 않는 의기(意氣)가 있어야만 한다.

공자는 실로 만세의 스승이다. 의젓하고 빛나서 사람들이 모두 이를 우러러본다. 날이 추워진 연후에 소나무와 잣나무가 시들어 떨어지지 않음을 알 수 있다. 수년 전부터 최근까지 시폐는 우려스러운 점이 적지 않다. 그러나 사문(斯文)은 공자의 커다란 인격과 함께 더욱 밝게 빛나고 비교해서 드러나게 된다. 공자께서 일찍이 광(匡) 지역에서 곤란하실 때 밝게 말씀하시기를 "하늘이 장차 이 문(文)을 없애려 하였다면 나중에 죽는 사람이 이 문에 참여할 수 없었을 것이다. 하지만 하늘이 아직 이 문을 없애지 않았으니 광 지역 사람(匡人)들이 장차 나를 어찌하겠는가?"[459]라고 하셨다. 바라건대 각위(各位)와 같이 지기(志氣)를 부자(夫子)께 본받아 더욱 대도(大道)를 높이 드러내는 데 진력해야 한다.

[경학원잡지 제30호(1929.12.25.), 50~56쪽]

---

458) 忡忡: 우려하며 슬퍼하는 모양을 말한다.
459) 『論語』, 「子罕」, "天之將喪斯文也 後死者不得與於斯文也 天之未喪斯文也 匡人 其如予何."

50 조선의 성학 도통 – 이퇴계 선생을 생각함(1929.12.25.)

조선의 성학(聖學) 도통(道統) – 이퇴계(李退溪) 선생을 생각함

경성사범학교장

아카키 만지로(赤木萬二郎)

각하 및 각위(各位)와 함께 오늘 추계석전(秋季釋奠)을 경학원(經學院)에서 거행하는 일을 맞이하여 「조선의 성학(聖學) 도통(道統)」이라는 제목으로 이퇴계(李退溪) 선생을 사모, 추억하는 변변치 못한 마음을 말씀드릴 기회를 주신 일은 저에게 광영이라고 생각합니다.

회고하건대 지금으로부터 8년 전인 1922년 5월 7일 공자 기신(忌辰)[460] 40주갑(2,400년) 추모의 제전을 당 경학원에서 거행할 때, 제가 만세의 사표 공자의 성덕을 잠깐 진술한 일은 아직도 감격하고 있습니다. 진정으로 내지(內地)와 조선을 통해 '천황폐하'의 일시동인(一視同仁)의 성스러운 통치 아래에서 8천만 동포가 지극히 성스러운 스승 공자의 성덕을 감사하고 추모하기 위해서 도쿄(東京)의 유시마세이도(湯島聖堂)와 우리 경성에 있는 경학원 대성전에서 매년 엄숙한 봄가을의 석전을 거행하는 일은, 같은 동양에 있어서 성학(聖學)의 원천이라 할 만한 중국[支那]에서 가끔 앞선 스승을 존숭하는 생각이 얕다는 한숨 소리를 내게 되는 오늘 있어서, 특별히 성세[聖代] 황은(皇恩)의 감격을 느낍니다. 실로 공자의 도(道)인 "천지 생성의 큰 덕과 천인합일(天人合一)의 큰 이치에 기초한 인(仁)의 덕(德)", "효자의 문에는 반드시 충신이 난다. 충신의 도가 다름이 없다."하는 왕도(王道)의 거대한 도덕관념과 우리 일본의 '황도(皇道) 즉 신도(神道)', '충효(忠孝)'의 근본인 국체관념'은 늘 변하지 않는 한결같은 법칙입니다. 황송하고 감격스러운데, 지난 1924년 1월 26일 황태자 전하(지금의 '천황 폐하')의 결혼을 경축하는 식전을 거행함을 맞이하여 2월 5일 특별히 칙사를 보내셔서 조선의 선유(先儒)로서 문묘에서 배향하고 있는 설총(薛聰) 외 17인 [최치원(崔致遠), 안유(安裕), 정몽주(鄭夢周), 김굉필(金宏弼), 정여창(鄭汝昌), 조광조(趙光祖), 이언적(李彦迪), 이황(李滉), 김인후(金麟厚), 이이(李珥), 성혼(成渾), 김장생(金長生), 조헌(趙憲), 김집(金集), 송시열(宋時烈), 송준길(宋浚吉), 박세채(朴世采)]에 대하여 일찍이 세상의 문교(文敎)에 공헌한 탁월한 공을 생각하셔서서 특별히 제자료(祭粢料)[461] 하사

---

460) 忌辰: 죽은 사람, 또는 죽은 사람과 관련된 사람을 높여서 제삿날을 이르는 말이다.

의 은전(恩典)이 있었음은, 더욱이 여러분의 기억에 새로울 줄로 생각합니다. 이것은 정말로 성대(聖代)의 아름다운 일입니다. 당시 사이토(齋藤)⁴⁶² 총독의 유고(諭告) 가운데 있는, 예전의 어질고 사리에 밝은 사람이 남긴 모범을 소개하고 그 정신을 현대의 실생활에 응용하려고 한 일에 대해서는, 정말로 유교와 유림에 서는 자는 물론 누구든지 깊이 생각이 여기에 이르러 세상인심을 위해 유시(諭示)에 더하여 풍속교화를 진작하는데 공헌해야 한다고 생각합니다. 경학원에서 성균관의 시대로부터 시종일관 성대(聖代)의 문화와 문교에 공헌하도록 성학(경학), 즉 공자 도의 연구에 진력하고 있는 일에 대해서는 일찍이 깊이 존경하는 뜻을 표하고 있는 처지입니다.

　도리어 생각해보면, 성학 즉 경학의 연원은 멀리 중국 요(堯), 순(舜), 우(禹), 탕(湯), 문(文), 무(武), 주공(周公)의 성현에서 출발하여 『시경(詩經)』과 『서경(書經)』, 『역경(易經)』, 특히 예의 경전에 기초하여 지극히 성스러운 공자께서 조술(祖述)하고 헌장(憲章)으로 삼아 '집대성(集大成)'한 것입니다. 그 도통은 공자를 모범으로 삼아 만세의 사표(師表)로 우러르며, 아래로는 마땅히 문묘(대성전)에 배향한 사성[四聖, 안자(顔子), 증자(曾子), 자사자(子思子), 맹자(孟子)]과 십철(十哲)⁴⁶³, 송나라의 육현[六賢, 주염계(周濂溪), 소강절(邵康節), 정명도(程明道), 정이천(程伊川), 장횡거(張橫渠), 주회암(朱晦庵)]과 아울러 동무(東廡)⁴⁶⁴와 서무(西廡)⁴⁶⁵의 배향자 각각 56인, 즉 중국의 송(宋), 원(元) 이전의 선유(先儒) 47인, 신라 이하 조선(李朝)의 선유 9인의 선철(先哲), 양무(兩廡)⁴⁶⁶를 아울러 112인의 유현(儒賢)에 의해 면면히 맥을 이어 3천 년의 오늘날에 이르도록 전해 왔습니다. 옛날은 논할 것이 없고, 그 사이 유문(儒門)의 가르침은 송나라에 이르러 한(漢)과 위(魏) 육조(六朝)⁴⁶⁷의 자의훈고(字義訓詁) 등에 급급한 폐단을 혁파하고, 육현(六賢)이 서로 전하여 주자회암(晦庵) 선생가 성리(性理)의 학문을 대성하고, 명(明)에 이르러 멀리 송(宋)의 육자[陸子, 상산(象山) 선생]⁴⁶⁸에 대응하여 왕자[王子, 양명(陽明) 선생]⁴⁶⁹가 나왔고, 심학(心

---

461) 祭菜: 제사 때 올리는 밥이다.

462) 사이토 마코토(齋藤實, 1858~1936). 일본 해군대장 출신의 조선총독으로, 1919년 3·1운동 발생 이후 조선에 부임하였으며, '문화통치'를 실시한 것으로 잘 알려져 있다. 조선 총독은 3대와 5대 두 차례에 걸쳐 역임했다.

463) 十哲: 공자의 뛰어난 제자 10명. 안회, 민자건, 염백우, 중궁, 재아, 자공, 염유, 자로, 자유, 자하를 말한다.

464) 東廡: 儒賢의 위패를 모신 문묘 안 동쪽 行閣이다.

465) 西廡: 문묘 안에 있는 大成殿의 서쪽 아래채이다.

466) 兩廡: 문묘 정전의 좌우에 있는 東廡와 西廡를 말한다.

467) 六朝: 後漢이 멸망한 후 隋가 통일할 때까지 南京을 도읍으로 한 吳, 東晉, 宋, 劑, 梁, 陳을 아우르는 명칭이다.

468) 陸子: 陸九淵(1139~1192). 남송의 사상가로 心卽理說을 주장했다.

469) 王子: 王守仁(1472~1528). 명나라의 사상가이자 교육자로 양명학의 시조이다.

學)의 문을 열어 무성하게 공교(孔敎)470)가 흥하고 번창한 모습을 보는데 이르렀습니다. 그 논의가 헛된 이론[空理]과 헛된 이야기[虛談]의 길에 빠져서 그 의논이 점차 고상하고 그 분석이 점차 번잡해져 여기서 점차 유파가 분립하는, 폐단이 많은 풍습이 생겨나 각자 공맹(孔孟)의 정전(正傳)을 얻었다고 공공연하게 소리 높여 말하였고, 결국 서로 배제하는 일을 옳다고 여기는데 이른 자도 있었습니다. 공자의 학문 도덕의 본령인 이것을 몸으로 행하며, 일로 베풀어 세상을 유익하게 하는, 이른바 백성을 이롭게 하고 세상을 가지런히 하는 덕치의 지업(志業)471)이 세워지지 않아 학문과 실생활이 점점 멀어져 가는 감이 깊어지는 일도 있게 되었습니다.

애초에 성학(聖學)의 종지(宗旨)는 진실로 사람 된 자는 누구든지 1차로 학문에 뜻을 세울 때 자기가 본래 갖추고 있는 명덕(明德)472)을 밝게 하고, 오륜오상(五倫五常)을 바르게 하여, 생생히 살아있는 식견에 의거한 일상의 실천 속에서 천지·동포·만물과 일체가 됨을 얻도록 하여, 인간으로서 참으로 하는 실생활에 들어가도록 하기 위한 것이 아니라면 옳지 않습니다. 이것을 성학의 바른 계통이라고 하여, 이렇게 바른 계통을 체득한 사람이 참된 유자(儒者)가 되어야만 한다고 생각합니다.

지금 저는 조선의 선유(先儒)로서 성학의 도통을 소개하여 문묘에 배향되어 있는 18인의 유현 가운데 한 사람인 이퇴계 선생을 사모하고 추억하는 변변치 못한 마음을 말씀드리고자 합니다. 선생은 기원 2,161년 조선 연산군 7년 주자(회암 선생)의 사후 300년, 왕자(양명 선생)의 사후 29년에 우리 조선의 경상도 예안현(禮安縣) 온계리(溫溪里)에서 태어나 2세에 부친과 이별하고, 오로지 모친의 손에 의해 사랑을 받으며 성장하였습니다. 선생이 스스로 지은 묘갈명(墓碣銘)에 의하여 보건대 선생이 어떻게 모친의 가정교육에 물이든 바가 크다는 점을 엿볼 수 있습니다.

> 선생이 찬술한 「선비정경부인박씨묘갈(先妣貞敬夫人朴氏墓碣)」에 이르기를 "선친이 병으로 돌아가셨을 때 큰 형이 겨우 장가를 들어서 스스로 여유가 있었다. 어린아이들이 눈앞에 가득하자 부인은 아파하면서 아들이 많은데 일찍 과부가 되었으니 장차 가문을 지탱하기 어려울 것이라고 여겼다. 더욱 농사와 양잠의 일을 더욱 수련하여 예전의 재산을 잃지 않았다. 여러 아들이 점차 자라자 가난한 가운데서도 밑천을 주어 먼 곳이나 가까운 곳으로 가서 배우도록 하였고 매번 훈계를 하였다. 오직 문예(文藝)만 일삼을 것이 아니라 특히 몸가짐과

---

470) 孔敎: 유학을 뜻한다.
471) 志業: 학업에 뜻을 둠을 말한다.
472) 明德: 더럽히지 않은 천부의 본성을 말한다.

행동을 삼가는 것을 중요하게 여겼다. 과연 정중하게 경계하면서 간절하게 말씀하기를 '세상에서 과부의 자식을 욕하면서 교육받지 못하였다고 한다. 너희들이 그 공부를 백배로 하지 않으면 어떻게 이런 비웃음을 벗어날 수 있겠는가.'라고 하셨다." 이로써 볼 때 선생은 비록 일찍 아버지가 돌아가셨지만 그 이룸을 얻을 수 있었던 것은 대부인(大夫人) 때문인 것이 많다.

대개 선생은 타고난 자질이 명민한 데 더하여 평범하지 않게 배움에 힘썼으며 공경하고 온순하여 순수하게 옥과 같은 푸르름을 가지고 겨우 12세의 나이에 이미 『논어』를 학습하여 '이(理)'의 글자 뜻을 해석하고 덕으로 들어가는 칼자루를 얻으셨습니다.

> 선생은 온화하고 공손하게 어른들을 대하여 감히 나태한 모습이 없었다. 비록 한밤중이라도 어른이 부르면 즉시 깨어서 매우 삼가면서 대답을 하였다. 6, 7세부터 이미 그러하였다. (年譜)
>
> 선생은 12세가 되던 때에 숙부인 송재공(松齋公) 이우(李堣)에게 『논어』를 배웠다. 제자는 들어가면 효도하고 나오면 공손해야 한다는 대목에 이르러서 두려우며 스스로 경계하여 말하기를 "사람의 아들이 된 도리는 마땅히 이와 같아야 하는 것입니다."라고 하였다. 하루는 이(理)라는 글자를 가지고 송재공에게 묻기를 "모든 일에 옳은 것이 바로 이(理)입니까?"라고 하였다. 송재공이 기뻐하면서 말하기를 "너는 이미 문장의 의미를 이해했다."라고 하였다. (年譜)

실로 선생의 학문은 이(理)의 참된 뜻을 연구하고 체득하고 인정함에 있었다고도 할 만합니다. 송나라 유생이 일찍이 이기(理氣)를 변론함이 있어서 유자(儒者)가 서로 조화하여 각각 논의를 각각 논의를 다르게 하였습니다. 선생은 송나라 유생의 이(理)를 우주 사이의 만아(萬我)와 만물(萬物)의 바깥에 있다는 견해를 타파하고, 우주의 큰 이치는 만아와 만물 안에 완연히(宛然) 있는 것이기 때문에 만아와 만물을 우연히 일시의 현상이라고만 보는 것은 잘못된 견해이며, 만물이 각각 하나의 태극(太極)을 갖추고 있다는 견해를 세웠습니다. 선생의 이른바 하나의 태극이란 이상(理想)입니다. 이것을 이(理)라 하고, 이가 발하여 사상, 형상으로 표현되는 것을 기(氣)라 합니다. 이 가운데 기가 있고, 기 가운데 이가 있으니, 이기(理氣)는 본래 둘이 아니라 각각 그 일면입니다. 우주의 만아와 만물 바깥에 이[理(空)]가 있음이 아니고, 이미 이가 있으면 그 가운데 만상(萬象)이 우거져 있는 것입니다. 그러나 한 가지 사건과 한 가지 물건에 있는 이는 만세에 바꿀 수 없는 참된 이치입니다. 일견 개별 사이에서 독립하여 그 사이에 연락과 통일이 없는 것 같습니다. 실로 한 가지 사건, 한 가지 사물의 이치는 완연히 연속하고 일관하여 있습니다. 고금에 걸쳐 있고, 동서로 통하여 일정하고 바꿀 수 없는 큰 이치[大理, 중리(衆理)의 총회이자 만화(萬化)의 본원]입니다. 이러한 하나의 이치에 의거하여 개개의 이치는 통합되며, 일관하여 새 천지의 만아와 만물을 혼합하고 녹여서 일체가 되도록 합니다. 맹자의 이른바 만물이 모두 나[我(人)]에게 갖춰진다고 하는 나라 함은 자기가 갖추고 있는 본래의 순박하고 참된[醇眞] 즉 성[性(理)]의 일이니, 성을 갖춘 만상(萬象)이 발하여 모습을 드러냄을 정[情(氣)]이라고 일컫습니다. 그러나 마음이란 성과 정을 아울러 말하는 것입니다. 그렇기 때문에 사람은 일상 실천 속에서 예법을 견지하고 나를 존경하는 정을 닦아서 본래 갖추고 있는 성(性)으로 돌아가 스스로 돌아보고 자강(自彊)하는 천지의 마음을 한 사람의 마음으로 삼아, 하늘을 공경하며 하늘을 두려워하며, 사람을 사랑하고 사물을 사랑하여 천지·동포·만물과 일체가 되는 체험 생활에서 도를 깨달아 실상의 세계로 들어가서[悟入], (배우면서 마음에 큰 의심이 있으면 반드시 큰 깨달음이 있음을 반드시 체험해야 한다[爲學須要體驗於心 有大疑者必有大悟]). 무릇 천지간에 있는 자는 풀 한 포기, 나무 한 그루의 미미함, 한 가지 사건과 한 가지 사물의 세세함에 이르러 여기에 사랑과 공경하는 정성을 다해야만 합니다. 물건이 아까운 줄 모르고 함부로 써버려서 하늘의 뜻을 저버리는 등의 일이 있어서는 불가하다는 것이 선생의 '이기는 두 면이어도 한 몸[理氣二面一體]'의 현묘한 이치이며, 선생의 천인일체(天人一體)의 관점입니다. 선생의 학습법, 수양법은 언제든지 이로부터 출발하여 여기에 도달해 있습니다.

　　묻기를 "도해(圖解) 소주(小註)의 면재(勉齋)[473]의 학설에서 이른바 여러 이(理)가 모두 모인 것이고 모든 조화의 본원이라는 것은 태극을 가리켜 말한 것입니다. 그렇다면 소위 만물은 각각 하나의 태극을 구비하고 있다는 것 또한 여러 이가 모두 모인 것이고 모든 조화의 본원입니까? 사람은 과연 여러 이를 구비하고 있지만, 사물[物]은 적용되는 하나의 이를 각자 구비하고 있을 따름이니, 어찌 여러 이를 구비하고 있는 것입니까?"라고 하였다.

　　선생이 말하기를 "하나의 사물에 있는 것만 가지고 여러 이가 모두 모였다고 할 수 없다. 그러나 내려 받은 것이 바로 태극의 이치이니 어찌 각각 하나의 태극을 구비하고 있다고 말할 수 없겠는가. 어찌 여러 이가 모두 모인 태극 속에서 하나의 이만 갈라내어 하나의 물에 각각 부여한 것이겠는가. 만약 조각달이 강이나 바다처럼 크거나 한 잔의 물이던 간에 비추지 않음이 없는 것과 같다. 하나의 잔에 비친 달빛을 가지고 어찌 그 물이 적다고 해서 마침내 달이 비추지 않은 것이라고 할 수 있겠는가."라고 하였다.(言行錄)

---

473) 勉齋: 송나라 학자 黃榦의 호이다. 자는 直卿, 시호는 文肅이며 閩縣 사람이다. 朱熹와 劉淸之에게 수학하였다.

공자께서 말씀하기를 "배웠지만 생각하지 않으면 사라지고, 생각만 하고 배우지 않으면 위태롭다."라고 하였다. 풀어내어 말하기를 "자신에게서 구하지 않았으니 이 때문에 혼미하고 얻을 수 없는 것이다. 그 일을 익히지 않았으니 이 때문에 위태해서 불안한 것이다."라고 하였다. 학문을 하는 것은 모름지기 마음속으로 체험한 연후에 자신에게서 얻으면 진실로 뒤섞임이 없다. 여러 경전을 전부 통달하였다고 해도 마음에서 얻은 실체가 없으면 혼미하여 얻을 수 없고, 마음속에서 생각하였다고 하더라도 숙련되게 익힐 수 없다면 위태해서 불안한 것이다. 연평(延平)[474] 선생이 주자에게 말하기를 "이 도리는 전적으로 일상생활에서 익숙함에 달려 있다."[475]라고 하였다. 날마다 움직이는 것과 멈추는 것, 말하는 것과 침묵하는 것의 사이에서 발견되는 것이 모두 천리이다. 마음을 보존하여 성찰하고 그 일에 익숙해진 연후에 행한 바가 진실로 얻어지니 이는 곧 진정한 학문이다. 성현의 격언은 다만 종일토록 보는 것만이 아니라 밤중에 마음속이 고요한 곳에서 천리를 몸으로 인식하고 일상생활 가운데 성찰하고 종일토록 몸으로 행하여 이미 익숙해지면 성학(聖學)이 채워진다는 것이다. 그래서 옛사람이 말하기를 "크게 의심하는 것이 있으면 반드시 크게 깨닫고 생각하지 않고 행동하지 않으면 의심이 없고 깨달음도 없다."라고 하였다.(堂后日記)

선생이 69세 때 선조(宣祖)께 올린 『성학십도(聖學十圖)』(1. 태극도(太極圖), 2. 서명도(西銘圖), 3. 소학도(小學圖), 4. 대학도(大學圖), 5. 백록동도(白鹿洞圖), 6. 심통성정도(心統性情圖), 7. 인설도(仁說圖), 8. 심학도(心學圖), 9. 경재잠도(敬齋箴圖), 10. 숙흥야매잠도(夙興夜寐箴圖))는 선생이 송나라 유생의 성리심법(性理心法)의 계박(繫縛)에서 이탈하여, 그 논법과 실천, 체험한 바를 모두 거추장스럽지 않고 간략하게 해서, 앞선 스승으로 지극히 성스러운 공자(孔夫子)가 사회의 사실과 실제를 중시하여 인과 예를 가르침의 큰 근본으로 삼는 근원에 들어가, 선생 독자의 도덕 학문을 완성한 결정(結晶) 또는 축소도(縮小圖)라고도 볼 수 있습니다.

그 가운데 '서명도'는 선생이 주자를 존중하고 신봉하는 동시에 깊이 횡거(橫渠) 선생(張載)을 사숙하고 인격을 사모하여 감득(感得)한 표현이라고도 볼 수 있으며, 선생의 위대한 점은, 실로 이것을 실천하고 몸소 실행하여 드러나게 한 성학(聖學)의 정계(正系)에 서 있는 살아있는 유자이자 순수한 유자로서[活儒純儒] 동방의 한 사람인 까닭입니다. 선생을 사모함을 그만 둘 수 없는 것도 또한 여기에 있다고 생각합니다.

---

474) 延平: 송나라의 유학자인 李侗의 호이다. 이동은 南劍州 劍浦 사람으로 자는 願中이다. 평생 과거를 보지 않고 은거하여 朱熹와 羅博文, 劉嘉 등의 제자를 양성하였다.
475) 전적으로 … 달려 있다: 원문은 '全在日月處熟'으로 되어 있다. 문맥이 통하지 않아 '月'을 '用'의 오기로 보고 번역하였다.

만년에는 도산(陶山)의 기슭에 정사(精舍)를 지었는데, 온 방 안이 고요한데 도서(圖書)만 벽에 가득하였다. 날마다 그곳에 거처하여 삼가면서 연구를 하였다. 아름답게 은거하여 수양하면서 즐겁게 근심을 잊었다. 사람이 감히 그 만들어지는 바의 깊이를 살펴볼 수 없었다. 다만 그 가득히 쌓여 겉으로 드러나고, 마음이 넓어 몸도 편안하며, 얼굴이 순수하고 뒷모습은 가득 차 있는 실상은 저절로 가릴 수 없었다. 마음속 회포는 환하게 통하여 가을 달이나 얼음 항아리 같았고, 기상은 온화하고 순수하여 깨끗한 금덩이나 아름다운 옥과 같았고, 장중하기는 산악과 같고 고요하고 깊기는 연못과 같았다. 단아하고 자상하며 한가롭고 편안하며 독실하고 두터우며 참되고 순수하며, 겉과 속이 한결같아 사물과 나 사이에 틈이 없었다. 가만히 바라보면 존경할 만한 본보기가 있고, 온화하게 가까이하면 사모할 만한 용모와 덕행이 있었다. 비록 완악하거나 사나운 자라고 하더라도 선생의 대문만 바라보면 교만한 기운이 저절로 녹아 없어졌다.(實記)

선생의 학문은 사욕이 깨끗이 없어져 천리가 날로 밝아지고 사물과 나 사이를 볼 수 없게 되었다. 이 경지[町畦]는 그 마음이 곧바로 천지의 만물과 더불어 상하(上下)가 함께 흘러 각자 자기 자리를 얻는 신묘함[妙]이 있다.(言行錄)

선생이 조선에서 주자 도통의 바른 계보를 소개함은 일본 내지에서 도주(藤樹) 선생[오미(近江)의 성인 나카에 도주(中江藤樹)][476]이 왕학(王學, 왕양명의 心學)을 대함과 같았습니다. 도주 선생의 문하에서 구마자와 반잔(熊澤蕃山)[477] 선생을 배출함은 흡사 선생의 문하에서 이율곡(李栗谷) 선생을 배출함과 같습니다. 율곡이 스스로 기록한 바를 보면 선생이 최초에 율곡과 서로 본 것은 선생이 58세, 율곡이 23세 때이니, 당시 율곡이 최초에 선생을 예안(禮安)의 도산(陶山)에서 뵙고 하나의 음률(一律)을 바쳤습니다.

마음속 회포는 비가 갠 뒤에 달을 열어주고, 담소는 세찬 물결을 그치게 합니다. 저는 도를 듣기를 원하였으니 반나절의 한가로움을 훔친 것이 아닙니다.

선생이 여기에 화답하여

좋은 곡식은 돌피가 잘 익기를 용납하지 않고, 떠도는 먼지는 새로 닦은 거울을 그냥 두지 않습니다. 감정이 지나친 시어(詩語)는 모름지기 잘라버리고, 공부에 노력하여 날마다 가까

---

476) 中江藤樹: 나카에 도주(1608~1648). 하야시 라잔(林羅山)에게 수학하였으며, 일본 양명학의 시조이다.
477) 熊澤蕃山: 구마자와 반잔(1619~1691). 에도시대 초기의 양명학자이다.

워집시다.

라는 말이 있었습니다. 일견 옛날과 같이 그 진정(眞情)을 숨김없이 드러내어 뜻을 말하고, 간담상조(肝膽相照)함이 있음을 보셨습니다. 율곡은 겨우 이틀 머물렀으나, 커다란 감격과 공명을 얻었던 것 같습니다. 그 후 율곡이 임영(臨瀛, 지금의 강릉으로 선생 외가가 있는 곳)에 있을 때 선생이 율곡에게 보낸 서한에서

세상에 영재가 어찌 한정되어 있겠는가. 다만 옛 학문에 마음을 두기를 원하지 않아서 물이 흘러가듯이 사라진다. 그 세속의 흐름에서 스스로 벗어난 자가 있지만 혹은 재주가 미치지 못하거나 나이가 이미 늦었다. 그대 같은 사람은 재주가 뛰어나고 나이가 어리니 바른 길로 나선다면 다른 날의 성취를 어찌 가늠할 수 있겠는가. 오직 그대가 천만번 더욱 원대해지기를 스스로 기약하여 약간의 성취로 스스로 만족해서는 안 된다.

했던 말이 있었습니다. 이래로 두 사람 사이에는 스승과 벗, 물과 물고기처럼 깊이 교제하였습니다. 율곡은 선생의 의리를 가장 깊이 연구하였고, 정밀하고 자세함을 다하는 학문에 대하여 선생을 세상의 유종(儒宗)[478]이라고 깊이 숭상하였습니다. 해주(海州)에 있으면서 은병정사(隱屏精舍)를 창건하고, 주자의 사당을 정사(精舍)의 북쪽에 짓고, 여기에 조정암(趙靜庵)[479]과 이퇴계(李退溪) 두 선생을 배향하여 봄가을로 여러 생도를 이끌고 제사를 지낸 일을 보더라도 율곡 선생이 얼마나 선생을 존경하였는지를 보기에 충분합니다. 도주 선생을 반잔(蕃山)이 대했던 것과 같이 선생은 그 덕행과 뛰어난 인덕에 대하여, 율곡은 경제정치(經濟政治)의 재능에 대하여 각각 세운 바를 달리하였습니다. 그러나 공자의 정통 계보를 밟아 성학의 진수를 발휘하고 주장을 밝혀서 널리 퍼트린 일은 율곡이 바로 선생을 계승하였습니다. 율곡 선생이 42세 때 해주 은병정사에서 학도를 위해서 『격몽요결(擊蒙要訣)』을 저술하고, 아래와 같이 이에 서문을 지었습니다. 이것을 보더라도 율곡의 도덕 학문이 선생에게 배운 바가 많다는 것을 볼 수 있을 줄로 압니다.

사람이 이 세상에 나서 학문이 아니면 사람이 될 수 없다. 소위 학문이라는 것은 역시 이상하거나 별다른 것이 아니다. 다만 아비는 마땅히 자애로워야 하며, 자식은 마땅히 효도해야 하고, 신하는 마땅히 충성해야 하며, 부부에는 마땅히 분별이 있어야 하고, 형제는 마땅히 우애가 있어야 하며, 젊은이는 마땅히 어른을 공경해야 하고, 친구는 마땅히 믿음이 있어야

478) 儒宗: 유학에 통달한 권위 있는 학자를 말한다.
479) 趙靜庵: 조광조. 정암은 호이다.

하는 것으로 모두 일상의 모든 일에 있어서 일에 따라 각기 마땅한 것을 얻을 뿐이고, 현묘한 것에 마음을 두고 기이한 것을 희망하는 것이 아니다. 그러나 배우지 않은 사람은 마음이 막혀 있고 식견이 어둡다. 그래서 모름지기 글을 읽고 그 이치를 연구하여 행해야 할 길을 밝힌 뒤에야 학문의 깊이가 올바름을 얻고 실천이 올바를 수 있게 된다. 요즘 사람들은 학문이 일상생활에 있는 줄은 모르고 망령되게 높고 멀어 행하기 어려운 것이라 여긴다. 그리하여 특별한 사람에게 미루고 자기는 포기하니, 어찌 슬프지 않은가. 내가 해산(海山)의 남쪽에 있을 때 한두 학생이 찾아와 학문을 물었다. 내가 스승이 될 만한 게 없음을 부끄럽게 여겼지만 처음 학문하는 사람이 학문도 모르고 또 굳은 의지도 없으면서 범범하게 도움을 청하면, 서로 도움 될 것은 없고 도리어 남에게 비난만 받게 될까 두려웠다. 그래서 간략하게 책 한 권을 써서 마음을 세우고, 몸을 신중하게 하고, 부모를 봉양하고, 물건을 대하는 방법을 대략 서술하여 '격몽요결(擊蒙要訣)'이라고 이름을 붙였다. 학생들로 하여금 이것을 보고서 마음을 씻고 즉시 공부에 발을 디디도록 하려는 것이다. 나 역시 오랫동안 구습에 얽매여 근심하였는데 이것으로 스스로를 경계하고 반성하고자 한다.

그러나 선생의 성학 도통은 조선에 대한 그것보다도 오히려 일본 내지(內地)에 영향을 미쳐 선생의 학덕은 내지에서 불멸의 생명을 풀어놓고 있습니다. 저는 근래 책 한 권을 교토(京都)에서 얻었습니다. 그것은 주자의 『서명(西銘)의 해석』에 이퇴계 선생의『서명고증강의(西銘考證講義)』를 합편한 것인데, 1668년(寬文[480] 8)의 대판본(大版本)입니다. 1668년은 지금으로부터 270년 전 도쿠가와(德川) 4대 쇼군(將軍) 때이니, 이퇴계 선생 사후 97년, 도주(藤樹) 선생의 사후 20년에 해당합니다. 당시 일본 내지의 학계에 퇴계 선생의 학문, 특히 선생이 장횡거(張橫渠) 서명(西銘)에 의거하여 영감으로 깨달은 탁견을 어떻게 존경하고 중시하였는지를 엿볼 수 있습니다.

이 『서명고증강의』는 선생이 스스로 인욕(人慾)을 깨끗이 없애어서 (유아의 사사로움을 깨고 무아의 공공성을 넓힘[破有我之私廓無我之公]) 자신에게 돌이켜 구하여 인체[人體(天理)]를 인득(認得)하여, 물아(物我)가 하나의 이치라는 진리를 체득하며 천리가 일체라는 실질을 체험하여 천지가 한집안, 온 나라가 한사람이라는 지경에 깨달아 들어간 바, 인격의 일면을 살펴볼 수 있습니다. 지금 그 일절(一節)과 우리 일본의 간나가라노미치[惟神道(産靈)]의 참된 의미를 비교해보면, 전적으로 그 귀추가 같게 되어 있음을 알 수 있습니다. 즉 성학(聖學)의 정통 계보와 황도(皇道)의 진정한 의미는 같은 것임을 웅변으로 말하는 것입니다. 도에 고금(古今)이 없으며, 경역(境域)이 없다는 것을 그 사이에서 볼 수 있습니다. 그러므로 선생의 감화하는 영향이 깊이 일본 내지의 순진한 민심을 자극하여 큰 공명

---

480) 寬文: 간분. 일본의 연호. 1661년부터 1673년 사이의 시기를 가리킨다.

을 야기하게 만든 까닭이 우연은 아님을 알기에 충분합니다.

　대체로 장횡거(張橫渠)의 이 「서명(西銘)」은 나와 천지 만물의 이치가 본래 하나인 까닭을 반복하여 미루어 밝힌 것이다. 인(仁)의 본질을 형상하여 내가 있다는 사적인 것을 깨뜨리고 내가 없다는 공변됨을 열어, 그 완고하기가 돌과 같은 마음으로 융화(融化)하고 환히 통하여 사물과 나 사이에 간격이 없어 조그마한 사심도 그 사이에 용납할 수 없게 한다. 천지 만물이 한집안이 되고 온 나라가 한사람처럼 되어서 남의 아픔을 내 몸의 아픔과 같이 간절하게 볼 수 있다면 인의 도리를 얻을 수 있다.

　또 말하기를, "무릇 「서명(西銘)」은 본래 인(仁)의 본질을 형상한 것이다. 그런데 반드시 자기를 주(主)로 하여 말한 것은 어째서인가? 옛날 공자가 자공이 널리 은택을 베풀어 여러 사람을 구제하는 일에 대해 묻자 대답하기를 '인자(仁者)는 내가 서고자 하면 남을 세우고, 내가 이르고자 하면 남을 이르게 한다.'라고 한 의미가 이것과 같다. 대개 자공이 자기 몸에서 가깝고 절실한 곳에서 인을 구하지 않고 너무 넓고 멀어서 관련이 없는 데서 찾았다. 그래서 공자가 이렇게 말을 하여 그로 하여금 자신에게 돌이켜 인의 본질을 가장 절실한 곳에서 알도록 하려는 것이었다. 지금 장횡거도 역시 인이란 것은 비록 천지 만물과 일체이지만 반드시 먼저 자기가 근본이 되고 주재(主宰)가 되어야 모름지기 사물과 내가 하나의 이치로 친밀하게 서로 관련이 있다고 여겼다. 의미는 내 몸통에 가득한 측은지심과 더불어 관철되고 흘러들어 막힘이 없고 고루 미치지 않는 데가 없으니, 이것이 인의 본질이다. 만약 이 이치를 알지 못하고 범범하게 천지 만물이 하나인 것을 인이라고 한다면 이른바 '인의 본질'이라는 것이 망연하고 넓고 멀어 나의 심신(心身)과 무슨 상관이 있겠는가."라고 하였다.(西銘考證講義)

　무스비(産靈)란 자기가 우주의 큰 생명(天心天理)과 일체가 되어 큰 생명이 존재하는 자신을 자기의 인격 안에 창설해 가는 것입니다. 무스비는 우주, 국가, 존재의 근원이 됩니다(물아가 하나의 이치, 천인이 하나의 체[物我一理, 天人一體]). 나의 넓고도 먼 건국의 큰 이상[퇴계 선생의 이른바 '이(理)'라는 국시(國是)]은 큰 사랑(하늘을 섬기는 도), 커다란 효(어버이를 섬기는 도)의 정신으로부터 이러한 무스비 작용을 영원무궁하게 계속 진행하여 인간의 본질(明德)을 넓혀 가는 것입니다(師道).

　나아가 선생의 진실한 지기(知己)는 요코이 쇼난(橫井小楠) 선생에게서 볼 수 있습니다. 쇼난 선생은 구마모토(熊本)의 선비로 연령이 불혹(不惑)을 많이 넘기지 않은 고카(弘化), 가에이(嘉永)가 교차하던 시기에 뛰어난 군주 에치젠(越前) 후쿠이(福井)의 번주(藩主) 마츠다이라 슌가쿠(松平春嶽)481) 공에게 고빙되어 그 경륜을 펼치는데 열심히 마음을 기울

481) 松平春嶽: 마츠다이라 슌가쿠(1828~1890). 후쿠이 번의 16대 번주이다.

였습니다. 1868년(明治元年)에 조정의 부름을 받아 참여(參與)라는 영예로운 관직에 나아
가 성학(聖學)의 진수를 실학(實學)의 체험 속에서 구하며 경제의 큰 쓰임에 도달하여, 반
잔 선생 이후의 1인이 되었습니다. 그 문하에 유리 기미마사(由利公正,[482] 부름을 받아 참
여가 되어 메이지 신정부 재정의 기초를 건설함)를 배출한 진정한 유자이자 살아있는 유
생입니다. 선생의 연령이 이립(而立) 전후에 있을 때 혼조 이치로(本庄一郎)에게 답하기를
『봉문조조(奉問條條)』라 제목을 붙인 수필 중에 선생에 대하여 말씀한 가운데 아래의 이
야기가 있었습니다.

    명나라 일대(一代)에 진정한 유자는 설문청(薛文淸)[483]이라고 생각합니다. 그 외에 조선
    의 이퇴계 선생이 있으니 퇴계가 도리어 문청의 위에 있다고 생각하겠습니다. 고금에 절무
    (絕無)한 진정한 유자는 주자 이후 이 두 현인에 그칩니다. 따라서「독서록(讀書錄)」(薛敬軒
    의 저술), 『자성록(自省錄)』(李退溪의 저술) 등의 책은 정주(程朱)의 책과 마찬가지로 수학자
    (修學者)가 마음에 새길 만 하다고 생각합니다. 오츠카 다이야(大塚退野,[484] 구마모토의 번
    주)가 최초에 양명(陽明)을 배워 전심으로 기를 수양하여 양지(良知)를 본 것과 같습니다.
    그러나 성경(聖經)에 대조해보니 평이하지 않아서 의심을 가지고 있던 차에 이퇴계의『자성
    록』을 보고 정주의 학문 의미를 깨달았고, 28세에 홀연히 양명학과 단절하고 정주의 학문에
    입문하였습니다. 깨달아 얻은 바는 격치(格致)의 가르침입니다. 퇴계는 타고난 자질이 뛰어
    날 뿐 아니라 수양하는 힘이 각별하였고, 지식이 심히 명징합니다. (후략)

위의 문장 가운데 설문청(薛文淸, 敬軒 선생)은 퇴계 선생이 마음으로 사숙한 순수한 유
자였습니다. 선생의 말씀에 의해서도 이것을 증명할 수 있습니다.

    선생이 일찍이 말하기를 "명나라의 학자들에게는 모두 총령(蔥嶺)[485]의 느낌이 있다. 유독
    문청공(文淸公) 설선(薛瑄)만은 참으로 성현들의 실제 의미를 얻었다." 라고 하였고, 또 말하
    기를 "문청공의 학문은 평생토록 공부한 것이 모두 경(敬)의 위에 있다."라고 하였다.(言行
    錄)

---

482) 由利公正: 유리 기미마사(1829~1909). 유리 고세이라고도 한다. 후쿠이 번사 출신으로 정치가이자 실업가
    였다.
483) 薛文淸: 薛瑄. 明나라 때 사상가로 산서성 하진현 출신이다. 자는 德溫, 호는 敬軒이다. 河東學派를 창시하
    였다. 주희의 백록동서원에서 학생들을 가르쳤고, 벼슬길에 올라서는 大理寺正卿, 예부시랑, 한림원학사
    등을 역임했다. 오강재와 함께 정주학을 닦은 뒤에 이를 주창하고 復性을 중시했다.
484) 大塚退野: 오츠카 다이야(1678~1750). 히고(肥後) 구마모토(熊本) 번사로 에도시대의 유학자이다.
485) 蔥嶺: 중국 서쪽의 파미르 고원지대를 말한다. 불교가 이 지역을 거쳐서 중국에 들어왔기 때문에 불교를
    지칭한다.

경헌의 학문 도덕은 진정 퇴계 선생의 말씀과 같이 경헌은 일본 내지와 조선에서 퇴계, 쇼난 선생에 의하여 정말로 지기를 얻었다고 생각합니다. 지금 경헌의 「계자서(戒子書)」와 「경음(敬吟)」을 거론하여 경헌 선생의 학덕 일반을 굳세게 합니다.

　　설경헌(薛敬軒)[486]이 「계자서(戒子書)」에서 말하기를, "사람이 금수와 다른 이유는 윤리일 뿐이다. 왜 윤(倫)이라고 하는가? 부자(父子), 군신(君臣), 부부(夫婦), 장유(長幼), 붕우(朋友) 다섯 가지의 순서가 이것이다. 왜 이(理)라고 하는가? 아버지와 아들에게는 친함이 있고, 임금과 신하에게는 의리가 있고, 부부에게는 구별이 있고, 어른과 아이에게는 순서가 있고, 친구에게는 믿음이 있는 다섯 가지의 천리가 그것이다. 윤리에 밝고 또 지극하면 비로소 사람이 되었다는 명칭을 얻을 수 있다. 진실로 윤리 한 가지를 잃으면 비록 사람의 형태는 갖추었으나 실로 금수와 무엇이 다른가. 대개 금수가 아는 바는 목마르면 마시고, 배고프면 먹고, 암컷과 수컷의 욕구일 뿐으로 윤리에 있어서는 미련하게 아는 것이 없다. 그래서 마시고, 먹고, 암컷과 수컷의 욕구가 이미 충족되면 날면서 짖으며 머뭇거리고, 무리를 지어서 놀고 자면서 하는 일이 하나도 없다. 만약 사람이 단지 먹고 마시고 남녀의 욕구만 알고 부자, 군신, 부부, 장유, 붕우의 윤리를 다할 수 없다면 따뜻한 옷을 입고 배불리 먹으면서 하루종일 희롱하면서 놀게 되니 금수와 다름이 없다. 성현이 사람이 금수에 빠지는 것을 우려한 것이 이와 같다. 그 지위를 얻은 자는 도를 닦아 교화를 세워 천하의 후세 사람으로 하여금 모두 이 윤리를 다하게 하였다. 그 지위를 얻지 못한 자는 글로 드러내고 교훈을 드리워서 역시 천하의 후세 사람들이 이 윤리를 다하도록 하였다. 이는 성현이 빈궁과 영달은 비록 다르지만 군자가 만세에 이르는 마음은 하나일 뿐이다. 너희들은 이미 천지의 이기(理氣)를 얻었고 아버지와 할아버지의 같은 기와 뭉쳐지고 합쳐져 흘러들어서 태어나 사람이 되었다. 그 사람의 도리를 다할 방법을 생각하지 않을 수 있겠는가. 사람의 도리를 다하고자 하면 반드시 성현이 도를 닦는 가르침과 세상에 드리운 전범을 마주해야 하니 『소학(小學)』같은 것이나 사서(四書)같은 것이나 육경과 같은 부류를 소리 내어 읽고 연구하며 생각하고 몸으로 익혀서 돌이켜 일상생활에서 구해야 한다. 인륜의 사이는 성현이 이른바 부자는 마땅히 친해야 한다고 하였으니 나는 곧 부자에게 그 친밀함을 다할 수 있는 방법을 구한다. 성현이 이른바 군신은 마땅히 의리가 있어야 한다고 하였으니 나는 곧 군신에게 그 의리를 다할 수 있는 방법을 구한다. 성현이 이른바 부부에게 구별이 있어야 한다고 하였으니 나는 곧 부부에게 구별이 있을 방법을 생각한다. 성현이 이른바 장유에는 순서가 있어야 한다고 하였으니 나는 장유에게 질서가 있을 방법을 생각한다. 성현이 이른바 붕우에는 믿음이 있어야 한다고 하였으니 나는 곧 붕우에게 믿음이 있을 방법을 생각한다. 이 다섯 가지는 하나라도 없으면 그 정밀하고 복잡한 복에 이를 수 없다. 그러니 일상생활에서 몸과 마음이 저절로

---

486) 薛敬軒: 경헌은 薛瑄의 호이다.

윤리에서 벗어나지 않으면 아마도 사람이라고 이름을 부를 수 있고 금수의 지경에 빠지는 것을 면할 수 있을 것이다. 혹시 배부르고 따뜻하며 종일 마음을 쓰는 바 없이 귀와 눈과 입과 코의 욕구만 따르고 사지와 뼈마디의 안락에 거리낌이 없으며 예의가 아닌 사사로움에 탐닉하여 일신의 편안함만 즐기려고 한다면, 비록 사람의 형태는 있지만 행동은 실로 금수의 행동이니 위로는 하늘과 땅이 형태를 맺어서 이(理)를 부여한 것에 수치를 끼치고, 아래로는 부모가 전해준 한 기운에 흠이 되니 장차 어떻게 스스로 세상에 서겠는가. 너희들이 힘쓰고 삼가서 그 마음과 힘을 다해 윤리를 완전히 하는 것이 바로 내가 지극히 바라는 것이다." 라고 하였다.

「경음(敬吟)」에서 말하기를, "사람은 오직 천지를 닮았으니 또한 천지의 성품을 갖추었다. 성품이 없으면 사물은 존재할 수 없으니 성품을 보존하는 것은 오직 삼감(敬)뿐이다. 마음을 삼가면 신체는 치우치지 않고, 정(情)을 삼가면 드러내는 것이 반드시 적중한다. 머리를 삼가면 형태가 바르고 곧아지고, 코를 삼가면 기운이 엄숙해진다. 눈을 삼가면 그릇된 시선이 없어지며, 귀를 삼가면 망령되게 듣는 것이 없어진다. 입을 삼가면 망령되이 말하지 않고, 몸을 삼가면 망령되게 행동하지 않는다. 손을 삼가면 태도가 반드시 공손해지고, 발을 삼가면 태도가 반드시 진중해진다. 일순간을 삼가면 몸을 보존할 수 있고, 급히 일어나는 것을 삼가면 쓰임에 이르게 된다. 쓰임에 이르게 되는 것은 천륜에 달려 있고, 천륜을 삼가면 곧 정해진다. 지아비가 삼가면 반드시 의리가 앞서고, 지어미가 삼가면 반드시 명을 따른다. 자식이 삼가면 효도가 반드시 일어나고, 아비가 삼가면 은혜가 반드시 융성한다. 신하가 삼가면 모든 관직이 닦이고, 임금이 삼가면 모든 나라가 편안하다. 형이 삼가면 그 사랑이 돈독해지고, 동생이 삼가면 그 행동이 신중해진다. 친구는 그 사귐을 삼가고 승낙할 때는 반드시 신중하게 대답한다. 삼가면 윤리가 밝아지고, 삼가지 않으면 모든 행동이 병든다. 우러러 옛 성인을 생각하니 하나같이 삼감으로 거듭 천명을 함께하였다. 요는 제왕(帝王)의 근본을 흠모하였고, 순은 공손함과 밝음 양자를 아울렀다. 공손하게 생각한 것은 우왕(禹王)의 덕이고, 날마다 나아간 것은 탕왕(蕩王)의 성인(聖人)다움이다. 문왕은 삼감에 머무르는 것에 편안해하였고, 무왕은 삼감으로 승리하는 것에 힘을 썼다. 독실하게 삼가는 것은 공자의 업적으로 전해졌고, 삼감의 덕은 주나라의 정치에서 드러났다. 삼감은 오직 여러 성인의 지도리이며, 훌륭한 임금의 교훈에서 번갈아 빛났다. 아래로 『하도(河圖)』와 『낙서(洛書)』에서 유학(儒學)에 이르러, 실마리를 이어서 어지러운 좁은 길을 열었다. 가지런하고 조용하게 방비를 엄밀하게 하고, 정신을 모아서 삼가 세상만사의 자루를 쥐었다. 총명하여 어리석어지지 않고, 거두어들여서 남겨둔 것이 없다. 힘을 쓰는 것은 순식간에 달려있으니, 온몸에 어느 부위가 감히 멋대로 하겠는가. 성스러운 도가 점차 올라갈 수 있고, 성스러운 말이 진실로 증명될 수 있다. 한결같은 삼감이 정말로 있지 않으면 만 가지 욕심이 모두 내달려 갈 것이다. 몸과 마음은 비루하고 더러운 곳으로 떨어지고, 지켜야 할 도리는 하늘의 바름을 잃어버릴 것이다. 금수와 동일하게 귀결되어 버릴 것이니, 사람들과 무엇을 함께하겠는가. 아아, 삼감과

해이함은 차이가 있고, 광인과 성인은 하늘의 구덩이만큼 멀다. 정당한 말로 성인의 방책을
진술하였으니 어린아이의 말재주라고 하지 말라."라고 하였다.

메이지 천황(明治天皇)의 시강(侍講)으로 가장 신임이 두터웠던 순수한 유생 모토다 나
가자네(元田永孚)(東野 선생)는 쇼난을 스승으로 삼고, 형으로 삼아서 존경과 믿음을 그치
지 않던 사람이었습니다. 쇼난 선생의 연령이 이순(耳順)에 이르던 게이오(慶應) 무렵 구
마모토성(熊本城) 바깥 누마야마(沼山)에서 한적하고 조용히 살고 있을 때 여러 차례 선생
을 방문하여 응답과 담화의 요지를 기록한 「누산한화(沼山閑話)」 중에 다음 이야기가 있
습니다.

　송나라의 대유(大儒)로 천인일체(天人一體)의 이치를 밝게 드러낸다고 할지라도 오로지
성명(性命)과 도덕(道德)만 이야기하고, 하늘과 사람의 현재 형체에 대해서는 사유를 결론을
내린 것과 같다. 그 하늘이라 함에도 이치를 많이 말하고 하늘을 공경한다고 함에도 이 마음
을 지닌다고 하니, 격물(格物)은 사물에 있는 이치를 안다고 말하여 모두 이상(理上)과 심상
(心上)만을 오로지 한다. 요순 3대의 공부와는 의미가 자연히 달라진 것처럼 하였다. 요순
3대의 마음을 사용함에 그 하늘을 두려워하기를 현재 천제(天帝)가 위에 있는 것처럼 눈으로
보며, 귀로 듣는다. 동요하고 두루 베푸는 일은 모두 천제의 명을 받은 것처럼 자연스럽게
존경하고 두려워한다. 별도로 존경이라 하여 이 마음을 지닌 것이 아니기 때문에 그 사물에
이르더라도 현재 천제의 명을 받아 하늘의 구상을 넓게 하려는 마음 속 깨달음으로, 산천과
초목, 조수(鳥獸), 화물(貨物)에 이르기까지 격물의 사용을 다하여 토지를 개간하며, 들녘을
경작하여 후생이용(厚生利用)에 이르지 않는 일이 없다. 물, 불, 나무, 쇠, 흙, 곡식을 각각
그 효용을 다하여 천지의 교묘함에서 세는 일이 없다. 큰 경륜은 현재 이러한 천제를 존경하
고, 현재 이러한 하늘의 교묘함을 밝히는데 있다. (중략) 후학자가 쓸데없이 설법에만 분주
하여 현재 천인일체의 합점(合點)이 없으면 커다란 원리에만 빠져서 사실상 도를 체득하지
못하는 일이 많다. 깊이 헤아릴 일이다.

쇼난 선생이 이렇게 깨달아 얻은 것은 『당후일기(堂后日記)』에 기록한 바, 선생이 68세
때 들어서 선조(宣祖)께 진강한 다음에 거론했던 것과 완전히 하나로 합치하고 있음을 보
게 됩니다. 또 쇼난 선생이 퇴계 선생을 주자 이후의 한 사람으로 존경하고, 사숙의 표적으
로 삼은 일이 우연이 아니었음을 볼 수 있습니다. 진실로 쇼난 선생은 퇴계 선생의 지기였
다고 생각합니다.

당시 임금은 하늘을 공경하고, 하늘을 두려워하고, 하늘을 섬기는 세 가지 일에 모두 그 도리를 다하여 틈이나 끊어짐이 없을 수 있었다. 그러한 뒤에야 재앙을 만나면 두려워할 줄 알아서 몸을 조심하고 덕을 닦아서, 지극한 정성이 위로 하늘의 마음에 이르러 재앙이 변하여 복이 되는 것이다. (중략) 대개 천리의 흐름은 존재하지 않는 사물이 없고 그렇지 않은 때가 없다. 하루 동안의 행동이 조금이라도 혹시 천리와 어긋나고 사람의 욕심으로 흘러갔다면 하늘을 공경하는 것이 아니다. (중략) 하늘을 공경하고, 하늘을 두려워하는 도리는 다만 마음과 본성을 기르는 것에 달려있을 뿐이다. 맹자가 또한 말하기를 "그 마음을 지키고 그 본성을 기르는 것이 하늘을 섬기는 것이다."라고 하였다.[487] 하늘을 섬기는 도는 다만 마음과 본성을 기르는 것에 달려있을 뿐이라는 말은 이러한 이치를 분명하게 한 것으로 곧 「서명(西銘)」이다. 그 글에서 말하기를 "하늘과 땅은 사람의 큰 부모이다."라고 하였다. 사람의 부모는 누구에게나 각각 있는 바이다. 부모와 하늘땅은 곧 천하의 모든 사물이 공유하는 바이다. 큰 부모라는 것은 곧 타인은 나의 동포이고 만물은 모두 나와 함께하는 것으로 이로써 그것이 한 몸이라는 뜻을 밝힌 것이다. 따라서 부모를 모시는 도리로써 하늘을 섬기는 도리를 밝힌 것이 「서명」이다. 그 글에서 "이때에 그것을 보존하는 것은 자식이 부모를 받드는 것이다."라고 하였다. 이는 곧 앞에서 하늘을 두려워하는 위엄을 시로써 진술 한 것이다. 이때에 그것을 보존한다는 것은 그것을 인용하여 자식이 부모를 공경하는 것에 비유한 것이다. 방에 혼자 있을 때에도 부끄럽지 않은 것이 부모를 욕되게 하지 않는 다는 것은 자식이 그 부모를 욕되게 하지 않는 것에 비유한 것이다. 마음을 지키고 본성을 기르는 것은 나태하지 않음이라고 한 것은 자식이 부모를 모시면서 나태하지 않는 것에 비유한 것이다. 이렇게 하늘을 섬기는 도리가 효자가 부모를 섬기는 것에 해당한다고 극진하게 말한 것은 비단 배우는 자가 당연히 체득하고 생각하며 이해하여 알아야 하는 것뿐만 아니라 임금에게 있어서 받아들여 사용함에 더욱 친밀하고 간절한 것이다. 임금이 하늘을 섬기는 도리는 진실로 이것에서 벗어나는 것이 아니다. (堂后日記)

이상에서 말한 것처럼 조선에는 훌륭한 학문의 도통이 여러 선대의 유학자를 통해 전수되었습니다. 뿐만 아니라 쇼난 선생의 사리를 밝게 보는 눈과 통달한 식견으로 분명하게 이야기하였듯이 주자 이후에 있어서 그 1인이 우리 조선에 있음을 알고, 조선에 있는 성학(聖學)의 흥륭(興隆)이 결코 다른 데보다 열등하지 않다는 점을 살펴 알 수 있습니다. 그러나 말씀드린 바와 같이 유학과 유교를 받드는 자 가운데는 정통 계보를 밟지 않고 말단에 구애하여 다만 유파(流派)를 다투어, 세상인심을 흥하게 하는 영향과 감화가 적어지게 하는 한(恨)이 없지 않습니다.

예전에 조선에 있었던 설총 외 17인의 선대의 유학자에 대하여 성은(聖恩)이 죽어 살이

---

487) 『孟子』「盡心·上」에 나오는 말이다.

썩어 없어진 뼈에 이르렀을 때, 총독의 유고(諭告)에도 있는 바와 같이 사도(斯道)를 현대의 실생활에 응용함으로써 문화의 흥륭과 풍교(風敎)[488]의 진작에 밑천으로 삼기 위해서 이것을 연구하고 갈고 닦는 데 힘써야 한다고 생각합니다. 『역경(易經)』에 "정덕, 이용, 후생을 조화롭게 이루도록 하소서."[489]라고 하는 말이 있습니다. 지극히 성스러운 앞선 스승 공자의 유풍(遺風)을 소개하고, 그 인덕의 교화를 바르게 하며, 예치의 바람을 일으켜 천지의 마음을 마음으로 삼고, 우주만물에 대하여 널리 이용후생의 큰 쓰임에 도달하며, 천인일체(天人一體)와 물심일여(物心一如)의 경지를 실제 사회에서 표현하기 위해서 성학의 진수를 실생활에서 떨쳐 일으켜 쇼와(昭和)의 신천지에 순정하고 식견이 풍부한 성학의 흥륭을 도모해야 합니다. 순수한 유자(儒者)이며, 진정한 유자, 살아 있는 유자인 선철(先哲)의 유풍을 발양하여 지극히 성스러운 앞선 스승 공자의 성덕을 숭모하고 존경하며, 덕을 사모하고 우러러 보는 소이(所以)의 도를 자기가 현대에 처한 실제의 생활 속에서 구합니다. 이것을 체득하여 인정하고 체험하는 소이(所以)의 공부를 일상 실천 속에서 적립해야 한다고 생각합니다. 지금 우리 천황의 인풍(仁風)이 내지와 조선을 넉넉하게 하여 뽕나무와 무궁화가 일가를 이룬 덕이 크게 떨쳐 일어나 반도의 교학(敎學)은 해마다 진흥합니다. 식산 공예의 열매를 볼만한 바 있는 시기를 맞이하여 전례가 없는 사표(師表)이자, 억조(億兆)의 의범(儀範)[490]이신 공자 석전의 제의에 참석하여 성학 도통 일반을 진술하고, 선철을 사모하고 우러러보는 변변치 않은 마음을 표현할 수 있어서 정말로 감격스럽습니다.

[경학원잡지 제30호(1929.12.25.), 57~70쪽]

---

488) 風敎: 교육이나 정치의 힘으로 백성을 착하게 가르침을 뜻한다.
489) "正德利用厚生 惟和." 이 구절은 『易經』이 아니라 『書經』「大禹謨」편에 나온다.
490) 儀範: 예의범절이 모범이 될 만한 태도를 말한다.

51 우리나라 근시의 입법과 유도의 관계(1930.08.01.)

우리나라 근시(近時)의 입법과 유도(儒道)의 관계

학무국장
다케베 긴이치(武部欽一)

각하와 여러분이 오늘 경학원에서 석전(釋奠)을 거행하면서 참석하신 각위(各位)께 「우리나라 근시(近時)의 입법과 유도의 관계」에 대하여 제 견해의 일단(一端)을 진술할 기회를 얻은 것은 실로 나의 광영(光榮)이라고 생각합니다.

역사를 돌아보건대, 우리 일본 내지(內地)의 도쿠가와(德川) 시대에는 바쿠후(幕府)가 지금의 도쿄, 즉 당시의 에도에 있는 유시마(湯島)에 성당을 설치하여 공자를 봉안하고, 쇼헤이코(昌平黌)[491]를 두어 학생을 교양하고, 이것으로써 문교(文敎)의 중심으로 삼았습니다. 또한 각 번(藩)에서는 제후가 번교(藩校)를 세우고 유학을 가르쳐서 인재를 양성하였습니다. 그리고 메이지유신(明治維新)에 이르러서 왕정복고(王政復古)와 동시에 국가 백반의 제도 개선을 시행하게 되어 1868년(明治元年) 3월 14일, 메이지 천황(明治天皇)께서는 오사(五事)로써 천지신명께 맹세하고 서약하셨습니다.

1. 널리 회의를 일으켜 만기(萬機)를 공론(公論)으로 결정할지라.
2. 상하가 마음을 한 가지로 하여 성황리에 경륜을 행할지라.
3. 관과 서민에 이르기까지 각기 그 뜻을 따라 인심으로 하여금 태만하지 않도록 할지라.
4. 구래의 누습을 깨트리고 천지의 공도(公道)에 기초할지라.
5. 지식을 세계에서 구하여 크게 황기(皇基)를 떨쳐 일으킬지라.

이것이 이른바 5개 조의 「어서문(御誓文)」입니다. 이 5개 조의 어서문은 메이지유신의 국시를 정하여 만민의 보전할 길을 세우신 것입니다. 유신 이후의 '일본 제국'의 제반 제도·시설은 다 이 성지(聖旨)를 관철하기 위하여 계획하여 실시하였습니다. 자치제를 발포하여 시정촌회(市町村會)를 설립하고, '제국헌법'을 실시하여 '제국의회'를 설치하심과 같

---

491) 쇼헤이코: 에도(江戶) 바쿠후(幕府)에서 설치한 학교로, 쇼헤이자카가쿠몬죠(昌平坂学問所)라고도 한다.

은 일은 널리 의회를 일으켜 만기를 공론으로 결정한다는 성지(聖旨)에서 나왔습니다. 번을 폐지하시고 현(縣)을 두어 징병제도를 설치한 것과 같음은 상하가 마음을 하나로 하여 성황리에 경륜을 행한다는 성지에서 나오신 것으로 배찰(拜察)[492]할 수 있습니다. 또한 사, 농, 공, 상의 계급을 타파하여 각각 사람마다 다 평등한 권리를 주신 것은 사람으로 하여금 그 뜻을 이루고, 또 구래의 누습을 타파하여 천지의 공도에 기초하시라는 성지에서 나오신 것이라고 일컫습니다.

그리고 지식을 세계에서 구하여 크게 황기(皇基)를 떨쳐 일으키기 위해서는 문물제도의 규범을 당시 구미 여러 나라로부터 채택하게 하여, 민법, 상법, 형법, 소송법 등 제반 법전을 비롯하여 각항 법률 제도에 이르기까지 독일, 프랑스, 영국, 미국 등 여러 나라의 법제를 들여와 제정하였습니다. 교육에 관해서는 1898년(메이지 원년) 9월에 황학소(皇學所)와 한학소(漢學所)를 교토에 설치하실 때, 그 방침을 보이셔서 한토(漢土)와 서구의 학문은 다 같이 황도(皇道)의 우익이 되도록 하며, 한학과 황학이 서로 시비를 다투어 자기만을 고집하는 편견과 아집이 없도록 정하시어, 유학으로써 황도를 도와야 할 것을 명백하게 하였습니다. 그 후 다시 메이지 천황께서는 시강(侍講) 모토다 나카자네(元田永孚)에게 명하시어 『유학강요(幼學綱要)』라고 하는 수신서를 찬수하도록 하셨고, 이것을 전국 학교에 하사하신 일이 있었습니다. 이 모토다 나카자네는 메이지 시대에 가장 위대한 석유(碩儒)의 한 사람으로, 유학에 대한 조예가 가장 깊은 사람입니다. 1882년에 이 『유학강요』를 하사하실 때 다음과 같은 칙유(勅諭)를 내리셨습니다.

> 이륜(彝倫)과 도덕은 교육의 주본(主本)으로 우리나라와 중국[支那]이 전적으로 숭상하는 바이고, 구미 각국에도 비록 수신학(修身學)이 있으나, 이것을 본방(本邦)에 채용함에는 아직 그 요체를 얻지 않았다. 바야흐로 지금은 학과가 다양하여 본말을 그르치는 자 또한 적지 않다. 그러므로 나이가 어려 취학할 때 마땅히 충효를 근본으로 하고, 인의를 우선으로 한다. 인하여 유신(儒臣)에게 명하시어 이 책을 편찬하여 무리에게 반포하여 내리니 명륜수덕(明倫修德)의 요체가 여기에 있음을 알리노라.

이 칙유에도 명백히 보이신 것처럼 제도 문물은 구미로부터 수입하였으나, 도덕교육의 근본은 충효를 본의로 한 동양 고유의 도덕에 있음을 보이신 바이다. 다음 1890년 10월 30일에 메이지 천황께서는 「교육칙어(敎育勅語)」를 내려서서 교육의 큰 본령을 정하셨습니다. 이 「교육칙어」는 실로 이것을 고금에 통하여 오류가 없으며, 이것을 중외(中外)에

---

492) 拜察: 남의 사정을 이해함을 말한다.

시행하여 도리에 어긋나지 않는 도를 보여주신 것입니다. 건국 이래의 황도(皇道)와 동양 고유의 유도가 혼연하게 융합된 것입니다.

이 뒤로 우리나라 교육은 「교육칙어」를 기본으로 하여 행하는 것이므로, 동양의 고유한 유도는 교육상 중요한 요소를 형성하고 있습니다.

우리나라의 고유한 국민도덕과 유도의 교의(敎義)와 교육의 근저를 이루고 있는 것과 같이, 한편으로는 국민생활을 규율하는 제반 법률제도는 1881~1882년 즈음부터 1897년 전후에 걸쳐 차례대로 제정·실시되어, 그 형식을 정돈하고 완비하였습니다. 학문적으로는 공법, 사법에 관한 학술도 활발하게 연구되어 법률학, 정치학의 교수를 목적으로 한 학교도 관립대학 외에 다수의 사립대학도 설립된 상태입니다. 이 법률제도는 구한국정부 시대로부터 '병합(倂合)' 후까지 다시 내지(內地)에서 조선으로 이입(移入)된 것도 적지 않은 상황입니다. 그러나 내지에서 법률제도가 완비하게 됨에 따라서 앞서 말한 바와 같이 이러한 것들은 거의 독일, 프랑스, 영국, 미국 등 여러 나라의 법률제도를 모방하고, 번역한 것과 같습니다. 실제상 우리나라 고유한 민정(民情), 풍속과 제도를 서로 용납하지 않는 것과 같은 상태를 보게 되었습니다.

현재 구미의 법률제도는 로마법에서 연원하였으므로, 독일민법 같은 것은 이 로마법 계통의 보통법(Gemeines Recht)[493]을 기본으로 하여 게르만 고유의 관습법을 짐작하고 헤아려 20세기 초기에 제정된 것입니다. 그런데 우리나라 민법은 거의 이 독일 민법을 모방하여 제정되었습니다. 따라서 민법 가운데 친족, 상속 등에 관한 규정 같은 것도 우리나라 고유의 미풍양속에 부합하지 않는 것이 있게 되었습니다.

가령 「조선민사령(朝鮮民事令)」에 의거하여 조선에도 시행된 민법 제772조에는, 남자가 만 30세, 여자가 만 25세에 달한 후에는 재가(在家)한 부모의 동의를 얻지 않고도 혼인을 할 수 있도록 규정되어 있습니다. 그러나 이처럼 부모의 동의를 얻지 않고 결혼을 할 수 있는 제도가 과연 동양 가족제도의 본래 취지에 비추어 적당한지 아닌지 의문이 발생하는 일이 있습니다. 이러한 경우도 있으므로 고유의 미풍양속을 유지하기 위해서 여기에 부합하지 않는 법률제도는 적절하게 이를 개정할 필요를 식자에게 근거하여 창도(唱道)하게 되었습니다.

현재 고다마(兒玉)[494] 정무총감 각하가 예전에 데라우치(寺內) 내각 당시에 내각서기관장으로 근무하실 때 데라우치 내각에 설치한 임시교육회의에서는 교육의 효과를 완전하

493) 원문은 '께다이네수레히도'이다.

494) 兒玉: 고다마 히데오(兒玉秀雄, 1876~1947). 야마구치현(山口縣) 출신의 일본 정치가이자 관료. 도쿄제국대학(東京帝國大學) 정치학과를 졸업하였으며, 1929년부터 1931년까지 조선총독부 정무총감을 지냈다.

게 할 일반 시설에 관한 건의를 정부에 제출한 일이 있었습니다. 그 건의 가운데는 우리나라 고유의 순박하고 아름다운 풍속을 유지하기 위해서 법률제도 가운데 여기에 부합하지 않는 것을 개정할 일이라고 하는 한 항목이 있습니다. 그때 나는 명을 받아 간사로서 이 회의에 참여하였는데, 이 건의를 제출한 이유로 임시교육회의에서 정한 바는 대개 아래와 같습니다.

　　연장자와 윗사람을 존경하고, 예의를 존경하고 숭앙하며, 위아래의 질서를 유지하고 몸에 검소하고 청렴한 습관을 붙여서 전적으로 꾸밈없이 착실하고 심신이 건강한 풍속을 존숭하며, 귀천과 빈부 사이에서 정의(情誼)를 서로 주며 서로 용서하며 서로 사양하여 일국이 일가처럼 화기애애함은 고래로 우리나라의 순박하고 아름다운 풍속의 모습이나, 근래 순박하고 아름다운 풍속이 점차 박해지는 우려가 있습니다. 금일에 이에 대하여 적당한 조치를 강구해야만 합니다. 법률제도의 개정에 이르러서는 교육의 효과를 수확함과 자못 중요한 관계를 가지고 있는 것인데, 유신(維新) 당시 구제도를 고쳐서 신제도를 시행할 필요가 생겼습니다. 더구나 외국에서 전래한 제도를 이입하려 할 때는 충분히 이것을 소화하여 우리나라의 국풍(國風)과 민속에 융화시켜야만 합니다. 그럼에도 불구하고 유신 당시의 사정으로 겨를이 없어서 우리 국가의 풍속에 맞지 않았습니다. 그 가운데 각종 법령이 우리나라의 가족제도와 모순되는 규정이 있었고, 교육에도 가족제도를 존중하려 했음에도 불구하고 다른 한편으로 입법에 있어서는 이것을 경시하는 일이 있어 모순이 심했다고 할 수 있습니다. 따라서 정부에서는 조사기관을 설치하여 이와 같은 우리나라의 순박하고 아름다운 풍속에 부합하지 않는 법규의 개정에 착수함을 희망합니다.

임시교육회의에 건의한 이유는 대체 이상과 같은데, 이 건의가 있음에 따라 1919년에 이르러서 내각에 법제심의회가 설치되고, 법전 개정의 조사에 착수하여 그 조사에 기인하여 제국의회의 협찬을 경유하고 제정된 법률의 중요한 것은 배심법과 형사소송법입니다. 또 현재에 있어서는 종전부터 계속해서 민법의 개정에 관한 조사를 하고 있습니다. 배심법에 관한 것은 여기에 잠시 두고, 1922년에 반포한 형사소송법에 대해서 보더라도 이 법률에는 동양 고유의 미풍을 유지하기 위해서 유도(儒道)의 정신을 기초로 한 각종 새 규정이 포함되어 있습니다.

　이 형사소송법은 「조선형사령」의 규정에 의거하여 조선에서도 시행되었습니다. 가령 구 형사소송법에서는 자손은 부모의 범죄에 대해서 이것을 고소할 수 있는 규정이었는데, 특히 관리와 같은 신분으로는 부모의 범죄라 할지라도 이것을 발견할 때 고소하지 않으면 안 될 의무가 있는 것으로 규정되었습니다. 이것은 오롯이 독일 등의 법제를 기초로 한 결과입니다. 하지만 개정 형사소송법 제259조에서는 조부모 또는 부모에 대하여 고소할 수 없다고 규정하여, 이것을 금지하였습니다. 이 규정은 어떠한 근거에 기초하여 설치되었냐고 말하면, 다 아시는 바와 같이 『논어』「자로(子路)」편에 "섭공(葉公)이 공자에게 말하였다. 우리 당(黨)에 정직하게 하는 자가 있으니, 그자의 아버지가 양을 훔치면 그 아들이 이것을 증언하였습니다. 공자께서 말씀하셨다. 우리 당의 정직한 자는 이와 달라서, 아버지가 자식을 위해서 숨겨주며, 자식이 아버지를 위해서 숨겨주니 정직함이 그 안에 있습니다."라고 적혀 있어서, 자식이 부모의 범죄를 은폐하는 것이 정직하다고 가르쳤습니다. 여기의 공자가 가르치신 취지에서 기인한 내용입니다. 자식된 자가 되어 부모의 범죄를 고소함이 옳다고 하는 것은 서양법률의 사상이지만, 동양 도덕에는 어긋납니다. 개정된 규정은 서양법률 사상을 배제하고, 『논어』에 실려 있는 공자의 이야기에 기인하여 새 규정을 만들었습니다.

또 범죄 수색에 관한 제143조 제2항에서 부녀의 신체 수색에 대해서는 성년의 부녀로 하여금 입회하도록 하라고 규정하였습니다. 검증에 관한 제176조 제3항에 부녀의 신체를 검사할 경우에는 의사 또는 성년의 부녀를 입회시키라고 규정하였습니다. 이러한 규정도 또한 구 형사소송법에는 존재하지 않을 뿐만 아니라, 구미 어느 나라의 소송법에서든지 비슷한 사례를 보지 못했습니다. 구미에서는 부인을 존중함에도 불구하고, 현행 제도에는 이와 같은 규정이 없으며, 로마법으로 소급하여 유스티니아누스[495]의 『코푸스 유리스 시빌리스(Corpus Iuris Civilis)』[496]를 살펴보더라도 이러한 규정 근거는 없습니다.

도리어 동양 고유의 유도사상에서 그 근거를 볼 수 있습니다. 이것은 곧 『맹자』「이루(離婁)」편에 있는 순우곤(淳于髡)[497]과 맹자의 문답이 이 관계를 설명한 것입니다. "순우곤이 말했다. 남녀가 직접 주고받지 않는 것이 예입니까? 맹자가 말했다. 예입니다. 그렇다면 제수가 물에 빠졌으면 손을 내밀어 구해주어야 합니까? 제수가 물에 빠졌는데 구해주지 않는다면 이것은 승냥이입니다. 남녀가 주고받는 것은 예이고,[498] 제수가 물에 빠졌거든 손을 내밀어 구원하는 것은 권도(權道)입니다."라고 한 내용이 바로 이것입니다. 남자가 직접적으로 여자의 몸에 손을 대는 일은 도를 위반한 일입니다. 그렇기 때문에 제수가 익사할 경우에는 권도로써 손을 내밀어 익사에서 구원하는 것이라고 맹자가 가르친 취지에 의거하여 범죄수색 또는 검증하기 위해서 부인의 신체를 수색 또는 검사할 필요가 있을 때는 성년 부녀를 입회하도록 하여 이것을 행하도록 제정되었습니다. 이것은 서양사상과는 달리 유도사상에 기인한 독특한 제도입니다.

또한 형사소송법 제546조에 징역, 금고 또는 구류의 언도를 받은 자가 연령이 70세 이상이 될 때는 형의 언도를 한 재판소의 검사 또는 형의 언도를 받은 자의 현재 소재지를 관할하는 지방재판소의 검사의 지휘에 따라 형의 집행을 정지할 수 있다고 규정하였습니다. 이 규정도 또한 새로 첨가된 것으로, 구 소송법에 있지 않을 뿐만 아니라, 구미의 소송법에도 이와 유사한 사례를 보지 못한 규정입니다. 그러면 이 규정은 어떠한 사상적 근거에 의거하여 만들었는가 하면, 『예기(禮記)』 가운데 「곡례(曲禮)」편에 "80세에서 90세를 상늙은이(耄)라고 하며, 7세를 아이(悼)라고 한다. 상늙은이와 아이는 비록 죄가 있더라도 형벌을 가하지 않는다."라고 있음에 비추어 그 취지에 기초한 제정으로, 전적으로 동양 고유의 유도사상에 연원을 둔 것입니다. 형법 제41조에 14세 미만자의 행위는 이것을 처벌하지 않는 규정이 있으며, 독일과 기타 서양 여러 나라의 법률에도 규정된 바입니다. 그러나 이 규정의 근거를 형법학자가 종래에 말하기를 '단순히 서양 법률 관념에 따라 14세 미만자는 의사능력이 없기 때문에 범죄가 되지 않는다'고 말하여, 전적으로 서양 법률 학설에 의거하여 설명할 줄만 알고 『예기』에 "아이는 죄가 있더라도 형을 가하지 않는다."라고 말하며, 『춘추좌씨전(春秋左氏傳)』에 "노약자가 형벌을 받지 않음은 선왕의 도이다."라고 말하는 동양사상을 가지고 설명하는 일이 아직까지 없음은 대단히 유감이라고 생각합니다.

또 형사소송법 제546조에 조부모 또는 부모가 70세 이상 또는 쇠하고 위독한 병으로 시중을 들면서 봉양할 자손이 없을 때는 형벌의 집행을 정지할 수 있다고 규정하였습니다. 그러나 이 제도도 또한 서양 법률 사상으로는 용인하지 않으며, 전적으로 유도사상에 기인한 규정입니다. 또한 제176조 제4항에, 검증하기 위해서 사체(死體)를 해부하거나, 또는 분묘를 발굴할 경우 존경의 의사를 잃지 않도록 주의하며, 유족이 있을 때는 이들에게 통지할 것으로 한 것도, 또한 유도사상에서 출발한 제도입니다. 이처럼 실체법(實體法)이 아니고 일개의 수속법(手續法)에 불과한 형사소송법까지도 로마법 또는 게르만 고유법을 연원으로 하는 서양 여러 나라의 법률사상과는 별개로, 새로 동양 고유의 유도사상에 기인하여 제도를 정하게 된 상태에 이르렀습니다.

우리나라에서는 법률학을 연구하고자 할 때는 재래와 같이 구미 법률을 비교하고 연구하는 데 그치지 않고, 다시 동양 고유의 도덕, 특히 유도사상을 연구하는 일이 필요합니다. 또한 이것을 연구하지 않으면 현행 법제의 정신을 이해하여 이것을 충분히 운용할 수 없게 되었습니다. 또는 작년 「고등시험령(高等試驗令)」이 개정되어 종래 시험과목은 전적으로 법률, 경제 등의 학과에 국한되었는데, 새로 철학개설, 윤리학, 국사, 국문, 그리고 한문 등 문과 과목을 추가하였습니다. 또한 고등시험 시행요강에는 헌법, 행정법, 민법, 상법, 형법, 민사소송법, 형사소송법, 기타 여러 법의 시험을 볼 때 단순히 규정을 설명, 논술하는 데 그치지 않고, 각 규정의 이유와 사실, 그 실제에 파급하는 효과 등에 대하여 고시(考試)합니다. 국내법에서는 특히 우리나라의 국체(國體), 국가의 풍속, 역사 등의 관계에 대하여 고시하도록 정하였습니다. 이 관계로 보더라도, 법률 정치의 학문을 전공하여 고등시험을 치고자 하는 자는 한문학과 유학을 연구할 필요를 인정하였습니다.

이것을 개관하면, 서양 법률사상에 의거하여 제정되었던 재래의 법률제도를 개정하여 우리나라의 국가 정황과 국가의 풍속과 합치하도록 하여 법률 규정과 우리나라 고유의 국민도덕과 유도사상을 융합하고 합일하도록 하는 일이 최근 입법의 경향이라고 말할 수 있다고 생각합니다.

이상과 같이 한때는 법률이든지, 경제든지, 사상이든지, 사회 등 각 방면에 걸쳐 구미를 모방만 하였던 것에 대하여 근래에는 동양사상으로 이것을 시정하려는 풍조가 생기게 된 것은 동양문화 향상을 기대하고, 국가 사회의 행복을 증진하는데 참으로 기쁜 경향입니다.

매년 봄과 가을 2회 궁중에서 아카사카리큐(赤坂離宮)와 신주쿠교엔(新宿御苑)에서 벚꽃과 국화를 관람하는 모임을 개최하십니다. 그때 종전 같으면 소명(김命)을 받은 신하의 부모는 모임 다음날이라 할지라도 부르시지 않던 것을, 근래는 부모까지도 부르셨습니다. 이러한 성지(聖旨)는 결국 효도를 중하게 여기시는 유도사상에서 나오신 것이라고 말할 수밖에 없습니다.

또는 궁중에서 매년 1월에 석학(碩學)과 홍유(鴻儒)를 부르셔서 진강을 시작하는 의식을 행하실 때 두 폐하의 어전에서 일본학과 한학, 양학의 책에 대하여 진강하도록 하시니, 이때 한서(漢書)에 관해서는 반드시 경서를 진강하도록 하심은 황실에서 경학을 중하게 여기심을 명백하게 알 수 있다고 생각합니다. 최근의 예를 보면 1925년에는 이치무라(市村) 도쿄제국대학 교수로 하여금 『논어』의 「위정(爲政)」편을, 1926년에는 오카다(岡田) 가쿠슈인(學習院) 교수로 하여금 『논어』의 「학이(學而)」편을, 또한 1928년에는 다카세(高瀬) 교토제국대학 교수가 『대학』을 진강하도록 하셨습니다. 이러한 사례에 의거하여 궁중에서 유도를 중하게 여기심을 보이셨습니다.

다시 국가사상과 법률관념이 발달한 연혁을 생각해 보면 경찰국(警察局) 시대, 법치국 시대가 되어가다가 요즘 시대에 이르러서는 문화국가(文化國家)의 관념을 지향하게 되었습니다. 또한 법률은 개인 이익을 보호하는 것이라는 관념을 종래 일반이 가지게 되었습니다만, 근래에 와서는 자유경쟁을 방임함과 같은 의미의 개인 이익의 주장이 전체인 사회 공동의 이익을 위함에는 이것을 제한하지 않으면 안 되겠다는 사상이 농후해졌습니다. 사회연대(社會連帶), 공존공영(共存共榮), 상호부조(相互扶助)를 입법 목적으로 관념화하기에 이르렀습니다. 근래에 사회정책을 목적으로 한 입법은 모두 이러한 취지에서 나왔습니다.

맹자가 양나라 혜왕(惠王)에게 말하기를 "왕께서는 하필이면 이익을 말씀하십니까? 역시 인과 의가 있을 뿐입니다."라고 하셨습니다. 사회입법은 바로 개인의 이익을 보호하기 위해서가 아니고, 인의(仁義)의 법률화라고 할 수 있습니다. 특히 작년 4월에 구호법(救護法)이 법률로 공포되었습니다. 구호법에는 (1) 65세 이상의 노쇠한 자, (2) 13세 이하의 아이, (3) 임산부, (4) 병신, 폐질(廢疾), 병독(病毒)과 상이(傷痍) 기타 정신 또는 신체의 장애로 인하여 노무를 행하는데 장애가 있는 자가 빈곤으로 인하여 생활하지 못할 때에는 양로원, 고아원, 병원, 기타 구호시설을 행하여 공공단체의 경비로 생활부조, 의료, 조산, 생업부조를 하도록 규정하였습니다. 이 구호법 같은 것은 실로 유도정신을 표현하도록 한 법률로, 맹자도 늙은 홀아비와 과부, 고아와 늙어서 의지할 데 없는 사람[鰥寡孤獨]은 "천하에서 궁박한 백성이며 알릴 데가 없는 자이다. 문왕(文王)이 정치를 하여 인을 펼칠 때 반드시 우선으로 해야 할 자"라고 하였습니다. 구호법은 정히 맹자의 설을 법률화한 것이라고 생각합니다.

종래에는 법률과 도덕 양자를 별개의 것으로 하여 법률은 권력에 의하여 유지하며, 도덕은 양심에 의하여 유지하는 것이라고 말하는 학자도 있었습니다. 하지만 일국의 국체는 국민의 확신에 의거하여 정하게 된다고 생각할 때는 헌법을 유지하는 일이 권력은 아니며, 차라리 국민의 애국심, 도덕심이 된다는 사실을 알 수 있습니다. 또는 민법 제90조에 공적 질서 또는 선량한 풍속을 위반하는 사항을 목적으로 한 법률행위는 이것을 무효로 함과 같은 것도 또한 법률과 도덕이 일체이고, 별도가 아님을 인정하도록 한 것입니다. 국가는 최고의 도덕 실현이라고 철학자 헤겔이 말하였으나, 동양에서는 동양 고유의 도덕을 그 국가생활에 구현하는 일이 필요하고, 시대에 순응한 유도사상을 법률에 나타나도록 함은 국민의 문화를 향상시키고, 생활을 안정하게 만드는 소이(所以)라고 생각합니다.

이번에 총독부에서는 사이토(齋藤) 총독 각하가 다년간의 계획에 기인하여 「명륜학원규정(明倫學院規程)」을 공포하였습니다. 올해 4월부터 이 경학원에 명륜학원을 부설하여 대제학을 총재(總裁)로 하여 유림의 자제를 모집하여 유학을 강독하고 연구하며, 또한 시세에 순응하여 국어와 공민과(公民科)를 교수하게 되었습니다. 또 때때로 일반 민중에게 강습을 하게 되었습니다. 이 같은 일은 유도와 사회생활과의 합일과 융화를 도모하며, 사상을 선도하여 건전한 사회의 진보를 촉진하도록 하려는 취지에서 나왔습니다. 그러므로 실로 유도(儒道)를 진흥하기 위해서, 또는 장차 반도문화 진전을 위해서 경하해 마지않습니다. 저는 국가사회를 위해서 백반(百般)의 제도 시설상으로 한층 우리 국민도덕과 동양 고유의 유도사상을 철저하게 하기를 희망합니다. 이상으로 저의 강연을 마칩니다. 여러분께서 들어주셔서 깊이 감사드립니다.

[경학원잡지 제31호(1930.08.01.), 7~15쪽]

52 덕은 근본이고 재물은 말단이다(1930.08.01.)

덕은 근본이고 재물은 말단이다[德者本也財者末也]

위대원(魏大源)

본인이 경학원 강사가 된 이후 지금까지 7년이다. 본래 글을 모르고 지식이 없기 때문에 순강(巡講)이라는 하나의 일에서는 아직도 관례에 따른 출장(出張)을 다 하지 못하고 있다. 그래서 함경남도 각 군의 인사들은 본 강사가 어떤 사람인지 알지 못하니 어찌 책임이 있는 자라고 할 수 있겠는가. 지금 경학원의 지시와 군수의 소개로 다행히 여러분과 한 건물에서 모일 수 있었으니 얼마나 큰 영광인가. 『대학장구(大學章句)』 가운데 "덕은 근본이고 재물은 말단이다."라는 한마디 말로 강제(講題)를 삼아서 개인적인 의견을 진술하여 여러분께 제공하니 한번 들어주고 또한 너그럽게 봐 달라.

무릇 사람이 덕을 좋아하고 재물을 좋아하는 것은 여전히 존재하는 고유의 마음이다. 덕은 사람이 하늘의 밝고 밝음에서 얻은 바이다. 어질고 착한 마음을 다할 수 있다면, 바른 형태에 그림자가 따라오고 바람이 불어 풀이 따라 쓰러지는 것과 같이 반드시 저절로 흥할 것이다. 재물은 보통 사람이 여전히 바라는 고질병으로 자신을 바라보며 여전히 부족하다고 남을 원망할 수 없고 자신의 싹이 커가는 것을 알지 못하니 온 세상을 통틀어 근심거리다. 만약 단순히 재물이 있다는 것으로 말하면 애공(哀公)은 철법(徹法)을 쓰는 것[499]이 재물이 있게 되는 것임을 몰랐고, 양 혜왕(梁惠王)은 백성들의 생업을 마련해주는 것[500]이 재물을 만들어낸다는 것을 알지 못했다. 그래서 덕과 재물 두 글자로 본말(本末)의 의미를 밝게 풀어내서 사람들을 깨우친 것이다. 성인이 가르침을 내려주는 것이 어찌 깊고 또 멀지 않겠는가.

아아! 지금의 세상에 살아가면서 이 가르침을 설명하고자 하는 자는 진실로 당시의 올바름과 합치되지 않는 것을 알고 있으니 이 가르침의 의미를 이해하지 못함을 깊게 생각

---

499) 철법을 쓰는 것: 철법은 周나라 때의 稅法으로 수확량의 10분의 1만 거두는 것을 말한다. 이는 『論語』, 「顏淵」에 나온다. 흉년이 들어 재정이 부족해지자 哀公이 有若에게 대책을 물었다. 이에 유약은 애공에게 철법을 써서 백성들의 삶을 풍족하게 해주는 것이 곧 나라를 부유하게 만드는 것이라고 대답하였다.

500) 백성들의 생업을 마련해주는 것: 이는 『孟子』, 「梁惠王·上」에 나오는 말로 "훌륭한 임금은 백성들의 생업을 마련해준다[是故, 明君, 制民之産]."라고 하였다.

한다. 대개 사람이 도리를 행하는 것이 덕보다 중요한 것이 없고, 사람이 화를 행하는 것이 재물보다 심한 것이 없다. 덕으로 재물을 삼으면 덕을 닦을 수 있고 재물은 보존할 수 있다. 재물로 덕을 삼으면 재물을 보존할 수 없고 덕은 닦을 수 없다. 그래서 『주역』에서 말하기를 "군자가 덕을 밝히는 것은 곧 하늘을 본받아서 사물을 이롭게 하는 것이다."라고 하였고, 또 말하기를 "하늘은 아름다운 이로움으로 천하를 이롭게 하고, 사물을 이롭게 하면 의를 조화롭게 할 수 있다."라고 하였다. 다만 소인은 그 근본을 구하지 않고 말단의 사적인 것만 좇아서 이익에 몰두한다. 그래서 오히려 해가 되고 그 몸을 망치고 사물을 잃게 된다, 두려워하지 않을 수 있겠는가.

대개 위 문장은 먼저 덕을 삼간다는 것으로 곧 맹자가 이른바 또한 인의가 있을 뿐이고 다음으로 재물이 있고 쓰임이 있다고 한 것이다. 무릇 임금으로 위에 있는 자는 자기의 마음을 미루어 남을 헤아리지 못하고 모두 재용(財用)을 풍부하게 하고자 하고, 재용을 풍부하게 하고자 하면 토지를 넓히고자 한다. 재용을 풍부하게 하고 토지를 넓히고자 하면 곧 이는 제 선왕(齊宣王)의 결점으로 백성들과 함께 즐기지 못하는 것이다.[501] 백성들과 함께 즐기지 못하는 것은 곧 자기의 마음을 미루어 남을 헤아리지 못함이 심한 것이다. 그래서 덕과 의가 근본에 충실하지 못하면 몸이 저절로 윤택해질 수 없고, 재물이 말단에 머물지 않으면 집이 저절로 윤택해질 수 없다. 군자가 경계하는 바로 마음을 다하여 다른 사람들로 하여금 깊이 반성하여 얻을 수 있도록 하는 것이다.

예전에 재물을 만드는 도리는 먹는 것은 적고 쓰는 것은 느리면 재물이 항상 풍족하다. 『주역』에서 말하기를 "마디로 제도를 정하여 재물을 상하지 않고 백성을 해치지 않는다."라고 하였다.[502] 공자가 말하기를 "절약하여 쓰고 남을 사랑하며 백성을 부릴 때에는 때에 맞춰서 한다."라고 하였다. 헤아릴 수 있고 깨달을 수 있는 이치이다. 하지만 지금의 재물을 관리하는 방법은 탐욕과 사기로 얻고, 방탕과 주색으로 소비된다. 귀한 것은 하증(何曾)[503]이 하루에 1만 전(錢)을 써버리는 것이 아니고, 호방한 것은 유의(劉毅)[504]가 주사위 놀이에 1만 전을 거는 것이 아니다. 재산 역시 따라서 없어지고 몸은 형벌에 빠지고 나서야 그친다. 이는 다른 이유가 있는 것이 아니다. 하늘의 밝음이 가려져 어두워지고 사사로운 뜻이 들어차 막혀서, 금으로 만든 방울이라도 가린 귀에는 소리가 들리지 않고, 밝은 낮이지만 시장에서 훔쳐도 막을 사람이 없는 것이다. 무릇 앎을 고집하여 한 가지 생각을

---

501) 『孟子』「梁惠王·上」에 나오는 말로 훌륭한 왕은 백성들과 함께 즐긴다는 의미이다.
502) 『周易』「水澤節」에 나오는 말이다.
503) 何曾: 晉나라 사람으로 사치를 부려서 한 번 식사를 할 때 1만 전을 소비했다고 한다.
504) 劉毅: 東晉 사람으로 집안이 가난하지만 주사위 놀이를 할 때는 한 번에 1백만 전을 걸었다고 한다.

하는 것은 두려워할 만하고, 스스로 속이는 것이 화가 됨이 이와 같다. 무릇 인(仁)은 재물로 스스로를 발전시킨다. 이것이 자신을 미루어 남을 이해한다는 것에 있어서 자신과 재물 중 무거운 것과 가벼운 것이다. 인하지 못한 자는 자신의 몸으로 재물을 키워간다. 재물을 중시하고 몸을 가볍게 여기는 것으로 몸을 쪼개서 구슬을 숨기는 어리석음을 깨닫지 못한 것이다. 비록 재물이 있어서 다른 사람들에게 먹일 수는 있지만 덕이 아니면 그 몸을 보전할 수 없고, 재물은 덕이 아니면 보존할 수 없다. 덕으로 재물을 삼은 연후에야 본말의 의미를 알 수 있다. 재물을 좋아하는 사람은 아마 깨달을 수 있을 것이다.

지금 바로잡기 위한 대책은 다만 교육일 뿐이다. 비록 좋은 지식이 있어도 학문이 아니면 그 지식을 더할 수 없고, 어리석은 자질이라도 학문이 아니면 어리석음을 깨우칠 수 없다. 현명하고 그렇지 않음이 배움과 배우지 않음에 달려 있다. 따라서 삼대(三代) 이후 상(庠)·서(序)·학(學)·교(校)의 가르침을 베푼 것이다. 무릇 공자가 말하기를 "이미 부유하면 가르치라."라고 하였고, 맹자가 말하기를 "백성들이 굶주리지 않고 추위에 떨지 않은 연후에야 상과 서의 교육을 신중하게 하여 효도와 공경으로 깨우친다."라고 하였다. 무릇 이와 같다면 근본과 말단, 안과 밖, 중한 것과 가벼운 것을 알 수 있으니 힘쓰지 않을 수 있겠는가.

오직 우리 함경남도 가운데 본 군(本郡)은 토지가 비옥하고 백성들이 농사에 근검하여 여전히 예전에 전해지는 풍속이 남아있어 재산을 불리고 덕을 양성할 수 있는 지역이다. 바라건대 여러분들은 자제들을 교육할 때 우선 실학(實學)으로 그 덕성의 근본을 배양하고 실업(實業)으로 그 재산의 말단을 달성하게 하여 반드시 덕과 재물을 모두 갖추고 본과 말에 차례가 있게 해야 하니 어찌 지금의 급선무가 아니겠는가.

[경학원잡지 제31호(1930.08.01.), 19~20쪽]

53 궁색과 환난에도 마음이 움직이지 않고 자신의 의를 행할 뿐이다 (1930.08.01.)

궁색과 환난에도 마음이 움직이지 않고 자신의 의를 행할 뿐이다
[窮塞禍患不以動其心行吾義而已]505)

이학로(李學魯)

음과 양이 자라고 사그라드는 것은 하늘의 도리이다. 양이 하나고 음이 둘이니 따라서 1,000년을 살펴보면 다스려진 날은 적고 혼란한 날은 많다. 1년으로 보자면 더운 시기는 항상 짧고 추운 시기는 항상 길다. 한 몸으로 살펴보면 편안함에 머무는 것은 적고, 근심 걱정에 머무는 것은 많다. 양구산(楊龜山)506)의 시에서 "90일 동안의 봄 가운데 맑은 날의 경치가 적고 1,000년의 일 가운데 어지러운 시기가 많다."라고 하였으니, 이는 그 도리를 아는 말인 것 같다. 아아! 천하에 사람들이 살아간 것이 오래되었는데 한 번 다스려지고 한 번 어지러운 것이 서로 이어지며 불행과 행복, 사그라짐과 자람이 각기 한때이다. 군자가 곤궁하고 위험한 시기를 맞이하여 천명을 알고 의로움에 편안하며 곤궁함에 대처하는 도리를 생각하는 것이 옳은가? 강하게 말하여서 잘못된 것을 바로잡아 곤궁함을 면할 것을 생각하는 것이 옳은가?

「곤괘(困卦) 상전(象傳)」에서 말하기를 "군자는 목숨을 다하여 뜻을 이룬다."라고 하였다. 목숨은 길흉화복의 운수에서 나오는 것으로 바꿀 수 없는 것이다. 의(義)는 나에게 있어서 마름질을 하는 것으로, 어길 수 없는 것이다. 군자는 곤란한 형상을 보면 다만 목숨을 하늘에 맡기고 자신의 뜻을 이룰 뿐이다. 문왕이 유리(羑里)에서 구금되어 있었으나 『주역』을 서술하였고 공자가 진(陳)나라와 채(蔡)나라의 국경에서 어려움을 만났을 때 거문고에 맞추어 노래를 불렀다. 이는 성인이 곤궁함에 잘 대처한 것이다. 어려움을 만나도 근심하지 않고, 환난을 당해도 순순히 받아들인다. 이것이 군자가 들어가서 스스로 얻지 못하는 것이 없는 도리이다. 비록 곤란하지만 의를 잃어버리지 않도록 대처하면 그 도리는 스스로 형통하니, 곤란하지만 그 형통한 바를 잃지 않는 것이다. 낙천적으로 생각하면서 천명

---

505) 『近思錄』에 나오는 말이다.

506) 楊龜山: 송나라 유학자인 楊時를 말한다. 자는 中立이고 龜山은 호이다. 程顥와 程頤에게 학문을 배웠다.

을 아는 것은 성인의 일이다. 편안함에 머물면서 천명을 기다리는 것은 학자의 일이다. 부귀와 빈천은 오직 하늘이 내린 천명에 따르는 것이고, 인의와 충신은 오직 자기가 도리에 합치되도록 수양하는 것일 뿐이다. 하늘에 달린 것은 어쩔 수 없는 것이고, 나에게 달린 것은 그 마음을 다하는 것이 옳다.

지금의 천하를 되돌아보면 기학(氣學)은 크게 성하고 이학(理學)은 크게 쇠퇴하였다. 물질문화가 날로 새로워지고, 도덕문화가 날로 미약해진다. 그 작은 것을 기르는 사람은 도리어 큰 사람이 되고, 그 큰 것을 기르는 사람은 도리어 소인이라고 칭해진다. 위로 통달한 사람은 적고, 아래로 통달한 사람은 많다. 천지간에 가득히 차 있는 천만 가지 일들은 기의 흐름이 변화하여 나오지 않은 것이 없으니 누가 소리도 없고 냄새도 없는 하늘의 일을 알 수 있겠는가. 그러니 우리 동양이 홀로 치우쳐서 궁핍의 상을 받아들인 것이 아니라 온 천하가 기학으로 덮여 갑자기 곤궁함을 당한 것이다. 곤궁하다는 것은 궁핍하여서 스스로 떨치기 어렵다는 의미이다. 무릇 곤궁함에 처하는 도는 그 올곧음과 바름을 잃지 않으면 길하고 그 올곧음과 바름을 잃으면 흉하다. 올곧음과 바름 두 글자는 하늘이 나에게 준 바이고 내가 덕을 행하고 재앙을 피하는 이유이다.

예전에 유방(劉邦)과 항우(項羽)가 함곡관(函谷關)에 먼저 들어가려고 다투었다. 항우는 패공(沛公)[507]이 먼저 들어간 것에 화가 나서 명령을 내리기를 "내일 패공의 군대를 공격하라."라고 하였고, 패공의 좌사마(左司馬) 조무상(曹無傷)은 항우에게 편지를 보내 패공의 비밀스러운 일을 몰래 누설하였다. 따라서 당시 패공의 병사 10만은 살아갈 기색이 없었고, 오직 조무상 한 사람만 살길이 있었을 뿐이다. 그러나 10만의 병사는 편안하게 환난을 면했고 한 사람의 머리만 깃발 아래에 걸렸다. 이는 어째서인가? 10만 병사는 곤란함에 처했지만 올곧았고, 한 사람은 곤란함에 처했지만 올바름을 잃었다. 「곤괘(困卦) 구사전(九四傳)」에서 말하기를 "가난한 선비의 아내와 약소국의 신하는 각자 그 올바름을 편안히 여길 뿐이니 진실로 세력을 택하여 따른다면 그 악함이 커서 세상에서 용납되지 않을 것이다."라고 하였다. 우리 유학자들은 이러한 곤란을 만나 인륜이 손상되고 풍속이 퇴패하며 소비가 번거로워지고 생산이 조잔해져서 위로는 부모를 모시기에 부족하고 아래로는 처자식을 기르기 부족하다. 갈등으로 곤란하고 위태로움에 얽매여있어 곤궁함에 대처하기가 지극히 어려우며 속박당해 구덩이에 구르며 죽을 날이 머지않았다. 어찌 마음을 움직이고 성질을 견뎌서 그 불가능한 것을 더욱 잘하도록 하려는[508] 시기가 아니겠는가.

억지로 뜻과 지혜를 내어 도리를 어기며 칭송을 구하고 부당하게 얻은 것을 취하며 부

---

507) 沛公: 한 고조 유방을 말한다.

508) 『孟子』, 「告子·下」에 나오는 말이다.

당한 행위를 행한다. 그러면서 부엌 신에게 아첨509)을 해 먹을 것을 구하고 그 마음을 움직여서 그 바름을 잃으니 어찌 험한 일을 하면서 요행을 구하는가. 학자는 역경(逆境)을 보기를 순경(順境)과 같이 하고 재앙을 보기를 편안함과 같이 하며, 그 지위를 바탕으로 그 밖의 것을 바라는 것이 없다. 그래서 30일 동안에 9번 식사를 하여도 태연하고, 수많은 마차와 녹봉을 돌아보지 않는다. 물을 마셔도 진수성찬보다 달게 여기고 해진 솜옷이 패옥(佩玉)보다 화려하다. 비록 일상적이지 않은 환난에 처하여 전전긍긍함을 당하더라도 앞으로의 일을 우려하고 재앙에 깊게 대비한다. 간절히 천명을 알고 의리에 평안하여 상황에 따라 잘 대처한다. 그래서 시절은 곤란하지만 도는 형통하고, 몸은 곤란하지만 마음은 형통하다. 이것이 이른바 그 바름을 잃지 않고 우리의 의리를 행하는 것이다.

아아, 숲속에서 책을 읽으며 고생을 겪고 배고픔을 참으면서 이윤(伊尹)510)이 뜻한 바에 뜻을 두고, 안연(顏淵)이 배운 바를 배우면서 천하의 곤궁함을 고르게 하려고 한다. 만약 천하가 빠져들어 자신과 집안과 나라가 같이 가시덤불 속에 거하는 상황을 당하면, 마땅히 도를 바로잡고 휘거나 굽은 행동을 하지 않으며, 이해와 화복은 하늘에 맡기고 충성스러운 믿음과 독실한 공경으로 자신의 몸을 닦아서 우리가 좋아하는 바에 따르는 것이 옳다. 그 좋아하는 바는 무엇인가? 모두 사람에게 있으니 성품이 나누어져서 원래 가지고 있는 것으로 자신에게서 구하면 알 수 있다.

소자경(蘇子卿)511)은 우연히 오랑캐에게 잡혀서 양을 치면서 눈이 쌓인 구덩이에서 19년을 보내다가 고국으로 살아 돌아왔다. 관유안(管幼安)512)은 한나라 말기에 요동으로 난을 피하여 책을 읽으면서 평상을 뚫은 것이 50년으로 깨끗한 지조가 얼음과 눈처럼 닦였다. 하후승(夏侯勝)513)은 비록 결박되어 있었으나 옥중에서 『상서』를 강독하였다. 육수부(陸秀夫)514)는 애산(崖山)에서 위험을 무릅쓰면서도 배에서 『대학』을 암송하였다. 이 네 군자는 몸은 비루하였으나 도는 비루함이 없었다. 네 군자의 가슴속 얼마간의 시원함과 환함은 진실로 맑게 갠 날의 바람과 달 같아 한 점의 사적인 더러움이 없다. 우리 유학자들이 마땅히 모범으로 삼아야 할 것이다.

---

509) 『論語』 「八佾」에 나오는 말이다.
510) 伊尹: 은나라의 인물로 湯王을 보좌하여 하나라의 桀王을 몰아냈다.
511) 蘇子卿: 漢武帝 시기의 忠臣인 蘇武를 말한다. 자경은 그의 자이다. 匈奴에 사신으로 갔다가 억류되어 19년 동안 절개를 지키다 귀국하였다.
512) 管幼安: 魏나라 사람인 管寧을 말한다. 유안은 그의 자이다. 전란을 피하여 요동으로 가서 살았는데, 책을 읽을 때 무릎을 꿇고 앉아서 무릎이 닿은 평상의 바닥에 구멍이 뚫렸다고 한다.
513) 夏侯勝: 漢宣帝 때의 유학자이다. 선제가 武帝의 덕을 기리고자 하였으나 이에 반대하다가 투옥되었다.
514) 陸秀夫: 南宋이 멸망할 때 재상으로 張世傑과 함께 원나라에 대항하였다. 원나라의 군대가 崖山을 점령하면서 송나라의 멸망을 피할 수 없게 되자 衛王과 함께 바다에 투신하여 죽었다.

아아, 우리의 도가 곤궁한 것은 바로 「곤괘(困卦)」에서 가시덤불에 의거하고 있는 상과 같다. 비록 근심하고 두려워한다면 무슨 도움이 되겠는가. 오직 우리의 의를 행하고 올곧음과 바름을 잃지 않으면 손상된 인륜과 퇴패한 풍속이 바름을 기약하지 않아도 스스로 바르게 될 것이며, 성인의 큰 도리로 하여금 하늘 가운데의 해처럼 환하게 다시 밝게 하여 아마 해를 가리키며 기다릴 수 있을 것이다. 그래서 한마디의 말을 읊어본 것이니 여러 집사(執事) 분들은 사람 때문에 말을 버리지 않아야 할 것이다.

[경학원잡지 제31호(1930.08.01.), 20~21쪽]

54 유자는 사람들이 기다리는 바가 되는 것이다(1930.08.01.)

유자는 사람들이 기다리는 바가 되는 것이다[儒者爲人所需]

이대영(李大榮)

오늘 여러분이 듣기에 즐겁고 마음을 맑게 하는 말씀이 강사 선생의 한 편 강론으로 이미 끝이 나서 남음이 없다. 그런데 나와 같은 비루한 사람이 어찌 감히 다시 군더더기를 덧붙이기를 일로 삼겠는가. 다만 유림(儒林)의 여러 대가(大家)와 함께 같은 장소에서 서로 마주하니 한마디의 말로 서로 만난 예의를 풀어놓겠다. 「유자(儒者)는 사람들이 기다리는 바가 되는 것이다」라는 제목으로 간략하게 나의 견해를 풀어놓고자 하니, 혹시라도 참람됨과 망령됨을 용서해주면 큰 다행이겠다.

유림의 '유(儒)' 자는 그 의미가 과연 어디에 있는 것인가?『주례(周禮)』에서 말하기를 "도(道)로써 백성을 얻는 것을 유라고 한다."라고 하였다. 또 옛 유자가 말하기를 "유자는 사람들이 기다리는 바가 되는 것이다."라고 하였다. 공자는 스승의 성인으로 사람이 기다리는 바가 되었으니 공자는 유자이다. 사람은 하늘에 덮혀있고 땅에 실려 있으니 하늘과 땅도 유자이다. 명예를 돌아보고 의를 생각하며 책임의 중대함이 이와 같은 것이 있다. 오직 우리 공자는 하늘이 내려준 성인으로 여러 유자를 모아서 크게 이루었다. 사람이 본보기로 칭송하고 흠모하고 따라하지 않는 자가 없다. 결국 공자의 가르침으로 유교가 되었다.

무릇 유자의 관과 옷을 입고 공자의 학문을 배우는 자는 그 학문의 높고 낮음을 따지지 않고 그 자격을 말하자면 사람이 기다리는 바가 되는 것이고, 그 책임으로 말하면 교화의 인도자이다. 따라서 자신이 비록 남이 기다릴 만한 실체가 없다고 하더라도 남들은 곧 남들이 기다릴 덕이 있기를 기대할 것이다. 진실로 한마디의 선함이 있다면 서로 전하여 경계를 알리지 않음이 없으면서 말하기를 "어떤 사람이 이와 같으니 우리들이 마땅히 본받아야 한다."라고 한다. 하나의 일이라도 실수가 있으면 또한 시끄럽게 서로 알리면서 말하기를 "어떤 사람이 여전히 이와 같으니 우리 같은 사람이 무슨 책망할 것이 있겠는가."라고 한다. 하나하나의 움직임과 멈춤이 일반 백성들에게 선과 악의 경계가 되지 않음이 없으니 신중하지 않을 수 있겠는가. 두려워하지 않을 수 있겠는가.

　우리 해동은 신라와 고려부터 이후로 유교를 높이고 받들어서 선대의 일을 이어받아 새로운 것을 개척하여 문묘에 올려서 제사를 지내는 18명의 현자를 세대를 이어서 배출하기에 이르렀다. 그래서 문명을 하나로 모아 그 정도가 극에 달하였다. 유림계 역시 대대로 인재가 부족하지 않아서 진유(眞儒)·홍유(鴻儒)에서부터 문사(文辭)·장구(章句)의 유자가 매우 많다. 예절과 음악, 형벌과 정치가 유교에서 나왔고, 다스려짐과 어지러움, 흥함과 쇠퇴함이 유교에서 점쳐진다. 위아래로 몇백 년 동안 세속의 도가 융성하여 국가의 맥이 유지되고 그 융성함이 아름답다.

　무릇 어찌하여 최근 들어서 유교의 도가 빠르게 작아지고 선비들의 기운도 떨치지 못한다. 유교가 부패했다는 이야기가 여기저기서 무리를 지어 일어난다. 지식을 조금 이해하는 자가 말하기를 부패했다고 하고, 노(魯) 자와 어(魚) 자도 구분하지 못하는 무식한 자도 말하기를 부패했다고 한다. 만약 유자라는 명색을 가진 자를 보면 그 사람의 조예가 어떠한지는 묻지 않고 하나같이 부패했다고 업신여긴다. 그래서 한문을 폐지하자는 논의가 있고, 그래서 선대의 성인을 모욕하는 말도 있다. 이는 진실로 무엇 때문인가? 어찌 예전과 지금의 숭상하는 바가 달라서 그러한 것이겠는가. 인륜을 밝히고 도리와 가르침을 숭상하는 것은 지금과 예전이 같다. 아니면 유교의 도를 연구하여 밝히는 곳이 없어서 그러한 것이겠는가? 위로는 태학으로부터 아래로는 향교에 이르기까지 역시 지금과 예전이 같다. 말하기를 "사람은 스스로 업신여긴 이후에 남에게서 업신여김을 받는다."[515]라고 하였다. 이는 우리들이 스스로 반성하고 깊이 생각해야 할 것이다. 그래서 나는 오늘날 유림계가 겉모습과 내용으로써 비록 부패했다는 비난을 면하고 싶지만 할 수 없다고 여긴다.

　어째서 겉모습을 말하는 것인가? 우리 유자는 선대 성인들을 숭상하여 우러러볼 스승으로 삼고, 향교를 귀의할 곳으로 삼는다. 그런데 시험 삼아 13개도에 소재한 320여 개의 향교를 살펴보면 그 황폐함과 처량함이 과연 어떠한가. 또 13개도에 별과 바둑돌과 같이 펼쳐진 기독교 예배당과 불교 전각을 보면 그 넓고도 치밀한 것이 과연 어떠한가. 각자 본원(本源)이 되어 귀의할 바라면 저들과 우리가 같이 느끼는 것이다. 그러나 우리의 것으로써 남의 것을 보면 부끄러운 마음이 들어서 이마에 땀이 차지 않을 수 있는가. 떨쳐 일어나서 정비하고 밝히는 행동은 조금도 없이 다만 간절하게 곤궁함을 우려하면서 슬피 탄식하며 말하기를 "우리는 귀의할 곳이 없다."라고 하고, "우리의 도가 쇠약해지는 운수를 만났다."라고 한다. 이는 스스로 뺨을 치고 도리어 남을 원망하는 것이라고 할 수 있다.

　농사라는 것은 때로는 풍년의 운수가 있을 수 있고, 장사라는 것도 역시 시세의 운이

515) 『孟子』, 「離婁·上」에 나오는 말이다.

있다. 그런데 우리 유자들은 다만 스스로 연구하고 닦는 것이 어떠한 것인가에 달려있을 뿐이다. 애초에 운수와 기회가 오고 가면서 의지할 만한 것이 없다. 예전 문성공(文成公) 안향(安珦)은 부처를 모시는 향등이 집마다 켜지고 피리소리와 북소리로 제사를 지내는데 문묘에는 가을 풀만 무성하고 사람이 없다는 글귀⁵¹⁶⁾를 홀연히 읊으면서 자신을 잊고 분발하여 학문을 일으키는 것을 자신의 임무로 삼았다. 고세(高世)⁵¹⁷⁾가 출자(出資)에 응하지 않자 근본을 잊었다며 책망하였고, 문묘의 공역(供役)⁵¹⁸⁾이 부족하자 스스로 100구(口)를 납부하였으며, 남은 재산을 털어서 제기(祭器)를 구입하고 집을 내놓고 학교 건물을 지었다. 노심초사하면서 평생을 하루 같이 보내며 유학의 도를 회복하였으니 후학들이 학문을 이룸에 공이 있다. 이 행동은 그것을 일컬어 사람의 일이라고 할 수 있는가? 그것을 일컬어 하늘의 시기를 탔다고 할 수 있는가? 가만히 생각하건대 매번 군(郡)에서 유학자라고 스스로 명(命)을 삼는 자가 수백여 명을 밑돌지 않는다. 그러나 몇 칸짜리의 공자의 묘가 쇠퇴하여 눈에 띄는 모든 것이 황량하도록 완전히 내버려둔다. 만약 한두 사람이 분발하여 정성으로 문성공의 만분의 일이라도 따른다면 반드시 이처럼 부패했다는 책망은 이르지 않을 것이다. 그것이 어찌 제목과 맞지 않겠는가.

어째서 내용이라고 하는가? 무릇 지금 유림의 무리들은 배운 것은 많지만 실제가 없다. 혹시 물러나서 지키는 자가 있으면 문을 닫고 깊숙이 살면서 세상과 서로 어긋난다. 혹은 당시의 정치를 논하지 않고서 말하기를 "쇠털과 같이 촘촘한 가혹한 정치는 손으로 꼽을 수 없고, 부역이 많고 무거워 백성들이 의지하여 살 수 없으니 사람들로 하여금 미혹되게 하여 따를 바를 알지 못하게 한다."라고 한다. 혹은 학교에 반대하면서 말하기를 "지금의 학교는 남의 자식을 망치고 풍속을 손상하고 패퇴시키니 모두 신학문에서 벗어나 자식과 손자를 막아서 학교에 들어가지 못하도록 하자."라고 한다.

혹 나아간 자는 행하는 바의 사업이 대부분 실속이 없다. 혹은 사원(祠院)을 창설하고 혹은 효자와 열녀를 포창하고 혹은 직원(直員)이나 박사(博士)가 되려는 운동에 분주하여 골몰한다. 말하기를 "어떤 선생의 도덕과 공적은 천 년 동안 제사를 받을 수 있을 것이다."라고 하면서도 지금까지 겨를이 없으니 사림의 수치이다. 말하기를 "어떤 사람의 탁월한

516) 부처를 … 글귀: 고려 시대에 안향이 國子監 뒤에 있는 문묘의 황폐함을 통탄하면서 지은 시를 말한다. 시의 내용은 다음과 같다. "곳곳마다 향등이고 사람마다 불공이니, 집집마다 피리소리와 북소리 귀신에게 복을 비는데, 다만 두어 칸 되는 공자의 사당에서는, 가을 풀만 무성할 뿐 적막하게 사람도 없네[香燈處處 皆祈佛 簫鼓家家盡祀神 獨有數間夫子廟 滿庭秋草寂無人]."

517) 高世: 고려 忠烈王 시기의 무신으로 判密直司事, 僉議密直司事, 都僉議參理 등의 관직을 역임하였다. 안향이 國學에 쓰이는 비용을 보조하기 위해 贍學錢을 거두자고 했을 때 반대했다고 전해진다.

518) 供役: 백성들이 국가에 제공하던 身役을 말한다.

행동과 아름다운 덕은 백세까지 명백히 구별될 것이다."라고 하면서 이번에 문서를 보내니 사림의 공적인 의론으로 줄지어 기록된 유림이 수백 명으로 종이에 장황하게 가득하여 마치 모두 동의한 의견인 듯하다. 그러나 그 연명(聯名)한 사람에게 물으면 말하기를 "나는 모르는 이름이며 어떤 사람이 함부로 기록한 것이고, 사사로운 정 때문이다."라고 한다.

또 스스로 어떤 모임을 만들고는 임원을 두거나 혹은 직원이라고 하고 혹은 박사라고 하면서 들어가기를 원하는 자가 있으면 추천서를 지급한다. 이는 해당 모임의 한 역원(役員)일 뿐이지만 동분서주하면서 이 추천서를 얻어내려고 하고 관직이라고 칭하면서 방탕함에 붙어서 말하기를 "문묘의 직원이다, 문묘의 박사이다."라고 한다. 사람들이 문묘라는 칭호를 태학으로 알고서 "당신은 경학원 직원이고 박사인가?"라고 물으면 당신은 곧 수긍하고 구별하지 않는다. 가짜가 진짜처럼 하는 것이 이와 같으니 부패했다는 비난을 면할 수 있겠는가.

아래에 머무르면서 위를 비방하는 것은 공자가 미워한 바이다. 하늘의 관직을 받고 인간의 관직으로 요구하는 것이 맹자의 가르침이다. 성인의 무리라고 자처하면서 행동은 배치된다. 이는 몇몇 개인의 경박한 행동에 불과하여 전체의 경중을 따지기에는 부족하다. 그러나 스스로 업신여기는 것과 남이 업신여기는 것이 여기에서 시작되지 않음이 없으니 크게 탄식할 만하다.

지금 세상의 등급은 쇠퇴하고 있어서 말세의 풍속이 경박하고, 인륜과 도덕이 점차 손상되어 미풍양속이 많이 퇴패하였다. 이는 모두 우리의 도리가 쇠미하여 연구해 밝히지 못했기 때문이다. 유교의 도리가 밝으면 나라와 집안이 다스려져서 천하가 평안해진다. 유교의 도리가 밝지 않으면 금수가 되어서 세속의 도덕이 손상된다. 공자가 천하를 떠돈 것이 이러한 때를 위한 것이다. 노나라로 돌아와서 저술을 수정한 것이 이러한 때이다. 지금 우리는 그 학문을 배우고, 그 이름을 쓰는 자로 부패한 것을 내버려두고 진흥하는 행동을 시도하지 않는다. 마을에는 손상된 풍속이 있고 사람에게는 금수의 행동이 있지만 가만히 모른 체하면서 말하기를 "나와는 무슨 관계가 있는가?"라고 한다. 이는 내가 아니라 무기가 했다고 하는 것[519]과 무엇이 다르다고 하겠는가.

그러니 이끌어 주고 도와주는 방법이라는 것은 앞으로 어떻게 해야 하는 것인가. 반드시 말하기를 "우리의 도를 연구하고 우리의 몸을 닦는 것이다."라고 할 것이다. 『대학(大學)』의 전문(傳文)에 이르기를 "아버지와 자식, 형과 아우가 본받을 만해야 백성들이 본받는다."라고 하였다. 또 말하기를 "한 집안이 인(仁)하면 한 나라에서 인이 흥한다."고 하였

---

519) 『孟子』, 「萬章·下」에 나오는 말이다.

다. 안으로는 성의(誠意), 정심(正心), 수신(修身), 제가(齊家)의 학문과 밖으로는 이용후생 (利用厚生)의 도가 반드시 모두 나에게 있어서 마땅히 해야 할 것으로 이를 드리워 남에게 있어서 모범이 되게 할 뿐이다. 성인의 도리는 인륜을 밝히는 것일 뿐으로 들어와서는 효도를 하고 나가서는 공경하며 우리 인륜의 학문을 강의하면 반대하고 밝지 않은 자는 알도록 권할 수 있다. 성인의 도리는 인(仁)과 의(義)일 뿐으로 백성을 인하게 하고 사물을 아껴서 우리의 함께 선해지는 도리를 다한다면 도리를 배반하고 덕을 어그러뜨리는 자도 선함으로 옮겨갈 수 있을 것이다. 우리의 자식을 가르치는 방법을 다하여 남의 자식들에게 권하고 우리의 때에 알맞은 도리를 다하여 남의 편벽되고 고집스러움을 풀어낸다. 무릇 모든 일이 오직 우리에게 있는 도리를 다하여 사방에 표준을 세워 바로잡은 연후에 남이 기다리는 것의 실체를 다하고 우리의 책임을 다했다고 할 수 있을 것이다. 내가 나의 몸을 닦고 내가 나의 집안을 다스리는 것은 진실로 남과는 관계가 없는 듯하다. 그러나 현명한 사람을 보면 같아지려고 생각하는 것이 사람의 일반적인 마음이다. 예전에 야은 (冶隱) 길재(吉再)[520]가 정절을 장려하여 추부(醜婦)가 정절을 회복하였고, 충암(沖庵) 김정(金淨)[521]이 예를 강론하여서 섬의 풍속이 크게 변하였다. 아름다운 덕과 선한 행동이 사람의 성정을 감화시키는 것이 어찌 바람이나 소리보다 빠르지 않겠는가.

자리에 있는 여러분들은 유림의 대가이고 지역 내의 중견(中堅)이다. 움직임과 멈춤, 말과 행동이 남의 모범이 되지 않는 것이 없다. 한마디의 선함이라도 수천 수백 명이 따를 것이고, 한 마디의 선하지 않음에 역시 수천 수백 명이 본받을 것이다. 한 몸에 짊어지고 있는 책임이 진실로 어떠한가? 운수가 쇠퇴함을 만났다고 하면서 나아가려는 의지를 스스로 막지 말라. 나는 작은 선함이 있다고 하면서 갑자기 자만하는 생각을 품지 말라. 마음속에 항상 간직하여 잊지 않고 말하기를 "천하가 물에 빠지면 도로써 구하라."라고 하였다. 맹자의 가르침이 어찌 혹 우리를 속이겠는가. 서로 힘써 권면하고 더욱더 분발하여 남이 기다리는 실체를 다하기를 힘쓰고 부패하였다는 비난을 흩어지게 하여서 포천(抱川)이라는 한 지역을 크게 바꾸어 도리에 이르게 하여 다른 군의 모범이 되게 할 수 있다면 여러분들은 만세 동안 감사를 받을 수 있을 것이다. 모르겠지만 여러분들은 어떻게 여기는가?

[경학원잡지 제31호(1930.08.01.), 22~24쪽]

---

520) 吉再: 고려 말 조선 초의 성리학자로 고려에 충성하여 조선을 따르지 않은 것으로 유명하다.

521) 金淨: 조선 전기의 관료로 자는 元沖이고, 호는 沖菴·孤峯이다. 趙光祖와 함께 사림파를 대표한 인물이다. 己卯士禍로 제주도에 귀양을 갔다.

55 현대 세상과 유학의 본령(1930.12.27.)

현대 세상과 유학의 본령

경성사범학교장

와타나베 신지(渡邊信治)

각하와 나란히 여러분이 오늘 추계 석전(釋奠)을 경학원(經學院)에서 거행하게 되었는데, 「현대의 세상과 유학의 본령」이라는 제목으로 제 평소의 소회를 말하는 기회를 주신 일은 제게 가장 영광이라고 생각합니다.

현대의 세상을 고찰하건대 우리 국민의 사상은 동요하고 있고 이 세상은 알지 못하는 중에 불안한 공기가 겹겹이 쌓여 있는 것처럼 생각됩니다. 달리 말해보면 우리나라의 오늘날은 사상에서 혼전(混戰) 시대라고 말해도 과언이 아닐까 합니다. 즉 사상으로 있든지, 도덕으로 있든지 확고부동하게 기준이 될 만한 것을 발견하기가 매우 곤란합니다. 혹자는 개인주의를 주창하며, 혹자는 가족주의를 주장하고 있습니다. 혹은 물질주의를, 혹자는 정신주의를 주장하고 있습니다. 또한 사회주의를 부르짖는 자도 있으며, 혹자는 국가주의를 주장하는 자도 있는 상태입니다. 이처럼 우리 국민의 사상은 혼돈해 있어서 한 가지 길의 광명이라는 것을 발견하기 어려울 터이므로, 진실로 용이하지 않은 시대를 맞이하였습니다.

말하자면 현대는 해가 떨어지고 달이 아직 올라오지 않은 어두운 밤에 방황하는 것과 같은 상태입니다. 한쪽으로 고대사상의 권위는 낡은 신발처럼 포기하고, 여기에 대신할 새로운 신념을 아직 세워지지 않아, 온전히 삼계(三界)에 안주할 여지가 없어서 마침내 절망의 눈으로 일체를 의심하며, 일체를 믿기 어렵다는 자태에 있어서 거국(擧國)이 모두 암중모색한 가운데서 생활하고 있는 것 같은 느낌이 있습니다.

이처럼 도덕관념이 동요하고 있기 때문에 무엇이 선이며, 무엇이 악인지 한결같이 분별하지 못할 일이 여러 가지 있는 줄로 생각됩니다. 예컨대 때때로 사회상으로 일어나는 여러 가지 사건에 대해서도 혹자는 이것을 선이라고 평가하는 자가 있다고 생각하면, 혹자는 그 반대로 악이라고 평가하는 자가 있는 일은 누누이 있습니다. 그러므로 확고부동한 신념 아래에서 도덕행위를 하게 하는 힘이 약해짐으로 자연히 자기 임의의 사적인 정과 사적인 욕망에 의하여 동요하게 되어 도리어 이기심으로 행동하는 풍조가 강해졌습니다. 대저 오늘날 사람은 어떠한 경우이든지 자기의 이익이 어지간히 있지 않다면 있으려고 하지도 않습니다.[522] 입으로는 박애(博愛)니 정의(正義)니 말을 해도 만일 한 번 이해가 상반하는 일이 있으면 홀연히 승냥이처럼 되어서 허다한 진흙탕 싸움처럼 하는 사건을 야기하는 실제 사례가 적지 않습니다. 물욕에만 지배당하는 자는 언제든지 심사가 불순해서 고상하고 지순한 감격은 없습니다. 그러므로 저들은 모두 무기력해져서 입을 열면 고통을 하소연하며, 불평을 말하여 번민에 괴로워한다는 가련한 상태가 됩니다. 이러한 경우를 해탈함에는 어떠하든지 심각한 구도적 정신의 작흥(作興)이 없으면 안 됩니다. 저는 이제 이것을 제가 평소 신봉하고 있는 유학 가운데서 구하고자 생각합니다.

지금부터 유학의 본령에 대하여 대강의 소회를 진술하고자 합니다.

요컨대 지극히 성스러운 앞선 스승 공자에게 입교하는 목적은 이것을 둘로 나눌 수 있습니다. 하나는 나를 수양하는 도이며, 하나는 타인을 다스리는 도입니다. 이 두 가지의 큰 도를 실행하는 일이 공자의 필생 과업이었습니다.

저는 먼저 수기(修己)의 방도에 대하여 진술해 보고자 합니다. 우리는 인간으로서 태어난 이상 일개인으로서 정당하게 살며, 또한 국가로 하여금 정당한 생활을 영위하도록 하고 싶습니다. 옛날에 그리스의 철학자 소크라테스가 감옥에 투옥되어 사형 집행의 날이 점차 도래하여 드디어 독배를 들게 되었을 때 영원한 이별을 애석하게 여긴 여러 제자들이 스승 소크라테스가 있던 옥사(獄舍)를 방문하였습니다. 소크라테스는 많은 제자의 앞에서 독배를 손에 잡고 하는 말이 "우리가 구할 바는 단지 생명이 아니라 선한 생명이 아니면 안 된다."라고 말했다고 합니다. 소크라테스의 이 말은 그의 이름처럼 만대불후(萬代不朽)의 진리를 말하고 있습니다. 인간이 다른 동물과 다른 바는 선한 생활을 영위하는 데 있습니다. 물론 인간은 일 개 생물이기 때문에 다른 일반 생물과 공통되는 자연적, 본능적 욕망을 가지고 있습니다. 그러나 이러한 자연적, 본능적 욕망에만 의하여 생활하는 것은 다른 일반 동물의 생활과 동일합니다. 그러므로 소크라테스의 이른바 단지 생명뿐이며, 선한 생명은 아닙니다.

우리 인간은 자연 본능적 생활보다도 다시 고상한 정신적 생활, 즉 도덕적 생활을 영위하지 않으면 안 됩니다. 송나라 대유(大儒) 주자(朱子)는 자연적 생활의 방면을 "인욕, 즉 기질(氣質)의 성(性)"이라고 말하고, 정신적 생활의 방면을 "천리(天理), 즉 본연(本然)의 성(性)"이라고 말하였습니다. 인간은 천리, 즉 본연의 성을 귀하게 여기고, 인욕 즉 기질의

---

522) 원문은 "좀체로 하야서는 잇지 안슴이다"라고 하여 문맥이 매끄럽지 않다. 뒤에 나오는 문장과의 맥락을 고려하여 의역하였다.

성을 억압하여 이것을 지배해 가도록 함으로써 만물의 영장이 됩니다. 그러하므로 이러한 정신적 생활, 즉 천리에 따르는 생활이란 어떠한 것이겠습니까?

천리에 따르는 생활이란 정당한 규범에 따르는 생활이 아니면 불가합니다. 그러하므로 정당한 규범은 어느 곳에 있는지, 말을 바꾸어 말하자면 도덕적 규범은 어느 곳에 있는가 하는 문제가 됩니다. 만일 이러한 도덕적 규범이 자기의 신체를 떠나 다른 곳에 있어서 이것이 우리들을 지배할 것 같으면, 이것은 타력(他力) 도덕이라 할 것이고, 극히 가치가 작습니다. 또한 외부로부터 가져온 것을 잘하면 언제든지 제거할 수가 있습니다. 또한 언제든지 우리들은 모반의 깃발을 휘두를 수도 있습니다. 그렇기 때문에 도덕이 절대의 권위를 갖고, 또한 참으로 귀할 것 같으면 인간의 마음속에 그 종자가 자연히 갖추어져 있지 않으면 안 됩니다.

『중용(中庸)』에서 '천명을 일컬어 성(性)'이라 하였고, '성을 이끄는 것을 일컬어 도'라고 했으며, '도를 닦는 것을 일컬어 가르침(敎)'이라고 하였습니다. 이 의미는 사람의 성은 천명에 의하여 나온다고 하는 말인데, 이를 좇아 행하는 것이 도덕이고, 그 도를 닦아 행하는 것이 교육이라는 말씀입니다. 이것은 진실로 경건하게 유교의 본령을 끝까지 다 말씀[道破]하신 것입니다. 즉 유교는 결코 타율이 아니라 자율임을 나타낸 것입니다. 맹자도 '인의예지(仁義禮智)는 외면으로부터 된 것이 아니라 내가 근본부터 이것이 있음이다.'라고 말씀하셨습니다. 그러하고 또한 이외에 설명을 추가하서서 '사람이 배우지 아니하고 능한 자는 타고난 재능(良能)이며, 생각하지 않고 아는 자는 태어날 때부터 가지고 있는 지혜(良知)'라 하였습니다. "어린아이로 그 부모를 사랑함을 알지 못하는 자가 없으며, 연장자에 이르러 그 형을 존경함을 알지 못하는 자가 없다."라고 하였습니다. 이것은 아동이 배우지 않아도 그 부모를 사랑하며, 그 형을 존경함은 자연스럽게 아는 것입니다. 즉 이것은 양지와 양능의 동작에 의하여 안다는 말입니다. 맹자는 이것으로 심리적 근거를 삼아 예로 증명하셨습니다.

사람은 선천적으로 차마 하지 못하는 마음[不忍之心]이 있어서 일에 임하고 상황에 따라 누구든지 중심으로 천진한 아름다움을 유◆(流◆)하는 일이 있다고 하였습니다. 비유하건대 이제 사람이 어린아이가 우물 가운데에 빠지려 하는 것을 보고서는 누구든지 두려워서 조심하고 측은해하는 마음이 한껏 속에서 솟아나서 이것을 도와주려 합니다. 그러하므로 그 동기는 온전히 순수한 애타적 동정의 발로이며, 결코 그 부모에게 교제를 구하고자 함도 아닙니다. 혹은 향당(鄕黨)의 친구에게 기림을 얻고자 함도 아니며, 한 점의 이기적인 비열한 생각이 교차한 것은 아닙니다. 이것이 모두 도덕의 단서라고 설명하였습니다.

이것은 요컨대 사람은 선악의 판단을 하는 근본적 힘이 자기 마음속에 자연스럽게 구비되어 있는데, 이것은 유학이 가르침을 세우는 기초가 됩니다.

우리는 이 천명에 의하여 선천적으로 가지고 있는 양심이 있습니다. 여기에 순응하는 행위를 하면 마음속에 유쾌함을 깨달아 얻을 수 있습니다. 그러나 여기에 거스르면 불쾌함을 깨달아 얻으며, 또는 수치스럽다는 생각이 일어납니다. 이 수치라는 느낌은 어린아이 때부터 있는데, 그것은 자연스럽게 일어나는 감정입니다. 감정은 과연 소중합니다. 감정이 있어야만 인간과 다른 일체의 생물과 나눌 수 있습니다. 사람에는 부끄러움을 아는 마음이 있으나, 다른 동물에는 이것이 없습니다. 사람과 다른 동물과의 구별은 부끄러움을 아는 마음의 유무에 의한다고 말할 수 있습니다.

맹자는 '수오지심(羞惡之心)이 없는 자는 사람이 아니다'라고 말씀하셨습니다. 참으로 천고불후의 진리를 말씀하셨습니다. 서양에도 부끄러움을 아는 데 대한 의미가 있는 전설(傳說)이 있습니다. 『구약(舊約)』 초에 인간의 최초 선조라고 말하는 아담과 이브라 하는 존재가 최초로 이 세상에 나왔을 적에 알몸이었는데, 자기의 신체를 돌아보고 어쩐지 부끄럽다고 생각하고 무화과의 잎사귀를 따서 허리춤에 둘렀다는 말이 있습니다. 이 아담과 이브는 알몸이 부끄럽다는 것을 생각한 시점에 비로소 동물의 세계에서 탈출하여 인간계에 들어서 처음으로 인간의 선조가 되었다는 말입니다. 아담과 이브가 만일 부끄러움을 알지 못하였다면 역시 인간의 선조는 되지 못했을 것입니다. 인간과 다른 동물과의 구별을 부끄러움을 아는 마음의 유무에 의함은 서양이나 동양이나 동일합니다.

이러한 부끄러움의 감정으로부터 점점 진보 발달하여 도덕이 점차 진보하여 갑니다. 맹자가 이른바 "위로 우러러 하늘에 부끄러움이 없고, 아래로 굽어보아도 사람에게 부끄러움이 없다."고 하는 당당하고 훌륭한 도덕적 인격이 확정되는 것입니다.

지금 말씀한 바와 같이 부끄러움을 느끼는 마음(羞惡之心)이라는 것은 단지 하나의 감정입니다. 그러한 까닭에 아직 완성된 도덕은 아닙니다. 맹자도 '부끄러움을 아는 마음은 의(義)의 단서다'라고 하셨습니다. 의의 단서이므로 이것을 도덕적으로 발달시키려면 이 위에 비상한 단련이 필요합니다. 곧 우리들은 이러한 자연적 기초인 수치심 위에 도덕 외의 규범을 축적하고자 생각한다면 우선 첫 번째로 무엇을 부끄러워할지, 또 무엇을 부끄러워하지 않으면 안 될 지를 생각해야만 합니다. 무엇을 부끄러워할지, 무엇을 부끄러워하지 않으면 안 될지를 아는 데는 우선 자기의 본분을 성실하게 생각해야만 합니다.

예컨대 교육자는 노동자와 같이 완력이 없어도 부끄러울 필요는 없습니다. 교육자가 학문이 없고 도덕이 없으면 이는 크게 부끄러운 일입니다. 또 군인이 의사와 같이 의술은 알지 못하여도 충분히 부끄러워할 일은 아닙니다. 그러나 군인으로서 용기가 없다면 크게 부끄러울 것입니다. 전체적으로 사람은 실제 사회에 있어서 각기 개인이 분담하고 있는 본분이 있습니다. 더 넓게 말하면 인간은 다른 동물과 특별하게 다른 본분을 가지고 있습니다. 그러한 까닭에 각자 인간은 인간으로서, 교육자는 교육자로서, 군인은 군인으로서 각각 자기의 본분에 나아가 항상 깊이 반성해서 자기의 성실을 알고, 자기의 본분을 판단해야 거기에 따라서 점차 수양을 쌓아 도덕적 인격이 됩니다.

사람은 항상 안으로 성찰하는 수양을 해야만 합니다. 안으로 성찰하여 천명에 따라 고유한 양심에 호소하여 무엇을 부끄러워할지, 무엇을 부끄러워하지 않으면 안 될 지를 연구해서 이른바 '안으로 성찰해서 양심의 가책이 없는 심경에 이르는 일'이 매우 긴요합니다. 그런데 지금 세상 사람은 안으로 성찰함을 잊고 다만 밖을 향해서만 무언가를 구하고 있는 모양입니다. 물질을 좇으며 명예를 좇아서 외래사상을 추종하며, 외래의 선동에 의해 동요하는 자가 심히 많아졌습니다. '타고난 바로부터 선천적으로 일어난 양심은 모두 잊고 잃어버리지 않았는가'라고 생각하게 되는 일이 많습니다. 자기의 마음 소재까지도 잊고 있는 것 같습니다.

사람은 생명이 없는 기계처럼 외부로부터 스며드는 유혹의 마력에 의하여 동요되고 지배되는 것은 매우 한심하다는 느낌을 지울 수 없습니다.

맹자께서는 '사람이 자기의 닭을 잃었을 때는 혈안이 되어 찾지만, 소중한 자기의 마음을 잃었을 때는 주의하지 못하고, 찾지도 않는 사람이 많다.'라고 말씀한 일이 있는데, 참으로 그러합니다. 양심을 잃어버렸을 때는 전혀 부끄러운 일인지, 부끄럽지 않은 일인지 구별을 하지 못합니다. 그러므로 도덕은 결코 발달하지 못합니다. 금일 세상에서 도덕이 쇠퇴해 가는 것은 여기에 원인이 있다고 생각합니다. 그러므로 우리는 크게 내면생활이라는 수양에 대하여 노력하지 않으면 안 됩니다. 이 수양은 도무지 쉽지 않습니다. 열등한 욕망을 이겨나가지 않으면 안 됩니다. 명나라 왕양명은 "산중의 적은 깨트리기 쉽지만, 마음속의 적은 깨트리기 어렵다."라고 말했습니다. 이것은 유학 안에서 면목이 뚜렷한 바가 있습니다. 이 곤란을 이겨야만 비로소 천지를 우러러 보고 굽어보는데 부끄러워할 바가 없는 경우에 들어갈 수 있습니다.

이상은 자기를 수양하는 도덕에 대하여 말씀드렸습니다. 다음에 유교에는 거듭 나아가 사람을 다스리는 도, 즉 사람에 대한 도덕이 있습니다. 이로부터 여기에 대하여 말하겠습니다.

공자는 어질 인자, 즉 인(仁)이라고 하는 것을 역설하셨습니다. 그런 까닭에 사람에 대하여 도를 말씀하시는 데는 인의 의미를 설명해야만 합니다.

공자 자신도 인의 의미를 사람에 따라서 다르게 설명을 하셨던 까닭에, 후세의 학자가 인에 대한 해석도 형형색색입니다. 간단히 말하면 인이란 '사람을 사랑하는 덕[愛人之德]'

이라고 합니다. 『논어(論語)』에서 번지(樊遲)가 인을 물었는데 공자께서 "사람을 사랑함이다."라고 말씀하셨습니다. 이로 말미암아 보건대 인이라는 것은 사람을 사랑하는 덕이라고 볼 수 있다고 생각합니다. 또한 공자께서는 '하나로 관통하는 도[一貫之道]'라는 것이 있습니다. 공자께서 말씀하시기를 "삼(參)아! 나의 도는 하나로 꿰뚫는다."라고 하자, 증자가 "네"라고 말하였습니다. 공자께서 나가시는데 문인이 물어 말하기를 "무엇을 말씀하신 것입니까?"라고 했고, 증자가 말하기를 "선생님의 도는 충(忠)과 용서(恕)일 뿐이다"라고 하였습니다. 이로 말미암아 보면, 공자의 큰 정신을 관통하는 도는 충서(忠恕)입니다. 충서라는 것을 평이하게 말하면 내 몸을 헤집어서 다른 사람의 아픔을 알라고 하는 의미입니다. 결국은 사랑입니다. 그런데 사랑의 도는 유교뿐만 아니라, 부처(佛陀)도 자비를 말하고, 예수[耶蘇]도 사랑을 이야기하였습니다. 이 세 성인은 시기와 장소를 달리함에도 불구하고, 그 도를 이야기한 바는 서로 약속하지 않았는데도 같은 궤도에서 나온 동시에 애정에 중점을 두었습니다. 세 성인의 가르침이 모두 백세(百世) 이하의 사람이 감동하게 만든 것은 전적으로 애정을 중하게 여겼던 연고가 있기 때문입니다.

그러나 그 애정에도 다소 차이가 있습니다. 불교와 예수의 사랑은 세속에서 벗어난 것이나, 공자의 사랑은 세간에 있습니다. 불교와 기독교는 종교이나 유교는 도덕입니다.

기독교의 경전인 『성경[聖約]』 가운데 "너의 적을 사랑하며, 너희들을 저주하는 자를 축복하며, 너희들을 증오하는 자를 좋게 보며, 학대와 박해하는 자를 위해서 기도하라."라는 것과 같은 말은 거의 절대 무조건의 사랑입니다. 이같이 함에 따라 "하늘에 계신 너희들 아버지의 자식이 되기 때문이다."라고 말하였습니다. 어떠하든지 이 사랑은 현세에는 있으리라 생각지도 못할만한 인욕(忍辱)의 사랑입니다. 공자의 사랑은 이와 달라서 세속적으로 도덕적으로 실행하는 것입니다. 그 교훈은 우리들의 일상생활에 가장 적절합니다. 고요한 마음으로 『논어』를 읽어볼 때 인생의 쓰라리고 고됨을 다 맛보아 충분히 세상의 이러저러한 일로 성장한 사람으로부터 원만하게 세상을 건너는 심경을 순순히 설파하며 들려준다는 생각이 납니다. 공자의 인은 안으로부터 밖에 이르며, 가까운 데로부터 먼 데에 미칩니다. 따라서 극히 인정에 적절한 세속적 상식입니다.

『논어』에 "제자는 들어가면 효도하고, 나가서는 공손하며, 삼가고 성실하게 하며, 대중을 널리 사랑하되 어진 자를 가까이 하라."고 하였습니다. 사랑은 먼저 부모와 형제로부터 시작하여 점차 일반에 이른다는 의미입니다.

자기 집에서 다른 집에 미치고, 자기 고향에서 다른 고향에 미치며, 자기 나라에서 다른 나라에 이른다는 것과 같이 점차 가까운 데서부터 먼 곳에 이르는 것이 당연히 사랑에 안팎과 친소의 구별이 있음을 요지로 삼았습니다. 실로 인정이 애초에 그러하니, 적절하고 훌륭한 도덕입니다.

인의 도는 또한 인격주의입니다. 자기의 인격을 존중하는 동시에 타인의 인격을 존중하는 것입니다. 독일의 위대한 철학가 칸트의 말을 빌려서 말하면 '스스로를 존중[自敬]하는 것과 타인을 존중[他敬]하는 것'과 동일한 의미입니다.

공자는 "내가 하기 싫은 바를 남에게 베풀지 말라."라고 하셨습니다. 곧 자기의 처지를 존중하는 동시에 타인의 처지도 존중한다는 의미이기 때문에 자기와 타인과의 사이를 원만하게 교제할 수 있습니다.

지금 세상 사람은 왕왕 자기의 처지만 생각하고, 타인의 처지를 무시하기 때문에 종종 불편이 일어납니다. 금일 세상 가운데 유행하는 전구령 싸움은 이것으로 인하여 일어났습니다.

충서의 도만 실행이 되면 이 세상은 원만하게 생활할 수 있어서 제가(齊家)와 치국(治國)과 평천하(平天下)가 될 것입니다. 주자는 "나를 다하는 것을 일컬어 충이라 하고, 나를 미는 것을 일컬어 서."라고 하였습니다. 자기의 진심을 다해서 사람을 생각하는 일이 충서임을 말한 것입니다. 예수는 "너의 적을 사랑하라."라고 말하였습니다. 공자는 "직(直)으로 원망을 갚고, 덕으로 덕을 갚으라."라고 말씀하셨습니다. 적을 사랑한다는 것은 대단히 곤란한 일이라 보통의 사람으로는 불가능하나, 원망을 보복하는데 곧바로 하는 것은 위엄이 있는 모양만 보여주면 실행이 될 줄로 생각합니다. 어디까지든지 온건한 태도로 마음을 합치고 서로 협력해서 일하기를 존중하는 정신은 어쨌든지 심오한 감상입니다. 오늘날 공산당의 주의가 인류의 생활을 투쟁하는 것과 비교해보면 하늘과 땅이라는 엄청난 차이가 있습니다.

다음에 또 한 걸음 나아가 유교의 정치사상에 대하여 말씀드리겠습니다.

공자는 "정치란 바로잡음이다."라고 말씀하셨습니다. 말이 지극히 간단하나 의미는 매우 심장합니다. 그러므로 위정자는 품행이 정직한 인격자가 아니면 불가하다는 말입니다. 『논어』에 "자신을 바르게 하면 비록 명하지 않아도 행하며, 자신이 바르지 않으면 비록 명하더라도 행하지 않는다."라고 하였습니다. 실로 천고에 금언(金言)인데, 금일 정치가로 하여금 부끄러워 죽을 지경으로 할 만한 감개(感慨)가 있습니다. 만약 인격이 고상한 어진 자가 위정자의 위치에 있을 것 같으면 그 인덕(仁德)이 천하 국가에 이르러 은택이 일세에 널리 퍼져[光被] 만민이 다 그곳에 안도한다고 할 것입니다. 그런데 우리나라에서는 인을 해석하기를 사람을 기르고 백성을 편안하게 하는[長人安民] 덕이라고 합니다.[523] 실로 현

───

523) 오규 소라이의 설을 언급한 것으로 보인다.

명한 말입니다.

『논어』에 "왕 노릇 하는 자가 있으면 반드시 한 세대 후에는 인이 있을 것이다."[524]라고 하였습니다. 이 의미는 왕노릇 하는 자, 즉 덕이 있는 자가 군주의 자리에 서서 인정을 베풀면 30년으로 덕택(德澤)이 사해(四海)에 가득 차 만민이 제자리를 얻지 못하는 자가 없다는 말입니다. 천하 만민으로 하여금 제자리를 얻도록 한다는 것은 지난해 세계대전쟁 이후 미국의 윌슨이 제창한 이른바 인도주의(人道主義)입니다. 인도주의는 결코 새로운 물건이 아니며, 유교의 인정(仁政)과 동일하다고 생각합니다.

인이란 인도주의를 벗어나는 것이 아니라고 생각합니다. 금일의 사회정책이라든지, 사회사업이라는 것은 결국 공자의 이른바 인정이라고 생각합니다. 또한 이 인정의 의의는 우리 메이지 천황(明治天皇)의 5개조로 된 「어서문(御誓文)」 가운데 문관과 무관(官武) 모두와 서민에 이르기까지 각각 그 뜻을 수행하여 인심이 게으르지 않도록 함이 중요하다고 하신 성지(聖旨)와 그 취지가 같다는 점을 삼가 살펴보는데 진실로 몹시 감격스럽습니다. 이것을 요컨대 유학의 본령은 물질적 욕망의 꿈에서 깨어 자기 스스로 돌이켜 보는 수양으로 삼고, 항상 선천적 양심이 명하는 바를 좇아서 먼저 자기를 수양하고 다시 나아가 인애(仁愛)의 덕으로 사람을 사랑하며, 가정을 바르게 하고, 국가를 다스리며, 천하를 평정하는 것입니다. 이것은 실로 만세불후의 진리입니다. 특히 현대의 세상에 비추어 현대를 경계하기에 충분한 교훈이라고 감상이 들어서, 금일 만세의 사표인 공자 석전의 제의(祭儀)에 참석하여 유학의 본령에 기초해서 평소의 소회를 말씀드렸습니다. 오랫동안 경청해 주셔서 감사합니다.

[경학원잡지 제32호(1930.12.27.), 10~20쪽]

---

524) 『論語』, 「子路」, "如有王者 必世而後仁."

56 교화사업 간담(1930.12.27.)

교화사업 간담(懇談)

[조선사회사업협회, 조선교육회, 중앙교화단체연합회 주최
전선(全鮮)교화사업관계자간담회 석상에서]

김완진(金完鎭)

저는 현재 풍교덕화(風敎德化)를 보완함을 목적으로 하여 이것을 업으로 하는 곳에서 직책에 종사하고 있는 관계로, 오늘 이 모임을 주최하심에 대하여 비상한 열심과 희망으로 참석하여 어제부터 여러 대개(大方諸家)의 여러 가지 높은 논의와 탁견을 삼가 듣고 충심으로 기쁜 마음을 금치 못합니다. 그중에서 교화사업을 진흥할 방안으로 종교단체의 운동을 조장·발달하게 하자는 일이 가장 적절함을 깨달았습니다. 여기서 종교단체라 함은 각 종교단체를 총괄하여 말하는 것이고, 종교 가운데 어떤 일개 교파를 가리키는 것은 아닙니다만, 대저 어떠한 사업을 막론하고 그 시설 계획을 앞서 그 국가의 풍습과 물정을 짐작하여 정할 필요가 있습니다. 예컨대 서양에서는 서양의 의식을, 동양에서는 동양의 의식을, 또는 기독교국에서는 기독교의 습관을, 불교국에서는 불교의 습관을 다분히 채용할 필요가 있는 것처럼 동일한 사업을 시행할지라도 내지(內地)에서와 조선에서 그 판별하는 법이 크게 다릅니다.

우리 조선은 고려시대에는 불교가 유행하고, 최근에는 선박으로 전래해 온 각 교파가 번식되었으나, 그간 500~600년의 긴 기간 동안 전적으로 유교가 전통적으로, 보편적으로 세상을 차지하고 있었으므로 곧 조선은 유교국입니다. 제가 근무하는 곳은 경학원이고, 경학원의 전신은 성균관(成均館)이며, 성균관은 구시대의 학교였고, 또는 유교의 본당이었습니다. 이와 동체인 향교 330개소와 이것의 비용인 향교 재산을 관리하는 단체 120개가 모든 도와 모든 군에 보편적으로 분포해 있어서 옛날에는 여기에서 학교 교육과 사회교육을 병행하여 왔습니다. 학교 교육은 지금부터 심히 갖추어지지 않았다 할지라도, 대신 사회교육은 꽤나 보급되어서 우리 조선은 학교 교육보다도 사회교육의 효과로 자식은 효도하고 신하는 충성하여 능히 이륜(彝倫)과 도덕을 부지해 왔습니다. 이것이 쇠미해지면서부터 세상도 불량해졌습니다. 지금도 교화사업을 왕성하게 하려면 모름지기 본래 그 기관

이었던 향교를 중심으로 하고, 그 비용이었던 향교 재산을 유용함이 없도록 이것을 잘 이용하기를 바랍니다. 이것이 어느 정도 옛것을 펼쳐내어 부패한 냄새가 있을지 알 수 없지만, 잘 수선하여 이용한다면 안 될 일은 없습니다. 또 그 관계자 되는 향촌 유림은 완고하여 시대에 뒤떨어진 자가 많다고 할지라도 당 사업의 국면에서 전적으로 자금력과 노력을 투입하여 지도와 장려를 잘하여 개량하고 발달을 도모한다면 전혀 불가능은 아니라고 할 수 있습니다. 이것은 결코 아전인수(我田引水) 격으로 말한 것이 아니고, 다른 종교단체의 운동을 조장함과 동시에 이러한 유림단체도 특별히 지도하고 이용해 달라는 말입니다. 지금은 향교 제도가 사업은 학무국에서, 재산은 내무국에서, 사업 인원은 종교과(宗敎課)에서, 평의원은 사회과(社會課)에서 관장하고 관리한 것처럼 구구한 조직으로 이루어져 있습니다. 바라건대 사회교육과라 하던지, 혹은 교화사업과라고 하던지 하나의 큰 기관으로 정돈하여 애쓰고 독려해 주기 바랍니다.

[경학원잡지 제32호(1930.12.27.), 26~28쪽]

57 **동양에 사문이 있음(1934.10.25.)**

동양에 사문(斯文)이 있음
(본원 제51회 강연)

후쿠시 스에노스케(福士末之助)

제1. 민풍(民風)의 작흥(作興)은 주로 이를 유교의 진흥에 기대함
제2. 서양문화의 여폐(餘弊)를 교정함에도 역시 이를 유교의 힘에 의지함
제3. 최근(輓近) 구미에서 행하는 근로교육, 공민교육의 사상은 일찍이 동양에 존재함
제4. '내선융합(內鮮融合)'의 근본도 또한 유교의 진흥에 있음
제5. 각국 규운(奎運)의 추세는 다시 유교의 진흥을 필요로 하는 것이 있음

 지극히 성스러운 공자께서 가장 사랑하시던 안연(顔淵)이 공자의 성격을 평하기를 "우러러보면 더욱 높아지고, 그것을 뚫으면 더욱 견고해지며, 바라보면 앞에 있다가도 홀연히 뒤에 있다."라고 한 바와 같이 공자의 숭고하신 인격은 원숙함이 극에 달하여 식견도 깊고 원대하셨다. 우리처럼 덕과 학문이 얕은 자로서는 공자의 성훈(聖訓)에 대하여 감히 외람되게 사견을 넣을 수 없다고 생각한다. 그러나 공자가 일찍이 자로(子路), 증석(曾晳), 염유(冉有), 공서화(公西華) 등의 제자들을 부르셔서 각자가 뜻하는 바를 물으셨다. 그때 증석은 "늦은 봄에 봄옷이 만들어지면 갓을 쓴 자 대여섯 명, 동자 예닐곱 명과 기수에서 목욕을 하고, 기우제 터에서 바람을 쐰 다음 시를 읊조리며 돌아오겠습니다."[525]라고 답하였다. 공자께서는 한숨을 쉬시며 탄식하시되, "나는 증석[點][526]의 뜻을 허여한다."고 말씀하셨다.
 이러한 일에 의거하여 생각하더라도 공자의 인격은 공자가 말씀하신 인(仁)이라는 것과 같이 엄정한 가운데도 원만하고 탈속(脫俗)한 풍채와 품격을 가지셨을 뿐 아니라, 다수를 포용하는 관대함과 후박함, 온화하고 따뜻한 덕이 높으셔서 실로 큰 교육자의 거룩한 모습을 구비하셨다. 그러하니 참으로 공경하여 우러르고 사모하지 않을 수 없다. 나는 이로부터 「동양에 사문이 있음」이란 표제 아래에 참람되게도 약간 말하려는 것은 단지 이상에서

---

525) 『論語』, 「先進」, "暮春者 春服旣成 冠者五六人 童子六七人 浴乎沂 風乎舞雩 詠而歸"
526) 증석[점]: 曾晳은 曾參의 아버지로, 이름이 點이다.

말하였듯이 공자의 애애(藹藹)[527]하신 큰 덕을 취해서, 졸렬하지만 유교에 관한 나의 소신 일단을 피력하려 한다. 그럼으로써 반도에서 교화하는 실효(實效)를 거론하는데 밑천으로 삼고자 하는 변변치 못한 마음(微衷)에서 나왔음에 불과함에 양해하고 용서해 주시기를 바란다.

제1. 민풍(民風)의 작흥은 주로 이를 유교의 진흥에 기대함

『대학(大學)』에 "사람은 가까이하고 사랑하는 것에 치우치며, 천하게 여기고 미워하는 것에 치우친다. 두려워하고 존경하는 데 치우치며, 가엽게 여기고 불쌍히 여기는 데 치우친다. 오만하고 나태한 것에 치우치기 때문이다. 그래서 좋아하면서도 나쁜 점을 알고, 미워하면서도 아름다움을 아는 자는 천하에 드물다."라고 말하였다. 요즈음의 인심 추세는 어떻게 하더라도 『대학』에서 말하고 있는 것과 같은 폐단에 빠져서 사람들이 대다수는 그 욕망하는 바에 따라서만 움직이고, 바른 이치와 마음이 바르고 착함을 따르지 않는다. 결국 국가 사회의 평안을 문란하게 하며, 심한 경우에는 고금(古今)과 중외(中外)를 통틀어 틀리지 않은 인륜의 도마저 또한 점차 없어지고 쇠퇴하는 것 같은 지방이 있음을 알게 된다. 『서경(書經)』에서 "인심은 위태롭고 도심(道心)은 미미하니, 오직 정밀하게 살피고 오직 한결같이 지켜야 진실로 그 가운데 도를 지킬 수 있다."라고 말하였다. 금일의 세상은 참으로 이 위태로운 인심은 더욱 위태롭고, 미미한 도심은 점차 미미해져서 동양 교학의 도통(道統)이 장차 땅에 떨어지게 되는 것은 아닌지 우려하게 된다.

이러한 일을 상세히 논하면서 논리상으로 여기서 금일 시폐(時弊)의 진상을 진술하려 한다. 혹은 경박하고 위험 과격한 사상의 침윤(浸潤)이라든지, 혹은 남녀의 풍속과 기강이 문란하다든지, 혹은 음탕하고 난잡한 향락의 동경이라든지, 혹은 사도(師道)의 부진이라든지 무엇이든 여러분이 잘 헤아려 아시리라 생각하므로, 여기서 상세한 거론은 생략하고자 한다.

그리하여 금일 시폐의 유래에 대해서는 애초에 사람이 각자 보는 바가 다르다. 내 견해로 말해보자면 몇 해 전부터 지금까지 교화는 헛되이 지식과 기능의 양성에 치우쳐서 인격과 덕교(德敎)를 중시하는 유교를 가볍게 여기고, 일찍이 "배우기만 하고 생각하지 않으면 얻음이 없다. 생각하기만 하고 배우지 않으면 위태롭다."[528]라고 말했던 것처럼, 수학(修學) 상으로 공부를 하지 않도록 하였으므로, 가장 중요한 원인이라고 생각한다. 아시는 바와 같이 공자의 성훈(聖訓)은 인간의 가치를 덕에 있다고 가르치셨다. 『시경(詩經)』「면

---

527) 藹藹: 부드럽고 포근하여 평화로운 기운이 있는 모양을 말한다.
528) 『論語』, 「爲政」, "子曰 學而不思則罔 思而不學則殆."

만(綿蠻)」에서 "꾀꼴 대며 우는 꾀꼬리여, 언덕에 머무는구나."[529]라고 한 데 대하여 "머무는 데 있어서 새들도 머물 데를 아는데, 사람이 새만 못해서 되겠는가?"라고 말씀하셨다. 또 "지혜와 어짊, 용맹함 세 가지는 천하의 덕이 도달한 것"이란 말씀 등은 오늘날의 윤리학 또는 이학(理學)에서 해설하신 바로 도덕적 인격에 관한 의식작용에 대하여 생각하더라도, 교육상 가장 중요한 전인도야(全人陶冶)의 규범으로 할 바를 갈파하신 지극한 말씀이라고 생각한다. 극기복례(克己復禮)로 인(仁)을 삼는다고 말씀하셨고, "공손하되 예가 없으면 수고롭고, 신중하면서 예가 없으면 두렵고, 용맹하되 예가 없으면 난을 일으키고, 강직하면서 예가 없으면 각박해진다."라고 말씀하신 것은 이른바 욕망의 방종을 제어하여 중용(中庸)의 덕을 연마하도록 하는 바, 교육상의 수단과 그 목적에 대해서 진실로 간절하게 말씀하여 보여주셨다고 생각한다. 이와 같이 해서 공자는 인격상의 본질적·내부적인 이상으로 큰 사랑의 취지를 함유하고 있는 인으로 삼고, 그 발현적·외면적 이상을 예(禮)로 한 것은 자못 심원한 의의가 있는 도덕상의 개념을 천명하신 것으로서, 실로 우리 동양 교학의 근본이 되고 광명이 되었음은 여러분께서도 이미 알고 계신 바이다.

금일 서양에서도 교화상 가장 중요한 일로서 여러 학자가 논의하고 있다. 우리의 전 인격 도야에 관한 이상과 이를 실현함에 필요한 방법은 개인주의에 관계하지 않은 바에 한하여 공부자(孔夫子)의 성교(聖敎)에서 가장 좋게 다하고 있는 것이다. 따라서 만일 내지(內地)와 반도에 있는 근시(近時)의 교화가 일찍이 이 점에 주목하여 함부로 구미교육의 편중된 지혜의 폐단에 구애되지 않고, 능히 이러한 공자의 성교를 진작하여 지속하였다면 금일과 같은 인심이라든지, 사상의 시기적 고난을 초래하지 않았으리라고 생각한다. 따라서 이것을 바로잡아 고치는 방도에 있어서는 다시 말을 할 것까지도 없이 지성공부자(至聖孔夫子)를 지하에서 오늘날로 환기함으로써 향기로운 사문(斯文)을 진흥하는 일이 가장 적절하다고 확신한다.

제2. 서양문화의 여폐(餘弊)를 교정함에도 역시 이를 유교의 힘에 의지함

우리나라의 국체와 여기서 배태된 도덕은 가족주의에 존재한다는 것을 여러분께서도 알고 계신다. 또한 우리가 따르고 복종하는 유교도 철학상 세계관에서 음양(陰陽)과 강유(剛柔)의 이원상관설(二元相關說)을 분명히 하여 이로써 우리들의 실천과 몸소 행함에 있는 가족주의의 근본적 원리로 하고, 『논어』와 기타의 성전(聖典)에서 혹은 "효제(孝悌)라는 것은 인을 하는 근본인가?"라고 하던가, 혹은 "군자의 도는 부부로부터 단초를 만든다."

---

529) 『詩經』, 「綿蠻」, "綿蠻黃鳥 止于丘阿."

라고 말씀하신 것은 분명히 유교가 그 실천 도덕상의 출발점을 가족주의에 두었다고 생각한다. 그래서 이 가족주의에서 출발한 도덕은 공자가 나오신 때로부터 2천여 년 동안 우리 동양 민족의 풍속교화를 지배하였다. 특히 우리나라에서 이 주의가 우리의 국체 개념에 합류하여 국민도덕의 특질을 갖추게 된 일은 세계의 도덕사상사(道德思想史)에서 가장 현저하다고 생각한다.

그러나 19세기 중엽 이후로 갑자기 동서의 교통이 빈번해진 결과, 서양[泰西]의 개인주의, 이기주의가 또한 갑작스럽게 동쪽으로 점차 도래하였다. 특히 몇 년 전부터 지금까지에 이르러서는 이른바 물질문명의 유행하는 폐단도 팽배하여 그칠 곳을 알지 못한다. 다만 사상계의 분란을 불러왔을 뿐 아니라, 인륜을 중히 여기던 옛날부터 이어져 온 아름다운 풍속도 없어지거나 쇠퇴하려 하는 정세를 드러낸 것은 단지 금일의 세상 정황에서 우려가 될 뿐만 아니라 동양문화의 장래에 대해서도 자못 우려되지 않을까 생각한다.

원래 서양의 도덕 사상은 멀리 고대부터 여러 종류의 변천을 거쳐 금일에 이른 것으로, 영국과 독일, 프랑스와 미국 등의 각국에 각각 그 특색이 있어서 반드시 그 궤도를 하나로 하지 않는다는 점은 말할 것도 아니다. 대체로 국민 각자의 자유를 존중하고, 이러한 자유 관념이 각자의 일상생활에서 감각적 쾌락을 방종하도록 하려는 사상을 포괄하고 있다고 생각한다. 즉 저들 나라에서는 우리들의 인격 훈련에서 가장 위험하게 여기는 인심의 방종을 일차적으로 인정하였음에 대하여, 동양의 도덕은 "오직 정밀하게 살피고 오직 한결같이 지켜야 진실로 그 가운데 도를 지킬 수 있다."라고 말하여, 최초부터 이렇게 위험한 인심의 통제를 기대하는 동시에 도심(道心)의 발달을 장려하고 있어서 저들과 우리의 도덕 관념에 심한 차이가 있었다.

더욱이 이상에서 말했던 개인주의, 자유주의, 이기주의와 같은 것은 다른 것으로 이것을 통제하려는 도덕적 규범이 없다. 우리의 공동생존장의 안은 경쟁과 투쟁의 장으로 변하여 그 결과는 저들이 기대하는 자유도 향락도 도저히 이것을 얻지 못할지의 정서와 세태가 될 것이기 때문에, 서양의 식자(識者)는 깊이 이 점을 유의하여 정치상의 관계에 있어서는 '정치의 선과 악은 정치를 시행하는 사회를 구성하는 사람들의 성질 여하에 의존'함이라던가, 또는 '국가의 가치는 이것을 조직한 국민의 가치'라고 하는 등으로 말한다.

또는 도덕상 관계에 있어서는 기독교에서 유래한 인도주의에 기초한 의무의 관념과 상애(想愛), 봉사의 관념을 설파하여 개인주의, 자유주의, 이기주의로부터 발생하는 폐해의 방지에 노력하고 있다. 그렇기 때문에 서양사상의 동점(東漸), 또는 수입 당시 우리나라 사람들이 이러한 개인주의, 자유주의의 폐해를 견제하는 정치사상과 도덕 개념도 아울러서 이것을 수입하였을 터이다. 그러했다면 금일과 같이 인심의 통제를 잃지 않았을 뿐만 아니라, 가족주의로부터 발생하는 폐해도 시정하여 이른바 장점을 채택하고 단점을 보완하는 효용을 얻었을 터이다.

사실상 실제로 유감인 바는 국민의 인격 향상을 기대하는 정치사상과 도덕사상이 최근에 이르러 점점 세간의 주의를 야기하고 있다. 금일의 세상 물정은 도도하게 교화상의 기율을 문란하게 하며, 인민 풍속의 쇠퇴를 초래하고 있으니 실로 유감이라 생각한다. 그러나 이러한 서양사상의 남은 폐단을 바로잡을 방법 여하에 대해서는 아시는 바와 같이 황공하오나 「국민정신작흥(國民精神作興)의 조서(詔書)」를 반포하셨기 때문에 다시 우리들이 논의할 필요는 없다고 생각한다. 그러나 이러한 성지(聖旨)를 관철하려 하는 수단을 고찰하고 궁구하려면 필경 동양 교학의 정수가 되는 유교의 진작에 기대함이 가장 적절하고 또한 가장 유효하다고 확신한다.

지금 잠깐 그 정치론에 대해서 보건대 공자께서는 "백성을 법령으로 인도하고 형벌로 다스리면 백성들은 형벌을 면하려고만 하지 부끄러워하지 않는다. 백성을 덕으로 인도하고 예로 이끌면 백성들이 부끄러워함을 알고 자연스레 선에 이르게 된다."[530]라고 말씀하셨다. 분명히 정치의 요체를 도덕에서 빌리신 것이다. 특히 천자부터 서인에 이르기까지 모두 수신을 근본으로 삼는다고 말씀하신 것에 이르러서는 서양에서 이른바 "정치의 선악은 국가를 조성한 국민의 성질 여하에 따른다."라고 한 취지와 바로 부합한다. 이와 같기 때문에 서양의 사상은 동양의 전통적 민간풍속에 대해서는 가장 위험한 폐해를 동반하는 개인주의, 자유주의, 이기주의의 여폐(餘弊)를 방지하는 수단으로, 부차적으로 도덕적 인격주의를 주장하고 있음에 대하여 공자의 성언(聖言)은 그 정치론의 근본으로 최초부터 도덕을 지극히 중요한 것으로 삼아 인격 수양을 격려하셨음은 우리 동양인이 서양의 문화에 대하여 크게 뽐내고 자부하기에 충분하다고 확신한다.

그러나 동양의 가족주의에 배태된 사상도 과학의 발달에 의해 우리들의 경제생활이 해마다 복잡해져 가고 있으므로, 날로 새로워지는 시세에 순응하도록 세련(洗練)을 가하지 않으면 그 폐해도 또한 점점 심해질 것이다. 헛되이 정의(情誼)를 즐기며 서로 도와주는 관념이, 반대로 비굴한 의뢰심을 조성하게 되기 때문에 이것을 바로잡은 다음, 서양의 개인주의, 자유주의의 장점을 채택하여 독립 자영하는 정신을 떨쳐 일으켜 스스로 분발하여 흥업치산(興業治産)의 지조를 떨쳐 일으키는 일은 상당히 필요하다. 그리고 나서 이 점은 특히 조선인이 심히 경계한다고 생각한다.

다만 수년 전부터 지금까지의 세상에서 천리(天理)의 자연에 근본을 둔 가장 지극히 순

---

530) 『論語』, 「爲政」, "子曰 道之以政 齊之以刑 民免而無恥. 道之以德 齊之以禮 有恥且格."

한 정(情)에서 출발하는 가족주의에 기초한 인륜도 이것을 가볍게 하여 결국 동양에 있는 정치 도덕상의 기조를 교란하려 하는 서양 사상의 폐해에 대해서, 우리는 동양사상의 특색으로 자랑할 만한 덕치주의와 군자론의 고조(高調)에 의하여 크게 이것을 바로잡는 데 노력하지 않으면 안 된다고 확신한다.

제3. 최근[輓近] 구미에서 행하는 근로교육, 공민교육의 사상은 일찍이 동양에 존재함

고래 서양 각국은 경제생활을 풍요롭고 윤택하게 하려는 것을 기조로 삼는 인생관에 기초하여 산업에 대한 지조(志操)의 교양은 비상하게 발달되어 있다고 생각한다. 특히 세계 전쟁 이후에 있어서는 각국의 산업 정책상 경쟁이 더욱 심해짐에 따라 직업 교육상의 시설도 각국이 경쟁하여 이것이 크게 일어나 번성하도록 하려는 정세는 실로 두려워할 만한 실황을 드러내고 있어서, 오히려 그 근본의 요체가 무엇이든지 모두 근로 교육주의를 고조시키고 있다. 현재 독일과 같은 국가에서는 새 헌법의 제48조로 근로교육은 어떠한 학교에서라도 이것을 가르치지 않으면 안 된다고 규정하였던 것은 바로 이것이 각국의 교육 사조를 대표하고 있다고 생각한다.

그러나 구미교육의 근본주의가 되는 근로 교육주의, 직업 교육주의는 단순히 저들 사이에만 있고 동양의 사상에는 전혀 없는가 하면 결코 그렇지 않다. 오히려 이것은 동양 교학의 선조가 되는 공자의 인정론(仁政論)에 엄격하게 존재하여 밝게 빛나며 지금 아직 그 빛을 방출하고 있다. 『논어』에 "공자께서 위나라에 가실 때 염유(冉有)가 수레를 몰았다. 공자께서 말씀하시기를 '이 나라에는 백성이 많구나' 하셨다. 염유가 '백성이 많으면 무엇을 더해야 합니까?'라고 말했다. 공자께서 '백성을 풍족하게 해야 한다'고 하셨다. 염유가 '부유해진 후에는 무엇을 추가해야 합니까?' 하고 물었다. 공자께서 '그들을 가르쳐야 한다'라고 말씀하셨다"[531]라고 했다. 이처럼 산업과 교육을 합쳐서 생각하신 공자의 사상은 서양의 이른바 공리주의의 본래 취지보다도 우리들의 인생에서 실제 가치에 대하여 무엇이라 할 것 없이 윤택하고 풍부하다는 점에서 민중의 지도상 한층 적절하다고 느낀다.

근래 우리나라 사람 가운데는 산업정책과 교육정책과의 조화가 덴마크 등의 선각자에 의하여 처음으로 제창된 것처럼 유포하는 자도 없지 않다. 그러나 도모하지 않아도 같아서 이러한 최근 사조는 만세의 사표 공자께서 이미 교훈으로 하신 바가 있었다. 또 공자의 인정론을 조술(祖述)하신 맹자는 일면으로 당시 여러 왕의 공리주의, 이기주의를 매도하셔서 가렴주구(苛斂誅求)를 경계하시되, "만에서 천을 취하고, 천에서 백을 취하는 일이 많

---

531) 『論語』, 「子路」편에 나오는 내용이다.

지 않은 일은 아닙니다. 만약 의를 뒤로 하고 이익을 앞세운다면 빼앗지 않고는 만족하지 않을 것입니다. 왕께서는 인의를 말씀하셔야 할 따름입니다."532) 라고 이야기하셨습니다. 반면에 성황리에 부국(富國)의 술법을 이야기하시되, "5묘(五畝)의 집에서 뽕나무를 심으면 50세 된 자가 비단옷을 입을 수 있다. 닭과 돼지, 개와 큰 돼지를 기르면서 새끼를 칠 시기를 놓치지 않으면 70세 된 자가 고기를 먹을 수 있다. 100묘의 밭으로 경작할 시기를 놓치지 않는다면 여러 식구가 있는 집에서 굶는 자가 없으리라. 신중하게 학교 교육을 행하면서 효제(孝悌)의 의리로 가르친다면 머리가 희끗희끗한 노인이 도로에서 짐을 지지 않으리라. 70세 된 자가 비단옷을 입고 고기를 먹으며, 백성(黎民)이 굶주리지 않고 추위에 떨지 않으면서도 왕도정치를 하지 못하는 자는 아직 없었다."533)라고 말씀하셨다.

이 말은 수신제가치국평천하(修身齊家治國平天下)의 도에 대하여 서양의 사상가가 헛되이 학술적 기교를 사용하여 꼭 그러할 듯한 이론을 어렵게 말하고 있는 것보다도 어떻게 하더라도 간단하고 명료하고 또한 가장 실제 생활에 적절한 근로주의를 고조해서 실로 촌철살인(寸鐵殺人)하는 힘이 있다고 생각한다. 그래서 이러한 주의는 옛날부터 지금에 이르기까지 중국[支那]의 지리적 조건에서 유래했음을 말할 것까지도 없으나, 그 사상의 계통은 유교에서 덕치론의 시원적 경전이라 칭해 온 『서경(書經)』「요전(堯典)」에 배태하여 있음을 생각할 때, 동양의 근로주의는 그 유래한 바가 오히려 멀고, 또 자연에서 나왔다고 생각한다.

불행하게 중국의 국가 정황은 오랜 세월에 걸친 정치상의 폐해와 국민의 교육과 주의가 불충분했기 때문에 선현(先賢)과 앞선 철학자의 지극한 말도 시세와 함께 발달해 오지 않았다. 결국 금일과 같은 실정이 되어 실로 매우 유감이고, 그리고 중국의 정세에 대해서는 반도에서도 크게 거울에 비추어 보면서 경계하며, 또한 자성하지 않으면 안 된다고 생각한다.

또 수년 전부터 지금까지 서양 각국은 함께 생존해가는 사정의 진보와 함께 성대하게 공민교육을 장려하고 있으나, 또한 교육주의로 하더라도 공자의 사상을 이미 명확하게 이것에서 보여주고 있다. 앞에서 기술한 "법으로 인도하고 형벌로 가지런히 한다면 백성이 형벌은 면하나 부끄러움은 없을 것이다. 덕으로 인도하고, 예로 가지런히 한다면 부끄러워함이 있고, 또한 선에 이르게 된다."고 말씀하셨다. 혹은 "풍속을 옮기고 바꾸는 데는 음악

532) 『孟子』,「梁惠王‧上」, "萬取千焉 千取百焉 不爲不多矣 苟爲後義而先利 不奪 不饜 未有仁而遺其親者也 未有義而後其君者也 王亦曰仁義而已."
533) 『孟子』,「梁惠王‧上」, "五畝之宅 樹之以桑 五十者可以衣帛矣, 鷄豚狗之畜을 無失其時 七十者可以食肉矣, 黎民 不飢不寒 然而不王者未之有也."

보다 좋은 것이 없다. 위를 편안하게 하며 백성을 다스리는 데는 예보다 좋은 것이 없다." 라고 전한다. 또 혹은 "대저 백성이란 덕으로 가르치고, 예로 가지런히 하면 바른 마음을 갖게 된다. 정책으로 가르치고 형벌로 가지런히 한다면 백성은 피하려는 마음을 갖게 된다."라고 말하신 것은 저들 개인주의, 자유주의의 여폐를 교정하는데 가장 적절한 훈언(訓言)[534]이다.

뿐만 아니라 공민교육의 근본 취지로 삼더라도 거의 그 요체를 다하고 있다고 생각한다. 그래서 이러한 사상도 『서경』에 "오직 백성은 순일한 덕을 따른다."고 운운한 것에서 유래하여 있는 것으로 생각할 때 그 근원이 심히 높고도 먼 것이 있음을 느끼지 않을 수 없다. 또한 공민 교육에서 공정한 관념을 교양하고, 또 이것은 훈련을 필요로 한다. 여기에 나아가서도 공자는 덕치론에서 "정치란 바로잡는 것이다. 바르게 이끈다면 누가 감히 바르지 않게 되겠는가?"라던가, "진정으로 자신을 바르게 한다면 정치를 하는데 무슨 어려움이 있겠으며, 자신을 바르게 하지 못한다면 어찌 남을 바르게 할 수 있겠는가?"라던가, "군자는 의리에 밝고, 소인은 이익에 밝다."라던가, "군자는 두루 사귀고 편파적으로 당을 만들지 않으며, 소인은 편파적으로 당을 만드나 두루 사귀지 않는다"라고 서술하시어 거의 지극하게 다 하신 감이 있다. 반도의 민간 풍속은 이러한 점에서 과연 어떠한가? 여러분이 연구해 보시기를 바란다.

또 공민의 자질과 풍채에 대해서도 "군자는 의로 바탕을 삼고, 예로 행하며, 겸손으로 나타내고, 믿음으로 완성한다."던가, "군자는 경쟁이 없으나, 활쏘기에서는 반드시 다툰다. 활쏘기를 할 때 상대에게 읍(揖)하고 사양하면서 당에 올라가며, 내려와서는 술을 마시니 그러한 경쟁이 군자이다." 등을 말씀하셨다. 이러한 것도 국민의 위의(威儀)라든가, 품격이라든가, 작법(作法)이라든가 본래 취지에서 몹시 적절한 훈언(訓言)이라고 생각한다. 만일 이것을 『예기』에서 서술하고 있는 바를 참고해서 공자의 이른바 '군자'의 의의를 정밀하게 연구해 본다면, 금일의 이른바 공민으로서의 이상적 인물의 풍격은 거의 공자의 훈언을 다하고 있다고 말해도 과언은 아니다.

아직 우리나라에서 유교의 기숙(耆宿)[535]이 되는 야마가 소코(山鹿素行)[536] 선생이 공자께서 말씀하신 경(敬)과 예(禮)를 근본으로, 또 여기에 독창적 식견을 추가하여 서술하신 『사도(士道)』와 같은 것은 금일의 이른바 공민적 인격 이상에 대하여 거의 한마디도 추가할 사항이 없다고 말하더라도 맞다고 생각한다.

---

534) 訓言: 타일러서 잘못이 없도록 경계하는 말을 뜻한다.

535) 耆宿: 늙어서 덕망과 경험이 많은 사람을 말한다.

536) 山鹿素行: 야마가 소코(1622~1685). 에도시대의 유학자이자 병학가로, 하야시 라잔(林羅山)의 문하였다.

　요컨대 수년 전부터 근래까지 서양 각 국에서 고조하고 있는 실업교육주의, 공민교육주의는 일찍이 우리 동양의 교학에 엄격하게 존재하였으므로, 반드시 구미가 세운 바에 현혹될 필요도 없고, 동양 본래의 문화 근본을 진작한다면 스스로 민생 향상의 결과를 거두게 될 것이다. 구미 문화에서 기대하는 바에도 합치한다고 확신한다. 그리고 이와 같은 것은 유교의 활용에 따를 것으로, 헛되이 결정적인 독서인이 능히 할 바가 아님에는 깊이 유의해야 한다고 생각한다. 아직 인도에서 아시아 여러 나라의 전(全) 아시아 교육회의가 개최될 때 유교의 도덕을 포옹하고 있는 우리의 「교육에 관한 칙어(勅語)」에서 게재한 덕목의 커다란 부분으로 도덕교육의 신조로 하기를 결의하였다. 실로 현저한 일이기 때문에 여기에 특별히 추가하여 참고하도록 제공한다. (미완)

[경학원잡지 제37호(1934.10.25.), 6~15쪽]

58 유교의 사명에 매진하기를 바람(1935.10.07.)

유교의 사명에 매진[邁往]하기를 바람

(1935년 3월 12일 경학원 강사 초대회 석상)

조선총독
우가키(宇圓)[537]

동양도덕의 조종이 되는 성묘(聖廟) 석전(釋奠)의 의식이 12일 아침, 장엄하고 엄숙한 가운데 거행되어 무사히 지체되는 일 없이 종료된 일은 진심으로 축하한다.

이 기회에 본 석전에 참석한 경학원 각위(各位)가 자리에 임하도록 하는 번거로움이 있는 가운데 식견 높은 이야기를 청취하고, 아울러 변변치 못한 차[粗茶]라도 드리고자 초청하였다. 바쁘신 와중에도 불구하고 이처럼 많이 자리에 참석해 주셔서 진심으로 기쁘게 생각한다.

돌아보건대 공맹(孔孟)의 가르침이 퍼진지 2,500여 년, 동양문명은 여기에 의하여 시작되어 인의충효(仁義忠孝)를 실천하고 몸소 행하는 도가 영겁으로 세상인심을 계도하고 지배해 온 것은 누차 말할 필요가 없는 바이거니와, 유교가 이처럼 인심을 지배하여 동양문명을 건설함에 이른 까닭은 인정에 입각했기 때문이라고 생각한다. 내 고향의 선배로 미시마 다케시(三島毅) 선생, 호(號)를 쥬슈(中洲)라 하는 대유(大儒)가 있었다. 이 선생의 시에 "불교는 인과(因果)를 논하고 노자는 청허(淸虛)라 하였는데, 무릇 큰 바다에서 막막하게 보였노라. 근래 내가 공자 문하의 가르침을 가까이 했는데, 오직 인도(人道)는 인정(人情)에서 나온다."라고 말했을 뿐이라고 하였다. 불교는 인과를 말하고, 노자(老敎)는 청허를 말해서 심히 어려웠으나, 유교는 다만 인도(人道)는 인정에서 나온다고 하였다. 즉, 동양도덕인 인의충효도 별도의 이론도, 어떠한 것도 없으며, 다만 인정에서 나온다고 말하였다.

조선의 대유인 조선의 이퇴계(李退溪), 이율곡(李栗谷) 두 선생이 향약을 각지에 보급하여 그 효과를 거두었으니, 그 정신은 다시 고칠 것 없이 금일 이른바 사회교화, 인보상조(隣保相助)이어서 또한 그 단서를 인정에서 출발했다고 생각한다. 그 결과로 이 향약은 오

---

537) 宇圓: 우가키 가즈시게(宇垣一成, 1868~1956). 일본 육군대장 출신으로 일본 내각에서 육군대신을 지냈다. 1931년부터 1936년까지 조선 총독을 역임하였다.

늘날에도 오히려 각도에서 실천하고 있다. 각위가 아는 바와 같이 내가 취임한 이래로 농촌과 산촌, 어촌의 진흥, 자력갱생, 정신작흥(精神作興)의 운동을 계속하여 관민이 일치하여 협심하고 진력하는 가운데 본 사업이 철저하게 이루어지기를 기대하고 있는 중이다.

본 사업이 목적하는 바는 물(物)과 심(心), 양쪽 방면에서 조선의 갱생을 도모하는 데 있어서, 근래 사업의 진전에 수반하여 민중의 심지개발(心地開發)에 각별한(格段) 노력을 하고 있다. 이 방면에서 각별한 입장이 있는 각위로서는 사회의 현재 상황을 통찰하고, 그 가운데 민심의 동향을 살펴보고 유교가 과거에 민중에 대하여 절대적으로 지도·지배했던 힘을 떠올려, 오래된 습관을 타파하며 전통을 탈피하여 분연히 일어나 덕화와 풍속 교정의 대사명(大使命)에 매진하여 강토 내 민중의 건강과 행복을 증진하는데 기여하기 바란다.

이 기회에 한 마디를 진술하여 두고자 하는 것은, 「의례준칙(儀禮準則)」의 일이다. 여기에 대해서는 각위가 알고 있듯이 작년 11월 10일 국민정신작흥에 관한 조서환발(詔書渙發)의 기념일에 이것을 발포해서 보급하고 철저히 하기를 기도하여 지금은 실행하는 시기에 들어가 있다. 위의 준칙은 의례 가운데 혼인과 장례, 제사가 쓸데없이 형식의 지엽적인 부분에 구속되어 긴요한 정신을 몰각함과 같은 것, 혹은 상응하지 않는 비용과 쓸모없이 시간을 헛되이 소비하는 것이 있어서, 사회의 위아래로 그 부담과 번잡함으로 고통 받는 상태에 비추어 농촌과 산촌, 어촌 진흥운동에 수반하여 이 준칙을 발포하기에 이르렀다. 이 준칙은 공자, 맹자, 주자의 가르침에서 나왔다. 하나로는 시세의 진운(進運)에 비추고, 다른 하나로는 유교정신이 앞서 진술한 바와 같이 인정에서 나왔다 하는 해석에서부터 민중의 곤란한 지경을 구제하는 것이 유교의 참 정신에 합치되는 것이라고 생각하여 제정된 것이다. 각위도 이 정신을 잘 헤아려 이것을 철저하게 하는데 솔선하여 충분히 원조하기를 바란다.

[경학원잡지 제39호(1935.10.07.), 1~2쪽]

59 총독의 인사말(1936.08.25.)

<h1 style="text-align:center">총독의 인사말</h1>

[1935년 8월 29일 경학원 강사 초대회 석상]

　경학원 석전(釋奠)의 의식은 '총독정치' 개시 이래로 해마다 융성하게 거행해 온바, 참배자도 사회 각층을 망라하여 근래에 특히 그 수가 증가하여 감을 보게 되는 것은 사회교화상으로 실로 경하할 바입니다. 이러한 한 가지 일만 보더라도 최근 민심의 향배를 잘 엿볼 수 있는 것입니다. 이는 필경 본부(本府)에서 일으킨 정신작흥운동(精神作興運動)이 초래한 결과이며, 또한 여러분의 진력으로 기인한 것이라고 믿는 동시에, 또한 일면으로는 민중이 각자 자각하여 가는 증거라고도 볼 수 있습니다. 이 상태로 나아간다면 내가 항상 생각하고 바라는 바의 심전개발(心田開發)도 오래지 않아 소기의 효과를 나타내리라고 은근히 기대하고 있습니다. 다음으로 여러분에게 바라는 점은 공자께서 말씀하신, "옛것을 익히고 새로운 것을 알면 스승으로 삼을 만하다."라고 하신 것에 대한 말씀입니다. 즉 모든 사물에는 발달이 있고, 또 변천이 있습니다. 따라서 역사도 있기 때문에 사람은 다만 현재의 새 사물만 알기만 해서는 도저히 남의 사표(師表)가 될 수 없고, 또한 그 반대에 고사(故事)만 안다고 하더라도 세상인심을 인도할 자격이 있다고 할 수 없습니다. 여러분은 넓고 큰 곳에서 사회를 전망하여 현재의 사정을 잘 알아야 합니다. 고금의 사물을 다 잘 안 연후에 비로소 남의 사표가 될 자격을 구비하게 된다는 점을 항상 염두에 두시기 바랍니다.

　조선의 토지에 대해서도 과거의 관찰로 그 진가를 알 수 있다고 생각함과 같은 것은 커다란 오해입니다. 오늘날 조사한 결과로 본다면 조선은 물질적으로도 비상히 천연의 혜택이 풍부한 토지입니다. 산천으로 수륙으로 각종 자원을 탐사하면 탐사할수록 무한하게 저장되어 있음이 명백하므로, 현재 이것을 개척하여 착착 그 이익을 보고 있는 것도 적지 않습니다. 자세한 내용은 생략하겠습니다만, 조선은 물질적, 경제적으로도 완전히 옛날의 관찰하였던 것을 고쳐야만 하는 상태가 되었습니다. 여러분은 이 점에도 많이 유의해서 향당 민중을 지도하고 교화할 때 이 사실을 항상 염두에 두시기 바랍니다.

[경학원잡지 제40호(1936.08.25.), (1~2쪽)]

60 시국의 인식과 유림의 각성(1939.10.07.)

시국(時局)의 인식과 유림의 각성
(1938년 10월 15일 추계석전 후 경학원 명륜당 강연)

대제학, 자작(子爵)
윤덕영(尹德榮)

오늘 공자 탄강(誕降) 2,489년 추계 석전을 거행하면서 많은 선비께서 참석하신 가운데 정숙하고 장엄한 의식을 지체 없이 마치게 되어 우선 매우 축하합니다. 그리고 이 신성한 명륜당 내에서 한없이 많이 존재하는 성의(誠意)가 아직 풀리지 않은 이때에 사림(士林) 각위(各位)와 한자리에 회동하여 공자의 성덕(聖德)에 대하여 일상에서 존중하고 숭모하던 신념을 한층 더 견고하게 합니다. 또 한편으로는 우리 사림이 장래에 취할 태도를 서로 강구하는 일에 깊은 의의가 있다고 생각합니다. 이에 얕은 식견의 일단을 진술하여 각위의 참고에 제공하고자 합니다.

대저 우리 유도(儒道)는 수천 년 이래 동양도덕의 근원이고, 인류로서 잠시라도 떠날 수 없는 큰 도입니다. 일용 사물을 마땅히 행할 바른 길이며, 결코 높고 멀어서 행하기 어려운 별건의 사물은 아닙니다. 자식이 되어 마땅히 효도하고, 신하가 되어 마땅히 충성하며, 부부가 되어 마땅히 구별이 있으며, 어른과 아이가 되어 마땅히 순서가 있으며, 친구가 되어 마땅히 믿는 이 도리는 태사공(太史公)의 이른바 '비록 백가(百家)라고 하더라도 바꿀 수 없다'란 말과 같이 지금도 어떠한 다른 신교가(信敎家)일지라도 이 원리에서는 벗어날 수 없습니다. 또 『대학(大學)』에 명시한 바와 같이 '덕을 밝히고 백성을 새롭게 하는 강령'과 '수신제가치국평천하'의 조목을 찬연하게 갖추어 몸이 있으면 몸을 수양하고, 집이 있으면 집을 다스리며, 미루어 치국평천하에 이르기까지 안으로는 자기 수양을 근본으로 하고, 밖으로는 사람을 평안하게 할 것을 목표로 한 이 조리와 법칙은 또한 고금을 통해서 바꾸지 못할 금과옥조(金科玉條)라고 아니할 수 없다고 합니다.

공자의 성덕에 이르러서는 어찌 밝게 빛남을 어찌 언어로 형용할 수 있겠습니까? 다만 자사(子思子)가 칭하여 서술한 한마디로 충분히 표명할 수 있다고 합니다. "비유컨대 마치 천지가 받쳐주고 실어주지 않는 것이 없고, 덮어주고 가려주지 않음이 없는 것과 같다.

비유컨대 마치 사시(四時)가 번갈아가며 운행함과 같고, 해와 달이 교대로 밝게 비추는 것과 같다.”[538]라고 하였듯이 하늘과 땅, 해와 달로부터 광대하고 광명한 것이 같다고 합니다. 그러면 『시경[詩]』에서 이른바 “백성이 떳떳한 본성을 가져, 이 아름다운 덕을 좋아한다.”[539]라는 말처럼 떳떳한 본성과 아름다운 덕은 사람마다 양심에 고유한 바이므로, 인류로서 그 누가 숭배하고 존경하지 않을 자가 있겠습니까? 그 역시 자사의 이른바 “배와 수레가 닿는 곳과 사람의 힘이 통하는 곳, 하늘이 덮어주는 곳과 땅이 실어주는 곳, 해와 달이 비추는 곳과 서리와 이슬이 떨어지는 곳에 무릇 혈기가 있는 자가 어버이를 존경하지 않음이 없다.”라고 하셨듯이 진실로 혈기와 성질이 있는 인류로서는 누구든지 존경하고 친하게 지내지 않을 수 없습니다.

이러므로 2,500년을 통틀어 위로는 제왕으로부터 아래는 서민에 이르기까지 조두(組豆)[540]와 향기[馨香]로 거룩하게 떠받드는 일이 끊이지 않았고, 상서(庠序)와 학교의 교양이 또한 사도(斯道)에 중요성을 두게 되어 참으로 백대(百代)의 소왕(素王)[541]이시고 만세(萬世)의 스승(夫子)이 되신 이유가 여기에 전적으로 있다고 합니다.

그러나 세상의 운수 변천이 무상함에 따라 사도의 성쇠, 치욕과 융성이 있음은 또한 이수(理數)의 자연스러운 바입니다. 지금 유럽의 물질문명이 극도로 발달함에 따라 그 압력은 동양 전체에 파급되어, 한편으로는 인류의 행복에 기여한 것이 또한 적지 않다고 할 수 있습니다. 여기에 현혹되고 이것에 편중되어 동양 고유의 도덕정신을 점차 망각하게 된 일이 또한 현저한 폐해라 할 수 있습니다. 인의(仁義)로 우활(迂闊)[542]하다고 하며, 도덕이 진부하다고 하여 결과적으로는 물질 만능주의와 개인 이기주의가 날로 팽배하고 날로 험악해집니다. 공자의 도덕과는 도저히 얼음과 숯이 서로 용납할 수 없는 사회 투쟁주의와 적화(赤化) 공산주의까지 발생하여 전 인류로 하여금 불안과 번민 속에 빠지도록 함이 현재 세계를 통해서 피부로 느껴지는 절박한 재앙과 화라고 아니할 수 없습니다. 더욱 동종동문(同種同文)이고, 형제로 서로 보지 않을 수 없는 저들 이웃 나라 중국은 공자의 탄강지이고 유교도덕의 본원지임에도 불구하고, 이른바 민국(民國) 이래로 윤강(倫綱)이 절멸했으며 예의를 파괴하여 부패와 문란이 극에 달했음은 논할 것이 없습니다.

---

538) 『中庸』, “辟如天地之無不持載하며 無不覆幬하며 辟如四時之錯行하며 如日月之代明.”
539) 『詩經』, 「蒸民」, “民之秉彝 好是懿德.”
540) 組豆: 제사 때 신 앞에 놓는 나무로 만든 그릇이다.
541) 素王: 왕의 덕을 갖춘 사람을 말한다.
542) 迂闊: 물정에 어두움을 뜻한다.

더욱 용납하고 허용할 수 없는 일은 성묘(聖廟)의 사전(祀典)[543]을 철폐하였고, 또한 더욱 심하게는 곡부(曲阜)의 성묘에 병화(兵火)의 침범까지 있어서, 성(聖)과 도(道)를 모욕하고 위배하여 기강이 없음이 극에 달하였다는 점입니다. 왕년에는 급하게 부처 다리라도 안는 일이기는 하나, 이른바 장개석(蔣介石)의 신생활운동이 예의와 염치를 부활한다고 하며 공자 존경을 회복한다는 표어까지 들어 거의 화를 참회하고 개선함이 있을까 하였으나, 이 또한 일시적 기만 수단에 불과하였습니다. 작금에 이르러서는 노골적으로 소련 적화의 책원지(策源地)가 될 수도 있는 것이 현재 상황입니다. 어찌 세도(世道)를 위해서 한심하지 않다고 하겠습니까?

현재 중일전쟁[支那事變]에 관하여 시국의 중대한 것은 국민으로서 다 각오하는 바이지만, 우리 유교자로서는 더욱 특별한 각오가 있어야 한다고 생각합니다. 우리는 이 사변이 참으로 동양을 개조하여 영구평화를 확립하는 동시에 공자께서 평일의 이상으로 삼으시던 대동태평(大同太平)의 세계가 실현될 시기에 도달하리라고 합니다. 대저 하늘의 뜻은 무심하지 않아서 사문(斯文)을 끝내 잃도록 할 리가 없고, 또 동양으로 하여금 영원히 서양인의 동양을 만들고 말 리가 없다고 합니다. 그러므로 거의 물이 잦아들고 불타서 다 재가 되는 동아 일각에 '일본 제국'이 높이 솟아 있으며, 이 '제국'이 있으므로 황천(皇天)이 중대한 사명을 부여하게 된 것이 곧 금일에 중대한 시국을 조성한 원인이라 합니다.

'제국'은 위로는 세계에 견줄 바 없는 존엄한 국체를 받들고, 아래로는 충효와 도의가 결정(結晶)된 국민성이 단합하여, 안으로는 동양정신과 도덕의 진수를 채취하고, 밖으로는 서양 물질문명의 장점을 흡수하여 높이 동양 종주국 지위에 있게 된 동시에, 이 존엄한 국체와 특수한 국민성이 참으로 사도를 담당할 만한 실질을 구비하였다고 합니다. 메이지 유신 이래로 동양평화(東洋平和)를 국책(國策)으로 하고, '동양인의 동양'이란 이상을 목표로 하여 여기에 명확하게 표현된 것이 '일본정신'입니다. 이 정신은 확고하게 서서 움직이지 않는 것입니다. 따라서 이 정신을 관철하는데 있어서는 만일 여기에 장애가 되는 것이 있다고 한다면 어떠한 희생을 하더라도 돌아보지 않고, 단연코 이것을 배제해 온 것이 과거 실적입니다. 청일, 러일 두 차례의 큰 전쟁도 여기서 출발하였고, 청도(靑島) 전투도 이것이며, 지난번 만주사변과 국제연맹 탈퇴도 이것이며, 중일전쟁도 모두 이 정신의 발로가 아닌 것이 없습니다.

이후에도 다수의 희생과 허다한 고생을 무릅쓰고 인고하고 단련하며, 장기로 오랫동안 버티면서라도 최대 노력을 최후까지 할 수밖에 없는 것은 이 위대한 정신을 완전히 관철

---

543) 祀典: 제사를 지내는 예전을 말한다.

하고자 하는 것에서 벗어나지 않습니다. 이 정신이 완전하게 관철하게 될 때는 곧 공자의 대동태평(大同泰平)의 이상이 실현되는 시기이며, 성전(聖戰)의 결과로 동양문화 부활의 시기가 도래할 것입니다. 미나미(南)[544] 총독 각하의 말씀과 같이 이번 중일전쟁은 동양문화의 부활전(復活戰)이라 함이 저간의 참된 소식을 한마디로 다 말했다고 합니다.

그러면 금일을 일상으로 하여 안으로는 국민정신의 통일을 더욱더 견고하게 하고, 밖으로는 장차 일·만·지(日滿支) 친선의 근본방책으로 정신적 연결을 도모해야 합니다. 좀 더 상세하게 말하자면, 안으로는 국민 전체가 충효와 도의를 존중하여 가정에서는 효제(孝悌)를 실행하고, 국가에 대해서는 충의를 다하고, 사회에서는 평화인이 되어 몽테스키외[孟德斯鳩]의 이른바 "법률에 살고 법률에 죽는다."란 말과 같이 우리 국민은 "도의(道義)에 살고, 도의에 죽는다."라는 견고하고 확실한 신념을 함양해야 합니다. 밖으로 만주와 중국 여러 민족에 대해서는 이해(利害)의 감정을 벗어버리고, 민족과 국경의 관념을 초월하여 도덕과 인의로 하나의 거푸집에 녹여서 형제가 서로 보며, 피아를 서로 잊어서 평화의 낙토(樂土)와 행복의 천국을 실지로 동아 천지에 새로 건설해야만 합니다.

이 준비책으로는 혹은 정치적, 경제적, 기타 여러 가지 방법으로 하나가 아니겠습니다만, 더욱 문화운동이 필요하고, 문화운동 가운데서도 동양인에게 공통되는 신앙심과 서양 물질 중독의 해독제가 될 만한 점으로 보아서 우리는 유교의 정신문화, 즉 공자의 대도(大道)가 아니고서는 다른 좋은 방책이 없다고 단언하기에 주저하지 않습니다.

그러면 우리 유교와 시국 장래에 대하여 이와 같은 관계가 있다고 하는데, 우리 유교자로서는 특별한 각오가 있어야 합니다. 아무리 신성한 도리와 절호의 시기라 할지라도, 이것을 운용하며 이것을 실행하는 데 적당한 인물이 없어서는 안 됩니다. 우리는 각기 과거를 회고하고, 미래를 상상할 때 이것을 담당할만한 자신감이 있는지 없는지, 또는 자기의 식견에 명확한 판단이 있고, 평소의 축적한 바가 실지로 적용할만한가 아닌가, 혹은 기왕의 폐습으로는 개혁할 점이 무엇이며, 금일에 마땅히 행해야 할 조건은 어떠한 것인지 이것을 하나하나 검토하여 일일이 연구해서 각각 응분의 의무를 힘써 실행해야만 합니다. 그러므로 금일 우리가 반드시 주의할 바와 개혁할 바 여러 조항을 열거해서 우리가 취해야 할 태도를 명시하고자 합니다.

    1. 시국에 대하여 정확한 판단을 가질 것

---

544) 미나미 지로: 南次郎(1874~1955). 오이타현(大分縣) 출신의 군인. 일본육군사관학교장, 조선군 사령관, 육군 대신 등을 역임했다. 우가키 가즈시게의 후임으로 1936년부터 1942년까지 7대 조선총독을 지냈다. 창씨개명, 조선어 사용 금지 등의 민족 말살 정책을 추진했다. 태평양전쟁이 끝난 후 전범으로 체포되어 종신형을 선고받고 복역하다가, 건강악화로 석방된 후 사망하였다.

2. 황도정신(皇道情神)을 선양(宣揚)함에 노력할 것

3. 은둔 염세주의를 배척하고 지성(至誠) 노력주의를 힘써 행할 것

4. 계급주의의 누습(陋習)을 타파하고 천하 보기를 일가(一家)와 같이 하는 인도(仁道)의 본령을 발휘할 것

5. 공리공담(空理空談)의 적폐를 혁신하고 실천윤리의 시범을 솔선해서 몸소 행할 것

6. 형식으로 굳고 지체된 완고한 습속을 제거하고 시의에 맞는 도의 진리를 응용할 것

이상 여섯 조항은 조목별로 열거한 데 불과한 바, 위의 두 항목은 시국 인식에 관한 건이고, 아래 네 조항은 과거 폐습 가운데 현저한 것을 지적하였습니다. 위의 두 항목은 우리가 유교의 진흥을 말하려면 우선 세계의 대세를 달관하고, 동아(東亞)의 형편을 정확하게 바라보아 색안경의 환상과 현혹 또는 애매하고 불명확한 태도를 근본적으로 고쳐야 할 것을 말한 것입니다. 아래 네 조항은 말속(末俗)의 폐습이 고황(膏肓)[545]에 깊이 들어가 은둔하고 퇴영(退嬰)한 사상이 공자의 지극한 정성으로 하는 노력주의를 위반하였습니다. 계급당쟁(階級黨爭) 등 악습은 인도의 본령과 배치하며, 공리공담이 실천윤리의 본질이 아니고, 형식이 굳고 지체하는 일은 시의에 맞는 진리를 물리쳐 버렸습니다. 우리는 이 폐습에 대하여 혁신을 단행하고 전철을 다시 밟지 않을 철저한 각오를 다져야 합니다.

이상을 총괄하여 말씀하면 유교의 진리는 완전무결한 대도(大道)입니다. 또 금일은 유교부흥의 절호한 시기이므로 이때를 맞이하여 유림의 태도로는 시국에 대한 인식을 철저히 하며, 과거의 폐습을 개신(改新)하고, 유교의 참된 정신을 천명하기로 각자의 지극한 정성으로 노력할 필요를 말씀드린 것입니다.

끝으로 한마디 인사말씀을 드릴 것은, 본인은 지난번에 생각지 못하게 경학원 대제학에 임명되었고, 세월은 유수와 같아서 벌써 5개년을 경과하였습니다. 이래로 점차 침침한 고충은 많고 적음을 생각한 바가 없지 않습니다. 아직 실행상으로는 아무 착수한 것도 없이 차츰차츰 세월이 흘러 지금에 이른 것은 시소(尸素)[546]의 책임을 면하기 어렵습니다. 이러한 가운데 만일 이처럼 지체하고 지나가 버린다면 1년, 2년이라도 쉽게 헛되이 보내버리게 될 감이 없지 않습니다. 그러므로 장래를 예상함에 내심으로 깊이 부끄러움과 불안함을 느낍니다. 하지만 총독부(總督府) 당국에서 사도 진흥에 관하여 깊이 준비한 바가 있고, 더욱 총독 각하의 성심과 성의에는 분발해야 함을 느끼고 스스로 힘쓰지 않을 수 없습니다. 또는 장래 세상과 도를 우려하시는 천하의 어진 사람과 군자가 같은 목소리로 분기할

---

545) 膏肓: 병이 그 속에 생기면 낫기 어렵다는 부분이다. 膏는 가슴 밑의 적은 비계, 肓은 가슴 위의 얇은 膜으로, 심장과 횡경막의 사이이다.

546) 尸素: 尸位素餐. 재덕이나 공덕도 없이 높은 자리에 앉아 녹만 받아먹는다는 뜻이다.

것을 신뢰하고, 미력을 다하여 용감히 돌진할 결심입니다. 각위께서는 사도를 위해서 몸과 마음을 다하시고, 특별한 성원을 아까지 마시기를 바라며 이만 강연을 마칩니다.

[경학원잡지 제44호(1939.10.07.), 16~21쪽]

61 동아의 건설과 유도의 정신(1940.12.25.)

동아(東亞)의 건설과 유도(儒道)의 정신

(충청남도유도연합회 결성식)

안인식(安寅植)

오늘 귀 도(道)의 유도연합회(儒道聯合會) 결성식을 성대하게 종료하였고, 모임 날 행사의 1항으로 강연을 개시하였던 바, 시국이 시국인지라 금일은 온갖 문제를 시국과 분리해서 논의해야 할 시기는 아니다. 유림 여러분의 회합이 있어서 귀 모임의 취지로부터 보아 문제는 표기한 것처럼 「동아의 건설과 유도의 정신」이라고 하는 제목 아래에 소회의 일단을 진술하고자 한다. 말할 순서로 우선 동아의 건설을 말하고, 다음으로 유도의 정신을 논하려 한다.

1. 동아의 신질서 건설

동아의 신질서 건설을 말하기 전에 우선 동아의 과거 현상을 말하지 않을 수 없다. 따라서 세계의 대세로부터 간단하게 논해보려 한다. 세계 6대주 가운데 최근 200년간은 구주인(歐洲人)의 침략시대였다. 구주인의 과학, 지식과 기계, 문명의 발달에 따라 각종 음험한 수단과 교묘한 방법으로 전 세계 침략을 감행하였다. 뿐만 아니라 저들의 우월감을 항상 게양하는 데는 "전 세계 3분의 2는 열등민족이 점유한 곳으로, 천연의 부원(富源)은 사장되었고, 이것을 개발 이용하지 않는 자가 있다. 우리들 우등 민족이 이러한 열등 민족을 압제하여 복속시키고, 천지의 이익을 공개하고 두루 향유하는 것은 당연한 의무"라고 말하여 심한 경우 "세계는 우등 민족의 세습재산으로, 우등한 자가 열등한 자를 배척하고 축출하며, 이익을 탈취하는 일은 인류가 금수를 구축하는 것과 동일하다."라고 폭언을 하는 자마저 있었다. 이리하여 저들 백색인이 유색인종을 박해하는 것은 마치 양떼의 풀을 씹어 먹고 인류의 소와 양을 마음대로 죽이는 것과 동일시해 왔다. 실제 사실을 증명하여 말하자면 저들은 유럽을 근거지로 삼고, 남북아메리카의 신대륙에 침입하거나, 혹은 아프리카 전역을 분할하거나, 호주를 점령해서 방약무인의 태도를 거리낌 없이 하였다.

최근 약 100년 이래는 저들 전체 세력 범위의 집중지는 우리 아시아주가 되어 몰려들었다. 우리 아시아는 전 세계 면적의 3분의 1 이상을 차지하고 전 세계인구의 2분의 1을 포함하여 실로 광대한 면적과 다수의 인구를 영유하고 있다. 그럼에도 불구하고 백색인의 폭력과 위압 아래에서 여지없이 유린당하였다. 남으로는 인도의 오래된 대제국이 영국의 독수(毒手)로 붕괴되었던 것을 비롯하여, 베트남 코친차이나[越南交趾]는 프랑스령 인도로 변형되었다. 극동에서는 서시베리아와 만주 일대, 북쪽은 몽고에 이르기까지 러시아의 침략지대가 되었다. 티베트[西藏][547], 신강(新疆)[548] 등은 혹은 영국, 또는 러시아의 세력권 안으로 함락되어 거의 안정된 지대는 없었다.

특히 중앙으로 들어가면 중국[支那] 대륙은 4천 년의 문화를 자랑하는 대국임에도 불구하고, 정치는 부패하고 민중은 우매하여 저들의 좋은 먹잇감이 되었다. 뿐만 아니라 물자가 많고 땅이 넓다는 점에서 모든 백색인이 간을 보고 침을 흘리는 공설시장의 각축장이 되었다. 사방에서 내려오는 저기압은 바야흐로 태풍으로 발생하거나 혹은 폭우가 내리는 등 진정 위험한 상태였다. 그런데 완명(頑冥)하고 깨달음도 없는 중국은 느긋하게 희희낙락하고 드러누워 코를 골고, 망령되게 스스로를 존대하는 척하고 있었다. 이것이 청일전쟁[日淸戰爭] 직전의 중국 상황이었다.

그러므로 세계는 과연 백인종만을 위해서 가능한 세계였으므로 아시아는 차츰 백인종의 식민지로서 영원한 고통을 맛보고 끝나야 하는가? 결코 그렇지 않다. 과연 하늘의 뜻은 확실히 생각한 바가 있었다. 동아 전체의 참상을 보니 참을 수 없음과 동시에, 동아 평화의 중대한 사명을 일본 제국에 부여하셨다. 일본 없이는 동양이 없다. 만약 '일본제국'이 없었다고 가정한다면 동양은 이미 완전히 멸망당해 버렸을 터이다. 그런데 '일본 제국'이 있음에 기인하여 동아를 완전히 멸망시키지 않았던 것 아닌가? 하늘의 뜻을 추측할 수 있음과 동시에, 이러한 하늘의 뜻으로 말미암아 일본의 사명이 점차 중대해짐을 느끼고 있다.

'일본제국'은 도의로 나라를 세운 최초의 이상이 다른 권력 국가와 특별히 다름은 물론, '팔굉일우(八紘一宇)'[549]의 큰 정신 아래에 군민일체가 되어 위로는 만세일계, 만방에 비할 데 없는 존엄한 국체(國體)를 받들고 있다. 아래로는 억조일심(億兆一心), 충효도의를 결정(結晶)으로 하는 특수한 국민성을 발휘하였다. 건국 2,600년의 광휘가 있는 역사는 세계

---

547) 티베트: 중국 서남부에 있는 고원 지대로 티베트족의 자치구. 1951년 중국의 종주권과 티베트의 자치권을 인정하는 평화협정을 체결하였고, 1959년의 민주화 개혁운동을 거쳐 1965년 9월 9일 정식으로 자치구가 성립되었다. 중국에서 두 번째로 큰 大省이다.

548) 新疆: 중국 영토의 약 10%를 차지하는 광활한 자치구로, 중국으로부터 분리독립을 추구하는 지역이기도 하다. 1949년 중국 인민 해방군이 주도인 우루무치에 진주를 하면서 실질적인 중국령으로 성립이 되었으며, 7년 후인 1955년 10월 1일에 자치구가 되었다.

549) 八紘一宇: 팔방의 멀고 너른 범위, 즉 온 세상이 하나의 집이 됨을 말한다. 일본의 침략 논리를 뒷받침하는 주요 개념의 하나이다.

적 지도국가로서의 자격이 충분하다.

메이지유신(明治維新) 이래 동과 서, 두 문명의 특별한 장점을 종합하고 융화하였고, 욱일승천의 기세로 발흥한 실력은 동아맹주국(東亞盟主國)으로서의 지위가 확실하다. 좌절하고 마멸해 가는 동아 일각에서 이와 같이 위대한 국가가 존재하는 중대한 의의는 국가 자체의 보존에 그치지 않는다. 천황은 특별하게 친절하게 보살피고 도와주어 동아 평화의 주인공으로서 부여받은 사명을 완전하게 받들어 행해야만 할 의무가 있다. 이로써 메이지 대제(明治大帝)로서는 팔굉일우의 건국조칙을 받들어 체화하셨고, 천황에게 부여된 사명을 존중하시어 이웃 나라와 사이좋게 지내고, 재난을 구휼한다는 동양 도의를 마음속으로 근심하시어 일정하고 변하지 않는 국시까지 정하서서 동양평화의 큰 정신을 확립하셨다.

이렇게 큰 정신의 최초 발동은 청일전쟁[日淸戰爭]이었다. 청일전쟁이 끝나자마자 요동반도(遼東半島)에 대한 러시아와 독일, 프랑스 3국의 악랄한 간섭550)은 화(禍)의 단초였다. 특히 러시아의 동방 침략이 노골화하여 제2차의 발동으로 러일전쟁[日露戰爭]이 일어났다. 이러한 대정신은 확실히 정하고 움직이지 않았기 때문에 어떠한 희생과 어떠한 간난과 조우하더라도 이것을 깊이 돌아보고 생각할 여지는 없었다. 그 후 청도(靑島) 사건도 이 정신의 발동이었다. 특히 만주사변에 이르러서는 전 세계와 대항하더라도 혼자 힘으로 단연코 이것을 돌파할 용기와 결심까지 굳건히 하였다.

그리하여 그 후 열강이 중국[支那]을 둘러싼 국제정세는 점차 복잡다단해졌다. 뿐만 아니라 조종하고 농락한 배후의 흑막이 점차 미묘해져 차츰 사리에 어긋나고 치우쳤다. 완고하고 어두운 장개석(蔣介石) 정권의 용공항일(容共抗日) 정책과 적화공산(赤化共産)의 소비에트와 친하게 지내려는 주의는 동아에서 영원한 화근을 양성하였고, 멸망의 비운을 스스로 감내하려는 소이(所以)였다. 만일 이것을 방임해 둔다면 중국 400주는 적화의 소굴이 되고, 영국과 미국의 책원지(策源地)가 된다. 따라서 동양평화의 주의와 동양인이 동양이도록 하는 이상은 영원히 수포로 돌아가지 않을 수 없다. 이에 제5회 대정신의 발동을 보는데 이르렀는데, 이것이 곧 중일전쟁[支那事變]이다.

1937년 7월 7일 노구교(蘆溝橋)551)에서 한 발의 포화는 '북지사변(北支事變)'을 야기하였다. 최초에 확대하지 않는다는 방침은 끝내 뜻처럼 되지 않아 필경 중국 전체에 파급되어

---

550) 랴오둥반도 … 악랄한 간섭: 청일전쟁 후의 삼국 간섭을 말한다. 청일전쟁의 이후 강화조약인 시모노세키 조약(下關條約)을 통해 일본이 랴오둥반도(遼東半島)를 영유하려 하자 이에 반대하는 러시아·프랑스·독일이 공동으로 간섭하여 일본은 랴오둥반도를 청나라에게 반환하였다.

551) 蘆溝橋: 루거우차오. 북경의 서남쪽 15km에 위치한 다리이다. 일본 關東軍이 만주 침략의 구실을 만들기 위해서 1931년 9월 18일 류탸오거우에서 남만주철도의 선로를 폭파하고 이를 중국 측 소행으로 조작한 루거우차오 사건을 일으켰다.

중일전쟁이 되었다. 전쟁의 진전에 대해서는 여러분께서 잘 알고 계신대로, 북중국[北支]으로부터 중중국[中支], 남중국[南支]에 걸쳐 있었고, 또한 육지와 바다, 공중에서 '황군(皇軍)'의 혁혁한 무공(武功)은 중국 400주로 국위(國威)를 선양하였다. 사변 이래 3개월 이내로 북중국의 5개 성(省)을 청소하고, 이어서 상해(上海) 함락, 남경(南京) 함락, 무한(武漢) 3진(鎭) 함락, 기타 4면 8방에서의 연전연승은 진정 질풍노도로 비약적 진전을 보였다. 점령 지역만으로도 2개년 이내에 제국 전체 영토의 2배 반이라고 하는 면적을 점령했다.

현재 이른바 장개석 정권은 촉나라 한 귀퉁이에서 숨을 감추고 얼마 남지 않은 목숨을 겨우 보존하고 있는데 불과하다. 중국인[支那人]으로서 진정한 화평구국운동(和平救國運動)도 점차 힘을 얻어가고 있는 참이므로, 전쟁의 대세는 이미 결정되었다고 해도 과언은 아니다. 그러나 제3국 등의 배후 책동이 그대로 계속되어 장개석 정권 일파의 완고하고 어두운 행동은 철저하게 각성하지 않은 중이라서 전쟁은 지금부터 결심을 점차 견고하게 해야만 한다.

중일전쟁은 결코 중국[支那]과 전쟁하려는 것이 아니다. 사변 최초에 고노에(近衛)[552] 내각이 성명한 대로 중국과는 전쟁을 목적으로 하는 것이 아니며, 이웃과 사이좋게 지내기를 바란다는 목표가 있었다. '동양평화'를 국시(國是)로 삼고, 동양인의 동양을 이상으로 삼는 제국으로서 동종동문(同種同文), 상호선린해야 하는 중국과 전쟁한다는 것은 진정 형제가 담장 안에서 싸우는 불상사로 결코 본심은 아니다. 그렇다면 이 전쟁의 상대방은 과연 누구인가? 곧 영국과 미국의 마수에 걸려 중국인으로 하여금 중국을 멸망시키려는 자와, 소련의 괴뢰가 되어 동양 도덕을 파괴하고, 중국 전체를 악화시키려는 자다. 바꾸어 말하자면 영국과 미국에 의존하는 국민당 일파와 소련의 응견(鷹犬)[553]인 공산주의자들이다.

아울러 이것을 약간 진정한 의미에서 노골적으로 표현해서 말하자면, 황색인종 대 백색인종의 전쟁이며, 동양인 대 서양인의 전쟁이다. 여기서 중일전쟁은 진정 건곤일척의 성전(聖戰)임과 동시에 동양인의 흥망과 사활의 분기점이라는 점을 깊이 생각해야만 한다. 따라서 중일전쟁의 목적은 전쟁에 있지 않고 건설에 있다. 과거의 모든 불합리, 부자연스러운 현 시국과 형세를 타파하고, 장래에 평화와 행복을 가져오게 될 정연한 질서 체제를 건설하려는 것이 궁극의 목적이다.

이것이 이른바 '동아 신질서 건설'이란 표어가 나온 까닭이다. 이렇게 간단한 7자 안에는 1억 국민의 혈성(血誠)을 남김없이 다 하고, 동아 전체를 위해서 공헌하지 않을 수 없는

---

552) 고노에 후미마로: 近衛文麿(1891~1945). 고노에 아쓰마로(近衛篤麿)의 아들로, 일본의 34, 38, 39대 내각총리대신을 지내며 세 차례에 걸쳐 고노에 내각을 이끌었다.

553) 鷹犬: 사냥할 때 부리는 매와 개를 말한다.

원대한 이상이 포함되어 있다.

고래(古來)의 역사는 전쟁의 기록이라고 말하듯이, 동서고금을 통해 전쟁은 허다하게 있었다. 대개는 영토적 야심에서 나온 침략전과 무력적 시위의 쟁패전이 전쟁의 원인이었다. 이번 중일전쟁처럼 동아 전 민족을 위해서 '성전(聖戰)'인 정의로운 전쟁은 고금의 역사에 그 사례가 없었다. 따라서 다른 전쟁으로부터 말하자면 영토적 침략전에서는 성을 공격하여 영토를 빼앗으며, 영토를 취한다면 곧 목적을 달성한다. 무력적 쟁패전에서는 전승국으로서의 호방한 기운을 과시하는 것으로 충분하다. 이 두 개의 전쟁은 단순하게 전쟁에서 승리한다면 곧 그 목적은 달성한 것이다.

그런데 신질서의 건설을 목표로 하는 중일전쟁은 전쟁의 승리는 단순하게 기초 공사의 일부분에 지나지 않고, 이후에 건설하는 사업은 막대한 노력이 필요하다. 미래의 문제는 아직 제쳐두고 전쟁 당시에도 건설을 위한 전쟁이었기 때문에 '황군(皇軍)'의 분투는 이중삼중의 노고를 거듭하였다. 일례를 거론하자면 이른바 장개석은 초토화시키고 항전한다고 말하면서, 전쟁에서 패한 지역에 있는 고대의 문화와 유적, 기타 제반 시설을 하나도 남김없이 철저하게 파괴하는 행위를 감행했다. '황군'은 성에 들어갈 때마다 매번 완전히 불타버린 것을 청소하고, 파괴된 것을 정돈하기 위해서 가장 애를 썼다고 한다. 황하(黃河)의 제방이 터져서 무너지고, 수백만의 불행한 민중을 빠져 죽게 만들었을 때도 '황군'은 전투를 중지하고, 제방공사에 착수하는 곤란이 있었다고 한다.

이처럼 중일전쟁은 진정 동아의 구시국(舊局勢)을 타파하고 신질서를 건설한다는 중대한 의의를 지닌 '신성한 정의전(正義戰)'이다. 즉 동아에서 오랫동안 백인종의 식민지적 지배를 탈각하고, 일·만·지(日滿支)를 중심으로 하는 동양인의 동양을 건설하고, 영구의 평화를 확립하는 것이 근본정신이었다.

이것이 앞서 기술하였듯이 일본 제국의 국시로 확고부동한 대정신이며 동시에 이 목적을 완전하게 달성할 때까지는 아직 허다한 난관과 봉착하게 된다는 점은 미리 각오하지 않으면 안 된다. 이것이 일상에서 부르짖고 있는 비상시국이다. 이 '비상'이라는 두 자의 의미를 잘 고려해 보면 과반은 알 수 있다고 할 수 있겠다. 보통의 일반론으로 말하자면 동양이 있어서 일본이 있다고 해야 하겠지만, '비상'의 해석에 의하면 일본이 있고 나서야 동양이 있다고 말할 수 있다. 또한 국내에서 말하더라도, 항시적으로는 인민이 있은 후에 국가가 있다고 말하더라도, 비상한 시국의 해석으로는 국가가 있은 연후에 인민이 있다고 말해야 한다. 그것이 비상 두 글자의 해석이다. 이 때문에 일본을 중심으로 삼고 나서 비로소 동아가 안전해진다는 해석이다.

전 국민의 총력을 국가에 공헌하고, 국가의 대 정신을 달성시켰어야 한다. 또한 금일의 전쟁은 국가의 총력전이기 때문에 무력전을 중심으로 하고 경제전, 사상전에서도 모두 전쟁이 아닌 것이 없다. 따라서 제일선의 장수와 병사만이 전쟁에서 분투해서는 안 된다. 총 뒤에 있는 국민 전부가 전쟁에 가담하고 있다. 조야(朝野)의 위아래, 남녀노소, 빈부귀천, 각종각양을 가릴 것 없이 국민인 이상, 전부가 전쟁에 참가한 일원으로서 분투하는 노력을 해야만 한다. 묘당에서는 승산을 확립하고, 황군의 충용무비(忠勇無比)한 전투력은 백전백승의 탁월한 여유를 가지고 있기 때문에 오직 총 뒤의 우리 국민의 비상한 결심만이 최후의 승리를 얻는데 유일한 관건이 된다고 말할 수 있다.

왕년 유럽의 대 전란에 독일 군대가 5개년 동안 도처에서 적이 없었는데, 독일 국민의 경제 핍박과 사상 혼란 때문에 결국 대실패를 면하지 못한 일은 우리 총후(銃後) 국민으로서 특별히 경계해야 한다. 우리들은 물심양면으로 긴장하는 태도를 지니고, 굳건히 오랫동안 인내하고 단련하여 노동과 절검의 정신, 질박하고 강건한 기풍을 양성한다. 그리고 사상전(思想戰)과 경제전(經濟戰)의 대응책을 탐구함과 동시에, 일상생활에서 이것을 몸소 실천하여 역경과 조우할 때는 제일선 장병의 노고를 생각하여, 물자 부족이라든지 생활 곤란이라든지 하는 경우에는 우선 황군의 생명을 희생으로 삼는다는 점을 고려해야 한다. 자신도 총력전에 가담하는 일원으로서 그 위치의 노고와 곤란은 어떠한 노고라고 말하기 곤란하다고 말할 수 있겠는가? 요컨대 질박하고 강건한 기풍과 노동 절검의 정신은 간난(艱難)의 시기를 극복하는 유일한 요결이다.

만약 여기에 반하여 안일하고 나태한 사상, 사치와 향락의 기풍이 조금이라도 있다고 말하게 된다면 이것은 곧 총후 국민으로서 확실하게 비인도적이며, 비국민적이다. 동시에 총력전에서 실패자와 낙오자임은 물론이다. 따라서 1인으로서도 이와 같은 국민이 있어서는 성전의 커다란 목적을 달성하는데 있어서 막대한 지장을 초래하게 된다.

이처럼 중대한 시국을 맞이하여 안으로 국민정신의 공고한 단결을 도모하고, 밖으로 동아의 영구평화의 기초가 되어야 할 정신적 연계를 구하려 함에 있어서는 동양 고유 정신문화의 새로운 운동을 일으키고, 국민으로서 충효도의의 신념을 함양하도록 함으로써 도의에 살고 도의에 죽겠다는 각오를 굳게 다져야 한다. 나아가서는 이러한 신념을 널리 밀고 나가 만주와 중국 여러 민족에 대한 공통적 신념을 발휘하여 민족과 국경까지 초월하고, 이해와 감정을 탈피하여 대동태평(大同太平)의 이상세계에서 손을 잡고 같이 돌아갈 큰 각오와 큰 결심을 환기하는 것까지도 필요하다. 이것이 이번에 유도연합회 결성을 보는데 이르게 된 깊은 의미이다. 따라서 본회의 사명은 진정 중대한 것이다. 다음으로 유도의 정신에 대하여 다시 한 마디를 진술하도록 하겠다.

2. 유도(儒道)의 정신

유도의 정신을 말하기에 앞서, 우선 개론으로 시작했으면 한다. 무릇 인생은 한 몸 안에 두 가지 내兩我가 있다. 형형한 한 점의 영대(靈臺)[554]에 존재하는 것도 나이며, 앙앙한 7척 단신을 형성하는 것도 나이다. 전자는 정신의 나라고 말하며, 후자는 육체의 나라고 말한다. 양자 모두 내 몸에 속하는 이상, 이것을 잘 기르고 조화하여 원만하게 발달시켜야만 한다. 건전한 정신과 건강한 체질, 이 두 가지를 합치해야 비로소 일신의 행복을 가져온다.

또한 한 걸음 나아가 사회의 원리를 고찰하는 것도 역시 이 원리와 동일하다. 일신을 작은 나(小我)라고 말한다면, 사회는 커다란 나(大我)이다. 작은 나의 원리가 이와 같다면 커다란 나의 원리도 하등의 차이가 없다. 이리하여 인생 생활의 양식에도 자연히 양면의 생활이 있다. 하나는 정신생활이며, 다른 하나는 물질생활이다. 정신생활에는 도덕이 필요하며, 물질생활에는 경제가 필요하다. 이러한 도덕과 경제를 합일하고 조화시켜 원만하게 발달하도록 한 연후에 개인과 사회를 가리지 않고 건전한 발달과 행복의 운명을 향유할 수 있다. 그리고 이 두 가지를 원만하게 조화하는 데는 반드시 주종과 본말의 관계를 명확하게 정해야만 한다. 이 역시 인신(人身)의 원리에 기초하여 무형의 정신이 유형의 육체를 지배하는 이 원리에 합치시켜야만 한다. 따라서 도덕을 주로 하고, 경제를 종으로 하는 사회야말로 행복한 사회이다.

그러나 무형의 것은 잘 보이지 않기 때문에 등한시하기 쉽고, 따라서 망각하기조차 쉽다. 유형의 것은 곧바로 깨닫기 때문에 집착하기 쉽고, 따라서 욕망하는 마음도 강렬해진다. 특히 서양 물질문명의 수입에 따라 물질 편중의 폐해는 극에 달하였고, 사람들이 오직 물질 만능주의와 배금 추종주의 앞에서 정신 도덕은 근본적으로 파괴되었다. 극단적 개인 이기주의는 전 세계에 만연하여 물질은 중시하고, 사람은 경시한다. 사람이 물질을 사용하지 않고, 물질이 사람을 사역하는 거꾸로 된 상황이다. 그리하여 사람들은 금전의 노예가 되고, 금전의 포로가 되며, 심해지면 금전에 순절하는 자마저 적지 않다. 이리하여 금전 앞에서는 예의와 염치도, 인정과 도리 어느 것도 없다. 입을 열어서는 금전만을 말하고, 심하게는 학문이라고 말하며 사환한다고 하며, 이 역시 금전을 욕망하는 방편과 수단에 불과하여 성심(誠心)과 진정한 뜻에서 시정 모리배와 하등의 차이가 없다. 이처럼 오직 물질 만능주의는 세상 속에서 지상에서 최고 귀한 것은 오직 금전을 목표로 함과 동시에, 금전을 가진 자는 저급 향락주의를 탐닉하고, 극단으로 사치하고 방종하며 안일함을 능사

---

554) 靈臺: 마음을 이르는 말이다.

로 한다. 금전이 없는 자는 사기나 횡령 등을 하지 않는 바가 없으며, 심한 자는 사회 투쟁 주의와 적화 공산운동까지도 거리끼지 않고 하는데 이르렀다. 이것이 유럽의 대전란 이후 에도 가장 격렬한 변화를 초래한 실제 사회의 현상이었다.

저 이웃나라 중국[支那]을 보더라도 4천 년의 문화를 자랑하고, 공자와 맹자의 유교 도덕 의 본원지이다. 그럼에도 불구하고 이른바 민국 성립 이래 약 30년 동안 전적으로 서양 물질주의에 현혹되었다. 그 가운데 독이 극심하게 퍼져 동양도덕이 극단으로 파괴당했다 는 점은 중국보다 심한 데가 없다. 이른바 "한가(漢家) 400년의 기업은 태뢰(太牢)555)와 공 자에게 제사를 지내는 데 있다"고 하는 역사를 무시하고, 민국이 되어 이후에 공자에게 제 사를 지내는 전례(典禮)를 철폐하였다. "예의수치(禮義羞恥) 이것을 이른바 사유(四維)556) 라 하는데, 사유를 펼치지 못하면 국가는 곧 멸망한다"라고 말했던 관자(管子)의 말과 정반 대로, 예의수치를 말했기 때문에 동양은 멸망하게 되었다고 말한다. 1921년(民國 10)에는 대도시인 상해(上海)에서 2백 명의 여자가 나체로 대낮에 행렬하는 것을 감행하는 수치 파괴운동을 실행했다고 한다. 이처럼 도덕 정신과 예의수치를 전면적으로 파괴하고, 물질 주의를 고취하여 결국 공산 적화주의로 변해 버렸다. 이것이 오늘날 중일전쟁[支那事變]을 초래한 자업자득의 주요한 원인이라고 말하지 않을 수 없다.

다행히 흥아유신(興亞維新)의 성업(聖業)으로 동아 신질서 건설 운동은 우리 동양인에 게 새로운 생명과 활기를 부여함과 동시에, 동양 고유의 정신문화 근원인 유교도덕을 부흥 하고, 서양 물질주의에 중독되었던 사회를 구제하는 일이 역시 하나의 새로운 건설사업의 중요한 한 가지 항목이라고 생각한다.

우리 반도는 종래 유도를 신봉해 온 관계가 있다. 풍속 관습은 모두 유교 문화를 함양했 기 때문에 현재의 인심은 골고루 전해져 튼튼하고 건실하여 뽑아낼 수 없다는 점은 췌언 (贅言)을 필요로 하지 않는다. 오직 말엽에 이르러 허다한 폐해가 발생한 것이 사실이나, 좋은 풍속으로 보아야 할 점이 많다. 하물며 유도 본래의 정신에는 애초부터 흠이 없기 때문에 현재 과거의 폐풍(弊風)을 혁신하고, 본래의 면목을 발휘하여 총후 국민의 봉공(奉 公)으로서 흥아유신의 성업을 조성하려 하는 것은 이번에 전 조선의 관민 협력 아래에서 본 연합회를 조상하게 된 이유이다.

우리 유도의 본령을 말하자면, 앞서서 대제학 각하의 고사(告辭)에서도 있었듯이 유도 는 충효를 일관하여 오륜의 도를 확정하였고, 인의를 큰 강령으로 삼아 오상(五常)의 덕을 구비하였다. 작게는 일신과 일가를 수양하고 다스렸으며, 크게는 국가와 천하를 평정하고

---

555) 太牢: 나라 제사에 소를 통째로 바치던 일을 말한다.
556) 四維: 국가를 유지하는데 필요한 예절, 법도, 염치, 부끄러움 네 가지를 말한다.

다스렸다. 이것은 인생에서 날로 필요한 대도(大道)임과 동시에, 만고에 바꿀 수 없는 상전(常典)[557]이다. 하물며 이렇게 참된 정신은 곧 「교육칙어」에서 보여주신 국민도덕의 표준이다. 유도의 중요한 왕도사상은 제국 고유의 '황도정신(皇道精神)'을 선양하는 데 적절한 설명서이다. 특히 오늘날 동아 신질서 건설 사업은 공자의 대일통주의(大一統主義)와 대동태평(大同太平)의 이상을 현시대에 실현해야 할 좋은 기회를 만났다고 생각해야 한다.

유도의 정신을 진술함에는 공자의 도에서 가장 중시한 인(仁)의 한 글자를 설명하려 한다. 『논어(論語)』의 일부 책에서 인을 설명하는 곳이 58장의 많은 곳에 걸쳐 있음을 보자면 공문(孔門)에서 얼마나 인에다 중점을 두었는지를 알 수 있다. 무릇 인은 중덕(衆德)의 대종(大宗)으로 만 가지 선(善)의 근원이다. 유가에서 가장 중시하는 오상仁義禮智信의 덕도 그 실질은 인을 근본으로 한다. 송(宋)의 정명도(程明道) 선생의 「식인편(識仁篇)」에도 "학자는 모름지기 먼저 인을 알아야 한다. 의와 지혜, 믿음은 모두 인이다."라고 한 말은 정말로 진리를 설파한 것이다. 인의 도는 극히 광대하고 또한 심원할 뿐 아니라, 인류 생존에서 잠시도 분리할 수 없다. 따라서 유도의 참된 정신을 알기 위해서는 먼저 인의 도를 연구해야만 한다고 생각한다.

(1) 인(仁)의 자의(字義)

인의 글자 모습은 사람을 따르고 둘이서 따른다. 즉 육서(六書) 가운데 회의(會意)에 속한다. 사람 변에 두 가지 선을 그은 것으로, 선 하나는 자기를 형상화하여 취했고, 다른 선 하나는 다른 사람을 형상으로 취한 것이다. 자기의 선은 자기 일신에 그치는데, 타인의 선은 자기 이외로, 지금 말하자면 전 인류 20억의 인구가 모두 그 가운데 포함된다. 인류가 사회생활을 영위함에는 반드시 사람과 나의 교섭이 필요하다. 따라서 자기와 타인 간의 조화를 잘 해야만 한다.

이러한 인의 도는 타인과 나 사이의 조화를 도모함에는 가장 필요불가결하다. 즉 "자기를 사랑함과 동시에 타인을 사랑하고, 자기의 마음을 미루어 타인에게 이르도록 함愛人如己, 推己及人"이 인의 정의이다. '애인여기'란 타인과 나 사이에 허물이 없고, 사람을 사랑하는 일은 곧 나를 사랑하는 까닭이다. 사람을 사랑하지 않는 행위는 곧 나를 사랑하지 않는 행위가 되기 때문이다. '추기급인'이란 덕목으로 용서(恕)라 칭하는 것으로, 용서를 행함에는 양 방면에서 표현할 수 있다. 곧 내가 바라지 않는 바를 남에게 베풀지 말라는 소극적 부분과, 내가 바라는 바를 남에게 베푼다는 적극적 부분이 이것이다. 『논어』에도

---

557) 常典: 변하지 않는 일정한 규정·규칙이나 사물의 표준을 말하며, 常規라고도 한다.

"내가 하고 싶지 않은 바를 남에게 베풀지 말라."라고 했다. 또한 한편으로는 "내가 서고자 하면 남을 세우고, 내가 통달하고자 하는데 남을 통달하도록 한다."고 하는 적극적 용서를 말하였다. 이것은 모두 자기의 마음에서 타인의 마음을 추측한 것이다. 또한 인을 구하는 방법도 역시 타인과 나의 관계를 탐구해야만 한다. "번지(樊遲)558)가 인을 묻자, 공자께서는 사람을 사랑하는 것이라고 말씀하셨다."라고 말한 대로, 인류애를 떠나 인은 있을 수 없다. 또한 "안연(顔淵)이 인을 묻자, 공자께서는 극기복례(克己復禮)를 인으로 한다고 말씀하셨다."고 하여, 일개인의 사욕을 이겨내는 것이 곧 남을 사랑함을 실행하는데 가장 중요한 방도인 까닭이다. 이 두 가지 가르침을 종합하여 보자면 안으로 나를 이기고(克己), 밖으로 남을 사랑함, 즉 인을 구하는 요결이다. 요컨대 나처럼 남을 사랑하고, 나를 미루어 타인에게 이르는 충서(忠恕)의 길과, 안으로는 나를 이기고 밖으로 남을 사랑한다고 하는 구인(求仁)의 방법은 인의 글자 형태만을 완미하여 보더라도 곧바로 상상할 수 있다.

(2) 인의 해설

옛날부터 현재까지 인의 해설은 매우 많다. 장자(莊周)(이단이라고 말하더라도 허튼소리는 아님)는 "남을 사랑하고 물건을 이용함을 일컬어 인이라 한다."고 했다. 정현(鄭玄)559)은 인을 "남을 사랑함으로써 사물에 이름"이라고 칭하였다. 한퇴지(韓退之)560)는 "널리 사랑함을 일컬어 인"이라고 말하였고, 주염계(周濂溪)561) 선생은 "덕과 애를 인이라고 말한다"고 했다. 정명도(程明道)562)는 규모가 가장 커서 "천지와 만물 일체의 인"이라고 칭하였다. 주자(朱子)는 "마음이 덕애(德愛)하는 이치"라고 말했다. 또한 인은 "천지 생물의 마음이며, 사람은 마음이라고 여기는 것을 얻었다"라고 말하였다. 이처럼 허다한 해설이 있다. 요컨대 인류애를 본위로 하는 점에서는 모두 일치한다.

또한 인은 중덕(衆德)의 본체이다. 따라서 여러 가지 덕목은 곧 여기서 기인하여 생긴다. 지(知)란 이러한 인의 도를 아는 것이다. 의(義)란 이것을 적당하게 시행하는 것이다. 예(禮)는 여기에 예절에 관한 문구(節文)와 어느 정도의 정도를 추가한 것이다. 신(信)이란 이것을 성실하게 하는 것이다. 인애(仁愛)의 발동 대상에 의하여 여러 가지 명칭이 있다.

---

558) 樊遲: BC 515년~미상. 춘추 시대 魯나라 사람. 齊나라 사람이라고도 한다. 孔子의 제자로, 이름은 須이고, 자는 子遲이다. 공자보다 36살 연하로, 비교적 공자의 측근으로 일을 했던 것으로 보인다. 일찍이 李氏에게 벼슬했다.

559) 鄭玄: 후한 시대의 유학자로 경서 해석의 대가이다.

560) 韓退之: 韓愈(768~824). 당나라의 사상가이자 문학자로 唐宋八家의 한 명.

561) 周濂溪: 周敦頤. 북송 시대의 유학자이다.

562) 程明道: 程顥. 북송의 유학자이다.

이러한 인애의 마음을 부모에게 표현한 것을 효(孝)라고 말하며, 형과 나이 많은 자에게는 제(弟)라고 하며, 군주와 국가에 대해서는 충(忠), 부부에게는 화(和), 친구에게는 신(信). 이와 같이 허다한 덕목은 모두 인을 근본으로 하여 생겼다.

(3) 인의 비유

인의 용어 유래에 따라 가장 적절한 두 종류의 비유를 거론하여 인도(仁道)가 인류 생존에서 어떠한 중요성을 가지는지를 입증하려 한다.

첫째, 인은 인류사회의 혈액과 신경. 의학서에서 손발의 마비를 불인(不仁)이라고 말한다. 정자(程子)가 말하기를 '이 말은 명칭으로 상황을 잘 드러낸 것'이라고 했다. 이것을 자세하게 해석하여 보면, 대저 사람 몸속에 혈액이 충만하고, 신경이 관통하여 건전한 기능을 하는 자는 자기 체내에서 어딘가 말초세포로 지극히 미세한 고통에도 뇌수는 이것을 곧바로 자각한다. 또한 뇌수의 불안은 곧바로 전신의 불안이 된다. 예를 들어 발끝은 근소한 가시라고 하더라도 뇌수는 고통을 절감한다. 손과 발 여러 기관에 명령하여 이러한 장해물을 제거하지 않는다면 승인하지 않는다. 만약 두부(頭部)의 얼굴에 위해물이 이르게 될 때는 손과 발 전체의 행동은 이것을 방위하며, 손발 일부의 희생까지도 돌아보지 않고, 얼굴을 보호한다. 혈액과 신경의 건전한 체질에는 당연히 이와 같은 본능이 있다. 여기에 반하여 혈액이 응고하고 지체되며, 신경이 마비되어 반신불수에 걸린 자는 몸속에서 기맥이 서로 통하지 않으며, 통증을 느끼지 못한다. 상호의 연락 구호를 완전히 상실하여 이것을 위비불인(痿痺不仁)이라고 말한다. 여기서 불인의 두 글자는 진정으로 형용(形容)을 잘한 것이 아닌가? 인도(仁道)는 곧 인류사회에서 혈액이 있고, 신경이 있으며, 인류 상호간에 자애적 측은의 마음이 피차로 관통하며, 통증이 서로 통하게 한다. 이러한 자애 측은의 본능을 발휘하여 공존공영의 길을 완전하게 실행해야 한다. 만약 이러한 정신이 마비되어 불인(不仁)하게 되는 경우, 제반의 병리적 상황은 이 가운데서 발생한다. 가정에서 부모가 자애를 모르고, 자식이 효를 알지 못하며, 부부가 반목하고, 형제가 담장 안에서 싸우면 이것은 위비불인의 가정이다.

또한 사회에서도 풍속이 쇠퇴하고 인정이 각박하여 나이 든 자와 어린 자 사이에 순서가 없고, 친구 간에 신뢰가 없으며, 개인 이기주의에 몰두하여 공존공영의 방도를 망각했다고 한다면, 이것은 그름을 행하고 인이 없는 사회라고 말해야만 한다. 특히 최근 외래 사조의 위악성(僞惡性)을 가지고 있는 것은 사회 착란주의와 사회 투쟁주의를 선동하고, 소작인 대 지주, 노동자 대 자본가 사이의 유산과 무산의 대항을 비롯하여, 이해관계를 초월한 교육기관까지도 동맹휴학을 일으키도록 하여 이른바 인민전선이라고 칭하는 새로운 숙어를 만들어냈다. 무정부주의와 공산주의로까지 진전하도록 만들어 인류 상호 간에 인애의 본능은 철저하게 파괴되어 버렸다. 이것은 확실히 위비불인의 정도를 넘어서 각궁반장증(角弓反張症)563)이라고 말해야 하는 위험시대를 초래하였다. 진정 세상을 위해 개탄해야 할 그름[非]이 아닌가?

둘째, 인은 인류 생명의 근핵(根核). 인은 원래 종자라고 말하는 글자로(과실의 핵을 종자라 하고, 살아 있는 것을 인이라고 말함) 과실의 핵을 인이라고 말한다. 복숭아씨의 알맹이[桃仁], 살구씨 알맹이[杏仁]가 여기에 해당하는 사례이다. 이러한 용어의 의미에 기인하여 이것을 유추해 본다면 성인이 이러한 인도(仁道)에 중점을 둔 까닭이 인은 인류의 생명 근핵에 있기 때문이다. 무릇 인의 마음이라는 것은 천지에 살기 좋은 덕[好生之德]을 받아 살아가는 인류, 천부(天賦)의 좋은 성질로서, 본래 모두 가지고 있다. 측은하게 여기는 마음[惻隱之心]과 차마 하지 못하는 마음[不忍之心], 혹은 이것을 양심(良心), 본심(本心)이라고도 말한다. 또는 양지양능(良知良能)이라고도 말한다. 하늘이 부여함으로써 나온 인의 본능은 인류생존에서 생명의 근원이자 핵심이다. 만일 이 마음이 없다고 한다면 인류생존의 길은 곧바로 멸절해 버린다. 따라서 인이라면 살고, 불인이라면 죽는다고 하는 말은 인류사회의 원칙이라고 말해야 한다.

맹자로부터 이 원리를 자세하게 설명하셔서 말씀하시기를 "천자가 어질지 않다면 사해를 보존할 수 없고, 제후가 어질지 않다면 사직을 보존할 수 없으며, 경과 대부가 어질지 않다면 종묘를 보존할 수 없고, 사와 서인이 어질지 않다면 사체(四體)를 보존할 수 없다."라고 말씀하셨다. 그 아래로 이어서 말씀하시기를 "하물며 사망을 싫어하면서 어질지 않음을 즐기는데, 이것은 취하기를 싫어하면서 술을 억지로 하는 것과 같다."라고 하였다. 음주하여 취하지 않는 자가 없고, 어질지 않고서 사망하지 않는 자가 없으며, 천자로부터 서인에 이르기까지 인류 생존의 원리는 인을 근본으로 해야만 하는 이유를 명시하셨다.

이상 서술한 것처럼 인은 인류가 자기를 사랑하고 타인을 사랑하는 본능으로, 인류의 혈액과 신경이며 또는 인류 생명의 근핵(根核)이다. 이러한 인의 정신이 완전하게 발달하여 본래의 양심을 충분하게 확충한다면 사람들은 인류애를 위해서 상호 진력하게 된다. 우선 정치가로서 이 마음을 갖는다면 맹자가 말씀하신 것처럼 우(禹)·직(稷)564)·이윤(伊尹)의 책임감을 반드시 가지게 된다. 하우(夏禹) 씨는 치수의 책임감이 있었기 때문에 천하에 익사하는 자가 있다면 이것은 자기가 익사하도록 만들었다고 생각하였다. 후직(后

563) 角弓反張: 중풍으로 얼굴이 비틀어지거나 반신불수가 된 상태를 말한다.
564) 稷: 중국 주왕조의 전설적 시조. 姓은 姬이다. 堯의 農官이 되고 邰에 책봉되어 후직이 되었다.

稷)은 권농의 책임감이 있었기 때문에 천하에 굶주리는 자가 있다면 이것은 자신이 굶주리도록 했다고 생각했다. 이윤은 천하 백성 가운데 필부필부(匹夫匹婦)라도 요순의 혜택을 입은 자가 있다면 자신이 이들을 밀어서 구렁 속에 빠지도록 한 것처럼 생각하였다. 어진 마음을 가진 정치가로서는 당연히 이처럼 생각해야만 한다.

또한 정명도의 말로 "처음 벼슬길에 나아간 선비가 만약 물건을 사랑하는데 마음을 둔다면 사람에게 반드시 구제하는 바가 있으리라"라고 말씀하셨다. 처음 벼슬길에 나간 선비란 초임의 하급관리[상공(上公)으로 9명(命), 최하(最下)로 1명]로, 하급관리의 비천한 지위에 있더라도 타인을 사랑하고 물건을 이롭게 하려는 마음이 있다면 반드시 사람을 구제할 수 있다. 또는 하급관리의 지위도 없이 가난한 집안의 지위에 있어서 조금도 타인에게 미칠 실력이 없는 자라도 이 마음은 역시 필요하다.

당의 시인 두보(杜甫)[565]가 서촉(西蜀)으로 피난하고 있을 때 거주하고 있는 곳에서 여러 칸의 초옥이 폭풍우로 파괴된 일이 있었다. 원래 시인이었기 때문에 이것을 시의 재료로 삼아 "초옥이 비바람 때문에 뽑혀버림을 탄식한 노래"라고 하는 장단구(長短句)의 시를 지었다. 그것의 끝 구절에 이르러 "어떻게 천만 칸 집을 장만하여 천하의 곤궁한 이를 다 감싸 기쁜 얼굴로 할까"라고 했다. 어떻게 하면 넓은 천만 칸을 얻어 크게 천하의 곤궁한 이를 비호하고 기쁜 얼굴을 하도록 하려 했다. 이것은 세속인의 안목으로 보자면 자기 자신이 비바람이 몰아쳤는데 어찌 다른 사람을 우려할 틈이 있었겠는가? 진정으로 물정에 어두운 소견이라고 이를 비난하는 자가 있을지도 모르겠다. 그러나 자신의 고통으로 말미암아 타인의 고통을 추측하고, 나아가 자기의 고통을 망각하고 타인의 고통을 생각하는 일은 이것이야말로 어진 자가 행하는 바로 귀중한 인류애의 본심이다. 요컨대 상하의 계급을 논하지 않고, 어떠한 업무인지를 따지지 않고, 이러한 인애의 정신을 가진 후에 사람이 사람다운 진리를 바로 깨달음과 동시에 진정한 세계평화의 큰 이상을 실현할 수 있다.

오랫동안 인학(仁學)이 명확하지 않음에 따라 이러한 인도의 정신은 사람의 뇌리에서 거의 잊혀졌다. 과거에 성경현전(聖經賢傳)을 집집마다 노래하면서도 과거와 녹리(祿利)의 자질구레한 폐단에 따라 서로 용납할 수 없는 계급 당쟁의 악습은 사회와 국가를 그르쳤다. 특히 시대의 변천에 수반하여 이른바 경전까지도 한켠으로 치워두고 쓰지 않았고, 구미의 물질문명으로 치우쳐 현혹되었으며, 개인 이기주의는 인류애의 본심을 상실하도록 만들었다. 뿐만 아니라 정반대인 사회 투쟁주의까지 침입하여 인도의 정신은 여지없이 파괴당했고, 사상계를 혼란하도록 하여 악화시킨 일은 진정 어진 자와 군자가 깊이 우려하고

---

565) 杜甫: 712~770. 중국의 唐代의 시인. 자는 子美. 두예의 13대 손으로 중국 최고의 시인으로서 시성이라 불렸다.

길게 탄식하는 바이다.

지금은 동아 신질서 건설 아래에서 흥아유신의 성업은 착착 진행 중이기 때문에 이와 같은 좋은 기회를 맞이하여 종래에 그르쳤던 물질 이기주의와 더불어 제반의 외래 사상을 철저하게 청산해 버려야 한다. 동양 고유의 도덕문화를 존중함과 동시에 그 가운데서도 가장 중요한 인의 정신을 연구해야 한다. 또한 이것을 발휘하여 지금까지의 물질 중독에 대한 해독제를 만듦과 동시에 일반 사회에 대하여 공통의 자양분으로 삼기를 간절히 바란다.

이러한 정신으로 '내선일체(內鮮一體)'를 철저하게 실현하고, '일시동인(一視同仁)' 아래에서 혹은 우월감 또는 시기하고 의심하는 마음과 같은 장벽을 철거하고, 진정으로 동포 형제가 되어 일심동체의 진정한 아름다운 과실을 획득하도록 해야 한다.

또한 이 정신으로 동아의 영구평화를 확립하고, 일본과 만주, 중국[支那] 여러 민족의 공동유기체를 조성하여 천하일가와 사해동포의 이상 아래에 국경과 민족의 편협한 주의를 철폐하고, 이해와 감정의 제반 충돌을 해소하며, 도덕 예의로 하나의 용광로에서 도야하여 형제로 삼고, 피아를 잊으며, 평화의 낙토와 지상의 천국을 동아의 신천지에 건설하여 진정으로 공부자의 이상인 대동태평의 세계를 완전하게 실현하기를 기대한다.

이것이 팔굉일우(八紘一宇)의 대 정신을 받들어 체현하는 소이(所以)이다. 이것이 제국 특유의 황도의 대 정신을 세계에 선양하는 소이이다.

끝으로 다시 한마디를 하자면 우리 유교자로서 특히 각성해야 할 문자가 있다. 우리 유교계의 과거를 회고하고 검토해 본다면 미속(未俗)의 폐습 역시 심하다. 대개 형식에 구애되어 정신을 유기하였고, 공리공담은 몸소 실천하는 본질을 망각하였으며, 완고하고 고루하여 정체된 모습은 시중의 큰 도를 알지 못한다. 염세와 퇴영하는 주의는 공자의 지성 노력주의와 상반된다. 계급 편협주의와 색목당쟁의 악습은 앞서 기술한 인의 정신을 완전히 몰각한 것이다. 이와 같은 제반 폐습은 우리가 유도로서 극단의 쇠퇴한 기운에 빠져버리도록 하여 "6국을 멸한 것은 6국이지 진나라가 아니다"라고 하는 논법처럼, 유교는 우리 유교인의 자멸이다. 진정 통탄해야 할 일이 아니겠는가? 요컨대 금일 동아 신질서 건설은 유도 진흥에서 천재일우의 좋은 기회이니, 우리는 과거의 폐습에 대해서는 단호한 혁신을 가하고 유도의 참된 정신, 진면목을 완전하게 발휘해야 한다. 특별히 이 시국의 진정한 의의를 철저하게 인식하고, 흥아유신(興亞維新)의 성업으로 하루라도 빨리 완전하게 달성하도록 용맹정진 해야 한다.

금일은 귀 도(道) 유도연합회 결성을 기회로 하여 소회의 일단을 말할 수 있게 되어 광영이라고 생각한다. 또한 장시간 두서없는 말을 경청해 주셔서 감사하다. 동시에 금후 각

위(各位)의 철저한 활동을 기대한다. 이로써 종결을 고한다. (끝)

[경학원잡지 제45호(1940.12.25.), 76~91쪽]

62 시국과 부도 실천(1941.12.25.)

시국(時局)과 부도(婦道) 실천

본부 사무관
영전종수(永田種秀)[566]

[본고는 1940년 12월 17일 창신소학교(昌信小學校) 대강당에서 조선유도연합회(朝鮮儒道聯合會) 주최로 시행한 강연의 속기(速記)에 두세 차례 가필한 것이다]

방금 소개를 받은 나가타 다네히데(永田種秀)[567]입니다.

오늘 강연회의 주최자인 조선유도연합회(朝鮮儒道聯合會)라는 곳은 조선 내 유림(儒林)을 타격하여 한 덩어리로 만들고, 황도(皇道) 정신에 입각하여 동양정신문화의 정화인 유도의 진흥을 기대하려고 합니다. 즉 여기에 의하여 '황국정신'의 현양, '내선일체'의 완성, 생활의 혁신, 전시경제 정책에 대한 협력, 근로보국(勤勞報國), 생업보국(生業報國), 총후(銃後)의 후원, 방공방첩(防共防諜)이라고 말하는 것처럼 비상시국 아래에서 신도(臣道)의 실천을 완성하기 위해서 결성된 단체입니다. 따라서 오늘 이 강연회도 앞서 말씀드렸던 한 가지 사항을 달성하기 위해서 개최되었으므로 다시 구체적으로 말씀드리도록 하겠습니다. 금일과 같은 비상시국에서 부인으로 철저한 시국인식을 불러일으킴과 동시에 총후인 가정부인의 직역봉공(職域奉公)이라고 말하는 것에 대하여 그 인식과 실천을 다시 한층 촉진시키기 위한 강연입니다. 모쪼록 이러한 취지를 양해하시어 잠시 잘 들어주시기 바랍니다.

강연의 제목은 「시국과 부도(婦道) 실천」입니다. 현재 시국은 거국적으로 비상시국이므로, 부인이라고 하더라도 조금도 편안하고 한가하게 있을 수 없습니다. 저는 여러분에게 이번 사변으로 남편, 아들, 부모, 형제를 호국의 기둥으로 바친 사람들 위에서 생각하며, 이번에 한 번 자신의 신변을 다시 보아 진정으로 시국에 적합한 여성으로서 지킬 도리의

---

566) 永田種秀: 金秉旭(1895년생). 永田種秀는 창씨명. 일제강점기 교육인 출신 관료, 중추원 참의, 경성사범학교 훈도, 총독부 도 시학, 군수, 도 이사관, 내무국 및 학무국 사무관을 역임했다.

567) 창씨명이지만 강연원고임을 감안하여 여기서는 일본어 발음으로 표기하였다.

실천을 기대하고 있는지 아닌지 반성을 바라고자 합니다.

　가정을 보호하는 전국 부인의 임무란 금일의 시국에서는 남성에게 우세하다고는 하나 결코 열등하지 않은 점이 있습니다. 부인은 국민생활에서 신뢰할 수 있는 모체이기 때문에 그 모체인 부인 여러분이 시국에 대한 인식을 결여하고, 주부로서의 신도(臣道) 실천에 어그러짐이 있다고 한다면 우리의 국민생활은 건전한 발달을 기대하기 어렵다고 확신합니다.

　부인이 자신과 일가를 위해서가 아니라 국가를 위한 부엌을 지키고, 자녀를 길러낸다는 일은 옛날부터 지금에 이르기까지 부인의 길입니다. 그렇다고 하더라도 최근까지 부인의 교육, 가정, 사회라고 하는 것을 보면 약간 시간의 흐름에 휩쓸려버려 사변 이래 부인의 직역봉공에는 아직 그 일상생활에서 개선해야 할 일이 상당히 있는 듯합니다.

　저는 직책상 여러 가지 기회를 얻어 조선 내 각 지방으로 출장하여 충분히 다양한 방면에서 지방 부인의 실제 일상생활을 견문해 왔습니다. 제가 본 바에 따르면 그 가운데는 비상하게 좋은 지방도 있지만, 아직 유감이라고 생각하는 지방도 상당합니다.

　그 예를 한 가지 들어보자면, 지난해 제주도에 출장했을 때 통감한 바가 있었습니다. 제주도의 부인은 남자에게도 이길 수 있는 생활을 하고 있었습니다. 따라서 가령 이 섬의 인구가 30만이라고 한다면 그 반절인 15만의 부인은 실로 본섬 개발의 용사입니다. 또한 조선 서부와 북부 각 지방에서도, 이와 마찬가지의 현상을 볼 수 있었습니다. 여기에 반하여 중부, 남부의 각 지방 부인은 어떠한지를 말씀드리면 제 솔직한 감상으로 상당히 실생활과는 멀리 떨어진 감이 있었습니다. 흡사 그것은 부평초가 떠다니는 것에 맡기고 바람이 부는 대로와 같이 무엇 하나 자주적 생활을 볼 수 없었습니다.

　그렇다면 이 지방의 사람들이 어째서 자주적 생활을 결여하고 있는지를 말씀드리면, 그 원인의 한 가지로는 자연적 환경이 그러했기 때문이라는 점도 말할 수 있습니다. 즉 기후가 온화하며, 산수가 수려하고, 토지가 비옥하고, 오곡이 풍요로운 좋은 조건입니다. 무엇하나 부자유스러움 없이 자연에서 혜택을 받았기 때문에 일반 주민, 특히 부인의 생활이 나약함으로 흐르게 되었다고 생각합니다. 또한 한 가지 원인이 되었던 것은 경성, 부산처럼 발전한 도시의 부인은 주위의 사치, 호화로운 분위기에 현혹당해 허영심에 빠지고, 사치로 흘러 질박하고 강건한 정신을 결여하고 있는 점이 많기 때문이기도 합니다. 그래서 도회의 부인은 일반적으로 나약함에 빠지기 쉽습니다.

　그렇다면 제주도의 부인은 어떠한 일상생활을 영위하고 있는지를 말씀드리면, 가정에서 주부로서의 역할은 당연하게 담당하고 있습니다. 다시 그 위에 소와 말의 사육, 밭의 경작, 시장에서의 매매가 있는 것 같은 점에 이르기까지 모두 부인의 손으로 하고 있습니다. 따라서 이렇게 제주도의 부인은 생산노동에 종사하기 때문에 경제관념이 뿌리 깊게 발달해 있음과 동시에, 부인의 건강이 뛰어납니다. 따라서 조선 일반을 통한 남녀 수의 비교는 남자 100에 대해 여자 97인데, 제주도에서는 남 100에 대하여 여자는 104입니다. 이렇게 생생한 실제 사례를 보더라도 알 수 있듯이 질박하고 꾸밈이 없고 강건한 정신으로 부단하게 근로하는 사람은 건강이라고 하는 보수가 스스로에게 주어져 있습니다. 사람이 건강하면 장수한다는 점은 명백한 사실입니다.

여기에 반하여 도회의 부인처럼 부평초 같은 생활을 보내고 있는 이른바 유한부인(有閑婦人)들은 어떠합니까? 이러한 유한부인은 일반적으로 자신들의 생활면에서 "충분함을 안다"는 관념이 부족합니다. 그 때문에 사치로 흐르면 흐를수록 허영심에 속박되면 속박될수록 부인의 본령을 등한시해 버립니다. 그리고 그것은 모두 가정의 불화, 이웃과의 교제에서 화목하지 않는 등 좋지 않은 형편을 야기하는 원인이 됩니다. 그러한 사정에 생각이 미치게 되면 이 두 가지의 인생 가치 차이에는 실로 하늘과 땅의 차이가 발생하고 있습니다. 그리고 그 차이로 인하여 초래하는 원인은 무엇인가를 말씀드리자면, 부인의 정신이 건강한지 아닌지, 일상생활에서 마음을 둘 곳이 어디에 있는지, 환언하자면 부인의 도를 실천할지 말지에 따라서 나누어집니다.

시국에 대한 충분한 인식과 가정에서 부인으로서의 직역봉공에 전념하는 자를 요구하고 있습니다. 그리고 이것의 실천에는 먼저 부도(婦道)의 실천이라는 건전한 정신이 없으면 안 됩니다. 이러한 건전한 정신이 있다면 육체의 건전은 스스로 축복을 받아 직역봉공도 기대하지 않고 달성할 수 있습니다. 건전한 정신이 없다고 한다면 또한 진정한 부인의 도가 어떠한 것에 있는지를 판별할 수 없다면 국민생활의 모체로서 자랑할 수 있는 부인의 가치는 추호도 없습니다.

세계 각국의 사람들은 먹을지, 먹힐지 라고 하는 전쟁으로 국민을 동원하여 지금 싸우고 있습니다.

현재 우리의 일상생활에서 부자유스럽다고 말한다던가, 부족하다고 말한다던가 하는 것을 누누이 듣습니다만, 지금 한 번 진심으로 반성하여 볼 필요가 있습니다. 저것도 충분치 않다, 이것도 갖고 싶다, 좀 더 자유롭게, 좀 더 재미있는 생활까지도 내심으로 생각하지 않는 자는 아무도 없습니다. 그렇더라도 한걸음 되돌려 보면 부자유라고 말하며, 충분하지 않다고 말하는 것은 종래 멋대로 산 물건이 조금 적다고 말할 정도로, 일상생활의 필수품이 전무하지 않습니다.

혹서와 혹한을 인내하면서 다른 나라에서 몸과 목숨을 던져 싸우고 있는 장병으로 생각을 돌려본다면 우리 모두 금일의 일상생활에 불평을 말하면 안 됩니다. 전쟁터를 생각하면 실로 과분할 정도입니다. 동아의 신질서를 건설한다고 하는 미증유의 대성업(大聖業)을 달성하기 위해서 각종의 물품에서, 가정에서 소비할 분량이 장래에 없어지게 될 일은 이제부터 앞으로 서로 각오해야만 합니다.

내지의 각 가정에서는 혹시 중국[支那]으로, 남부 프랑스령 인도차이나로 백만의 '황군'을 보내고 있습니다. 그리고 이들의 각 가장을 잃고, 혹은 그 주춧돌을 전장에 보냈기 때문에 부재한 집은 충분히 부자유스러운 가정도 많이 있습니다. 이러한 시대에 진정으로 이들을 대신하여 국가사회의 주춧돌이 되고, 총후의 비호를 유감없이 발휘하는 자가 누구인지를 말씀드리자면, 말할 것도 없이 총후의 부인이 되어야만 합니다. 총후의 부인은 단순히 가정(家政)을 보는 정도가 아니라, 혹은 출정군인을 대신하여 일하지 않을 수 없는 직장도 많이 있다고 생각하기 때문에 출정한 장병이 뒤를 돌아볼 걱정 없이 싸울 수 있도록, 총후를 굳건하게 지켜야만 합니다. 내지에서 총후 부인의 일상생활을 견문하면, 실로 눈물겨운 노고를 감내하면서 봉공을 계속하고 있습니다.

일례를 들어보자면 제가 지난 11월에 기원 2,600년 식전 참석을 위해 도쿄로 가던 도중, 시모노세키에서 본 실제 사례입니다만, 검은 작업복을 입은 노동자가 저탄장에서 운반선으로 석탄을 운반하고 있었습니다. 무언가 한 마디 구호도 없이 묵묵하게 일하고 있었습니다. 꽤나 이상하다고 생각하여 호기심에 이끌려 접근해 보았는데, 이 노동자는 예상 밖에도 모두 부인들이었습니다. 저는 이 상황을 눈으로 보고 흘러넘치는 감정과 무한의 감사함을 느꼈습니다. 동시에 깊이 반성하지 않을 수 없는 무언가를 체험했습니다. 아마도 모두에게는 이러한 내지 부인이 노동을 하고 있는 것을 생각해 보신다면 반드시 얼굴이 붉어지는 분도 결코 적지 않을 것입니다. 온돌에 처박혀 포식하고 따뜻한 옷, 오히려 불평을 주장하는 자와 대비해 본다면 진정 하늘과 땅의 차이가 있습니다. 이 점은 조선부인 각위(各位)의 각성을 간절하게 종용하는 절호의 교훈이 된다고 믿습니다.

다음으로는 역사에서 나타난 총후의 부인에 대하여 말씀드리겠습니다. 모두 이미 학교에서 배우셨으리라 생각합니다만, 요시노(吉野) 시대의 구스노키 마사시게(楠木正成)[568]와 그의 아들 마사츠라(正行)[569], 이 부자는 미나토가와(湊川) 전투와 시조나와테(四條畷) 전투에서 전사하여 그 충성은 상당히 유명한 이야기입니다. 그 배후에 전적으로 마사시게의 처가 있었고, 마사츠라의 모친이었던 사람에게 부도(婦道)의 거울이 되는 것이 많았다고 이야기합니다.

또한 만고불후(萬古不朽)의 이름을 남긴 군신 노기(乃木) 장군[570]의 부인은 어떠했습니

---

568) 楠木正成: 구스노키 마사시게(1294~1336). 가마쿠라 말기부터 남북조시대까지 활동한 무장이다.
569) 正行: 구스노키 마사츠라(?~1348). 남북조 시대에 활약한 무장이다.

까? 러일전쟁에는 두 사람의 아끼는 자식을 나라에 바쳤고, 자신은 돌아가신 대군(大君)의 뒤를 흠모하여 순사(殉死)하신 위대한 분입니다. 이러한 군신 노기 대장에게도 대장이 위대한 인격자였다는 것은 물론입니다만, 그 이면에는 역시 부인의 내조가 있어 크게 힘이 되었다는 점은 말씀드릴 필요가 없습니다.

또한 가까운 사례에서는 이번 중일전쟁[支那事變]에서 혁혁한 무공을 세우고 전사하신 니시즈미(西住) 전차장(戰車長)[571]도 역시 그러합니다. 니시즈미 전차장은 진격하던 중 160발의 적탄을 받으면서 불요불굴의 정신으로 분투하셨습니다. 그러나 불행하게도 진격 중에 샛강과 조우하여 이 샛강을 전차로 건널 수 있는지 없는지를 확인하기 위해서 자신이 재빨리 전차에서 내려 샛강에서 건널 곳을 수색하고, 이윽고 도하할 장소를 발견하여 부대장이 있는 곳으로 이것을 보고하러 가던 도중, 패잔병의 탄환에 맞아 전사했다고 합니다. 그리고 이 소식을 접한 전차장 모친의 태도를 여쭈어 보니 그 각오는 이전부터 하고 있었던 것으로 보입니다. 죽은 아들을 그리워하며 "네 영혼은 모친의 슬하로 돌아오지 않고, 최후까지 대륙에 머물러 전차대를 지켜라."라고 말씀하셨다고 합니다. 자신을 위해, 일가를 위해 자식을 키운 것이 아니라, 실로 국가를 위해 자손을 길러냈다고 하는, 일상생활에서 부인으로서의 봉공심이 이 한 가지 사건에서도 명료하게 엿보입니다. 이야기를 듣자마자 단장(斷腸)이 끊어지는 것 같은 모친의 심중을 잘 읽을 수 있습니다. 이러한 어머니를 어머니로 한 것이야말로 전선에서 용감무쌍한 움직임이 가능하도록 했습니다.

이상은 내지(內地) 부인의 총후 활동 내지 역사적으로 유명한 사람의 부인에 대해서 극히 간단하게 말씀드린 것입니다.

다음은 우방 독일국 부인에 대해서 말씀드리겠습니다. 지금으로부터 30여 년 전 저의 소학교 시대에 들었던 일화를 들어 독일 부인의 근검 독실한 태도를 단편적으로 소개해 볼까 합니다. 30여 년 전 독일국은 우리나라보다도 문화가 진보하였고, 그 가운데 과학이 발달했으므로, 내지에서도 독일을 선진국으로 삼고, 활발하게 유학하였습니다.

그 당시 유학생이 하숙하던 여주인들에게 받았던 감상의 이야기입니다만, 독일 부인은 치밀한 경제관념이 있기 때문에 유학생들의 사소한 것까지 간섭을 하려 했습니다. 예를 들어 세면을 한다던가, 목욕탕에 들어갈 때 등에 대해서도 항상 간섭하여 물 사용법, 치약의 사용 방법 등 사소한 점까지 주의를 주었던 것 같습니다. 때로는 질책을 받는 일도 있

---

570) 乃木: 노기 마레스케(乃木希典, 1849~1912). 메이지 시기에 육군대장을 지냈으며, 러일전쟁 당시 뤼순(旅順) 전투를 지휘했다.

571) 西住 戰車長: 니시즈미 고지로(西住小次郎, 1914~1938). 일본 육군사관학교 46기 출신으로 중일전쟁 당시 24세의 나이로 사망했으며, 사후 '쇼와(昭和)의 軍神'으로 알려졌다.

었던 것 같습니다. 독일 부인에게는 이와 같은 조직적 경제관념이 있었기 때문에 20여 년 전 대전에서 패배했습니다만, 능히 이것을 되돌려 오늘날의 화려한 재건을 볼 수 있었습니다. 즉 제1차 대전에 패배한 독일은 산처럼 많은 채무를 짊어졌고, 전승국 영국과 프랑스에게 영토를 모두 빼앗겼으며, 군비는 부흥의 여지를 남기지 않을 정도까지 최소가 되었습니다. 거기에도 불구하고 겨우 20여 년 후인 오늘, 다시 강국 독일을 구축하고, 바야흐로 연전연승, 부강을 자랑하는 프랑스를 굴복시켰습니다. 신흥 파란을 불과 18일 동안 일으켰고, 바야흐로 대영제국 본토를 향해 밤낮을 가리지 않고 맹폭격을 가했으며, 상륙도 조만간 시일의 문제라고까지 말하고 있습니다. 즉 이탈리아와 함께 유럽에서 신질서 건설의 패권을 쥐고, 지도자로까지 떠올랐습니다. 다시 환언하자면 동아 신질서의 지도국가인 일본과 어깨를 나란히 하여 세계 신질서 건설의 추진력이 되고 있습니다. 이와 같이 부흥할 여지가 없을 때까지 유린당한 독일이 다시 금일의 융성을 보는데 이른 것은 첫째 독일 민족의 위대한 정신, 그 가운데 부인에게 위대한 정신이 침투해 있기 때문이라고 확신합니다. 그리고 이와 같은 정신을 가진 민족을 길러낸 데에는 국민의 모체인 주부의 마음가짐에 따라 좌우되는 바가 많기 때문에 부인인 자의 책무가 역시 가볍지 않음을 통감하게 됩니다.

물론 독일이 오늘날이 될 때까지는 충분히 노고도 있었고, 부자유도 맛보았습니다. 그러나 여기에 무엇 하나 불평을 주장하지 않았고, 조국 재건을 위해 싸웠으며, 결국 금일의 독일을 만들었습니다. 이것을 일상생활 속에서 보자면 일본에서는 작년의 지금쯤 꿈에도 생각하지 못했던 배급제도[切符制度]가 점차 실현되고 있습니다만, 독일에서는 이미 전쟁전 십 수 년부터 이것을 생활필수품으로 실시하였습니다. 이로써 일상생활을 극도로 바짝 조여 조국의 재건에 필요한 군비의 충실, 경제계를 안정화하는 밑천으로 충당했습니다. 그리고 그 생활 태도를 보면 조금의 불평도 없습니다. 스스로 그 시국을 잘 인식하고, 나아가 물가 수준을 내리는 생활을 하고 싶다고 염원하고 있습니다. 즉 국민이 다른 것에서부터의 강제가 아니라, 스스로 나아갔습니다. 불자(佛者)와 성인이 말한 것 같이 "최저생활은 도덕이 된다."라는 보은감사(報恩感謝)의 국민이었기 때문입니다. 총후 가정의 부엌을 지키는 모두가 물건의 낭비, 시간의 낭비, 노동의 낭비가 없게 하여, 지금 한 번 신변을 강하게 반성하고 개선해야 할 것은 개선하면 좋겠다고 생각합니다.

독일에서 어느 여관의 주부 이야기를 한 가지 말씀드려 얼마나 바짝 조인 생활을 저들이 하고 있는지를 상상해 보셨으면 합니다. 그것은 배급소의 납품하는 사람이 성냥을 주문하라고 그 여관에 하고 간 후, 불과 7~8개밖에 남아있지 않았음에도 불구하고, 자신의 집에는 아직 있기 때문에 이 다음에 받겠다면서 거절했다고 합니다. 이것을 보고 있던 손님이 나중에 7개나 8개 정도밖에 남아있지 않은데 어째서 주문하지 않는가를 그 주부에게 들었습니다. 자기 집에서는 7~8개 있으므로 이것으로 아직 1주일 정도는 괜찮기 때문에 금일 주문하지 않더라도 이 다음 시기에 충분하다고 대답했다고 합니다. 이러한 것들도 물건의 낭비가 없다고 하는 것에 대하여 얼마나 세심한 주의를 평소부터 해왔는지를 명료하게 살펴볼 수 있다고 생각합니다. 우리에게 7~8개라면 없는 것과 같습니다. 한 상자와 두 상자 정도 새로운 것이 있더라도 순서이기 때문에 사둔다던가, 없으면 어떻게 되기 때문에 주문해 둔다고 합니다. 그런데 독일 부인은 일사만사(一事萬事)이고, 이러한 형편에 있었으므로 철저하게 물건의 절약, 낭비하지 않기를 행하여 조국 재건의 염원을 완료할 수 있었습니다. 바꾸어 말하면 독일 재건의 이면에는 조국을 생각하는 위대한 부인의 힘이 그 한 단계가 되었다고 말할 수 있습니다.

또한 한 가지 예를 들어보면, 제가 일찍이 독일 부인과 결혼한 어느 친구를 방문한 적이 있는데, 이 부인이 그다지 좋지 않은 사과를 꺼내서 먹으며, "조선에 있는 우리는 실로 행복합니다."라고 말하고, 다시 말을 이어서 "자신의 조국에서는 사과를 조선처럼 싸게 살 수 없으므로, 하나 전부를 먹는다는 것조차 불가능합니다."라고 말했습니다. 이것을 보고 저는 독일 부인의 독실함에 몹시 감격했습니다.

이상은 현량하고 독실한 독일 부인을 말씀드렸습니다. 하지만 다음으로는 안일함을 탐하는 부인, 즉 바른 생활 태도를 갖고 있지 않은 각국 부인의 사례를 말씀드려 보고자 합니다. 영국, 프랑스, 미국과 같은 국가에서는 세계의 돈이 집중하여 처분에 괴로워할 정도의 부력(富力)을 독점하고 있습니다. 거기서 미국은 금의 수입세를 징수하려고 할 정도였습니다. 이처럼 영국, 프랑스, 미국 각국이 부를 독점하고 있는 반면에, 국민의 사치, 허영심을 조장하고, 따라서 이것에 수반하는 개인주의는 국민이 조국애(祖國愛) 결핍을 초래하도록 만들었고, 찰나주의는 국민이 환락에 취하도록 만드는 결과를 초래하고 있습니다.

비유해서 말씀드리자면, 경조부박(輕佻浮薄)한 프랑스 여성은 앞서 말씀드렸던 개인주의, 찰나주의에 몰두하고, 안일함을 탐하고 있기 때문에 다산을 싫어하고, 산아제한 등을 말했습니다. 또한 이것을 실시해 왔습니다. 그러나 이것은 모두 프랑스 인구가 점차 감소하는 원인이 되어 국가를 약하게 만드는 원인이 되었습니다. 또한 이와 같은 가정에서 길러진 자녀에게 좋은 자가 나올 도리도 없으므로, 그 나라의 군인정신 등도 미루어 알 수 있다고 생각합니다.

우리나라의 병졸은 일급(日給)이 수십 센(錢)에 불과한 데 비해, 부유한 나라 영국과 미국의 그것은 월급(月給) 5~6천 엔에 달한다고 하기 때문에 자기도 모르게 사치에 빠져 많이 써버리는 데 빠져버리는 일은 당연합니다. 따라서 저들의 군사교련이란 것을 보더라도 혹시 원양순항, 혹은 해군 연습 등의 구실로 더운 시기에는 서늘한 토지, 추울 때는 따뜻한 지방으로 피서와 피난하는 행각을 하고 있습니다. 그리고 이 군함의 뒤에는 반드시 상선이 뒤따라가고 있으며, 그 상선에는 장교와 수병들의 부인이 승선해 있습니다. 연습은 오전 중에 약간 도모해서 하고, 오후부터 밤에 걸쳐서 부인과 동반하여 카페와 댄스홀 등의 환락가에 가서 음란한 즐거움을 탐미하고 있습니다. 또한 미국에서 해군 모집에는 포스터를 붙여 광고하는데, 그 포스터 내용이 역시 실로 재미있는 문구가 쓰여 있는 것 같습니다. 예를 들어 남양으로 가고 싶은 자는 해군에 지원하라든지, 또는 남양에 가면 야자나무 그늘에서 야자열매를 먹으며 미모의 여성과 맛있는 술도 마실 수 있다고 말하는 것처럼 감언이설로 모집하여, 조국을 위해서 응모하라고 말하는 듯한 문구는 일언반구도 없는 것 같습니다.

이와 같은 나라에서는 국민의 생활도 겉만 화려하고 실속이 없으며, 군인정신도 풀어지고 문란하며, 꼭두각시와 허수아비를 방불케 하고 있습니다. 아무리 국가가 부여하기 때문인가라고 말하더라도, 조국을 방어하는 총후 국민과 군인의 정신이 이렇게 풀어지고 문란해서는 전체적으로 바꾸어 말해서 그 나라를 멸망으로 이끄는 결과가 됩니다.

또한 국민생활과 군인의 정신을 허영과 사치로 이끌어서 해이해지고 문란하게 만드는 원동력이라고 할 수 있는 것에는 여성의 경조부박(輕佻浮薄)이라는 죄가 있습니다. 이것을 절실하게 논한 자가 나폴레옹입니다. 혹자가 나폴레옹에게 장군의 백전백승 비결은 무엇에 있는지를 물었습니다. 나폴레옹이 말하기를 "그 나라의 여성을 보고 싸운다. 그 나라의 여성이 현명하여 확고한 신념이 있다면 이 나라와는 싸우지 않는다. 그 나라의 여성이 그렇지 않다면 상대해서 싸운다. 그러면 반드시 이긴다."고 말했던 것 같습니다. 실로 이러한 비결은 동서고금을 통한 병법의 진리라고 믿습니다. 표현을 바꾸어 말씀드리자면 부인이 가정에 있는 것과 국가에 있는 것을 따지지 않고, 감당해야 할 임무는 중차대함을 논증한 것입니다. 따라서 우리나라가 동아에서 맹주가 되었던 이유도 유럽에서 독일, 이탈리아와 영국, 프랑스의 지위가 장차 뒤집어지려 하는 이유도, 여성의 힘이 부여하고 있는 바가 결코 적지 않다고 말할 수 있습니다.

그 다음은 위인이 위인인 세 가지 큰 조건, 환언하자면 위인을 길러낸 부인의 3대 주의 사항에 대해서 참고할 사항까지 말씀드려 보려 합니다.

우선 첫 번째로 동서고금을 통해 위인 영웅이라고 숭상되는 사람의 소년시대를 돌이켜 보면, 대부분이 어려운 상황에서 생활했다고 하는 공통점이 있습니다. 어느 것이든 역경에 서는 것이 성공의 비결은 아니지만, 돈이 있기 때문이라고 말하여 상당히 자식을 애지중지함이 지나친다거나, 즐기도록 해서는 안 된다고 하는 의미입니다. 옛말에도 "어린 시절의 고난은 돈으로 산다."고 있는데, 고난을 인내한다는 말은 인생의 시련에 빠트릴 수 없는 조건입니다. 여러분께서는 이것을 명심하셔서 자녀의 교양을 쌓을 수 있기를 간절히 바랍니다. 또 "사랑스러운 자식에게는 여행을 시켜라."는 속담도 있습니다. 맹목적인 사랑에 빠지지 말고, 인고단련(忍苦鍛鍊)을 통해 세상의 거친 파도를 감당할 수 있는 인재를 육성해야 합니다.

그 두 번째로 유년시절은 사소한 일에 감동하기 쉽고, 또한 인상을 남기기 쉽기 때문에 이 시기의 교양으로 한층 주의를 기울여야만 한다는 점입니다. 비근한 사례를 들어보면 높은 누각과 커다란 집을 보고 감동한다던가, 준험한 산을 보고 감탄한다던가, 망망대해를 보고 무한하다고 깊이 감동을 받는다던가, 또한 높은 산에 올라 호연지기를 토로하고, 천지를 움직여 보고 싶다고 말하는 듯한 기운을 야기하기 쉬운 시기입니다. 그 반대 측면에서는 비상하게 감수성도 풍부합니다. 사실(史實)을 들어 말씀드리자면, 사마천(司馬遷)이 부모에게 거짓말을 해서 종일 나무에 묶여 있었습니다. 그 후로는 결코 거짓말을 하지 않았고, 일생을 『사기(史記)』 편찬에 종사했다고 하는 실제 사례도 있습니다. 또한 어린 시절 워싱턴은 부모에게 받은 도끼로 부친이 가장 소중히 하던 벗나무를 절단했다. 그러나 이것을 발견한 부친은 이것을 고용인의 작업이라고 생각하면서, 고용인을 호되게 질타했으므로, 워싱턴은 이것을 가련하게 여기면서 벗나무를 자른 것은 자신의 나쁜 짓이었다고 자백하였습니다. 그때부터는 결코 거짓말을 하지 않았고, 강직한 인물이 되어 세계의 위인이라고 일컬어지기에 이르렀습니다.

세 번째 조건으로, 위인은 반드시 현명한 어머니가 있다고 합니다. 그렇기 때문에 이곳에 계신 여러분도 능히 이 점을 헤아리시어 양처현모(良妻賢母)가 되셔야 합니다. 또한 장래 자식의 며느리를 맞이하게 될 때가 되어서도 단순히 금전이라든가 지위 정도만 고려하기보다도, 며느리가 될 만한 사람의 출신 학교에 가서 인격과 품성 등을 조사해 보고 장래 위인의 어머니가 될 수 있는 자격이 있는지 아닌지를 우선 고려하고, 그렇게 한 후에 맞이하도록 해야 합니다. 또한 위인에게는 반드시 현명한 어머니가 있다고 하는 것을 고려할 때 언제라도 맹자의 모친을 저는 연상합니다. 맹자의 모친은 맹자의 성격을 세밀하게 관찰하여, 유명한 세 번 이사한다는 가르침을 베풀었습니다. 여기에 오신 부인 여러분도 자제의 교육을 담당하는 현명한 어머니이시기 때문에 반드시 세밀한 주의를 기울여 자제의 교도에 노력하실 것을 간절히 바랍니다. 이처럼 부인의 책임은 중차대하며, 또한 국가 사회가 여기에 기대하는 바도 많습니다.

그런데 앞서 말씀드렸듯이 경기 이남의 부인, 특히 경성 지방의 부인은 전부가 그렇다고는 말할 수 없으나, 대개 다른 지방에 비교하여 유한부인이 많은 것으로 생각됩니다.

여러분처럼 강연회에도 참석하고, 약간이라도 시국에 대한 인식을 넓히려고 한다던가, 조금이라도 국가를 위해서 활동하려고 신경을 쓰시는 분들은 진정 시국이 요구하는 부인이라고 말할 수 있습니다. 심하면 금전으로 맡기고, 가사 전부를 주인과 사용인에게 맡기고, 자신은 오늘도 내일도 영화를 보러 놀러 다닌다거나, 혹은 하등의 하는 일도 없이 하루를 보내는 이른바 무위도식(無爲徒食)하는 자, 혹은 또한 가사를 본다거나, 노동을 하는 것을 불명예처럼 생각하고 있는 자도 결코 적지 않다고 생각합니다. 금일의 비상시국에서 소비자로서의 역할밖에 부여받지 않는 것 같은 유한부인이 많아서는 대동아공영권(大東亞共榮圈)의 확립 등이라고 하는 대업은 도저히 달성할 수 없습니다.

총후의 가사를 보호하는 부인이 시국을 잘 인식하고, 그 총력을 기울여 국가를 위해 봉공하는 기운을 양성하는 일이 필요합니다. 현재 이러한 형세이기 때문에 사변 이래로 안과 밖 모두에서 부인운동을 시끄럽게 논하게 되었습니다. 대정익찬회(大政翼贊會) 임시중앙협의회 등에서도 부인단체의 통합이라든가 부인국(婦人局)의 설치라든가 부인익찬체제의 조직 등을 부르짖고 있습니다. 여기에 반하여 반도에서 부인운동은 아직 앞길이 정말로 요원하다고 생각되기 때문에 금후 모두의 각성과 분발에 따라 일단 활발한 운동을 진행했으면 좋겠다고 간절히 바라고 있습니다.

다음은 국가의 영고성쇠(榮枯盛衰)[572]와 부녀자의 공과 죄에 대해서 말씀드리고자 합니다.

유랴쿠 천황(雄略天皇)[573]이 국정을 정비하고, 천하가 태평했다는 것은 황후(皇后)의 내조의 힘이 있었다고 말합니다. 언젠가 천황은 황후와 함께 시종을 데리고 가츠라기산(葛城山)으로 수렵(狩獵)하러 행차하신 적이 있습니다. 그때 시종의 불충으로, 그 죄가 죽음에 해당하였습니다. 하지만 황후는 이것을 들으시고 정무의 여가로 수렵을 나가신 것은 지극히 훌륭하신 뜻입니다만, 수렵하던 중 일어난 일로 인하여 시종을 죽게 만드는 것 같은 일은 성덕에 흠을 남기는 결과가 되기 때문에 모쪼록 관용을 요청하셨습니다. 천황도 흔쾌히 이것을 윤허해 주셨다고 합니다.

그리고 천황은 임금이 타는 수레[鳳駕]를 타시고 환어하시는 도중 "즐겁구나! 짐은 가르침이 되는 좋은 말을 얻었다."라고 말씀하셨다고 합니다. 이처럼 황후로서는 언제든 천황의 그늘에 계시면서 천황의 강인하고 굳센 성격을 유화하게 잘 만드셨고, 국정을 내조하셨습니다.

또한 중국[支那]의 역사를 통해 보더라도 주(周)의 문 왕후(文王后) 태사(太姒)와 명 태조(明太祖) 마 황후(馬皇后) 같은 자는 후덕하신 분으로 크게 국정을 내조하셨고, 그 때문에

---

572) 榮枯盛衰: 영화로움과 시듦, 성하고 쇠퇴함을 뜻한다.
573) 雄略天皇: 유랴쿠 천황(418~479). 일본의 21대 천황이다.

태평하게 다스렸다고 하는 사실도 있습니다. 또한 제갈량(諸葛亮)이 남양(南陽)에서 몸소 경작하고 있던 때의 이야기입니다만, 제갈량이 부인을 취할 의사가 있음을 살핀 황승언(黃承彦)이 제갈량에게 "내가 일찍이 자네가 부인을 고른다고 들었다. 승언에게는 추녀가 있는데, 머리가 노랗고 얼굴이 검다고는 하지만 재덕(才德)은 자네의 처가 되기 충분하다."라고 말했습니다. 제갈량은 이자를 취하여 부인으로 삼았습니다. 그리고 훗날 남정북벌(南征北伐)하여 입신양명했던 것도 첫째로 이 부인의 내조가 있어 크게 힘이 되었고, 대우와 유마(大牛流馬)574) 같은 무기를 발명한 것도 부인의 지혜로부터 나왔다고 합니다. 이것에 의하여 보더라도 여성은 외모의 아름다움과 추함보다도 그 정신이 훌륭해야만 한다는 것을 잘 알 수 있습니다. 또한 유명한 영걸 나폴레옹에 이르러서도 그는 항상 타인을 향해 "나의 성공은 첫째로 조세핀의 덕 때문이다 …"라고 말하여 내조의 공이 깊었던 부인을 상찬하였습니다.

그러나 여기에 반대로 부인 때문에 나라를 망치고 목숨을 잃었다고 하는 사례도 세상에는 결코 드물지 않습니다. 오래된 역사를 살펴보면 하(夏)의 걸왕(桀王)은 매희(妹喜)를 총애하여 국정을 등한시했고, 은(殷)의 주왕(紂王)은 저기(妲己)를 사랑하였고, 술을 좋아하고 음란함을 즐겼으며 주지육림(酒池肉林)으로 지극히 호화로운 생활을 했기 때문에 결국 모두 나라가 망하였습니다. 또한 주의 유왕(幽王)575)은 신후(申后)와 태자 의구(宜臼)576)를 폐하고, 사랑하는 첩 포사(褒姒)577)를 왕후로 맞이했고, 정사를 돌보지 않고 음란함에 빠졌기 때문에 국력은 쇠퇴했습니다. 결국 왕은 견융(犬戎)에게 살해당했습니다. 또한 당의 현종(玄宗)은 마찬가지로 양귀비(楊貴妃)의 미모에 현혹당해 안록산(安祿山)의 난을 만났습니다. 이러한 일은 여러분도 이미 소설 등에서 읽어 알고 계실 것입니다. "경국지색(傾國之色)은 목숨을 빼앗고 나라를 멸한다."라고 말하는데, 정말로 그대로입니다.

이상은 여성의 공과 과에 관해서 고금동서의 사례를 거론하여 말씀드린 것입니다. 옛날에 황양병(黃楊秉)이란 사람은 인간의 세 가지 현혹으로 일컬어지는 술과 색(色), 재산을 버리고 유명해졌는데, 이 세 가지 현혹인 술과 색, 재산이라는 것은 애초부터 인간생활에

---

574) 大牛流馬: 식량을 효율적으로 수송하기 위해서 제갈량이 발명한 것으로 대우와 유마가 각각 있었던 것으로 알려져 있다.

575) 幽王: 주나라 제12대 왕(?~BC.771?). 향락과 주색에 빠져 정사를 돌보지 않았고 견융의 침공 리산 기슭에서 살해되었다.

576) 宜臼: 주나라 제13대 왕(BC781?~BC.720). 周平王. 유왕의 태자로, 어머니는 申后다. 유왕이 褒姒가 낳은 아들 伯服을 태자로 삼으려고 하자 申으로 달아났다. 외할아버지 申侯가 繒, 犬戎과 연합하여 유왕을 살해하니, 이로써 西周는 멸망했다. 제후들이 신후의 뜻을 좇아 의구를 세우고 洛邑으로 도읍을 옮긴 뒤 晉나라와 鄭나라 등의 보좌를 받아 나라를 세우니, 이것이 東周다.

577) 褒姒: 중국 서주의 마지막 왕인 유왕의 애첩이다.

필요하며 빼놓을 수 없습니다. 하지만 이것이 정도를 지나치면 작게는 일신과 일가, 크게는 사회, 국가를 멸망시키는 원인입니다. 그 가운데 색(色) 즉 여성이라는 존재는 앞에서도 진술하였듯이 국가의 성쇠와 흥망을 좌우한 사례도 많이 있기 때문에 여성인 자는 자중하여 항상 얌전하고 정숙한 태도를 지키고, 세상의 악평과 비난을 받는 일이 없도록 신경을 써야만 합니다. 『논어(論語)』에도 "여자와 소인은 기르기 어렵다. 가까이하면 불손하고, 멀리하면 원망한다."고 했습니다. 물론 이것은 전부 여성을 가리키지 않았습니다. 앞에서도 말씀드렸던 것처럼 참으로 남자도 따라가지 못하는 여성도 있습니다. 요컨대 반면으로 요부(妖婦)와 음란한 부녀가 있어서 그 때문에 목숨을 잃고, 국가를 멸망시킨 사례가 적지 않으므로, 여성에게는 무심코 마음을 허락하지 않습니다. 다루기 어려운 자라고 말하여 남성에 대해 주의를 환기시키기 위한 문구였을 것입니다. 충분히 부덕(婦德)이 높은 사람도 있으며, 숭앙을 받는 사람도 적지 않습니다. 하나로 개관해서 "여자와 소인은 기르기 어렵다."는 것도 아닙니다. 이 문구는 엄밀하게 말하자면 반드시 그러한 점도 사실을 행하거나, 또는 행하기 쉬운 자가 여성이란 점을 말했음에 유의하시면서 충분한 경계심과 관심을 가지고 자기의 수양과 자녀교육으로 삼으실 수 있기를 바라고, 또한 요청을 드립니다.

다음으로 부도(婦道)의 실천이라는 점에 대해서 말씀드립니다. 부도란 곧 부인의 도덕으로, 이것을 잘 지키고 바르게 일상생활을 영위하는 것입니다.

실천이라고 말씀드린 것은 안다면 반드시 행한다, 즉 지행합일(知行合一)입니다. 최근에 시끄럽게 말해지고 있는 생활의 신체제란 무엇인가를 말씀드리면, 종래의 무사태평한 시대의 생활태도를 버리고, 비상시국에 적응한 생활체제를 수립하는 일입니다. 그중에는 이러한 신체제라는 단어를 오해하여 종래의 제도는 무엇이더라도 파괴한다고 해석하는 경향도 있는 것 같습니다만, 결코 그렇지 않습니다. 산천이 의구하고, 인간 역시 동일한 인간인 이상, 무엇을 괴로워하여 이전의 문물과 제도를 모두 파괴할 필요가 있겠습니까? 신체제란 오래된 것을 품고 새로운 전각을 건설하는 것이 아닙니다. 현실의 문물제도를 잘 모색하고 탐구하며, 시대의 요구에 응하여 가장 이상적으로 이것을 활용하려는 것입니다.

그렇다면 부도의 실천이란 어떻게 해야 하는지를 말씀드리면, 우선 부부가 서로 조화해 가는 일입니다. 지금부터 50년 전, 메이지 천황(明治天皇)께서는 국민도덕의 큰 본령을 보여주시어 「교육칙어」를 하사하셨습니다만, 그 「교육칙어」 가운데 부부가 서로 화친한다는 엄격한 교훈이 있습니다. 그러나 이 부부가 화친한다는 말은 「교육칙어」에서 처음으로 보였던 것이 아니며, 예전부터 전해져 온 국민도덕이며, 역대 천황이 하교하신 내용을 이 칙어에서 성문화한 것에 불과합니다. 그렇다면 부부가 서로 화친한다는 말은 어떠한 것인지를 말씀드리겠습니다. 남녀가 각자 그 분업을 서로 잘 협조하고, 서로 도와 가는 것입니다.

남편의 사업에 거스르려 하는 일은 가장 신중해야만 합니다. 남편에게 유순하다는 말은 부인이 특별히 유의해야 할 요점입니다. 친자 사이에 효와 자애가 있듯이, 부부간에는 화친과 사랑이 빠져서는 안 될 요점입니다. 즉 부부는 일신동체(一身同體)가 되어 안락과 근심, 걱정을 같이하여, 옛말에도 있듯이 부창부수의 친함까지도 없어서는 안 됩니다. 옛말에도 "베개 아래의 속삭임이 좋으면 집안이 번영한다."고 했습니다.

그 다음으로는 부부에게는 구별이 있음[夫婦有別]을 말씀드리겠습니다. 공자는 오륜과 삼강의 도를 소개하고 말씀하셨는데, 특히 부부에게 구별이 있음을 깨우치도록 하셨습니다. 부부유별이라는 말은 부부가 별거하라는 의미는 물론 아닙니다. 각각 하늘이 부여한 분업을 지체 없이 수행하고, 각자의 본령을 충분히 발휘하라는 말입니다. 서로 그 본분을 거스르지 않도록 하라는 소리입니다. 『서경(書經)』에도 "암탉이 새벽에 울면 집안이 망한다."고 했는데, 음양이 반하는 것은 상서롭지 않은 징조라고 말하고 있습니다. 이것은 곧 "부녀가 지아비의 다스림을 빼앗지 않는다."는 말로 비유할 수 있는데, 여자로서의 본령을 뛰어넘어서는 안 된다는 점을 비유했다고 생각합니다.

따라서 부인의 본령으로 반드시 지켜야 할 것은 인류 발생 이래 일통(一統)으로 길게 이어져 온 것으로 조상과 자손을 계승하도록 하는 일입니다. 이것은 부인에게만 부여된 천직(天賦)입니다. 따라서 여기에 부수하는 어린아이 양육 같은 것은 단적으로 말해 부인의 본령이라고 말할 수 있습니다. 그럼에도 불구하고 자신의 본령을 망각하고 자식을 낳으면 유모를 구해서, 그에게 맡긴다고 말하는 부인도 많이 있습니다. 이 점은 깊이 반성해야만 합니다.

다음은 국민총력운동과 부인에 대해서 간단히 말씀드립니다. 1938년 7월에 국민정신총동원조선연맹(國民精神總動員朝鮮聯盟)이 결성된 이래로 많은 공적을 남기고 있습니다. 하지만 지난번 중앙에서 익찬운동의 발흥과 서로 호응하여 조선에서도 종래의 정신총동원연맹을 발전적으로 해소하고, 백척간두로 다시 한 걸음을 내딛어 국민총력조선연맹(國民總力朝鮮聯盟)이란 단체를 결성하였습니다. 그리고 이제 이것은 조직망도 완성하였습니다. 여기에 따르면 이후 부인운동을 기다리는 바도 상당히 중요시하고 있는데, 지난번에도 말씀드렸던 대로 반도에서 부인운동은 진정 미미하므로, 여러분의 자각과 협력으로 시국이 요구하는 부인운동이 만들어질 수 있도록 노력해 주시기를 바라고 있습니다.

다음으로 국민총력연맹은 왜 결성되었는지에 대하여 말씀드리겠습니다. 우리 제국은 1억의 국민을 포용하고, 세계 5대 강국의 하나로 거론되어 오고 있다는 점은 여러분도 알고 계신 대로입니다만, 지금 제국은 동아공영권 확립을 위해 동아에서의 맹주, 지도자로서 세계가 태동하는 한 가운데로 날아가 활약을 계속하고 있습니다. 중일전쟁[支那事變]을 4년 동안 계속 싸워왔던 것도 그 때문입니다. 그러나 이 중일전쟁은 아직 지금부터이기 때문에 우리는 이 일이 이미 올해 안에 정리될 것인지, 장기화할지에 따라서 여기에 대한 긴장의 정도가 약해지거나, 총후의 보호에서 이완되는 것 같은 일은 약간이라도 있어서는 안 됩니다. 중일전쟁은 장개석(蔣介石)만이 적은 아니며, 그 뒤에서 버티고 있는 원조국들은 마찬가지로 적대시하지 않을 수 없습니다. 왜냐하면 이러한 국가들은 제국의 동아 신질서 건설에 시기하고 의심하는 마음을 일으켜 중일전쟁으로 제국의 국력을 소모시키려고 원조하고 장려하는 행위를 계속하고 있습니다. 이러한 국가의 비상시국에서 필요한 일이 무엇인지를 말하자면, 거국일치(舉國一致)하는 태세입니다. 즉 1억이 한마음이 되어 국민의 총력을 기울여 고도의 국방국가를 건설하는 일입니다. 이 목적을 달성하기 위해서 국민총력연맹이 결성되었습니다. 이것이 곧 고도 국방국가 건설 태세의 골자입니다.

따라서 국민은 남녀와 늙은이, 약자를 가리지 않고 최후의 피 한 방울까지 군국(君國)을 위해서 바치고, 참된 정성[赤誠]으로 만 가지 간난을 무릅쓰고 직역봉공(職域奉公), 공익우선의 실질을 철저하게 발휘하도록 노력해야 합니다. 그리고 우리가 앞으로 행하려는 노력 내지 고통이란 것은, 예를 들자면 출산 전의 고통과 같은 것입니다. 성업(聖業) 달성 이후의 행복을 눈앞에 두고 다시 한층 더 웅비할 것을 약속하는 고통과 쓰라림이므로, 중국[支那] 민중처럼 장래성이 없는 것을 목적으로 싸우고 있는 것과는 완전히 차이가 있습니다.

다음으로 이러한 고도 국방국가 건설에 반도의 부인으로서 해야만 할 사항에 대하여 이야기해 보겠습니다. 우선 첫 번째로 고대에 내지인과 조선인은 '동종동근(同種同根)'이었기 때문에 지역적 개념을 일소하여 '내선일여(內鮮一如)'의 실현에 노력해야만 합니다. 이토 지코(伊東致昊)[578] 옹이 "같은 배에 탄 이상 위험과 고난을 함께 하지 않을 수 없다."고 말했던 것은 이 사이의 지극한 정을 이야기한 정말로 좋은 비유라고 생각합니다.

두 번째는 언어가 통하지 않아서 불편한 점이 있습니다만, 가급적 내지인(內地人)과의 접촉을 많이 하는 일입니다. 그리고 내지인과 조선인 사이의 소원한 태도를 개선하여, 서로 사랑하도록 해야만 합니다.

세 번째는 가사를 잘 돌보아 생활의 간이화를 꾀하고, 항상 집안을 청소하고, 비상시국의 위생에 주의해야만 합니다. 특별히 다단한 사회에 누를 끼치는 것 같은 일이 있어서는 안 됩니다. 경성은 세계도시 가운데 전염병 발생자수가 제1위라고 하는, 정말로 고맙지 않은 제1위입니다. 모쪼록 여러분의 손으로 이러한 오명을 털어낼 수 있기를 바랍니다.

네 번째는 매월 '애국일(愛國日)'에는 모쪼록 마을 내의 상회(常會)에 출석해 달라는 것입

---

578) 伊東致昊: 尹致昊(1865~1945)의 창씨명이다.

니다. 우리가 모이는 곳에서 친목의 정도를 조장할 수 있고, 단결의 힘도 증가하게 됩니다.

다섯째로 매점(買占)을 해서는 안 됩니다. 매점은 경제계를 교란하는 이적행위이기 때문에 앞서 말씀드렸던 독일 부인의 사례 등을 좋은 교본으로 삼아 필요 없는 물건은 일제히 사지 않도록 해주었으면 합니다.

여섯째는 쌀의 절약[節米]입니다. 시국의 형편상 전시식량 대책이 중요하다는 점에 충분히 유의하셔서, 가령 한 톨, 한 숟가락의 쌀이라고 하더라도 변변치 않도록 하지 말고, 항상 혼식하고 여러 방법으로 쌀을 절약하는데 철저히 협력해 주셨으면 합니다.

일곱째는 허례(虛禮)의 폐지입니다. 혹자는 관습에 구애되고, 혹자는 형식적으로, 또 혹자는 타산적으로 여러 가지 증답(贈答)을 하는 경향이 아직 끊이지 않습니다. 당국도 항상 목소리를 높여 주장하고 있습니다만, 좀처럼 장려가 되지 않습니다. 부인의 협력을 얻어 이 문제도 장래에 모쪼록 개선되도록 했으면 좋겠습니다.

여덟째는 물자의 절약입니다. 여러분이 각자 부엌에서 조금씩 절약을 하시더라도, 이것을 국가 전체에서 볼 때는 실로 막대한 물자가 절약됩니다. 평시조차 하천에 가서 물을 아끼고, 산에 가서 땔감을 절약한다고 하는 것은 고래로부터 익숙하게 말해 왔습니다. 하지만 시국은 특히 제반 물자의 절약을 요구하고 있기 때문에 어떠한 폐품이더라도 이용하고 갱생할 방도를 강구하고, 경솔하게 이것을 폐기하지 않도록 주의해 주시기 바랍니다.

아홉째는 저축 장려입니다. 올해는 5억 저축을 목표로 추진하고 있습니다. 중국[支那] 중앙신정권의 확립, 중일[日華] 기본조약의 체결 등에 따라 사변은 다시 일단락될 것으로 예측하고, 동아공영권을 확립하는 한 걸음과 견실한 걸음을 내딛고 있는 현재 상황에 비추어 볼 때, 이러한 저축의 장려란 것은 점차 그 중요성을 더하고 있습니다. 이후 여러분께서 한층 더 협력해 주셔서 그 목적을 달성할 것을 희망하고 있습니다. 한 집안의 경제를 맡고 있는 여러분이 그 마음가짐으로 저축 장려에 진력해 주신다면 그 효과는 기약하여 기대할 것이 있습니다.

이상 이것을 요약하건대 시국상 부인의 각오에 대하여 말씀드렸고, 특별히 반도 부인으로서 이것의 실천을 언급하였습니다. 이번 강연을 마치면서 다시 반복하여 부인의 시국에 대한 인식과 부도(婦道)의 실천을 바라면서 단상에서 내려가겠습니다. (글의 책임은 필자에게 있음)

63 사쿠라와 일본정신(1944.04.10.)

사쿠라와 일본정신
(4월 15일 경학원 춘계석전에서)

명륜전문학교 부교장
시라가 주키치(白神壽吉)

방금 소개를 받은 시라가입니다. 오늘 행사(석전)를 맞이하여 여기서 그 기념강연을 하게 된 것은 진심으로 광영이라고 생각합니다. 때는 바로 '대동아전쟁'의 한 가운데, 계절은 바로 사쿠라, 복숭아꽃, 배꽃이 한 번에 피는 완연한 봄, 저는 「사쿠라와 일본정신」을 제목으로 하여 이야기를 해보고자 합니다.

가령 일본인의 본심, 진심으로 기맥이 딱 합치하는 것을 찾는다고 한다면 무엇이 있겠습니까?

저는 우선 '후지산(富士山)'을 떠올립니다. 후지산은 실로 우리 일본인의 본심, 진심과 정확히 일치하는 산입니다. 여기에 닮은 형태의 산은 다른 것도 있습니다만, 후지산처럼 영묘한 기분으로 우리 국민의 정신을 지도하고 있는 영산(靈山)은 우선 다른 것이 없습니다. 따라서 국내는 애초부터 해외 어느 나라에 주거하고 있더라도, 일본인은 항상 후지산의 액자와 족자를 걸고, 그 모습을 우러러보면서 자신은 일본인이란 기분을 새롭게 하고 있습니다.

다음으로 생각나는 것은 '사쿠라'로서, 이 또한 이른바 국가의 꽃으로 일본을 대표합니다. 우리가 사쿠라에 대해 생각하는 듯한 깊은 느낌을 가질 수 있는 국민은 우선 다른 데에는 없을 것입니다. 산이라면 후지, 꽃이라면 사쿠라. 이것이 일본을 대표합니다. 아울러 그 후지는 일본인이 사는 곳 어디에 가서도 우러러 볼 수 있는 산이 아니며, 사쿠라도 역시 이것을 심더라도 기후, 풍토에 따라 절로 범위가 한정되므로, 일본인이 사는 곳에서 반드시 벚나무를 심는 데는 제한이 있습니다.

그런데 여기서 일본인이 사는 곳, 기후, 풍토가 어떠한지에도 불구하고 반드시 여기에 수반하여 존재하고 있고, 그리고 일본인이 아니라면 결코 이것을 가질 수 없는 바가 있습니다. 그것은 '신사(神社)'입니다.

우리 내지에서는 나루와 포구의 말단에 이르기까지 반드시 신사를 조성하여 신에게 제사를 지내고 있습니다. 해외로 이주한다든지 또는 여행을 한다든지 해도 가장 강하게 마음을 쏟는 것은 이른바 해외 신사입니다.

일본인이 사는 곳에는 반드시 신사가 조성되어 있습니다. 대만(臺灣)에는 대만신사, 상해(上海)에는 상해신사, 대련(大連)에는 대련신사, 신경(新京)에는 신경신사, 우리 조선에는 조선신궁(朝鮮神宮)이 자리 잡고 있어 어느 것이든 아마테라스오미카미(天照大神)를 주신으로 삼아 기도를 올립니다. 다른 나라에서 신사에 참배할 때의 기분은 국내에서 참배할 때보다도 한층 몸도 마음도 단속하려는 생각이 있습니다. 신사는 국가의 종사(宗祀)여서 신사야말로 실로 일본에만 있으며, 일본 이외의 다른 국가에는 결단코 없습니다. 따라서 만약 일본인의 본심, 일본인의 진심과 단절하더라도 끊어지지 않는 것은 무엇이냐고 한다면 신사를 건조하여 신에게 제사를 지내는 데 있다고 생각합니다.

아마테라스오미카미는 우리나라의 조상신 가운데 대조신(大祖神)이며, 천자의 선조(天祖)이셔서 아마테라스오미카미에 대한 존경이 일본정신의 중핵(中核)입니다. 그리고 아마테라스오미카미의 생각은 이른바 천양무궁(天壤無窮)579) 의 신칙(神勅), 재경재수(齋鏡齋穗)의 신칙, 신리(神籬)580) 경경(磬境)581)의 신칙으로 나타났습니다.

천양무궁신칙(天壤無窮神勅)
도요아시하라노치이아키노미즈호노쿠니(豊葦原千五百秋之瑞穗),
이는 우리 자손이 왕이 될 곳이라.
너희 황손(皇孫)은 나아가 다스리거라. 이루어지리라.
보조(寶祚)582)가 융성함은 마땅히 천양(天壤)583)과 무궁하리라.

재경재수신칙(齋鏡齋穗神勅)
우리 아이가 이 보경(寶鏡)을 바라보는 일은,
마땅히 우리를 보는 것처럼 해야 한다.
잠자리(床)를 같이 하며, 전각(殿)에서 같이 살아 재계하는 거울로 삼아야 한다.

---

579) 天壤無窮: 하늘과 땅처럼 무궁함을 뜻한다.
580) 神籬: 히모로기(神籬). 神道에서 신사나 신을 모셔놓은 감실[神棚] 이외의 장소에서 제사를 거행할 경우 임시로 신을 맞이하기 위해서 신령이 깃드는 대상물이 되는 것을 말한다.
581) 磬境: 이와사카(磬境). 신이 계신 곳을 말한다.
582) 寶祚: 왕위, 보위를 달리 이르는 말이다.
583) 天壤: 하늘과 땅을 말한다.

다카마노하라(高天原)584)에서 받아들이는 유니와(齋庭)585)의 이삭[穗]으로 우리 자손에게 맡기고 제사를 지내게 하라.

신리경경신칙(神籬磬境神勅)

나는 아마쓰히모로기(天津神籬)와 아마쓰이와사카(天津磬境)를 세우고

진정 나의 자손을 위해서 몸을 깨끗이 하고 신에게 제사를 지내겠노라.

너, 아메노코야네노미코토(天兒屋命)586), 후토타마노미코토(太玉命)587)가

아마쓰히모로기를 잘 지키고, 아시하라노나카쓰쿠니(葦原中國)에 내려와

또한 나의 자손을 위해서 재계(齋戒)하고 기도를 올리거라.

관련된 신칙의 존재는 일본에만 있고 다른 국가에는 없습니다.

이 신칙, 이 아마테라스오미카미의 생각이 우리나라 권력의 기본이었고, 우리 국체의 본의(本義)입니다. 우리 황국사(皇國史)는 이러한 천조의 신칙을 목표로 하고, 만세일계(萬世一系)의 황통(皇統)을 절대적인 중추로 삼아 진전을 계속하고 있는 기록입니다. 이처럼 우리나라는 신이 처음으로 만드는 것과 관련하여, 황송하게도 신이 자문하는 통치가 이루어졌고, 신께서 보낸 도는 영원토록 계속 되었습니다. 우리나라는 진정으로 신주(神州)이자, 신국(神國)입니다.

미토학파(水戶學派)인 후지타 도코(藤田東湖)588) 선생은 위와 같은 일본정신을 "천지의 바른 대 기운"의 환발(渙發)589)로 보고, "바른 기운이란 도의(道義)가 축적되는 바이며, 충효(忠孝)의 기운이 발하는 바"라고 말하며, 그 「정기가(正氣歌)」에서,

천지간의 정대(正大)한 기운은 순수한 모습으로 신국(神國) 일본에 떼 지어 모이네.

곧바로 수려하게 후지산(富士山)이 되어 우뚝하게 오랜 세월 솟아 있네.

물을 부으면 큰 바다와 큰 산이 되어 양양(洋洋)하게 일본을 두루 감싸고 있네.

꽃이 피면 꽃송이 만발한 사쿠라가 되어 그 아름다움은 어느 꽃에도 미치지 못하네.

철(鐵)을 모아 공들이면 백련(百鍊)의 철이 되어 민첩함은 투구마저 끊을지어다.

584) 高天原: 일본 신화에 등장하는 천상의 나라를 말한다.
585) 齋庭: 신에게 제사를 지내기 위해서 齋戒하는 곳을 말한다.
586) 天兒屋命: 일본신화에서 아마테라스오미카미가 이와야(岩屋)에 숨었을 때 축사를 올린 신이다.
587) 太玉命: 일본신화에서 다카미무스비노카미(高皇産靈神)의 아들로, 아마테라스오미카미가 이와야에 숨었을 때, 아메노코야네노미코토와 함께 출현을 기도하였다.
588) 藤田東湖: 후지타 도코(1806~1855). 막말의 미토 藩士로 미토학의 대가였다.
589) 渙發: 임금의 명령을 천하에 널리 선포하는 것을 말한다.

사람에게 모이는 정신은 충의가 되어 모두가 곰과 멧돼지처럼 용맹하고, 무사는 힘주어 주군의 믿음직한 심복 부하가 되도다.

이 일본에는 누가 군림하는가? 예로부터 영원히 천황을 주군으로서 추앙해 오고 있으니.

천황의 덕육(德育)의 교화(敎化)는 천지 사방에 두루 미치니 그 덕은 태양과도 같도다.

때로는 세상이 쇠하기도 하고 번창한 적도 없는 것은 아니나, 그때마다 정기가 나타나 빛을 발하네.

(하략)[590]

도코 선생은 불이악(不二嶽), 대영수(大瀛水), 만타루(萬朶樓), 백련철(百鍊鐵) 등의 물건 속에서 일본정신을 끄집어냄과 동시에 "신주에 누가 군림하는가, 만고에 천황을 우러렀네. 천자의 인정(仁政)은 천지 사방을 윤택하게 하며, 밝은 덕은 태양을 가지런히 하네."라며 우리 국체의 본의를 확정하였습니다.

이제까지는 무엇보다도 신사가 가장 우리 일본인의 본심, 진심을 상징하고 있다고 말씀 드렸는데, 아울러 앞서 언급했던 사쿠라도 이 다음으로는 부족하지 않습니다. 국학자 모토오리 노리나가(本居宣長)[591] 선생은 그 노래에서,

시키시마의 야마토고코로(大和心)를 누군가 묻는다면,

아침햇살에 빛나는 산에서 피는 사쿠라

이라고 읊조렸습니다. 노래의 의미는 우리 일본정신을 사물로 비유하자면 봄에 서광이 비추는 아침햇살을 받아 난만하게 피어난 사쿠라라고 하였습니다. 관련된 사쿠라와 일본정신과 기맥이 통하는 것에 대하여 스기우라 쥬고(杉浦重剛)[592] 선생의 「윤리어진강초안(倫理御進講草案)」의 1절을 빌려보겠습니다.

사쿠라는 일본 특유의 이름난 꽃으로 외국에는 이것이 없다. 좋다. 이것이 있다고 하더라도, 우리나라와 같이 미관(美觀)을 드러내는 데는 없다. 따라서 외국인은 애초부터 사쿠라의 아름다움을 알지 못한다. 중국인(支那人)은 모란을 사랑하고, 서양인은 장미를 사랑하는 풍

590) 이 시는 남송의 승상이었던 文天祥이 나라가 망한 뒤 원나라에 붙잡혀 감옥에 있을 때 지은 五言古詩인 「正氣歌」를 읽은 후지타 도코가 이에 답하고자 일본어로 지은 시인데, 이를 다시 한문으로 번역한 것이라 하겠다. 원 제목은 「文天祥の正氣歌に和す」이며 한문으로 번역한 제목은 「和文天祥正氣歌」이다. 여기서는 일본어 원본을 참조하여 번역했음을 밝혀둔다.
591) 本居宣長: 모토오리 노리나가(1730~1801). 에도시대의 국학자이다.
592) 杉浦重剛: 스기우라 쥬고(1855~1924). 메이지, 다이쇼 시대의 국수주의적 사상가이자 교육가이다.

습이 있다. 모란은 풍성하게 아름답고 장미는 농염하다. 아름다움은 곧 아름다움이라 할지
라도 아직 우리 사쿠라의 아름다움에 비할 수는 없다. (중략)

　시험 삼아 한창 피어나는 사쿠라를 보니, 흡사 구름처럼 높고 빼어나며 맑고 깨끗함은 우
리 국민성이 순결하고 담박한 것을 표상하는 것, 또한 봄 햇빛과 서로 어울려 꽃의 자태가
절로 온아(溫雅)함은 군자(君子)의 기품이 있다고 해야 한다. 꽃에도 잎사귀에도 생기가 충
분하여 이슬만으로도 쇠퇴하는 기색이 없고, 어디까지나 원기 왕성하여 진취적인 기상을 표
현하는 것은 역시 우리 국민의 정신과 닮았다. 특히 꽃이 질 때는 조금도 미련 없이, 깨끗하
게 흩어져 구름처럼 맑음은 다른 꽃에서 많이 볼 수 없다. 이것은 우리 국민이 하루아침에
군국(君國)의 큰일을 맞이하여 매진하고 직진하여 감히 몸과 목숨을 돌아보지 않는 것과 닮
았다. 즉 환언하자면 희생적 정신의 발로라고도 말할 수 있다. 이노우에 후미오(井上文
雄)[593]가 노래로,

　　깨끗한 야마토고코로(大和心)를 마음으로
　　다른 곳에는 피지 않은 사쿠라 꽃인가

라고 읊었다. 이와 같이 본다면, 예로부터 우리 국민이 사쿠라를 깊이 사랑한 것은 단순히
그 아름다움을 사랑해서만이 아니라, 우리의 국민성과 일치하고 또 우리 일본인을 표현해낼
수 있는 것이 있음을 사랑하였다. (하략)

정말로 사쿠라와 일본정신을 남김없이 다 말했습니다.

저는 다시 다음으로 한 가지 일화를 거듭하고자 합니다.

호레키(寶曆)[594] 8년(지금으로부터 180여 년 전)의 일입니다만, 내지(內地)에 마츠오카
죠안(松岡恕菴)[595]이란 자가 있었는데, 사쿠라의 품종을 조사하여 상하 2책의 『앵품(櫻品)』
이라는 책을 출판했습니다. 그 안에 야생의 '산벚나무'에서부터 사람이 사는 마을에서 재
배하는 '사토자쿠라(里櫻)'[596], 이른 봄 춘분 전후 무렵에 개화하는 '히간자쿠라(彼岸櫻)' 등
모두 72품을 거론했습니다. 그런데 오늘날 내지, 조선, 만주, 중국[支那] 등에서 이른바 만
타(萬朶)[597]의 사쿠라와 완상하는 '요시노자쿠라(吉野櫻)' 일명 '소메이요시노자쿠라(染井
吉野櫻)'가 기재되어 있지 않습니다. 이것이 메이지 시기가 되어 식물학자 사이에서 주의

593) 이노우에 후미오(1800~1871). 막말의 국학자, 의사.
594) 寶曆: 일본의 연호로 1751년부터 1764년 사이를 가리킨다.
595) 松岡恕菴: 마츠오카 죠안(1668~1746). 교토 출신으로 에도시대의 유학자이자 약초학자이다.
596) 里櫻: 산벚나무 계통의 벚나무 재배 품종의 총칭이다.
597) 萬朶: 수많은 꽃송이를 말한다.

를 끌었습니다. 여러 가지를 찾아본 결과, 요시노란 이름은 사쿠라의 명소인 요시노산(吉野山), 소메이요시노에서 소메이는 에도(江戶) 소메이의 정원수를 파는 가게 거리(植木屋街)에서 묘목을 판매했던 것에서 기인하였다는 것만은 분명했습니다. 그러나 그 원산지에 대해서는 다만 소메이에서 옛일을 아는 노인이 전하는 말로는 어딘가 섬에서 왔다, 혹은 이즈(伊豆)의 오시마(大島)인가라고 했습니다. 그 후 핫토리(服部) 박사가 이즈 오시마에서 식물조사를 통해 그렇지 않다는 점이 밝혀졌습니다. 이어서 메이지 말기, 다이쇼가 시작될 무렵이 되어 조선총독부에서 반도의 식물조사를 위촉했던 나카이(中井) 박사가 제주도의 식물조사를 하던 중 우연히도 요시노자쿠라의 야생종을 발견했습니다.

이즈의 오시마가 아니라 섬은 섬이지만 반도의 제주도였다는 사실은 흥미로우며, 또한 연유(緣由)가 깊었습니다. 이러한 반도의 사쿠라가 내지로 건너와 "수많은 사쿠라 송이가 피네. 많은 꽃은 함께 무리 짓기 어렵네."라고 상찬을 받았습니다. 또한 "꽃은 사쿠라, 사람은 무사(武士)"라고 일본정신의 상징이 되어 전국의 봄을 장식하며, 다시 고향인 조선으로 돌아와 '반도의 사쿠라'라 하여 사쿠라를 대표하고, 만주에서 중국으로 진출, 끝내 대동아공영권 내 구석구석까지 번영하는 이 사쿠라를 생각할 때 실로 유쾌하고 기쁜 마음을 감출 수 없습니다.

반도 2,500만 동포들은 비상시국에 1억이 한마음으로, 성전 완수하기 위해 총진군을 하는 오늘, 만약 한 사람이라도 진정 '황국신민(皇國臣民)'이 완전히 되지 않으려 하는 자가 있다던가, 혹은 절반만 되려는 사람이 있다고 한다면 속담에서 "꽃이 방긋거린다."라고 하였듯이 요시노자쿠라에게 방긋거림을 당해 죄송한 마음을 갖게 될 것입니다.

지금 여기에 모여 있는 여러분은 '수기치인(修己治人)'의 유도(儒道)를 취지로 삼는 유림의 분들이자, 지방의 명망가이며, 또한 유식계급의 사람들입니다. 모쪼록 여러분께서는 향당에 나가 고이소(小磯)[598] 총독 각하께서 절규하신 "국체의 본의"를 투철하게 하여 '도의조선(道義朝鮮)'을 확립하는 데 매진하시고, 진정한 황국신민이 됨으로써 진충보국(盡忠報國)의 '수기(修己)'에 힘을 쏟으심과 동시에 향당에 대하여 '치인(治人)'하는 노력에 정진해 주시기를 간절히 바라며, 본 강연을 마칩니다.

라이 산요(賴山陽)[599] 선생의 작품이라고 전해지는 이마요(今樣)[600]에 쓰여 있습니다.

---

598) 小磯: 고이소 구니아키(小磯國昭, 1880~1950). 도치기현(栃木縣) 출신의 군인. 관동군 참모장, 조선군 사령관을 거쳐 1942년 8대 조선총독으로 부임했다. 1944년에 41대 일본 내각총리대신이 되었다.

599) 賴山陽: 라이 산요(1781~1832). 오사카 출신의 에도시대 역사가, 사상가로 『日本外史』를 저술했다.

600) 今樣: 헤이안 중기부터 가마쿠라 시대에 걸쳐 유행한 7.5조 4구로 된 새로운 형식의 가요이다.

꽃보다 밝은 요시노(吉野)
봄의 서광을 보고 있노라면
중국인도, 고려인도
야마토고코로(大和心)가 되리라

    장시간 경청해 주셔서 정말로 감사합니다. 끝으로 본 강연을 맞이하여 고(故) 스기우라 쥬고 선생, 나카무라(中村), 핫토리, 나카이 등 여러(諸) 박사의 저서와 조사보고서 등에서 가르침을 받은 것이 많았다는 것을 거론하며, 심심한 감사의 뜻을 표하고자 합니다. (문장 책임은 필자에게 있음)

[경학원잡지 제48호(1944.04.10.), 17~21쪽]

64 시국과 유도(1944.04.10.)

시국(時局)과 유도(儒道)
(10월 15일 경학원 추계석전)

스즈카와 도시오(鈴川壽男)

지금 우리는 미 · 영을 격멸하는 데 나라를 걸고 결전에 이어 결전하는 현실에 직면하고 있습니다. 즉 지금은 이른바 '흥아유신(興亞維新)'입니다. 아시아를 일으키는 유신입니다. 10억의 아시아 사람들을 영미의 질곡으로부터 해방시켜 아시아인의 아시아를 수립하며, 흥아유신의 결전으로 계속 싸우고 있습니다. 그리고 이러한 흥아유신을 위한 '대동아전쟁'은 위로 천황의 위엄 아래에서 반드시 빛나는 유종의 결실을 맺게 되리라는 것은 우리 1억 국민의 국민적인 대신념(大信念)입니다. 흥아유신의 완성기를 기다리는 일은 우리 국민의 확고부동한 심경입니다. 이 흥아유신의 한가운데서 우리가 돌아보아야 할 일은 지금부터 90년 전 과거 우리의 아버지와 할아버지가 성취했던 메이지유신(明治維新)의 위대한 업적입니다. 또한 이 메이지유신을 거슬러 올라가 500년 전에 달성했던 역사상 큰 사적은 겐무(建武)의 중흥[601]으로, 이와 더불어 왕정복고(王政復古)의 유신입니다. 우리 국체(國體)는 천황이 몸소 정치를 하심으로써 팔굉일우(八紘一宇)의 건국(肇國) 이상을 현저하게 드러내셨는데, 요리토모(賴朝)[602]가 가마쿠라바쿠후(鎌倉幕府) 창설 이래로 겐무 중흥의 직전까지 천하의 정치는 무가의 손에 귀속되었습니다. 또한 메이지유신 이전에도 도쿠가와바쿠후(德川幕府)가 정권을 전적으로 쥐고 있었습니다. 그리고 이 가마쿠라바쿠후 · 도쿠가와바쿠후를 무너트리고 천황이 친정하는 치세(御世)를 구축한 것이 겐무의 중흥, 메이지유신입니다. 그리고 여기서 우리가 당면한 흥아유신은 다시 건국의 이상에 기초하여 아시아 민생을 위해 새롭게 아시아를 건설한다고 하는 황국의 대사명(大使命)을 달성하기 위한 대유신(大維新)입니다.

저는 여기서 겐무의 중흥, 메이지유신이 어떻게 하여 성취되었는가 하는 문제를 요즘

---

601) 겐무의 중흥: 일본의 고다이고 천황이 1333년 가마쿠라바쿠후를 타도하고 천황 친정 체제를 추진한 정치 개혁을 말한다.

602) 賴朝: 미나모토노 요리토모(源賴朝, 1147~1199). 헤이안 시대 말기에 활동한 무장으로, 가마쿠라바쿠후를 연 초대 세이타이쇼군(征夷大將軍)이다.

깊이 생각해 보았습니다.

겐무의 중흥은 위로 고다이고 천황(後醍醐天皇)을 왕위에 오르게 했습니다. 또 메이지 유신은 고메이 천황(孝明天皇), 메이지 천황(明治天皇)을 재위하게 하였습니다. 그 성덕 아래에서 비로소 성취되었다는 점은 정말로 극히 황송한 일입니다. 그리고 위로 영명하고 성스러운 천자의 추대를 받들고, 아래로는 천황을 보필할 지성(至誠)과 진충(盡忠)의 영민하고 사리에 밝은 지사들이 곳곳에서 두각을 나타냈습니다. 여기서 말하고자 하는 점은 이러한 겐무 중흥, 메이지유신에서 다수의 영민하고 사리에 밝은 지사들은 도대체 어떻게 하여 그 진충보국(盡忠報國)이 대 정신을 함양했는가 하는 점에 있습니다. 즉 자세하게 생각해 볼 때 이자들은 모두 하나같이 확실하게 유교의 교학(敎學)으로 그 심장을 도야하고 연마하고 있었습니다.

우선 겐무의 중흥에 대하여 생각해 보면, 고다이고 천황의 측근으로 천황의 고굉(股肱)[603]이 되어 대업을 거들고 도와준 기타바타케 지카후사(北畠親房)[604], 후지와라 후지후사(藤原藤房), 후지와라 도시모토(藤原俊基), 후지와라 스케토모(藤原資朝), 가잔인 모로카타(花山院師賢)[605]과 같은 사람들은 누구에게 의지하여 어떠한 도를 배웠는가 하면 그것은 곧 송학(宋學)이었습니다. 당시 교토(京都)에서 시렌(師練)이란 승려가 있었고, 그 문인으로 겐에(玄惠)[606]란 선승(禪僧)이 있었습니다. 이 자는 유교에 통달해 있었고, 사마온공(司馬溫公)[607]의 『자치통감(資治通鑑)』을 숙독하였고, 사서오경에 대해서는 깊이 정주(程朱)의 학문을 연구했습니다. 교토의 공경과 지체 높은 관리들은 승려 겐에에게 가르침을 받아 대의명분과 충효절의의 이치를 이해했습니다. 또한 겐무 중흥에서 대충신으로서 황국신도(皇國神道)의 귀감인 구스노키 마사시게(楠木正成) 공도 송학에 조예가 깊었다는 점은 세상에 잘 알려져 있습니다. 또한 규슈(九州)에 있음에도 불구하고 다이난코(大楠公)[608]와 함께 그 일족을 동원하여 충의의 길로 수사했던 기쿠치(菊地) 씨처럼 유학의 진흥에 크게 힘을 기울었습니다.

다시 메이지유신에 대해서 보자면, 메이지유신의 직전에는 우리나라에 이를 때까지 재야에서 궐기한 지사들이 존왕양이(尊王攘夷)의 대의를 높이 내세우고 몸을 던져 일세의

---

603) 股肱: 임금이 가장 신뢰하는 중신을 말한다.

604) 北畠親房: 기타바타케 지카후사(1293~1354). 가마쿠라 말기부터 남북조시대까지 활동하였으며, 『神皇正統記』를 저술하였다.

605) 花山院師賢: 가잔인 모로카타(1301~1332). 가마쿠라 후기의 구게(公家)이다.

606) 玄惠: 겐에(1269~1350). 일본 남북조시대 천태종 승려로, 호가 독청헌이다. 겐네라고도 읽는다.

607) 司馬溫公: 司馬光(1019~1086). 중국 북송 유학자이자 역사가로 『資治通鑑』을 저술하였다.

608) 大楠公: 구스노키 마사시게에 대한 존칭이다.

선구가 되었습니다. 재야에서 궐기한 지사들은 또한 모두 유교의 정신에 따라 '일본정신'을 도야하고 연마하였습니다. 당시는 지방과 지방에서 번학(藩學)·사숙(私塾)이 있었고, 이러한 공사(公私)의 학교, 숙사(塾舍)에서는 모두 유교를 중심으로 하여 학문을 배우고 수양하였습니다. 존왕애국(尊王愛國)의 열정을 불태운 대유자(大儒子) 아사미 게이자이(淺見絅齋)[609]는 항상 '진심으로 국가에 보답한다(赤心報國)'는 네 글자를 새긴 4척의 긴 칼을 허리에 차고 있었다고 합니다. 게이자이가 저술한 책으로 『정헌유언(靖獻遺言)』이 있습니다. 그는 조선의 이율곡(李栗谷) 선생의 저서까지도 애독하였고, 선생의 저서 『성학집요(聖學輯要)』 가운데 1절을 이 『정헌유언』의 강의에서 인용했습니다. 『정헌유언』은 중국에서 어질고 사리에 밝은 사람, 즉 백이(伯夷)와 숙제(叔齊), 제갈공명 등 8인의 인물에 대한 사적과 문장 등을 편집하여 수록하였습니다.

저는 지난번 박택(朴澤)[610] 대제학(大提學)께 들었습니다만, 대제학은 어릴 적에 제갈공명(諸葛孔明)의 「출사표(出師表)」를 애독하셨다고 합니다. 이 「출사표」 등은 그 안에 수록되어 있습니다. 그런데 이 『정헌유언』은 메이지유신의 지사 정신을 고양하는데 상당히 큰 힘이 되고 있습니다. "처는 병상에 누워있고, 아이는 배고파 울고 있으니 몸을 던져 곧바로 융이(戎夷)를 몰아내기를 바라는 오늘 아침에 사별과 생이별을 겸하는구나. 아! 황천후토(皇天后土)[611]가 알고 있구나."라고 하는 유명한 시 한 편의 주인공은 안세이(安政)의 대옥(大獄)에서 옥사했던 우메다 운핀(梅田雲濱)[612], 이 우메다 운핀을 두고 요시다 쇼인(吉田松陰)[613]이 평하기를 "『정헌유언』과 연관 지을 수 있는 남자"라고 했습니다.

또한 같은 시기에 바쿠후에 의하여 참수당한 하시모토 사나이(橋本左內)[614]는 26세 약관(弱冠)의 나이에 메이지유신에서 한편의 주역이 되었는데, 어느 때라도 『정헌유언』을 자신의 곁에 두었습니다. 또한 조선과 가장 연고가 깊은 이토 히로부미(伊藤博文) 등의 선생이기도 한 요시다 쇼인이 그 "몸은 비록 무사시(武藏)의 들판에서 썩더라도, 야마토다마시[日本魂]는 남겨두고 싶노라"고 노래한 것은 누구라도 잘 알고 있습니다. 쇼인도 『정헌유언』을 몸소 숙독함과 동시에 당연히 문하의 제자에게 추천했습니다. 이처럼 『정헌유언』

609) 淺見絅齋: 아사미 게이자이(1652~1712). 오미노쿠니(近江國) 출신으로 에도시대의 유학자이다.

610) 朴澤: 경학원 대제학 朴相駿을 가리킨다. 창씨명은 朴澤相駿이다.

611) 皇天后土: 하늘의 신과 땅의 신을 말한다.

612) 梅田雲濱: 우메다 운핀(1815~1859). 막말의 유학자로, 야마자키 안사이 학파의 영향을 받은 존왕파 지사이다.

613) 吉田松陰: 요시다 쇼인(1830~1859). 막말 죠슈(長州) 출신의 사상가로, 쇼카손주쿠(松下村塾)에서 다카스기 신사쿠(高杉晉作), 야마가타 아리토모(山縣有朋), 이토 히로부미(伊藤博文) 등을 배출하였다.

614) 橋本左內: 하시모토 사나이(1834~1859). 에치젠노쿠니(越前國) 후쿠이번(福井藩) 출신의 사상가이다.

책 한 권은 메이지유신에서 지사에게 크나큰 정신의 양식이었습니다. 그리고 이 책이 유교의 근본정신을 체득하고 실천한 사람들의 사적과 문장을 수록했다는 점에서 보더라도, 메이지유신의 지사정신과 유교와의 관련을 충분히 엿볼 수 있다고 생각합니다.

이처럼 겐무의 중흥, 메이지유신에 큰 힘이 된 사람들은 모두 유교의 정신에 의거하여 순일하고 잡되지 않은 일본정신에 철저했다고 말할 수 있습니다. 그러나 여기서 저희가 가장 주의해야만 하는 한 가지 점이 있습니다. 즉 이들의 '황국신민'으로서의 도를 쌓아 올리는 데 역할을 한 유교란 모두 우리가 본래의 '일본정신'이라고 하는 것 안에 훌륭하게 녹아들어 피와 살이 되었다고 할 수 있습니다. 그것은 결코 유교를 통째로 삼키지 않았습니다. 또한 유교의 몸[形軀]을 취하지도 않았습니다. 그렇다면 유교란 것과 공자(孔子), 맹자(孟子)의 가르침을 통째로 삼키는, 예의(禮儀) 3백, 위의(威儀) 3천 등이라고 하는 형식을 취하면서 그 근본정신을 잃어버리기 쉽습니다. 이것은 우리가 반성해야만 하는 소중한 핵심입니다.

요시다 쇼인 선생에 해당하는 사람으로 무라타 세이후(村田淸風)[615]란 자가 있습니다. 이 자는 대학자임과 동시에 대정치가이기도 했는데, 특히 유교에 조예가 깊은 사람이었습니다. 무라타 세이후의 말로 "무릇 학문이란 것은 석불(石佛)을 거친 줄로 묶어두는 것처럼 해서는 안 된다. 즉 융통할 이익이 없고, 얽매임이 있는 학문은 중단하는 편이 좋다. 스스로 옳다고 믿을 때 나는 공자, 맹자에 대해서도 철봉을 휘두르는 일을 사양하지 않겠다."라고 하였습니다. 우리는 공맹의 가르침을 '일본정신'의 선상에서 이해하는 것을 잊어버려서는 안 됩니다. 여기서 비로소 유교가 정말로 '일본 황국'의 큰 이상을 드러내는 힘이 됩니다. 우리는 유교의 근본정신을 파악해야만 합니다. 그리고 공자의 남긴 가르침을 일본정신으로 활발하게 발현하도록 해야 합니다. 육상산(陸象山)도 "학문에서 적어도 본질을 얻은 것은 육경(六經)이 우리의 주석(註釋)"이라고 말했습니다. 먼저 유교의 근본을 체득하고 인식한 이상, 우리의 일본정신을 통해 사서도, 오경도 이것을 우리의 피와 살로 만들 수 있도록 나아가지 않는다면 마땅한 공맹의 가르침을 체득했다고는 말할 수 없습니다.

예전 도쿠가와 중기에 야마자키 안사이(山崎闇齋)란 학자가 있었습니다. 언젠가 문인을 향해 "가령 공자를 대장으로 삼고, 맹자를 부장으로 삼아 공격해 온다면 어떻게 하겠는가?"라고 질문하였는데, 문인은 어느 한 사람도 대답하는 자가 없었습니다. 따라서 안사이는 "나는 한편의 대장이 되어 곧바로 공맹의 군사를 깨부수겠다."라고 가르쳤습니다.

앞서 말한 것처럼 겐무의 중흥이라 하며, 메이지유신이라고 말하면서 존왕의 큰 정신을

---

615) 村田淸風: 무라타 세이후(1783~1855). 에도시대 조슈번(長州藩)의 家老이다.

배양한 유교의 힘을 망각할 수는 없습니다. 그리고 오늘날은 곧 '대동아전쟁'에서 이기는 흥아의 유신을 완성해야만 할 때입니다. 겐무 중흥에서, 메이지유신에서 국민정신의 커다란 배양력이 되었던 유교, 유도, 유학이란 것은 흥아유신을 완성하는데 있어서도 마찬가지이며, 국민정신을 진작하는데 커다란 원동력이 되어야만 한다고 확신합니다.

여러분은 유교에 깊은 조예가 있으신 분들입니다. 그리고 또한 앉아있는 학생 제군은 이러한 도로 현재 정진하고 있습니다만, 간절하게 연찬(研鑽)을 거듭하여 제군이 배우는 유도로 흥아유신을 완수하는 하나의 큰 힘이 되도록 노력해 주시기를 간절하게 바랍니다. 우리는 연기가 피어오르고 포탄이 비처럼 쏟아지는 가운데서도 항상 독서와 수양을 게으르게 해서는 안 됩니다. 제군은 특별히 유교로 그 뜻을 삼은 자이기 때문에 항상 경서와 친하게 지내고, 제군의 정신을 연마하고 도야하도록 노력해야 합니다. 옛날에 왕양명은 영왕(寧王)이 반란을 일으켰을 때[616] 남창성(南昌城)에서 강학에 정진하고 있었습니다. 선봉이 불리하다는 소식이 왔을 때 강의를 듣고 있던 자는 모두 놀라서 얼굴빛이 변했습니다만, 왕양명은 태연하게 강의를 계속했습니다. 그리고 후에 이르러 양명의 군대가 대승을 거두었다고 하는 보고를 받았을 때도 마찬가지로 차분하게 도찰원(都察院)에서 책으로 계속 강의하고 있었습니다. 적어도 학문을 강론하는 길에 뜻을 둔 자는 이 정도의 금도가 없어서는 안 된다고 생각합니다.

가토 기요마사(加籐淸正)[617]는 전쟁을 벌이는 진중(陣中)에서도 항상 『논어』 한 권을 곁에 두고 놓지 않았다고 합니다. 누군가 기요마사에게 "진중에서는 병서(兵書)를 읽어야 하는데, 경서를 읽으시는 것은 의심스럽습니다."라고 말하자, 기요마사는 "병서(兵書)야말로 태평할 때 미리 읽어두어야 한다. 지금은 곧 전쟁 이후를 고려하여 치국과 평천하의 책을 읽어야 한다."라고 말했습니다. 깊이 음미하며 반성할 점이 있어야만 합니다. 현재 흥아유신 완성의 길 위에서 때마침 독서와 수양할 것을 간절히 바라마지 않습니다. 시국에서 지극히 의의가 있는 석전제(釋奠祭) 당일, 여러분 앞에서 말씀드릴 기회를 얻어 몹시 감격스럽습니다. 장시간에 걸쳐 청취해 주셔서 감사합니다. (문장의 책임은 필자에게 있음)

[경학원잡지 제48호(1944.04.10.), 22~26쪽]

---

616) 영왕의 반란: 명나라 정덕제 재위 기간에 일어났던 반란으로, 1519년 7월 10일에서 8월 20일까지 지속하였다. 영왕이자 홍무제의 17번째 아들의 5대손인 朱宸濠가 일으켰으며, 정덕제를 몰아내고 제위를 찬탈하려는 목적이 그 원인이었다. 정덕제는 왕양명을 보내 반란을 진압하도록 하였고, 영왕의 수도인 난창을 1519년 8월 13일에 재점령하였다. 영왕의 군대는 왕양명이 이끈 관군에 의해 1519년 8월 20일에 패배하였으며, 42일에 걸친 반란도 이로 인해 다 끝났다. 영왕은 전투 이후 사로잡혔다.

617) 加籐淸正: 가토 기요마사(1562~1611). 전국시대 구마모토 번 출신의 무장으로 임진왜란 당시 제2군을 이끌었다.